DIREITO ADMINISTRATIVO
Facilitado

O GEN | Grupo Editorial Nacional – maior plataforma editorial brasileira no segmento científico, técnico e profissional – publica conteúdos nas áreas de concursos, ciências jurídicas, humanas, exatas, da saúde e sociais aplicadas, além de prover serviços direcionados à educação continuada.

As editoras que integram o GEN, das mais respeitadas no mercado editorial, construíram catálogos inigualáveis, com obras decisivas para a formação acadêmica e o aperfeiçoamento de várias gerações de profissionais e estudantes, tendo se tornado sinônimo de qualidade e seriedade.

A missão do GEN e dos núcleos de conteúdo que o compõem é prover a melhor informação científica e distribuí-la de maneira flexível e conveniente, a preços justos, gerando benefícios e servindo a autores, docentes, livreiros, funcionários, colaboradores e acionistas.

Nosso comportamento ético incondicional e nossa responsabilidade social e ambiental são reforçados pela natureza educacional de nossa atividade e dão sustentabilidade ao crescimento contínuo e à rentabilidade do grupo.

3ª ed.
REVISTA E AMPLIADA

Ana Cláudia **Campos**

DIREITO ADMINISTRATIVO
Facilitado

- A autora deste livro e a editora empenharam seus melhores esforços para assegurar que as informações e os procedimentos apresentados no texto estejam em acordo com os padrões aceitos à época da publicação, e todos os dados foram atualizados pela autora até a data de fechamento do livro. Entretanto, tendo em conta a evolução das ciências, as atualizações legislativas, as mudanças regulamentares governamentais e o constante fluxo de novas informações sobre os temas que constam do livro, recomendamos enfaticamente que os leitores consultem sempre outras fontes fidedignas, de modo a se certificarem de que as informações contidas no texto estão corretas e de que não houve alterações nas recomendações ou na legislação regulamentadora.

- Fechamento desta edição: 08.08.2023

- A Autora e a editora se empenharam para citar adequadamente e dar o devido crédito a todos os detentores de direitos autorais de qualquer material utilizado neste livro, dispondo-se a possíveis acertos posteriores caso, inadvertida e involuntariamente, a identificação de algum deles tenha sido omitida.

- **Atendimento ao cliente:** (11) 5080-0751 | faleconosco@grupogen.com.br

- Direitos exclusivos para o Brasil na língua portuguesa
  Copyright © 2023 by
  Editora Forense Ltda.
  Uma editora integrante do GEN | Grupo Editorial Nacional
  Travessa do Ouvidor, 11 – Térreo e 6º andar
  Rio de Janeiro – RJ – 20040-040
  www.grupogen.com.br

- Reservados todos os direitos. É proibida a duplicação ou reprodução deste volume, no todo ou em parte, em quaisquer formas ou por quaisquer meios (eletrônico, mecânico, gravação, fotocópia, distribuição pela Internet ou outros), sem permissão, por escrito, da Editora Forense Ltda.

- Capa: Bruno Zorzetto

- Ilustrações: Érica Hashimoto

- **CIP – BRASIL. CATALOGAÇÃO NA PUBLICAÇÃO.
  SINDICATO NACIONAL DOS EDITORES DE LIVROS, RJ.**

  C21d
  Campos, Ana Cláudia

  Direito administrativo facilitado / Ana Cláudia Campos. – 3. ed. – Rio de Janeiro: Método, 2023.

  Inclui bibliografia
  ISBN 978-65-5964-868-9

  1. Direito administrativo – Brasil. 2. Direito administrativo – Problemas, questões, exercícios – Brasil. 3. Serviço público – Concursos – Brasil. I. Título.

23-85405		CDU: 342.9(81)

  Meri Gleice Rodrigues de Souza – Bibliotecária – CRB-7/6439

Dedico esta obra aos meus pais, Desjardins e Lúcia,
e ao meu esposo, Rafael.
Obrigada por tudo.
Amo vocês!

APRESENTAÇÃO

Lembro como se fosse hoje: tinha acabado de completar 17 anos e lá estava eu, iniciando a faculdade de Direito. Cheia de esperança, sonhos e, naturalmente, medos.

Entretanto, logo no início do curso, senti-me desmotivada por uma razão bem simples: não entendia boa parte dos assuntos apresentados pelos professores, logicamente não por culpa deles, mas por conta da linguagem empregada. Eram muitos termos técnicos, desconhecidos e de fora do meu universo. E, quando eu buscava os livros, o problema persistia, uma vez que todos os doutrinadores da época seguiam, de maneira rígida, a formalidade e a padronização do vocabulário jurídico. Assim continuei sem entender a lógica do Direito por mais alguns anos.

Após um tempo, concluí a graduação e continuei estudando. Naquela época, já existiam obras jurídicas com uma linguagem mais acessível; comecei a devorá-las e esquematizá-las com os meus resumos e "desenhos".

Mais tarde, fui convidada a lecionar em um curso preparatório para concursos e decidi: aceitaria o desafio e usaria nas minhas aulas uma linguagem clara, simples e objetiva, resumindo todo o assunto em esquemas na lousa – esquemas esses que meus alunos passaram a apelidar, carinhosamente, de "desenhos da Claudinha".

Hoje, mais de dez anos depois, estou realizando o sonho de lançar o ***Direito administrativo facilitado***, um livro que resume todo o espírito das minhas aulas e transmite o conteúdo ao leitor de uma maneira prática, rápida e com uma linguagem acessível.

Entre os diversos **atrativos desta obra**, posso citar:

Linguagem: em virtude da linguagem facilitada, o entendimento dos temas poderá ser absorvido por todas as pessoas, sejam elas da área jurídica ou não. Sim, você vai ler e, de fato, entender o sentido das coisas.

Doutrina: em todos os capítulos, usei o entendimento da doutrina majoritária, ou seja, todas as teorias aplicadas nesta obra são adotadas nos mais diversos concursos públicos do País e também nos Exames da Ordem dos Advogados do Brasil.

Jurisprudência: as decisões judiciais são de extrema relevância para as provas em geral (principalmente para aquelas em que se exige nível superior). Portanto, todos os entendimentos jurisprudenciais mais relevantes advindos do Supremo Tribunal Federal (STF) e do Superior Tribunal de Justiça (STJ) são reproduzidos e comentados nesta obra.

Súmulas: ao final de cada capítulo, faço uma enumeração das súmulas que possuem correlação com o tema estudado, dando enfoque, especialmente, aos entendimentos consolidados pelo STF e pelo STJ.

Legislação: apesar de o Direito Administrativo ser um ramo não codificado, ele possui diversas legislações esparsas, por exemplo, a Lei 8.666/1993 (Lei Geral de Licitação e Contratos) e a Lei 8.429/1992 (Lei de Improbidade Administrativa). Assim, este livro possui o estudo das principais normas referentes ao Direito Administrativo e a devida atualização delas até a data de fechamento desta edição.

Questões ao longo do texto: dentro do corpo dos capítulos, inseri inúmeras questões já aplicadas em concursos públicos. Utilizei como base as diversas bancas examinadoras existentes no País. Com isso, ao mesmo tempo que fizer a leitura dos assuntos, você verá como aquele tópico foi cobrado em determinada prova.

Tabelas: para facilitar a visualização e o aprendizado, em diversos momentos usei as tabelas como forma de repassar o conteúdo com mais clareza e objetividade. Posso citar como exemplo de utilização desse artifício o capítulo sobre o Processo Administrativo Federal, no qual fiz uma tabela para resumir todos os prazos adotados pela Lei 9.784/1999.

Resumo: ao final de cada um dos 16 capítulos, fiz uma revisão rápida com o objetivo de identificar os dez principais tópicos a serem fixados acerca do tema. Então, quando você estiver perto da realização de uma prova, poderá utilizar esse resumo para relembrar o assunto e verificar em quais pontos sua revisão deve ser feita de forma mais aprofundada.

Esquemas – "Desenhos": Ahhhh... Chegamos à minha paixão.

Posso lhe pedir duas coisas? Se sim, vamos lá:

a) passe as páginas do livro de maneira rápida. Perceba que, ao fazer isso, você prontamente verá inúmeros "desenhos" esquematizando todos os temas;

b) agora, escolha um deles e o observe mais atentamente. Sim, todos os "desenhos" foram, literalmente, feitos à mão. Eles são o resumo das minhas aulas presenciais e *on-line*, então fiz questão de que cada um deles fosse ilustrado.

Mas, afinal, qual a função desses esquemas? Simples: facilitar todo o entendimento do tema. Ao olhar o desenho, você assimilará o conteúdo de maneira muito mais prática e memorizará o assunto com mais facilidade.

Asseguro-lhe que esses desenhos vão lhe garantir bons pontos em prova!

Por fim, depois de contar para você um pouco da minha trajetória e de descrever o caminhar desta obra, espero que ela possa lhe ajudar a entender o

Direito Administrativo de forma facilitada, agradável, profunda e, quem sabe, até mesmo... divertida.

Desejo-lhe:

Bons estudos.

Boa leitura.

E, especialmente, uma boa vida!

Ana Cláudia Campos

SUMÁRIO

1. **NOÇÕES INICIAIS** 1
   1. Direito 1
   2. Estado 2
      2.1 Funções e poderes do Estado 4
   3. Governo 6
   4. Administração Pública 6
      4.1 Tarefas da Administração Pública 7
   5. Direito administrativo 8
      5.1 Conceito 8
      5.2 Características 10
      5.3 Relação com outros ramos do Direito 11
      5.4 Interpretação do Direito Administrativo 12
   6. Fontes do direito administrativo 13
   7. Sistemas administrativos 14
   8. Função administrativa 16
   Resumo 17

2. **PRINCÍPIOS** 19
   1. Conceito 19
   2. Funções dos princípios 20
   3. Regime jurídico administrativo 20

3.1	Supremacia do interesse público sobre o interesse privado.........	21
3.2	Indisponibilidade do interesse público.....................................	22
4. Princípios constitucionais expressos..		23
4.1	Legalidade...	24
4.2	Impessoalidade	29
4.3	Moralidade	34
4.4	Publicidade...	34
4.5	Eficiência	39
5.	Princípios infraconstitucionais...	41
5.1	Princípios expressos na Lei 9.784/1999 (processo administrativo federal)...	42
5.2	Outros princípios...	47
6.	Súmulas	52
6.1	Súmulas vinculantes – STF...	52
6.2	Súmulas do STF...	52
6.3	Súmulas do STJ..	53
Resumo		54

3. PODERES ADMINISTRATIVOS		**55**
1.	Conceito	55
1.1	Poderes do Estado *x* poderes da Administração	56
2.	Vinculação	57
3.	Discricionariedade...	58
3.1	Justificadores da discricionariedade administrativa.....................	58
3.2	Controle judicial dos atos discricionários	60
4.	Poder hierárquico..	61
4.1	Delegação	63
4.2	Avocação...	65
4.3	Resumo desenhado: delegação *x* avocação.................................	66
4.4	Resumo desenhado: poder hierárquico.....................................	66
5.	Poder disciplinar...	66
6.	Poder de polícia..	70
6.1	Conceito..	70
6.2	Polícia administrativa x polícia judiciária	72

6.3	Poder de polícia x poder disciplinar	73
6.4	Poder de polícia: sentido amplo x sentido estrito	75
6.5	Atributos do poder de polícia	75
6.6	Atuações do poder de polícia	77
6.7	Delegação do poder de polícia	78
6.8	Prescrição	81
7.	Poder normativo/regulamentar	81
7.1	Características	82
7.2	Regulamentos	82
7.3	Controle	86
8.	Uso e abuso de poder	87
9.	Súmulas	88
9.1	Súmulas vinculantes – STF	88
9.2	Súmulas do STF	89
9.3	Súmulas do STJ	89
	Resumo	90

4. ORGANIZAÇÃO ADMINISTRATIVA 93

1.	Conceito	93
2.	Fundamento legal	94
3.	Tipos de prestação da atividade administrativa	94
4.	Desconcentração *x* descentralização	94
5.	Desconcentração	95
5.1	Espécies de desconcentração	97
5.2	Teorias do órgão público	98
5.3	Características dos órgãos públicos	99
5.4	Classificação dos órgãos	101
6.	Descentralização	102
6.1	Espécies de descentralização	103
7.	Formas de controle	104
7.1	Controle na desconcentração (hierárquico/autotutela)	104
7.2	Controle na descentralização (finalístico/tutela/supervisão ministerial)	105
8.	Formas de surgimento das pessoas da administração indireta	105

9. Autarquias 107

   9.1 Criação e extinção 109

   9.2 Regime jurídico 109

   9.3 Regime de bens 118

   9.4 Responsabilidade civil 120

   9.5 Espécies de autarquias 121

10. Fundações 129

   10.1 Natureza jurídica 130

   10.2 Fundação pública de direito público 131

   10.3 Fundação pública de direito privado 131

11. Empresas estatais 133

   11.1 Pontos de semelhança 133

   11.2 Pontos de distinção 144

   11.3 Lei 13.303/2016 147

12. Súmulas 149

   12.1 Súmulas vinculantes – STF 149

   12.2 Súmulas do STF 150

   12.3 Súmulas do STJ 150

Resumo 151

5. TERCEIRO SETOR 153

1. Disposições gerais 153

2. Terceiro setor 155

3. Serviço social autônomo 155

   3.1 Características 156

   3.2 Resumo do tema 160

4. Entidades de apoio 161

5. Organização Social (OS) 162

   5.1 Características 162

6. Organização da Sociedade Civil de Interesse Público (OSCIP) ... 167

   6.1 Características 167

   6.2 Resumo desenhado 171

7. OS x OSCIP 171

8.	Organização da Sociedade Civil (OSC)		172
	8.1	Pessoas impedidas de celebrar parcerias	172
	8.2	Dos requisitos para a celebração das parcerias	173
	8.3	Chamamento público	174
	8.4	Inexigibilidade e dispensa do chamamento público	175
	8.5	Celebração das parcerias	176
	8.6	Formalização das parcerias	176
	8.7	Liberação de recursos	178
	8.8	Das sanções administrativas	178
9.	Súmulas		179
	9.1	Súmulas do STF	179
	9.2	Súmulas do STJ	179
Resumo			179

6. SERVIÇOS PÚBLICOS 181

1.	Conceito		181
2.	Princípios		182
	2.1	Generalidade	183
	2.2	Modicidade tarifária	183
	2.3	Eficiência	185
	2.4	Segurança	185
	2.5	Atualidade	185
	2.6	Cortesia	185
	2.7	Regularidade	186
	2.8	Continuidade	186
3.	Classificação		191
4.	Formas de prestação do serviço público		194
5.	Concessão de serviços públicos		196
	5.1	Características da concessão	197
	5.2	Obrigações da concessionária	202
	5.3	Poder concedente	203
	5.4	Usuários do serviço público	204
	5.5	Intervenção	205

5.6	Extinção da concessão	206
6.	Parceria Público-Privada – PPP	210
6.1	Espécies de PPP	211
6.2	Características dos contratos de parceria público-privada	212
7.	Permissão de serviço público	215
7.1	Permissão *x* concessão	216
8.	Autorização de serviço público	217
9.	Súmulas	217
9.1	Súmulas vinculantes – STF	217
9.2	Súmulas do STF	218
9.3	Súmulas do STJ	218
	Resumo	218

7. ATOS ADMINISTRATIVOS ... 221

1.	Fato x ato	221
2.	Ato da administração x ato administrativo	222
3.	Conceito de ato administrativo	223
3.1	Vinculação e discricionariedade	224
3.2	Silêncio administrativo	225
4.	Requisitos/elementos do ato administrativo	226
4.1	Competência	227
4.2	Finalidade	231
4.3	Forma	233
4.4	Motivo	236
4.5	Objeto	239
4.6	Mérito do ato administrativo	240
5.	Atributos/características do ato administrativo	241
5.1	Presunção de legitimidade	242
5.2	Autoexecutoriedade	243
5.3	Tipicidade	245
5.4	Imperatividade	245
5.5	Resumo	246
6.	Classificação dos atos administrativos	247

6.1	Quanto à liberdade	247
6.2	Quanto aos destinatários	247
6.3	Quanto ao alcance	248
6.4	Quanto ao objeto	248
6.5	Quanto à estrutura	248
6.6	Quanto aos efeitos	249
6.7	Quanto aos resultados	249
6.8	Quanto à formação	249
7.	Espécies de atos administrativos	252
7.1	Atos normativos	252
7.2	Atos enunciativos	253
7.3	Atos punitivos	253
7.4	Atos ordinatórios	254
7.5	Atos negociais	254
8.	Formação e efeitos dos atos administrativos	256
8.1	Perfeição	256
8.2	Validade	256
8.3	Eficácia	256
8.4	Possibilidade de combinações	258
9.	Extinção dos atos administrativos	258
9.1	Revogação	259
9.2	Anulação	263
9.3	Revogação *x* Anulação	268
9.4	Cassação	268
9.5	Caducidade	269
9.6	Contraposição	270
9.7	Outras formas de extinção	270
10.	Convalidação	271
11.	Súmulas	274
11.1	Súmulas vinculantes – STF	274
11.2	Súmulas do STF	274
11.3	Súmulas do STJ	275
Resumo		276

8. CONTROLE DA ADMINISTRAÇÃO PÚBLICA 279

1. Introdução 279

2. Conceito 279

3. Classificação 281

4. Controle administrativo 287

    4.1   Meios de controle 288

    4.2   Direito de petição 289

    4.3   Recurso administrativo 289

    4.4   Órgão de controle interno 292

5. Controle legislativo 292

    5.1   Controle parlamentar 293

    5.2   Controle pelo Tribunal de Contas 294

6. Controle judicial 297

    6.1   Características 298

    6.2   Ações judiciais de controle 298

    6.3   *Atos interna corporis* 308

7. Súmulas 308

    7.1   Súmulas vinculantes – STF 308

    7.2   Súmulas do STF 309

    7.3   Súmulas do STJ 310

    Resumo 312

9. BENS PÚBLICOS 315

1. Conceito 315

2. Titularidade dos bens públicos 317

3. Espécies de bens públicos 317

4. Características dos bens públicos 319

    4.1   Afetação *x* desafetação 323

    4.2   Alienação de bens públicos 324

    4.3   Resumo: espécies e características dos bens públicos 326

5. Uso dos bens públicos pelos particulares 326

    5.1   Formas de consentimento estatal para uso especial de bens públicos 327

6. Formas de aquisição de bens 330

7.	Súmulas	330
	7.1 Súmulas do STF	330
	7.2 Súmulas do STJ	331
Resumo		331

10. INTERVENÇÃO DO ESTADO NA PROPRIEDADE ... 333

1.	Direito de propriedade	333
2.	Intervenção na propriedade	333
3.	Fundamentos e regras constitucionais	334
4.	Formas de intervenção	335
5.	Intervenções restritivas da propriedade	335
	5.1 Limitação administrativa	335
	5.2 Servidão administrativa	337
	5.3 Requisição administrativa	338
	5.4 Tombamento	339
	5.5 Ocupação temporária	344
6.	Desapropriação	345
	6.1 Aquisição originária da propriedade	345
	6.2 Bens x desapropriação	346
	6.3 Pressupostos	347
	6.4 Modalidades de desapropriação	349
	6.5 Procedimento administrativo da desapropriação	359
	6.6 Procedimento judicial da desapropriação	364
	6.7 Indenização	367
	6.8 Direito de extensão	370
	6.9 Tredestinação	371
	6.10 Retrocessão	372
7.	Súmulas	373
	7.1 Súmulas vinculantes – STF	373
	7.2 Súmulas do STF	373
	7.3 Súmulas do STJ	374
Resumo		375

11. AGENTES PÚBLICOS 377

1. Conceito 377
2. Classificação dos agentes públicos 378
   - 2.1 Agentes políticos 378
   - 2.2 Agentes administrativos 380
   - 2.3 Particulares em colaboração com o Estado 385
3. Cargo x emprego público x função 386
   - 3.1 Acumulação de cargos, empregos e funções 388
4. Concurso público 389
   - 4.1 Exceções ao concurso público 389
   - 4.2 Prazo de validade 391
   - 4.3 Direito subjetivo à nomeação 392
   - 4.4 Cláusula de barreira 393
   - 4.5 Controle judicial 393
   - 4.6 Nulidade 394
5. Estabilidade 394
   - 5.1 Prazo para aquisição 395
   - 5.2 Perda do cargo 397
   - 5.3 Estabilidade x vitaliciedade 398
6. Direito de greve 399
7. Estatuto do Servidor Público Federal (Lei 8.112/1990) 400
   - 7.1 Cargo público 400
8. Do provimento 403
   - 8.1 Nomeação 404
   - 8.2 Readaptação 408
   - 8.3 Reversão 409
   - 8.4 Reintegração 410
   - 8.5 Recondução 412
   - 8.6 Aproveitamento 413
   - 8.7 Promoção 414
9. Da vacância 414
10. Da remoção 416
11. Redistribuição 418
12. Dos direitos e vantagens 418

12.1	Do vencimento e da remuneração	418
12.2	Das vantagens	423
12.3	Das licenças	430
12.4	Das concessões	433
13.	Regime disciplinar	434
13.1	Dos deveres do servidor	434
13.2	Das responsabilidades	435
13.3	Das penalidades	436
14.	Processo administrativo disciplinar	446
14.1	Sindicância	448
14.2	Do Processo Administrativo Disciplinar (PAD)	449
14.3	Processo Administrativo Disciplinar sumário	453
14.4	Revisão do processo	454
15.	Súmulas	455
15.1	Súmulas vinculantes – STF	455
15.2	Súmulas do STF	456
15.3	Súmulas do STJ	457
Resumo		459

12. RESPONSABILIDADE CIVIL DO ESTADO 461

1.	Fundamentos	461
2.	Evolução histórica	462
3.	Responsabilidade estatal na Constituição de 1988	465
3.1	A quem se aplica o art. 37, § 6.º, da CF/1988	465
3.2	Responsabilidade objetiva	470
3.3	Ação regressiva	473
4.	Responsabilidade por omissão estatal	477
4.1	Relação de custódia	479
5.	Excludentes de responsabilidade do Estado	482
5.1	Teorias: risco administrativo x risco integral	485
6.	Prescrição	487
6.1	Tortura no regime militar	489
7.	Responsabilidade por atos legislativos e judiciais	489
7.1	Responsabilidade por atos legislativos	490

7.2	Responsabilidade por atos judiciais	490
8.	Súmulas	491
8.1	Súmulas Vinculantes – STF	491
8.2	Súmulas do STF	491
8.3	Súmulas do STJ	491
	Resumo	492

13. LICITAÇÃO (LEI 14.133/2021) 495

1.	Conceito	495
2.	Competência para legislar	496
3.	Lei 14.133/2021, "nova" Lei de Licitação	497
4.	Quem deve licitar	499
5.	Objetivos da licitação	500
6.	Objetos da licitação	501
7.	Princípios	502
8.	Definições importantes	505
9.	Modalidades de licitação	506
9.1	Pregão	508
9.2	Concorrência	510
9.3	Concurso	513
9.4	Leilão	514
9.5	Diálogo competitivo	517
9.6	Modalidades: resumo	522
10.	Fases da licitação	523
10.1	Fase preparatória	523
10.2	Fase de divulgação do edital	525
10.3	Fase de apresentação das propostas	526
10.4	Fase de julgamento	529
10.5	Fase de habilitação	534
10.6	Fase recursal	538
10.7	Encerramento da licitação	539
11.	Contratação direta	541
11.1	Inexigibilidade de licitação	542
11.2	Dispensa de licitação	547

11.3 Contratação direta: inexigibilidade × dispensa (dispensável) × licitação dispensada 555

12. Instrumentos auxiliares 556

    12.1 Credenciamento 556

    12.2 Pré-qualificação 557

    12.3 Procedimento de manifestação de interesse 559

    12.4 Sistema de registro de preço 560

    12.5 Registro cadastral 564

13. Lei 8.666/1993 × Lei 14.133/2021 565

14. Súmulas 568

    14.1 Súmulas do STF 568

    14.2 Súmulas do STJ 569

15. Resumo 569

14. CONTRATOS ADMINISTRATIVOS (LEI 14.133/2021) 571

1. Conceito 571

    1.1 Contratos da Administração × contratos administrativos 572

2. Competência legislativa 572

3. Lei 14.133/2021 – "Nova" Lei de Licitação e Contratos 573

4. Características dos contratos administrativos 574

    4.1 Formalismo 577

    4.2 Contrato administrativo × contrato privado 582

5. Execução dos Contratos 583

6. Duração dos Contratos 587

7. Garantias 589

8. Alocação de Riscos 591

    8.1 Teoria da imprevisão 592

9. Prerrogativas da administração 594

10. Modificação unilateral dos contratos 595

    10.1 Modificação bilateral dos contratos 597

11. Extinção dos contratos 598

12. Nulidades dos contratos 602

13. Recebimento do objeto 603

14. Pagamento 604

15. Infrações e sanções administrativas... 605
16. Portal nacional de contratações públicas... 613
17. Lei 8.666/1993 × Lei 14.133/2021... 614
18. Contratos em espécie 616
    18.1 Contrato de concessão (Lei 8.987/1995 + Lei 11.079/2004)........ 616
    18.2 Contrato de permissão (Lei 8.987/1995) 617
    18.3 Contrato de gestão 618
    18.4 Contrato das empresas estatais (Lei 13.303/2016)...................... 620
19. Convênios 624
20. Consórcios públicos.. 625
21. Súmulas 630
    21.1 Súmulas do STF.. 630
    21.2 Súmulas do STJ.. 630
22. Resumo 631

15. IMPROBIDADE ADMINISTRATIVA.. 633
1. Probidade x improbidade 633
2. Probidade x moralidade.. 634
3. Fundamento constitucional 635
4. Lei 8.429/92, noções introdutórias 637
5. Elemento subjetivo do ato ímprobo 638
    5.1 Dolo específico.. 639
    5.2 Lei 14.230/2021 no tempo.. 640
6. Sujeitos.. 642
    6.1 Sujeito passivo.. 643
    6.2 Sujeito ativo 645
7. Espécies de atos de improbidade.. 652
    7.1 Enriquecimento ilícito 654
    7.2 Prejuízo ao erário 657
    7.3 Atentam contra os princípios da Administração Pública............ 660
8. Das sanções 664
    8.1 Constituição Federal x lei de improbidade administrativa 665
    8.2 Sanções por improbidade administrativa × outros processos 666
    8.3 Sanções previstas na lei de improbidade administrativa............ 668
9. Da declaração de bens 676
10. Do procedimento administrativo... 677
11. Da indisponibilidade dos bens 678

12. Ação judicial de improbidade	683
12.1 Acordo de não persecução civil	690
12.2 Sentença nas ações de improbidade	693
13. Prescrição	694
13.1 Inquérito civil / processo administrativo	696
13.2 Interrupção do prazo prescricional	699
13.3 Particular × prazo prescricional	701
13.4 Ação de ressarcimento ao erário	702
14. Súmulas	703
14.1 Súmulas Vinculantes – STF	703
14.2 Súmulas do STF	704
14.3 Súmulas do STJ	704
15. Resumo	704

16. PROCESSO ADMINISTRATIVO 707

1. Conceito	707
2. Finalidades	709
3. Princípios	709
3.1 Legalidade	710
3.2 Finalidade	710
3.3 Motivação	711
3.4 Proporcionalidade e razoabilidade	711
3.5 Eficiência	711
3.6 Moralidade	712
3.7 Contraditório e ampla defesa	712
3.8 Segurança jurídica	713
3.9 Publicidade	713
3.10 Gratuidade	714
3.11 Informalismo	714
3.12 Oficialidade	714
4. Direitos e deveres dos administrados	715
5. Início do processo administrativo	716
5.1 Legitimados	717
6. Competência	718
6.1 Delegação *x* avocação	718

6.2	Impedimento *x* suspeição	720
7.	Atos do processo	721
7.1	Comunicação dos atos	722
8.	Fases processuais	723
8.1	Instauração	724
8.2	Instrução	724
8.3	Decisão	727
9.	Motivação	728
9.1	Motivação aliunde	729
10.	Formas de extinção do processo	730
11.	Anulação *x* revogação *x* convalidação	731
12.	Recursos	732
12.1	Não recebimento dos recursos	734
12.2	*Reformatio in pejus*	734
12.3	Revisão	735
13.	Dos prazos	736
13.1	Prazos expressos na Lei 9.784/1999	736
14.	Súmulas	737
14.1	Súmulas vinculantes – STF	737
14.2	Súmulas do STF	737
14.3	Súmulas do STJ	738
	Resumo	739

BIBLIOGRAFIA 741

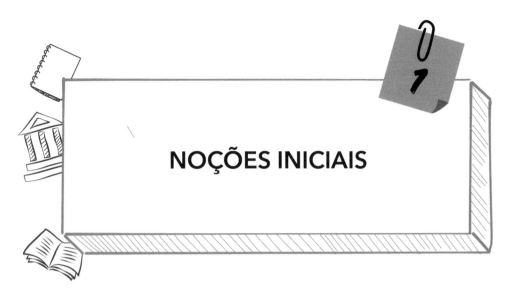

NOÇÕES INICIAIS

1. DIREITO

A vida em sociedade necessita de regras para que todos os indivíduos possam coexistir de maneira organizada e harmônica. Assim, com a finalidade de regrar o convívio social, surge o Direito.

O Direito pode ser conceituado como uma ciência jurídica que institui de maneira coativa normas e princípios de conduta com a função básica de regular as relações sociais, sendo a sistematização dessas regras denominada ordem jurídica.

Apesar de o Direito ser um só, para facilitar o entendimento do tema, os estudiosos dividiram-no em dois ramos: direito público e direito privado.

Sob a ótica do **direito público**, o Estado será parte nas relações jurídicas e atuará em busca, como regra generalíssima, dos interesses estatais e coletivos. Perceba que, nesse caso, teremos uma relação vertical e desigual, estando o Poder Público em posição de supremacia em relação aos indivíduos. São ramos de direito público, entre outros: Direito Constitucional, Administrativo, Penal, Processual e Tributário.

Observe que no uso do direito público, existindo um conflito de interesses entre o Estado e o particular, deverá prevalecer a melhor solução para a coletividade, limitando-se assim o interesse individual em prol do interesse público. Por exemplo, a própria Constituição Federal admite a existência de desapropriações de imóveis privados em benefício de melhorias públicas.

> Art. 5.º, XXIV, CF/1988. A lei estabelecerá o procedimento para desapropriação por necessidade ou utilidade pública, ou por interesse social, mediante justa e prévia indenização em dinheiro, ressalvados os casos previstos nesta Constituição.

Sob a ótica dos **ramos de direito privado**, teremos as relações entre particulares, não atuando o Poder Público como parte integrante, ou seja, aqui haverá uma relação horizontal travada entre indivíduos. Como exemplo dessa atuação temos o Direito Civil e o Empresarial.

Note que, nesse caso, em razão da igualdade entre as partes, em diversos momentos poderão as normas ser afastadas em virtude do acordo entre as partes.

2. ESTADO

O Estado é um ente soberano, organizado politicamente e detentor de personalidade jurídica própria de direito público, mantendo tanto relações internas (plano nacional) quanto externas (plano internacional).

> **caiu na prova**
>
> **(QUADRIX/CRN-RS/2020)** *O Estado possui personalidade jurídica de direito público, podendo adquirir direitos e contrair obrigações na ordem jurídica.*
>
> **Gabarito:** *Certo.*

Antigamente, existia a teoria da dupla personalidade, segundo a qual o Estado poderia ter personalidade[1] de direito público ou privado, a depender da área em que atuasse. Hoje, tal entendimento está em desuso, encontrando-se pacificado o fato de o Estado possuir apenas personalidade jurídica de **direito público**.

Todavia, apesar de a personalidade estatal ser de direito público, poderá o Estado atuar tanto no campo público quanto no privado. Por exemplo, quando é realizada a desapropriação da casa de um particular para que se possa construir um novo posto de saúde, estará o Estado atuando no campo público; já quando o poder público realiza a locação de um imóvel (ato de gestão), estará atuando no campo privado.

---

[1] O termo *personalidade* significa a aptidão conferida a alguém para poder ser titular de direitos e contrair obrigações na ordem civil.

> **caiu na prova**
>
> **(QUADRIX/CRESS-PB/2021)** *O Estado pode atuar, no direito público, como pessoa jurídica de direito público e, no direito privado, como pessoa jurídica de direito privado, uma vez que possui dupla personalidade.*
>
> **Gabarito:** *Errado.*[2]

Entretanto, agora que já sabemos as características gerais do Estado, pergunta-se: quais são os elementos necessários para se formar um Estado?

Fácil. Precisamos de três elementos, originários e indissociáveis para formar o Estado, são eles: **Povo, Território e Governo soberano**. Lembrando que elementos são os requisitos mínimos e necessários à formação do Estado.

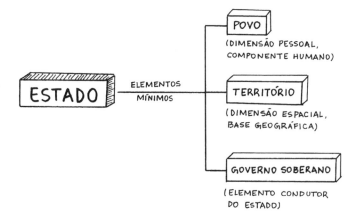

Agora que já sabemos os elementos necessários à formação do Estado, vale destacar que hoje vivemos em um Estado de Direito. Mas o que é isso?

Simples, Estado de Direito é um local submetido a normas, as quais devem ser obedecidas tanto pelo povo quanto pelo próprio Estado. Sendo assim, a nossa Constituição Federal, por exemplo, deve ser respeitada por todos, inclusive pelas instituições públicas e seus administradores.

> **caiu na prova**
>
> **(QUADRIX/CRO-AM/2019)** *Estado de direito é a noção que se baseia na regra de que ao mesmo tempo que o Estado cria o direito deve sujeitar-se a ele.*
>
> **Gabarito:** *Certo.*

---

[2] O Estado poderá atuar tanto no campo do direito público quanto no campo privado, mas, em qualquer uma dessas situações, a personalidade estatal será de direito público. Lembre-se: a tese da dupla personalidade está superada.

2.1 Funções e poderes do Estado

Depois de formado, o Estado passa a desempenhar algumas funções: legislativa, administrativa e judicial.

De início, na época das Monarquias absolutistas, existia a concentração de todas as funções do Estado nas mãos do monarca, ou seja, este criava as leis, as executava e realizava os julgamentos. Isso ocorria porque nessa época existia uma confusão entre Estado e igreja, sendo assim, o rei era considerado o representante de Deus no plano terrestre e, como Deus não erra, o rei também não poderia errar (*the king can do no wrong*).

Só que com o passar dos tempos essa teoria foi sendo abandonada, principalmente pelo visível abuso de poder que era cometido pelos Monarcas e o crescente descontentamento social. Foi assim que, mediante o fortalecimento do movimento iluminista e, em especial, pelas ideias do Barão de Montesquieu, as funções do Estado começaram a ser repartidas entre três Poderes distintos, a saber: Legislativo, Executivo e Judiciário.

Assim, surgiu a clássica teoria da **tripartição de funções** idealizada por Montesquieu e adotada até hoje em nosso ordenamento jurídico, a qual, a fim de evitar excessos, separou as funções do Estado em três Poderes distintos.

> Art. 2.º, CF/1988. São Poderes da União, independentes e harmônicos entre si, o Legislativo, o Executivo e o Judiciário.

Perceba que cada Poder foi criado com a finalidade de exercer especificamente umas das funções do Estado, por exemplo, o Poder Legislativo foi instituído para realizar a criação das leis que organizarão a vida em sociedade. Nesse caso, quando o Poder está atuando em sua atividade principal, diz-se que ele está desempenhando a sua **função típica**.

No entanto, como a **separação dos poderes não é absoluta**, poderá um Poder, sempre de maneira excepcional e permitida constitucionalmente, exercer funções que originalmente foram conferidas a outro poder. Nesse caso, existirá o desempenho da **função atípica, secundária**.

> **caiu na prova**
>
> **(COPESE/TRF-1R/2019)** As funções do Estado podem ser divididas em: função típica, aquela pela qual o Poder foi criado; e uma função atípica, estranha àquela para a qual o Poder foi criado, uma função secundária.
> **Gabarito:** Certo.

Por exemplo, o Senado Federal ao realizar o julgamento dos crimes de responsabilidade supostamente cometidos pelo Presidente da República. Note que o Poder Legislativo foi "criado" para produzir leis e fiscalizar (função típica), mas, excepcionalmente, por autorização da Constituição Federal, receberá a possibilidade de proferir julgamentos (função atípica).

> Art. 52, CF/1988. Compete privativamente ao Senado Federal: I – processar e julgar o Presidente e o Vice-Presidente da República nos crimes de responsabilidade, bem como os Ministros de Estado e os Comandantes da Marinha, do Exército e da Aeronáutica nos crimes da mesma natureza conexos com aqueles.

Além do caso supramencionado, podemos citar outros exemplos de realização de atividades secundárias pelos Poderes. Vale relembrar que, sob pena de ofensa ao princípio da separação dos Poderes, o desempenho das funções atípicas deve estar previsto no texto Constitucional.

a) Quando o Presidente da República edita medidas provisórias.

> Art. 62, CF/1988. Em caso de relevância e urgência, o Presidente da República poderá adotar medidas provisórias, com força de lei, devendo submetê-las de imediato ao Congresso Nacional.

b) Quando o Poder Judiciário realiza licitações.

> Art. 37, XXI, CF/1988 – ressalvados os casos especificados na legislação, as obras, serviços, compras e alienações serão contratados mediante processo de licitação pública que assegure igualdade de condições a todos os concorrentes, com cláusu-

las que estabeleçam obrigações de pagamento, mantidas as condições efetivas da proposta, nos termos da lei, o qual somente permitirá as exigências de qualificação técnica e econômica indispensáveis à garantia do cumprimento das obrigações.

3. GOVERNO

Inicialmente, consideravam-se os termos "governo" e "Estado" como sinônimos. Todavia, como já analisamos, podemos definir Estado como um povo, situado em determinado território e sujeito a um governo soberano. Sendo assim, observe que o governo é apenas um dos elementos necessários à formação do Estado.

A expressão "governo" também não pode ser confundida com a "Administração Pública". Aquele é composto pela cúpula diretiva do Estado, responsável pelas decisões políticas e por formular as políticas públicas; já a Administração pública tem uma função mais técnica, executiva, ou seja, coloca em prática os planos traçados.

Imagine, por exemplo, a seguinte situação: Maria, arquiteta, elabora o projeto de uma nova sala comercial e contrata João, empreiteiro, para realizar a obra. Usando a analogia, é como se Maria fosse o "governo" (elaborou o plano) e João a "Administração" (executa o plano elaborado por Maria).

caiu na prova

(AOCP/PC-ES/2019) *Os conceitos de governo e administração não se equiparam; o primeiro refere-se a uma atividade essencialmente política, ao passo que o segundo, a uma atividade eminentemente técnica.*

Gabarito: *Certo.*

Para finalizar, vale salientar que parte da doutrina nacional subdivide a expressão "governo" em dois sentidos, a saber: **a) subjetivo (formal)** – é a cúpula diretiva do Estado, ou seja, o conjunto de órgãos e Poderes constitucionais; **b) objetivo (material)** – são as funções estatais básicas.

4. ADMINISTRAÇÃO PÚBLICA

A Administração é a responsável pelo desempenho da função administrativa, ou seja, deve praticar atos concretos em busca da satisfação do interesse público. Tipicamente, essa função pertence ao Poder Executivo, mas, como sabemos, além das funções típicas, existem as atípicas, logo, os Poderes Legislativo e Judiciário também desempenharão atividades com perfil administrativo.

caiu na prova

(VUNESP/PREF-GUARULHOS/2019) *O Poder Executivo é o poder estatal dotado da atribuição exclusiva de exercer atividade administrativa.*

Gabarito: *Errado.*[3]

---

[3] Nenhuma das funções do Estado é exercida de forma exclusiva. Sendo assim, apesar de a função administrativa ser típica do Poder Executivo, poderá ser exercida de maneira secundária, atípica, pelos Poderes Legislativo e Judiciário.

Para fins didáticos, a expressão Administração Pública deve ser analisada sob dois sentidos diferentes:

a) **Subjetivo, orgânico, formal:** compreende o conjunto de pessoas, órgãos e agentes responsáveis pelo desempenho da função administrativa. Perceba que aqui o foco é "quem" está compondo o aparelho administrativo. Nesse caso, o termo "Administração Pública" deve ser grafado com letras maiúsculas.

> **caiu na prova**
>
> **(QUADRIX/CRMV-RN/2019)** *A Administração Pública, em seu sentido subjetivo, contempla o conjunto de agentes, órgãos e pessoas jurídicas incumbido das atividades administrativas.*
> **Gabarito:** Certo.

b) **Objetivo, funcional, material:** compreende a própria função administrativa, ou seja, são as atividades, serviços e funções desempenhadas pelo Poder Público. Perceba que aqui o foco é "o que" está sendo feito. Nesse caso, o termo "administração pública" deve ser grafado com letras minúsculas.

> **caiu na prova**
>
> **(OBJETIVA/PROCURADOR-RS/2021)** *Em sentido objetivo, a Administração Pública abrange as atividades exercidas pelas pessoas jurídicas, órgãos e agentes incumbidos de atender concretamente às necessidades coletivas; corresponde à função administrativa, atribuída preferencialmente aos órgãos do Poder Executivo.*
> **Gabarito:** Certo.

4.1 Tarefas da Administração Pública

A Administração possui diversas atribuições a serem desempenhadas. Ao longo dos anos, o número dessas atividades foi crescendo e hoje, segundo a doutrina majoritária, deverá o Estado desempenhar três tarefas precípuas, quais sejam:

a) **poder de polícia:** esta foi a primeira missão conferida à administração. Pelo exercício desse poder, o Estado poderá instituir limitações à liberdade e à propriedade particular em benefício da coletividade;

b) **serviços públicos:** logo no início do século XX, em especial após a Primeira Guerra Mundial (1914-1918), percebeu-se que o Estado não deveria atuar apenas de maneira negativa, ou seja, limitando a vida em sociedade (caso do uso do poder de polícia), deveria ele agir também de forma positiva, isto é, prestando serviços públicos à sociedade, tais como energia elétrica, transporte público e água canalizada;

c) **fomento:** fomentar significa incentivar. Portanto, após a segunda metade do século XX, o Estado percebeu que não bastava limitar o convívio em sociedade (poder de polícia) nem prestar serviços de interesse coletivo (serviços públicos), deveria ir além, incentivando setores sociais específicos da iniciativa privada para que estes pudessem desenvolver a ordem social e econômica.

5. DIREITO ADMINISTRATIVO

5.1 Conceito

A conceituação deste ramo do Direito não se encontra pacificada na doutrina nacional. Entretanto, de início, podemos dizer que o Direito Administrativo é um ramo do direito público cuja finalidade é a busca pela satisfação do interesse público.

Para alcançar seus objetivos, existem diversas regras e princípios (típicos do direito público) que em determinados momentos limitam a atuação administrativa e noutros oferecem prerrogativas ao agente público, para que este possa se sobrepor ao interesse dos particulares em benefício de melhorias para a coletividade.

5.1.1 Critérios do Direito Administrativo

Ao longo do tempo, vários critérios foram sendo criados com a finalidade de tentar definir o conceito do Direito Administrativo. Para fins de prova, devem ser analisados todos eles, sabendo-se, entretanto, que, para a doutrina majoritária, adota-se, atualmente, o critério funcional.

a) **Critério Legalista:** também chamado de escola exegética, empírica ou caótica, mencionava que o Direito Administrativo se limitava ao conjunto de leis existentes no País. Essa corrente não prosperou, pois era extremamente reducionista, já que o Direito não se esgota na lei.

b) **Critério do Serviço Público:** esse pensamento surgiu na França, seguindo as orientações de Léon Duguit e da Escola do Serviço Público. Ocorre que, na época, o serviço público representava, basicamente, toda a atividade desempenhada pelo Estado. Entretanto, hoje esse conceito se encontra superado, principalmente pelo fato de não abarcar todas as áreas de atuação do Poder Público, pois, além de serviços públicos, o Estado exerce atividades de fomento, executa obras, atua no uso do poder de polícia e intervém no domínio econômico.

c) **Critério do Poder Executivo:** para tal critério, o Direito Administrativo se confunde com as atuações do próprio Poder Executivo. Logicamente, essa corrente não poderia prosperar, pois, como vimos, existem funções típicas e atípicas, logo, a função administrativa poderia muito bem ser exercida pelos Poderes Legislativo e Judiciário, e, além do mais, o próprio Poder Executivo nem sempre atua como administrador, podendo, em determinados momentos, por exemplo, exercer a função atípica de legislar.

d) **Critério das Relações Jurídicas:** de acordo com tal critério, o Direito Administrativo seria embasado nas relações travadas entre a Administração e os administrados. Essa é mais uma corrente falha, principalmente pelo fato de sua imprecisão, já que diversos outros ramos do direito público, por exemplo, o Direito Tributário e o Penal, também praticam essas mesmas relações. Além do mais, em determinados momentos as atuações administrativas não visam os particulares, como no caso da normatização das regras protecionistas dos bens estatais.

e) **Critério Teleológico:** também denominado critério finalístico, tenta definir o Direito Administrativo como um sistema de princípios jurídicos que regulam as ações estatais na busca da concretização de seu fim, qual seja a satisfação do interesse público. Apesar de correta, considera-se esse critério incompleto por não abarcar a matéria de forma integral.

caiu na prova

(CEBRASPE/PGE-PE/2019) *De acordo com o critério teleológico, o direito administrativo é um conjunto de normas que regem as relações entre a administração e os administrados.*

Gabarito: *Errado.*[4]

f) **Critério Negativista:** de acordo com essa corrente, o Direito Administrativo seria conceituado por exclusão, ou seja, englobaria todas as funções que não fossem legislativas ou judiciais. A grande crítica a ele é o fato de não se poder conceituar algo dizendo o que ele não é; deve existir precisão na definição e, para isso, faz-se necessário mencionar o que o Direito Administrativo é.

g) **Critério Funcional:** é o critério adotado atualmente pela doutrina majoritária, o qual menciona que o Direito Administrativo está relacionado ao ramo do Direito que estuda o desempenho da função administrativa, esteja ela sendo exercida pelo Poder Executivo, Legislativo ou Judiciário.

---

[4] A definição está relacionada ao critério das relações jurídicas, não ao teleológico.

Essa corrente foi defendida por Hely Lopes Meireles[5], segundo o qual o Direito Administrativo é: "conjunto harmônico de princípios jurídicos que regem os órgãos, os agentes e as atividades públicas tendentes a realizar concreta, direta e imediatamente os fins desejados pelo Estado".

5.2 Características

O Direito Administrativo, sendo um ramo independente dos demais, possui características específicas. Podemos destacar quatro características em especial.

a) **Ramo recente.** O ponto de partida para a formação do Direito Administrativo foi a teoria dos Poderes, desenvolvida pelo barão de Montesquieu com a publicação, em 1748, da obra *O espírito das leis* (*L' Esprit des Lois*). Posteriormente, em 1789, após a Revolução Francesa, foi definida e efetivada a tripartição dos Poderes em: Legislativo, Executivo e Judiciário.

No Brasil, com o Decreto 608, de 1851, foi criada a cadeira de Direito Administrativo, ficando para o ano 1857, em Recife, o surgimento da primeira obra doutrinária sobre o tema: *Elementos de direito administrativo brasileiro*, de Vicente Pereira do Rego.

b) **Ramo autônomo.** O Direito Administrativo possui princípios e objeto próprios (estudo e regras relacionadas ao desempenho da função administrativa), logo, essas duas características são suficientes para considerar esse ramo autônomo em relação aos demais.

c) **Ramo não codificado.** Ao contrário de diversos outros ramos do direito, tais como o Penal, Tributário e Civil, o Direito Administrativo não possui um código, ou seja, a legislação administrativa é esparsa (espalhada) não existindo assim uma organização e reunião dos temas em um documento único. A grande crítica à não codificação reside, principalmente, na dificuldade existente para assimilar os temas e a falta de segurança jurídica causada pala fragmentação das normas.

d) **Influenciado parcialmente pela jurisprudência.** Em virtude do princípio da legalidade (que será estudado no próximo capítulo), o administrador só pode fazer aquilo que a lei autoriza. Assim, a base da atuação do agente público é a legislação. Contudo, para ajudar o administrador a interpretar a lei e a suprir suas lacunas, usa-se a jurisprudência, a qual pode ser conceituada como a reiteração de decisões judiciais referentes a determinado assunto.

e) **Adoção do modelo de jurisdição una.** Como veremos um pouco adiante, as causas administrativas serão julgadas pelo Poder Judiciário, sendo este o responsável por gerar decisões com cunho de definitividade.

caiu na prova

(QUADRIX/CRA-PA/2019) *No Brasil, o direito administrativo se caracteriza por ser um ramo jurídico recente, não estar codificado, embora seja normatizado, adotar o sistema uno de jurisdição e sofrer influência da jurisprudência, que, em muitos aspectos, ajuda a moldar o regime jurídico administrativo.*

Gabarito: *Certo.*

---

[5] *Direito administrativo brasileiro*. 28. ed. São Paulo: Malheiros, 2003. p. 38.

5.3 Relação com outros ramos do Direito

Como o Direito é um só, logicamente, deverá existir a correlação do Direito Administrativo com os diversos outros ramos jurídicos. Para facilitar a visualização do tema, vamos exemplificar este intercâmbio por meios de algumas normas.

a) **Direito Constitucional:** dentre os diversos traços em comum, podemos citar o capítulo VII do Texto Constitucional, dedicado exclusivamente à Administração Pública.

> Art. 37, CF/1988. A administração pública direta e indireta de qualquer dos Poderes da União, dos Estados, do Distrito Federal e dos Municípios obedecerá aos princípios de legalidade, impessoalidade, moralidade, publicidade e eficiência.

b) **Direito Penal:** dá o conceito de servidores públicos.

> Art. 327, CP. Considera-se funcionário público, para os efeitos penais, quem, embora transitoriamente ou sem remuneração, exerce cargo, emprego ou função pública.

O termo usado pelo dispositivo foi "funcionário público", o que se justifica em virtude de o Código Penal ser de 1940; entretanto, sabemos que hoje a nomenclatura usada é servidores públicos.

c) **Direito Processual:** os processos administrativos usam várias regras também existentes no processo civil, por exemplo, o direito de o acusado apresentar sua defesa.

> Art. 5.º, LV, CF/1988 – aos litigantes, em processo judicial ou administrativo, e aos acusados em geral são assegurados o contraditório e ampla defesa, com os meios e recursos a ela inerentes.

d) **Direito Tributário:** conceituou o poder de polícia.

> Art. 78, CTN. Considera-se poder de polícia atividade da administração pública que, limitando ou disciplinando direito, interesse ou liberdade, regula a prática de ato ou abstenção de fato, em razão de interesse público concernente à segurança, à higiene, à ordem, aos costumes, à disciplina da produção e do mercado, ao exercício de atividades econômicas dependentes de concessão ou autorização do Poder Público, à tranquilidade pública ou ao respeito à propriedade e aos direitos individuais ou coletivos.

e) **Direito Eleitoral:** o Direito Administrativo realiza a organização e estruturação da Justiça Eleitoral e define regras sobre votações, apurações e partidos políticos.

> Art. 1.º, Lei 9.096/1995. O partido político, pessoa jurídica de direito privado, destina-se a assegurar, no interesse do regime democrático, a autenticidade do sistema representativo e a defender os direitos fundamentais definidos na Constituição Federal.
>
> Parágrafo único. O partido político não se equipara às entidades paraestatais.

f) **Direito do Trabalho:** dentre alguns pontos em comum, podemos citar o caso dos empregados públicos, os quais, mesmo após a aprovação em um concurso público, se submetem ao regime da CLT.

> Art. 1.º, CLT. Esta Consolidação estatui as normas que regulam as relações individuais e coletivas de trabalho, nela previstas.
>
> Art. 3.º, CLT. Considera-se empregado toda pessoa física que prestar serviços de natureza não eventual a empregador, sob a dependência deste e mediante salário.

g) Direito Civil: apesar de ser um ramo de direito privado, o Direito Civil elenca vários conceitos que são também utilizados pelo Direito Administrativo. Podemos citar o uso supletivo da teoria geral dos contratos e o procedimento de criação das pessoas jurídicas de direito privado.

> Art. 45, CC. Começa a existência legal das pessoas jurídicas de direito privado com a inscrição do ato constitutivo no respectivo registro, precedida, quando necessário, de autorização ou aprovação do Poder Executivo, averbando-se no registro todas as alterações por que passar o ato constitutivo.

h) Direito Empresarial: possui alguns dispositivos que serão usados, em especial, pelas empresas estatais. Cite-se o caso das sociedades de economia mista que devem ser constituídas na forma de sociedade anônima (Lei 6.404/1976): "Art. 235. As sociedades anônimas de economia mista estão sujeitas a esta Lei, sem prejuízo das disposições especiais de lei federal".

5.4 Interpretação do Direito Administrativo

O exercício do trabalho de interpretação é necessário para que se atinja o real sentido de algo. No Direito, em geral, a arte de interpretar fica a cargo das regras próprias do direito privado e da Hermenêutica, tópico estudado dentro da Filosofia do Direito.

Entretanto, por ser o Direito Administrativo um ramo de direito público possui características próprias na arte da interpretação de suas normas, atos e contratos administrativos, usando-se, apenas de forma subsidiária, as disposições do setor privado.

São três os pressupostos de interpretação:

a) **desigualdade jurídica entre a Administração e os administrados:** como o Poder Público visa atingir o bem-estar coletivo e este é preponderante em relação ao interesse particular, existirá, naturalmente, uma desigualdade entre as partes. Tudo isso decorre diretamente do princípio da supremacia do interesse público sobre o privado, tema este que será aprofundado no próximo capítulo;

b) **presunção de legitimidade dos atos da Administração:** seguindo o princípio da legalidade, só poderá o administrador agir se e quando a lei permitir. Logo, quando um agente público atua, goza da fé pública, ou seja, presume-se que seus atos são válidos em decorrência da presunção de estarem sendo praticados dentro dos limites legais. Entretanto, essa presunção de validade é meramente relativa, pois poderá o interessado contestar o ato e eventualmente provar sua invalidade. Veremos esse tópico de maneira mais aprofundada no capítulo referente aos atos administrativos;

c) **discricionariedade administrativa:** quando existir discricionariedade, poderá o administrador selecionar, dentre as hipóteses legalmente válidas, qual a conduta mais conveniente e oportuna a ser adotada em determinado caso concreto. Esse poder de escolha é necessário para que o agente público atue com certa liberdade e, desta forma, atinja a satisfação do interesse público.

6. FONTES DO DIREITO ADMINISTRATIVO

As fontes do Direito Administrativo estão relacionadas à origem da norma posta, ou seja, aqui se estuda quais as regras e os comportamentos que ensejam a positivação do Direito, existindo, para a doutrina majoritária, cinco fontes: lei, doutrina, jurisprudência (incluindo as súmulas normais e vinculantes), costumes e princípios.

Dentro da noção de hierarquia, as fontes foram subdivididas em: primárias (possuem força cogente, o administrador deve segui-las) e secundárias (auxiliam na interpretação e na integração – suprir lacunas).

a) Fontes primárias, maiores, diretas:

LEI. A lei é por excelência a fonte primária do Direito Administrativo. Deve esta ser interpretada em seu sentido amplo de forma a incluir diversas espécies normativas, tais como: emendas constitucionais, leis ordinárias, leis complementares e medidas provisórias.

> Art. 59, CF/1988. O processo legislativo compreende a elaboração de: I – emendas à Constituição; II – leis complementares; III – leis ordinárias; IV – leis delegadas; V – medidas provisórias; VI – decretos legislativos; VII – resoluções.

SÚMULAS VINCULANTES. A Emenda Constitucional 45/2004 trouxe a possibilidade de o Supremo Tribunal Federal editar súmulas de efeito vinculante para a Administração, ou seja, depois da edição de tais súmulas o administrador estará vinculado aos seus termos, devendo agir conforme o enunciado proposto pelo STF.

> Art. 103-A, CF/1988. O Supremo Tribunal Federal poderá, de ofício ou por provocação, mediante decisão de dois terços dos seus membros, após reiteradas decisões sobre matéria constitucional, aprovar súmula que, a partir de sua publicação na imprensa oficial, terá efeito vinculante em relação aos demais órgãos do Poder Judiciário e à administração pública direta e indireta, nas esferas federal, estadual e municipal, bem como proceder à sua revisão ou cancelamento, na forma estabelecida em lei.

Depois da implementação desse tipo de súmula, muito se discutiu acerca de sua natureza. Seria uma fonte primária ou secundária?

Para a corrente majoritária, deve-se considerar as súmulas vinculantes como fontes primárias, já que inovam no ordenamento e impõem condutas a serem seguidas de forma obrigatória pela Administração Pública.

b) Fontes secundárias, menores, indiretas:

DOUTRINA. A doutrina está relacionada aos estudos do Direito Administrativo. São os textos elaborados pelos mestres da matéria de forma a facilitar o entendimento do tema, dos princípios e da jurisprudência, e ainda serve como base de sugestão para as futuras normas.

JURISPRUDÊNCIA. A jurisprudência é formada pela reiteração das decisões judiciais sobre determinado assunto, as quais servem de parâmetro para a atuação administrativa. Observe que as súmulas proferidas pelos tribunais nada mais são do que o resumo da jurisprudência, sendo ambas fontes secundárias. Entretanto, no caso das súmulas vinculantes, como visto, teremos fontes primárias, dado que elas possuem um cunho impositivo para a atuação administrativa.

COSTUMES. Representam a prática habitual da administração, os quais só poderão ser levados em consideração se estiverem de acordo com a lei. Logo, não possuem força inovadora e são considerados fontes de menor hierarquia em comparação com as outras.

> **caiu na prova**
>
> **(UNESC/FLAMA-SC/2019)** *Os costumes são considerados uma fonte primária, sendo a principal fonte do direito administrativo.*
>
> **Gabarito:** *Errado.*[6]

PRINCÍPIOS. São normas não escritas, mas que servem de base para toda a atuação administrativa. Cite-se, como exemplo, o princípio da impessoalidade, que impede a promoção pessoal de agentes públicos (devido à importância do tema, veremos esse assunto, de maneira isolada e aprofundada, no próximo capítulo).

7. SISTEMAS ADMINISTRATIVOS

A atividade estatal deve ser fiscalizada para que se evitem atuações desproporcionais e desvinculadas dos interesses públicos. Para isso, surgem os sistemas administrativos, também denominados mecanismos de controle, os quais representam os

---

[6] Os costumes, apesar de serem considerados como fontes do Direito Administrativo, são tidos como fonte secundária, não primária.

mecanismos do Estado para controlar os atos administrativos defeituosos, ou seja, que possuam alguma ilegalidade.

Para a efetivação dessa fiscalização, surgiram dois modelos: o sistema do contencioso administrativo e o da jurisdição una. Para facilitar, vamos analisá-los separadamente.

Contencioso administrativo, também chamado de sistema francês ou da dualidade de jurisdição, decorre da separação absoluta dos poderes. Assim, serão vedados ao Poder Judiciário o conhecimento e a análise dos atos praticados pela Administração Pública.

Dessa forma, existirão dois tribunais, um de natureza judiciária e o outro de cunho administrativo. A este caberão o processamento e o julgamento dos ilícitos administrativos e àquele as ações que não envolvam a Administração.

Esse sistema é adotado na França até os dias de hoje. Lá, há, de um lado, o Poder Judiciário e, de outro, o Conselho de Estado, sendo este o órgão administrativo responsável pelas decisões definitivas que envolvam questionamentos acerca da atuação da Administração.

Já no sistema de **jurisdição una**, também denominado sistema inglês, todos os conflitos, sejam eles decorrentes de atos do Poder Público ou não, poderão ser julgados pelo Poder Judiciário. É o sistema adotado no Brasil.

> **caiu na prova**
>
> **(CONSULPLAN/TJ-MG/2019)** O sistema adotado no Brasil é o de dualidade de jurisdição, pelo qual se viabiliza o acesso a decisões administrativas não suscetíveis de revisão na esfera judiciária.
>
> **Gabarito:** Errado.[7]

Nesse ponto, surge uma pergunta: pelo sistema da jurisdição una, a Administração Pública está impedida de exercer o controle sobre os seus próprios atos?

Não!

Até mesmo em virtude do princípio da autotutela, a Administração tanto poderá rever a legalidade quanto o mérito de seus atos. Vejamos o que diz a Súmula 473 do STF:

> A administração pode anular seus próprios atos, quando eivados de vícios que os tornam ilegais, porque deles não se originam direitos; ou revogá-los, por

---

[7] O Sistema adotado no Brasil foi o inglês, jurisdição una.

motivo de conveniência ou oportunidade, respeitados os direitos adquiridos, e ressalvada, em todos os casos, a apreciação judicial.

Entretanto, o julgamento administrativo não faz coisa julgada material, ou seja, ainda que se percorra todas as instâncias, a decisão administrativa não será definitiva, pois, de acordo com o princípio da inafastabilidade da jurisdição, o interessado sempre poderá rediscutir a matéria no Poder Judiciário.

> Art. 5.º, XXXV, CF/1988 – a lei não excluirá da apreciação do Poder Judiciário lesão ou ameaça a direito.

Resumindo, pelo sistema de jurisdição una, todos os conflitos, administrativos ou não, poderão ser decididos pelo Poder Judiciário, pois somente a este cabe a decisão com caráter de definitividade.

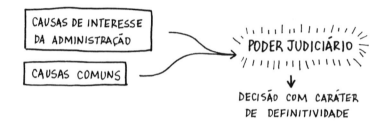

8. FUNÇÃO ADMINISTRATIVA

Depois de todo o exposto, sabemos que o Direito Administrativo é um ramo de direito público regido por princípios e normas próprias, as quais regulam o exercício da função administrativa.

Então, a grande questão é: o que vem a ser a função administrativa?

Simples. Quando o administrador atua em nome próprio, mas busca interesses alheios, ou seja, visa atingir e beneficiar o interesse público, estará ele exercendo a função administrativa.

Como forma de aprofundamento, devemos subdividir o interesse público em primário e secundário. Aquele é o verdadeiro interesse coletivo e este está relacionado aos fins patrimoniais do próprio Estado. Por exemplo, o pagamento de indenizações aos particulares que sofrem danos causados por agentes públicos está relacionado ao interesse primário. Já a protelação desses pagamentos com a finalidade de minimizar os prejuízos públicos relaciona-se ao interesse público secundário. O próprio STJ, em diversos julgados, já diferenciou os interesses primários dos secundários. Vejamos.

Jurisprudência

[...] O Estado, quando atestada a sua responsabilidade, revela-se tendente ao adimplemento da correspectiva indenização, coloca-se na posição de atendimento ao "interesse público". Ao revés, quando visa a evadir-se de sua responsabilidade no afã de minimizar os seus prejuízos patrimoniais, persegue nítido interesse secundário, subjetivamente pertinente ao aparelho estatal em subtrair-se de despesas, engendrando locupletamento à custa do dano alheio. (STJ, 1.ª Seção, MS 11308/DF, 09.04.2008).

Por fim, cumpre assinalar que, segundo a corrente majoritária, os interesses públicos secundários só poderão ser objetivados se também atingirem o interesse primário. Ou seja, só poderá o Estado atuar em busca de seus fins patrimoniais se o bem coletivo também for atingido. Por exemplo, a existência de impostos tanto interessa ao próprio Estado quanto à coletividade que deseja, com o dinheiro destes, receber a prestação de diversos serviços públicos.

caiu na prova

(VUNESP/PROCURADOR-SP/2019) *O interesse público primário é o verdadeiro interesse a que se destina a Administração Pública, pois este alcança o interesse da coletividade e possui supremacia sobre o particular.*

Gabarito: *Certo.*

 top 10

RESUMO

CAPÍTULO 1 – NOÇÕES INICIAIS

1. O Estado possui três elementos: povo, território e governo soberano.
2. A tripartição de Poderes não é absoluta, pois, além de existirem as funções típicas, os Poderes Legislativo, Executivo e Judiciário desempenham funções atípicas.
3. A Administração Pública em sentido subjetivo compreende o conjunto de pessoas, órgãos e agentes responsáveis pelo desempenho da função administrativa. Já em sentido objetivo relaciona-se com as atividades desempenhadas pelo Estado.
4. O Direito Administrativo está relacionado ao ramo do Direito que estuda o desempenho da função administrativa, esteja ela sendo exercida pelo Poder Executivo, Legislativo ou Judiciário.

5. São fontes do Direito Administrativo: lei, doutrina, jurisprudência (incluindo as súmulas comuns e as vinculantes), costumes e princípios.
6. São fontes primárias a lei (em seu sentido amplo) e as súmulas vinculantes. Já as fontes secundárias são: doutrina (estudos) jurisprudência (reiteração de decisões judiciais), costumes e princípios.
7. Pelo sistema do contencioso administrativo, também chamado de sistema francês ou da dualidade de jurisdição, será vedado ao Poder Judiciário o conhecimento e análise dos atos praticados pela Administração Pública. Isso decorre da separação absoluta entre os Poderes do Estado.
8. Já no sistema de jurisdição una, também denominado sistema inglês, todos os conflitos, sejam eles decorrentes de atos do Poder Público ou não, poderão ser julgados pelo Poder Judiciário, sendo este o sistema adotado no Brasil.
9. Quando o administrador atua em nome próprio, mas busca interesses alheios, ou seja, visa a atingir e beneficiar o interesse público, estará ele exercendo a função administrativa.
10. São características do Direito Administrativo: ramo de direito público, autônomo, recente, não codificado, influenciado parcialmente pela jurisprudência, adota o modelo de jurisdição una.

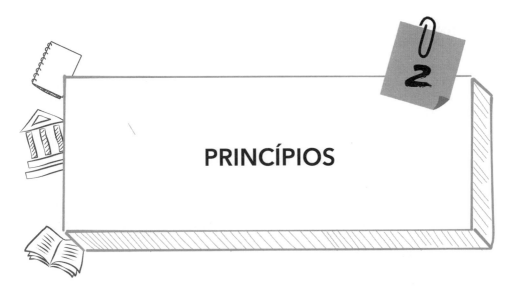

PRINCÍPIOS

1. CONCEITO

Os princípios formam a base do sistema, pois prelecionam regras gerais que condensam os valores fundamentais da sociedade.

O Direito Administrativo, ramo não codificado, é formado por um conjunto de princípios e de legislações esparsas, por exemplo, a Nova Lei de Licitações e Contratos Administrativos (Lei 14.133/2021), Lei de Improbidade Administrativa (Lei 8.429/1992) e a Lei do Processo Administrativo Federal (Lei 9.784/1999).

Aí surge uma pergunta. O que vale mais, uma lei ou um princípio?

Para concursos públicos, deve-se utilizar a visão de Celso Antônio de Mello, segundo o qual:

> [...] violar um princípio é muito mais grave que transgredir uma norma qualquer. A desatenção ao princípio implica ofensa não apenas a um específico mandamento obrigatório, mas a todo sistema de comandos. É a mais grave forma de ilegalidade ou inconstitucionalidade, conforme o escalão do princípio atingido, porque representa insurgência contra todo o sistema, subversão de seus valores fundamentais, contumélia irremissível a seu arcabouço lógico e corrosão de sua estrutura mestra. Isto porque, com ofendê-lo, abatem-se as vigas que o sustêm e alui-se toda estrutura nelas esforçada.[1]

Em outras palavras, quando, por exemplo, um administrador desrespeita um dispositivo previsto em lei, está infringindo apenas aquele comando. Por outro lado, quando ele desrespeita um princípio, está ofendendo todo o sistema.

---

[1] BANDEIRA DE MELLO, Celso Antônio. *Curso de direito administrativo*. 25. ed. São Paulo: Malheiros, 2008. p. 943.

2. FUNÇÕES DOS PRINCÍPIOS

Os princípios possuem dupla finalidade:

a) **função de interpretação:** por diversos momentos as normas não possuem a precisão necessária, logo, faz-se necessário o uso de outras fontes para que aquela possa ser entendida. É exatamente nesse ponto que surge a função hermenêutica (interpretativa) dos princípios, já que estes são necessários para que se busque o real sentido dos dispositivos legais;

b) **função de integração:** como a vida em sociedade é extremamente complexa, é absolutamente impossível existir previsão legal para todas as situações fáticas. Com isso, por diversas vezes, surge uma lacuna legislativa, a qual nada mais é do que um vazio normativo, ou seja, ausência de norma. E, para ajudar a suprir esta omissão legal surgem os princípios, com a sua função integrativa.

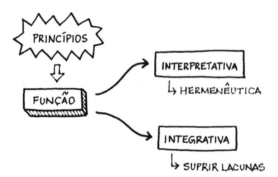

> **caiu na prova**
>
> **(QUADRIX/CRF-BA/2019)** Os princípios administrativos possuem ao menos uma dupla função: subsidiam interpretações por parte do administrador, orientando e esclarecendo condutas; e integram sua atuação, preenchendo lacunas e vazios normativos.
>
> **Gabarito:** Certo.

3. REGIME JURÍDICO ADMINISTRATIVO

É o conjunto de normas e princípios pertencentes ao Direito Administrativo. Baseia-se em um binômio: oferecer prerrogativas e impor restrições ao administrador.

> **cuidado**
>
> Regime jurídico administrativo é diferente do regime jurídico da Administração. Enquanto aquele trata do regime especial dado ao Poder Público para que ele consiga alcançar o interesse público, este representa tanto os regimes de direito público quanto de direito privado.

As **prerrogativas** decorrem da necessidade de o administrador possuir alguns poderes a mais que os particulares para que possa, dessa forma, alcançar o interesse público. Sob essa ótica, surge o princípio da **supremacia do interesse público sobre o interesse privado**.

Entretanto, para evitar excessos em sua atuação, além das prerrogativas, devem ser impostos alguns **limites** à atuação estatal, nascendo assim o princípio da **indisponibilidade do interesse público**.

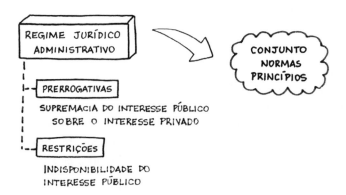

Surge então uma pergunta. Os princípios da supremacia e da indisponibilidade, por serem a base do regime jurídico administrativo, seriam hierarquicamente superiores aos demais princípios?

Não!

Pois, apesar de os outros princípios serem uma decorrência dos princípios basilares, não existe hierarquia entre princípios.

> **caiu na prova**
>
> **(IDIB/CÂMARA-OURICURI-PE/2020)** *Inexiste hierarquia entre o princípio da impessoalidade e o princípio da moralidade administrativa.*
> **Gabarito:** *Certo.*

3.1 Supremacia do interesse público sobre o interesse privado

Por este princípio o administrador atuará em posição de superioridade em relação ao particular. Isso ocorre pelo fato de o interesse público ser prioritário em relação ao interesse privado.

Sendo o administrador representante da coletividade, receberá prerrogativas, ou seja, benefícios a mais que o indivíduo, para que possa, dessa forma, alcançar a satisfação do bem-estar de todos.

Apesar de ser considerado um dos princípios basilares do Direito Administrativo, ele encontra-se implícito em todo o ordenamento jurídico, ou seja, nem a Constituição nem as legislações infraconstitucionais mencionam a sua existência.

> **caiu na prova**
>
> **(ACESSO/PC-ES/2019)** *A supremacia do interesse público é considerada, pela doutrina, como um princípio implícito da administração pública.*
> **Gabarito:** *Certo.*

Vamos a um exemplo: um prefeito está autorizado a realizar desapropriações que venham a ser necessárias à construção de um novo hospital público. Perceba que ele pôde limitar a propriedade individual em benefício de uma melhoria coletiva. Isso só é possível em virtude da posição de supremacia dada, naquele momento, ao agente público.

Podemos ainda citar vários outros casos de utilização desse princípio pela administração:

- ✓ Os atos fruto do **poder de polícia**. Exemplo: a interdição de um restaurante pela vigilância sanitária.
- ✓ A **requisição de bens**, quando a Administração, no caso de iminente perigo público, poderá usar da propriedade particular (art. 5.º, XXV, CF).
- ✓ A presença das **cláusulas exorbitantes** nos contratos administrativos.
- ✓ Os **privilégios processuais**, como os prazos dilatados da Fazenda Pública:

   Art. 183, CPC: A União, os Estados, o Distrito Federal, os Municípios e suas respectivas autarquias e fundações de direito público gozarão de prazo em dobro para todas as suas manifestações processuais, cuja contagem terá início a partir da intimação pessoal.

Outro ponto importante é o fato de a supremacia não ser uma regra absoluta, já que em alguns momentos a Administração pratica atos de gestão (ex.: quando o Estado faz a locação de um imóvel), nos quais se iguala ao particular. Entretanto, nunca o poder público atuará integralmente sob o regime de direito privado, pois sempre terá alguns privilégios, ainda que se encontre nivelado com o indivíduo.

3.2 Indisponibilidade do interesse público

Como o administrador é um mero gestor da coisa pública, ele não poderá atuar visando suas próprias vontades. Deverá agir em busca, necessariamente, do interesse público.

Logo, enquanto o princípio da supremacia oferece prerrogativas ao agente público, em contraponto, para evitar excessos, o princípio da indisponibilidade impõe restrições à atuação administrativa.

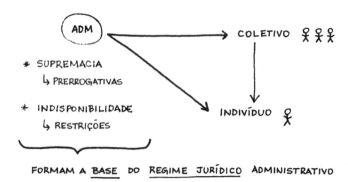

Podemos citar vários exemplos de sujeições (restrições) na atuação administrativa. Entre os mais famosos estão o dever de licitar, de realizar concursos públicos e fazer prestações de contas.

> **caiu na prova**
>
> **(QUADRIX/CRESS-SE/2021)** *O princípio da indisponibilidade do interesse público impede que o agente público atue com a intenção de buscar vantagens individuais.*
> **Gabarito:** *Certo.*

Ademais, vale ressaltar que, assim como a supremacia, o princípio da indisponibilidade também se encontra implícito em toda ordem jurídica atual.

4. PRINCÍPIOS CONSTITUCIONAIS EXPRESSOS

A Constituição Federal dedica um capítulo específico ao estudo da administração pública e, logo no artigo inaugural desta parte, menciona de forma expressa os princípios que devem ser observados pelos administradores, vejamos:

> Art. 37, CF/1988. A administração pública direta e indireta de qualquer dos Poderes da União, dos Estados, do Distrito Federal e dos Municípios obedecerá aos princípios de legalidade, impessoalidade, moralidade, publicidade e eficiência.

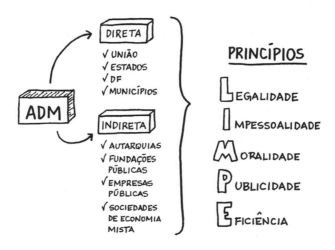

> **caiu na prova**
>
> **(IADES/CAU-MS/2021)** *Tendo em vista a redação do Texto Constitucional de 1988, os princípios constitucionais explícitos da Administração Pública são legalidade, impessoalidade, moralidade, publicidade e eficiência.*
> **Gabarito:** *Certo.*

Para que o estudo se torne mais aprofundado e didático, vamos analisar cada um desses princípios em tópicos separados.

4.1 Legalidade

Para se formar um Estado, basta a coexistência de três elementos: povo, território e governo soberano. No entanto, para se formar um Estado de Direito, faz-se imprescindível a existência de normas que devem ser obedecidas tanto pela população quanto pelo próprio Estado.

A legalidade está relacionada ao dever de submissão estatal à vontade popular, já que as normas são feitas pelos representantes eleitos pelos cidadãos. Com isso, pode-se afirmar que o Poder Público, em virtude principalmente dos princípios da indisponibilidade do interesse público e da legalidade, deverá agir de acordo com a vontade da coletividade evitando excessos por parte dos administradores.

caiu na prova

(QUADRIX/CRM-MS/2021) *O princípio que nasceu com o Estado de direito e constitui uma das principais garantias de respeito aos direitos individuais é o da legalidade.*

Gabarito: *Certo.*

4.1.1 Bloco de legalidade

No Direito Administrativo, quando se fala em legalidade, não se está fazendo referência apenas às leis em sentido estrito, ou seja, àquelas que passaram por um processo promovido pelo Poder Legislativo com todas as suas formalidades legais, por exemplo, votação de um projeto de lei na Câmara dos Deputados e depois no Senado federal.

Devemos então entender a lei em um sentido mais amplo, abarcando todas as espécies normativas constantes do artigo 59 da Constituição Federal, a saber:

O processo legislativo compreende a elaboração de: I – emendas à Constituição; II – leis complementares; III – leis ordinárias; IV – leis delegadas; V – medidas provisórias; VI – decretos legislativos; VII – resoluções.

Portanto, a Administração terá de respeitar, além das leis ordinárias e complementares (lei em sentido estrito), todas as outras espécies normativas constantes do bloco de legalidade.

4.1.2 Legalidade para o particular x legalidade para o administrador

A diferenciação mais famosa desse tema vem da doutrina de Hely Lopes Meirelles, o qual preleciona que: "na Administração pública não há liberdade nem vontade pessoal. Enquanto na administração particular é lícito fazer tudo que a lei não proíbe, na Administração Pública só é permitido fazer o que a lei autoriza".[2]

---

[2] MEIRELLES, Hely Lopes. *Direito administrativo brasileiro.* 28. ed. São Paulo: Malheiros, 2003. p. 86.

Cap. 2 – PRINCÍPIOS **25**

> **caiu na prova**
>
> **(QUADRIX/CRP-MS/2021)** *O princípio da legalidade administrativa preconiza que a Administração Pública somente pode agir se e quando a lei autorizar a atuação.*
> **Gabarito:** *Certo.*

Para o **particular**, vigora o princípio da autonomia da vontade, já que este poderá fazer tudo que a lei não proíba. Esse entendimento decorre do próprio texto constitucional: "Art. 5.º, II, CF/1988: ninguém será obrigado a fazer ou deixar de fazer alguma coisa senão em virtude de lei".

Com isso, percebe-se que tudo o que não for proibido por lei será permitido ao particular. Por exemplo, poderá este escolher entre casar ou não, ter filhos ou não, residir na região norte ou sul do País e o Poder Público não poderá punir o indivíduo por suas escolhas. Contudo, se o particular resolver dirigir sem a devida licença, a Administração, usando de seu poder de polícia, poderá puni-lo por estar atuando de maneira contrária aos preceitos da lei.

Já para o **administrador** não existirá autonomia da vontade, pois este se encontra subordinado aos termos da lei, apenas podendo agir se existir um permissivo legal para a sua atuação. Por exemplo, após a finalização de um processo administrativo disciplinar, apenas poderão ser aplicadas as sanções expressamente previstas em lei.

Assim, percebe-se que a legalidade gera um efeito positivo ao administrador (autoriza-o a agir) e um efeito negativo ao particular (proíbe-o de agir). Logo, no caso de ausência de lei (lacuna legislativa), o particular estará autorizado a agir e o administrador, *a contrario sensu*, estará com sua atuação vedada.

Legalidade para o particular	Legalidade para o administrador
Pode fazer tudo o que a lei não proíbe	*Só pode fazer o que a lei autoriza*
Autonomia da vontade *(liberdade para agir)*	*Subordinação* *(só pode agir de maneira infralegal, abaixo da lei)*
Lacuna legislativa: *Permissão para agir*	*Lacuna legislativa:* *Proibição para agir*
Efeito da lei: *Negativo (proíbe a atuação)*	*Efeito da lei:* *Positivo (permite a atuação)*

4.1.3 Princípio da legalidade x princípio da reserva legal

O princípio da legalidade é mais amplo que o da reserva legal, pois, enquanto aquele representa o dever de respeitar todo o bloco de legalidade, este está relacionado à necessidade de disciplinar determinados assuntos por meio de lei em sentido estrito (lei ordinária e lei complementar).

Por exemplo, para criação de novos crimes se impõe a edição de lei, logo, não poderá o Presidente da República editar uma medida provisória para dispor sobre esse tema.

Art. 62, CF/1988. Em caso de relevância e urgência, o Presidente da República poderá adotar medidas provisórias, com força de lei, devendo submetê-las de imediato ao Congresso Nacional. § 1.º É vedada a edição de medidas provisórias sobre matéria: I – relativa a: [...] b) direito penal [...].

Ou seja, uma medida provisória faz parte da legalidade, mas não poderá ser usada em matérias sujeitas à reserva legal.

Na seara administrativa, podemos citar o caso da criação de novas autarquias. O texto constitucional é expresso no sentido de que estas entidades somente poderão ser instituídas mediante uma lei específica:

> Art. 37, XIX, CF/1988. Somente por lei específica poderá ser criada autarquia e autorizada a instituição de empresa pública, de sociedade de economia mista e de fundação, cabendo à lei complementar, neste último caso, definir as áreas de sua atuação.

Portanto, nenhuma outra espécie normativa poderia dar vida a uma autarquia.

4.1.4 Princípio da legalidade x princípio da juridicidade

Já sabemos que, de acordo com o princípio da legalidade, o administrador só deverá atuar quando a lei o autorizar. Mas daí surge um questionamento: na atualidade, será suficiente uma atuação pautada exclusivamente na legalidade, ou seja, respeitando apenas as normas?

De acordo com o princípio da juridicidade, não!

Hoje devemos ter uma visão mais ampla da "legalidade", sendo assim, não basta que a Administração respeite apenas as normas, deverá ela seguir, também, os princípios gerais. Para facilitar a visualização do tema, vamos imaginar a seguinte situação: Joana, servidora pública federal, é reincidente em uma infração funcional passível de advertência e, em virtude da reincidência e após regular processo administrativo disciplinar, recebeu a punição de suspensão de suas funções por 90 dias.

Usando esta situação hipotética como base, podemos fazer alguns questionamentos:

a) A punição respeitou a lei?

Sim!

Já que, segundo a Lei 8.112/1990 (Estatuto do Servidor Público Federal), a reincidência em uma falta punida com advertência poderá gerar a sanção de suspensão por até 90 dias. Vejamos: "Art. 130. A suspensão será aplicada em caso de reincidência das faltas punidas com advertência e de violação das demais proibições que não tipifiquem infração sujeita a penalidade de demissão, não podendo exceder 90 (noventa) dias".

b) A punição respeitou os princípios?

De início, usando apenas as informações oferecidas pelo caso hipotético supramencionado, não temos como saber.

Observe que a lei estipula como prazo máximo para suspensão um período de 90 dias, sendo assim a gradação da punição deverá levar em consideração a gravidade da infração e suas circunstâncias, em outras palavras, não bastará respeitar o prazo da lei (90 dias), a sanção deverá se aplicar de maneira proporcional e razoável.

Sendo assim, apesar de a legalidade ter sido respeitada (a sanção foi aplicada dentro do prazo máximo estipulado pela lei), o princípio da juridicidade só será obedecido se, de fato, a punição de Joana por 90 dias estiver de acordo com os princípios da proporcionalidade e da razoabilidade.

Resumindo, o princípio da juridicidade veio para ampliar o conceito da legalidade e com isso limitar, ainda mais, a liberdade do administrador, já que este, além de seguir a lei (princípio da legalidade) terá de respeitar todo o ordenamento jurídico, o que inclui a observância aos princípios gerais do Direito.

> ### caiu na prova
>
> **(COMPERVE/ADVOGADO-RN/2019)** *Os fazeres da administração, conforme determinado pelo princípio da juridicidade, deverão se pautar no direito como um todo, e não apenas na ideia mais restritiva de legalidade.*
>
> **Gabarito:** *Certo.*

4.1.5 Exceções à legalidade

Apesar de a legalidade ser uma regra, em algumas situações, mediante autorização da própria Carta Maior, poderá o administrador agir diretamente sem a necessidade de uma prévia lei.

São três as exceções à legalidade, a saber:

Medidas provisórias

Em casos de relevância e urgência, poderá o Presidente da República editar medidas provisórias com força de lei para disciplinar determinadas matérias que não teriam como esperar o curso regular de um processo legislativo.

> Art. 62, CF/1988. Em caso de relevância e urgência, o Presidente da República poderá adotar medidas provisórias, com força de lei, devendo submetê-las de imediato ao Congresso Nacional.

Entretanto, nem todas as matérias estarão disponíveis para a regulamentação por meio de medidas provisórias, sendo necessário para elas o respeito ao princípio da reserva legal, ou seja, só poderão ser disciplinadas por lei no sentido estrito.

Art. 62, § 1.º, CF/1988. É vedada a edição de medidas provisórias sobre matéria: I – relativa à: a) nacionalidade, cidadania, direitos políticos, partidos políticos e direito eleitoral; b) direito penal, processual penal e processual civil; [...] III – reservada a lei complementar.

Por conseguinte, pode-se afirmar que as medidas provisórias são leis em sentido material, já que podem inovar no ordenamento jurídico, mas não são leis em sentido formal, pois não passaram pelo regular processo legislativo.

Estado de defesa

Art. 136, CF/1988. O Presidente da República pode, ouvidos o Conselho da República e o Conselho de Defesa Nacional, decretar estado de defesa para preservar ou prontamente restabelecer, em locais restritos e determinados, a ordem pública ou a paz social ameaçadas por grave e iminente instabilidade institucional ou atingidas por calamidades de grandes proporções na natureza.

Nesse caso, o decreto que instituir o estado de defesa poderá fazer restrições aos direitos de reunião e ao sigilo das correspondências e das comunicações telegráficas e telefônicas.

Perceba que, nesse caso, as limitações podem ser feitas diretamente por um decreto (ato administrativo), sendo prescindível (dispensável) a feitura de uma lei em sentido formal.

Estado de sítio

É instituído para situações de maior gravidade. Enquanto o estado de defesa se destina à situação de crise mais regionalizada, o estado de sítio será instituído quando aquele não tiver sido suficiente, quando o problema atingir todo o País ou em casos de guerra.

Art. 137, CF/1988. O Presidente da República pode, ouvidos o Conselho da República e o Conselho de Defesa Nacional, solicitar ao Congresso Nacional autorização para decretar o estado de sítio nos casos de: I – comoção grave de repercussão nacional ou ocorrência de fatos que comprovem a ineficácia de medida tomada durante o estado de defesa; II – declaração de estado de guerra ou resposta a agressão armada estrangeira.

Pode o decreto que instituir o estado de sítio impor, por exemplo, obrigação de permanência em localidade determinada; detenção em edifício não destinado a acusados ou condenados por crimes comuns; suspensão da liberdade de reunião; busca e apreensão em domicílio, entre outras restrições.

Mais uma vez, perceba que todas estas limitações foram produzidas por um ato administrativo (decreto), e não por uma lei ordinária ou complementar.

> **caiu na prova**
>
> **(QUADRIX/CRF-RR/2021)** *A integral vigência do princípio da legalidade pode sofrer constrições transitórias em circunstâncias excepcionais previstas na Constituição Federal, como, por exemplo, a decretação do estado de defesa.*
>
> **Gabarito:** *Certo.*

4.2 Impessoalidade

A impessoalidade deve ser analisada sob duas óticas diferentes: impessoalidade do administrador em seu tratamento com o povo e a impessoalidade do administrador em relação à sua própria atuação. Para o devido aprofundamento, vamos analisá-las separadamente.

4.2.1 Impessoalidade do administrador em relação ao povo

Deverá o agente público ser neutro, imparcial em suas atuações, não devendo beneficiar ou prejudicar pessoas por uma simples relação de amizade ou inimizade, até porque a atuação pública deve ser objetiva e não subjetiva. É o que preleciona a lei do processo administrativo federal, a saber:

> Lei 9.784/1999, art. 2.º, parágrafo único. Nos processos administrativos serão observados, entre outros, os critérios de: [...] III – objetividade no atendimento do interesse público.

Segundo Hely Lopes Meirelles, o princípio da impessoalidade

> [...] nada mais é do que o clássico princípio da finalidade, o qual impõe ao administrador público que só pratique o ato para o seu fim legal. E o fim legal

é unicamente aquele que a norma de Direito indica expressa ou virtualmente como objetivo do ato, de forma impessoal.[3]

Em outras palavras, se o administrador buscar a finalidade, estará atuando em prol da coletividade e, por consequência lógica, com impessoalidade.

A própria Constituição Federal menciona vários casos de atuação impessoal, por exemplo, a necessidade de prévia aprovação em concurso público para ingresso em um cargo efetivo (art. 37, II, CF/1988) e o dever de licitar previamente para realizar as aquisições e alienações administrativas (art. 37, XXI, CF/1988):

> Art. 37, II, CF/1988 – a investidura em cargo ou emprego público depende de aprovação prévia em **concurso** público de provas ou de provas e títulos, de acordo com a natureza e a complexidade do cargo ou emprego, na forma prevista em lei, ressalvadas as nomeações para cargo em comissão declarado em lei de livre nomeação e exoneração (grifos nossos).
>
> Art. 37, XXI, CF/1988 – ressalvados os casos especificados na legislação, as obras, serviços, compras e alienações serão contratados mediante processo de **licitação** pública que assegure igualdade de condições a todos os concorrentes, com cláusulas que estabeleçam obrigações de pagamento, mantidas as condições efetivas da proposta, nos termos da lei, o qual somente permitirá as exigências de qualificação técnica e econômica indispensáveis à garantia do cumprimento das obrigações (grifos nossos).

cuidado

Caso clássico de exemplo de impessoalidade em provas de concurso é a vedação ao nepotismo, estabelecida pela Súmula vinculante 13 (STF):

A nomeação de cônjuge, companheiro ou parente em linha reta, colateral ou por afinidade, até o terceiro grau, inclusive, da autoridade nomeante ou de servidor da mesma pessoa jurídica investido em cargo de direção, chefia ou assessoramento, para o exercício de cargo em comissão ou de confiança ou, ainda, de função gratificada na administração pública direta e indireta em qualquer dos Poderes da União, dos Estados, do Distrito Federal e dos Municípios, compreendido o ajuste mediante designações recíprocas, viola a Constituição Federal.

Em resumo, o administrador não possui amigos ou inimigos, devendo toda a sua atuação ser pautada pela neutralidade e imparcialidade.

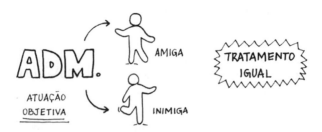

---

[3] MEIRELLES, Hely Lopes. *Direito administrativo brasileiro*. 28. ed. São Paulo: Malheiros, 2003.

Entretanto, na atualidade, não se deve buscar apenas a igualdade formal estabelecida pelo art. 5.º, II, da Constituição Federal, que diz que todos são iguais perante a lei. Deve-se, sim, almejar uma **igualdade material**, que, na visão de Aristóteles, seria tratar os iguais de maneira igual e os desiguais de maneira desigual, na medida da sua desigualdade.

Por exemplo, em um hospital público deve-se atender aos pacientes por ordem de chegada (igualdade formal), contudo, chegando uma pessoa em estado muito mais grave comparado ao daqueles que lá esperam, será este atendido de forma prioritária, não sendo, nesse caso, obedecida a ordem de chegada ao hospital (igualdade material).

> **caiu na prova**
>
> **(QUADRIX/CRMV-AP/2021)** *A Administração, ao dispensar aos administrados que se encontram em igualitária situação jurídica tratamento igual, voltando-se ao interesse público, respeita o princípio da impessoalidade.*
>
> **Gabarito:** *Certo.*

4.2.1.1 Impessoalidade x nepotismo

O nepotismo pode ser conceituado como a indicação de parentes para os cargos em comissão. Daí surgem duas perguntas: a) quem se enquadra no conceito de parente? b) Qual a definição de um cargo em comissão?

A resposta à primeira pergunta é dada pelo próprio Supremo Tribunal Federal, por meio de sua Súmula vinculante 13, segundo a qual: "A nomeação de cônjuge, companheiro ou parente em linha reta, colateral ou por afinidade, até o terceiro grau (...) viola a Constituição Federal".

Desse enunciado podemos subentender que são considerados parentes o cônjuge/companheiro, ascendentes (pais, avós, bisavós), descendentes (filhos, netos e bisnetos) e colaterais (irmãos, tios e sobrinhos) até o terceiro grau da autoridade nomeante. Além desses, inclua nesse rol os parentes por afinidade, por exemplo, sogro/sogra, cunhado/cunhada e os enteados.

> **cuidado**
>
> *Primo é parente de quarto grau. Então se, por exemplo, um juiz nomeia seu primo como assessor (cargo em comissão) isso NÃO será considerado nepotismo. Lembre-se: nepotismo é a nomeação de parentes até o 3.º (terceiro grau).*

Quanto aos cargos em comissão, são os de livre nomeação e exoneração e servem para o desempenho das funções de direção, chefia e assessoramento. Observe que a investidura da pessoa não é consequência de uma prévia aprovação em um concurso público, o ingresso na função ocorre mediante escolha da autoridade nomeante.

Exatamente por isso que a indicação de parentes para cargo em comissão ofende a Constituição, ferindo princípios como os da impessoalidade, em virtude de a seleção ser efetivada pela relação de parentesco, e o postulado da moralidade administrativa.

Vejamos o que preleciona o enunciado da súmula vinculante de número 13 do STF:

> A nomeação de cônjuge, companheiro ou parente em linha reta, colateral ou por afinidade, até o terceiro grau, inclusive, da autoridade nomeante ou de servidor da mesma pessoa jurídica investido em cargo de direção, chefia ou assessoramento, para o exercício de cargo em comissão ou de confiança ou, ainda, de função gratificada na administração pública direta e indireta em qualquer dos Poderes da União, dos Estados, do Distrito Federal e dos Municípios, compreendido o ajuste mediante designações recíprocas, viola a Constituição Federal.

> **cuidado**
>
> *O nepotismo refere-se às nomeações para cargos em comissão, os quais englobam as funções de direção, chefia e assessoramento.*
>
> *Entretanto, segundo o próprio Supremo Tribunal Federal, não se enquadram como nepotismo as nomeações de parentes para os cargos políticos, por exemplo, os de Ministro de Estado e os de Secretários Estaduais e Municipais, salvo se demonstrada a inequívoca falta de razoabilidade na nomeação por manifesta ausência de qualificação técnica ou inidoneidade moral do nomeado.*

Vejamos:

> **jurisprudência**
>
> *Direito Administrativo. Agravo interno em reclamação. Nepotismo. Súmula Vinculante 13. 1. O Supremo Tribunal Federal tem afastado a aplicação da Súmula Vinculante 13 a cargos públicos de natureza política, ressalvados os casos de inequívoca falta de razoabilidade, por manifesta ausência de qualificação técnica ou inidoneidade moral. Precedentes. 2. Não há nos autos qualquer elemento que demonstre a ausência de razoabilidade da nomeação. 3. Agravo interno a que se nega provimento. (STF, 1.ª Turma, Rcl 28024 AgR / SP, 29.05.2018).*

> **caiu na prova**
>
> **(FAUEL/ADVOGADO-PR/2019)** *O Supremo Tribunal Federal tem afastado a aplicação da Súmula Vinculante 13 a cargos públicos de natureza política, ressalvados os casos de inequívoca falta de razoabilidade, por manifesta ausência de qualificação técnica ou inidoneidade moral.*
>
> **Gabarito:** *Certo.*

4.2.2 Impessoalidade do administrador em relação à sua atuação

Quando o agente público atua, na verdade quem está praticando o ato é o próprio Estado, dado que aquele é um mero instrumento da vontade estatal. Assim, não poderá o administrador praticar atos que caracterizem alguma forma de promoção pessoal.

> Art. 37, § 1.º, CF/1988. A publicidade dos atos, programas, obras, serviços e campanhas dos órgãos públicos deverá ter caráter educativo, informativo ou de orientação social, dela não podendo constar nomes, símbolos ou imagens que caracterizem promoção pessoal de autoridades ou servidores públicos.

Por exemplo, quando um prefeito inaugurar uma nova escola pública, não poderá colocar o seu nome na instituição, nem ficar mencionando que "foi ele que fez". Entretanto, a publicidade de caráter informativo deve ser feita, o que não poderá existir é a promoção do agente público que realizou o ato.

Vamos a mais um exemplo: caso um novo hospital público venha a ser inaugurado no município "X", deverá existir a divulgação do novo estabelecimento para que a sociedade possa ser informada, garantindo-se, assim, o respeito ao princípio da publicidade. Todavia, não pode existir a vinculação, por exemplo, de nome e imagem do prefeito no outdoor que realizar a publicidade da inauguração do novo hospital.

caiu na prova

(QUADRIX/CRECI-MS/2021) *A publicidade de obra realizada por órgão público deve ter caráter educativo, informativo ou de orientação social, dela não podendo constar nomes, símbolos ou imagens que caracterizem a promoção pessoal de autoridades.*

Gabarito: *Certo.*

Por fim, vale ressaltar, que essa visão é o fundamento-chave da responsabilidade civil do Estado pelos atos de seus agentes, pois, se, por exemplo, um policial civil do Estado de Pernambuco mata um inocente por pura negligência, os familiares da vítima processarão diretamente o Poder Público para que este promova a indenização pelo dano que foi causado (este assunto será aprofundado no capítulo referente à responsabilidade civil do Estado).

4.2.3 Intranscendência subjetiva

Esse princípio gera uma mitigação ao princípio da impessoalidade, já que não se poderá punir de maneira severa a entidade federativa por atos praticados por gestores antigos.

Por exemplo, se o novo governador estiver tomando todas as medidas necessárias para sanar os prejuízos causados pelas gestões passadas, deverá se evitar ao máximo a aplicação de que prejudiquem a nova governança.

jurisprudência

1. O princípio da intranscendência subjetiva das sanções, consagrado pela Corte Suprema, inibe a aplicação de severas sanções às administrações por ato de gestão anterior à assunção dos deveres Públicos. (ACO 1393 AgR, 1.ª Turma, 09.06.2015, acórdão eletrônico DJe-126 divulg. 29.06.2015, public. 30.06.2015).

Súmula 615, STJ. Não pode ocorrer ou permanecer a inscrição do município em cadastros restritivos fundada em irregularidades na gestão anterior quando, na gestão sucessora, são tomadas as providências cabíveis à reparação dos danos eventualmente cometidos.

caiu na prova

(FGV/MP-SC/2022) *Por meio de sua Súmula 615, o Superior Tribunal de Justiça firmou entendimento no sentido de que não pode ocorrer ou permanecer a inscrição do município em cadastros restritivos fundada em irregularidades na gestão anterior quando, na gestão sucessora, são tomadas as providências cabíveis à reparação dos danos eventualmente cometidos. Trata-se de jurisprudência afeta ao princípio da Administração Pública da intranscendência subjetiva das sanções.*

Gabarito: *Certo.*

4.3 Moralidade

Está relacionado ao dever de honestidade, probidade, ética e boa-fé do administrador. É a não corrupção por parte do agente público.

Um dos deveres do Poder Público é fazer uma boa administração e, para que isso ocorra, padrões éticos devem ser observados. É exatamente em decorrência dessa necessidade que surge o princípio da moralidade, que visa forçar condutas não corruptas por parte dos administradores.

Entretanto, não se deve confundir a moral social com a moral jurídica. Enquanto aquela está pautada na noção do certo e errado para a sociedade, esta se relaciona com a boa ou má administração. Para o Direito Administrativo, deve-se analisar a moral jurídica.

Outro ponto importante a ser observado é a possibilidade de se ferir mais de um princípio por vez. Por exemplo, caso um administrador nomeie seu filho como assessor (nepotismo), estará ferindo tanto a impessoalidade como a própria moralidade.

caiu na prova

(QUADRIX/CREF-11R/2019) *A vedação ao nepotismo é um exemplo de aplicação do princípio da moralidade pública e da impessoalidade.*

Gabarito: *Certo.*

4.4 Publicidade

A publicidade está relacionada ao dever de informar à sociedade sobre a prática dos atos administrativos, garantindo, dessa forma, uma atuação mais transparente por parte do Poder Público.

Imagine, por exemplo, um mundo no qual todos os atos administrativos fossem sigilosos. A população não conseguiria fiscalizar a atuação administrativa e, por consequência, vários excessos poderiam ser cometidos. Por exemplo, se um tribunal, ao realizar um concurso público, pudesse fazer nomeações sem ter a necessidade de divulgar o nome do candidato, será que a ordem de classificação seria sempre respeitada?

Provavelmente, não.

Então, para garantir a lisura de todo o procedimento, faz-se imprescindível a divulgação da nomeação no *Diário Oficial*, pois, se a ordem classificatória for desrespeitada, poderá, imediatamente, o candidato prejudicado impetrar um mandado de segurança para garantir o seu direito líquido e certo à observância da ordem classificatória.

4.4.1 Finalidades da publicidade

Podemos resumir as finalidades da publicidade da seguinte forma:

a) **externar a vontade administrativa:** é por meio da publicidade que o Poder Público demonstra à sociedade as suas vontades e necessidades. Exemplo: divulgação no *Diário Oficial* do edital de abertura de uma licitação para a aquisição de novos computadores;

b) **dar transparência:** a atuação pública deve ser clara para todos. Sendo assim, a publicidade garante que os atos administrativos possam ser controlados tanto pela sociedade quando pelos Poderes do Estado (Legislativo, Executivo e Judiciário), até porque, quanto maior a divulgação (transparência), mais facilitada e eficiente será a fiscalização;

c) **dar eficácia aos atos:** antes mesmo de o ato se tornar público, ele já pode existir e ser válido; entretanto, a produção de efeitos fica condicionada à divulgação dele. Por exemplo, se em um processo administrativo foi determinada a interdição de um estabelecimento, tal medida só poderá ser realizada depois da devida divulgação da decisão;

d) **dar início à contagem dos prazos:** imagine que determinado particular tenha estacionado o seu carro em um local proibido. A Administração o notificará para que possa apresentar a sua defesa. Entretanto, o prazo para a interposição do recurso só começará a correr a partir da devida cientificação do motorista;

e) **facilitar o controle:** o controle pode ser entendido como uma fiscalização que deve existir em relação aos atos estatais. Imagine, por exemplo, se todas as práticas administrativas fossem sigilosas. Ficaria muito difícil controlar a atuação do Estado. Sendo assim, a publicidade é imprescindível para que possa existir o controle, externo e interno, dos atos públicos.

> ### caiu na prova
>
> **(QUADRIX/CRP-MS/2021)** *O princípio da publicidade pode ser traduzido como o dever da Administração de dar transparência aos seus atos. Esse princípio é uma consequência direta do princípio democrático.*
>
> **Gabarito:** *Certo.*

4.4.2 Disposições constitucionais

A Carta Maior em diversos momentos consagra a necessidade da publicidade em relação às práticas estatais. Vejamos alguns exemplos:

> Art. 5.º, XXXIII, CF/1988 – todos têm direito a receber dos órgãos públicos informações de seu interesse particular, ou de interesse coletivo ou geral, que serão prestadas no prazo da lei, sob pena de responsabilidade, ressalvadas aquelas cujo sigilo seja imprescindível à segurança da sociedade e do Estado.
>
> Art. 5.º, XXXIV, CF/1988 – são a todos assegurados, independentemente do pagamento de taxas: a) o direito de petição aos Poderes Públicos em defesa de direitos ou contra ilegalidade ou abuso de poder; b) a obtenção de certidões em repartições públicas, para defesa de direitos e esclarecimento de situações de interesse pessoal.
>
> Art. 5.º, LXXII, CF/1988 – conceder-se-á *habeas data*: a) para assegurar o conhecimento de informações relativas à pessoa do impetrante, constantes de registros ou bancos de dados de entidades governamentais ou de caráter público; b) para a retificação de dados, quando não se prefira fazê-lo por processo sigiloso, judicial ou administrativo.

4.4.3 Portal da transparência

O portal da transparência é um *site* que menciona o nome do servidor, seu cargo e seu vencimento. Isso ocorre para que se possam observar o princípio da publicidade e o direito fundamental ao acesso à informação.

Daí surge uma dúvida: será que o mencionado site violaria o direito à privacidade dos servidores?

Não existe violação!

O Supremo Tribunal Federal considerou legítima a publicação do nome do servidor, de seu respectivo vencimento e das vantagens pecuniárias, prelecionando que não existe afronta ao direito à intimidade, pois deve prevalecer, nesse caso, o princípio da supremacia do interesse público sobre os interesses privados.

jurisprudência

1. É legítima a publicação, inclusive em sítio eletrônico mantido pela Administração Pública, dos nomes dos seus servidores e do valor dos correspondentes vencimentos e vantagens pecuniárias. (STF, Tribunal Pleno, ARE 652777/SP, 23.04.2015).

caiu na prova

(CEBRASPE/SEFAZ-CE/2021) A divulgação de nomes e vencimentos pecuniários de servidores públicos civis em sítio eletrônico da administração pública correspondente viola o princípio da publicidade.

Gabarito: Errado.[4]

4.4.4 Exceções à publicidade

Apesar de o princípio da publicidade ser uma regra, não se trata de um preceito absoluto, já que, em alguns casos, até mesmo por imposição constitucional, alguns atos devem permanecer em sigilo para que se possa preservar a segurança do Estado, da sociedade e a intimidade dos envolvidos. A saber:

> Art. 5.º, X, CF/1988 – são **invioláveis a intimidade**, a vida privada, a honra e a imagem das pessoas, assegurado o direito a indenização pelo dano material ou moral decorrente de sua violação.
>
> Art. 5.º, XXXIII, CF/1988 – todos têm direito a receber dos órgãos públicos informações de seu interesse particular, ou de interesse coletivo ou geral, que serão prestadas no prazo da lei, sob pena de responsabilidade, ressalvadas aquelas cujo **sigilo seja imprescindível à segurança da sociedade e do Estado**.
>
> Art. 5.º, LX, CF/1988 – a lei só poderá **restringir a publicidade** dos atos processuais quando a **defesa da intimidade ou o interesse social o exigirem**. (grifos nossos)

---

[4] Segundo entendimento pacificado do STF: "É legítima a publicação, inclusive em sítio eletrônico mantido pela Administração Pública, dos nomes dos seus servidores e do valor dos correspondentes vencimentos e vantagens pecuniárias" (ARE 652.777/SP, Plenário, 23.04.2015)

> **caiu na prova**
>
> **(IBFC/PROCURADOR-MS/2022)** *O princípio da publicidade está relacionado com as garantias básicas, já que todas as pessoas têm direito a receber informações sobre os seus interesses especiais, interesses coletivos ou gerais de instituições públicas, salvo as hipóteses de sigilo previstas em lei.*
>
> **Gabarito:** *Certo.*

4.4.5 Atos sigilosos x improbidade administrativa

Em determinados casos, a Administração deverá guardar segredos dos seus atos. Imagine a situação de um servidor que esteja participando da comissão de um concurso público. Não poderá ele, de forma alguma, divulgar atos relacionados ao futuro certame, pois, se o fizer de forma dolosa, estará praticando um ato de improbidade administrativa na modalidade atentatória contra os princípios da administração.

> Art. 11, Lei 8.429/1992. Constitui ato de improbidade administrativa que atenta contra os princípios da administração pública a ação ou omissão dolosa que viole os deveres de honestidade, de imparcialidade e de legalidade, caracterizada por uma das seguintes condutas: [...] III – revelar fato ou circunstância de que tem ciência em razão das atribuições e que deva permanecer em segredo, propiciando beneficiamento por informação privilegiada ou colocando em risco a segurança da sociedade e do Estado.

Com isso, podemos perceber que, apesar de a publicidade ser a regra, em determinados momentos o sigilo se impõe. E, caso o agente público não respeite essa limitação, poderá vir a ser enquadrado como sujeito ativo de um ato ímprobo (esse tema será aprofundado em capítulo específico).

4.4.6 Lei de Acesso à Informação (Lei 12.527/2011)

A Lei 12.527/2011 foi instituída com a finalidade de regulamentar e ampliar o acesso às informações públicas.

> Art. 1.º Esta Lei dispõe sobre os procedimentos a serem observados pela União, Estados, Distrito Federal e Municípios, com o fim de garantir o acesso a informações previsto no inciso XXXIII do art. 5.º, no inciso II do § 3.º do art. 37 e no § 2.º do art. 216 da Constituição Federal.
>
> Parágrafo único. Subordinam-se ao regime desta Lei:
>
> I – os órgãos públicos integrantes da administração direta dos Poderes Executivo, Legislativo, incluindo as Cortes de Contas, e Judiciário e do Ministério Público;
>
> II – as autarquias, as fundações públicas, as empresas públicas, as sociedades de economia mista e demais entidades controladas direta ou indiretamente pela União, Estados, Distrito Federal e Municípios.

Perceba que, além de toda a Administração Direta (União, Estados, Distrito Federal e Municípios) e Indireta (Autarquias, Fundações Públicas, Empresas Públicas e Sociedades de Economia Mista) e dos órgãos dos três Poderes, as entidades controladas pelo Poder Público também devem respeito à Lei de Acesso à Informação.

Em seu art. 3.º, a lei preleciona que:

> Os procedimentos previstos nesta Lei destinam-se a assegurar o direito fundamental de acesso à informação e devem ser executados em conformidade com os princípios básicos da administração pública e com as seguintes **diretrizes**:
> I – observância da publicidade como preceito geral e do sigilo como exceção;
> II – divulgação de informações de interesse público, independentemente de solicitações;
> III – utilização de meios de comunicação viabilizados pela tecnologia da informação;
> IV – fomento ao desenvolvimento da cultura de transparência na administração pública;
> V – desenvolvimento do controle social da administração pública. (grifos nossos)

Observe que o fim maior é ampliar a publicidade dos atos até para se garantir uma maior efetividade no controle dos atos administrativos, pois quanto maior for o acesso à informação maior também será a fiscalização.

> **I Jornada de Direito Administrativo – Enunciado 15**
> "A administração pública promoverá a publicidade das arbitragens da qual seja parte, nos termos da Lei de Acesso à Informação."

Para fins de provas de concurso, será necessário ler o texto da referida lei apenas se este ponto vier expresso no edital, caso contrário, bastará o estudo do princípio da publicidade em seus aspectos gerais, sem adentrar na memorização da Lei 12.527/2011.

4.5 Eficiência

É o único dos princípios do art. 37 da Constituição Federal que não é originário do texto de 1988, pois só veio a ser incluído de maneira expressa na Carta Maior com a Emenda Constitucional 19 do ano de 1998, sendo fruto do Poder Constituinte Derivado.

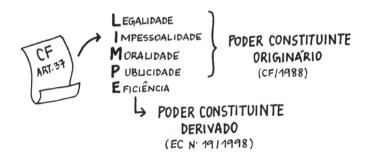

No início, a Administração Pública adotava como forma de gestão o modelo burocrático (ligado a formalidades, o que ocasionava uma maior lentidão), entretanto, posteriormente, foi sendo implementada a forma gerencial, a qual adota um modelo que preza pela celeridade e a diminuição das burocracias. Observe que inicialmente havia uma atuação mais manual, que acabava por gerar uma lentidão excessiva como podemos verificar, por exemplo, na antiga Lei Geral de Licitação e Contratos (Lei 8.666/1993), que focava muito mais nas formalidades do certame do que no alcance de resultados rápidos e práticos.

Já na **administração gerencial** busca-se uma maior produtividade e economicidade, sendo esta instituída com a chegada da tecnologia, que acabou facilitando muito o desempenho da atividade estatal. Por exemplo, hoje é possível realizar licitações na modalidade pregão no modo eletrônico (Lei 14.133/2021) – com isso, ganha-se uma praticidade muito maior para a atuação administrativa.

Os principais escopos do princípio da eficiência são a busca por: presteza, alto rendimento funcional, qualidade, rapidez e redução de desperdícios, lembrando que esses pontos devem ser analisados tanto de forma interna quanto externa, tanto na visão do administrador quanto da Administração.

caiu na prova

(QUADRIX/CRP-CE/2022) *O núcleo do princípio da eficiência é a procura por produtividade e economicidade e – o mais importante – a exigência de reduzir os desperdícios de dinheiro público, o que impõe a execução dos serviços públicos com presteza, perfeição e rendimento funcional.*

Gabarito: Certo.

Ou seja, deverá a Administração traçar metas internas para que sua atuação externa se torne mais eficiente. Por exemplo, deverá um hospital público ter um bom setor de análise de exames para que a população possa receber seus resultados da forma mais rápida possível.

Por fim, não adiantaria o melhor médico no pior hospital e também não serviria o melhor hospital com os piores médicos, por isso a eficiência é uma via de mão dupla, ou seja, tem que ser analisada sob o aspecto do administrador, bem como sob o aspecto da Administração, já que esta deve dar condições para que aquele aja de forma eficiente.

> **caiu na prova**
>
> **(IFMG/IFMG/2019)** *O princípio da eficiência tem duas acepções: por um lado ele se refere à atuação do agente público, que deve atuar com presteza e ter rendimento funcional; por outro lado, ele se refere ao modo de organizar, estruturar e disciplinar a Administração Pública, também visando melhorar o desempenho e os resultados na prestação de serviço público.*
>
> **Gabarito:** *Certo.*

4.5.1 Eficiência na Constituição Federal

Vários dispositivos constitucionais enfatizam a necessidade de uma atuação pública eficiente. Podemos citar, como exemplos, a necessidade de o servidor passar por um estágio probatório antes da aquisição de sua estabilidade e a possibilidade da celebração de contratos de gestão para que metas de desempenho sejam cumpridas.

Art. 5.º, LXXVIII, CF/1988: "a todos, no âmbito judicial e administrativo, são assegurados a **razoável duração do processo** e os meios que garantam a celeridade de sua tramitação" (grifos nossos). Trata-se da duração dos processos, que, em virtude do princípio da eficiência, deverá ter sua conclusão no prazo mais rápido possível.

Art. 37, § 8.º, CF/1988: "A autonomia gerencial, orçamentária e financeira dos órgãos e entidades da administração direta e indireta poderá ser ampliada mediante contrato, a ser firmado entre seus administradores e o poder público, que tenha por objeto a fixação de metas de desempenho para o órgão ou entidade". Trata-se do **contrato de gestão** para que se faça uma agência executiva, aumentando, desta forma, a independência e atuação de algumas entidades (este ponto será visto de forma plena no capítulo relacionado à organização administrativa).

Art. 41, CF/1988: "São estáveis após três anos de efetivo exercício os servidores nomeados para cargo de provimento efetivo em virtude de concurso público". Trata-se do **estágio probatório**, ou seja, antes de se tornar estável deverá o servidor ser submetido a um teste para analisar a sua produtividade, capacidade de iniciativa, assiduidade – em outras palavras, a sua eficiência.

Art. 41, § 1.º, CF/1988: "O servidor público estável só perderá o cargo: [...] III – mediante procedimento de **avaliação periódica de desempenho**, na forma de lei complementar, assegurada ampla defesa". Foi um instrumento proposto pela Constituição para que, de forma permanente, o servidor possa ser avaliado. Entretanto, como a lei complementar ainda não foi editada, na prática não se pode aplicar esse dispositivo constitucional.

5. PRINCÍPIOS INFRACONSTITUCIONAIS

Além dos supraprincípios (supremacia e indisponibilidade do interesse público) e dos princípios constitucionais expressos (art. 37, CF/1988), existem outros preceitos que devem ser observados pela Administração Pública.

Por ora, vamos analisar os principais postulados sem, contudo, esgotar o assunto. Por questões didáticas, inúmeros princípios serão estudados ao longo deste livro em tópicos específicos. Cite-se, como exemplo, o princípio da vinculação ao edital, o qual apenas será analisado no capítulo específico de licitações, e os princípios relacionados à prestação dos serviços públicos, que serão vistos em capítulo de igual nome.

5.1 Princípios expressos na Lei 9.784/1999 (processo administrativo federal)

A referida lei tem a função de regular o processo administrativo no âmbito da Administração Pública Federal. Elenca, esse diploma, vários princípios que devem ser observados pelo Poder Público.

> Art. 2.º A Administração Pública obedecerá, dentre outros, aos princípios da legalidade, finalidade, motivação, razoabilidade, proporcionalidade, moralidade, ampla defesa, contraditório, segurança jurídica, interesse público e eficiência.

Observe que alguns desses preceitos já foram estudados em tópicos anteriores, tais como os princípios da legalidade, moralidade e eficiência. Então, logicamente, não mencionaremos esses temas.

5.1.1 Finalidade

A conceituação acerca do princípio da finalidade possui uma divergência na doutrina. Para facilitar a compreensão, vamos analisar as posições em separado.

Na visão dominante, adotada por Hely Lopes Meirelles, o princípio da finalidade seria apenas uma faceta do princípio constitucional da impessoalidade. Isso ocorre em virtude de os dois buscarem o bem-estar coletivo.

Vejamos. A impessoalidade veda privilégios e discriminações, impondo ao agente público uma atuação objetiva pautada na busca do interesse público; sendo esse objetivo alcançado, a finalidade terá sido atingida e respeitada.

Na visão de Celso Antônio Bandeira de Mello, posição minoritária, o princípio da finalidade seria ligado ao princípio da legalidade, sendo aquele o responsável pela busca da finalidade pública previamente prevista pela lei. Corroborando esse entendimento, preleciona a Lei 9.784/1999 que: "Nos processos administrativos serão observados, entre outros, os critérios de interpretação da norma administrativa da forma que melhor garanta o atendimento do fim público a que se dirige [...]" (art. 2.º, parágrafo único, XIII).

5.1.2 Motivação

No capítulo atinente aos atos administrativos, aprofundaremos esse tema. Por ora, cabe conceituar a motivação como a fundamentação de fato e de direito que explicita as razões que levaram a Administração a tomar as suas decisões.

> Art. 50, Lei 9.784/1999: Os atos administrativos deverão ser motivados, com indicação dos fatos e dos fundamentos jurídicos [...].

De forma simples, podemos dizer que a motivação é a explicação ofertada pelo Poder Público justificando as razões que determinaram a prática de seus atos.

Desde já é imprescindível diferenciar o motivo da motivação. Aquele é a causa que justificou a ação administrativa; esta é apenas a fundamentação do ato.

5.1.3 Razoabilidade

Sendo o agente público um mero gestor da coisa pública, não poderá ele agir de forma arbitrária e imoderada, pois, se assim o fizer, estará cometendo uma ilegalidade passível, até mesmo de sofrer um controle judicial.

Então, ainda que esteja diante de um ato discricionário, deverá o administrador selecionar a opção mais vantajosa à satisfação do interesse público, ou seja, o princípio da razoabilidade é um dos limitadores da discricionariedade administrativa.

Logo, impõe-se ao agente público uma atuação pautada no equilíbrio e bom senso, pois, caso o administrador atue de forma abusiva, poderá existir a revisão e a eventual extinção do ato praticado tanto por meio de um controle exercido pela própria Administração quanto por meio de um processo judicial, já que neste caso se trata de um controle de legalidade.

jurisprudência

2. Hoje em dia, parte da doutrina e da jurisprudência já admite que o Poder Judiciário possa controlar o mérito do ato administrativo (conveniência e oportunidade) sempre que, no uso da discricionariedade admitida legalmente, a Administração Pública agir contrariamente ao princípio da razoabilidade. Lições doutrinárias.

3. Isso se dá porque, ao extrapolar os limites da razoabilidade, a Administração acaba violando a própria legalidade, que, por sua vez, deve pautar a atuação do Poder Público, segundo ditames constitucionais (notadamente do art. 37, caput). [...] (STJ, 2.ª Turma, REsp 778648/PE, 06.11.2008).

5.1.4 Proporcionalidade

Segundo a corrente dominante, a proporcionalidade representa uma das facetas da razoabilidade, a qual tem como função precípua analisar a conduta do agente público diante de cada caso concreto.

Em outras palavras, esse princípio visa a coibir excessos, tanto no âmbito interno (poder disciplinar) quanto no âmbito externo (poder de polícia). Por exemplo, seria desproporcional a aplicação da punição de demissão a um servidor pelo simples fato de ele ter chegado atrasado ao seu local de trabalho.

Assim como ocorre com o princípio da razoabilidade, caso o agente público pratique uma conduta desproporcional, caberá contra este ato tanto um controle interno quanto externo, pois, tratando-se de análise da legalidade, poderá o Poder Judiciário, após provocação do interessado, invalidar a ação administrativa.

Por fim, cumpre observar que, no julgamento do RE 466.343-1, o Supremo Tribunal Federal explicitou que a proporcionalidade se subdivide em três subprincípios: adequação, necessidade e proporcionalidade em sentido estrito.

A **adequação** está relacionada à análise do meio empregado, busca-se aferir a efetividade desta ao cumprimento da finalidade desejada. A **necessidade**, por sua vez, observa se o meio utilizado foi o menos gravoso. Já a **proporcionalidade em sentido estrito** visa a ponderar a intensidade da medida adotada pela Administração em comparação ao direito fundamental que lhe serviu de justificativa.

5.1.5 Contraditório

Por expressa disposição constitucional, os princípios do contraditório e da ampla defesa devem ser utilizados tanto nas ações judiciais quanto nos procedimentos administrativos. Vejamos:

> Art. 5.º, LV, CF/1988 – aos litigantes, em processo judicial ou administrativo, e aos acusados em geral são assegurados o contraditório e ampla defesa, com os meios e recursos a ela inerentes.

caiu na prova

(QUADRIX/CRP-MT/2022) *Os princípios da ampla defesa e do contraditório serão assegurados a todos os litigantes que figurarem como parte nos processos administrativos.*
Gabarito: *Certo.*

Essa imposição decorre diretamente do princípio do devido processo legal, também expresso no texto da Carta Maior. "Art. 5.º, LIV, CF/1988 – ninguém será privado da liberdade ou de seus bens sem o devido processo legal". Logo, não poderão os processos ser conduzidos ao arrepio da lei – eles devem transcorrer, necessariamente, de forma justa, transparente e seguindo os ditames normativos.

Dessa necessidade surge o princípio do contraditório, o qual visa dar conhecimento do processo ao interessado e garantir a ele a possibilidade de influir no convencimento do julgador, pois, sendo o processo uma relação bilateral (acusador e acusado), deve-se garantir a igualdade no curso do certame, assegurando-se ao interessado o direito à apresentação de provas que possam influenciar na futura decisão.

5.1.6 Ampla defesa

Como analisamos, a ampla defesa é uma consequência lógica da necessidade de um devido processo legal. Enquanto o contraditório permite a participação do interessado no curso do processo, a ampla defesa amplia esse benefício, pois visa garantir o direito de provar o que se alega, podendo-se usar, para tanto, todos os meios e recursos admitidos em direito em busca da verdade material.

Segundo a doutrina, para que exista um real respeito ao princípio da ampla defesa, alguns requisitos deverão ser observados. Vamos a eles.

Cap. 2 – PRINCÍPIOS   **45**

a) **Defesa prévia:** antes que alguma decisão venha a ser proferida, faz-se necessária a possibilidade de apresentação de uma defesa prévia pelo interessado, para que este possa tentar combater uma eventual condenação.

Entretanto, em situações excepcionais, em virtude de uma situação emergencial, poderá ser usado o denominado **contraditório diferido**. Nesse caso, existirá sim o direito de defesa, só que ele ocorrerá de forma posterior à prática do ato administrativo. Cite-se, como exemplo, a interdição de um restaurante que estava prestes a servir alimentos impróprios ao consumo aos seus clientes. O fiscal da vigilância sanitária, nesse caso, usando de seu poder de polícia, poderá interditar imediatamente o local e só depois garantir o direito de defesa ao dono do estabelecimento.

b) **Defesa técnica:** representa uma faculdade ofertada aos interessados que participam de um processo administrativo. Perceba que, diferentemente da ação judicial, a presença do advogado será uma escolha do interessado e não uma imposição. Esse entendimento encontra-se, inclusive, expresso na lei do processo administrativo federal e na Súmula vinculante 5 do STF. Vejamos:

> Art. 3.º, IV, Lei 9.784/1999. O administrado tem os seguintes direitos perante a Administração, sem prejuízo de outros que lhe sejam assegurados: [...] fazer-se assistir, facultativamente, por advogado, salvo quando obrigatória a representação, por força de lei.

> Súmula Vinculante 5/STF. A falta de defesa técnica por advogado no processo administrativo disciplinar não ofende a Constituição.

c) **Direito à informação:** essa regra é uma decorrência direta do princípio do contraditório, pois, para se que exerça a ampla defesa, faz-se imprescindível que a pessoa seja notificada da existência de um processo e de todos os atos dele decorrentes.

d) **Direito à produção de provas:** logicamente o direito de defesa só será respeitado se for garantido ao interessado o direito à produção de provas, pois, se esse benefício não fosse ofertado, a parte seria uma mera expectadora da condução e decisão processual.

e) **Direito à interposição de recurso:** seria muito perigoso se uma única autoridade pudesse dar uma decisão de cunho definitivo. Logo, para evitar erros e até mesmo desvios de finalidade, poderá o interessado interpor recursos tanto referentes à legalidade quanto ao mérito da decisão.

Esse duplo grau de jurisdição é inclusive assegurado por diversos dispositivos legais e jurisprudenciais. Vejamos:

> Art. 5.º, XXXIV, *a*, CF/1988 – são a todos assegurados, independentemente do pagamento de taxas: a) o direito de petição aos Poderes Públicos em defesa de direitos ou contra ilegalidade ou abuso de poder.

> Art. 56, Lei 9.784/1999. Das decisões administrativas cabe recurso, em face de razões de legalidade e de mérito.

> Súmula Vinculante 21/STF. É inconstitucional a exigência de depósito ou arrolamento prévios de dinheiro ou bens para admissibilidade de recurso administrativo.

5.1.7 Segurança jurídica

O princípio da segurança jurídica visa garantir a estabilidade e a previsibilidade das ações praticadas pelo Poder Público. Portanto, tenta-se evitar que modificações abruptas possam causar prejuízos aos particulares.

A própria lei do processo administrativo federal explicita que novas interpretações não poderão produzir efeitos retroativos, este preceito visa garantir a ordem e paz social.

> Art. 2.º, parágrafo único. Nos processos administrativos serão observados, entre outros, os critérios de: [...] XIII – interpretação da norma administrativa da forma que melhor garanta o atendimento do fim público a que se dirige, **vedada aplicação retroativa de nova interpretação** (grifos nossos).

Observe que não existe uma proibição de a Administração realizar modificações de suas normas e interpretações, o que se veda é a aplicação retroativa destas.

Vamos imaginar a seguinte situação: o Município "X" sempre ofertava um desconto de 30% no valor do IPTU àqueles indivíduos que realizassem o pagamento do imposto em dia e de forma integral. Entretanto, após anos concedendo esse benefício, ficou convencionado que, por estar precisando aumentar a arrecadação, não seria mais concedido qualquer desconto.

Perceba que, se essa nova interpretação produzisse efeito retroativo, acabaria por gerar um caos social, pois todos aqueles que pagaram os seus impostos com o valor diferenciado poderiam ser prejudicados com a nova medida. Assim, esse novo posicionamento só produzirá efeitos dali para frente (efeito *ex nunc*).

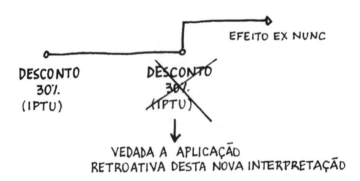

Outro ponto interessante, ainda relacionado ao princípio da segurança jurídica, é o fato de que apesar de tal princípio não se encontrar expresso no texto constitucional, o Supremo Tribunal Federal o considera um subprincípio do Estado de Direito. Vejamos:

jurisprudência

7. Aplicação do princípio da segurança jurídica, enquanto subprincípio do Estado de Direito. Possibilidade de revogação de atos administrativos que não se pode estender indefinidamente. Poder

> *anulatório sujeito a prazo razoável. Necessidade de estabilidade das situações criadas administrativamente (CF art. 5.º LV) (STF, Tribunal Pleno, MS 24268/MG, 05.02.2004).*

Por fim, o princípio da segurança jurídica pode ser analisado sob dois aspectos: objetivo e subjetivo.

No **sentido objetivo**, vai existir uma imposição de limites à retroatividade, até mesmo porque a própria Carta Maior estabelece que alguns atos devem ser preservados: "Art. 5.º, XXXVI – a lei não prejudicará o direito adquirido, o ato jurídico perfeito e a coisa julgada". Com isso se deseja garantir a estabilidade das relações jurídicas, logo poderá este aspecto ser invocado tanto por particulares quanto pelo próprio Estado.

Por sua vez, o **sentido subjetivo** está relacionado ao princípio da proteção à confiança, só podendo ser invocado pelo administrado. Devido à importância do assunto, vamos analisá-lo em tópico separado.

5.1.7.1 Proteção à confiança

Em decorrência da fé pública, os atos administrativos presumem-se válidos até que exista uma prova em contrário. Isso ocorre em virtude de o Poder Público só poder agir após uma autorização legal (princípio da legalidade). Logo, quando o administrador atua, existirá uma presunção de que o faz seguindo os ditames legais e, sendo assim, seus atos presumem-se válidos.

Dessa lógica surge o princípio da proteção à confiança, o qual busca a estabilização dos efeitos dos atos administrativos em respeito à credibilidade, confiança e boa-fé que os administrados depositam na atuação estatal.

É exatamente com fundamento nesse princípio que, por diversas vezes, os tribunais superiores vêm mantendo os efeitos de um ato ainda que este seja ilegal. Isso ocorre em virtude do respeito à boa-fé depositada pelos particulares em relação às atuações estatais.

Em resumo, o aspecto subjetivo do princípio da segurança jurídica analisa a ótica dos particulares, os quais não poderão ser prejudicados por novas interpretações administrativas. Ou seja, existe uma vedação a comportamentos conflitantes por parte do Poder Público.

jurisprudência

> II – A recente jurisprudência consolidada do STF passou a se manifestar no sentido de exigir que o TCU assegure a ampla defesa e o contraditório nos casos em que o controle externo de legalidade exercido pela Corte de Contas, para registro de aposentadorias e pensões, ultrapassar o prazo de cinco anos, sob pena de ofensa ao princípio da confiança – face subjetiva do princípio da segurança jurídica. (STF, Tribunal Pleno, MS 24781/DF, 02.03.2011).

5.2 Outros princípios

Além dos supraprincípios (supremacia e indisponibilidade), dos princípios constitucionais expressos (art. 37, CF/1988) e daqueles previstos na Lei do Processo

Administrativo Federal (Lei 9.784/1999), existem diversas outras disposições principiológicas que merecem o nosso estudo e destaque.

5.2.1 Isonomia

Pelo princípio da isonomia, as pessoas que se encontram na mesma situação devem ser tratadas da mesma forma, contudo aquelas que estejam em situações diferentes devem ser tratadas de maneira desigual.

Cite-se, por exemplo, a lógica do concurso público. Esse instituto visa garantir a igualdade de oportunidade àqueles que buscam um cargo público. Todavia, segundo a própria Constituição e a Lei 8.112/1990 (Estatuto dos Servidores Públicos Federais), deve-se reservar um percentual das vagas ao candidato que possua deficiência.

Pergunta-se: esse tratamento fere a isonomia?

Não! Nesse caso, garante-se a igualdade material: os iguais são tratados de forma igual e os desiguais de maneira desigual.

> **caiu na prova**
>
> **(QUADRIX/PRODAM-AM/2022)** *O princípio da isonomia impede que a Administração Pública atue de modo a assegurar a igualdade material entre os cidadãos.*
>
> **Gabarito:** *Errado.[5]*

Além do concurso público, existem outros institutos que visam garantir a isonomia, por exemplo, o procedimento de licitação, conforme deixou assente o próprio Supremo Tribunal Federal:

> **jurisprudência**
>
> **A licitação é um procedimento que visa à satisfação do interesse público, pautando-se pelo princípio da isonomia.** *Está voltada a um duplo objetivo: o de proporcionar à Administração a possibilidade de realizar o negócio mais vantajoso – o melhor negócio – e o de assegurar aos administrados a oportunidade de concorrerem, em igualdade de condições, à contratação pretendida pela Administração. Imposição do interesse público, seu pressuposto é a competição. (STF, Tribunal Pleno, ADI 3070/RN, 29.11.2007).*

5.2.2 Autotutela

O princípio da autotutela permite que a Administração possa rever seus próprios atos, tanto em relação à legalidade como sob os aspectos da conveniência e oportunidade. Esse entendimento encontra-se, inclusive, expresso na Lei do Processo Administrativo Federal e na jurisprudência do Supremo Tribunal Federal, vejamos:

---

[5] Diferentemente do que diz a questão, o princípio da isonomia busca atingir a igualdade material, ou seja, tratar os iguais de maneira igual e os desiguais, na medida da sua desigualdade.

Art. 53, Lei 9.784/1999. A Administração deve anular seus próprios atos, quando eivados de vício de legalidade, e pode revogá-los por motivo de conveniência ou oportunidade, respeitados os direitos adquiridos.

Súmula 473/STF. A administração pode anular seus próprios atos, quando eivados de vícios que os tornam ilegais, porque deles não se originam direitos; ou revogá-los, por motivo de conveniência ou oportunidade, respeitados os direitos adquiridos, e ressalvada, em todos os casos, a apreciação judicial.

> **caiu na prova**
>
> **(FUNDATEC/PGE-RS/2021)** *De acordo com o enunciado da Súmula n.º 473 do STF, a administração pública pode anular e revogar os seus atos, independentemente de solicitação ao Poder Judiciário, quando eivados de vícios que os tornem ilegais, ou revogá-los, por motivo de conveniência e oportunidade. Tal ação por parte da Administração decorre do princípio da autotutela.*
>
> **Gabarito:** *Certo.*

No caso da **anulação**, existe um dever de extinção do ato praticado, já que este se encontra eivado de um vício de legalidade. Entretanto, em virtude do princípio da segurança jurídica e da necessidade de estabilização das relações, existem alguns limitadores a esse instituto, por exemplo, o lapso temporal, pois, segundo a Lei 9.784/1999, com relação aos atos benéficos (salvo, má-fé do destinatário), terá a Administração o prazo máximo de cinco anos para anulá-los, ocorrendo, em seguida, o instituto da decadência.

Art. 54. O direito da Administração de anular os atos administrativos de que decorram efeitos favoráveis para os destinatários decai em cinco anos, contados da data em que foram praticados, salvo comprovada má-fé.

No caso da **revogação**, teremos a extinção de um ato que, apesar de válido, não é mais conveniente e oportuno. Assim, por meio de um controle de mérito e no uso de sua autotutela, poderá a Administração rever seu ato e, achando adequado, encerrá-lo.

Por fim, dentro da proposta do momento (este tema será aprofundado em atos administrativos), cumpre observar que a Administração não precisará da intervenção do Poder Judiciário para poder revisar seus próprios atos, podendo, de ofício ou mediante provocação do interessado, tanto anulá-los quanto revogá-los.

O controle pelo Poder Judiciário, por sua vez, apenas poderá ser exercido em relação à legalidade (anulação), pois no caso da revogação temos um ato válido, logo, este só poderá ser extinto por quem o praticou (controle interno). Alguns autores denominam essa possibilidade de controle judicial em relação à legalidade dos atos administrativos de **princípio da sindicabilidade**.

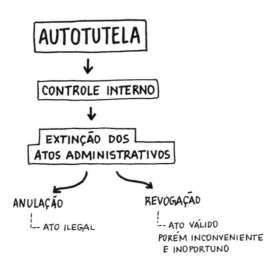

> **I Jornada de Direito Administrativo – Enunciado 20**
>
> O exercício da autotutela administrativa, para o desfazimento do ato administrativo que produza efeitos concretos favoráveis aos seus destinatários, está condicionado à prévia intimação e oportunidade de contraditório aos beneficiários do ato.

5.2.3 Especialidade

O princípio da especialidade é decorrência dos princípios da indisponibilidade e legalidade e possui uma relação direta com o fenômeno da descentralização.

A Administração Direta (União, Estados, Distrito Federal e Municípios) pode, mediante lei específica, criar ou autorizar a instituição de pessoas jurídicas descentralizadas para que estas desempenhem as atividades estatais de uma forma mais eficiente.

> Art. 37, XIX, CF/1988 – somente por lei específica poderá ser criada autarquia e autorizada a instituição de empresa pública, de sociedade de economia mista e de fundação, cabendo à lei complementar, neste último caso, definir as áreas de sua atuação.

Esse repasse de funções denomina-se descentralização, devendo a pessoa criada ficar vinculada à finalidade especificada em sua lei instituidora. Por exemplo, quando a União deseja criar uma nova autarquia, deverá produzir uma lei ordinária específica mencionando a especialidade da nova pessoa jurídica.

Cite-se o caso do INSS (autarquia federal), que foi instituído com a finalidade de desempenhar atividades relacionadas à área previdenciária. Portanto, caso essa entidade se desvie do fim para o qual foi instituída, caberá ao Poder Público exercer um controle em relação aos atos por ela praticados, fiscalização esta denomina: controle finalístico, tutela ou supervisão ministerial. (Obs.: Esse ponto será aprofundado no capítulo referente à organização administrativa).

> **caiu na prova**
>
> **(QUADRIX/CRESS-PB/2021)** *O princípio da especialidade está intimamente ligado à ideia de descentralização administrativa. Sendo assim, a lei que cria uma entidade deve estabelecer, com precisão, as finalidades que lhe incumbe atender, de modo que não caiba a seus administrados se afastar dos objetivos nela definidos.*
>
> **Gabarito:** *Certo.*

5.2.4 Presunção de legitimidade

Os atos praticados pela Administração Pública presumem-se válidos até que se prove o contrário. Esse efeito é uma decorrência lógica do princípio da legalidade, pois, se o administrador só pode fazer o que a lei permite, quando ele age, presume-se que o fez de acordo com a legalidade.

Desde já, faz-se imprescindível esclarecer que essa presunção é meramente relativa (*juris tantum*), uma vez que poderá o interessado contestar a atuação estatal. Por exemplo, ao chegar uma notificação de infração no trânsito na casa de João, poderá este impugnar aquele ato demonstrando que não praticou qualquer irregularidade que ensejasse uma punição.

Outra característica desse princípio é trazer maior celeridade à atuação do Poder Público. Isso ocorre em virtude de a possibilidade dos atos administrativos poderem ser imediatamente executados, em virtude da presunção de validade, constituindo até mesmo os particulares em obrigações, independentemente da vontade destes.

Por fim, cabe observar que a doutrina costuma citar um exemplo de mitigação expressa a este princípio, inclusa no Estatuto dos servidores federais (Lei 8.112/1990).

Vejamos: "Art. 116. São deveres do servidor: [...] IV – cumprir as ordens superiores, exceto quando manifestamente ilegais". Perceba que, caso a ordem venha a ser claramente ilegal, não deverá o subordinado cumpri-la, logo, não possuirá esse comando presunção de legitimidade.

6. SÚMULAS

6.1 Súmulas vinculantes – STF

✓ **Súmula 3.** Nos processos perante o Tribunal de Contas da União asseguram-se o contraditório e a ampla defesa quando da decisão puder resultar anulação ou revogação de ato administrativo que beneficie o interessado, excetuada a apreciação da legalidade do ato de concessão inicial de aposentadoria, reforma e pensão.

✓ **Súmula 5.** A falta de defesa técnica por advogado no processo administrativo disciplinar não ofende a Constituição.

✓ **Súmula 13.** A nomeação de cônjuge, companheiro ou parente em linha reta, colateral ou por afinidade, até o terceiro grau, inclusive, da autoridade nomeante ou de servidor da mesma pessoa jurídica investido em cargo de direção, chefia ou assessoramento, para o exercício de cargo em comissão ou de confiança ou, ainda, de função gratificada na administração pública direta e indireta em qualquer dos Poderes da União, dos Estados, do Distrito Federal e dos Municípios, compreendido o ajuste mediante designações recíprocas, viola a Constituição Federal.

✓ **Súmula 14.** É direito do defensor, no interesse do representado, ter acesso amplo aos elementos de prova que, já documentados em procedimento investigatório realizado por órgão com competência de polícia judiciária, digam respeito ao exercício do direito de defesa.

✓ **Súmula 21.** É inconstitucional a exigência de depósito ou arrolamento prévios de dinheiro ou bens para admissibilidade de recurso administrativo.

✓ **Súmula 28.** É inconstitucional a exigência de depósito prévio como requisito de admissibilidade de ação judicial na qual se pretenda discutir a exigibilidade de crédito tributário.

✓ **Súmula 37.** Não cabe ao Poder Judiciário, que não tem função legislativa, aumentar vencimentos de servidores públicos sob o fundamento de isonomia.

6.2 Súmulas do STF

✓ **Súmula 6.** A revogação ou anulação, pelo Poder Executivo, de aposentadoria, ou qualquer outro ato aprovado pelo Tribunal de Contas, não produz efeitos antes de aprovada por aquele Tribunal, ressalvada a competência revisora do Judiciário.

✓ **Súmula 20.** É necessário processo administrativo com ampla defesa, para demissão de funcionário admitido por concurso.

✓ **Súmula 346.** A administração pública pode declarar a nulidade dos seus próprios atos.

✓ **Súmula 397.** O poder de polícia da Câmara dos Deputados e do Senado Federal, em caso de crime cometido nas suas dependências, compreende, consoante o regimento, a prisão em flagrante do acusado e a realização do inquérito.

✓ **Súmula 473.** A administração pode anular seus próprios atos, quando eivados de vícios que os tornam ilegais, porque deles não se originam direitos; ou revogá-los, por motivo de conveniência ou oportunidade, respeitados os direitos adquiridos, e ressalvada, em todos os casos, a apreciação judicial.

✓ **Súmula 636.** Não cabe recurso extraordinário por contrariedade ao princípio constitucional da legalidade, quando a sua verificação pressuponha rever a interpretação dada a normas infraconstitucionais pela decisão recorrida.

✓ **Súmula 683.** O limite de idade para a inscrição em concurso público só se legitima em face do art. 7.º, XXX, da Constituição, quando possa ser justificado pela natureza das atribuições do cargo a ser preenchido.

✓ **Súmula 704.** Não viola as garantias do juiz natural, da ampla defesa e do devido processo legal a atração por continência ou conexão do processo do corréu ao foro por prerrogativa de função de um dos denunciados.

6.3 Súmulas do STJ

✓ **Súmula 373.** É ilegítima a exigência de depósito prévio para admissibilidade de recurso administrativo.

✓ **Súmula 377.** O portador de visão monocular tem direito de concorrer, em concurso público, às vagas reservadas aos deficientes.

✓ **Súmula 467.** Prescreve em cinco anos, contados do término do processo administrativo, a pretensão da Administração Pública de promover a execução da multa por infração ambiental.

✓ **Súmula 552.** O portador de surdez unilateral não se qualifica como pessoa com deficiência para o fim de disputar as vagas reservadas em concursos públicos.

✓ **Súmula 591.** É permitida a prova emprestada no processo administrativo disciplinar, desde que devidamente autorizada pelo juízo competente e respeitados o contraditório e a ampla defesa.

✓ **Súmula 611.** Desde que devidamente motivada e com amparo em investigação ou sindicância, é permitida a instauração de processo administrativo disciplinar com base em denúncia anônima, em face do poder-dever de autotutela imposto à Administração.

✓ **Súmula 615.** Não pode ocorrer ou permanecer a inscrição do município em cadastros restritivos fundada em irregularidades na gestão anterior quando, na gestão sucessora, são tomadas as providências cabíveis à reparação dos danos eventualmente cometidos.

✓ **Súmula 633.** A Lei n.º 9.784/1999, especialmente no que diz respeito ao prazo decadencial para a revisão de atos administrativos no âmbito da Administração Pública federal, pode ser aplicada, de forma subsidiária, aos estados e municípios, se inexistente norma local e específica que regule a matéria.

RESUMO
CAPÍTULO 2 – PRINCÍPIOS

1. O regime jurídico administrativo é formado por prerrogativas + restrições.
2. Os princípios basilares do Direito Administrativo são: supremacia do interesse público sobre o privado (prerrogativas) e indisponibilidade do interesse público (restrições).
3. Não existe hierarquia entre os princípios.
4. "Art. 37, CF/1988. A administração pública direta e indireta de qualquer dos Poderes da União, dos Estados, do Distrito Federal e dos Municípios obedecerá aos princípios de legalidade, impessoalidade, moralidade, publicidade e eficiência".
5. O princípio da legalidade para o particular significa que este pode fazer tudo que a lei não proíba; já o administrador só pode fazer o que a lei permite.
6. O princípio da impessoalidade impõe ao administrador uma atuação objetiva, ou seja, imparcial e sem realizar promoção pessoal (art. 37, § 1°, CF).
7. Apesar de a publicidade ser a regra em relação aos atos administrativos, excepcionalmente pode-se adotar o sigilo, desde que necessário para garantir a segurança do Estado, da sociedade ou para preservar a intimidade.
8. O último princípio a ser incluso no texto constitucional foi o da eficiência (EC 19/1998), o qual busca garantir o binômio: produtividade + economicidade.
9. O princípio da autotutela permite que a Administração Pública revise seus próprios atos e gere a extinção dos mesmos sem a necessidade de recorrer ao Poder Judiciário. "Súmula 473/STF: A administração pode anular seus próprios atos, quando eivados de vícios que os tornam ilegais, porque deles não se originam direitos; ou revogá-los, por motivo de conveniência ou oportunidade, respeitados os direitos adquiridos, e ressalvada, em todos os casos, a apreciação judicial".
10. Tanto os processos administrativos quantos os judiciais devem respeito aos princípios do contraditório e da ampla defesa.

PODERES ADMINISTRATIVOS

1. CONCEITO

Os poderes administrativos podem ser conceituados como as prerrogativas conferidas aos agentes públicos para que estes possam alcançar o interesse público.

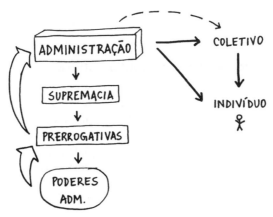

Como se pode analisar pelo desenho, o administrador encontra-se em posição de supremacia em relação ao particular, logo, receberá poderes instrumentais à consecução de seus objetivos. Até mesmo porque se não fossem oferecidas prerrogativas, o agente público se igualaria ao particular e, assim, não conseguiria sair em busca do interesse coletivo.

Vejamos. Se, por exemplo, um restaurante estiver vendendo alimentos impróprios ao consumo, o fiscal da vigilância sanitária poderá, a depender do caso concreto, promover a interdição do estabelecimento limitando, dessa forma, o interesse do dono do local, mas garantindo a integridade da saúde pública.

Perceba, então, que os poderes são instrumentais, ou seja, servem como meio para que a Administração atinja seus fins. Logo, o mais correto tecnicamente é falar em poder-dever ou dever-poder, já que os poderes administrativos não existem por si sós, pois só existirá um poder se junto com ele existir um dever a ser cumprido.

Então, pergunta-se: os poderes conferidos aos agentes públicos são renunciáveis ou irrenunciáveis?

Irrenunciáveis. Como já estudamos, o princípio da indisponibilidade do interesse público impõe restrições à atuação administrativa, pois, sendo o administrador mero gestor da coisa pública, não poderá ele dispor livremente de seus atos. Logo, o poder tem de ser usado como um meio para a consecução do interesse público.

Esse é o entendimento adotado, inclusive, pela Lei do Processo Administrativo Federal (Lei 9.784/1999):

> Art. 2.º, parágrafo único. Nos processos administrativos serão observados, entre outros, os critérios de: [...] II – atendimento a fins de interesse geral, vedada a renúncia total ou parcial de poderes ou competências, salvo autorização em lei.

Observe que isso tudo decorre do regime jurídico administrativo (já estudado no capítulo passado), o qual oferta um conjunto de prerrogativas (poderes) ao administrador, mas, em contrapartida, impõe restrições (deveres) à sua atuação.

caiu na prova

(QUADRIX/SEDF/2022) Embora a expressão "poder administrativo" sugira que a Administração Pública tem a faculdade de execução de atos, por se tratar de poder-dever, os poderes são irrenunciáveis e devem ser exercidos.
Gabarito: Certo.

1.1 Poderes do Estado x poderes da Administração

Conforme visto no capítulo referente às noções iniciais, o Brasil, adotando a teoria da tripartição de funções defendida por Montesquieu, separa as atividades estatais em três Poderes (estruturais e orgânicos) distintos: Legislativo, Executivo e Judiciário, cada um deles possuindo uma função típica (principal) e, por autorização constitucional, algumas funções atípicas (secundárias).

Por sua vez, os poderes administrativos são instrumentais à consecução dos deveres estatais, ou seja, representam prerrogativas conferidas aos agentes administrativos para que estes possam alcançar o bem coletivo.

PODERES DO ESTADO
PODERES ESTRUTURAIS E ORGÂNICOS
- LEGISLATIVO
- EXECUTIVO
- JUDICIÁRIO

PODERES DA ADMINISTRAÇÃO
PODERES INSTRUMENTAIS À REALIZAÇÃO DO BEM COLETIVO
- HIERÁRQUICO
- DISCIPLINAR
- POLÍCIA
- REGULAMENTAR

Cap. 3 – PODERES ADMINISTRATIVOS **57**

---

caiu na prova

(QUADRIX/CORE-TO/2021) *Os poderes administrativos são os meios ou instrumentos jurídicos por meio dos quais os sujeitos da Administração Pública exercem a atividade administrativa na gestão dos interesses coletivos.*

Gabarito: *Certo.*

---

2. VINCULAÇÃO

O poder vinculado (ou regrado) é aquele em que a lei impõe uma conduta ao administrador sem ofertar a este qualquer margem de liberdade. Nesse caso, o agente público será um mero executor dos termos legais.

Para facilitar a visualização, vamos citar alguns exemplos de atos vinculados, estipulados em diversos diplomas legais:

A) "Art. 20, § 2.º, Lei 8.112/1990: O servidor não aprovado no estágio probatório **será** exonerado [...]" (grifo nosso). Perceba que, em caso de inabilitação, a exoneração é uma imposição, e não uma escolha.

B) "Art. 37, CF/1988. A administração pública direta e indireta de qualquer dos Poderes da União, dos Estados, do Distrito Federal e dos Municípios **obedecerá** aos princípios de legalidade, impessoalidade, moralidade, publicidade e eficiência [...]" (grifo nosso). Todos os integrantes da Administração Pública devem respeitar os princípios constitucionais expressos, logo, a obediência a esses postulados é um dever.

C) "Art. 48, Lei 9.784/1999. A Administração **tem o dever** de explicitamente emitir decisão nos processos administrativos e sobre solicitações ou reclamações, em matéria de sua competência" (grifo nosso). A decisão deve ser dada. Esse é mais um exemplo de imposição legal da forma de o administrador atuar.

---

caiu na prova

(FCC/TRT-BA/2022) *Quanto aos poderes administrativos é vinculado aquele em que não há margem de liberdade para o exercício.*

Gabarito: *Certo.*

Por fim, observe que o ato vinculado pode, inclusive, estabelecer direitos adquiridos. Podemos citar o caso de um servidor público federal que solicita a sua remoção por motivos de saúde; nesse caso, independentemente do interesse da Administração, o pedido deve ser acatado por imposição da própria Lei 8.112/1990.[1]

---

[1] "Art. 36. Remoção é o deslocamento do servidor, a pedido ou de ofício, no âmbito do mesmo quadro, com ou sem mudança de sede. Parágrafo único. Para fins do disposto neste artigo,

3. DISCRICIONARIEDADE

O poder discricionário oferece certa margem de liberdade ao administrador para que este possa analisar, em cada caso concreto, dentre duas ou mais alternativas, a que se apresenta mais conveniente e oportuna.

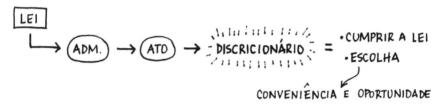

> **caiu na prova**
>
> **(CEBRASPE/PC-RO/2022)** A prerrogativa da autoridade pública competente de eleger, entre as condutas possíveis, a que represente maior conveniência e oportunidade ao interesse público decorre do poder discricionário.
>
> **Gabarito:** *Certo.*

Entretanto, não se pode confundir discricionariedade com arbitrariedade. Esta ocorre quando se atua fora dos limites impostos ou aceitos pela lei. Por exemplo, pelo Estatuto dos servidores públicos civis federais (Lei 8.112/1990), não poderá o superior hierárquico impor uma pena de prisão administrativa ao seu subordinado, pois as únicas sanções admitidas legalmente são as previstas no art. 127:

> São penalidades disciplinares: I – advertência; II – suspensão; III – demissão; IV – cassação de aposentadoria ou disponibilidade; V – destituição de cargo em comissão; VI –destituição de função comissionada.

Logo, um ato nunca será integralmente discricionário, visto que o administrador deve agir sempre dentro dos limites da lei e do interesse público. Podemos inclusive citar alguns princípios utilizados com a função de limitar a discricionariedade administrativa, tais como: indisponibilidade do interesse público (impõe restrições à atuação dos agentes públicos), legalidade (o administrador só pode agir dentro dos termos e limites da lei), proporcionalidade e razoabilidade (sempre se deve atuar sem excessos, ou seja, a prática do ato deve ser necessária e adequada).

3.1 Justificadores da discricionariedade administrativa

Existem diversos critérios que justificam a existência da discricionariedade. Vamos analisá-los:

---

entende-se por modalidades de remoção: [...] III – a pedido, para outra localidade, independentemente do interesse da Administração: [...] b) por motivo de saúde do servidor, cônjuge, companheiro ou dependente que viva às suas expensas e conste do seu assentamento funcional, condicionada à comprovação por junta médica oficial."

a) Impossibilidade de a lei prever todas as situações: a vida em sociedade é extremamente complexa e com isso, torna-se humanamente impossível a previsão legal de todas as condutas que podem vir a ser praticadas pelos particulares e administradores. Assim, em diversos momentos a legislação usa de conceitos abertos, os quais permitem a extensão de seus termos para casos que se assemelhem à regra legalmente exposta.

Vejamos esse exemplo contido na Lei de Improbidade Administrativa (Lei 8.429/1992).

> Art. 9.º Constitui ato de improbidade administrativa importando em enriquecimento ilícito auferir, mediante a prática de ato doloso, qualquer tipo de vantagem patrimonial indevida em razão do exercício de cargo, de mandato, de função, de emprego ou de atividade nas entidades referidas no art. 1.º desta Lei, **e notadamente:**

Observe que a própria lei diz que são casos de improbidade "notadamente", ou seja, o rol de condutas ímprobas estabelecido por esse artigo é meramente exemplificativo, podendo, desta forma, existir outras situações que venham a se enquadrar como atos ímprobos geradores de enriquecimento ilícito.

b) Separação dos poderes: em virtude da tripartição dos poderes, não poderiam existir apenas atos vinculados, pois, se fosse assim, o Poder Executivo viraria apenas um servo do Poder Legislativo, já que a sua função seria apenas pôr em prática os comandos legislativos, não preservando, dessa forma, a sua independência.

Em resumo, a discricionariedade é necessária para que a Administração Pública preserve a sua independência e possa, dentro de certos limites, escolher qual conduta se mostra mais conveniente e oportuna.

c) Vontade da própria lei: em determinados casos, o próprio texto legal oferece opções a serem analisadas e escolhidas pelo administrador. Por exemplo, a Lei 8.112/1990, em seu art. 130, § 2.º, preleciona que:

> Quando houver conveniência para o serviço, a penalidade de suspensão poderá ser convertida em multa, na base de 50% (cinquenta por cento) por dia de vencimento ou remuneração, ficando o servidor obrigado a permanecer em serviço.

Veja que, nesse caso, o Poder Público poderá optar entre impor a suspensão com ausência do trabalho ou obrigar o servidor punido a continuar laborando, convertendo, dessa forma, a suspensão em multa.

d) Conceitos jurídicos indeterminados: às vezes, o texto normativo usa expressões imprecisas, ou seja, que possuem alta carga de subjetividade, por exemplo: Art. 132 da Lei 8.112/1990: "A demissão será aplicada nos seguintes casos: V – (...) conduta escandalosa, na repartição". Entretanto, o que vem a ser escandaloso? Esse é um conceito jurídico indeterminado, pois o que é escandaloso para uma pessoa pode não ser para outra, o que é escandaloso em determinada região do País pode não ser em outra. Logo, existirá discricionariedade para que esse termo possa ser analisado pela autoridade competente em cada caso concreto, logicamente dentro dos limites da proporcionalidade e razoabilidade.

3.2 Controle judicial dos atos discricionários

Para que exista uma harmonia entre os Poderes e se evitem excessos na atuação pública, devem existir mecanismos que garantam a fiscalização dos atos (vinculados ou discricionários) praticados pelos agentes públicos.

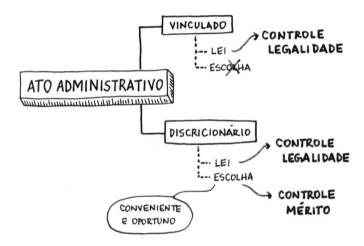

Imagine, por exemplo, o caso de um prefeito que, de forma irregular, aplica o dinheiro público para atender a fins meramente particulares.

Pergunta-se: poderá o juiz (Poder Judiciário) exercer um controle em relação aos atos praticados pelo prefeito (Poder Executivo)?

Claro que sim. Até mesmo porque, segundo a própria Constituição Federal, art. 5.º, XXXV, "a lei não excluirá da apreciação do Poder Judiciário lesão ou ameaça a direito" (princípio da inafastabilidade da jurisdição). Portanto, por meio de um controle externo (é externo porque um Poder irá analisar os atos praticados por outro Poder – Judiciário analisará os atos do Executivo), poderá o juiz analisar os atos praticados pelo prefeito.

> **caiu na prova**
>
> **(QUADRIX/CRM-MS/2021)** O Judiciário poderá examinar os atos discricionários da Administração Pública, mas sempre sob o aspecto da legalidade.
>
> **Gabarito:** Certo.

Daí surge outra pergunta: poderá o juiz exercer um controle sobre qualquer aspecto do ato administrativo?

Não. Em virtude da separação dos poderes, o magistrado poderá exercer apenas controle de legalidade dos atos administrativos, não podendo invadir o mérito destes.

Em outras palavras, o Poder Judiciário verifica se o ato praticado respeitou ou não a lei (controle de legalidade), não podendo, entretanto, existir uma substituição das decisões do administrador pelas do juiz (controle de mérito).

Resumindo, podemos afirmar que poderá existir, sim, controle judicial em relação aos atos discricionários, desde que o juiz se limite a analisar os aspectos referentes à legalidade de tais atos, não podendo, então, por consequência lógica, invadir o mérito administrativo.

> **caiu na prova**
>
> **(AOCP/ITEP-RN/2021)** *No controle judicial da atividade administrativa discricionária, cabe ao Poder Judiciário substituir a decisão do administrador, analisando e julgando o mérito do ato administrativo.*
>
> **Gabarito:** *Errado.*[2]

Por fim, cabe fazer uma observação. Caso o administrador pratique um ato desrespeitando princípios, tais como os da proporcionalidade e da razoabilidade, caberá, sim, ao Poder Judiciário exercer controle sobre esse ato. Nesse caso, estará se fazendo uma análise da legalidade da atuação administrativa, e não do mérito, pois, se um ato fere princípios, será considerado ilegal.

4. PODER HIERÁRQUICO

Para que a estrutura administrativa funcione de maneira organizada, faz-se necessária a existência de uma distribuição e escalonamento das funções administrativas, sendo exatamente nesse ponto que surge o poder hierárquico, o qual é imprescindível para que se atinja de forma plena o princípio da eficiência.

Com o desenho, percebe-se claramente que o poder hierárquico é **interno**, pois decorre de uma distribuição de funções dentro da estrutura de uma mesma pessoa jurídica, ocorrendo tanto nas pessoas pertencentes à Administração Direta (União, Estados, Distrito Federal e Municípios) quanto naquelas que compõem a Administração Indireta (autarquias, fundações públicas, empresas públicas e sociedades de economia mista).

---

[2] O Poder Judiciário apenas poderá controlar a legalidade dos atos administrativos, não o mérito. Sendo assim, não poderá o juiz substituir o administrador em suas escolhas.

Portanto, desde já algo fica bem claro: não existe poder hierárquico entre o Poder Público e os particulares. Isso ocorre por uma razão muito simples, os particulares mantêm uma relação externa, e não interna, com a Administração.

Além de interno, o poder hierárquico é também **permanente**, já que se aplica do início ao fim da vida funcional dos servidores. Em outras palavras, durante toda a sua jornada os agentes públicos estarão submetidos à hierarquia administrativa.

Ponto que, desde já, merece destaque é o fato de não existir hierarquia entre pessoas da Administração Direta para com entidades da Indireta. Por exemplo, quando a União (pessoa política) cria uma nova autarquia (pessoa jurídica) não existirá entre essas entidades hierarquia, o que ocorre é uma mera vinculação, ou seja, essas pessoas estão ligadas, mas não hierarquizadas (este tópico será aprofundado no capítulo referente à organização administrativa).

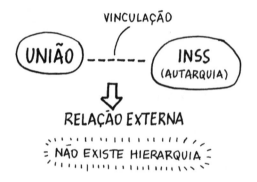

caiu na prova

(FCC/DPE-SC/2021) Há hierarquia entre as entidades da Administração Indireta e a Administração Direta.

Gabarito: *Errado.*[3]

Outro ponto importante é o fato de o poder hierárquico existir nos três poderes do Estado (Legislativo, Executivo e Judiciário) desde que estes estejam no desempenho da sua função administrativa. Ou seja, quando, por exemplo, um deputado federal ou um juiz organizam o seu gabinete de trabalho, usam do poder hierárquico, pois nesse momento estão no exercício da função atípica administrativa. Entretanto, quando o mesmo deputado estiver realizando votações sobre novos projetos de lei e o juiz estiver julgando conflitos, não estarão usando do poder ora em estudo, pois não existe hierarquia na função legislativa nem na judiciária. Vejamos:

---

[3] Não existe hierarquia entre as pessoas da Administração direta e indireta, o que há é uma vinculação.

Diante do exposto, podemos utilizar algumas palavras-chave para definir o poder hierárquico. Quando, por exemplo, uma prova citar um superior hierárquico que deu **ordens**, **fiscalizou** seus subordinados, **revisou** a atuação destes, **delegou**, **avocou** atividades, estaremos diante do poder ora em estudo.

> **caiu na prova**
>
> **(VUNESP/EBSERH/2020)** *O poder de controle sobre atividades dos órgãos ou autoridades subordinadas é manifestação do exercício do poder hierárquico.*
>
> **Gabarito:** *Certo.*

E, se a pergunta for sobre a criação de normas, qual poder será usado para a produção delas?

Se as **normas** forem de **efeitos internos** com a função de organizar a estrutura administrativa, estará se usando o poder hierárquico.

Para maior aprofundamento sobre o tema (em virtude da alta incidência nas provas em geral), abriremos um tópico específico sobre os fenômenos da delegação e da avocação.

4.1 Delegação

Delegar é repassar, de forma temporária, a execução de determinada atividade à outra pessoa. Segundo o art. 12 da Lei 9.784/1999:

> Um órgão administrativo e seu titular poderão, se não houver impedimento legal, delegar parte da sua competência a outros órgãos ou titulares, ainda que estes não lhe sejam hierarquicamente subordinados, quando for conveniente, em razão de circunstâncias de índole técnica, social, econômica, jurídica ou territorial.

Perceba pelo desenho que Maria repassou a execução de determinado serviço a João (delegação sem relação de subordinação) e a José (delegação com relação de subordinação). Entretanto, Maria continua sendo a titular da competência, podendo, a qualquer momento, revogar as delegações realizadas.

> Lei 9.784/1999, art. 14, § 2.º – O ato de delegação é revogável a qualquer tempo pela autoridade delegante.

Daí surge uma pergunta: quem será o responsável em caso de dano causado pela má prática do ato, o delegante (quem repassou a atividade) ou o delegado (quem executou a atividade)?

A resposta encontra-se nos termos da Súmula 510 do Supremo Tribunal Federal, a saber:

> **Súmula 510, STF:** Praticado o ato por autoridade, no exercício de competência delegada, contra ela cabe o mandado de segurança ou a medida judicial.

caiu na prova

(NC-UFPR/PC-PR/2021) As decisões adotadas por delegação considerar-se-ão editadas pela autoridade a que se delegou a competência.

Gabarito: Certo.

Sendo assim, usando-se o desenho, caso José, no exercício da competência delegada, venha a ferir direito líquido e certo de um particular, este, ao impetrar o mandado de segurança, deverá colocar como autoridade coatora o próprio José, pois a ação deverá ser intentada contra quem praticou o ato, ou seja, contra o agente delegado.

Outro ponto muito importante é saber que apesar de a delegação, como regra, ser possível, a própria Lei do Processo Administrativo Federal veda esse fenômeno para alguns tipos de atos, quais sejam:

Art. 13. Não podem ser objeto de delegação: I – a edição de atos de caráter normativo; II – a decisão de recursos administrativos; III – as matérias de competência exclusiva do órgão ou autoridade.

ATOS QUE NÃO ADMITEM DELEGAÇÃO

CE COMPETÊNCIA EXCLUSIVA

NO EDIÇÃO DE ATOS NORMATIVOS

RA DECISÃO RECURSO ADMIN.

> **caiu na prova**
>
> **(QUADRIX/CRESS-RJ/2022)** *Não podem ser objeto de delegação de competência no processo administrativo a edição de atos de caráter normativo, a decisão de recursos administrativos e as matérias de competência exclusiva do órgão ou da autoridade.*
>
> **Gabarito:** *Certo.*

4.2 Avocação

A avocação ocorrerá quando o superior hierárquico chamar para si as atribuições de um subordinado. Entretanto, para que isso ocorra, a competência não poderá ser exclusiva do subordinado, deverá existir um motivo relevante e ser sempre realizada de forma excepcional e temporário.

> Lei 9.784/1999, art. 15. Será permitida, em caráter excepcional e por motivos relevantes devidamente justificados, a avocação temporária de competência atribuída a órgão hierarquicamente inferior.

> **caiu na prova**
>
> **(CEBRASPE/CODEVASF/2021)** *No processo administrativo, é possível a avocação temporária de competência atribuída a órgão hierarquicamente inferior, desde que de forma excepcional e por motivos relevantes devidamente justificados.*
>
> **Gabarito:** *Certo.*

Perceba que, diferentemente da delegação, a avocação só poderá existir se houver uma relação de superioridade e subordinação. Ou seja, enquanto a delegação pode ser vertical ou horizontal, a avocação, necessariamente, terá de ser vertical, já que somente poderá ocorrer quando o superior chamar para si a função de um subordinado. Vejamos:

4.3 Resumo desenhado: delegação x avocação

4.4 Resumo desenhado: poder hierárquico

5. PODER DISCIPLINAR

Enquanto o poder hierárquico é o responsável por organizar a estrutura administrativa, o poder disciplinar terá a função de aplicar punições àqueles que praticarem atos irregulares.

Por exemplo, se um servidor de forma intencional deixa de comparecer ao seu local de trabalho por mais de trinta dias consecutivos[4], receberá, após o regular processo administrativo, a punição de demissão, conforme preleciona o art. 132 da Lei 8.112/1990: "A demissão será aplicada nos seguintes casos: [...] II – abandono de cargo".

Perceba que, no caso do servidor, a punição decorre imediatamente do poder disciplinar e mediatamente do poder hierárquico, pois o agente público deveria ter respeitado a hierarquia administrativa; não o fazendo, se sujeita a uma sanção, sendo esta, de forma mais próxima (imediata) fruto do poder disciplinar, e de maneira mais remota, afastada (mediata), decorrência do poder hierárquico.

Entretanto, o poder disciplinar não é utilizado apenas para servidores públicos, pois também servirá para punir particulares que possuam algum tipo de vínculo específico com a Administração, por exemplo, a aplicação de uma multa a determinada empresa que descumpriu um contrato administrativo.

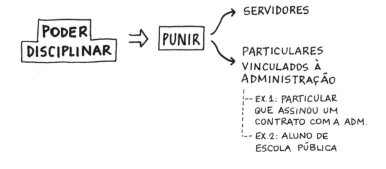

> **caiu na prova**
>
> **(QUADRIX/AGENTE.TRIBUTOS-BA/2022)** A possibilidade de aplicar sanções a particulares que estejam vinculados à Administração (por vínculo jurídico específico) está relacionada ao poder disciplinar.
> **Gabarito:** Certo.

Nesse momento, faz-se imprescindível diferenciar o uso do poder de polícia e do poder disciplinar, já que este pune particulares submetidos à disciplina administrativa e aquele impõe sanções a particulares em geral.

Por exemplo, se um carro se encontra estacionado em local proibido, a Administração aplicará ao proprietário uma multa de trânsito, sendo esta fruto do poder de polícia, já que não existe, nesse caso, nenhuma relação específica do condutor do veículo para com a Administração, até porque qualquer pessoa da sociedade que estacionasse naquele local estaria sujeita a receber esse tipo de punição.

Agora imaginemos um aluno que foi suspenso de uma escola pública. Pergunta-se: qualquer pessoa da sociedade poderá receber esse tipo de punição?

---

[4] Lei 8.112/1990, art. 138. "Configura abandono de cargo a ausência intencional do servidor ao serviço por mais de trinta dias consecutivos."

Logicamente não, pois, para ser suspenso de um colégio público, é imprescindível, antes de tudo, tornar-se aluno daquele local. Assim, esse tipo de sanção decorre de uma relação específica entre o particular e a Administração.

> **caiu na prova**
>
> **(QUADRIX/CRM-MS/2021)** O poder disciplinar não abrange as sanções impostas a particulares não sujeitos à disciplina interna da Administração. Nesse caso, as medidas punitivas encontram fundamento no poder de polícia.
>
> **Gabarito:** *Certo.*

Ademais, em qualquer dos casos, para ser imposta uma punição deverá existir o respeito ao devido processo legal (art. 5.º, LIV, CF/1988) e aos princípios do contraditório e da ampla defesa (art. 5.º, LV, CF/1988).

No caso dos servidores federais, por exemplo, o regramento do processo administrativo encontra-se regulado a partir do art. 143 da Lei 8.112/1990.[5]

No caso de particulares vinculados à Administração, podemos citar como exemplo a situação das concessionárias de serviço público, as quais caso prestem um serviço inadequado poderão vir a ter, após decisão em processo administrativo disciplinar, decretada a caducidade da concessão, ou seja, a extinção de seus contratos em virtude da má prestação do serviço.

> Art. 38, Lei 8.987/1995 – A inexecução total ou parcial do contrato acarretará, a critério do poder concedente, a declaração de caducidade da concessão ou a aplicação das sanções contratuais, respeitadas as disposições deste artigo, do

---

[5] Lei 8.112/1990, art. 143. "A autoridade que tiver ciência de irregularidade no serviço público é obrigada a promover a sua apuração imediata, mediante sindicância ou processo administrativo disciplinar, assegurada ao acusado ampla defesa."

art. 27, e as normas convencionadas entre as partes. [...] § 2.º A declaração da caducidade da concessão deverá ser precedida da verificação da inadimplência da concessionária em processo administrativo, assegurado o direito de ampla defesa [este assunto será aprofundado no capítulo relacionado aos serviços públicos].

Por fim, para a corrente majoritária adotada em concursos públicos, diz-se que o poder disciplinar é discricionário. Entretanto, temos de fazer algumas observações.

Caso 1: Digamos que o superior hierárquico tenha indícios de que o seu subordinado (servidor federal) esteja aplicando irregularmente dinheiro público. Qual medida deverá ser adotada?

→ **Passo 1** – Instaurar um processo administrativo disciplinar (ato vinculado)

Lei 8.112/1990, art. 143 – A autoridade que tiver ciência de irregularidade no serviço público é obrigada a promover a sua apuração imediata, mediante sindicância ou processo administrativo disciplinar, assegurada ao acusado ampla defesa.

→ **Passo 2** – Constatada a culpa, deverá punir (ato vinculado)

Lei 8.112/1990, art. 141 – As penalidades disciplinares **serão** aplicadas. (grifos nossos)

→ **Passo 3** – Deverá aplicar a punição de demissão (ato vinculado)

Lei 8.112/1990, art. 132 – A demissão **será** aplicada nos seguintes casos: [...] VIII – aplicação irregular de dinheiros públicos. (grifos nossos)

Caso 2: Digamos que o superior hierárquico tenha indícios de que o seu subordinado (servidor federal) esteja exercendo uma atividade incompatível com o seu cargo e com o horário de trabalho. Qual medida deverá ser adotada?

→ **Passo 1** – Instaurar um processo administrativo disciplinar (ato vinculado)

Lei 8.112/1990, art. 143 – A autoridade que tiver ciência de irregularidade no serviço público é obrigada a promover a sua apuração imediata, mediante sindicância ou processo administrativo disciplinar, assegurada ao acusado ampla defesa.

→ **Passo 2** – Constatada a culpa deverá punir (ato vinculado)

Lei 8.112/1990, art. 141 – As penalidades disciplinares **serão** aplicadas. (grifos nossos)

→ **Passo 3** – Poderá suspender ou converter a suspensão em multa (ato discricionário)

Lei 8.112/1990, art. 130, § 2.º – Quando houver conveniência para o serviço, a penalidade de suspensão poderá ser convertida em multa, na base de 50% (cinquenta por cento) por dia de vencimento ou remuneração, ficando o servidor obrigado a permanecer em serviço.

→ **Passo 4** – Prazo da punição de suspensão (ato discricionário)

Lei 8.112/1990, art. 130 – A suspensão será aplicada [...] não podendo exceder de 90 (noventa) dias.

Obs.: Perceba que a discricionariedade vai existir apenas na seleção da punição (suspensão ou multa) e na quantificação do tempo da sanção.

⚖ jurisprudência

[...] 1. Por força dos princípios da proporcionalidade, dignidade da pessoa humana e culpabilidade, aplicáveis ao regime jurídico disciplinar, **não há juízo de discricionariedade no ato administrativo que impõe sanção a Servidor Público** em razão do cometimento de infração disciplinar, de sorte que o controle jurisdicional é amplo, não se limitando, portanto, somente aos aspectos formais. Precedente (STJ, 3.ª Seção, MS 13083/DF, 13.05.2009).

✒ cuidado

Cabe lembrar que uma irregularidade administrativa também poderá ser qualificada como crime. Por exemplo, caso um servidor venha a praticar atos de corrupção, poderá ser processado tanto na esfera administrativa quanto na penal, não constituindo bis in idem (dupla punição) a duplicidade de ações. Vejamos o que preleciona a Lei 8.112/1990 (Estatuto do Servidor Público Civil Federal):

Art. 121. O servidor responde civil, penal e administrativamente pelo exercício irregular de suas atribuições.

Art. 125. As sanções civis, penais e administrativas poderão cumular-se, sendo independentes entre si.

6. PODER DE POLÍCIA

Para que a vida em sociedade se torne harmônica e organizada, faz-se necessário o estabelecimento de regras sociais. Imagine, por exemplo, se não existissem as regras de trânsito. Visualizou o caos em que viveríamos?

Então, com o escopo de regular a vida social, surge o poder de polícia, o qual terá como fim principal: limitar a liberdade e a propriedade do indivíduo em benefício da coletividade.

📝 caiu na prova

(QUADRIX/CRBIO-6/2021) Pelo conceito moderno, adotado no direito brasileiro, o poder de polícia é a atividade do Estado que consiste em limitar o exercício dos direitos individuais, em benefício do interesse público.

Gabarito: Certo.

6.1 Conceito

Existe um conceito legal, previsto no Código Tributário Nacional (CTN), referente ao poder ora em estudo. Vejamos:

> Art. 78. Considera-se poder de polícia atividade da administração pública que, limitando ou disciplinando direito, interesse ou liberdade, regula a prática de ato ou abstenção de fato, em razão de interesse público concernente à segurança, à higiene, à ordem, aos costumes, à disciplina da produção e do mercado, ao exercício de atividades econômicas dependentes de concessão ou autorização do Poder Público, à tranquilidade pública ou ao respeito à propriedade e aos direitos individuais ou coletivos.

Mas aí fica uma pergunta: por que o poder de polícia foi conceituado no Código Tributário Nacional?

Simples, o exercício do poder de polícia pode ensejar a cobrança de taxa, espécie de tributo, por isso a alocação desse poder no CTN. Vejamos o que dispõem a Constituição Federal e o Código Tributário Nacional, respectivamente, sobre o assunto:

> Art. 145, CF/1988. A União, os Estados, o Distrito Federal e os Municípios poderão instituir os seguintes tributos: [...] II – **taxas, em razão do exercício do poder de polícia** ou pela utilização, efetiva ou potencial, de serviços públicos específicos e divisíveis, prestados ao contribuinte ou postos a sua disposição.

> Art. 77, CTN. As **taxas** cobradas pela União, pelos Estados, pelo Distrito Federal ou pelos Municípios, no âmbito de suas respectivas atribuições, têm como fato gerador o **exercício regular do poder de polícia**, ou a utilização, efetiva ou potencial, de serviço público específico e divisível, prestado ao contribuinte ou posto à sua disposição. (grifos nossos)

Surge então, outra pergunta: para que exista a cobrança dessa taxa de polícia, o Poder Público terá de desempenhar algum tipo de atividade?

A resposta vem com jurisprudências do próprio STF:

jurisprudência

[...] 5. A regularidade do exercício do poder de polícia é imprescindível para a cobrança da taxa de localização e fiscalização. [...] 8. Configurada a existência de instrumentos necessários e do efetivo exercício do poder de polícia. 9. É constitucional taxa de renovação de funcionamento e localização municipal, desde que efetivo o exercício do poder de polícia, demonstrado pela existência de órgão e estrutura competentes para o respectivo exercício (RE 588322/RO, Tribunal Pleno, 16.06.2010).

[...] O exercício do poder de polícia não é necessariamente presencial, pois pode ocorrer a partir de local remoto, com o auxílio de instrumentos e técnicas que permitam à administração examinar a conduta do agente fiscalizado. (STF, 2.ª Turma, RE 361009 AgR/RJ, 31.08.2010).

Portanto, o poder de polícia pode ser sim um fato gerador de cobrança de taxa. Entretanto, deverá o Poder Público possuir, no mínimo, competência fiscalizatória e um órgão capaz de realizá-la, não necessitando, por outro lado, ser essa fiscalização presencial, podendo ocorrer por meio do auxílio de instrumentos que possibilitem o controle a distância.

De forma mais resumida e simples, podemos conceituar o poder de polícia como o responsável por limitar a liberdade e a propriedade particular em benefício da coletividade.

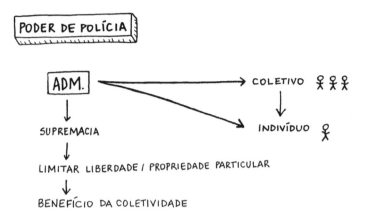

6.2 Polícia administrativa x polícia judiciária

Não se pode confundir o exercício do poder de polícia administrativo com as atividades da polícia judiciária. Aquele é matéria de estudo do Direito Administrativo, já este se encontra disciplinado em outro ramo, o Direito Processual Penal.

A **polícia administrativa** refere-se à atuação do Poder Público na busca da organização social. Sua área de atuação é, puramente, nos ilícitos de cunho administrativo, ou seja, não penais.

Essa atuação incide sobre os bens, atividades e direitos desempenhados por particulares. Por exemplo, quando um agente sanitário realiza fiscalizações de rotina em supermercados da região, estará, nesse momento, exercendo o regular poder de polícia administrativo.

A atuação desse poder é tipicamente preventiva – por exemplo, antes de o particular construir, deverá o Poder Público expedir uma licença; antes de se usar um espaço público em benefício de certos particulares, deve-se ter uma autorização. Entretanto, nem só de condutas preventivas vive o poder de polícia administrativo, pois este, de forma atípica, também poderá praticar atos repressivos, por exemplo, a apreensão de equipamentos de som de uma casa de eventos que esteja perturbando o sossego da coletividade.

Já a **polícia judiciária** que, como dissemos, é assunto destinado ao Direito Processual Penal, refere-se à atuação do Estado em relação aos ilícitos penais, sendo o foco dessa atuação a investigação de pessoas em relação ao cometimento de infrações penais.

caiu na prova

(IBFC/SAEB-BA/2020) A polícia judiciária rege-se pelo Direito Processual Penal, incidindo sobre pessoas.

Gabarito: Certo.

Veja que, diferentemente da polícia administrativa, a atuação da polícia judiciária será tipicamente repressiva, ou seja, esta começará as suas investigações após o ilícito criminal ter acontecido. Entretanto, de forma atípica, também atuará de forma preventiva, realizando, por exemplo, campanhas contra a violência doméstica, contra o racismo, entre outros.

Por fim, enquanto a polícia judiciária é desempenhada por corporações especializadas[6] (polícia civil e federal), a polícia administrativa pode ser exercida por diversos administradores, desde que eles tenham competência para tal atuação. Podemos citar, como exemplo, o caso dos fiscais da vigilância sanitária, dos agentes de trânsito e da polícia militar (sim, para a corrente majoritária, estes se enquadram como polícia administrativa).

	POLÍCIA ADMINISTRATIVA	POLÍCIA JUDICIÁRIA
Área	Direito Administrativo	Processo Penal
Ilícito	Administrativo	Penal
Incidência	Bens Atividades Direitos	Pessoas
Atuação típica	Preventiva	Repressiva
Competência	Diversos órgãos	Polícia Civil Polícia Federal

6.3 Poder de polícia x poder disciplinar

A Administração Pública, na busca pelo bem-estar coletivo, atua, por diversas vezes, em posição de superioridade em relação ao particular. Daí surge o princípio da supremacia do interesse público sobre o interesse privado.

---

[6] Art. 144, CF/1988. "A segurança pública, dever do Estado, direito e responsabilidade de todos, é exercida para a preservação da ordem pública e da incolumidade das pessoas e do patrimônio, através dos seguintes órgãos: § 1.º A polícia federal, instituída por lei como órgão permanente, organizado e mantido pela União e estruturado em carreira, destina-se a: I – apurar infrações penais contra a ordem política e social ou em detrimento de bens, serviços e interesses da União ou de suas entidades autárquicas e empresas públicas, assim como outras infrações cuja prática tenha repercussão interestadual ou internacional e exija repressão uniforme, segundo se dispuser em lei; II – prevenir e reprimir o tráfico ilícito de entorpecentes e drogas afins, o contrabando e o descaminho, sem prejuízo da ação fazendária e de outros órgãos públicos nas respectivas áreas de competência; III – exercer as funções de polícia marítima, aeroportuária e de fronteiras; IV – exercer, com exclusividade, as funções de polícia judiciária da União. § 4.º Às polícias civis, dirigidas por delegados de polícia de carreira, incumbem, ressalvada a competência da União, as funções de polícia judiciária e a apuração de infrações penais, exceto as militares."

Entretanto, temos que diferenciar os atos de supremacia geral praticados pelo Poder Público dos de supremacia especial. Naqueles, a relação administrativa é com toda a coletividade, já neste o Estado se vincula a pessoas específicas.

Vamos exemplificar para tudo ficar mais fácil:

a) **Exemplo 1:** Maria estacionou seu carro em local proibindo e, ao voltar para o local, teve uma surpresa, seu carro havia sido rebocado. Revoltada, ela foi tentar argumentar com o agente de trânsito sobre o motivo de ele ter feito isso. A resposta dele foi bem clara, dizendo: senhora, eu pratiquei o ato de remoção do veículo, pois, você infringiu o Código de Trânsito Brasileiro:

> Art. 181. Estacionar o veículo: [...] XIX – em locais e horários de estacionamento e parada proibidos pela sinalização (placa – Proibido Parar e Estacionar): Infração – grave; Penalidade – multa; Medida administrativa – remoção do veículo.

Daí perguntamos: o Código de Trânsito Brasileiro instituiu essa norma apenas para Maria ou para toda a sociedade?

Logicamente, para toda a sociedade! Veja, o art. 181 do CTB é uma norma de comando geral, ou seja, foi feito indistintamente para todos.

Sendo assim, as punições recebidas por Maria decorrem do **poder de polícia**, já que esse poder é fruto dos atos de **supremacia geral** do Poder Público em relação aos particulares.

b) **Exemplo 2:** João, diretor da empresa "x", assinou contrato com o Estado de Pernambuco com a finalidade de reformar determinada escola pública. Entretanto, por erros no projeto de execução e falta de planejamento adequado, a entrega da obra não foi realizada no prazo convencionado, atrasando, dessa forma, o início das aulas para vários alunos daquele local. Assim, por descumprimento do prazo contratual, o Poder Público aplicou uma multa à empresa contratada.

Daí perguntamos: essa multa por descumprimento contratual poderia ser aplicada a qualquer pessoa da sociedade ou só a quem assinou o contrato?

Logicamente só a quem assinou o contrato! Veja que, nesse caso, o contrato instituiu um vínculo específico entre a empresa "x" e o Estado de Pernambuco.

Portanto, a punição aplicada decorre do **poder disciplinar**, já que esse poder é fruto dos atos de **supremacia especial** do Poder Público em relação àqueles que, de alguma forma, se submeterem a vínculos específicos com a Administração.

Resumindo, enquanto o poder de polícia tem como base os atos de supremacia geral do Poder Público em relação à coletividade, o uso do poder disciplinar decorre de relações específicas da Administração para com alguns indivíduos, usando o Estado, nesse caso, da sua supremacia especial.

caiu na prova

(COPESE/AG.-TRÂNSITO-PI/2022) *Poder disciplinar: é exercido no âmbito dos órgãos e serviços da Administração, é considerado como supremacia especial do Estado.*

Gabarito: *Certo.*

6.4 Poder de polícia: sentido amplo x sentido estrito

A expressão "poder de polícia" pode ser conceituada em sentido amplo ou em sentido estrito. Desde já devemos deixar claro que, nas provas de concurso, quando simplesmente se falar em poder de polícia e não se disser mais nada, estaremos diante da expressão em seu sentido amplo.

O **sentido amplo** é adotado para englobar tanto as atividades legislativas quanto as executivas que visem à limitação de direitos individuais em benefício da coletividade. Por exemplo, quando o Código de Trânsito brasileiro foi editado, ele impôs inúmeras restrições aos particulares; nesse caso, o Poder Legislativo já na elaboração da lei usou da ideia do poder de polícia. E, após a vigência do CTB, os agentes de trânsito iniciaram a fiscalização e a repressão às pessoas que descumprissem seus termos; nesse momento, temos o poder de polícia sendo exercido pelo Poder Executivo.

Já em **sentido estrito** o poder de polícia engloba apenas os atos do Poder Executivo que tenham como escopo restringir os indivíduos em benefício do interesse público

> **caiu na prova**
>
> **(QUADRIX/CRO-ES/2022)** *Em sentido amplo, poder de polícia significa toda e qualquer ação restritiva do Estado em relação aos direitos individuais.*
>
> **Gabarito:** *Certo.*

6.5 Atributos do poder de polícia

Os atributos do poder de polícia estão relacionados às suas características, as quais, em virtude da supremacia do interesse público sobre o privado, oferecem algumas prerrogativas à Administração. Os atributos são: discricionariedade, coercibilidade e autoexecutoriedade.

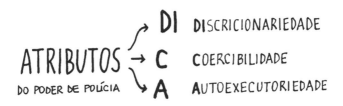

Discricionariedade: levando-se em consideração o poder de polícia em seu sentido amplo, essa característica engloba tanto a produção dos atos legislativos quanto a atuação administrativa.

Observe, existirá discricionariedade no decorrer de um processo legislativo para que o Estado, por meio de seus representantes eleitos pelo povo, possa analisar quais limitações são mais convenientes e oportunas. E, após a produção da lei, o administrador poderá, sempre respeitando princípios como os da legalidade, proporcionalidade e razoabilidade, selecionar a melhor opção a fim de que possa atingir o interesse público.

Já sabemos, então, que o poder de polícia é discricionário. Mas será que ele será sempre assim?

Não! A discricionariedade é a regra, entretanto, nem todos os atos de polícia terão essa característica. Podemos citar o caso dos atos de concessão de licenças, nos quais a partir do momento em que o particular preenche os requisitos legais ao poder público só existirá uma única opção: conceder.

Podemos citar como exemplo o caso da licença para dirigir. Caso o particular passe em todas as etapas (teste objetivo, psicotécnico, prova prática de direção, entre outros), deverá o Poder Público conceder a licença, logo, estamos diante de um ato de polícia estritamente vinculado.

caiu na prova

(CEBRASPE/PC-AL/2021) *A discricionariedade é um dos atributos do poder de polícia, mas não se faz presente, por exemplo, na concessão de alvarás de construção e de licenças para dirigir veículos.*

Gabarito: *Certo.*

Coercibilidade: por esse atributo, o ato de polícia se impõe ao particular independentemente da vontade deste. Aqui não existe uma negociação, mas, sim, uma coerção. Cite-se o caso de um fiscal da vigilância sanitária que, ao chegar a determinado restaurante, encontre irregularidades. Logicamente, não precisará o fiscal da autorização do dono do estabelecimento para que seja feita a interdição do local.

Ademais, poderá até mesmo o agente público se valer do uso da força física para que possa garantir a execução de seu ato. Logicamente, deverá esta ser efetivada dentro dos limites do necessário, em respeito aos princípios da proporcionalidade e razoabilidade.

caiu na prova

(CEBRASPE/SEE-PE/2022) *O atributo da coercibilidade do poder de polícia torna obrigatório o cumprimento do ato imposto pela administração no exercício desse poder, independentemente da vontade do administrado.*

Gabarito: *Certo.*

Autoexecutoriedade: com essa característica, poderá a Administração Pública, independentemente de prévia autorização judicial, promover a execução de seus atos.

Por exemplo, um agente de trânsito, ao visualizar um carro estacionado em local proibido, não precisará da autorização do juiz para realizar a remoção do veículo, até mesmo porque esse ato já foi previamente autorizado pela lei[7] (CTB).

Entretanto, nem todo ato possuirá autoexecutoriedade, pois, para que a Administração Pública possa agir sem a intervenção do Judiciário, deverá existir uma prévia autorização legislativa ou ser um caso de urgência.

Uma pergunta: a autoexecutoriedade impede o controle judicial do ato praticado pela Administração?

Claro que não. O que ocorrerá é a desnecessidade de um controle prévio do Judiciário. Entretanto, caso haja abuso de poder no ato praticado pelo agente público, poderá o juiz, mediante provocação do interessado, analisar a legalidade do ato praticado, até mesmo porque, segundo a Constituição Federal: "art. 5.º, XXXV – a lei não excluirá da apreciação do Poder Judiciário lesão ou ameaça a direito".

caiu na prova

(OMNI/PROCURADOR-SP/2021) *Autoexecutoriedade significa que a Administração Pública não precisa recorrer ao Poder Judiciário para executar suas decisões, característica mais presente no exercício do poder de polícia.*

Gabarito: *Certo.*

Aqui surge outra pergunta: a autoexecutoriedade elimina o direito ao contraditório e à ampla defesa?

Não. O que poderá existir, no caso de situações de urgência, é um contraditório diferido (postergado), ou seja, primeiro a Administração pratica o ato para só depois conferir ao particular o direito à apresentação de sua defesa. Imaginemos o seguinte exemplo: ao chegar a determinado restaurante, o fiscal da vigilância sanitária percebeu que os alimentos ofertados estavam completamente estragados. Na hora, em virtude do risco à saúde pública, o administrador providenciou a interdição daquele local. Perceba que o dono do estabelecimento não teve direito de apresentar o contraditório prévio ao ato de interdição (em virtude da urgência), mas poderá, de forma diferida, apresentar sua defesa, até mesmo porque esse é um direito constitucionalmente assegurado:

> Art. 5.º, LV, CF/1988 – aos litigantes, em processo judicial ou administrativo, e aos acusados em geral são assegurados o contraditório e ampla defesa, com os meios e recursos a ela inerentes.

6.6 Atuações do poder de polícia

O poder de polícia, como vimos, visa à regulação da vida em sociedade de forma a garantir o bem-estar coletivo, podendo as atuações administrativas ocorrer de forma: preventiva, repressiva ou fiscalizatória.

---

[7] Art. 181, XIX, Lei 9.503/1997.

De maneira típica, o poder de polícia é **preventivo**. Nesse aspecto, encontram-se os atos normativos, por exemplo, as portarias e regulamentos administrativos, os quais, de forma genérica e abstrata, limitam as liberdades e propriedades particulares como forma de preservação do interesse público.

Podemos citar, ainda, os atos administrativos que regulam o horário de funcionamento do comércio; organizam a venda de fogos de artifício; proíbem o ato de soltar balão, entre outros.

Já o poder de polícia **repressivo** surge com os atos concretos praticados a fim de restaurar a ordem social, fazendo prevalecer os mandamentos da lei e dos atos normativos infralegais. Exemplos: interdição de um restaurante; apreensão de equipamentos de som; dissoluções de manifestações tumultuosas; remoção de um carro que estava estacionado em local proibido, entre outros.

Por fim, o poder de polícia pode ter a função de **fiscalizar** as atividades que estão sendo desempenhadas pelos particulares. Isso ocorre como forma de prevenção a possíveis lesões ao interesse público. Cite-se os atos de fiscalização de pesos e medidas, a vistoria dos veículos e a fiscalização com fins de proteção ambiental.

6.7 Delegação do poder de polícia

O poder de polícia decorre da aplicação do princípio da supremacia do interesse público. Logo, poderá o administrador limitar liberdades individuais em busca do melhor para a coletividade.

Daí surge uma pergunta: o poder de polícia pode ser delegado a particulares?

Para respondermos esta pergunta será necessário analisar o entendimento do Superior Tribunal de Justiça (STJ) e a recente jurisprudência do Supremo Tribunal Federal (STF). Vamos a eles!

6.7.1 Ciclo de polícia (STJ)

O STJ, analisando a possibilidade da delegação do poder de polícia a uma sociedade de economia mista (pessoa jurídica de direito privado), esclareceu que esse poder pode ser dividido em quatro tipos de atos diferentes: consentimento, fiscalização, punição e legislação de polícia.

Deixando claro, em seu julgado, que apenas os atos referentes ao **consentimento e fiscalização** de polícia poderiam ser delegados às pessoas jurídicas de direito privado. Logo, *a contrario sensu*, os atos relacionados à **legislação e punição** só podem ser exercidos pelas pessoas jurídicas de direito público integrantes da Administração Pública. Vejamos.

jurisprudência

[...] 3. As atividades que envolvem a consecução do poder de polícia podem ser sumariamente divididas em quatro grupos, a saber: (i) legislação, (ii) consentimento, (iii) fiscalização e (iv) sanção. [...] 5. Somente os atos relativos ao consentimento e à fiscalização são delegáveis, pois aqueles referentes à legislação e à sanção derivam do poder de coerção do Poder Público. 6. No que tange aos atos de sanção, o bom desenvolvimento por particulares estaria, inclusive, comprometido pela busca do lucro – aplicação de multas para aumentar a arrecadação. 7. Recurso especial provido (STJ, 2.ª Turma, REsp 817534/MG, 10.12.2009).

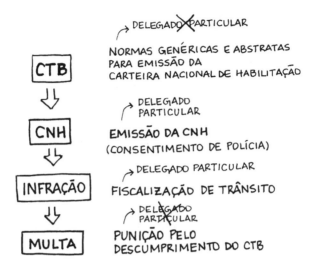

6.7.2 Entendimento do STF

O STF, no final do ano de 2020, fixou o entendimento de que é possível existir a delegação do poder de polícia às pessoas jurídicas de direito privado integrantes da Administração Pública indireta de capital social majoritariamente público que prestem exclusivamente serviço público de atuação própria do Estado e em regime não concorrencial.

Em outras palavras, de acordo com o entendimento mais recente do Supremo Tribunal Federal, será permitida a delegação do poder de polícia às empresas públicas e sociedades de economia mista que prestem serviços públicos próprios do Estado e atuem sem concorrência. Vejamos o julgado:

> **Jurisprudência**
>
> É constitucional a delegação do poder de polícia, por meio de lei, a pessoas jurídicas de direito privado integrantes da Administração Pública indireta de capital social majoritariamente público que prestem exclusivamente serviço público de atuação própria do Estado e em regime não concorrencial (STF, Plenário, RE 633.782/MG, 23.10.2020).

> **cuidado**
>
> As empresas estatais (empresas públicas e sociedades de economia mista) são pessoas jurídicas que, apesar de pertencerem à Administração indireta, adotam o regime de direito privado, podendo ser instituídas tanto para prestar serviços públicos quanto para desempenhar atividades econômicas. Todavia, conforme podemos perceber analisando a jurisprudência do STF, nem todas as estatais irão possuir o poder de polícia, já que este será reservado às empresas públicas e sociedades de economia mista que prestem serviços públicos típicos do Estado em regime de monopólio (sem concorrência).

Observe que, apesar de os atos de consentimento, fiscalização e sanção de polícia poderem ser delegados às empresas estatais prestadoras de serviços públicos próprios do Estado e em regime não concorrencial, o mesmo não acontece com os atos de legislação. A competência legislativa somente poderá ser exercida pelas pessoas de direito público designadas pelo texto constitucional, não sendo admita a sua delegação a pessoas jurídicas de direito privado.

caiu na prova

(FGV/SEFAZ-AM/2022) *Ressalvada a ordem de polícia, em relação à possibilidade de delegação do poder de polícia, por meio de lei, as pessoas jurídicas de direito privado integrantes da Administração Pública indireta de capital social majoritariamente público, que prestem exclusivamente serviço público de atuação própria do Estado e em regime não concorrencial, o Supremo Tribunal Federal entende que é constitucional, inclusive no que tange à fase do ciclo de polícia de sanção de polícia.*

Gabarito: *Certo.*

Por fim, para facilitar o entendimento e fixação do tema, vamos fazer um "jogo" de perguntas e respostas relacionados ao novo posicionamento, fixado em sede de repercussão geral, do Supremo Tribunal Federal (STF). Vamos lá!

Pergunta: O STF permite a delegação do poder de polícia a pessoas jurídicas de direito privado?

Resposta: Sim, desde que a pessoa de direito privado integre a Administração indireta, tenha capital majoritariamente público, preste exclusivamente serviço público próprio do Estado e atue em regime não concorrencial.

Pergunta: Todas as empresas púbicas e sociedades de economia mista podem exercer o poder de polícia?

Resposta: Não, a delegação do poder de polícia apenas poderá ser feita as estatais (empresas públicas e sociedades de economia mista) que prestem serviços públicos de atuação própria do Estado e em regime não concorrencial. Sendo assim, não será permitida, por exemplo, a delegação do poder de polícia às estatais que tenham sido instituídas para desempenhar atividades econômicas.

Pergunta: No que se refere ao ciclo de polícia, os atos de consentimento, fiscalização e sanção podem ser delegados?

Resposta: Sim, os atos de consentimento, fiscalização e sanção de polícia poderão ser delegados às pessoas jurídicas de direito privado que integrem a Administração indireta, tenham capital majoritariamente público, preste exclusivamente serviço público próprio do Estado e atuem em regime não concorrencial.

Pergunta: No que se refere ao ciclo de polícia, os atos de legislação (ordem de polícia) podem ser delegados?

Resposta: Não, os atos de legislação decorrem de competências constitucionais, logo, não poderão ser delegados a pessoas jurídicas de direito privado.

6.8 Prescrição

A Lei do processo Administrativo Federal (Lei 9.784/1999) elenca, de forma expressa, a necessidade de o poder público observar o princípio da segurança jurídica.

> Art. 2.º A Administração Pública obedecerá, dentre outros, aos princípios da legalidade, finalidade, motivação, razoabilidade, proporcionalidade, moralidade, ampla defesa, contraditório, **segurança jurídica**, interesse público e eficiência (grifo nosso).

Portanto, não poderá a Administração Pública, depois de decorridos vários e vários anos, impor sanções aos particulares pelos ilícitos administrativos que estes venham a ter cometido em um passado remoto.

É claro que, existindo uma irregularidade, nasce para o Poder Público o dever de investigar e punir o culpado em caso de culpa. Entretanto, deverá existir um prazo para esses atos. Mas qual é esse prazo?

A resposta vem com a Lei 9.873/1999:

> Art. 1.º Prescreve em **cinco anos** a ação punitiva da Administração Pública Federal, direta e indireta, no exercício do poder de polícia, objetivando apurar infração à legislação em vigor, contados da data da prática do ato ou, no caso de infração permanente ou continuada, do dia em que tiver cessado (grifo nosso).

Então, da data da prática do ato irregular ou, em caso de infração permanente, da cessão desta, terá a Administração o prazo de cinco anos para agir. Caso nada faça, o particular, em virtude do princípio da segurança jurídica, não poderá mais ser punido.

> **caiu na prova**
>
> **(CEBRASPE/PC-PB/2022)** *Prescreve em cinco anos o prazo para a administração pública federal apurar infração, no exercício do poder de polícia, contado da data da prática do ato ou, em caso de infração continuada, da data de sua cessação.*
>
> **Gabarito:** *Certo.*

Entretanto, o prazo de cinco anos não será usado no caso do ilícito administrativo ser também considerado crime, pois, nessa situação, serão usados os prazos prescricionais previstos no Código Penal.

7. PODER NORMATIVO/REGULAMENTAR

Inicialmente, devemos fazer a distinção entre o denominado poder normativo e o poder regulamentar, sendo aquele considerado gênero e este uma espécie. Vejamos.

Perceba pelo desenho o seguinte: o **poder normativo** permite ao administrador a produção de diversas normas, desde que se encontrem abaixo da lei (infralegal), como os decretos, resoluções, deliberações, entre outras, sendo esse poder conferido a diversos entes. Por exemplo, uma agência reguladora (espécie de autarquia) poderá expedir resoluções com conceitos técnicos referentes à sua área de atuação.

Já o **poder regulamentar** é a possibilidade de serem feitos regulamentos, sendo este apenas uma das várias espécies de normas existentes. Por isso, diz-se que, enquanto o poder normativo é gênero, o poder regulamentar é espécie.

Outro ponto a ser analisado é o fato de a produção de decretos ser de competência privativa dos chefes do Poder Executivo, ou seja, apenas o Presidente da República, os Governadores e Prefeitos poderão usar do poder regulamentar, já que o regulamento nada mais é que o conteúdo de um decreto (forma).

7.1 Características

Segundo o art. 5.º, inciso II, da Constituição Federal, "ninguém será obrigado a fazer ou deixar de fazer alguma coisa senão em virtude de lei". Logo, apenas a lei terá o poder de inovar no ordenamento jurídico, criando, por exemplo, novas restrições à vida em sociedade.

Já os atos normativos (apesar de não inovarem no ordenamento jurídico) têm em comum com a lei o fato de também emanarem normas gerais e abstratas, com efeito *erga omnes*, e buscam a produção de conteúdos complementares à lei, permitindo assim, a sua fiel execução.

> **caiu na prova**
>
> **(QUADRIX/IDURB/2020)** O poder regulamentar traduz-se no poder conferido à Administração Pública de expedir normas gerais, que visam a regulamentar determinada situação de caráter geral e abstrato, facilitando a execução da lei.
>
> **Gabarito:** Certo.

7.2 Regulamentos

Os regulamentos são atos normativos de competência privativa dos chefes do poder executivo (Presidente da República, Governadores e Prefeitos), existindo atualmente no Brasil dois tipos de regulamentos: o executivo e o autônomo. Para facilitar o entendimento do tema, vamos analisá-los em tópicos separados.

7.2.1 Regulamento executivo

Os regulamentos executivos são a regra no nosso ordenamento jurídico, sendo produzidos com fins de complementar os termos de uma lei preexistente.

> Art. 84, CF/1988. Compete privativamente ao Presidente da República: [...] IV – sancionar, promulgar e fazer publicar as leis, bem como expedir decretos e regulamentos para sua fiel execução.

Perceba que, apesar de o texto constitucional ter falado apenas no Presidente da República, por simetria, devem-se incluir também os Governadores e Prefeitos. Logo, poderão os chefes do Poder Executivo produzir decretos para que a lei possa ser explicitada, complementada e posta em prática.

Para entendermos melhor a função dos regulamentos executivos, vamos analisar o seguinte desenho.

Analisando a pirâmide de Kelsen (pirâmide das normas), percebemos que no ápice da nossa estrutura normativa temos a Constituição Federal, abaixo da Carta maior vêm as leis (ordinárias e complementares) e posteriormente, somente depois da feitura e existência destas, surgem os Decretos.

Sendo assim, as leis são atos primários (decorrem diretamente da CF) que podem inovar no ordenamento jurídico; já os Decretos são atos normativos secundários (surgem após as leis) que possuem o objetivo de dar fiel execução aos atos primários.

Para facilitar a visualização, vamos imaginar a seguinte situação: A lei do Estado "X" instituiu determinado benefício que, segundo a própria lei, apenas passaria a valer na data estipulada por um Decreto a ser feito pelo Governador daquele Estado.

Analisando o caso percebemos que a criação do benefício (feita pela lei) inovou no ordenamento jurídico. Entretanto, a lei ainda não pode ser posta em prática, já que necessita de um ato secundário (norma feita abaixo da lei, infralegal) para estipular o termo inicial do recebimento da vantagem ofertada. Com isso, quando o Decreto for produzido, fará com que a norma possa ser aplicada, ou seja, dará fiel execução a lei.

Em resumo, podemos dizer que os regulamentos executivos são normas infralegais, produzidas pelos chefes do Poder Executivo com a finalidade de complementar os termos de uma lei, não podendo, de forma nenhuma, inovar no ordenamento jurídico.

> **caiu na prova**
>
> **(QUADRIX/COREN-AP/2022)** O poder regulamentar pode ser definido como o que cabe ao chefe do Poder Executivo da União, dos estados e dos municípios de editar normas complementares à lei, para sua fiel execução.
>
> **Gabarito:** Certo.

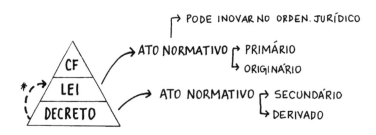

7.2.2 Regulamento autônomo

Enquanto o regulamento executivo tem a função de complementar os termos da lei, o regulamento autônomo serve para substituí-la. E, apesar de toda a crítica doutrinária, existem duas situações constitucionalmente aceitas desse tipo de norma.

> Art. 84, CF/1988. Compete privativamente ao Presidente da República: [...] VI – dispor, mediante decreto, sobre: a) organização e funcionamento da administração federal, quando não implicar aumento de despesa nem criação ou extinção de órgãos públicos; b) extinção de funções ou cargos públicos, quando vagos.

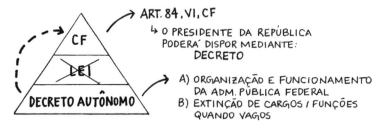

Observe que, nesse caso, não estará o decreto complementando termos de uma lei preexistente. Muito pelo contrário, ele fará o papel dela, podendo, assim, inovar no mundo jurídico, já que irá tratar de matérias não previstas em lei.

Apesar de toda a crítica a esse tipo de norma, devemos aceitar a existência do regulamento autônomo nos dois casos previstos na Constituição Federal, sendo vedada a adoção do decreto independente para outras situações que não sejam: a) organização da administração pública federal; b) extinção de cargos e funções públicas, quando vagos. Esse é o entendimento do próprio STJ. Vejamos.

jurisprudência

Deveras, a imposição de requisito para importação de bebidas alcóolicas não pode ser inaugurada por Portaria, por isso que, muito embora seja ato administrativo de caráter normativo, subordina-se ao ordenamento jurídico hierarquicamente superior, in casu, à lei e à Constituição Federal, **não sendo admissível que o poder regulamentar extrapole seus limites, ensejando a edição dos chamados "regulamentos autônomos", vedados em nosso ordenamento jurídico, a não ser pela exceção do art. 84, VI, da Constituição Federal.** *5. Recurso especial a que se nega provimento (STJ, 1.ª Turma, REsp 584798/PE, 04.11.2004).*

Como o art. 84, VI, da CF/1988 fala apenas em Presidente da República, pergunta-se: o decreto autônomo pode ser expedido por Governadores e Prefeitos dentro do âmbito de suas esferas de atuação?

Sim. Esse é o entendimento dominante em virtude do princípio da simetria. Assim, por exemplo, se existir um cargo público vago no âmbito estadual, o decreto de extinção será produzido pelo Governador daquele local.

Outra questão que surge é: o regulamento autônomo é um ato normativo primário ou secundário?

Primário. Observe que, no caso do decreto executivo, este complementa os termos da lei, logo, esta é o ato primário (inova no mundo jurídico) e aquele o ato secundário. Entretanto, no caso do regulamento autônomo, não existe uma prévia lei, logo, será este um ato originário (primário) trazendo inovações na organização e funcionamento da Administração Pública e extinguindo cargos públicos vagos.

caiu na prova

(DÉDALUS/COREN-SC/2020) *O regulamento autônomo (decreto autônomo) é considerado ato normativo primário porque retira sua força diretamente da Constituição.*

Gabarito: *Certo.*

7.2.3 Regulamento executivo x autônomo

Já sabemos que, de regra, somente poderá existir a edição de **regulamentos executivos**, os quais são inferiores à lei e possuem a função de complementar os termos desta, possibilitando a sua fiel execução.

Entretanto, de maneira completamente excepcional, admite-se a edição de **regulamentos autônomos**, os quais substituem a lei, por autorização da própria Constituição Federal, e editam atos de cunho primário inovando no mundo jurídico. Entretanto, devemos lembrar que esse tipo de norma só pode existir em duas situações:

1. Organização e funcionamento da Administração Federal, quando não implicar aumento de despesa nem criação ou extinção de órgãos públicos.

2. Extinção de funções ou cargos públicos, quando vagos.

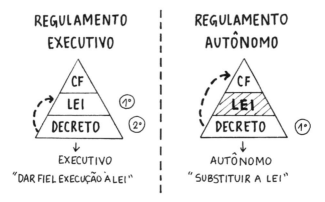

Ainda falando em distinções, vale lembrar que a regra no Brasil é a impossibilidade de delegação de atos normativos, vedação esta que se encontra na Lei do Processo Administrativo Federal (Lei 9.784/1999): "Art. 13. Não podem ser objeto de delegação: I – a edição de atos de caráter normativo".

Logo, os decretos executivos, seguindo a regra mencionada, não poderão ser objeto de delegação.

Entretanto, quanto aos decretos autônomos, a própria Constituição excepcionou essa regra, permitindo que o Presidente da República delegasse para algumas autoridades a edição destes atos.

> Art. 84, parágrafo único, CF/1988. O Presidente da República poderá delegar as atribuições mencionadas nos incisos VI, XII e XXV, primeira parte, aos Ministros de Estado, ao Procurador-Geral da República ou ao Advogado-Geral da União, que observarão os limites traçados nas respectivas delegações.

Em resumo, os decretos executivos são indelegáveis, seguindo a regra instituída pela Lei 9.784/1999; já os regulamentos autônomos poderão ser delegados aos Ministros de Estado, ao Procurador-Geral da República e ao Advogado-Geral da União.

7.3 Controle

Em virtude do sistema de freios e contrapesos, os atos praticados por um dos poderes do Estado estarão submetidos ao controle exercido por outro poder para que, dessa forma, se evitem excessos na atuação estatal.

Tanto é assim que quando o Poder Executivo edita uma norma, estará ela sujeita ao controle do Poder Legislativo.

> Art. 49, CF/1988. É da competência exclusiva do Congresso Nacional: [...] V – sustar os atos normativos do Poder Executivo que exorbitem do poder regulamentar ou dos limites de delegação legislativa.

Perceba que o Congresso Nacional poderá sustar (interromper) os atos do Poder Executivo editados além dos limites do poder regulamentar ou da delegação legislativa.

> **caiu na prova**
>
> **(FCC/TJ-SC/2021)** *Nos termos da Constituição Federal de 1988, o poder regulamentar é sujeito a controle pelo Poder Legislativo, que poderá sustar os atos normativos do Poder Executivo que sejam considerados exorbitantes.*
>
> **Gabarito:** *Certo.*

Além do controle legislativo, poderá existir também controle do Poder Judiciário em relação à legalidade dos atos editados pelo Poder Executivo, cabendo, inclusive, controle de constitucionalidade em relação a tais normas.

> Art. 102, CF/1988. Compete ao Supremo Tribunal Federal, precipuamente, a guarda da Constituição, cabendo-lhe: I – processar e julgar, originariamente: a) a ação direta de inconstitucionalidade de lei ou ato normativo federal ou estadual e a ação declaratória de constitucionalidade de lei ou ato normativo federal.

8. USO E ABUSO DE PODER

O administrador deve usar dos poderes que lhes são concedidos para que, assim, possa cumprir com os seus deveres. Logo, o uso de poder é a ação regular e válida do agente público.

O problema é quando existe o abuso de poder, pois nesse caso existirá uma atuação defeituosa do administrador. O abuso de poder é gênero no qual se encontram duas espécies: desvio de poder e excesso de poder.

No **desvio de poder** o agente público, apesar de competente para praticar o ato, atua em busca de finalidade diversa da prevista em lei. Por exemplo, o chefe de determinada repartição remove seu subordinado para uma localidade bem distante em virtude de uma discussão. Veja que o chefe é competente para praticar o ato de remoção, entretanto o faz para satisfazer interesses pessoais, não buscando assim a satisfação do interesse público, logo, desvia ele da finalidade imposta pela lei.

O conceito de desvio de finalidade encontra-se positivado na Lei da Ação Popular (Lei 4.717/1965).

> Art. 2.º São nulos os atos lesivos ao patrimônio das entidades mencionadas no artigo anterior, nos casos de: [...]. Parágrafo único. Para a conceituação dos casos de nulidade observar-se-ão as seguintes normas: [...] e) o desvio de finalidade se verifica quando o agente pratica o ato visando a fim diverso daquele previsto, explícita ou implicitamente, na regra de competência.

> **caiu na prova**
>
> **(QUADRIX/CREF-11R/2019)** *O desvio de poder quanto à finalidade ocorre quando o administrador age dentro dos limites de sua competência, mas o faz para alcançar fim diverso do previsto.*
>
> **Gabarito:** *Certo.*

No **excesso de poder**, o administrador pratica o ato sem nem possuir competência para tanto. Por exemplo, um delegado de polícia no curso de uma investigação criminal autoriza a interceptação de comunicações telefônicas de determinado traficante. Perceba que o delegado não poderia praticar esse ato, pois, por imposição da própria Constituição,[8] apenas o juiz poderia autorizar tal medida. Logo, houve excesso de poder por parte da autoridade policial.

Logo, em qualquer uma das espécies de abuso de poder, o ato será considerado inválido, ora por defeito na competência (excesso de poder), ora por vício na finalidade (desvio de poder).

Por fim, poderá o abuso de poder ser cometido tanto de forma comissiva (por ação do agente público) quanto de maneira omissiva. Neste último caso, o administrador deixa de praticar uma conduta que tinha sido legalmente imposta.

caiu na prova

(FAPEC/PC-MS/2021) *Tem-se o abuso de poder todas as vezes que a autoridade pública pratica um ato extrapolando a competência legal ou visando a uma finalidade diversa daquela estipulada pela legislação. Ainda, o abuso de poder pode decorrer de condutas comissivas ou omissivas, implicando a nulidade do ato administrativo.*

Gabarito: *Certo.*

9. SÚMULAS

9.1 Súmulas vinculantes – STF

✓ **Súmula 5.** A falta de defesa técnica por advogado no processo administrativo disciplinar não ofende a Constituição.

---

[8] Art. 5.º, XII, CF/1988 – "é inviolável o sigilo da correspondência e das comunicações telegráficas, de dados e das comunicações telefônicas, salvo, no último caso, por ordem judicial, nas hipóteses e na forma que a lei estabelecer para fins de investigação criminal ou instrução processual penal".

Cap. 3 – PODERES ADMINISTRATIVOS   89

✓ **Súmula 11.** Só é lícito o uso de algemas em casos de resistência e de fundado receio de fuga ou de perigo à integridade física própria ou alheia, por parte do preso ou de terceiros, justificada a excepcionalidade por escrito, sob pena de responsabilidade disciplinar, civil e penal do agente ou da autoridade e de nulidade da prisão ou do ato processual a que se refere, sem prejuízo da responsabilidade civil do Estado.

✓ **Súmula 12.** A cobrança de taxa de matrícula nas universidades públicas viola o disposto no art. 206, IV, da Constituição Federal.

✓ **Súmula 38.** É competente o Município para fixar o horário de funcionamento de estabelecimento comercial.

✓ **Súmula 49.** Ofende o princípio da livre concorrência lei municipal que impede a instalação de estabelecimentos comerciais do mesmo ramo em determinada área.

9.2   Súmulas do STF

✓ **Súmula 55.** Militar da reserva está sujeito à pena disciplinar.

✓ **Súmula 56.** Militar reformado não está sujeito à pena disciplinar.

✓ **Súmula 346.** A administração pública pode declarar a nulidade dos seus próprios atos.

✓ **Súmula 397.** O poder de polícia da Câmara dos Deputados e do Senado Federal, em caso de crime cometido nas suas dependências, compreende, consoante o regimento, a prisão em flagrante do acusado e a realização do inquérito.

✓ **Súmula 419.** Os Municípios têm competência para regular o horário do comércio local, desde que não infrinjam leis estaduais ou federais válidas.

✓ **Súmula 473.** A administração pode anular seus próprios atos, quando eivados de vícios que os tornam ilegais, porque deles não se originam direitos; ou revogá-los, por motivo de conveniência ou oportunidade, respeitados os direitos adquiridos, e ressalvada, em todos os casos, a apreciação judicial.

✓ **Súmula 645.** É competente o Município para fixar o horário de funcionamento de estabelecimento comercial.

✓ **Súmula 646.** Ofende o princípio da livre concorrência lei municipal que impede a instalação de estabelecimentos comerciais do mesmo ramo em determinada área.

✓ **Súmula 649.** É inconstitucional a criação, por Constituição estadual, de órgão de controle administrativo do Poder Judiciário do qual participem representantes de outros Poderes ou entidades.

✓ **Súmula 674.** A anistia prevista no art. 8.º do ADCT não alcança os militares expulsos com base em legislação disciplinar ordinária, ainda que em razão de atos praticados por motivação política.

9.3   Súmulas do STJ

✓ **Súmula 19.** A fixação do horário bancário, para atendimento ao público, e da competência da União.

✓ **Súmula 127.** É ilegal condicionar a renovação da licença de veículo ao pagamento de multa, da qual o infrator não foi notificado.

✓ **Súmula 312.** No processo administrativo para imposição de multa de trânsito, são necessárias as notificações da autuação e da aplicação da pena decorrente da infração.

✓ **Súmula 467.** Prescreve em cinco anos, contados do término do processo administrativo, a pretensão da Administração Pública de promover a execução da multa por infração ambiental.

✓ **Súmula 510.** A liberação de veículo retido apenas por transporte irregular de passageiros não está condicionada ao pagamento de multas e despesas.

✓ **Sumula 591.** É permitida a prova emprestada no processo administrativo disciplinar, desde que devidamente autorizada pelo juízo competente e respeitados o contraditório e a ampla defesa.

✓ **Sumula 592.** O excesso de prazo para a conclusão do processo administrativo disciplinar só causa nulidade se houver demonstração de prejuízo à defesa.

✓ **Sumula 611.** Desde que devidamente motivada e com amparo em investigação ou sindicância, é permitida a instauração de processo administrativo disciplinar com base em denúncia anônima, em face do poder-dever de autotutela imposto à Administração.

✓ **Sumula 650.** A autoridade administrativa não dispõe de discricionariedade para aplicar ao servidor pena diversa de demissão quando caraterizadas as hipóteses previstas no art. 132 da Lei 8.112/1990.

✓ **Sumula 651.** Compete à autoridade administrativa aplicar a servidor público a pena de demissão em razão da prática de improbidade administrativa, independentemente de prévia condenação, por autoridade judiciária, à perda da função pública.

 top 10

RESUMO

CAPÍTULO 3 – PODERES ADMINISTRATIVOS

1. Os poderes administrativos são as prerrogativas conferidas ao administrador para que este consiga alcançar o interesse público.

2. Os poderes administrativos são: instrumentais, irrenunciáveis e decorrem do princípio da supremacia do interesse público.

3. Enquanto nos atos vinculados o administrador atua sem nenhuma margem de liberdade para escolhas, no ato discricionário poderá o agente público, dentro de certos limites, analisar qual a conduta mais conveniente e oportuna.

4. O poder hierárquico é interno (não se aplica aos particulares), permanente e tem a finalidade de distribuir e escalonar funções administrativas trazendo, dessa forma, maior organização para a Administração.

5. O poder disciplinar é o responsável por apurar as irregularidades e aplicar as penalidades aos servidores e demais pessoas sujeitas a algum tipo de vínculo com a Administração.

6. O poder de polícia é externo e tem como finalidade limitar interesses individuais em prol da coletividade, possuindo o administrador, no uso desse poder, alguns atributos: discricionariedade (como regra), coercibilidade e autoexecutoriedade.

7. Segundo o STF é constitucional a delegação do poder de polícia, por meio de lei, a pessoas jurídicas de direito privado integrantes da Administração Pública indireta de capital social majoritariamente público que prestem exclusivamente serviço público de atuação própria do Estado e em regime não concorrencial.

8. O poder regulamentar possui como espécies o regulamento executivo e o autônomo. Aquele possui a finalidade de complementar os termos da lei para garantir a sua fiel execução (art. 84, IV, CF/1988).

9. O regulamento autônomo é completamente excepcional, pois, nesse caso, o decreto terá natureza originária, tendo em vista que substitui a lei e inova no ordenamento jurídico. Pode ocorrer apenas em duas situações: 1. Organização e funcionamento da Administração Federal, quando não implicar aumento de despesa nem criação ou extinção de órgãos públicos. 2. Extinção de funções ou cargos públicos, quando vagos (art. 84, VI, CF/1988).

10. O abuso de poder é gênero no qual se encontram duas espécies: desvio e excesso de poder. Naquele o administrador, apesar de competente, pratica um ato para fins diversos do previsto em lei. Já no excesso de poder, o agente público realiza um ato sem possuir competência para tanto.

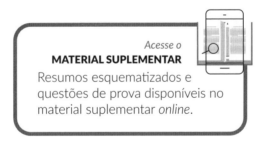

Acesse o
MATERIAL SUPLEMENTAR
Resumos esquematizados e questões de prova disponíveis no material suplementar *online*.

ORGANIZAÇÃO ADMINISTRATIVA

1. CONCEITO

O estudo da organização administrativa está diretamente ligado à análise estrutural do Estado. Estrutura esta que pode ser subdividida em: Administração Direta e Administração Indireta.

ADM. DIRETA
- UNIÃO
- ESTADOS
- DISTRITO FEDERAL
- MUNICÍPIOS

ADM. INDIRETA
- AUTARQUIA
- FUNDAÇÃO PÚBLICA
- EMPRESA PÚBLICA
- SOCIEDADE DE ECONOMIA MISTA

Então, pergunta-se: neste capítulo, estudaremos a administração pública em seu sentido subjetivo ou objetivo?

Neste momento, vamos analisar a Administração Pública em seu sentido subjetivo (conjunto de pessoas, órgãos e agente que compõem a Administração Pública), deixando para o capítulo referente aos serviços públicos a análise das atividades desempenhadas pela Administração, ou seja, nesse futuro tópico estudaremos a Administração Pública em seu sentido objetivo.

caiu na prova

(OBJETIVA/PROCURADOR-RS/2021) *Sobre Administração Pública, em sentido subjetivo, formal ou orgânico, ela designa os entes que exercem a atividade administrativa; compreende* pessoas jurídicas, órgãos e agentes públicos incumbidos de exercer uma das funções em que se triparte a atividade estatal: a função administrativa.

Gabarito: Certo.

2. FUNDAMENTO LEGAL

O Decreto-lei 200/1967 regulamenta a organização da Administração Pública Federal, sendo esta norma a instituidora da subdivisão entre a Administração Pública Direta e Indireta.

> Art. 4.º A Administração Federal compreende: I – A Administração Direta, que se constitui dos serviços integrados na estrutura administrativa da Presidência da República e dos Ministérios. II – A Administração Indireta, que compreende as seguintes categorias de entidades, dotadas de personalidade jurídica própria: a) Autarquias; b) Empresas Públicas; c) Sociedades de Economia Mista. d) fundações públicas.

Apesar de muito antigo e com vários dispositivos revogados por leis posteriores, o Decreto-lei 200/1967 foi recepcionado pela Constituição Federal de 1988 com o *status* de lei ordinária, devendo ser usado como referência para concursos públicos e exame da ordem.

3. TIPOS DE PRESTAÇÃO DA ATIVIDADE ADMINISTRATIVA

Tradicionalmente, a função administrativa é desempenhada pelos próprios entes federados (União, Estados, Distrito Federal e Municípios). Quando isso acontece, dizemos que o serviço público está sendo prestado de forma centralizada.

Entretanto, com a necessidade de buscar maior eficiência e especialidade na realização da atividade administrativa, iniciou-se um processo de descentralização, pelo qual alguns serviços que antes eram desempenhados pela própria Administração Direta passaram a ser executados por outras pessoas.

Mas quem poderá receber a descentralização?

Tanto pessoas da Administração Indireta (autarquias, fundações públicas, empresas públicas e sociedades de economia mista) quanto pessoas do setor puramente privado, que, ao assinarem um contrato com o Poder Público, passam a ser chamadas de concessionárias e permissionárias de serviços públicos.

 caiu na prova

(QUADRIX/CRT-RN/2021) A administração direta do Estado desempenha atividade centralizada.

Gabarito: Certo.

4. DESCONCENTRAÇÃO X DESCENTRALIZAÇÃO

Antes de iniciarmos o aprofundamento desse tema, vamos traçar linhas gerais para facilitar o entendimento.

Na **desconcentração** existe uma repartição **interna** de funções, ou seja, temos uma única pessoa jurídica que distribui suas diversas atribuições entre diversos órgãos.

Já na **descentralização** temos uma repartição **externa** de funções, ou seja, uma pessoa jurídica irá repassar, por lei, contrato ou ato administrativo, a execução de determinado serviço para outra pessoa.

Agora, depois de traçar as linhas básicas e gerais da distinção entre esses dois fenômenos, vamos analisá-los de maneira separada e aprofundada.

5. DESCONCENTRAÇÃO

É a repartição interna das funções administrativas. Aqui teremos uma única pessoa jurídica que subdivide suas funções entre órgãos para se adequar, desta forma, ao princípio da eficiência.

Mas qual seria a diferença entre pessoas e órgãos?

As **pessoas**, também chamadas de entidades, possuem personalidade jurídica e, sendo assim, são titulares de direitos e de obrigações. A própria lei do processo administrativo federal corrobora com esse entendimento: "Lei 9.784/1999, art. 1.º, § 2.º Para os fins desta Lei, consideram-se: [...] II – entidade – a unidade de atuação dotada de personalidade jurídica".

Já os **órgãos** são entes despersonalizados, ou seja, não possuem personalidade, logo, não poderão ser sujeitos de direitos e obrigações. Por isso, quando eles atuam, os atos não serão a eles atribuídos, mas sim à pessoa jurídica a qual pertencem. O conceito de órgão também se encontra na lei do processo administrativo federal:

> Lei 9.784/1999, art. 1.º, § 2.º Para os fins desta Lei, consideram-se: I – órgão - a unidade de atuação integrante da estrutura da Administração direta e da estrutura da Administração indireta.

caiu na prova

(CEBRASPE/PRF/2021) *Órgão público é ente descentralizado da administração indireta que possui personalidade jurídica de direito público.*

Gabarito: *Errado.*[1]

Ainda está difícil de visualizar? Então vamos fazer um desenho simples (não será um exemplo de Direito Administrativo, mas facilitará o entendimento inicial).

Perceba que no desenho temos um curso para concurso (pessoa jurídica) que fez várias distribuições internas de suas funções entre diversos setores (órgãos) para poder desempenhar melhor as suas atividades.

Então, vamos imaginar a seguinte situação: Maria, aluna do curso para concurso, teve um problema com o setor financeiro, pois este cobrou-lhe indevidamente uma mensalidade que já havia sido paga. Pergunta-se: Maria poderá mover um processo por causa da cobrança indevida?

A resposta, necessariamente, deve ser sim! Só que a questão é: o processo será movido contra o setor financeiro ou contra o próprio curso para concurso?

Logicamente o processo será movido contra o próprio curso, pois este é a pessoa jurídica, possuindo, desta forma, personalidade e capacidade processual. Já o setor financeiro (órgão) não possui personalidade jurídica nem capacidade processual, logo, tudo o que este fizer é como se tivesse sido feito pela própria pessoa jurídica,

---

[1] Os órgãos podem existir tanto na Administração direta quanto na indireta, entretanto, em nenhum dos casos possuirá personalidade. Esta, a personalidade, é restrita aos entes (pessoas) integrantes da Administração centralizada e descentralizada.

sendo esta a responsável por todos os direitos e obrigações decorrentes das condutas por aquele praticadas.

Depois de traçar essas linhas gerais, temos que saber quem são as pessoas e os órgãos da Administração.

Em busca de uma maior eficiência, tanto as pessoas centralizadas quanto as descentralizadas podem criar internamente os seus próprios órgãos. Em outras palavras, a desconcentração poderá acontecer tanto na Administração Direta quanto na Indireta, entendimento este que se encontra expresso na Lei 9.784/1999, art. 1.º, § 2.º: "Para os fins desta Lei, consideram-se: I – órgão – a unidade de atuação integrante da estrutura da Administração direta e da estrutura da Administração indireta".

Agora sim podemos dar um exemplo estritamente administrativo. Vejamos:

Perceba que, por exemplo, o Ministério da Justiça não é uma pessoa diferente da União, muito pelo contrário, é um órgão pertencente a ela. Tanto é que tudo o que for realizado pela Presidência da República, por seus Ministérios, departamentos e diretorias é como se tivesse sido realizado pela própria União, já que esta é a detentora da personalidade e titular de direitos e obrigações.

5.1 Espécies de desconcentração

Como analisamos, a desconcentração está diretamente ligada ao princípio da eficiência, pois, quanto mais se distribuírem internamente as funções, mais especialistas serão criados para determinados assuntos.

Entretanto, nem sempre a necessidade de repartição interna de atribuições decorre imediatamente da subdivisão de assuntos. Ela pode decorrer também em razão da hierarquia ou do território.

Vamos às espécies de desconcentração:

a) **Desconcentração material ou temática:** por meio desta, a subdivisão ocorre em razão da busca pela especialidade em determinados assuntos. Podemos citar como exemplo os Ministérios da Saúde e da Educação. Perceba que os dois possuem a mesma hierarquia, mas tratam de matérias diferentes.

b) **Desconcentração hierárquica ou funcional:** aqui a noção é baseada em um escalonamento vertical, por exemplo, dentro do departamento da Polícia Federal existe a diretoria de combate ao crime organizado. Observe que os dois visam garantir a segurança pública (mesma matéria), mas existe uma hierarquia entre eles, pois o departamento será um órgão de maior hierarquia se comparado à diretoria.

c) **Desconcentração territorial ou geográfica:** nesse caso, a competência material será a mesma, a diferença será a delimitação do local de atuação. Por exemplo, existem diversas delegacias de polícia, sendo estas separadas por bairros (bairro A, B, C e D). Todas, no exemplo, possuem as mesmas funções, só que em localizações diferentes.

5.2 Teorias do órgão público

Várias teorias foram elaboradas ao longo dos anos para tentar explicar o fato de a atuação do agente público ser imputada ao Estado. Na atualidade, especialmente para provas de concursos e exame da ordem, deve-se adotar a teoria do órgão.

Entretanto, antes de explicar a teoria mais atual, deve ser feita uma evolução histórica demonstrando as teorias que já foram adotadas ao longo dos anos.

a) **Teoria da identidade:** os adeptos dessa teoria confundiam o agente público com o próprio órgão. É como se eles formassem uma união indissociável. Entretanto, tal teoria não poderia prosperar, pois igualar o agente público ao órgão fazia que a morte do servidor gerasse a extinção do próprio órgão.

b) **Teoria da representação:** defendia que o Estado seria um incapaz, nos moldes do Código Civil, e o agente público seria o seu representante, uma espécie de curador. A grande crítica feita a essa teoria é o fato de considerar o Estado incapaz, pois, se assim fosse, não seria possível responsabilizar o Estado pelos atos praticados pelos seus agentes e, ainda, sendo o Estado incapaz, não teria como nomear seus representantes.

c) **Teoria do mandato:** de acordo com essa teoria, o agente público e o Estado celebrariam uma espécie de contrato de representação, pelo qual aquele seria mandatário das vontades deste. Essa teoria também não prosperou, especialmente pelo fato de o vínculo entre o agente público e o Estado ser legal e não contratual.

d) **Teoria do órgão:** também denominada teoria da imputação volitiva, é uma teoria de origem alemã criada pelo jurista Otto Gierke e com aceitação unânime dos autores brasileiros mais modernos. Pela importância dessa teoria, vamos tratar do tema em um tópico específico.

5.2.1 Teoria do órgão (imputação volitiva)

O jurista alemão Otto Friedrich von Gierke, que, além de ser formado em direito, era formado em medicina, fez uma analogia entre o corpo humano e a estrutura estatal para tentar explicar a atuação dos órgãos. Com essa ideia foi construída a teoria do órgão: quando os órgãos estatais atuam, como eles são partes integrantes do todo, este agir será imputado à pessoa jurídica à qual pertencem.

Para facilitar o entendimento do tema, vamos imaginar a seguinte situação: João, policial civil do Estado de São Paulo, atira em um particular inocente sob a alegação de tê-lo confundido com um perigoso bandido da região.

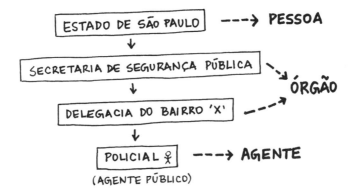

Pergunta-se: o particular indevidamente baleado poderá ingressar com uma ação de indenização? A resposta necessariamente deverá ser: sim!

Agora, a questão é: essa ação será movida contra quem?

A própria Constituição Federal dá-nos a resposta em seu art. 37, § 6.º:

> As pessoas jurídicas de direito público e as de direito privado prestadoras de serviços públicos responderão pelos danos que seus agentes, nessa qualidade, causarem a terceiros, assegurado o direito de regresso contra o responsável nos casos de dolo ou culpa.

A ação será movida contra o Estado, respondendo o agente público apenas posteriormente em uma eventual ação regressiva.

Em resumo, podemos dizer que a atuação dos agentes públicos e dos órgãos, sendo estes meras partes integrantes do todo, serão imputadas à pessoa jurídica a qual pertencem, pois esta é a detentora da personalidade, ou seja, dos direitos e deveres inerentes à atuação estatal.

caiu na prova

(QUADRIX/CRP-MA/2021) *A característica fundamental da teoria do órgão consiste no princípio da imputação volitiva, ou seja, no princípio segundo o qual a vontade do órgão público é imputada à pessoa jurídica a cuja estrutura pertence.*

Gabarito: Certo.

5.3 Características dos órgãos públicos

Os órgãos públicos surgem de uma repartição interna das atribuições da pessoa jurídica a qual se encontra ligado. Como já vimos, os entes possuem personalidade, ou seja, são detentores de direitos e obrigações na vida civil, já os órgãos, por serem fruto de uma mera desconcentração, não a possuem.

Lembre-se: os órgãos não possuem personalidade!

caiu na prova

(QUADRIX/CRM-SC/2022) *Órgãos públicos são unidades de atuação integrantes da estrutura da administração direta e da estrutura da administração indireta, com personalidade jurídica diversa da entidade que os criou.*

Gabarito: *Errado.[2]*

Agora que já sabemos que os órgãos são despersonalizados, ou seja, não possuem personalidade, outra pergunta surge: teriam eles capacidade processual?

Inicialmente, temos que entender o que seria "capacidade processual".

Segundo o Código de Processo Civil, esta seria a capacidade para estar em juízo, em outras palavras, é a possibilidade de figurar no polo ativo de um processo (processar) ou no polo passivo da ação (ser processado). Vejamos: "Art. 70. Toda pessoa que se encontre no exercício de seus direitos tem capacidade para estar em juízo".

Observe que o CPC foi enfático ao mencionar que toda "pessoa" terá a capacidade processual, não mencionando os órgãos. Sendo assim, podemos afirmar que além de não possuírem personalidade os órgãos também não serão detentores da capacidade processual.

Entretanto, esta regra admite exceção. A nossa jurisprudência, excepcionalmente, atribui capacidade processual aos órgãos de hierarquia mais elevada para a defesa de suas prerrogativas institucionais. Vejamos:

jurisprudência

1. A Câmara de Vereadores não possui personalidade jurídica, mas apenas personalidade judiciária, de modo que somente pode demandar em juízo para defender os seus direitos institucionais, entendidos esses como sendo os relacionados ao funcionamento, autonomia e independência do órgão. 2. Para se aferir a legitimação ativa dos órgãos legislativos, é necessário qualificar a pretensão em análise para se concluir se está, ou não, relacionada a interesses e prerrogativas institucionais. [...] (STJ, REsp 1164017/PI, 1.ª Seção, 06.04.2010).

Súmula 525 do STJ: A Câmara de vereadores não possui personalidade jurídica, apenas personalidade judiciária, somente podendo demandar em juízo para defender os seus direitos institucionais.

Resumindo: os órgãos não possuem personalidade e, via de regra, também não possuem capacidade processual. Entretanto, alguns órgãos (os de hierarquia mais elevada) possuem uma capacidade processual específica para que possam fazer a defesa de suas prerrogativas institucionais.

---

[2] Os órgãos não possuem personalidade.

> **caiu na prova**
>
> (IDIB/CRM-MT/2020) *Os órgãos públicos, em regra, não possuem capacidade processual.*
>
> **Gabarito:** *Certo.*

5.4 Classificação dos órgãos

Classificar pode ser algo muito subjetivo. Por isso, vamos trabalhar com a corrente doutrinária majoritária, que é a mais aceita para fins de concursos públicos.

1) **Quanto à hierarquia:**
   a) **Independentes:** são os órgãos de cúpula, previstos na própria Constituição Federal, e representativos dos três poderes (Legislativo, Executivo e Judiciário). E, exatamente por estarem no ápice da estrutura estatal, não se sujeitam a nenhuma subordinação hierárquica ou funcional. Exemplos: Presidência da República (cúpula do Poder Executivo federal), Câmara dos Deputados e Senado Federal (cúpula do Poder Legislativo federal), Supremo Tribunal Federal (cúpula do Poder Judiciário).

> **caiu na prova**
>
> (AOCP/PROCURADOR-RS/2022) *Órgãos independentes são aqueles originários da Constituição e representativos dos três Poderes do Estado, sem qualquer subordinação hierárquica ou funcional, e sujeitos apenas aos controles constitucionais de um sobre o outro.*
>
> **Gabarito:** *Certo.*

   b) **Autônomo:** estão situados imediatamente abaixo dos órgãos independentes e são a estes subordinados. Possuem autonomia administrativa, financeira e técnica. São considerados órgãos diretivos, com função de coordenação, planejamento e fiscalização sobre outros órgãos. Exemplos: Ministérios (plano federal) e Secretarias (plano estadual e municipal).
   c) **Superiores:** não possuem autonomia nem independência, encontrando-se subordinados a uma chefia superior, mas ainda conservam o poder de decisão. Exemplos: Departamento da Polícia Federal, Secretaria da Receita Federal, gabinetes, superintendências.
   d) **Subalternos:** são órgãos de mera execução de serviços. Não possuem autonomia, independência nem poder decisório. Exemplos: recepção, portaria.

2) **Quanto à estrutura:**
   a) **Simples:** também chamados de unitários. São aqueles compostos por um único centro de competência. Não necessariamente são formados por um único agente público, pois o que caracteriza um órgão como simples é o fato de não existirem outros órgãos compondo a sua estrutura organizacional. Exemplo: Presidência da República.
   b) **Compostos:** existe uma divisão de atividades entre órgão diferentes. Exemplo: o Congresso Nacional é composto por dois órgãos, a Câmara dos Deputados e o Senado Federal.

3) **Quanto à atuação funcional:**
a) **Singulares:** também chamados de unipessoais. São aqueles nos quais as decisões são tomadas por um único agente, que é seu titular e representante. Exemplo: Presidência da República.
b) **Colegiados:** também chamados de pluripessoais. São aqueles nos quais as decisões são tomadas por um colegiado de agentes. Exemplo: Câmara dos Deputados.

4) **Quanto ao âmbito de atuação:**
a) **Centrais:** possuem atribuição em todo o território do qual façam parte, seja ele nacional, estadual ou municipal. Exemplo: Ministério da Saúde e Secretaria Estadual de Segurança Pública.
b) **Locais:** só podem atuar em determinada parte do território do qual façam parte. Exemplo: delegacia do bairro "x".

6. DESCENTRALIZAÇÃO

Enquanto na desconcentração temos uma repartição interna das funções administrativas (uma única pessoa reparte suas atribuições entre seus próprios órgãos), na descentralização teremos um repasse externo, ou seja, a atividade administrativa passará de uma pessoa para outra pessoa.

> **caiu na prova**
>
> **(CEBRASPE/DPE-RO/2022)** *A diferença preponderante entre os institutos da descentralização e da desconcentração decorre do número de pessoas envolvidas.*
> **Gabarito:** *Certo.*

Por exemplo, quando a União, por meio de uma lei, cria uma nova autarquia, estará criando uma nova pessoa, com personalidade distinta da sua. Sendo assim, teremos duas entidades envolvidas nesse repasse de atribuições, a pessoa política (União) e a pessoa jurídica (autarquia).

Convém observar que não se deve confundir a descentralização política (assunto estudado em Direito Constitucional) com a descentralização administrativa (assunto estudado no Direito Administrativo). Enquanto aquela representa a repartição de funções entre os entes federados – por exemplo, distribuição de funções entre os Estados e Municípios –, esta representa o repasse de funções para alguma pessoa que não pertença à Administração Direta, por exemplo, município que cria uma nova autarquia.

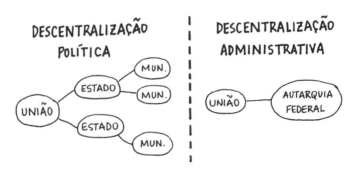

6.1 Espécies de descentralização

A descentralização administrativa poderá ocorrer de três formas diferentes, podendo ser territorial, por outorga ou por delegação. Vamos analisar cada uma de forma separada.

A) **Descentralização territorial ou geográfica:** está relacionada à criação dos territórios federais, a saber: art. 18, § 2.º, CF/1988: "Os Territórios Federais integram a União, e sua criação, transformação em Estado ou reintegração ao Estado de origem serão reguladas em lei complementar". Para a corrente majoritária, os territórios, sendo pessoas jurídicas de direito público, seriam uma espécie de autarquia, tanto que são chamados de autarquias territoriais, delimitadas por uma base territorial com capacidade administrativa genérica. Lembre-se que, apesar de na atualidade não termos territórios, eles podem ser criados.

B) **Descentralização por outorga, técnica, funcional ou por serviço:** por essa forma de descentralização o Estado cria, mediante uma lei ordinária específica, uma entidade com personalidade jurídica própria e a ela transfere tanto a titularidade quanto a execução de determinado serviço público. Cite-se, como exemplo, a criação de autarquias pelos entes federados.

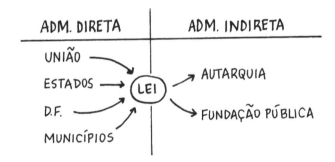

Perceba que no desenho foram colocadas na Administração Indireta apenas as autarquias e as fundações públicas de direito público. Isso ocorre porque, para a corrente majoritária, adotada em concursos públicos, a descentralização por outorga só seria feita para pessoas jurídicas de direito público.

Para a doutrina dominante, como nesse tipo de descentralização se repassam tanto a execução quanto a própria titularidade do serviço público, apenas pessoas com prerrogativas públicas poderiam ser titulares desses tipos de atividades.

Logo, somente as autarquias e as fundações públicas com o regime de direito público poderiam ser tanto executoras quanto titulares do serviço público repassado, repasse este feito mediante uma lei ordinária específica que criará tais entes da Administração Indireta.

> **caiu na prova**
>
> (QUADRIX/CRMV-RJ/2022) Na descentralização por outorga, o Estado transfere, por meio de lei, à entidade da Administração Pública indireta tanto a titularidade do serviço quanto a sua execução, cabendo ao ente central a tutela administrativa.
> **Gabarito:** *Certo.*

C) **Descentralização por delegação ou colaboração:** por meio desta transfere-se, mediante um contrato ou ato administrativo, a execução de determinado serviço a uma pessoa jurídica do setor privado preexistente, sem, entretanto, ser repassada a titularidade desse serviço. São os casos de concessão, permissão e autorização de serviço público. Como exemplo, podemos citar o caso das empresas privadas de transporte público.

Lembre-se que, para a doutrina majoritária, só se pode transferir a titularidade de serviços públicos para pessoas jurídicas de direito público. Sendo assim, as empresas públicas e as sociedades de economia mista, apesar de pertencerem à Administração Indireta, só podem executar os serviços públicos, visto que possuem personalidade jurídica de direito privado.

Em resumo, para as concessionárias, permissionárias, autorizatárias de serviços públicos e ainda para as empresas públicas e sociedades de economia mista, o tipo de descentralização seria por delegação e não por outorga.

7. FORMAS DE CONTROLE

Toda atuação administrativa deve ser fiscalizada para que os fins públicos não venham a ser desviados. Dessa necessidade surge o instituto do controle dos atos, órgãos e pessoas públicas.

Entretanto, a forma de controle será diferente nos institutos da desconcentração e da descentralização. Para facilitar a compreensão, vamos estudá-las de forma separada.

7.1 Controle na desconcentração (hierárquico/autotutela)

Como analisamos, na desconcentração temos uma única pessoa que reparte internamente as suas funções em busca de maior eficiência na prestação dos serviços públicos. Observe:

Existe claramente uma noção de hierarquia, ficando a pessoa jurídica na cúpula e abaixo dela diversos órgãos repartindo interna e verticalmente as suas funções.

Pergunta-se: poderia a Presidência da República exercer controle sobre os seus ministérios? A resposta, necessariamente, deve ser afirmativa, sendo este um controle bem amplo, chamado de hierárquico ou de autotutela.

7.2 Controle na descentralização (finalístico/tutela/supervisão ministerial)

Diferentemente da desconcentração, na descentralização não existe a noção de hierarquia, já que estamos falando de uma relação entre pessoas diferentes. E, sendo o poder hierárquico (conforme já estudado) estritamente interno, não poderia ser aplicado em uma relação externa.

No entanto, o fato de não existir hierarquia não quer dizer que não haja uma relação entre as pessoas envolvidas por laços legais ou contratuais. Essa ligação será chamada de vinculação – por exemplo, a autarquia estará vinculada ao ente que a instituiu.

Como o ente que recebe a outorga ou a delegação tem de respeitar o princípio da especialização (já estudado no capítulo de princípios), deverá o ente político que repassa o serviço exercer um controle sobre a execução da atividade repassada, controle este denominado finalístico, tutela ou ainda supervisão ministerial.

8. FORMAS DE SURGIMENTO DAS PESSOAS DA ADMINISTRAÇÃO INDIRETA

O dispositivo-base sobre a criação das pessoas da Administração Indireta encontra-se na própria Constituição Federal, a saber:

> Art. 37, XIX, CF/1988 – somente por lei específica poderá ser criada autarquia e autorizada a instituição de empresa pública, de sociedade de economia mista e de fundação, cabendo à lei complementar, neste último caso, definir as áreas de sua atuação.

> **caiu na prova**
>
> **(IDIB/CRECI-PE/2021)** *Somente por lei específica poderá ser criada autarquia e autorizada a instituição de empresa pública, de sociedade de economia mista e de fundação, cabendo à lei complementar, neste último caso, definir as áreas de sua atuação.*
>
> **Gabarito:** *Certo.*

Perceba que o ponto inicial é a lei específica, que tanto poderá criar quanto autorizar a criação dos entes descentralizados. Pensando de uma maneira desenhada, o artigo pode ser visualizado assim:

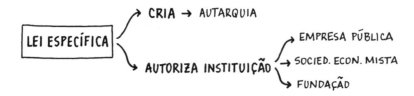

Entretanto, a literalidade do dispositivo constitucional não é suficiente para o real entendimento do assunto. Logo, várias perguntas são necessárias.

1) O que é uma lei específica?

É uma lei que trata apenas de determinado assunto, por exemplo, se a União deseja criar uma nova autarquia, terá de fazer uma lei especificamente para essa finalidade.

2) Essa lei específica é do tipo ordinária ou complementar?

Na matéria de Direito Constitucional, estudam-se bem detalhadamente as leis e seus procedimentos de criação e se analisa a diferença entre a lei ordinária e a lei complementar, em que para a aprovação daquela se precisa da maioria dos votos dos presentes e nesta a maioria dos votos do total de membros.

A grande questão é: quando se utiliza uma ou outra? A resposta é fácil: a regra é que as leis são do tipo ordinária. Ou seja, toda vez que a Constituição falar apenas em lei e não especificar de qual se trata, deve-se usar a regra.

> Art. 47, CF/1988. Salvo disposição constitucional em contrário, as deliberações de cada Casa e de suas Comissões serão tomadas por maioria dos votos, presente a maioria absoluta de seus membros.

Assim, como o art. 37, inciso XIX, da Constituição falou apenas em lei específica, esta deve ser entendida como lei ordinária.

3) Criar e autorizar a instituição são sinônimos?

Não. Quando a Constituição fala que a autarquia será criada por lei, quer dizer que a própria legislação dará "vida" à autarquia, ou seja, a personalidade decorre da própria lei, não precisando ser registrada nos moldes da legislação civil.

Já no tocante às empresas públicas, sociedades de economia mista e fundações (veremos o caso delas em tópico separado), diz o texto constitucional que estas terão na lei uma autorização para sua instituição, ou seja, percebe-se que, nesses casos, a lei não cria, mas apenas autoriza que tais pessoas possam vir a ser criadas.

Sendo assim, a criação só se torna efetivada quando, depois da lei autorizadora, se faz o registro dessas pessoas jurídicas nos moldes do Código Civil.

> Art. 45, CC/2002. Começa a existência legal das pessoas jurídicas de direito privado com a inscrição do ato constitutivo no respectivo registro, precedida, quando necessário, de autorização ou aprovação do Poder Executivo, averbando-se no registro todas as alterações por que passar o ato constitutivo.

Em resumo, enquanto as autarquias adquirem personalidade diretamente com a própria lei, sendo o registro, nesse caso, prescindível (desnecessário), para as empresas públicas, sociedades de economia mista e fundações, o registro, após a autorização legal, é imprescindível para a aquisição da personalidade.

4) Como se dá a criação das fundações públicas?

Esse tema, por ser bem específico, será tratado no tópico das fundações públicas, pois lá veremos que elas tanto podem ser criadas diretamente por lei (fundações públicas com regime de direito público) como podem ser autorizadas por lei e submetidas posteriormente a registro (fundações públicas com regime de direito privado).

Portanto, podemos resumir todo este tópico da seguinte maneira:

9. AUTARQUIAS

A autarquia é fruto do procedimento de descentralização, pelo qual a Administração centralizada repassa determinado serviço para fins de buscar maior especialidade e eficiência em sua prestação.

Lembre-se que, sendo a criação da autarquia efetivada por uma lei ordinária específica, poderá ela ser federal, estadual, distrital ou, até mesmo, municipal. Vejamos:

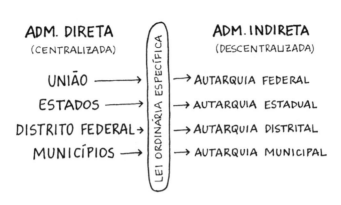

Inicialmente, vamos trazer o conceito legal de autarquia, presente no Decreto-lei 200/1967, que, apesar de ser aplicado apenas à esfera federal, serve de referência para os demais entes. Segundo o art. 5.º, I, da referida norma, conceitua-se autarquia como:

> [...] o serviço autônomo, criado por lei, com personalidade jurídica, patrimônio e receita próprios, para executar atividades típicas da Administração Pública, que requeiram, para seu melhor funcionamento, gestão administrativa e financeira descentralizada.

Desse conceito, podemos extrair algumas características do referido ente:

a) Criadas por lei (art. 37, XIX, CF/1988)
Conforme estudado em tópico passado, as autarquias são criadas diretamente por lei ordinária específica. Assim, tais entidades não precisam ser registradas nos moldes da legislação civil para adquirirem a sua personalidade.

b) Personalidade jurídica própria (regime de direito público)
Diferentemente dos órgãos que são considerados entes despersonalizados, ou seja, sem personalidade, a autarquia, sendo fruto de um procedimento de descentralização, é uma pessoa jurídica independente do ente que a instituiu, logo, será detentora de seus próprios direitos e responsável por suas obrigações.

c) Autonomia gerencial, orçamentária e patrimonial
Autonomia é a liberdade em relação a algo. Sendo assim, a autarquia terá a possibilidade de se organizar (autonomia gerencial), terá seu próprio orçamento, autônomo em relação ao do seu ente instituidor (autonomia orçamentária), e seu próprio patrimônio (autonomia patrimonial).

d) Exerce atividades típicas da Administração (serviço público)
A Administração Pública tem como função típica a prestação de serviços públicos (art. 175 da CF/1988) e como função atípica o desempenho de atividade econômica (art. 173 da CF/1988). Entretanto, uma autarquia jamais será criada para o desem-

penho de atividade econômica, apenas podendo ser instituída para prestar serviços públicos típicos do Estado.

> **caiu na prova**
>
> **(QUADRIX/CRP-MS/2021)** *As autarquias, pertencentes à administração direta, são criadas para desempenhar atividades típicas do Estado, por meio de lei.*
>
> **Gabarito:** *Errado.³*

Em resumo, inicialmente, podemos apontar os seguintes traços relacionados às autarquias:

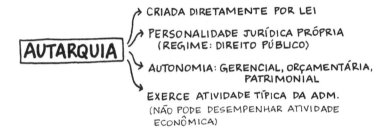

9.1 Criação e extinção

Conforme estudado, as autarquias são criadas diretamente por uma lei específica ordinária, sendo prescindível para a aquisição de sua personalidade o registro de seus atos constitutivos nos moldes da legislação civil (art. 37, XIX, CF/1988).

Agora, a pergunta que se faz é: se o Poder Público desejar gerar a extinção desta autarquia, como deverá proceder?

Nesse caso, deve-se usar o princípio da simetria, ou seja, se para a criação do ente foi necessária uma lei ordinária específica, para se promover o encerramento da autarquia também se fará necessária a edição de uma lei específica.

9.2 Regime jurídico

O regime jurídico é o conjunto de normas e princípios que serão utilizados por determinada pessoa, podendo este ser de direito público ou privado.

Quando se estuda, por exemplo, o Direito Civil, percebe-se que as pessoas jurídicas podem ser de dois tipos, a saber: art. 40, CC/2002: "As pessoas jurídicas são de direito público, interno ou externo, e de direito privado".

Ainda no próprio Código Civil, há uma lista de quem são as pessoas jurídicas consideradas de direito público e quais são de direito privado.

---

³ Apesar de as autarquias desempenharem atividades típicas do Estado (prestação de serviços públicos), elas integram a Administração indireta, não a direta.

Art. 41, CC/2002 – São pessoas jurídicas de direito público interno: I – a União; II – os Estados, o Distrito Federal e os Territórios; III – os Municípios; IV – as autarquias, inclusive as associações públicas; V – as demais entidades de caráter público criadas por lei.

Art. 44, CC/2002 – São pessoas jurídicas de direito privado: I – as associações; II – as sociedades; III – as fundações; IV – as organizações religiosas; V – os partidos políticos.

A grande questão é: será que as normas usadas pelas pessoas jurídicas de direito público serão as mesmas usadas pelas pessoas de direito privado?

A resposta só pode ser negativa, até porque as pessoas de direito público, como buscam o melhor para a coletividade, utilizam-se do princípio da supremacia do interesse público sobre o interesse privado e, com isso, recebem diversas prerrogativas não extensíveis, por consequência lógica, às pessoas jurídicas de direito privado.

De início, vamos analisar algumas diferenças básicas entre os dois regimes (todos esses pontos serão aprofundados mais adiante).

Pessoas jurídicas (regime: direito público)	Pessoas jurídicas (regime: direito privado)
Imunidade tributária	Devem pagar impostos
Devem licitar	Podem contratar de forma livre
Devem fazer concurso	Podem empregar de forma livre
Bens públicos	Bens privados

Perceba que existem regras que são típicas do setor privado, por exemplo, a liberdade em relação a contratações, enquanto outras são típicas do regime público, como a imunidade tributária recíproca.

Como a autarquia é uma pessoa jurídica de direito público, vamos focar, no momento, no estudo das características desse regime.

Para o bom entendimento do tema, faz-se necessário relembrar algo que foi estudado nos capítulos iniciais deste livro: os princípios basilares do Direito Administrativo, a supremacia do interesse público sobre o privado e a indisponibilidade do interesse público.

Lembre-se que com a supremacia serão oferecidas prerrogativas ao administrador enquanto na indisponibilidade serão estabelecidas restrições a sua atuação. É exatamente nesse binômio que se sustenta o regime de direito público: prerrogativas x restrições.

Para fins didáticos, vamos analisar as diversas prerrogativas concedidas às autarquias e depois falamos sobre as suas sujeições, ou seja, restrições.

9.2.1 Prerrogativas

Como a autarquia desempenha atividades típicas da própria Fazenda Pública (Administração Direta), faz-se imprescindível que se ofereçam algumas prerrogativas para que, só assim, o interesse público possa ser alcançado.

a) Imunidade tributária

A ideia da cobrança de impostos é a de que, se cada indivíduo contribuir com um "pouco", a vida de todos será melhorada, pois com o dinheiro da arrecadação poderá o Poder Público oferecer serviços, por exemplo, saúde, educação e saneamento básico.

Entretanto, sendo a autarquia uma pessoa jurídica de direito público, terá o benefício da imunidade tributária recíproca em relação ao seu patrimônio, renda e serviços relacionados ao desempenho de suas finalidades essenciais ou as que dela decorram.

A imunidade foi garantida diretamente pela Constituição Federal, em seu art. 150, a saber:

> Art. 150. Sem prejuízo de outras garantias asseguradas ao contribuinte, é vedado à União, aos Estados, ao Distrito Federal e aos Municípios: [...] VI – instituir impostos sobre: a) patrimônio, renda ou serviços, uns dos outros; [...] § 2.º A vedação do inciso VI, "a", é extensiva às autarquias e às fundações instituídas e mantidas pelo Poder Público, no que se refere ao patrimônio, à renda e aos serviços, vinculados a suas finalidades essenciais ou às delas decorrentes.

Ponto importante a ser analisado é o fato de, apesar de a doutrina ter denominado esse benefício de imunidade tributária, essa prerrogativa só existir em relação aos impostos, não abrangendo as outras espécies tributárias como as taxas e as contribuições de melhoria.

Em formato desenhado, podemos fazer a seguinte diferenciação entre o regime usado para o setor privado e o usado para o setor público:

b) Atos administrativos

O tema atos administrativos será estudado em capítulo específico (e longo). Por ora, deve-se falar que tais atos possuem atributos, os quais oferecem prerrogativas a quem os pratica.

São atributos dos atos administrativos: presunção de legitimidade, autoexecutoriedade, tipicidade e imperatividade.

A presunção de legitimidade, por exemplo, faz que os atos praticados pela Administração se presumam válidos até que exista prova em contrário. Com isso, a Administração poderá por seus atos em prática sem a necessidade de comprovar sua veracidade e legalidade, já que, desde o início, eles se presumem legítimos.

Além do mais, em virtude do princípio da autotutela, poderá a Administração gerar a extinção de seus próprios atos, independentemente de provocação, tanto em virtude de ilegalidade (nesse caso, ocorrerá a anulação do ato) quanto por inconveniência e inoportunidade (nesse caso, ocorrerá a revogação do ato).

Perceba que o objetivo deste tópico não foi estudar o tema atos administrativos, mas, sim, demonstrar que, sendo a autarquia uma pessoa jurídica de direito público, possuirá todos os atributos e benefícios relacionados aos atos administrativos.

c) Contratos administrativos

Outro tema que também será estudado de forma mais aprofundada adiante é o relacionado aos contratos administrativos.

No momento, só precisamos demonstrar que, quando esse tipo de contrato é assinado, oferece à Administração as denominadas cláusulas exorbitantes, as quais dão prerrogativas ao Poder Público, não são extensíveis ao contratado. Tudo isso ocorre, mais uma vez, em virtude do princípio da supremacia do interesse público sobre o interesse privado.

A Lei 14.133/2021 (Nova Lei de Licitações e Contratos Administrativos) traz diversas prerrogativas que serão oferecidas à Administração na assinatura de seus contratos, a saber:

> Art. 104, Lei 14.133/2021. O regime jurídico dos contratos instituído por esta Lei confere à Administração, em relação a eles, as prerrogativas de: I – modificá-los, unilateralmente, para melhor adequação às finalidades de interesse público, respeitados os direitos do contratado; II – extingui-los, unilateralmente, nos casos especificados nesta Lei; III – fiscalizar sua execução; IV – aplicar sanções motivadas pela inexecução total ou parcial do ajuste; V – ocupar provisoriamente bens móveis e imóveis e utilizar pessoal e serviços vinculados ao objeto do contrato nas hipóteses de: a) risco à prestação de serviços essenciais; b) necessidade de acautelar apuração administrativa de faltas contratuais pelo contratado, inclusive após extinção do contrato.

Perceba que as autarquias, quando assinarem contratos administrativos, poderão modificá-los e rescindi-los unilateralmente, além de, por exemplo, impor sanção em virtude da inexecução contratual por parte do contratado.

d) Privilégios processuais

Quando se estuda processo civil, percebe-se que nas ações judiciais vigora, como regra generalíssima, o princípio da paridade das armas, ou seja, o que se oferece para um dos lados terá de se oferecer ao outro. Por exemplo, se de uma decisão judicial é dado o prazo de dez dias para interposição do recurso, este prazo terá de ser o mesmo para o acusado e para o acusador.

Entretanto, quando a Fazenda Pública (União, Estados Distrito Federal e Municípios) figura no processo, seja no polo ativo ou no passivo, a ela serão oferecidas algumas prerrogativas, não ferindo estas o princípio da igualdade, em virtude da aplicação do princípio da supremacia do interesse público sobre o privado.

Mas quais seriam esses privilégios processuais?

Vamos analisar as principais prerrogativas.

1) Prazos em dobro

Enquanto no processo entre particulares os prazos devem ser os mesmos para ambas as partes (acusado e acusador), em virtude do princípio da igualdade, para a Fazenda Pública e para os demais entes com regime de direito público os prazos serão dilatados em dobro. Esse é o entendimento do Código de Processo Civil, a saber:

> Art. 183, CPC. A União, os Estados, o Distrito Federal, os Municípios e suas respectivas autarquias e fundações de direito público gozarão de prazo em dobro para todas as suas manifestações processuais, cuja contagem terá início a partir da intimação pessoal.

2) Reexame necessário

O duplo grau de jurisdição obrigatório ocorre em relação às sentenças contrárias aos interesses da Fazenda Pública. Sendo assim, quando um juiz prolata uma decisão desfavorável, por exemplo, ao Estado de São Paulo, essa decisão só produzirá efeitos depois de confirmada pelo tribunal, ou seja, por algum desembargador.

Esse benefício da remessa necessária, apesar de ser típico da Fazenda Pública, também foi estendido para as autarquias e fundações públicas de direito público, a saber:

> Art. 496, CPC. Está sujeita ao duplo grau de jurisdição, não produzindo efeito senão depois de confirmada pelo tribunal, a sentença:
>
> I – proferida contra a União, os Estados, o Distrito Federal, os Municípios e suas respectivas autarquias e fundações de direito público;

Entretanto, nem sempre ocorrerá o reexame necessário, pois, a depender do valor da condenação e do embasamento da sentença, pode ser que desde a decisão de primeiro grau já possa existir a produção de efeitos. Vejamos:

> Art. 496, CPC: [...] § 3.º Não se aplica o disposto neste artigo quando a condenação ou o proveito econômico obtido na causa for de valor certo e líquido inferior a:
>
> I – 1.000 (mil) salários mínimos para a União e as respectivas autarquias e fundações de direito público;
>
> II – 500 (quinhentos) salários mínimos para os Estados, o Distrito Federal, as respectivas autarquias e fundações de direito público e os Municípios que constituam capitais dos Estados;
>
> III – 100 (cem) salários mínimos para todos os demais Municípios e respectivas autarquias e fundações de direito público.

§ 4.º Também não se aplica o disposto neste artigo quando a sentença estiver fundada em:

I – súmula de tribunal superior;

II – acórdão proferido pelo Supremo Tribunal Federal ou pelo Superior Tribunal de Justiça em julgamento de recursos repetitivos;

III – entendimento firmado em incidente de resolução de demandas repetitivas ou de assunção de competência;

IV – entendimento coincidente com orientação vinculante firmada no âmbito administrativo do próprio ente público, consolidada em manifestação, parecer ou súmula administrativa.

3) Pagamento por precatórios

Quando um particular é condenado, poderá ter seus bens penhorados para fins de pagamento dos seus débitos confirmados judicialmente. Entretanto, sendo a autarquia uma pessoa jurídica de direito público, ainda que esta venha a ser condenada por sentença transitada em julgado, mesmo assim, em virtude dos princípios da supremacia e da continuidade dos serviços públicos, não poderá sofrer a penhora de seus bens.

Então, pergunta-se: como o particular receberá os valores que lhe cabem?

Mediante o sistema de precatórios, que nada mais é do que uma fila de pagamento em que os débitos da autarquia serão pagos por ordem cronológica, nos termos do que ordena a própria Constituição Federal, a saber:

Art. 100, CF/1988. Os pagamentos devidos pelas Fazendas Públicas Federal, Estaduais, Distrital e Municipais, em virtude de sentença judiciária, far-se-ão exclusivamente na ordem cronológica de apresentação dos precatórios e à conta dos créditos respectivos, proibida a designação de casos ou de pessoas nas dotações orçamentárias e nos créditos adicionais abertos para este fim.

Observe que, se, por exemplo, tivermos uma autarquia federal (criada, logicamente, pela União), os débitos dela vão para sua própria fila de precatórios, que é distinta da do seu ente instituidor.

9.2.2 Restrições/sujeições

Além das prerrogativas, necessariamente serão estabelecidas algumas restrições às autarquias. Isso ocorre em virtude de o Poder Público não ser o dono da coisa pública, mas, sim, mero gestor que deve buscar sempre o que for melhor para o interesse coletivo.

Sendo assim, surge o princípio da indisponibilidade do interesse público, pelo qual o administrador deve atuar dentro de certos limites para que, dessa forma, se evitem condutas abusivas.

Vamos analisar as principais sujeições impostas às autarquias.

a) Dever de licitar

Enquanto no setor privado vigora a liberdade em relação às contratações, no setor público, muito em virtude do princípio da impessoalidade, impõe-se como regra geral o dever de licitar.

Tal imposição se deve à própria Constituição Federal:

> Art. 37, XXI – ressalvados os casos especificados na legislação, as obras, serviços, compras e alienações serão contratados mediante processo de licitação pública que assegure igualdade de condições a todos os concorrentes, com cláusulas que estabeleçam obrigações de pagamento, mantidas as condições efetivas da proposta, nos termos da lei, o qual somente permitirá as exigências de qualificação técnica e econômica indispensáveis à garantia do cumprimento das obrigações.

O referido dispositivo constitucional foi regulamentado pela Lei 14.133/2021 (Nova Lei de Licitação e Contratos Administrativos), que assim dispõe:

> Art. 1°, Lei 14.133/2021. Esta Lei estabelece normas gerais de licitação e contratação para as Administrações Públicas diretas, autárquicas e fundacionais da União, dos Estados, do Distrito Federal e dos Municípios, e abrange: [...]

Perceba que, para a autarquia, o dever de licitar é claramente uma restrição, pois faz que esta não possa de maneira livre selecionar com quem vai contratar, ficando, desta forma, vinculada a selecionar a proposta mais vantajosa dentre as apresentadas pelos licitantes.

b) Dever de realizar concurso

Para garantir a impessoalidade no preenchimento dos cargos públicos, faz-se imprescindível, antes da nomeação para um cargo efetivo, a realização de um procedimento de concurso público, o qual garantirá a todos os interessados a chance de conseguir ingressar no setor público.

> Art. 37, II, CF/1988 – a investidura em cargo ou emprego público depende de aprovação prévia em concurso público de provas ou de provas e títulos, de acordo com a natureza e a complexidade do cargo ou emprego, na forma prevista em lei, ressalvadas as nomeações para cargo em comissão declarado em lei de livre nomeação e exoneração.

- *Regime de pessoal*

No setor privado, os empregados são regidos pela Consolidação das Leis do Trabalho (CLT), a qual estabelece os direitos e obrigações dos trabalhadores e seus empregadores.

Entretanto, sendo a autarquia uma pessoa jurídica de direito público, os seus servidores serão estatutários, regidos por uma lei própria que, no caso, por exemplo, do plano federal, é a Lei 8.112/1990.

Para aprofundar esse tema, devemos fazer uma análise histórica acerca do regime jurídico único instituído pela Constituição Federal.

Inicialmente, a Carta Magna institui, em seu art. 39, o dever de instituição de regime jurídico único, o qual obrigava que a administração direta (União, Estados, Distrito Federal e Municípios) e suas autarquias e fundações públicas possuíssem o mesmo regime.

No caso do plano federal, foi adotado o regime estatutário, sendo criada então a Lei 8.112 no ano de 1990, com a finalidade de ser a norma aplicável a todos os servidores da União e de suas autarquias e fundações.

No entanto, a Emenda Constitucional 19, promulgada no ano de 1998, fez uma alteração no texto constitucional com a finalidade de retirar a obrigação do regime jurídico único, passando-se a admitir regimes mistos. Então, por exemplo, poderia determinada autarquia, mesmo que federal, realizar um concurso para contratações por meio da CLT, não usando, dessa forma, o regime estatutário da Lei 8.112/1990.

Todavia, o Supremo Tribunal Federal, por meio da ADIN 2.135-4, suspendeu a eficácia da EC 19/1998 por constatar vícios formais no procedimento de elaboração da emenda e, com a suspensão do novo texto, voltou a vigorar a antiga redação que obrigava a instituição do regime jurídico único.

Dessa forma, hoje voltou a ser obrigatório o regime jurídico único, não podendo existir nomeações para regimes diferentes. No caso do plano federal, sempre que houver concursos para a União, suas autarquias e fundações públicas impõe-se a utilização da Lei 8.112/1990.

Ainda está confuso? Então vamos fazer uma linha do tempo:

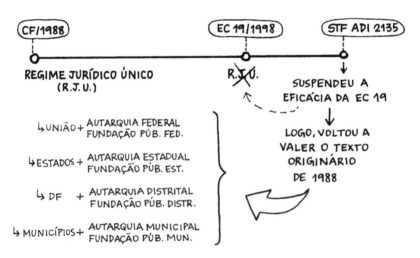

– **Vedação de acumulação de cargos, empregos e funções**

No setor privado, uma única pessoa pode ter várias relações trabalhistas diferentes. Pense, por exemplo, em um professor de Direito de um curso para concursos que trabalha de forma autônoma, ou seja, sem vínculo contratual com nenhum local – poderá ele oferecer seus serviços para inúmeros cursos diferentes.

Já no setor público a regra é: uma vaga no paraíso por pessoa!

Ou seja, se você possui um cargo efetivo, de forma geral, ficará impedido de acumular outro cargo, emprego ou função. Esta imposição foi feita pelo próprio texto constitucional, a saber:

Art. 37, XVI, CF/1988 – é vedada a acumulação remunerada de cargos públicos, exceto, quando houver compatibilidade de horários, observado em qualquer caso o disposto no inciso XI: a) a de dois cargos de professor; b) a de um cargo de professor com outro técnico ou científico; c) a de dois cargos ou empregos privativos de profissionais de saúde, com profissões regulamentadas; XVII – a proibição de acumular estende-se a empregos e funções e abrange autarquias, fundações, empresas públicas, sociedades de economia mista, suas subsidiárias, e sociedades controladas, direta ou indiretamente, pelo poder público.

Perceba que a regra é a vedação da acumulação (mais uma restrição imposta ao setor público) e, apenas excepcionalmente, em casos especificados pelo próprio texto constitucional, será admitida a acumulação, desde que exista compatibilidade de horários, como no caso de dois cargos de professor.

– Justiça competente para analisar as controvérsias

No setor privado, os empregados, regidos pela CLT, terão seus conflitos resolvidos na Justiça do Trabalho.

Entretanto, no caso das autarquias, como o vínculo é estatutário (não contratual), já decidiu o próprio Supremo Tribunal Federal que a justiça competente para analisar as controvérsias é a comum, qual seja a Justiça Federal ou Estadual.

Inconstitucionalidade. Ação direta. Competência. Justiça do Trabalho. Incompetência reconhecida. Causas entre o Poder Público e seus servidores estatutários. Ações que não se reputam oriundas de relação de trabalho. Conceito estrito desta relação. Feitos da competência da Justiça Comum. Interpretação do art. 114, inc. I, da CF, introduzido pela EC 45/2004. Precedentes. Liminar deferida para excluir outra interpretação. O disposto no art. 114, I, da Constituição da República, não abrange as causas instauradas entre o Poder Público e servidor que lhe seja vinculado por relação jurídico-estatutária (STF, Tribunal Pleno, ADI 3.395 MC/DF, 05.04.2006).

c) Dever de prestar contas

Na autarquia, assim como em todas as pessoas pertencentes à Administração, existe a presença de dinheiro público e deverá esta realizar a prestação de contas, tanto de forma interna como de maneira externa.

Art. 70, CF/1988. A fiscalização contábil, financeira, orçamentária, operacional e patrimonial da União e das entidades da administração direta e indireta, quanto à legalidade, legitimidade, economicidade, aplicação das subvenções e renúncia de receitas, será exercida pelo Congresso Nacional, mediante controle externo, e pelo sistema de controle interno de cada Poder.

O controle interno é uma decorrência lógica do princípio da autotutela, segundo o qual a Administração poderá, mediante provocação, ou até mesmo de ofício, revisar os seus próprios atos tanto em relação à legalidade destes quanto em relação ao mérito.

Já o controle externo é fruto da teoria dos freios e contrapesos (*checks and balances*), segundo a qual um Poder (Legislativo, Executivo e Judiciário) deve ser controlado por outro Poder, para que, só assim, sejam evitados abusos na atuação estatal. No caso do controle financeiro, esta função será exercida pelo Congresso Nacional com o auxílio do Tribunal de Contas (órgão independente não pertencente a nenhum dos três poderes).

> Art. 71, CF/1988. O controle externo, a cargo do Congresso Nacional, será exercido com o auxílio do Tribunal de Contas da União [...].

d) Controle finalístico

Dissemos diversas vezes que o fenômeno da descentralização é externo, ou seja, por meio da descentralização, repassar-se-á determinada função de uma pessoa autônoma para outra pessoa, que também será autônoma.

Esse é exatamente o caso das autarquias: se, por exemplo, elas forem federais, teremos de um lado a União (ente delegante) e, de outro, a autarquia (ente delegado), que será criada por uma lei federal, ordinária e específica para desempenhar funções típicas de Estado.

Logo, sendo esse fenômeno puramente externo, não existirá hierarquia entre a União e sua autarquia, mas sim uma vinculação entre elas, nascendo desse vínculo a possibilidade de o ente político (União) exercer um controle sobre os atos praticados pela autarquia. Tal controle será denominado finalístico, tutela ou supervisão ministerial.

caiu na prova

(CEBRASPE/SERIS-AL/2021) *O controle hierárquico da administração direta sobre as autarquias é conhecido como controle finalístico.*

Gabarito: *Errado.*[4]

Por fim, perceba que esse tipo de controle está diretamente ligado ao princípio da especialidade, pois, quando uma autarquia é criada, a própria lei instituidora já deve dizer qual fim será exercido por ela. No caso, por exemplo, do INSS (Instituto Nacional do Seguro Social), fica muito clara a sua finalidade, qual seja cuidar da previdência social.

Veja que a autarquia previdenciária não está subordinada hierarquicamente à União, mas está vinculada a esta, podendo então sofrer um controle do Ministério do Trabalho e Previdência Social, que será denominado supervisão ministerial.

9.3 Regime de bens

Os bens podem adotar o regime de direito público ou privado a depender de quem os detenha. No caso das autarquias, os seus bens são considerados públicos

---

[4] O controle da Administração direta em relação aos entes da indireta não é pautado na hierarquia, mas sim na vinculação. Desta forma, apesar de a questão acertar quando denomina este controle como finalístico, ela erra ao chamá-lo de hierárquico.

em virtude da natureza de sua personalidade. Vejamos o que diz o Código Civil sobre o assunto:

> Art. 98. São públicos os bens do domínio nacional pertencentes às pessoas jurídicas de direito público interno; todos os outros são particulares, seja qual for a pessoa a que pertencerem.

São três as espécies de bens públicos: os de uso comum do povo, os de uso especial e, por fim, os de uso dominical. Vejamos:

> Art. 99, CC/2002. São bens públicos: I – os de uso comum do povo, tais como rios, mares, estradas, ruas e praças; II – os de uso especial, tais como edifícios ou terrenos destinados a serviço ou estabelecimento da administração federal, estadual, territorial ou municipal, inclusive os de suas autarquias; III – os dominicais, que constituem o patrimônio das pessoas jurídicas de direito público, como objeto de direito pessoal, ou real, de cada uma dessas entidades.

Em resumo, podemos dizer que os bens de uso comum do povo são aqueles com fins genéricos e pertencentes a toda coletividade, que os pode usar de forma gratuita ou, a depender do caso, onerosa. Os de uso especial são aqueles usados para um fim específico, como o prédio de uma autarquia em funcionamento. Por fim, os de uso dominical são aqueles que, apesar de serem públicos, no momento não estão sendo utilizados para nenhum fim genérico nem específico, por exemplo, o prédio de uma escola pública que foi desativada em virtude de um incêndio que comprometeu toda a sua estrutura.

Depois de analisar as espécies, temos de comentar de maneira mais detalhada as características destes bens, vejamos:

a) Alienabilidade condicionada

Os bens públicos afetados, quais sejam os de uso comum do povo e os de uso especial, não poderão ser alienados por expressa vedação legal.

> Art. 100, CC/2002. Os bens públicos de uso comum do povo e os de uso especial são inalienáveis, enquanto conservarem a sua qualificação, na forma que a lei determinar.

Logo, por consequência lógica, os bens de uso dominical, denominados desafetados, poderão ser alienados, desde que se sigam o procedimento especificado na Lei de Licitação (Lei 14.133/2021).

b) Imprescritíveis

Os bens privados estão sujeitos à usucapião, ou seja, à perda da propriedade pelo decurso do tempo. Imagine a seguinte situação: Maria possui uma casa no interior do Estado de Pernambuco, entretanto, mudou-se para Salvador e nunca mais retornou para ver o seu imóvel. Nesse meio-tempo, João passou a morar na casa de Maria como se proprietário fosse.

Pergunta-se: João poderá adquirir a propriedade definitiva da casa abandonada por Maria?

Sim, pelo instituto chamado de usucapião. Vejamos o que diz o Código Civil sobre este assunto:

> Art. 1.238, CC. Aquele que, por quinze anos, sem interrupção, nem oposição, possuir como seu um imóvel, adquire-lhe a propriedade, independentemente de título e boa-fé; podendo requerer ao juiz que assim o declare por sentença, a qual servirá de título para o registro no Cartório de Registro de Imóveis.

No caso dos bens públicos, a situação é completamente diferente, pois, passe o tempo que for, tais bens nunca serão perdidos por usucapião. Isso é o que dispõe a própria Constituição Federal, vejamos: Art. 183, § 3.º "Os imóveis públicos não serão adquiridos por usucapião".

Sendo assim, em resumo, podemos dizer que os bens públicos são imprescritíveis, exatamente pelo fato de não estarem sujeitos à perda em virtude do abandono, ou seja, não podem ser adquiridos pelo fenômeno da usucapião.

c) Impenhoráveis

Os bens públicos, muito em virtude dos princípios da continuidade do serviço público e da supremacia do interesse público, não podem sofrer penhora judicial para garantir a execução de débitos contra a Fazenda Pública.

Pergunta-se: se a Administração não pode ter os seus bens "tomados" para fins de pagamento de seus débitos, como realizará a liquidação deles?

Por um sistema que já falamos aqui no capítulo: os precatórios. Segundo a Constituição Federal (art. 100), os débitos da Fazenda Pública serão pagos em ordem cronológica pelo sistema da fila dos precatórios.

Portanto, os bens públicos são impenhoráveis e também não poderão sofrer as medidas cautelares do arresto ou sequestro.

d) Não onerabilidade

No setor privado é comum escutar algumas pessoas falando que hipotecaram um imóvel ou que colocaram um bem móvel no penhor (popularmente chamado de "colocar no prego"). Hipoteca e penhor são direitos reais de garantia que servem, literalmente, como garantia de pagamento de uma dívida.

Por exemplo, Maria, por estar precisando de dinheiro com urgência, faz um empréstimo e deixa um imóvel seu hipotecado. Logo, se ela pagar a dívida não perderá o seu bem. Entretanto, se não pagar o empréstimo perderá seu imóvel, já que ele estava onerado, ou seja, servindo como garantia de pagamento do débito.

Entretanto, os bens públicos não podem ser onerados, ou seja, não serão usados como garantia do pagamento de dívidas. Dessa forma, não será possível realizar a hipoteca, o penhor e a anticrese de bens públicos.

9.4 Responsabilidade civil

Segundo a Constituição Federal, as pessoas jurídicas de direito público devem responder de forma objetiva pelos danos causados por seus agentes, a saber:

Art. 37, § 6.º, CF. As pessoas jurídicas de direito público e as de direito privado prestadoras de serviços públicos responderão pelos danos que seus agentes, nessa qualidade, causarem a terceiros, assegurado o direito de regresso contra o responsável nos casos de dolo ou culpa.

Portanto, as autarquias serão responsabilizadas de forma objetiva pelos danos que seus agentes, de forma comissiva (por ação), causarem a particulares.

Mas o que seria a responsabilidade do tipo objetiva?

É aquela pela qual o particular lesado, para ter direito a receber uma indenização, terá de comprovar três elementos: ato (conduta do agente público), dano (prejuízo material ou moral) e nexo causal entre o ato e o dano (relação entre o dano sofrido com o ato praticado), não precisando, nesse tipo de responsabilização, existir a demonstração de conduta dolosa ou culposa do agente ou do Poder Público.

Por fim, observe que o terceiro prejudicado não processará diretamente o agente público, mas sim a pessoa jurídica à qual ele se encontra subordinado, podendo, entretanto, existir uma ação regressiva do ente público contra o seu servidor no caso de este ter agido de maneira dolosa ou culposa.

Perceba que o objetivo, neste momento, foi demonstrar, de forma geral, como ocorre a responsabilidade civil no caso das autarquias. Entretanto, ainda há muito que falar sobre esse tema, aprofundamento este que será realizado em capítulo específico, no qual trataremos sobre a responsabilidade por ação e omissão do Poder Público, a evolução histórica da responsabilidade civil, suas causas excludentes e atenuantes, entre outros tópicos.

9.5 Espécies de autarquias

As autarquias podem ser subdivididas em diversas espécies. Para facilitar o estudo, vamos analisá-las em separado.

9.5.1 Autarquias administrativas

São as autarquias comuns como o INSS e o IBAMA. Elas são criadas para realizar um serviço público típico de Estado. Possuem todas as características (prerrogativas e restrições) estudadas nos tópicos anteriores.

9.5.2 Autarquias profissionais

Esses entes, também denominados autarquias corporativas, representam os conselhos profissionais, os quais possuem a função de controlar as profissões regulamentadas. Podemos citar, como exemplo, o Conselho Regional de Engenharia e Arquitetura (CREA), o Conselho Regional de Medicina (CRM) e o Conselho Regional de Contabilidade (CRC).

Segundo a Lei 9.649/1998, essas entidades possuem personalidade jurídica de direito privado. Vejamos:

Art. 58, § 2.º Os conselhos de fiscalização de profissões regulamentadas, dotados de personalidade jurídica de direito privado, não manterão com os órgãos da Administração Pública qualquer vínculo funcional ou hierárquico.

Entretanto, o Supremo Tribunal Federal, por meio da ADIN 1717, declarou a inconstitucionalidade desse dispositivo, entre outros, sob o fundamento de que, como os conselhos profissionais exercem poder de polícia, obrigatoriamente deveriam possuir personalidade jurídica de direito público, já que o exercício deste poder é indelegável a pessoas de direito privado.

jurisprudência

(...) leva à conclusão, no sentido da indelegabilidade, a uma entidade privada, de atividade típica de Estado, que abrange até poder de polícia, de tributar e de punir, no que concerne ao exercício de atividades profissionais regulamentadas, como ocorre com os dispositivos impugnados. 3. Decisão unânime (STF, Tribunal Pleno, ADI 1717/DF, 07.11.2002).

Portanto, todas as características já estudadas, por exemplo, a forma de criação, as prerrogativas e restrições, são aplicáveis integralmente às autarquias profissionais.

Por fim, cabe observar que essas regras não se aplicam à Ordem dos Advogados do Brasil (OAB), pois, segundo o STF, essa entidade exerce um serviço público independente, não se enquadrando no conceito de autarquia.

Então, pergunta-se: qual a natureza jurídica da OAB?

Segundo o Supremo Tribunal Federal, ela é uma entidade *sui generis*, não pertencente à Administração Indireta:

jurisprudência

3. A OAB não é uma entidade da Administração Indireta da União. A Ordem é um serviço público independente, categoria ímpar no elenco das personalidades jurídicas existentes no direito brasileiro. 4. A OAB não está incluída na categoria na qual se inserem essas que se tem referido como "autarquias especiais" para pretender-se afirmar equivocada independência das hoje chamadas "agências".

9.5.3 Autarquias territoriais

Representam os territórios federais, a saber:

> Art. 18, § 2.º, CF/1988. Os Territórios Federais integram a União, e sua criação, transformação em Estado ou reintegração ao Estado de origem serão reguladas em lei complementar.

Para a corrente majoritária, os territórios, sendo pessoas jurídicas de direito público, seriam uma espécie de autarquia, tanto que são chamados de autarquias territoriais, delimitadas por uma base territorial com capacidade administrativa genérica. Lembre-se que, apesar de na atualidade não termos territórios, eles podem ser criados.

9.5.4 Autarquias fundacionais

As fundações públicas podem adotar o regime de direito público ou privado. Caso elas adotem a personalidade pública, serão consideradas espécies de autarquias, possuindo, por consequência lógica, todas as prerrogativas e restrições já estudadas.

Por questões didáticas, aprofundaremos esse tema em tópico específico ainda neste capítulo.

9.5.5 Autarquias associativas

A Lei 11.107/2005 dispõe sobre normas gerais de contratação de consórcios públicos, podendo estes adquirir personalidade de direito público ou privado.

Caso o consórcio adquira personalidade de direito público, será considerado uma associação pública, que nada mais é do que uma autarquia que passa a integrar a Administração Indireta de todos os entes consorciados.

> Art. 6.º, Lei 11.107/2005. O consórcio público adquirirá personalidade jurídica: I – de direito público, no caso de constituir associação pública, mediante a vigência das leis de ratificação do protocolo de intenções; II – de direito privado, mediante o atendimento dos requisitos da legislação civil.

Para facilitar o entendimento, vamos a um exemplo: imagine que três municípios do Estado de Pernambuco se reúnam para que seja instituída uma melhoria do trânsito daquela região. Nesse caso, se eles constituírem um consórcio público com a adoção do regime de direito público, estarão, por consequência, criando uma autarquia, que passará a integrar a Administração descentralizada de cada um dos municípios.

9.5.6 Autarquias em regime especial

As autarquias em regime especial possuem as mesmas características das autarquias comuns (já estudadas), entretanto têm maior liberdade em relação aos entes da Administração Direta.

São duas as espécies desse tipo de autarquia: as agências reguladoras e as agências executivas. Por questões didáticas, estudaremos esses entes separadamente.

9.5.6.1 Agência reguladora

As agências reguladoras surgiram com o Programa Nacional de Desestatização, o qual, para reduzir gastos estatais e buscar maior eficiência, repassou à iniciativa privada diversos serviços públicos que antes eram executados diretamente pelo Estado.

Com a transferência desses serviços, surgiu a necessidade da criação de um ente capaz de fiscalizar, regular e normatizar as pessoas jurídicas do setor privado, que por concessão, permissão ou autorização passaram a desempenhar atividades públicas. Assim, nasceu a agência reguladora!

Vejamos um exemplo constitucional para o caso do serviço de telecomunicação.

> Art. 21, CF/1988. Compete à União: [...] XI – explorar, diretamente ou mediante autorização, concessão ou permissão, os serviços de telecomunicações, nos termos da lei, que disporá sobre a organização dos serviços, a criação de um órgão regulador e outros aspectos institucionais.

Vamos analisar por partes o dispositivo *supra*.

A) Serviço de telecomunicações pode ser prestado diretamente pela União.

B) Serviço de telecomunicações pode ser prestado por pessoas do setor privado mediante concessão, permissão ou autorização.

C) Necessidade de existência de um órgão regulador para fiscalizar e regulamentar a prestação da atividade de telecomunicações. Desse imperativo constitucional surgiu, em 1997, com a Lei 9.472, a Agência Nacional de Telecomunicações (ANATEL), uma das várias agências reguladoras hoje existentes.

9.5.6.1.1 Características

Como sabemos, as autarquias comuns possuem diversas características, tais como criação diretamente por lei específica, adoção do regime de direito público, impossibilidade de desempenhar atividade econômica, presença de bens públicos, entre outras.

Todas essas características, estudadas anteriormente, aplicam-se às agências reguladoras, pois, sendo elas autarquias em regime especial, possuem basicamente as mesmas prerrogativas e restrições.

Pergunta-se: o que diferencia as autarquias comuns das agências reguladoras?

Simples: as agências reguladoras possuem maior autonomia em relação ao seu ente instituidor. Isso ocorre para que não existam influência e pressão governamental em relação à atuação de fiscalização por elas exercida. Para facilitar o entendimento, vamos separar por tópicos as peculiaridades do regime especial.

a) Nomeação dos dirigentes

Como se sabe, para que se possua um cargo efetivo, faz-se necessária a prévia aprovação em concurso público. Entretanto, existem alguns cargos, como os de direção, chefia e assessoramento, que são de livre nomeação e exoneração – são os denominados cargos em comissão.

Logo, não existe concurso para que uma pessoa se torne dirigente de uma agência reguladora. Contudo, para que se efetive a nomeação, não bastará uma simples indicação do chefe do Executivo, pois, nesse caso, teremos um ato complexo, sendo imprescindíveis para a efetivação da nomeação a indicação do Presidente da República e a aprovação prévia (do nome que foi indicado) pelo Senado Federal.

b) Dirigentes com mandato fixo

Nas autarquias comuns, os dirigentes podem ser exonerados a qualquer momento, pois ocupam cargo em comissão e, desde a nomeação, já se sabe que a exoneração poderá ocorrer de forma livre. Com isso, permite-se ao chefe do Executivo, a qualquer momento e por qualquer razão, exonerar o dirigente de seu cargo. A esse fenômeno dá-se o nome de exoneração *ad nutum*, ou seja, é um tipo de dispensa que independe de motivação para que se efetive.

No entanto, nas agências reguladoras, os dirigentes têm outro regramento – eles são nomeados para exercer mandato fixo, ou seja, possuem estabilidade temporária, pois já entram sabendo quando vão sair daquele cargo. Assim, não poderá o chefe do Poder Executivo simplesmente exonerar o dirigente de seu cargo. Em outras palavras, nas agências reguladoras não cabe a exoneração *ad nutum*.

> **caiu na prova**
>
> **(IBEST/CRMV-DF/2022)** As agências reguladoras vêm sendo criadas como autarquias de regime especial, o que lhes confere maior autonomia em relação à administração direta. Seus dirigentes têm a garantia do exercício de mandatos fixos.
>
> **Gabarito:** *Certo.*

Mas qual é o prazo do mandato desses dirigentes?

Segundo a nova lei das agências reguladoras (Lei 13.848/2019), o prazo do mandato dos dirigentes de todas as agências reguladoras federais será de 5 (cinco) anos sendo vedada a recondução, vejamos:

> Art. 6.º, Lei 9.986/2000. O mandato dos membros do Conselho Diretor ou da Diretoria Colegiada das agências reguladoras será de 5 (cinco) anos, vedada a recondução, ressalvada a hipótese do § 7.º do art. 5.º. Parágrafo único. Em caso de vacância no curso do mandato, este será completado por sucessor investido na forma prevista no art. 5.º.

Por fim, cumpre observar que esse mandato fixo, o qual oferece uma certa estabilidade aos dirigentes, faz que estes só possam perder o cargo em situações bem pontuais e específicas. Portanto, só existirá o desligamento do cargo antes do prazo por: renúncia do mandato, condenação em processo administrativo disciplinar ou por sentença judicial condenatória já transitada em julgado e por infringência de algumas vedações legais, a saber:

Art. 9.º, Lei 9.986/2000. O membro do Conselho Diretor ou da Diretoria Colegiada somente perderá o mandato: I – em caso de renúncia; II – em caso de condenação judicial transitada em julgado ou de condenação em processo administrativo disciplinar; III – por infringência de quaisquer das vedações previstas no art. 8.º-B desta Lei.

c) Quarentena

Outro ponto característico das agências reguladoras é o fato de que, após o término do mandato, deverá o ex-dirigente passar por um período de quarentena durante o qual ficará impedido de atuar na área que ele fiscalizava. Isso ocorre para que se evite o repasse de informações privilegiadas para empresas privadas.

Imagine, por exemplo, um ex-dirigente da ANATEL – logicamente, ele possui várias informações privilegiadas e, caso as repasse a pessoas jurídicas do setor privado, estará beneficiando o particular e agindo, por consequência lógica, de forma contrária ao interesse público. A doutrina tem denominado esse fenômeno de teoria da captura.

Mas qual é o prazo dessa quarentena?

Segundo a Nova Lei das Agências Reguladoras (Lei 13.848/2019) a quarentena terá a duração de 6 meses, sendo assegurado ao ex-dirigente uma remuneração compensatória. Ou seja, ele não irá mais trabalhar na agência reguladora, mas continuará recebendo como se ainda estivesse exercendo suas funções.

Art. 8.º, Lei 9.986/2000. Os membros do Conselho Diretor ou da Diretoria Colegiada ficam impedidos de exercer atividade ou de prestar qualquer serviço no setor regulado pela respectiva agência, por período de 6 (seis) meses, contados da exoneração ou do término de seu mandato, assegurada a remuneração compensatória. (...) § 2.º Durante o impedimento, o ex-dirigente ficará vinculado à agência, fazendo jus a remuneração compensatória equivalente à do cargo de direção que exerceu e aos benefícios a ele inerentes.

Por fim, caso o ex-dirigente viole a regra da quarentena, estará sujeito a punições em virtude do crime de advocacia administrativa.

Art. 8.º, § 4.º, Lei 9.986/2000. Incorre na prática de crime de advocacia administrativa, sujeitando-se às penas da lei, o ex-dirigente que violar o impedimento previsto neste artigo, sem prejuízo das demais sanções cabíveis, administrativas e civis.

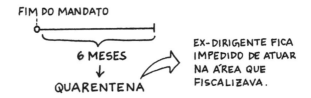

d) Poder normativo

Como dissemos, uma das finalidades básicas da agência reguladora é criar normas que devem ser obedecidas pelas pessoas do setor privado que, por meio de delegação, passaram a executar serviços públicos.

Logicamente, o uso desse poder normativo deve ser feito de forma infralegal (abaixo da lei), respeitando os limites legais e atendo-se meramente a regulamentação de aspectos técnicos. Citem-se, como exemplo, as resoluções da ANAC, as quais possuem como escopo melhorar a prestação do serviço de aviação civil e trazer maior segurança a ele.

Cumpre ainda observar o fato de tal poder normativo não poder criar obrigações aos particulares em geral, tendo em vista o texto constitucional: "Art. 5.º, II, CF/1988 – ninguém será obrigado a fazer ou deixar de fazer alguma coisa senão em virtude de lei". Logo, por serem inferiores à lei, as normas produzidas pelas agências reguladoras apenas poderão impor condutas ao prestador do serviço ora fiscalizado.

9.5.6.1.2 Espécies de agências reguladoras

Como estudado, as agências reguladoras possuem a função de regulamentar e fiscalizar as pessoas do setor privado que, por meio de delegação, passaram a executar determinado serviço público.

Entretanto, após essa conceituação inicial, vamos analisar quais funções específicas podem ser desempenhadas por tais entidades:

a) **Regulação da prestação de serviços públicos:**
   – Agência Nacional de Águas e Saneamento Básico (ANA), Lei 9.984/2000;
   – Agência Nacional de Energia Elétrica (ANEEL), Lei 9.427/1996;
   – Agência Nacional de Telecomunicações (ANATEL), Lei 9.472/1997;
   – Agência Nacional de Aviação Civil (ANAC), Lei 11.182/2005;
   – Agência Nacional de Transporte Terrestre (ANTT), Lei 10.233/2001;
   – Agência Nacional de Transporte Aquático (ANTAQ), Lei 10.233/2001.

b) Normatização da exploração de atividade econômica:
- Agência Nacional do Petróleo (ANP), Lei 9.478/1997.

c) Regulamentação dos serviços de utilidade pública:
- Agência Nacional de Saúde Suplementar (ANS), Lei 9.961/2000;
- Agência Nacional de Vigilância Sanitária (ANVISA), Lei 9.782/1999.

d) Fiscalização das atividades de fomento:
- Agência Nacional de Cinema (ANCINE), MP 2.228/2001.

9.5.6.2 Agências executivas

Essas entidades são, originariamente, simples autarquias ou fundações públicas que, por estarem atuando de maneira ineficiente, celebram, após a aprovação de um plano de reestruturação, contrato de gestão com o Poder Público e, com isso, recebem o título de agência executiva. Tal qualificação garante um aumento no repasse de verbas e ampliação de sua autonomia.

Perceba que não se está criando uma nova pessoa jurídica, mas apenas oferecendo uma qualificação especial a uma entidade preexistente. A própria Constituição Federal previu a possibilidade da assinatura do mencionado contrato de gestão. Vejamos:

> Art. 37, § 8.º A autonomia gerencial, orçamentária e financeira dos órgãos e entidades da administração direta e indireta poderá ser ampliada mediante contrato, a ser firmado entre seus administradores e o poder público, que tenha por objeto a fixação de metas de desempenho para o órgão ou entidade, cabendo à lei dispor sobre: I – o prazo de duração do contrato; II – os controles e critérios de avaliação de desempenho, direitos, obrigações e responsabilidade dos dirigentes; III – a remuneração do pessoal.

Além da Carta Maior, a existência das agências executivas está prevista na Lei 9.649/1998 (que dispõe sobre a organização da Presidência da República e dos Ministérios), a qual estabelece alguns requisitos que devem ser preenchidos para que essa qualificação possa ser concedida. Vejamos.

> Art. 51. O Poder Executivo poderá qualificar como Agência Executiva a autarquia ou fundação que tenha cumprido os seguintes requisitos: I – ter um plano estratégico de reestruturação e de desenvolvimento institucional em andamento; II – ter celebrado Contrato de Gestão com o respectivo Ministério supervisor. § 1.º A qualificação como Agência Executiva será feita em ato do Presidente da República.

Em resumo, podemos estabelecer alguns passos até a qualificação:

1. ser uma autarquia ou fundação pública;
2. possuir um plano estratégico de reestruturação para que se torne mais eficiente;

3. celebração de um contrato de gestão;
4. concessão do título de agência executiva, o que garante um aumento do repasse de verbas e ampliação da autonomia da entidade.

Por fim, cumpre observar que, apesar da previsão legal e constitucional, na prática esse instituto não vem sendo implementado, existindo pouquíssimas entidades que receberam tal qualificação. Um raro exemplo é o Instituto Nacional de Metrologia, Normalização e Qualidade industrial (INMETRO), o qual é uma autarquia qualificada como agência executiva.

> **caiu na prova**
>
> (QUADRIX/IDURB/2020) O contrato de gestão é o instrumento jurídico que qualifica as agências executivas, fixando prazos e metas.
> **Gabarito:** Certo.

10. FUNDAÇÕES

Inicialmente, precisamos conceituar o termo fundação pública. Seguindo a noção do Direito Civil, fundação seria uma pessoa jurídica formada pela reunião de um patrimônio (*universitas bonorum*) instituída sem fins lucrativos e com a finalidade de desempenhar uma atividade de interesse coletivo como, por exemplo, assistência social, cultura e educação. Vejamos.

> Art. 62, CC/2002. Para criar uma fundação, o seu instituidor fará, por escritura pública ou testamento, dotação especial de bens livres, especificando o fim a que se destina, e declarando, se quiser, a maneira de administrá-la.
>
> Parágrafo único. A fundação somente poderá constituir-se para fins de: I – assistência social; II – cultura, defesa e conservação do patrimônio histórico e artístico; III – educação; IV – saúde; V – segurança alimentar e nutricional; VI – defesa, preservação e conservação do meio ambiente e promoção do desenvolvimento sustentável; VII –

pesquisa científica, desenvolvimento de tecnologias alternativas, modernização de sistemas de gestão, produção e divulgação de informações e conhecimentos técnicos e científicos; VIII – promoção da ética, da cidadania, da democracia e dos direitos humanos; IX – atividades religiosas.

Entretanto, a fundação tratada pelo Código Civil é aquela instituída por particulares, por exemplo, a Fundação Xuxa Meneghel, Fundação Ayrton Senna, Fundação Neymar Jr., casos em que é usado patrimônio particular para a instituição.

Ocorre que o Poder Público também poderá criar suas próprias fundações, devendo ser usado patrimônio público para tanto, cite-se como exemplo o caso da Fundação Nacional do Índio (FUNAI), que foi instituída pela União.

Com isso, fica claro que as pessoas jurídicas ora em estudo podem ser tema de análise tanto do Direito Civil (quando instituídas por particulares) quanto do Direito Administrativo (quando instituídas pelo Poder Público).

Logicamente, nosso objeto de estudo serão as fundações públicas, ou seja, aquelas instituídas pelo Poder Público, deixando para o Direito Civil a análise detalhada das fundações formadas com capital repassado por particulares.

10.1 Natureza jurídica

O Decreto-lei 200/1967 dispõe sobre a organização da Administração Federal e elenca quais as pessoas jurídicas pertencentes à Administração Indireta. Entretanto, em sua redação originária (do ano de 1967), apenas eram enumeradas como pessoas descentralizadas as autarquias, empresas públicas e sociedades de economia mista, sendo as fundações públicas inclusas no texto do decreto apenas no ano de 1987, pela Lei 7.596.

A grande questão é que essa lei, ao conceituar as fundações públicas, adotou para estas o regime jurídico de direito privado. Vejamos:

> Decreto-lei 200/1967, art. 5.º Para os fins desta lei, considera-se: [...] IV – Fundação Pública – a entidade dotada de personalidade jurídica de direito privado, sem fins lucrativos, criada em virtude de autorização legislativa, para o desenvolvimento de atividades que não exijam execução por órgãos ou entidades de direito público, com autonomia administrativa, patrimônio próprio gerido pelos respectivos órgãos de direção, e funcionamento custeado por recursos da União e de outras fontes. (Incluído pela Lei 7.596/1987.)

Com isso, várias discussões doutrinárias acerca da natureza jurídica das fundações públicas foram surgindo. Entretanto, hoje, mesmo com alguns posicionamentos divergentes, podemos afirmar que de forma majoritária prevalece o entendimento segundo o qual elas podem adotar tanto o regime de direito público quanto o de direito privado, a depender da vontade da sua lei instituidora, posicionamento este adotado inclusive pelo STF, vejamos:

jurisprudência

A distinção entre fundações públicas e privadas decorre da forma como foram criadas, da opção legal pelo regime jurídico a que se submetem, da titularidade de poderes e também da natureza dos serviços por elas prestados (STF, ADI 191/RS, Tribunal Pleno, 29.11.2007).

Dessa forma, podemos resumir o tema com o seguinte esquema:

10.2 Fundação pública de direito público

Por adotarem exatamente o mesmo regime das autarquias, as fundações públicas instituídas com regime de direito público são denominadas fundações autárquicas ou autarquias fundacionais. Se o regime é o mesmo, o tratamento também deverá ser o mesmo; sendo assim, todas as prerrogativas e restrições estudadas no tópico relacionado às autarquias são estendidas integralmente às fundações públicas com regime de direito público.

10.3 Fundação pública de direito privado

Conforme disposição do próprio Decreto-lei 200/1967, poderão ser instituídas fundações públicas com o regime de direito privado, sendo denominadas fundações governamentais.

A distinção destas para com as fundações que adotam o regime de direito público já se inicia desde a Constituição, pois, enquanto estas são criadas diretamente por lei as fundações governamentais terão sua existência autorizada por lei uma lei específica, devendo ainda ser submetidas a posterior registro para efetivar a sua criação.

> Art. 37, XIX, CF/1988 – somente por lei específica poderá ser criada autarquia e autorizada a instituição de empresa pública, de sociedade de economia mista e de fundação, cabendo à lei complementar, neste último caso, definir as áreas de sua atuação.

Veja que, no caso das fundações governamentais, alguns passos deverão ser dados até sua efetiva criação:

1) deverá ser feita uma lei complementar definindo em que áreas elas poderão atuar;

2) quando o Poder Público desejar de fato instituir alguma fundação governamental, deverá fazer uma lei ordinária autorizando sua criação;

3) após a lei, deverá ser feito o registro dos atos constitutivos da fundação no local competente, nos moldes do art. 45 do Código Civil:

> Começa a existência legal das pessoas jurídicas de direito privado com a inscrição do ato constitutivo no respectivo registro, precedida, quando necessário, de autorização ou aprovação do Poder Executivo, averbando-se no registro todas as alterações por que passar o ato constitutivo.

As diferenças com as fundações de regime público continuam. Enquanto a estas são estendidas as prerrogativas da própria Fazenda Pública, por exemplo, os privilégios processuais, às fundações governamentais não serão dados tais privilégios.

jurisprudência

As fundações públicas de direito privado não fazem jus à isenção das custas processuais. A isenção das custas processuais somente se aplica para as entidades com personalidade de direito público. Dessa forma, para as Fundações Públicas receberem tratamento semelhante ao conferido aos entes da Administração Direta é necessário que tenham natureza jurídica de direito público, que se adquire no momento de sua criação, decorrente da própria lei (STJ, 4.ª Turma, REsp 1409199/SC, 10.03.2020).

De forma prática, podemos dizer que, quando se adota o regime de direito privado, não serão dadas as prerrogativas de direito público, mas serão impostas as restrições. Por exemplo, em uma fundação governamental, os atos por ela praticados não terão os atributos característicos do regime público e os contratos por ela assinados não terão as cláusulas exorbitantes. Entretanto, deverá ela licitar e realizar concursos público para o preenchimento de suas vagas.

Por isso, podemos dizer que, na verdade, o regime das fundações governamentais é híbrido, pois, apesar de serem pessoas com personalidade de direito privado, ainda assim sofrerão algumas restrições impostas pelo regime público e, em virtude desta heterogenia de regras, pode-se conceituar o regime delas como híbrido, ou seja, uma mistura do direito público com o privado.

Por fim, apesar de ser necessária a prévia aprovação em um concurso público para que se possa ingressar em uma fundação pública de direito privado, o regime de pessoal poderá ser baseado na Consolidação das Leis do Trabalho (CLT), ou seja, os agentes, neste caso, terão um emprego público, não um cargo efetivo. Vejamos o que decidiu o STF:

jurisprudência

É constitucional a legislação estadual que determina que o regime jurídico celetista incide sobre as relações de trabalho estabelecidas no âmbito de fundações públicas, com personalidade jurídica de direito privado, destinadas à prestação de serviços de saúde (STF, Plenário, ADI 4.247/RJ, 04.11.2020).

11. EMPRESAS ESTATAIS

O termo empresas estatais engloba tanto as empresas públicas quanto as sociedades de economia mista, ambas são sociedades civis ou comerciais que possuem o Estado como detentor do controle acionário.

De forma resumida (vamos aprofundar adiante), podemos conceituar as **empresas públicas** como: pessoas jurídicas de direito privado, instituídas mediante autorização legislativa, com capital integralmente público e forma organizacional livre, as quais podem desempenhar tanto serviços públicos quanto atividades econômicas.

Além desse conceito doutrinário, existe um conceito legal definido pelo Decreto-lei 200/1967. Vejamos:

> Art. 5.º Para os fins desta lei, considera-se: [...] II – Empresa Pública – a entidade dotada de personalidade jurídica de direito privado, com patrimônio próprio e capital exclusivo da União, criado por lei para a exploração de atividade econômica que o Governo seja levado a exercer por força de contingência ou de conveniência administrativa podendo revestir-se de qualquer das formas admitidas em direito.

São exemplos de empresas públicas:

- Correios;
- Caixa Econômica Federal;
- Infraero;
- BNDES.

Já as **sociedades de economia mista** podem, dentro de uma proposta inicial, ser conceituadas como: pessoas jurídicas de direito privado, instituídas mediante autorização legislativa, com capital majoritariamente público e organizadas sob a forma de sociedade anônima, as quais podem desempenhar tanto serviços públicos quanto atividades econômicas.

São exemplos de sociedades de economia mista:

- Banco do Brasil;
- Petrobras;
- Eletrobras;
- Telebras.

Posteriormente, abriremos um tópico específico em relação a cada uma das estatais. Por ora, para facilitar o estudo, vamos analisar os pontos de semelhança entre as empresas públicas e as sociedades de economia mista e, posteriormente, traçaremos os pontos de distinção entre elas.

11.1 Pontos de semelhança

Existem diversos pontos em comum entre as estatais, semelhanças estas que vão desde a forma de criação até o modelo de responsabilidade civil adotado. Para a real compreensão do tema, vamos analisar esses pontos coincidentes em tópicos.

11.1.1 Forma de criação

Segundo a própria Constituição Federal, as empresas públicas e as sociedades de economia mista terão a sua existência autorizada por uma lei específica.

> Art. 37, XIX – somente por **lei específica** poderá ser criada autarquia e **autorizada a instituição de empresa pública, de sociedade de economia mista** e de fundação, cabendo à lei complementar, neste último caso, definir as áreas de sua atuação (grifos nossos).

Observe que a lei não cria as estatais, mas apenas autoriza a criação delas. Então, para que passem a existir, deve-se seguir o regramento previsto no Código Civil, realizando-se um registro dos atos constitutivos no local competente, vejamos:

> Art. 45. Começa a existência legal das pessoas jurídicas de direito privado com a inscrição do ato constitutivo no respectivo **registro**, precedida, quando necessário, de autorização ou aprovação do Poder Executivo, averbando-se no registro todas as alterações por que passar o ato constitutivo (grifos nossos).

caiu na prova

(VUNESP/FISCAL.TRIBUTOS-SP/2020) *Empresas estatais são criadas por meio de lei específica, sendo desnecessário o registro dos atos constitutivos.*

Gabarito: *Errado.*[5]

11.1.2 Forma de extinção

Já sabemos que será necessária uma autorização legal e um posterior registro no local competente para que a empresa pública e a sociedade de economia mista possam vir a existir.

Daí surge uma pergunta: e para gerar a extinção da estatal, o que deve ser feito?

No mundo jurídico temos um princípio denominado paralelismo das formas, também chamado de simetria, o qual preleciona que as formas de "iniciar" e "terminar" algo devem ser as mesmas. Em outras palavras, como a estatal precisa de uma autorização legal para ser criada, precisará também de uma autorização legal para ser extinta.

Todavia, uma ressalva deve ser feita!

Para criar uma estatal, deve ser produzida uma lei específica, ou seja, que trate apenas daquele assunto; já a extinção, salvo disposição legal em contrário, não precisará ser feita por meio de uma lei específica, bastando, para tanto, uma lei genérica. Vejamos:

jurisprudência

É desnecessária, em regra, lei específica para inclusão de sociedade de economia mista ou de empresa pública em programa de desestatização. (STF, Plenário, ADI 6241/DF, 08.02.2021)

---

[5] As empresas públicas e as sociedades de economia mista apenas serão, de fato, criadas após a inscrição de seus atos constitutivos no respectivo registro.

Observe que a Constituição Federal disciplinou, de forma expressa (art. 37, XIX), o regramento relativo à instituição das estatais, exigindo uma lei ordinária específica; entretanto, nada mencionou acerca do procedimento de extinção das empresas públicas e das sociedades de economia mista.

Com isso, a jurisprudência do Supremo Tribunal Federal, ao analisar o tema, decidiu que a inclusão da estatal em Programa de Desestatização[6] prescinde (dispensa) de autorização legislativa específica, bastando a autorização genérica prevista em lei que veicule o programa de desestatização.

Resumindo, apesar de o princípio da simetria ser uma regra no nosso ordenamento jurídico, ele não será plenamente aplicado no caso do "início"/"fim" das estatais, já que para criá-las precisaremos de uma lei específica, mas para extingui-las bastará uma lei genérica.

> **caiu na prova**
>
> **(FUMARC/PC-GO/2021)** *Pelo princípio da simetria, a criação e a extinção das sociedades de economia mista e das empresas públicas dependem de lei específica que autorize.*
>
> **Gabarito:** *Errado.[7]*

Por fim, vale ressaltar que, para a doutrina majoritária, o procedimento traçado pela Lei de Falência não é aplicável às empresas públicas e sociedades de economia mista. Esse entendimento, inclusive, é consagrado, pela Lei 11.101/2005: "Art. 2.º Esta Lei não se aplica a: I – empresa pública e sociedade de economia mista [...]".

11.1.3 Subsidiárias

As empresas estais poderão instituir empresas controladas, também denominadas de subsidiárias, as quais possuem a função de auxiliar a empresa pública e a sociedade de economia mista no desempenho de suas funções.

Por exemplo, a Petrobras (sociedade de economia mista) possui diversas subsidiárias que a auxiliam na realização de suas atividades, como a Transpetro (realiza o transporte e armazenamento de petróleo e derivados, álcool, biocombustíveis e gás natural), Petrobras Distribuidora (atua na distribuição dos produtos, incluindo a importação e exportação), Liquigás (produz o engarrafamento, distribuição e comercialização de gás liquefeito de petróleo), entre outras.

---

[6] Lei 9.491/1997, art. 2º. Poderão ser objeto de desestatização, nos termos desta Lei: § 1.º Considera-se desestatização: *a)* a alienação, pela União, de direitos que lhe assegurem, diretamente ou através de outras controladas, preponderância nas deliberações sociais e o poder de eleger a maioria dos administradores da sociedade; *b)* a transferência, para a iniciativa privada, da execução de serviços públicos explorados pela União, diretamente ou através de entidades controladas, bem como daqueles de sua responsabilidade; *c)* a transferência ou outorga de direitos sobre bens móveis e imóveis da União, nos termos desta Lei.

[7] A extinção das estatais será feita por lei genérica, apenas a criação será autorizada por uma lei específica.

Observe que as empresas controladas possuem personalidade jurídica distinta da empresa estatal controladora, não pertencendo, assim, à Administração Pública. Entretanto, mesmo sendo entes do setor puramente privado, o texto constitucional exige para a criação delas uma autorização legislativa.

> Art. 37, XX – depende de autorização legislativa, em cada caso, a criação de subsidiárias das entidades mencionadas no inciso anterior, assim como a participação de qualquer delas em empresa privada.

Todavia, apesar de a Carta Maior exigir autorização legislativa, em cada caso, para a criação das subsidiárias, a jurisprudência do Supremo Tribunal Federal, ao interpretar a expressão "em cada caso", já se manifestou no sentido da desnecessidade dessa formalidade, bastando, para tanto, que exista na própria lei que autorizou a instituição da empresa pública/sociedade de economia mista uma permissão genérica para a criação das subsidiárias.

jurisprudência

É dispensável a autorização legislativa para a criação de empresas subsidiárias, desde que haja previsão para esse fim na própria lei que instituiu a empresa de economia mista matriz, tendo em vista que a lei criadora é a própria medida autorizadora. Ação direta de inconstitucionalidade julgada improcedente (STF, Plenário, ADI 1.649, 24.03.2004).

Para facilitar o entendimento, vamos imaginar a seguinte situação: a Lei específica "001" autorizou a instituição da empresa pública "ABC" e, desde já, também previu a possibilidade de esta instituir subsidiárias. Algum tempo depois da edição da Lei "001", foi efetivada a criação da estatal com o devido registro no loca competente.

Pergunta-se: será necessária a elaboração de uma nova lei caso a empresa pública "ABC" deseje criar subsidiárias?

Não! Pois a autorização já foi dada, de forma genérica, pela Lei "001", sendo assim, a estatal (empresa pública "ABC") poderá criar quantas subsidiárias lhe convir, sem a necessidade da feitura de uma nova lei.

caiu na prova

(AOCP/PROCURADOR-RS/2022) *É dispensável a autorização legislativa para a criação de empresas subsidiárias, desde que haja previsão para esse fim na própria lei que instituiu a empresa de economia mista matriz, tendo em vista que a lei criadora é a própria medida autorizadora.*

Gabarito: *Certo.*

Agora que já sabemos a forma da instituição, outra pergunta surge: como será o procedimento para a alienação do controle acionário das subsidiárias?

Seguindo o princípio da simetria (agora ele será plenamente aplicado), da mesma forma que uma lei genérica pode autorizar a instituição da subsidiária, também poderá permitir a alienação de seu controle acionário. Usando o exemplo dado, a Lei "001" poderá autorizar tanto a instituição quanto a alienação da subsidiária. Sendo assim, não será necessária a criação de uma nova lei nem de um procedimento licitatório para que haja a sua venda.

Este entendimento é o adotado pelo STF, vejamos:

⚖ jurisprudência

A específica autorização legislativa somente é obrigatória na hipótese de alienação do controle acionário de sociedade de economia mista (empresa-mãe). Não há necessidade dessa prévia e específica anuência para a criação e posterior alienação de ativos da empresa subsidiária, dentro de um elaborado plano de gestão de desinvestimento, voltado para garantir maiores investimentos e, consequentemente, maior eficiência e eficácia da empresa-mãe (STF, Tribunal Pleno, Rcl 42.576 MC/DF, 01.10.2020).

É dispensável a autorização legislativa para a alienação de controle acionário de empresas subsidiárias (STF, Plenário, ADPF 794/DF, 21.05.2021).

📄 caiu na prova

(CEBRASPE/TCE-SC/2022) *Conforme entendimento do STF, a alienação do controle acionário de empresas públicas e sociedades de economia mista, bem como suas subsidiárias e controladas, exige autorização legislativa e licitação pública.*

Gabarito: *Errado.*[8]

Por fim, vale ressaltar que, caso a empresa estatal deseje contratar com alguma de suas subsidiárias, não precisará realizar um prévio procedimento licitatório, em virtude de expressa dispensa instituída pela Lei 13.303/2016, vejamos:

> Art. 29. É dispensável a realização de licitação por empresas públicas e sociedades de economia mista: [...] XI – nas contratações entre empresas públicas ou sociedades de economia mista e suas respectivas subsidiárias, para aquisição ou alienação de bens e prestação ou obtenção de serviços, desde que os preços sejam compatíveis com os praticados no mercado e que o objeto do contrato tenha relação com a atividade da contratada prevista em seu estatuto social;

11.1.4 Atividades

O Estado possui como função típica a prestação de serviços públicos, diretamente ou mediante delegação.

> Art. 175, CF/1988. Incumbe ao Poder Público, na forma da lei, diretamente ou sob regime de concessão ou permissão, sempre através de licitação, a prestação de serviços públicos.

Entretanto, de forma excepcional e atípica, poderá o Poder Público desempenhar atividades econômicas, desde que exista um relevante interesse social ou que aquela intervenção venha a ser necessária aos imperativos da segurança nacional.

---

[8] Para que se possa alienar as empresas públicas e as sociedades de economia, será necessária a existência de uma autorização legislativa e de uma licitação; já no caso das subsidiárias, não será necessária a autorização da lei nem o procedimento licitatório.

Art. 173, CF/1988. Ressalvados os casos previstos nesta Constituição, a exploração direta de atividade econômica pelo Estado só será permitida quando necessária aos imperativos da segurança nacional ou a relevante interesse coletivo, conforme definidos em lei.

Caso o Estado tenha pretensões de atuar no setor econômico, deverá criar uma empresa pública ou uma sociedade de economia mista. E se desejar prestar serviços públicos, poderá criar qualquer uma das entidades da Administração Indireta.

> **I Jornada de Direito Administrativo - Enunciado 14**
>
> A demonstração da existência de relevante interesse coletivo ou de imperativo de segurança nacional, descrita no parágrafo 1.º do art. 2.º da Lei 13.303/2016, será atendida por meio do envio ao órgão legislativo competente de estudos/documentos (anexos à exposição de motivos) com dados objetivos que justifiquem a decisão pela criação de empresa pública ou de sociedade de economia mista cujo objeto é a exploração de atividade econômica.

Em resumo, as empresas estatais poderão desempenhar tanto funções típicas quanto atípicas do Estado, ou seja, podem prestar serviços públicos e também desempenhar atividades econômicas.

Por fim, cumpre relembrar que, sendo as estatais pessoas jurídicas que adotam o regime de direito privado, elas apenas executam os serviços públicos, entretanto não possuem a titularidade de tais serviços, já que, para a corrente majoritária, apenas os entes detentores de regime de direito público (União, Estados, Distrito Federal, Municípios, Autarquias, Fundações Públicas) possuem essa titularidade.

11.1.5 Regime jurídico

As empresas estatais são pessoas jurídicas de direito privado. Entretanto, algumas normas de direito público necessariamente se impõem, por isso costuma-se dizer que o regime seria na verdade híbrido/misto.

Tome como exemplo a regra do concurso público. Tanto as empresas públicas quanto as sociedades de economia mista devem realizar concurso para que possam preencher as suas vagas.

Assim, podemos afirmar que, apesar da adoção do regime privado, as estatais, sejam elas prestadoras de serviço público ou desenvolvedoras de atividade econômica, se submetem às **restrições** impostas pelo regime de direito público.

Bom, já sabemos que as limitações impostas pelo regime de direito público se aplicam a todas as empresas estatais. Daí surge uma pergunta: as prerrogativas públicas também se aplicam?

Nesse caso, temos que fazer uma diferenciação em relação à atividade desempenhada pela estatal, pois, caso ela desempenhe atividade econômica, não poderá receber benefícios não extensíveis às outras pessoas do setor privado. Entretanto, caso o escopo da empresa pública/sociedade de economia mista venha a ser a prestação de serviços públicos, algumas prerrogativas poderão ser concedidas, a depender de cada caso concreto.

Necessariamente, as **restrições** do regime público se aplicam a todas as estatais, sejam elas prestadoras de serviço público ou de atividade econômica, devendo elas, por exemplo, realizar concurso público, licitar, prestar contas e respeitar os princípios administrativos.

Entretanto, no que se refere às **prerrogativas**, uma coisa é certa: elas não se aplicam às estatais que desenvolvam atividade econômica, pois isso geraria uma concorrência desleal com as outras empresas do setor privado. Por exemplo, não seria justo o Banco do Brasil ser imune a impostos e o Itaú (banco não pertencente à Administração) ser obrigado a pagá-los.

No entanto, caso a empresa pública/sociedade de economia mista preste serviços públicos, poderá existir a concessão de algumas prerrogativas públicas, posicionamento esse que, inclusive, vem sendo adotado pela jurisprudência. Vejamos.

jurisprudência

A jurisprudência desta Corte converge no sentido da pretensão formulada pela ECT, reconhecendo-lhe amplamente o direito de imunidade tributária quanto à cobrança de IPVA incidente sobre os veículos de sua propriedade, independentemente de produção probatória para efeitos de distinção entre os veículos utilizados ou não nas atividades sob o regime de monopólio. Precedentes: ACO n.º 789/PI e ACO n.º 765/RJ. 3. Embargos parcialmente acolhidos, sem alteração do dispositivo do acórdão embargado (STF, Tribunal Pleno, ACO 819 AgR-ED/SE, 23.05.2013).

Pelo julgado percebe-se que a ECT (correios) possui um regramento muito específico, pois, como essa entidade desempenha o serviço postal (exclusivo da União) em característica de monopólio, recebe prerrogativas típicas da própria Fazenda Pública, como a imunidade em relação aos impostos.

Por fim, cumpre observar que tais prerrogativas vêm sendo ofertadas para outras estatais, desde que não haja violação ao princípio da livre concorrência. Vejamos o que já disse o STF:

> ### ⚖ jurisprudência
>
> *As sociedades de economia mista prestadoras de ações e serviços de saúde, cujo capital social seja majoritariamente estatal, gozam da imunidade tributária prevista na alínea "a" do inciso VI do art. 150 da Constituição Federal. 3. Recurso extraordinário a que se dá provimento, com repercussão geral (STF, Tribunal Pleno, RE 580264/RS, 16.12.2010).*

11.1.6 Empregados públicos

Como dissemos, para que se possa ingressar em uma empresa estatal, faz-se necessária a prévia aprovação em um concurso público. Essa exigência encontra-se positivada no próprio texto da Carta Maior:

> Art. 37 [...] II – a investidura em cargo ou emprego público depende de aprovação **prévia em concurso público** de provas ou de provas e títulos, de acordo com a natureza e a complexidade do cargo ou emprego, na forma prevista em lei, ressalvadas as nomeações para cargo em comissão declarado em lei de livre nomeação e exoneração (grifo nosso).

Entretanto, os aprovados nesse concurso não possuirão cargo público, já que este é restrito àqueles que ingressam em uma pessoa jurídica de direito público. Por exemplo, uma pessoa ao ser investida no cargo de Delegado da Polícia Federal passará a ser detentora de um cargo efetivo e será regida pelo Estatuto dos Servidores Federais (Lei 8.112/1990).

Já aqueles que são aprovados por meio de um concurso para exercer suas funções em uma empresa pública ou em uma sociedade de economia mista (pessoas de direito privado) serão classificados como empregados públicos (assinarão contrato de emprego), regidos pela Consolidação das Leis do Trabalho (CLT).

Contudo, qual seria a diferença entre o cargo efetivo e o emprego público?

Bom, sabemos que ambos possuem diversos traços de semelhança, por exemplo: investidura mediante prévia aprovação em concurso público, dever de respeito à vedação de acumulação de cargos, existência de poder hierárquico e disciplinar.

No tocante aos pontos diferenciadores, podemos citar a estabilidade. No caso do cargo público, após o período do estágio probatório (três anos), poderá o servidor adquirir a sua estabilidade e, uma vez estável, só poderá perder o seu cargo em situações bem pontuais e específicas. Vejamos o que diz o texto constitucional:

Art. 41. São estáveis após três anos de efetivo exercício os servidores nomeados para cargo de provimento efetivo em virtude de concurso público.

§ 1.º O servidor público estável só perderá o cargo:

I – em virtude de sentença judicial transitada em julgado;

II – mediante processo administrativo em que lhe seja assegurada ampla defesa;

III – mediante procedimento de avaliação periódica de desempenho, na forma de lei complementar, assegurada ampla defesa.

Ocorre que a sonhada estabilidade não é ofertada para aqueles que possuem um emprego público, entendimento este que já se encontra pacificado pelo Tribunal Superior do Trabalho, por meio da Súmula 390:

> [...] II – Ao empregado de empresa pública ou de sociedade de economia mista, ainda que admitido mediante aprovação em concurso público, não é garantida a estabilidade prevista no art. 41 da CF/1988.

No entanto, mesmo não possuindo estabilidade, segundo o entendimento mais atual do STF, antes do ato de demissão deve ser providenciado um procedimento legal para que se possam garantir ao acusado os direitos ao contraditório e à ampla defesa e, em caso de efetivação dessa punição, a decisão tem de ser motivada, ou seja, com explicação acerca dos motivos que levaram a empresa estatal a adotar a tal medida.

⚖ jurisprudência

I – Os empregados públicos não fazem jus à estabilidade prevista no art. 41 da CF, salvo aqueles admitidos em período anterior ao advento da EC n.º 19/1998. Precedentes. II – Em atenção, no entanto, aos princípios da impessoalidade e isonomia, que regem a admissão por concurso público, a dispensa do empregado de empresas públicas e sociedades de economia mista que prestam serviços públicos deve ser motivada, assegurando-se, assim, que tais princípios, observados no momento daquela admissão, sejam também respeitados por ocasião da dispensa. (STF, Tribunal Pleno, RE 589998/PI, 20.03.2013).

Por fim, cumpre observar que, caso a empresa estatal não receba recursos públicos para custeio em geral ou manutenção de seu pessoal, não estará essa entidade submetida ao regramento do teto constitucional, logo, poderão existir empregados públicos recebendo salário superior ao subsídio pago aos Ministros do Supremo. Vejamos:

> **Art. 37, § 9.º, CF/1988.** O disposto no inciso XI aplica-se às empresas públicas e às sociedades de economia mista, e suas subsidiárias, que receberem recursos da União, dos Estados, do Distrito Federal ou dos Municípios para pagamento de despesas de pessoal ou de custeio em geral.

11.1.7 Responsabilidade civil das estatais

Segundo a Constituição Federal, as pessoas jurídicas de direito público e as de direito privado prestadoras de serviços públicos respondem de maneira objetiva pelos danos que seus agentes causam a terceiros.

> Art. 37, § 6.º As pessoas jurídicas de direito público e as de direito privado prestadoras de serviços públicos responderão pelos danos que seus agentes, nessa qualidade, causarem a terceiros, assegurado o direito de regresso contra o responsável nos casos de dolo ou culpa.

No capítulo referente ao tema responsabilidade civil do Estado, vamos aprofundar esse tema. Por ora, cumpre resumir que existem dois tipos de responsabilização: a objetiva e a subjetiva.

Na **responsabilidade subjetiva** existe a necessidade de comprovação de quatro requisitos: ato, dano, nexo causal e conduta dolosa ou culposa do poder público.

Já na **responsabilidade objetiva** não é preciso comprovar conduta dolosa ou culposa por parte do agente público, bastando que o particular lesado comprove que existiu um ato estatal que lhe causou dano e que entre eles existe nexo causal.

Após essa breve análise, pergunta-se: qual o tipo de responsabilidade das empresas estatais?

A resposta depende do tipo de atividade desempenhada pela entidade. Caso a empresa pública/sociedade de economia mista preste serviço público, segundo a própria Constituição, responderá ela de forma objetiva pelos danos que seus empregados públicos causarem a terceiros, mas, caso a estatal desempenhe atividade econômica, deverá ser observada a regra do Direito Civil, ou seja, a responsabilidade será do tipo subjetiva.

11.1.8 Regime dos bens

Segundo o Código Civil, são públicos os bens pertencentes às pessoas jurídicas de direito público; todos os outros são considerados privados.

> Art. 98, CC/2002. São públicos os bens do domínio nacional pertencentes às pessoas jurídicas de direito público interno; todos os outros são particulares, seja qual for a pessoa a que pertencerem.

Portanto, independentemente do tipo de atividade desempenhada, os bens das estatais são considerados privados. Entretanto, devemos fazer algumas distinções.

Caso a empresa pública/sociedade de economia mista desempenhe **atividade econômica**, todos os seus bens seguirão as regras do regime estritamente privado. Assim, poderão ser, por exemplo, penhorados e onerados (submetidos à hipoteca, penhor e anticrese) e não estarão submetidos ao sistema de precatórios.

> Art. 173, § 1.º, II, CF/1988 – a sujeição ao regime jurídico próprio das empresas privadas, inclusive quanto aos direitos e obrigações civis, comerciais, trabalhistas e tributários.

Já no caso de a estatal ser instituída para desempenhar **serviços públicos**, apesar de seus bens continuarem sendo privados, poderão estes gozar de algumas prerrogativas públicas como a impenhorabilidade e imprescritibilidade.

Cite-se o caso de uma sociedade de economia mista que preste determinado serviço público sem concorrer com outras pessoas jurídicas do setor privado. Nesse caso, já decidiu o próprio Supremo Tribunal Federal que estará essa entidade submetida ao regime de precatórios judiciais (art. 100, CF/1988) em virtude da necessária impenhorabilidade de seus bens para que se continue com a prestação dos serviços públicos.

jurisprudência

É aplicável o regime dos precatórios às sociedades de economia mista prestadoras de serviço público próprio do Estado e de natureza não concorrencial. (STF, Tribunal Pleno, ADPF 387/PI, 23.03.2017).

caiu na prova

(CEBRASPE/TCE-RJ/2021) *A Companhia Estadual de Águas e Esgotos do Rio de Janeiro (CEDAE), sociedade de economia mista prestadora de serviços públicos de saneamento em caráter não concorrencial no estado do Rio de Janeiro, é submetida ao regime de precatórios.*

Gabarito: *Certo.*

Por fim, cumpre observar o regime específico ofertado para a Empresa Brasileira de Correios e Telégrafos (correios). Segundo o STF, como essa entidade desempenha um serviço público exclusivo do Estado em regime de monopólio, gozará de prerrogativas típicas da própria Fazenda Pública, inclusive em relação a seus bens.

11.1.9 Licitação e contratos

A existência de prévia licitação para que o Poder Público realize contratos administrativos deve ser uma regra para que se possam garantir princípios, por exemplo, o da impessoalidade e moralidade.

Assim, as estatais devem licitar, sendo esse um comando expresso na Lei 13.303/2016, vejamos:

> Art. 28. Os contratos com terceiros destinados à prestação de serviços às empresas públicas e às sociedades de economia mista, inclusive de engenharia e de publicidade, à aquisição e à locação de bens, à alienação de bens e ativos integrantes do respectivo patrimônio ou à execução de obras a serem integradas a esse patrimônio, bem como à implementação de ônus real sobre tais bens, serão precedidos de licitação nos termos desta Lei, ressalvadas as hipóteses previstas nos arts. 29 e 30.

Quando a estatal for instituída para prestar serviços públicos, deverá seguir os procedimentos legais sem derrogação, apenas podendo deixar de licitar em casos de dispensa e inexigibilidade (esse tema será aprofundado em capítulo específico).

Entretanto, quando a empresa pública/sociedade de economia mista desempenhar atividade econômica, poderá licitar por procedimentos simplificados, possibilidade esta ofertada pela própria Carta Maior:

> Art. 173, § 1.º A lei estabelecerá o estatuto jurídico da empresa pública, da sociedade de economia mista e de suas subsidiárias que explorem atividade econômica de produção ou comercialização de bens ou de prestação de serviços, dispondo sobre: [...] III – licitação e contratação de obras, serviços, compras e alienações, observados os princípios da administração pública.

11.1.10 Resumo dos pontos de semelhança das estatais

	EMPRESA PÚBLICA E SOCIEDADE DE ECONOMIA MISTA
Criação	Autorização em lei específica + Registro
Regime	Direito Privado (Híbrido)
Atividades	Serviço público Atividade econômica
Concurso	Emprego público (CLT) = sem estabilidade
Bens	Privados
Licitação	Deve ser feita (regra)
Controle	Sofrem controle estatal

11.2 Pontos de distinção

Conforme analisado, existem diversos traços de semelhança entre as empresas públicas e as sociedades de economia mista. Agora, devemos focar nossa atenção nos pontos diferenciadores dessas empresas estatais: capital, forma de organização e competência.

11.2.1 Capital

A **empresa pública** é formada com o capital integralmente público, podendo este vir tanto da Administração Direta quanto da Indireta. Vejamos o que disciplina a Lei 13.303/2016:

> Art. 3.º Empresa pública é a entidade dotada de personalidade jurídica de direito privado, com criação autorizada por lei e com patrimônio próprio, cujo capital social é integralmente detido pela União, pelos Estados, pelo Distrito Federal ou pelos Municípios.
>
> Parágrafo único. Desde que a maioria do capital votante permaneça em propriedade da União, do Estado, do Distrito Federal ou do Município, será admitida, no capital da empresa pública, a participação de outras pessoas jurídicas de direito público interno, bem como de entidades da administração indireta da União, dos Estados, do Distrito Federal e dos Municípios.

caiu na prova

(IBEST/CRMV-DF/2022) *Uma das características que distinguem a empresa pública da sociedade de economia mista é o fato de que, sendo seu capital exclusivamente pertencente ao poder público, não está sujeita à interferência de acionistas particulares e é menos influenciada por interesses privados.*

Gabarito: *Certo.*

De forma resumida, podemos dizer que nas empresas públicas o capital deverá ser integralmente público, podendo participar deste os entes da Administração Direta (deve possuir a maioria do capital votante) e até mesmo da Indireta, ou seja, só não se admite a participação de particulares.

Já nas **sociedades de economia mista** o capital será majoritariamente público (Administração Direta e Indireta), podendo, de forma minoritária, existir a participação de particulares. Cite-se o caso da Petrobras, entidade que vende suas ações na bolsa de valores, podendo, assim, qualquer pessoa as comprar.

> Lei 13.303/2016, art. 4.º Sociedade de economia mista é a entidade dotada de personalidade jurídica de direito privado, com criação autorizada por lei, sob a forma de sociedade anônima, cujas ações com direito a voto pertençam em sua maioria à União, aos Estados, ao Distrito Federal, aos Municípios ou a entidade da administração indireta.

11.2.2 Forma de organização

A **empresa pública** possui forma organizacional livre, ou seja, poderá adotar qualquer um dos modelos admitidos em direito, tais como sociedade unipessoal, limitada ou por comandita.

Já as **sociedades de economia mista** devem, por imposição legal, ser organizadas sob a forma de sociedade anônima (S.A.).

> Lei 6.404/1976, art. 235. As sociedades anônimas de economia mista estão sujeitas a esta Lei, sem prejuízo das disposições especiais de lei federal.

11.2.3 Competência

A Constituição Federal elenca quais as entidades que se submetem à Justiça Federal. Vejamos:

> Art. 109. Aos juízes federais compete processar e julgar: I – as causas em que a União, entidade autárquica ou empresa pública federal forem interessadas na condição de autoras, rés, assistentes ou oponentes, exceto as de falência, as de acidentes de trabalho e as sujeitas à Justiça Eleitoral e à Justiça do Trabalho.

Dessa forma, a Justiça Federal analisará os processos referentes à:

– União;
– Autarquias federais;
– Fundações públicas federais;
– Empresas públicas federais.

Observe que em nenhum momento a Carta Maior mencionou as sociedades de economia mista. Assim, ainda que tais sociedades sejam federais, serão julgadas na Justiça Comum Estadual. Esse é inclusive o entendimento do Superior Tribunal de Justiça, manifestado na Súmula 42:

> Compete à Justiça Comum Estadual processar e julgar as causas cíveis em que é parte sociedade de economia mista e os crimes praticados em seu detrimento.

A Justiça Federal apenas analisará os feitos de uma sociedade de economia mista se: a) a União estiver atuando como assistente ou oponente; b) existir o deslocamento de competência.

Em resumo, as empresas públicas federais são de competência da Justiça Federal; já as sociedades de economia mista, ainda que federais, serão julgadas na Justiça Estadual.

caiu na prova

(IBADE/SES-MG/2022) *Quanto ao foro competente, a sociedade de economia mista tem foro na Justiça Federal, ainda que seja da União.*

Gabarito: *Errado.*[9]

---

[9] A sociedade de economia mista, ainda que seja federal, será processada e julgada na justiça estadual.

Por fim, vale lembrar que todos os entes federativos podem criar entidades da Administração Indireta. Assim, se a empresa estatal (empresa pública ou sociedade de economia mista) for estadual ou municipal, a competência será da Justiça Estadual.

11.2.4 Resumo – Pontos de distinção

	EMPRESA PÚBLICA	SOCIEDADE DE ECONOMIA MISTA
Capital	Público (100%)	Público (maioria) Particular (minoria)
Forma de organização	Livre	Sociedade Anônima
Competência	Empresa Pública Federal: Justiça Federal (art. 109, I, da CF)	Soc. Econ. Mista Federal: Justiça Estadual (Súmula 42 do STJ)

11.3 Lei 13.303/2016

A Lei 13.303/2016, publicada no dia 30 de junho de 2016, dispõe sobre o estatuto jurídico da empresa pública, da sociedade de economia mista e de suas subsidiárias, no âmbito da União, dos Estados, do Distrito Federal e dos Municípios.

O estatuto das estatais não modifica os pontos já estudados, por exemplo, forma de criação, constituição do capital e modo de organização. A função dessa norma é apenas detalhar a estruturação das empresas públicas e sociedades de economia mista e a forma pela qual elas devem licitar.

Pensando em provas de concurso, quando esse tema é cobrado, as questões tendem a ser bem legalistas, ou seja, cópia dos termos da lei. Sendo assim, vamos apenas compilar os principais tópicos desse estatuto.

11.3.1 Disposições preliminares

Art. 1.º Esta Lei dispõe sobre o estatuto jurídico da empresa pública, da sociedade de economia mista e de suas subsidiárias, abrangendo toda e qualquer empresa pública e sociedade de economia mista da União, dos Estados, do Distrito Federal e dos Municípios que explore atividade econômica de produção ou comercialização de bens ou de prestação de serviços, ainda que a atividade econômica esteja sujeita ao regime de monopólio da União ou seja de prestação de serviços públicos.

Art. 2.º A exploração de atividade econômica pelo Estado será exercida por meio de empresa pública, de sociedade de economia mista e de suas subsidiárias.

Art. 3.º Empresa pública é a entidade dotada de personalidade jurídica de direito privado, com criação autorizada por lei e com patrimônio próprio, cujo capital social é integralmente detido pela União, pelos Estados, pelo Distrito Federal ou pelos Municípios.

Parágrafo único. Desde que a maioria do capital votante permaneça em propriedade da União, do Estado, do Distrito Federal ou do Município, será admitida, no capital da empresa pública, a participação de outras pessoas jurídicas de direito público interno, bem como de entidades da administração indireta da União, dos Estados, do Distrito Federal e dos Municípios.

Art. 4.º Sociedade de economia mista é a entidade dotada de personalidade jurídica de direito privado, com criação autorizada por lei, sob a forma de sociedade anônima, cujas ações com direito a voto pertençam em sua maioria à União, aos Estados, ao Distrito Federal, aos Municípios ou a entidade da administração indireta.

11.3.2 Das regras de transparência

Art. 8.º As empresas públicas e as sociedades de economia mista deverão observar, no mínimo, os seguintes requisitos de transparência:

I – elaboração de carta anual, subscrita pelos membros do Conselho de Administração, com a explicitação dos compromissos de consecução de objetivos de políticas públicas pela empresa pública, pela sociedade de economia mista e por suas subsidiárias, em atendimento ao interesse coletivo ou ao imperativo de segurança nacional que justificou a autorização para suas respectivas criações, com definição clara dos recursos a serem empregados para esse fim, bem como dos impactos econômico-financeiros da consecução desses objetivos, mensuráveis por meio de indicadores objetivos;

II – adequação de seu estatuto social à autorização legislativa de sua criação;

III – divulgação tempestiva e atualizada de informações relevantes, em especial as relativas a atividades desenvolvidas, estrutura de controle, fatores de risco, dados econômico-financeiros, comentários dos administradores sobre o desempenho, políticas e práticas de governança corporativa e descrição da composição e da remuneração da administração;

IV – elaboração e divulgação de política de divulgação de informações, em conformidade com a legislação em vigor e com as melhores práticas;

V – elaboração de política de distribuição de dividendos, à luz do interesse público que justificou a criação da empresa pública ou da sociedade de economia mista;

VI – divulgação, em nota explicativa às demonstrações financeiras, dos dados operacionais e financeiros das atividades relacionadas à consecução dos fins de interesse coletivo ou de segurança nacional;

VII – elaboração e divulgação da política de transações com partes relacionadas, em conformidade com os requisitos de competitividade, conformidade, transparência, equidade e comutatividade, que deverá ser revista, no mínimo, anualmente e aprovada pelo Conselho de Administração;

VIII – ampla divulgação, ao público em geral, de carta anual de governança corporativa, que consolide em um único documento escrito, em linguagem clara e direta, as informações de que trata o inciso III;

IX – divulgação anual de relatório integrado ou de sustentabilidade.

11.3.3 Do conselho de administração

Art. 18. Sem prejuízo das competências previstas no art. 142 da Lei n.º 6.404, de 15 de dezembro de 1976, e das demais atribuições previstas nesta Lei, compete ao Conselho de Administração:

Cap. 4 – ORGANIZAÇÃO ADMINISTRATIVA 149

I – discutir, aprovar e monitorar decisões envolvendo práticas de governança corporativa, relacionamento com partes interessadas, política de gestão de pessoas e código de conduta dos agentes;

II – implementar e supervisionar os sistemas de gestão de riscos e de controle interno estabelecidos para a prevenção e mitigação dos principais riscos a que está exposta a empresa pública ou a sociedade de economia mista, inclusive os riscos relacionados à integridade das informações contábeis e financeiras e os relacionados à ocorrência de corrupção e fraude;

III – estabelecer política de porta-vozes visando a eliminar risco de contradição entre informações de diversas áreas e as dos executivos da empresa pública ou da sociedade de economia mista;

IV – avaliar os diretores da empresa pública ou da sociedade de economia mista, nos termos do inciso III do art. 13, podendo contar com apoio metodológico e procedimental do comitê estatutário referido no art. 10.

11.3.4 Do conselho fiscal

Art. 26. Além das normas previstas nesta Lei, aplicam-se aos membros do Conselho Fiscal da empresa pública e da sociedade de economia mista as disposições previstas na Lei n.º 6.404, de 15 de dezembro de 1976, relativas a seus poderes, deveres e responsabilidades, a requisitos e impedimentos para investidura e a remuneração, além de outras disposições estabelecidas na referida Lei.

§ 1.º Podem ser membros do Conselho Fiscal pessoas naturais, residentes no País, com formação acadêmica compatível com o exercício da função e que tenham exercido, por prazo mínimo de 3 (três) anos, cargo de direção ou assessoramento na administração pública ou cargo de conselheiro fiscal ou administrador em empresa.

§ 2.º O Conselho Fiscal contará com pelo menos 1 (um) membro indicado pelo ente controlador, que deverá ser servidor público com vínculo permanente com a administração pública.

11.3.5 Licitação e contratos

Como vamos tratar do tema licitação e contratos em capítulos específicos, deixaremos a análise deste tópico para o momento adequado.

12. SÚMULAS

12.1 Súmulas vinculantes – STF

- ✓ **Súmula 5.** A falta de defesa técnica por advogado no processo administrativo disciplinar não ofende a Constituição.
- ✓ **Súmula 12.** A cobrança de taxa de matrícula nas universidades públicas viola o disposto no art. 206, IV, da Constituição Federal.
- ✓ **Súmula 17.** Durante o período previsto no § 1.º do artigo 100 da Constituição, não incidem juros de mora sobre os precatórios que nele sejam pagos.

150 DIREITO ADMINISTRATIVO FACILITADO – *Ana Cláudia Campos*

✓ **Súmula 19.** A taxa cobrada exclusivamente em razão dos serviços públicos de coleta, remoção e tratamento ou destinação de lixo ou resíduos provenientes de imóveis, não viola o artigo 145, II, da Constituição Federal.

✓ **Súmula 22.** A Justiça do Trabalho é competente para processar e julgar as ações de indenização por danos morais e patrimoniais decorrentes de acidente de trabalho propostas por empregado contra empregador, inclusive aquelas que ainda não possuíam sentença de mérito em primeiro grau quando da promulgação da Emenda Constitucional 45/2004.

✓ **Súmula 52.** Ainda quando alugado a terceiros, permanece imune ao IPTU o imóvel pertencente a qualquer das entidades referidas pelo art. 150, VI, "c", da Constituição Federal, desde que o valor dos aluguéis seja aplicado nas atividades para as quais tais entidades foram constituídas.

12.2 Súmulas do STF

✓ **Súmula 511.** Compete à Justiça Federal, em ambas as instâncias, processar e julgar as causas entre autarquias federais e entidades públicas locais, inclusive mandados de segurança, ressalvada a ação fiscal, nos termos da Constituição Federal de 1967, art. 119, § 3.º.

✓ **Súmula 517.** As sociedades de economia mista só têm foro na Justiça Federal, quando a União intervém como assistente ou oponente.

✓ **Súmula 556.** É competente a Justiça comum para julgar as causas em que é parte sociedade de economia mista.

✓ **Súmula 583.** Promitente-Comprador de imóvel residencial transcrito em nome de autarquia é contribuinte do imposto predial territorial urbano.

✓ **Súmula 644.** Ao titular do cargo de procurador de autarquia não se exige a apresentação de instrumento de mandato para representá-la em juízo.

✓ **Súmula 730.** A imunidade tributária conferida a instituições de assistência social sem fins lucrativos pelo art. 150, VI, *c*, da Constituição, somente alcança as entidades fechadas de previdência social privada se não houver contribuição dos beneficiários.

12.3 Súmulas do STJ

✓ **Súmula 19.** A fixação do horário bancário, para atendimento ao público, e da competência da União.

✓ **Súmula 39.** Prescreve em vinte anos a ação para haver indenização, por responsabilidade civil, de sociedade de economia mista.

✓ **Súmula 42.** Compete a Justiça Comum Estadual processar e julgar as causas cíveis em que é parte sociedade de economia mista e os crimes praticados em seu detrimento.

✓ **Súmula 66.** Compete a Justiça Federal processar e julgar execução fiscal promovida por conselho de fiscalização profissional.

✓ **Súmula 116.** A Fazenda Pública e o Ministério Público têm prazo em dobro para interpor agravo regimental no Superior Tribunal de Justiça.

✓ **Súmula 175.** Descabe o depósito prévio nas ações rescisórias propostas pelo INSS.

✓ **Súmula 178.** O INSS não goza de isenção do pagamento de custas e emolumentos, nas ações acidentárias e de benefícios, propostas na Justiça Estadual.

✓ **Súmula 224.** Excluído do feito o ente federal, cuja presença levara o Juiz Estadual a declinar da competência, deve o Juiz Federal restituir os autos e não suscitar conflito.

✓ **Súmula 249.** A Caixa Econômica Federal tem legitimidade passiva para integrar processo em que se discute correção monetária do FGTS.

✓ **Súmula 333.** Cabe mandado de segurança contra ato praticado em licitação promovida por sociedade de economia mista ou empresa pública.

✓ **Súmula 466.** O titular da conta vinculada ao FGTS tem o direito de sacar o saldo respectivo quando declarado nulo seu contrato de trabalho por ausência de prévia aprovação em concurso público.

✓ **Súmula 483.** O INSS não está obrigado a efetuar depósito prévio do preparo por gozar das prerrogativas e privilégios da Fazenda Pública.

✓ **Súmula 499.** As empresas prestadoras de serviços estão sujeitas às contribuições ao Sesc e Senac, salvo se integradas noutro serviço social.

✓ **Súmula 514.** A CEF é responsável pelo fornecimento dos extratos das contas individualizadas vinculadas ao FGTS dos Trabalhadores participantes do Fundo de Garantia do Tempo de Serviço, inclusive para fins de exibição em juízo, independentemente do período em discussão.

✓ **Súmula 525.** A Câmara de vereadores não possui personalidade jurídica, apenas personalidade judiciária, somente podendo demandar em juízo para defender os seus direitos institucionais.

✓ **Súmula 553.** Nos casos de empréstimo compulsório sobre o consumo de energia elétrica, é competente a Justiça estadual para o julgamento de demanda proposta exclusivamente contra a Eletrobrás. Requerida a intervenção da União no feito após a prolação de sentença pelo juízo estadual, os autos devem ser remetidos ao Tribunal Regional Federal competente para o julgamento da apelação se deferida a intervenção.

RESUMO
CAPÍTULO 4 – ORGANIZAÇÃO ADMINISTRATIVA

1. A organização administrativa está relacionada à Administração Pública em seu sentido subjetivo, ou seja, neste capítulo se estudam as pessoas, órgãos e agentes públicos.

2. A Administração Pública subdivide-se em Direta, também chamada de centralizada, (união, estados, distrito federal e municípios) e indireta, também chamada de descentralizada (autarquias, fundações públicas, empresas públicas e sociedades de economia mista).

3. Na desconcentração existe uma repartição interna de funções, ou seja, temos uma única pessoa jurídica que distribui suas diversas atribuições entre seus órgãos.
4. Na descentralização, temos uma repartição externa de funções, ou seja, uma pessoa jurídica vai repassar, por lei, contrato ou ato administrativo, a execução de determinado serviço para outra pessoa.
5. Não existe hierarquia entre as pessoas da Administração Direta e as da Indireta. O que existe é apenas uma vinculação.
6. Autarquia: é uma pessoa jurídica de direito público, criada diretamente por uma lei ordinária específica para desempenhar atividades típicas de Estado (serviços públicos), possuindo, para tanto, autonomia gerencial, orçamentária e patrimonial.
7. Fundação pública: poderá adotar regime de direito público (será uma espécie de autarquia) ou de direito privado, neste caso, terá a sua existência autorizada por lei, mas só passará a ter personalidade após o devido registro no local competente.
8. Empresas públicas: pessoas jurídicas de direito privado, instituídas mediante autorização legislativa (precisam ser registradas, lei + registro), com capital integralmente público e forma organizacional livre, as quais podem desempenhar serviços públicos ou desenvolver atividades econômicas.
9. Sociedades de economia mista: pessoas jurídicas de direito privado, instituídas mediante autorização legislativa (precisam ser registradas, lei + registro), com capital majoritariamente público e organizadas sob a forma de sociedade anônima, as quais podem desempenhar serviços públicos ou desenvolver atividades econômicas.
10. Art. 37, XIX, CF: "somente por lei específica poderá ser criada autarquia e autorizada a instituição de empresa pública, de sociedade de economia mista e de fundação, cabendo à lei complementar, neste último caso, definir as áreas de sua atuação".

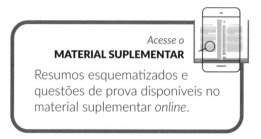

Acesse o
MATERIAL SUPLEMENTAR
Resumos esquematizados e questões de prova disponíveis no material suplementar *online*.

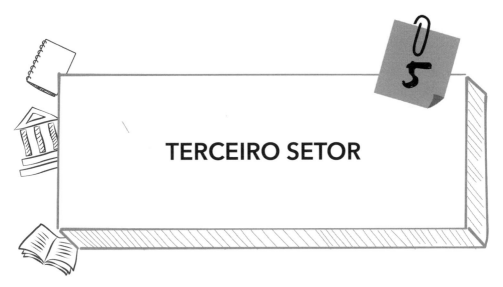

TERCEIRO SETOR

1. DISPOSIÇÕES GERAIS

Após o estudo da organização administrativa, deve-se fazer a análise das entidades integrantes do denominado terceiro setor. Só com essa afirmação algo já fica claro, as entidades paraestatais não fazem parte da Administração Pública, mas atuam ao lado desta.

Entretanto, antes de adentrar no mérito deste capítulo, devemos lembrar que a economia de determinada sociedade tem de ser analisada em setores, os quais devem ser estudados de maneira isolada, a saber:

Primeiro setor – o Estado. Neste se incluem as pessoas políticas integrantes da Administração Direta (União, Estados, distrito Federal e Municípios) e as pessoas jurídicas pertencentes à Indireta (autarquias, fundações públicas, empresas públicas e sociedades de economia mista).

E, como já dissemos nesta obra, a Administração Pública, em sentido objetivo, compreende o conjunto de atividades necessárias à consecução do interesse coletivo – é a própria função administrativa, a qual, segundo a doutrina majoritária, tem três funções precípuas básicas, a saber:

1) **poder de polícia:** essa foi a primeira missão conferida à Administração. Pelo exercício desse poder, o Estado poderá instituir limitações à liberdade e à propriedade particular em benefício da coletividade;

2) **serviços públicos:** logo no início do século XX, em especial após a Primeira Guerra Mundial (1914-1918), percebeu-se que o Estado não deveria atuar apenas de maneira negativa, ou seja, limitando a vida em sociedade (caso do uso do poder de polícia), deveria ele agir, também, de forma positiva, ou seja prestando serviços públicos à sociedade, tais como energia elétrica, transporte público e água canalizada;

3) **fomento:** fomentar significa incentivar. Assim, após a segunda metade do século XX, o Estado percebeu que não bastava limitar o convívio em sociedade (poder

de polícia) nem prestar serviços de interesse coletivo (serviços públicos), deveria ele ir além, incentivando setores sociais específicos da iniciativa privada para que estes pudessem desenvolver a ordem social e econômica.

Segundo setor – o mercado. É o setor dedicado ao desempenho das atividades lucrativas objetivadas pelos particulares, vigorando, nesse caso, o princípio da livre-iniciativa, devendo o Estado intervir, como regra, apenas para fins de regulamentação e fiscalização dessas atividades, a fim de evitar danos sociais.

> Art. 174, CF/1988. Como agente normativo e regulador da atividade econômica, o Estado exercerá, na forma da lei, as funções de fiscalização, incentivo e planejamento, sendo este determinante para o setor público e indicativo para o setor privado.

Apenas em situações excepcionais poderá o Poder Público, por meio de suas empresas públicas e sociedades e economia mista, desempenhar atividades econômicas.

> Art. 173, CF/1988. Ressalvados os casos previstos nesta Constituição, a exploração direta de atividade econômica pelo Estado só será permitida quando necessária aos imperativos da segurança nacional ou a relevante interesse coletivo, conforme definidos em lei.

Terceiro setor – pessoas privadas que atuam ao lado do Estado. O terceiro setor é formado por entes que não vêm a fazer parte da Administração Pública Direta ou Indireta (primeiro setor) e também não estão atuando no mercado (segundo setor) com o intuito de obter lucros com o desempenho de atividades econômicas.

São entes paraestatais, ou seja, pessoas privadas que desempenham, sem fins lucrativos, atividades de interesse social, atuando ao lado do Estado de forma a auxiliá-lo. Com isso, o próprio Poder Público outorgará a essas entidades algumas prerrogativas como forma de incentivar o desempenho de atividades que venham a trazer benefícios à coletividade.

Em resumo, podemos dividir os setores da economia em:

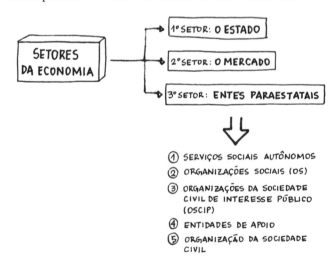

Depois da explicação sobre as divisões dos setores da economia, cabe realizar, no presente capítulo, o estudo das entidades integrantes do denominado terceiro setor. A pergunta inicial é: quem faz parte dele?

2. TERCEIRO SETOR

Muito se discute sobre as terminologias: terceiro setor e entidades paraestatais, prevalecendo, para fins da doutrina majoritária (posição adotada nos concursos públicos), a ideia de que essas expressões são sinônimas.

Como analisamos, o terceiro setor é composto por entidades da sociedade civil que, sem fins lucrativos, desempenham atividades de interesse social auxiliando, portanto, o próprio Estado e recebendo deste alguns benefícios como forma de fomento (incentivo) à continuidade do desempenho destas atividades.

caiu na prova

(FGV/FISCAL-BA/2019) *No terceiro setor da economia estão presentes as entidades privadas, chamadas pela doutrina de paraestatais, que atuam ao lado da Administração Pública, sem finalidade lucrativa e executam atividades de interesse social.*

Gabarito: *Certo.*

Contudo, quais seriam as entidades integrantes desse setor?

São as seguintes:

– Serviços Sociais Autônomos;

– Entidades de Apoio;

– Organizações Sociais (Lei 9.637/1998);

– Organização da Sociedade Civil de Interesse Público (Lei 9.790/1999);

– Organização da Sociedade Civil (Lei 13.019/2014).

Para fins de organização e didática, vamos analisar cada uma dessas pessoas jurídicas de maneira isolada e autônoma.

3. SERVIÇO SOCIAL AUTÔNOMO

Popularmente conhecido como sistema "S", o serviço social autônomo é formado por pessoas jurídicas de direito privado que, sem fins lucrativos, desempenham atividades de fomento, auxílio e capacitação em determinados ramos profissionais. Podemos citar, como exemplo, as seguintes entidades:

a)   Sesc – Serviço Social do Comércio;

b)   Sesi – Serviço Social da Indústria;

c)   Sest – Serviço Social do Transporte;

d)   Senac – Serviço Nacional de Aprendizagem Comercial;

e)   Senai – Serviço Nacional de Aprendizagem Industrial;

f)   Sebrae – Serviço Brasileiro de Apoio às Micro e Pequenas Empresas.

3.1 Características

Para facilitar o entendimento do assunto, vamos enumerar as principais características dos serviços sociais autônomos, a saber:

a) **Não pertencem à Administração Pública:** a Administração é composta tanto por pessoas jurídicas de direito público quanto de direito privado. Entretanto, uma coisa é fato, nenhuma das entidades paraestatais faz parte do Estado. Logo, temos de um lado o primeiro setor (Administração Pública Direta e Indireta) e, de outro, auxiliando-o, as pessoas integrantes do terceiro setor.

caiu na prova

(CONSULPAM/AUDITOR.FISCAL-ES/2019) Os serviços sociais autônomos pertencem ao Estado.

Gabarito: Errado.[1]

b) **Pessoas jurídicas de direito privado:** como foi dito, nenhuma das entidades que integram o terceiro setor faz parte da Administração Pública, sendo aquelas pessoas meramente do setor privado que acabam, de alguma forma, auxiliando na execução de atividades de interesse social.

c) **Criadas por autorização legal:** enquanto as pessoas jurídicas de direito privado (não enquadradas como serviços sociais autônomos) adquirem a personalidade com o registro[2] de seu ato constitutivo no local competente, os entes que integram o denominado sistema "S" só poderão ser instituídos após uma lei autorizativa. Ademais, quando a lei criar uma pessoa que venha a ser enquadrada como serviço social autônomo, poderá adotar para ela a forma de fundação, sociedade civil, associação, ou qualquer outra estrutura prevista em lei específica.

d) **Atuam sem fins lucrativos:** como analisamos no início deste capítulo, a economia é subdividida em setores, sendo o segundo setor dedicado ao desempenho das atividades lucrativas objetivadas pelos particulares, não sendo esse o escopo das entidades integrantes do sistema "S" (terceiro setor). Tais entidades não objetivam o lucro, mas, sim, atuam ao lado do Estado desempenhando atividades privadas de interesse público.

e) **Não prestam serviços públicos delegados:** os serviços públicos classificados como exclusivos do Estado só poderão ser executados por particulares mediante uma prévia delegação advinda de um procedimento de licitação[3] que possa garantir a impessoalidade na escolha do vencedor.

---

[1] Nenhuma das pessoas do terceiro setor integra a Administração. Todas as entidades paraestatais atuam ao lado do Estado, mas sem fazer parte dele.

[2] Art. 45, CC/2002. "Começa a existência legal das pessoas jurídicas de direito privado com a inscrição do ato constitutivo no respectivo registro, precedida, quando necessário, de autorização ou aprovação do Poder Executivo, averbando-se no registro todas as alterações por que passar o ato constitutivo."

[3] Art. 175, CF/1988. "Incumbe ao Poder Público, na forma da lei, diretamente ou sob regime de concessão ou permissão, sempre através de licitação, a prestação de serviços públicos."

Entretanto, os serviços sociais autônomos não prestam serviços públicos exclusivos do Estado, e sim atividades privadas de interesse público. Como exemplo, podemos citar o Senac, que oferece diversos cursos de capacitação profissional.

f) **Não gozam da imunidade tributária recíproca:** as pessoas jurídicas de direito público (União, Estados, Distrito Federal, Municípios, Autarquias e Fundações Públicas) gozam da denominada imunidade tributária recíproca, segundo a qual será vedada a instituição de impostos sobre: patrimônio, renda ou serviço uns dos outros.[4]

Logo, como os integrantes do serviço social autônomo são pessoas jurídicas de direito privado, não serão beneficiárias da imunidade tributária recíproca, podendo, então, existir a tributação em relação ao seu patrimônio, renda e serviços.

Perceba que no parágrafo anterior foi dito que "poderá" existir a cobrança de impostos. Isso ocorre em virtude do possível enquadramento dessas entidades na imunidade prevista no art. 150, VI, *c*, da Constituição Federal, a saber:

> Art. 150, CF/1988. Sem prejuízo de outras garantias asseguradas ao contribuinte, é vedado à União, aos Estados, ao Distrito Federal e aos Municípios: [...] VI – instituir impostos sobre: [...] c) patrimônio, renda ou serviços dos partidos políticos, inclusive suas fundações, das entidades sindicais dos trabalhadores, das instituições de educação e de assistência social, sem fins lucrativos, atendidos os requisitos da lei.

Em resumo, podemos dizer que as pessoas integrantes do sistema "S" não gozam da imunidade tributária recíproca, entretanto, poderão ser enquadradas nas imunidades concedidas às entidades filantrópicas que atuam em busca do interesse público e sem fins lucrativos.

g) **Parafiscalidade:** é a capacidade tributária, ou seja, a possibilidade de se cobrar tributos. Para melhor entendimento do tema, devemos fazer uma diferenciação entre competência e capacidade tributária.

A competência tributária é a possibilidade de criar tributos, sendo esta exclusiva dos entes políticos (União, Estados, Distrito Federal e Municípios) e indelegável a qualquer outra pessoa que não pertença à Administração centralizada.[5]

Por sua vez, a capacidade tributária é a possibilidade de cobrar os tributos que já foram instituídos, admitindo-se, nesse caso, a delegação para pessoas de direito

---

[4] Art. 150, CF/1988. "Sem prejuízo de outras garantias asseguradas ao contribuinte, é vedado à União, aos Estados, ao Distrito Federal e aos Municípios: [...] VI – instituir impostos sobre: a) patrimônio, renda ou serviços, uns dos outros. [...] § 2.º A vedação do inciso VI, 'a', é extensiva às autarquias e às fundações instituídas e mantidas pelo Poder Público, no que se refere ao patrimônio, à renda e aos serviços, vinculados a suas finalidades essenciais ou às delas decorrentes."

[5] Art. 7.º, CTN. "A competência tributária é indelegável, salvo atribuição das funções de arrecadar ou fiscalizar tributos, ou de executar leis, serviços, atos ou decisões administrativas em matéria tributária, conferida por uma pessoa jurídica de direito público a outra, nos termos do § 3.º do artigo 18 da Constituição. [...] § 3.º Não constitui delegação de competência o cometimento, a pessoas de direito privado, do encargo ou da função de arrecadar tributos."

público ou até mesmo de direito privado que busquem a realização de atividades de interesse social, como ocorre, por exemplo, com os serviços sociais autônomos.

Portanto, para auxiliar seu custeio, os entes integrantes do sistema "S" poderão cobrar contribuições de seus associados, as quais terão a natureza de tributo.

h) Não gozam de privilégios administrativos, fiscais e processuais: mesmo existindo a transferência da capacidade tributária (parafiscalidade), as pessoas do sistema "S" continuam sendo pessoas jurídicas de direito privado não pertencentes à Administração. Assim, não gozarão de benefícios na área administrativa, processual ou fiscal, sendo esse o entendimento do próprio Supremo Tribunal Federal, a saber:

jurisprudência

O **Supremo Tribunal Federal fixou entendimento no sentido de que as entidades paraestatais que possuem personalidade de pessoa jurídica de direito privado não fazem jus aos privilégios processuais concedidos à Fazenda Pública**. *(STF, 2.ª Turma, AI 783.136 AgR/PR, 20.04.2010).*

i) Submetidas a controle estatal: tendo em vista que atuam ao lado do Estado e recebem alguns benefícios, por exemplo, a possibilidade de cobrar tributos de seus associados, deverão as pessoas que integram o sistema "S" ser submetidas a controle estatal, sendo este realizado pelo Tribunal de Contas. Vejamos:

> Art. 70, CF/1988. A fiscalização contábil, financeira, orçamentária, operacional e patrimonial da União e das entidades da administração direta e indireta, quanto à legalidade, legitimidade, economicidade, aplicação das subvenções e renúncia de receitas, será exercida pelo Congresso Nacional, mediante controle externo, e pelo sistema de controle interno de cada Poder.
>
> Parágrafo único. Prestará contas qualquer pessoa física ou jurídica, pública ou privada, que utilize, arrecade, guarde, gerencie ou administre dinheiros, bens e valores públicos ou pelos quais a União responda, ou que, em nome desta, assuma obrigações de natureza pecuniária.

j) Licitação: segundo a Lei 14.133/2021, devem licitar:

> Art. 1º, Lei 14.133/2021. Esta Lei estabelece normas gerais de licitação e contratação para as Administrações Públicas diretas, autárquicas e fundacionais da União, dos Estados, do Distrito Federal e dos Municípios, e abrange:
>
> I – os órgãos dos Poderes Legislativo e Judiciário da União, dos Estados e do Distrito Federal e os órgãos do Poder Legislativo dos Municípios, quando no desempenho de função administrativa;
>
> II – os fundos especiais e as demais entidades controladas direta ou indiretamente pela Administração Pública.

Os serviços sociais autônomos enquadram-se na caracterização de entidades controladas pelo Poder Público, já que, em virtude da possibilidade de arrecadarem tributos, estão sujeitas ao controle estatal.

Logo, segundo a maioria da doutrina, as entidades integrantes do terceiro setor devem licitar quando desejarem celebrar contratos administrativos, sendo esse, inclusive, o entendimento do Superior Tribunal de Justiça

jurisprudência

Administrativo. Recurso especial. Ação popular. Alienação de imóvel público a pessoa jurídica de direito privado do sistema "S". Serviços sociais autônomos. Sesc e Senac. Impossibilidade de extensão da hipótese do art. 17, inciso I, "e", da Lei n. 8.666/1993 (licitação dispensada).

[...] 4. Os serviços sociais autônomos não integram a Administração Pública indireta; são pessoas jurídicas de direito privado que cooperam com o Estado, mas que com este não se confundem. Nessa linha, não podem se beneficiar da exceção à regra de licitação prevista na alínea "e" do inciso I do art. 17 da **Lei n. 8.666/1993** *(licitação dispensada); ao contrário, enquadram-se no comando contido no caput do* **art. 17,** *que,* **expressamente, exige a licitação, na modalidade concorrência, para a venda de imóveis da Administração Pública às entidades paraestatais** *(STJ, 1.ª Turma, REsp 1.241.460/DF, 08.10.2013).*

Entretanto, o Tribunal de Contas da União firmou o entendimento de que os serviços sociais autônomos não precisariam licitar pelos estritos termos da Lei Geral de Licitação (na época da decisão, a legislação em vigor era a Lei 8.666/1993, hoje substituída pela Lei 14.133/2021), podendo essas entidades realizar o procedimento licitatório por meio de regulamentos próprios. Vejamos:

> **[...] Improcedência quanto aos processos licitatórios ante a não sujeição dos serviços sociais autônomos à Lei das Licitações** e à utilização da Praça. (TCU, Decisão 907/97, Plenário, Ata 53/97).

Assim, na visão do Tribunal de Contas da União, as entidades caracterizadas como serviço social autônomo não precisariam licitar pelos rígidos termos da lei de licitação (Lei 8.666/1993), podendo, para tanto, realizar um procedimento simplificado para a seleção dos contratados.

cuidado

Estas decisões do tribunal de Contas da União foram proferidas durante a plena vigência da lei 8.666/1993. Sendo assim, devemos ficar atentos para os possíveis novos pronunciamentos relativos ao tema e decididos com base na lei 14.133/2021 – nova lei geral de licitações e contratos.

k) Desnecessidade de concurso público: mesmo desempenhando atividades de interesse público em sistema de cooperação com o Estado, não estão as pessoas integrantes do sistema "S" submetidas às regras atinentes ao concurso público, até mesmo porque esses entes não pertencerem à Administração Pública, entendimento este que, inclusive, se encontra pacificado no âmbito do STF:

jurisprudência

Os serviços sociais autônomos integrantes do denominado Sistema "S", vinculados a entidades patronais de grau superior e patrocinados basicamente por recursos recolhidos do próprio setor produtivo beneficiado, ostentam natureza de pessoa jurídica de direito privado e não integram a

> *Administração Pública, embora colaborem com ela na execução de atividades de relevante significado social. (...) Presentes essas características,* **não estão submetidas à exigência de concurso público para a contratação de pessoal, nos moldes do art. 37, II, da Constituição Federal.** *(RE 789874/DF, Tribunal Pleno, 17.09.2014).*

Com isso, percebe-se o entendimento relativo à ausência de necessidade de realização de concursos públicos para existir a contratação de pessoal. Poderá, entretanto, haver um processo simplificado para a escolha das pessoas que irão preencher as vagas daquela instituição.

E, logicamente, sendo os integrantes do serviço social autônomo pessoas jurídicas de direito privado não pertencentes à Administração, os empregados dessa instituição seguirão o regime trabalhista, ou seja, terão sua relação empregatícia baseada na CLT.

Entretanto, ainda que os empregados dos serviços sociais autônomos não tenham ingressado mediante concurso público nem sejam considerados servidores públicos em sentido estrito, serão, sim, considerados agentes públicos, tanto para fins penais quanto para a Lei de Improbidade Administrativa (Lei 8.429/1992).

l) Competência: segundo o art. 109 da Constituição, a Justiça Federal será competente para processar e julgar:

> I – as causas em que a União, entidade autárquica ou empresa pública federal forem interessadas na condição de autoras, rés, assistentes ou oponentes, exceto as de falência, as de acidentes de trabalho e as sujeitas à Justiça Eleitoral e à Justiça do Trabalho.

Perceba que a Justiça Federal não será competente para apreciar os processos relativos aos serviços sociais autônomos. Logo, estando estes no polo ativo ou passivo da demanda, o juízo competente será o estadual.

Tal entendimento já foi sumulado pela própria Corte Suprema, a saber: Súmula 516 do STF: "O Serviço Social da Indústria – SESI – está sujeito à jurisdição da Justiça Estadual".

3.2 Resumo do tema

Serviço social autônomo	Não pertence à Administração Pública
	Pessoa jurídica de direito privado
	Criada por autorização legislativa
	Atua sem fins lucrativos
	Não presta serviço público delegado
	Não goza de imunidade tributária recíproca
	Possui capacidade tributária
	Não goza de imunidade tributária recíproca. Mas poderá receber a imunidade com base no art. 150, VI, c, da CF.
	Submetida a controle estatal
	Deve licitar (TCU: não precisa ser pela Lei 8.666/1993 – Lei 14.133/2021)
	Não precisa fazer concurso público
	Competência da Justiça Estadual

4. ENTIDADES DE APOIO

Assim como todos os integrantes do terceiro setor, as entidades de apoio são pessoas jurídicas de direito privado, não pertencentes à Administração Pública e que atuam sem fins lucrativos.

A finalidade-base dessas entidades é atuar ao lado de universidades e hospitais públicos, desempenhando atividades direcionadas à saúde, educação e pesquisa científica, ou seja, atuam em serviços não exclusivos do Estado.

Como regra, a criação desse tipo de entidade é realizada por iniciativa dos próprios servidores públicos da pessoa jurídica que será auxiliada pela entidade de apoio. Podemos citar, como exemplo, a Fundação de Apoio à Universidade de São Paulo (FUSP).

Quanto à natureza jurídica, essas pessoas jurídicas seguem as regras do Direito Civil, podendo ser constituídas sob a forma de fundação, associação ou cooperativas. Logo, sujeitam-se à fiscalização do Ministério Público,[6] às regras trabalhistas e ao prévio registro para a aquisição de sua personalidade[7].

Vinculando-se essas entidades ao Poder Público por meio da assinatura de um convênio, lhes serão garantidos alguns benefícios, tais como repasse de bens e recursos públicos e, até mesmo, cessão de servidores.

Boa parte da doutrina realiza severas críticas a essas entidades, principalmente pelo fato de serem pessoas jurídicas de direito privado, não submetidas às regras de licitação e concurso público, mas que acabam por gozar de vários privilégios públicos. E, para deixar as coisas ainda mais obscuras, não há uma legislação específica

---

[6] Art. 66, CC/2002. "Velará pelas fundações o Ministério Público do Estado onde situadas."

[7] Art. 45, CC/2002. "Começa a existência legal das pessoas jurídicas de direito privado com a inscrição do ato constitutivo no respectivo registro, precedida, quando necessário, de autorização ou aprovação do Poder Executivo, averbando-se no registro todas as alterações por que passar o ato constitutivo."

para tais entidades, existindo apenas a Lei Federal 8.958/1994, que dispõe sobre as relações entre as instituições federais de ensino superior e de pesquisa científica e tecnológica e as fundações de apoio.

Por fim, ainda que ligadas a instituições federais, por serem pessoas privadas, as entidades de apoio serão processadas e julgadas no âmbito da Justiça Estadual como já deixou claro o próprio Superior Tribunal de Justiça:

> **jurisprudência**
>
> As fundações de apoio às universidades públicas têm personalidade jurídica de direito privado, com patrimônio e administração próprios, não fazendo parte da Administração Pública Indireta, razão pela qual as ações em que atuarem como parte deverão ser julgadas pela Justiça Comum Estadual, mormente não se enquadrarem na previsão do artigo 109, inciso I, da CF/1988 (STJ, CC 89935/RS, Conflito de Competência 2007/0221717-0, 22.10.2008).

5. ORGANIZAÇÃO SOCIAL (OS)

As organizações sociais são pessoas jurídicas de direito privado, não integrantes da Administração Pública, que, por desempenharem uma atividade de interesse social, assinam um contrato de gestão com o Poder Público e recebem algumas prerrogativas advindas da qualificação como "OS".

O regramento desse tema encontra-se na Lei Federal 9.637/1998, devendo os Estados e Municípios, se desejarem instituir organizações sociais, produzir sua própria legislação, pois, sendo a Lei 9.637/1998 uma lei federal, será aplicada apenas ao âmbito da União, servindo de modelo para as futuras normatizações dos outros entes federativos.

Em resumo, temos que a Lei 9.637/1998 é uma lei federal, e não nacional. Mas qual seria a diferença entre elas?

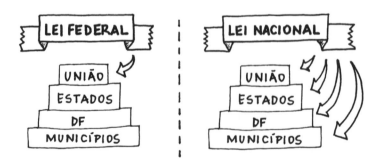

5.1 Características

Após a explanação básica e inicial do assunto, vamos enumerar as principais características das organizações sociais, a saber:

a) **Não pertencem à Administração Pública:** a Administração é composta tanto por pessoas jurídicas de direito público quanto de direito privado. Entretanto, uma coisa é fato, nenhuma das entidades paraestatais faz parte do Estado.

Assim, temos de um lado o primeiro setor (Administração Pública Direta e Indireta) e, ao lado dele, auxiliando-o, as pessoas integrantes do terceiro setor, por exemplo, as organizações sociais.

b) **Pessoas jurídicas de direito privado:** como foi dito, todos os entes integrantes do terceiro setor são pessoas jurídicas com personalidade jurídica de direito privado.

c) **Atuam sem fins lucrativos:** nenhuma das entidades paraestatais desempenha suas atividades com fins de lucro, até mesmo porque, se o objetivo fosse econômico, elas atuariam no segundo setor da economia, e não no terceiro.

d) **Não prestam serviços públicos delegados:** os serviços públicos classificados como exclusivos do Estado só poderão ser executados por particulares mediante uma prévia delegação advinda de um procedimento de licitação,[8] que possa garantir a impessoalidade na escolha do vencedor.

Ocorre que as pessoas qualificadas como organizações sociais possuem como escopo a prestação de atividades de interesse social, logo, não serão consideradas concessionárias ou permissionárias de serviços públicos.

e) **Áreas de atuação:** o art. 1.º da Lei 9.637/1998 elenca as atividades que poderão ser desenvolvidas pelas pessoas de direito privado que vierem a ser qualificadas como "OS". A saber:

O Poder Executivo poderá qualificar como organizações sociais pessoas jurídicas de direito privado, sem fins lucrativos, cujas atividades sejam dirigidas ao ensino, à pesquisa científica, ao desenvolvimento tecnológico, à proteção e preservação do meio ambiente, à cultura e à saúde, atendidos aos requisitos previstos nesta Lei.

Perceba que todas essas atividades buscam a melhoria da vida em coletividade. Em virtude disso, a própria lei institui que: "Art. 11. As entidades qualificadas como organizações sociais são declaradas como entidades de interesse social e utilidade pública, para todos os efeitos legais".

f) **Contrato de gestão:** para uma pessoa integrante do setor privado ser qualificada como organização social, deverá, antes de tudo, preencher alguns requisitos, enumerados no art. 2.º da Lei 9.637/1998, referentes à comprovação do registro de seus atos constitutivos, dispondo sobre:

1. natureza social de seus objetivos relativos à respectiva área de atuação;

2. finalidade não lucrativa, com a obrigatoriedade de investimento de seus excedentes financeiros no desenvolvimento das próprias atividades;

3. previsão expressa de a entidade ter, como órgãos de deliberação superior e de direção, um conselho de administração e uma diretoria definidos nos termos do estatuto, asseguradas àquele composição e atribuições normativas e de controle básicas previstas na referida lei;

---

[8] Art. 175, CF/1988. "Incumbe ao Poder Público, na forma da lei, diretamente ou sob regime de concessão ou permissão, sempre através de licitação, a prestação de serviços públicos."

4. previsão de participação, no órgão colegiado de deliberação superior, de representantes do Poder Público e de membros da comunidade, de notória capacidade profissional e idoneidade moral;
5. composição e atribuições da diretoria;
6. obrigatoriedade de publicação anual, no *Diário Oficial da União*, dos relatórios financeiros e do relatório de execução do contrato de gestão;
7. no caso de associação civil, a aceitação de novos associados, na forma do estatuto;
8. proibição de distribuição de bens ou de parcela do patrimônio líquido em qualquer hipótese, inclusive em razão de desligamento, retirada ou falecimento de associado ou membro da entidade;
9. previsão de incorporação integral do patrimônio, dos legados ou das doações que lhe foram destinados, bem como dos excedentes financeiros decorrentes de suas atividades, em caso de extinção ou desqualificação, ao patrimônio de outra organização social qualificada no âmbito da União, da mesma área de atuação, ou ao patrimônio da União, dos Estados, do Distrito Federal ou dos Municípios, na proporção dos recursos e bens por estes alocados.

Mas, de fato, o que seria esse contrato de gestão?

A própria Lei 9.637/1998 responde-nos. Vejamos:

> Art. 5.º Para os efeitos desta Lei, entende-se por contrato de gestão o instrumento firmado entre o Poder Público e a entidade qualificada como organização social, com vistas à formação de parceria entre as partes para fomento e execução de atividades relativas às áreas relacionadas no art. 1.º.

Pergunta-se: após a comprovação desses requisitos a entidade já receberá a qualificação como organização social?

Ainda não!

Essa qualificação depende da discricionariedade (conveniência e oportunidade) do ministro ou titular de órgão supervisor ou regulador da área de atividade correspondente ao seu objeto social e do Ministro de Estado da Administração Federal e Reforma do Estado (art. 2.º, II, da Lei 9.637/1998).

Perceba, com a simples análise do desenho, que o contrato de gestão é o vínculo jurídico responsável pela transformação de uma pessoa jurídica pertencente ao setor puramente privado em uma organização social. Entretanto, esse não será um direito adquirido daquele que preencher os requisitos do art. 2.º da Lei 9.637/1998, pois a qualificação só será dada por um ato discricionário do ministro competente da área de atuação da "OS".

Com a assinatura do contrato de gestão e o recebimento da qualificação de organização social, passará a entidade a receber alguns benefícios do Poder Público, conforme vamos analisar na próxima característica.

> **caiu na prova**
>
> **(FEPESE/PROCURADOR-SC/2022)** *Organização Social (OS) é uma qualificação especial outorgada pelo Poder Público, de forma discricionária, a entidades da iniciativa privada, sem fins lucrativos.*
>
> **Gabarito:** *Certo.*

g) **Benefícios:** com o recebimento da qualificação como ("OS"), várias prerrogativas serão destinadas a essas entidades, como o recebimento de recursos e bens públicos[9] e ainda a cessão de servidores públicos[10] com ônus para o Poder Público.

Muito se discute na doutrina acerca da cessão de servidores públicos, já que estes ingressaram no Poder Público mediante prévia aprovação em concurso, mas, com a cessão, acabam desempenhando suas funções em uma pessoa jurídica do setor privado não pertencentes à Administração Pública. Entretanto, pelo menos por ora, não foi declarada nenhuma inconstitucionalidade no art. 14 da Lei 9.637/1998, logo, continua a valer a regra da cessão devendo a remuneração dos servidores ser realizada com o dinheiro dos cofres públicos.

h) **Controle:** logicamente, as organizações sociais não poderiam ficar imunes ao controle estatal, pois, como essas entidades recebem recursos, bens públicos e servidores são cedidos do Poder Público, devem ser fiscalizadas.

De maneira interna, o controle será exercido por um Conselho da Administração com a participação obrigatória de representantes do povo e da Administração, nos termos e percentuais estabelecidos na lei.[11]

---

[9] Lei 9.637/1998, art. 12. "Às organizações sociais poderão ser destinados recursos orçamentários e bens públicos necessários ao cumprimento do contrato de gestão."

[10] Lei 9.637/1998, art. 14. "É facultado ao Poder Executivo a cessão especial de servidor para as organizações sociais, com ônus para a origem."

[11] Art. 3.º, Lei 9.637/1998. "O conselho de administração deve estar estruturado nos termos que dispuser o respectivo estatuto, observados, para os fins de atendimento dos requisitos de qualificação, os seguintes critérios básicos: I – ser composto por: a) 20 a 40% (vinte a quarenta por cento) de membros natos representantes do Poder Público, definidos pelo estatuto da entidade; b) 20 a 30% (vinte a trinta por cento) de membros natos representantes de entidades da

Externamente, esse controle poderá ser exercido, por exemplo, pelo Tribunal de Contas, com relação aos aspectos contábil, financeiro, orçamentário, operacional e patrimonial da entidade qualificada como OS. E também pelo ministério supervisor da área da atividade que está sendo executada.

Lembramos ainda que essas entidades se submetem à Lei de Improbidade Administrativa (Lei 8.429/1992). Logo, seus empregados estão sujeitos às punições legalmente previstas, pois, apesar de não serem considerados servidores públicos em sentido estrito, são considerados agentes públicos para fins da prática de atos ímprobos.

i) **Licitação:** um dos pontos mais polêmicos diz respeito à possibilidade de as organizações sociais serem contratadas pelo poder público por meio de uma dispensa de licitação, ou seja, por intermédio de uma contratação direta.

A antiga Lei de Licitação e Contratos – Lei 8.666/1993 previa de maneira expressa a possibilidade de as organizações sociais serem contratadas diretamente, por meio de uma dispensa de licitação. Vejamos:

> Art. 24. É dispensável a licitação: [...] XXIV – para a celebração de contratos de prestação de serviços com as organizações sociais, qualificadas no âmbito das respectivas esferas de governo, para atividades contempladas no contrato de gestão.

Apesar de toda a crítica doutrinária, sob a alegação de que o citado dispositivo seria excessivamente abrangente e não voltado ao interesse público, o próprio Supremo Tribunal Federal considerou a dispensa de licitação constitucional.

Todavia, a nova Lei de Licitação e Contratos – Lei 14.133/2021 não previu a possibilidade de contratação direta das organizações sociais nem por dispensa, nem por inexigibilidade de licitação. Com isso, apesar dos permissivos analisados anteriormente, atualmente, nas licitações baseadas na Lei 14.133/2021, o benefício da contratação direta não será mais aplicável as "OS".

j) **Desqualificação:** quando o contrato de gestão é formalizado, alguns preceitos devem ser seguidos, por exemplo, a instituição de metas a serem cumpridas pela organização social.

Assim, caso haja o descumprimento das disposições constantes do contrato de gestão, poderá o Poder Público, mediante prévio procedimento administrativo, assegurado o contraditório e a ampla defesa, proceder à desqualificação[12] da enti-

---

sociedade civil, definidos pelo estatuto; c) até 10% (dez por cento), no caso de associação civil, de membros eleitos dentre os membros ou os associados; d) 10 a 30% (dez a trinta por cento) de membros eleitos pelos demais integrantes do conselho, dentre pessoas de notória capacidade profissional e reconhecida idoneidade moral; e) até 10% (dez por cento) de membros indicados ou eleitos na forma estabelecida pelo estatuto."

[12] Art. 16, Lei 9.637/1998. "O Poder Executivo poderá proceder à desqualificação da entidade como organização social, quando constatado o descumprimento das disposições contidas no

dade como organização social, perdendo-se, assim, todos os benefícios advindos da qualificação como "OS".

6. ORGANIZAÇÃO DA SOCIEDADE CIVIL DE INTERESSE PÚBLICO (OSCIP)

As organizações da sociedade civil de interesse público são pessoas jurídicas de direito privado, não pertencentes à Administração Pública, que, por atuarem no desempenho de serviços de utilidade pública, recebem alguns incentivos do Estado, mas, também, sofrem restrições impostas por ele.

O surgimento dessas entidades (Lei 9.790/1999) foi visto com muito espanto por parte da doutrina, já que existem inúmeros pontos em comum com as organizações sociais. Entretanto, com a análise mais detalhada da lei das OSCIP, percebem-se alguns pontos claramente diferenciadores destas para com as OS.

6.1 Características

Após a explanação básica e inicial do assunto, vamos enumerar as principais características das organizações da sociedade civil de interesse público (OSCIP), a saber:

a) **Não pertencem à Administração Pública**: como foi dito, nenhuma das entidades que integram o terceiro setor faz parte da Administração Pública.

b) **Pessoas jurídicas de direito privado:** todos os entes integrantes do terceiro setor são pessoas jurídicas com personalidade jurídica de direito privado.

c) **Atuam sem fins lucrativos:** nenhuma das entidades paraestatais desempenha suas atividades com fins de lucro.

d) **Não prestam serviços públicos delegados:** os serviços públicos classificados como exclusivos do Estado só poderão ser executados por particulares mediante uma prévia delegação advinda de um procedimento de licitação[13] que possa garantir a impessoalidade na escolha do vencedor.

Ocorre que as pessoas qualificadas como organizações da sociedade civil de interesse público possuem como escopo a prestação de serviços socialmente úteis (não exclusivos do Estado), logo, não serão consideradas concessionárias ou permissionárias de serviços públicos.

e) **Áreas de atuação:** o art. 3.º da Lei 9.790/1999 elenca as atividades que poderão ser desenvolvidas pelas pessoas qualificadas como OSCIP:

---

contrato de gestão. § 1.º A desqualificação será precedida de processo administrativo, assegurado o direito de ampla defesa, respondendo os dirigentes da organização social, individual e solidariamente, pelos danos ou prejuízos decorrentes de sua ação ou omissão. § 2.º A desqualificação importará reversão dos bens permitidos e dos valores entregues à utilização da organização social, sem prejuízo de outras sanções cabíveis."

[13]   Art. 175, CF/1988. "Incumbe ao Poder Público, na forma da lei, diretamente ou sob regime de concessão ou permissão, sempre através de licitação, a prestação de serviços públicos."

Art. 3.º A qualificação instituída por esta Lei, observado em qualquer caso, o princípio da universalização dos serviços, no respectivo âmbito de atuação das Organizações, somente será conferida às pessoas jurídicas de direito privado, sem fins lucrativos, cujos objetivos sociais tenham pelo menos uma das seguintes finalidades:

I – promoção da assistência social;

II – promoção da cultura, defesa e conservação do patrimônio histórico e artístico;

III – promoção gratuita da educação, observando-se a forma complementar de participação das organizações de que trata esta Lei;

IV – promoção gratuita da saúde, observando-se a forma complementar de participação das organizações de que trata esta Lei;

V – promoção da segurança alimentar e nutricional;

VI – defesa, preservação e conservação do meio ambiente e promoção do desenvolvimento sustentável;

VII – promoção do voluntariado;

VIII – promoção do desenvolvimento econômico e social e combate à pobreza;

IX – experimentação, não lucrativa, de novos modelos socioprodutivos e de sistemas alternativos de produção, comércio, emprego e crédito;

X – promoção de direitos estabelecidos, construção de novos direitos e assessoria jurídica gratuita de interesse suplementar;

XI – promoção da ética, da paz, da cidadania, dos direitos humanos, da democracia e de outros valores universais;

XII – estudos e pesquisas, desenvolvimento de tecnologias alternativas, produção e divulgação de informações e conhecimentos técnicos e científicos que digam respeito às atividades mencionadas neste artigo.

XIII – estudos e pesquisas para o desenvolvimento, a disponibilização e a implementação de tecnologias voltadas à mobilidade de pessoas, por qualquer meio de transporte.

f) **Pessoas impedidas de receber a qualificação de OSCIP**: a própria Lei 9.790/1999 elenca, de forma taxativa, algumas pessoas jurídicas que não poderão ser qualificadas como organização da sociedade civil de interesse público. São elas:

Art. 2.º Não são passíveis de qualificação como Organizações da Sociedade Civil de Interesse Público, ainda que se dediquem de qualquer forma às atividades descritas no art. 3.º desta Lei:

I – as sociedades comerciais;

II – os sindicatos, as associações de classe ou de representação de categoria profissional;

III – as instituições religiosas ou voltadas para a disseminação de credos, cultos, práticas e visões devocionais e confessionais;

IV – as organizações partidárias e assemelhadas, inclusive suas fundações;

V – as entidades de benefício mútuo destinadas a proporcionar bens ou serviços a um círculo restrito de associados ou sócios;

VI – as entidades e empresas que comercializam planos de saúde e assemelhados;

VII – as instituições hospitalares privadas não gratuitas e suas mantenedoras;

Cap. 5 – TERCEIRO SETOR **169**

VIII – as escolas privadas dedicadas ao ensino formal não gratuito e suas mantenedoras;

IX – as organizações sociais;

X – as cooperativas;

XI – as fundações públicas;

XII – as fundações, sociedades civis ou associações de direito privado criadas por órgão público ou por fundações públicas;

XIII – as organizações creditícias que tenham quaisquer tipos de vinculação com o sistema financeiro nacional a que se refere o art. 192 da Constituição Federal.

Parágrafo único. Não constituem impedimento à qualificação como Organização da Sociedade Civil de Interesse Público as operações destinadas a microcrédito realizadas com instituições financeiras na forma de recebimento de repasses, venda de operações realizadas ou atuação como mandatárias.

I Jornada de Direito Administrativo – Enunciado 9

Em respeito ao princípio da autonomia federativa (art. 18 da CF), a vedação ao acúmulo dos títulos de OSCIP e OS prevista no art. 2.º, inc. IX, c/c art. 18, §§ 1.º e 2.º, da Lei n. 9.790/1999 apenas se refere à esfera federal, não abrangendo a qualificação como OS nos Estados, no Distrito Federal e nos Municípios.

---

g) **Termo de parceria:** as pessoas jurídicas de direito privado que desejarem receber a qualificação de OSCIP terão de preencher alguns requisitos impostos pela Lei 9.790/1999 (regulamentada pelo Decreto 3.100/1999), tais como: estar em funcionamento há, no mínimo, três anos[14], atuar em alguma das finalidades previstas no art. 3.º e não se dedicar a nenhuma das atividades elencadas no art. 2.º.

Após o preenchimento dessas etapas iniciais, deverá a pessoa jurídica interessada enviar documentos e um requerimento por escrito ao Ministério da Justiça solicitando a qualificação como OSCIP.

Do recebimento do pedido, o Ministro da Justiça terá o prazo de 30 dias para decidir sobre o deferimento ou não da qualificação, o qual só poderá denegá-la caso o solicitante não tenha preenchido os requisitos legais.[15]

---

[14] Art. 1.º, Lei 9.790/1999. "Podem qualificar-se como Organizações da Sociedade Civil de Interesse Público as pessoas jurídicas de direito privado sem fins lucrativos que tenham sido constituídas e se encontrem em funcionamento regular há, no mínimo, 3 (três) anos, desde que os respectivos objetivos sociais e normas estatutárias atendam aos requisitos instituídos por esta Lei."

[15] Art. 6.º, Lei 9.790/1999. "Recebido o requerimento previsto no artigo anterior, o Ministério da Justiça decidirá, no prazo de trinta dias, deferindo ou não o pedido. [...] § 3.º O pedido de qualificação somente será indeferido quando: I – a requerente enquadrar-se nas hipóteses previstas no art. 2.º desta Lei; II – a requerente não atender aos requisitos descritos nos arts. 3.º e 4.º desta Lei; III – a documentação apresentada estiver incompleta [...]."

Logo, o que se percebe pela simples leitura da lei é que só poderá ser negada a qualificação caso a pessoa jurídica não preencha os requisitos legais. Portanto, *a contrario sensu*, se ela respeitar todos os dispositivos legais, a concessão se impõe, ou seja, deverá o Ministro da Justiça, por ato vinculado,[16] proceder à assinatura do termo de parceria[17] concedendo a qualificação de OSCIP à entidade requerente.

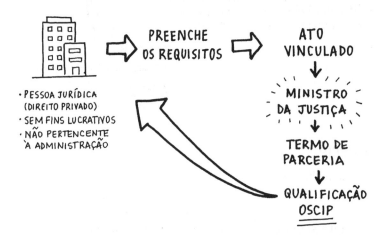

h) **Benefícios:** com o recebimento da qualificação como OSCIP, a entidade privada passará a receber recursos em conta bancária específica, mediante uma dotação orçamentária.

Entretanto, diferentemente do que ocorre com as Organizações Sociais (OS), não existe para as Organizações da Sociedade Civil de Interesse Público (OSCIP) a possibilidade de repasse de bens públicos, de cessão de servidores públicos nem de contratação mediante dispensa de licitação.

i) **Controle:** logicamente, as OSCIP sofrem controle estatal, inclusive aquele desempenhado pelo Tribunal de Contas. Diferentemente das organizações sociais, que devem possuir um conselho de administração com participação obrigatória de representantes do poder público, as OSCIP devem constituir um conselho fiscal ou órgão equivalente, dotado de competência para opinar sobre os relatórios de desempenho financeiro e contábil, e sobre as operações patrimoniais realizadas, emitindo pareceres para os organismos superiores da entidade.

---

[16] Art. 1.º, § 2.º, Lei 9.790/1999. "A outorga da qualificação prevista neste artigo é ato vinculado ao cumprimento dos requisitos instituídos por esta Lei."

[17] Art. 9.º, Lei 9.790/1999. "Fica instituído o Termo de Parceria, assim considerado o instrumento passível de ser firmado entre o Poder Público e as entidades qualificadas como Organizações da Sociedade Civil de Interesse Público destinado à formação de vínculo de cooperação entre as partes, para o fomento e a execução das atividades de interesse público previstas no art. 3.º desta Lei."

6.2 Resumo desenhado

7. OS X OSCIP

Pontos de semelhança:

OS Lei 9.637/1998	✓ Pessoas jurídicas de direito privado ✓ Não pertencem à Administração ✓ Atuam sem fins lucrativos
OSCIP Lei 9.790/1999	✓ Prestam serviços não exclusivos do Estado ✓ Recebem incentivos públicos ✓ Sujeitos a controle estatal

Pontos de distinção:

	OS Lei 9.637/1998	OSCIP Lei 9.790/1999
Vínculo jurídico	Contrato de gestão	Termo de parceria
Ato	Discricionário	Vinculado
Competência	Ministro de Estado competente na área de atuação da OS	Ministro da Justiça
Repasse	Recursos + Bens	Só de Recursos
Cessão	Servidores	Não há cessão de servidores
Dispensa de licitação	Sim (Lei 8.666/1993) Não (Lei 14.133/2021)	Não
Participação de representante do poder público	Conselho da Administração: participação obrigatória	Conselho Fiscal: **não** é obrigatória

8. ORGANIZAÇÃO DA SOCIEDADE CIVIL (OSC)

A Lei 13.019, de agosto de 2014 (alterada pela Lei 13.204/2015),[18] instituiu novas formas de parceria entre pessoas jurídicas do setor privado, que atuem sem fins lucrativos, para com o Poder Público. São elas: termo de colaboração, termo de fomento e acordo de colaboração.

As organizações da sociedade civil nada mais são do que as populares Organizações não Governamentais (ONG), dispondo a própria lei sobre quem se enquadra nesse conceito, a saber:

a) entidade privada sem fins lucrativos que não distribua entre os seus sócios ou associados, conselheiros, diretores, empregados, doadores ou terceiros eventuais resultados, sobras, excedentes operacionais, brutos ou líquidos, dividendos, isenções de qualquer natureza, participações ou parcelas do seu patrimônio, auferidos mediante o exercício de suas atividades, e que os aplique integralmente na consecução do respectivo objeto social, de forma imediata ou por meio da constituição de fundo patrimonial ou fundo de reserva (art. 2.º, I, *a*, Lei 13.019/2014);

b) as sociedades cooperativas previstas na Lei 9.867, de 10 de novembro de 1999; as integradas por pessoas em situação de risco ou vulnerabilidade pessoal ou social; as alcançadas por programas e ações de combate à pobreza e de geração de trabalho e renda; as voltadas para fomento, educação e capacitação de trabalhadores rurais ou capacitação de agentes de assistência técnica e extensão rural; e as capacitadas para execução de atividades ou de projetos de interesse público e de cunho social (art. 2.º, I, *b*, Lei 13.019/2014);

c) as organizações religiosas que se dediquem a atividades ou a projetos de interesse público e de cunho social distintas das destinadas a fins exclusivamente religiosos (art. 2.º, I, *c*, Lei 13.019/2014).

8.1 Pessoas impedidas de celebrar parcerias

Como já dissemos, para poder celebrar uma parceria com o Poder Público, a organização da sociedade civil deverá ser uma pessoa jurídica de direito privado que atue, sem fins lucrativos, no desempenho de uma atividade de interesse social.

Entretanto, segundo o art. 39 da Lei 13.019/2014, ficará impedida de celebrar qualquer modalidade de parceria prevista na referida lei a organização da sociedade civil que:

1. não esteja regularmente constituída ou, se estrangeira, não esteja autorizada a funcionar no território nacional;

---

[18] Art. 1.º "Esta Lei institui normas gerais para as parcerias entre a administração pública e organizações da sociedade civil, em regime de mútua cooperação, para a consecução de finalidades de interesse público e recíproco, mediante a execução de atividades ou de projetos previamente estabelecidos em planos de trabalho inseridos em termos de colaboração, em termos de fomento ou em acordos de cooperação."

2. esteja omissa no dever de prestar contas de parceria anteriormente celebrada;

3. tenha como dirigente membro de poder ou do Ministério Público, ou dirigente de órgão ou entidade da administração pública da mesma esfera governamental na qual será celebrado o termo de colaboração ou de fomento, estendendo-se a vedação aos respectivos cônjuges ou companheiros, bem como parentes em linha reta, colateral ou por afinidade, até o segundo grau;

4. tenha tido as contas rejeitadas pela administração pública nos últimos cinco anos, exceto se: a) for sanada a irregularidade que motivou a rejeição e quitados os débitos eventualmente imputados; b) for reconsiderada ou revista a decisão pela rejeição; c) a apreciação das contas estiver pendente de decisão sobre recurso com efeito suspensivo;

5. tenha sido punida com uma das seguintes sanções, pelo período que durar a penalidade: a) suspensão de participação em licitação e impedimento de contratar com a administração; b) declaração de inidoneidade para licitar ou contratar com a administração pública; c) a prevista no inciso II do art. 73 da mesma lei; d) a prevista no inciso III do art. 73 da mesma lei;

6. tenha tido contas de parceria julgadas irregulares ou rejeitadas por tribunal ou conselho de contas de qualquer esfera da federação, em decisão irrecorrível, nos últimos oito anos;

7. tenha entre seus dirigentes pessoa: a) cujas contas relativas a parcerias tenham sido julgadas irregulares ou rejeitadas por tribunal ou conselho de contas de qualquer esfera da federação, em decisão irrecorrível, nos últimos oito anos; b) julgada responsável por falta grave e inabilitada para o exercício de cargo em comissão ou função de confiança, enquanto durar a inabilitação; c) considerada responsável por ato de improbidade, enquanto durarem os prazos estabelecidos nos incisos I, II e III do art. 12 da Lei 8.429, de 2 de junho de 1992.

8.2 Dos requisitos para a celebração das parcerias

Para a efetivação da celebração das parcerias, alguns requisitos[19] deverão ser preenchidos pelas organizações sociais. São eles:

a) objetivos voltados à promoção de atividades e finalidades de relevância pública e social;

b) que, em caso de dissolução da entidade, o respectivo patrimônio líquido seja transferido a outra pessoa jurídica de igual natureza que preencha os requisitos da Lei 13.019/2014 e cujo objeto social seja, preferencialmente, o mesmo da entidade extinta;

c) escrituração de acordo com os princípios fundamentais de contabilidade e com as Normas Brasileiras de Contabilidade;

d) deverá possuir no mínimo, um, dois ou três anos de existência, com cadastro ativo, comprovados por meio de documentação emitida pela Secretaria da Receita Federal do Brasil, com base no Cadastro Nacional da Pessoa Jurídica (CNPJ),

---

[19] Lei 13.019/2014, art. 33.

conforme, respectivamente, a parceria seja celebrada no âmbito dos Municípios, do Distrito Federal ou dos Estados e da União, admitida a redução desses prazos por ato específico de cada ente na hipótese de nenhuma organização atingi-los;

e) deverá possuir experiência prévia na realização, com efetividade, do objeto da parceria ou de natureza semelhante;

f) deverá possuir instalações, condições materiais e capacidade técnica e operacional para o desenvolvimento das atividades ou projetos previstos na parceria e o cumprimento das metas estabelecidas.

8.3 Chamamento público

Para que se possa garantir a observância do princípio da impessoalidade, como regra, deverá o Poder Público, antes de selecionar a entidade privada com a qual celebrará a parceria, adotar um procedimento simplificado (chamamento público),[20] para que sua escolha possa ser objetiva e não subjetiva, ou seja, a parceria deverá ser efetivada por uma atuação neutra da Administração, livre de privilégios ou discriminações em relação às organizações da sociedade civil.

> Art. 24, § 2.º, Lei 13.019/2014. É vedado admitir, prever, incluir ou tolerar, nos atos de convocação, cláusulas ou condições que comprometam, restrinjam ou frustrem o seu caráter competitivo em decorrência de qualquer circunstância impertinente ou irrelevante para o específico objeto da parceria, admitidos: I – a seleção de propostas apresentadas exclusivamente por concorrentes sediados ou com representação atuante e reconhecida na unidade da Federação onde será executado o objeto da parceria; II – o estabelecimento de cláusula que delimite o território ou a abrangência da prestação de atividades ou da execução de projetos, conforme estabelecido nas políticas setoriais.

Para que se possa garantir o princípio da publicidade, o edital do chamamento público deverá ser divulgado no *site* oficial da Administração Pública, com uma antecedência mínima de 30 dias entre a sua divulgação e a realização da seleção, conforme dispõe o art. 26 da Lei 13.019/2014:

> O edital deverá ser amplamente divulgado em página do sítio oficial da administração pública na internet, com antecedência mínima de trinta dias.

Deve o julgamento ser realizado de maneira objetiva por uma comissão de seleção previamente designada, nos termos da Lei 13.019/2014, ou constituída pelo respectivo conselho gestor, se o projeto for financiado com recursos de fundos específicos (art. 27,

---

[20] Lei 13.019/2014, art. 2.º "Para os fins desta Lei, considera-se: [...] XII – chamamento público: procedimento destinado a selecionar organização da sociedade civil para firmar parceria por meio de termo de colaboração ou de fomento, no qual se garanta a observância dos princípios da isonomia, da legalidade, da impessoalidade, da moralidade, da igualdade, da publicidade, da probidade administrativa, da vinculação ao instrumento convocatório, do julgamento objetivo e dos que lhes são correlatos."

§ 1.º), estando, em virtude do princípio da impessoalidade, impedida de integrar essa comissão, a pessoa que, nos últimos cinco anos, tenha mantido relação jurídica com, ao menos, uma das entidades participantes do chamamento público (art. 27, § 2.º).

Por fim, após a homologação e divulgação do julgamento (art. 27, § 4.º), a Administração Pública poderá celebrar parceria com a organização da sociedade civil. Perceba que não existe direito subjetivo à efetivação da parceria, pois tal efetivação é feita por ato discricionário do Poder Público que, analisando a conveniência e oportunidade, poderá efetivar o vínculo com a entidade privada ou não.

> Art. 27, § 6.º A homologação não gera direito para a organização da sociedade civil à celebração da parceria.

8.4 Inexigibilidade e dispensa do chamamento público

Como foi dito no tópico passado, a realização do chamamento público é a regra, pois, deve-se observar o princípio da impessoalidade na seleção da entidade que virá a celebrar parceria com o Poder Público.

Entretanto, a própria Lei 13.019/2014 estabelece situações que podem gerar a inexigibilidade ou a dispensa do procedimento, podendo o Poder Público, nesses casos, celebrar as parcerias diretamente, sem a necessidade de um prévio procedimento simplificado.

a) **Inexigibilidade:** existe uma inviabilidade de competição, ou seja, ainda que o Poder Público desejasse realizar o chamamento público, este não seria possível, como ocorre, por exemplo, no caso de entidade que possui um objeto singular, ou seja, único. Perceba que nessa situação não tem como haver competição em virtude da exclusividade do serviço ofertado.

A Lei 13.019/2014, de maneira exemplificativa, lista algumas situações que ensejam a inexigibilidade do procedimento. São elas:

> Art. 31. Será considerado inexigível o chamamento público na hipótese de inviabilidade de competição entre as organizações da sociedade civil, em razão da natureza singular do objeto da parceria ou se as metas somente puderem ser atingidas por uma entidade específica, especialmente quando: I – o objeto da parceria constituir incumbência prevista em acordo, ato ou compromisso internacional, no qual sejam indicadas as instituições que utilizarão os recursos; II – a parceria decorrer de transferência para organização da sociedade civil que esteja autorizada em lei na qual seja identificada expressamente a entidade beneficiária, inclusive quando se tratar da subvenção prevista no inciso I do § 3.º do art. 12 da Lei n.º 4.320, de 17 de março de 1964, observado o disposto no art. 26 da Lei Complementar n.º 101, de 4 de maio de 2000.

b) **Dispensa:** aqui, apesar de a competição ser possível, não se mostra razoável de acontecer. É o que ocorre, por exemplo, nos casos de urgência em virtude de uma paralisação de atividades de interesse público.

Diferentemente da inexigibilidade, que estabelece um rol meramente exemplificativo, as situações de dispensa estão previstas de forma taxativa no art. 30 da Lei 13.019/2014:

1. No caso de urgência decorrente de paralisação ou iminência de paralisação de atividades de relevante interesse público, pelo prazo de até cento e oitenta dias.

2. Nos casos de guerra, calamidade pública, grave perturbação da ordem pública ou ameaça à paz social.

3. Quando se tratar da realização de programa de proteção a pessoas ameaçadas ou em situação que possa comprometer a sua segurança.

4. No caso de atividades voltadas ou vinculadas a serviços de educação, saúde e assistência social, desde que executadas por organizações da sociedade civil previamente credenciadas pelo órgão gestor da respectiva política.

8.5 Celebração das parcerias

Após o preenchimento dos requisitos estabelecidos pelo art. 33 da Lei 13.019/2014, o Poder Público poderá celebrar parcerias com as organizações da sociedade civil mediante termo de colaboração, termo de fomento ou acordo de cooperação.

Termo de colaboração: nesse termo serão repassados recursos públicos para a entidade privada, a fim de que esta cumpra os planos de trabalho que foram propostos pela Administração Pública.

> Art. 2.º, Lei 13.019/2014. Para os fins desta Lei, considera-se: [...] VII – termo de colaboração: instrumento por meio do qual são formalizadas as parcerias estabelecidas pela administração pública com organizações da sociedade civil para a consecução de finalidades de interesse público e recíproco propostas pela administração pública que envolvam a transferência de recursos financeiros.

Termo de fomento: a diferença do termo de colaboração é que, enquanto neste os recursos são repassados de acordo com o plano de trabalho proposto pela Administração, no termo de fomento a proposta é feita pela própria organização da sociedade civil.

> Art. 2.º, Lei 13.019/2014. Para os fins desta Lei, considera-se: [...] VII – termo de fomento: instrumento por meio do qual são formalizadas as parcerias estabelecidas pela administração pública com organizações da sociedade civil para a consecução de finalidades de interesse público e recíproco propostas pelas organizações da sociedade civil, que envolvam a transferência de recursos financeiros.

Acordo de cooperação: no caso dessa última parceria, não haverá a transferência de recursos públicos à entidade privada.

> Art. 2.º, Lei 13.019/2014. Para os fins desta Lei, considera-se: [...] VIII-A – acordo de cooperação: instrumento por meio do qual são formalizadas as parcerias estabelecidas pela administração pública com organizações da sociedade civil para a consecução de finalidades de interesse público e recíproco que não envolvam a transferência de recursos financeiros.

8.6 Formalização das parcerias

Como analisamos, as parcerias serão formalizadas mediante termo de colaboração, termo de fomento ou acordo de cooperação, os quais, segundo o art. 42 da Lei 13.019/2014, deverão conter as seguintes cláusulas essenciais:

1. A descrição do objeto pactuado;

2. As obrigações das partes;

3. Quando for o caso, o valor total e o cronograma de desembolso;

4. A contrapartida, quando for o caso, observado o disposto no § 1.º do art. 35;

5. A vigência e as hipóteses de prorrogação;

6. A obrigação de prestar contas com definição de forma, metodologia e prazos;

7. A forma de monitoramento e avaliação, com a indicação dos recursos humanos e tecnológicos que serão empregados na atividade ou, se for o caso, a indicação da participação de apoio técnico nos termos previstos no § 1.º do art. 58 da mesma lei;

8. A obrigatoriedade de restituição de recursos, nos casos previstos na mesma lei;

9. A definição, se for o caso, da titularidade dos bens e direitos remanescentes na data da conclusão ou extinção da parceria e que, em razão de sua execução, tenham sido adquiridos, produzidos ou transformados com recursos repassados pela administração pública;

10. A prerrogativa atribuída à administração pública para assumir ou transferir a responsabilidade pela execução do objeto, no caso de paralisação, de modo a evitar sua descontinuidade;

11. Quando for o caso, a obrigação de a organização da sociedade civil manter e movimentar os recursos em conta bancária específica, observado o disposto no art. 51 da mesma lei;

12. O livre acesso dos agentes da Administração Pública, do controle interno e do Tribunal de Contas correspondente aos processos, aos documentos e às informações relacionadas a termos de colaboração ou a termos de fomento, bem como aos locais de execução do respectivo objeto;

13. A faculdade de os partícipes rescindirem o instrumento, a qualquer tempo, com as respectivas condições, sanções e delimitações claras de responsabilidades, além da estipulação de prazo mínimo de antecedência para a publicidade dessa intenção, que não poderá ser inferior a 60 dias;

14. A indicação do foro para dirimir as dúvidas decorrentes da execução da parceria, estabelecendo a obrigatoriedade da prévia tentativa de solução administrativa, com a participação de órgão encarregado de assessoramento jurídico integrante da estrutura da Administração Pública;

15. A responsabilidade exclusiva da organização da sociedade civil pelo gerenciamento administrativo e financeiro dos recursos recebidos, inclusive no que diz respeito às despesas de custeio, de investimento e de pessoal;

16. A responsabilidade exclusiva da organização da sociedade civil pelo pagamento dos encargos trabalhistas, previdenciários, fiscais e comerciais relacionados à execução do objeto previsto no termo de colaboração ou de fomento, não implicando responsabilidade solidária ou subsidiária da Administração Pública a inadimplência da organização da sociedade civil em relação ao referido pagamento, os ônus incidentes sobre o objeto da parceria ou os danos decorrentes de restrição à sua execução.

8.7 Liberação de recursos

Com a celebração do termo de colaboração ou do termo de fomento, existirá a liberação de recursos públicos em benefício da organização da sociedade civil para que esta possa, de maneira mais efetiva e eficiente, prestar serviços de interesse social.

O Poder Público fará a liberação das verbas de acordo com o cronograma de desembolso, entretanto, em determinadas situações essas verbas ficarão retidas até o saneamento das seguintes irregularidades:

1. Quando houver evidências de irregularidade na aplicação de parcela anteriormente recebida;
2. Quando constatado desvio de finalidade na aplicação dos recursos ou o inadimplemento da organização da sociedade civil em relação a obrigações estabelecidas no termo de colaboração ou de fomento;
3. Quando a organização da sociedade civil deixar de adotar sem justificativa suficiente as medidas saneadoras apontadas pela administração pública ou pelos órgãos de controle interno ou externo.

Como não poderia deixar de ocorrer, com o recebimento dos recursos públicos, ficará a organização da sociedade civil obrigada a realizar uma prestação de contas feitas nos moldes da Lei 13.019/2014.

8.8 Das sanções administrativas

Poderá o Poder Público, após o devido contraditório e a ampla defesa, aplicar sanções à organização da sociedade civil caso esta venha a desempenhar suas atividades em desacordo com o pactuado, descumprindo, dessa forma, o plano de trabalho e as normas legais.

São sanções legalmente previstas (art. 73 da Lei 13.019/2014):

1. Advertência;
2. Suspensão temporária da participação em chamamento público e impedimento de celebrar parceria ou contrato com órgãos e entidades da esfera de governo da Administração Pública sancionadora, por prazo não superior a dois anos;
3. Declaração de inidoneidade para participar de chamamento público ou celebrar parceria ou contrato com órgãos e entidades de todas as esferas de governo, enquanto perdurarem os motivos determinantes da punição ou até que seja promovida a reabilitação perante a própria autoridade que aplicou a penalidade, que será concedida sempre que a organização da sociedade civil ressarcir a Administração Pública pelos prejuízos resultantes e depois de decorrido o prazo da sanção aplicada com base no inciso II.

Prescreve em cinco anos, a contar da prestação de contas, a possibilidade de o Poder Público instaurar um procedimento destinado a apurar a infração supostamente cometida (art. 73, § 3.º, da Lei 13.019/2014).

9. SÚMULAS
9.1 Súmulas do STF

- ✓ **Súmula 516.** O Serviço Social da Indústria – SESI – está sujeito à jurisdição da Justiça Estadual.
- ✓ **Súmula 724.** Ainda quando alugado a terceiros, permanece imune ao IPTU o imóvel pertencente a qualquer das entidades referidas pelo art. 150, VI, *c*, da Constituição, desde que o valor dos aluguéis seja aplicado nas atividades essenciais de tais entidades.
- ✓ **Súmula 730.** A imunidade tributária conferida a instituições de assistência social sem fins lucrativos pelo art. 150, VI, *c*, da Constituição, somente alcança as entidades fechadas de previdência social privada se não houver contribuição dos beneficiários.

9.2 Súmulas do STJ

- ✓ **Súmula 352.** A obtenção ou a renovação do Certificado de Entidade Beneficente de Assistência Social (Cebas) não exime a entidade do cumprimento dos requisitos legais supervenientes.
- ✓ **Súmula 499.** As empresas prestadoras de serviços estão sujeitas às contribuições ao Sesc e Senac, salvo se integradas noutro serviço social.

top 10

RESUMO

CAPÍTULO 5 – TERCEIRO SETOR

1. Todos os entes integrantes do terceiro setor são pessoas jurídicas de direito privado, não integrantes da Administração Pública, que desempenham, sem fins lucrativos, atividades de interesse social.
2. O serviço social autônomo tem sua existência autorizada por lei, possui parafiscalidade, ou seja, capacidade de cobrar tributos, e não precisa realizar concurso público para a contratação de seu pessoal.
3. O serviço social autônomo deve licitar. Entretanto, segundo o TCU, não precisam licitar pelos rígidos termos da lei geral de licitação, podendo a seleção ser feita por um procedimento simplificado previsto em regulamento próprio.
4. As entidades de apoio são pessoas jurídicas que atuam ao lado de universidades e hospitais públicos e, mediante a assinatura de um convênio com o Poder Público, passam a ter a possibilidade de receber recursos públicos e, até mesmo, a cessão de bens e servidores públicos.
5. As organizações sociais são pessoas jurídicas de direito privado que atuam, sem fins lucrativos, nas áreas de ensino, pesquisa científica, desenvolvimento tecnológico, proteção e preservação do meio ambiente, saúde e cultura.
6. Para que a qualificação de organização social seja concedida, é necessária a existência de uma prévia assinatura de um contrato de gestão entre a entidade privada

e o Poder Público, qualificação esta que será ofertada por ato discricionário do Ministro de Estado que possua competência na área de atuação da OS.

7. Benefícios concedidos às OS: repasse de bens e recursos públicos e cessão de servidores públicos com ônus para o poder concedente. Restrições impostas as OS: sofrem controle estatal e devem possuir um conselho de administração, com participação obrigatória de membros do Poder Público.

8. As Organizações da Sociedade Civil de Interesse Público (OSCIP) recebem tal qualificação mediante a assinatura de um termo de parceria como Poder Público, o qual será concedido por ato vinculado do Ministro da Justiça.

9. Benefícios concedidos as OSCIP: repasse de recursos públicos feitos em conta bancária específica. Restrições impostas às OSCIP: sofrem controle estatal e devem possuir um conselho fiscal, não se exigindo neste a participação de representantes do Poder Público.

10. A Lei 13.019/2014 (alterada pela lei 13.204/2015) instituiu novas formas de parcerias entre o Poder Público e as Organizações da Sociedade Civil (OSC), quais sejam: termo de colaboração, termo de fomento e acordo de cooperação.

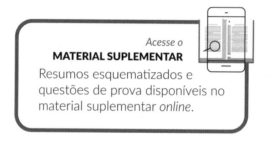

Acesse o
MATERIAL SUPLEMENTAR
Resumos esquematizados e questões de prova disponíveis no material suplementar *online*.

SERVIÇOS PÚBLICOS

1. CONCEITO

A conceituação de serviços públicos vem sofrendo modificações ao longo dos anos. Já existiu, por exemplo, uma época na qual se considerava que todas as atividades desempenhadas pelo Estado seriam reputadas serviços públicos.

Os primeiros estudos acerca do tema foram desenvolvidos na França, com a criação da Escola do Serviço Público. Essa escola adotava as orientações de Léon Duguit, o qual defendia que a única função do Direito Administrativo seria a prestação de serviços públicos.

Hoje, logicamente, sabemos que o Poder Público desempenha, além dessa função precípua, diversas atividades, tais como: poder de polícia, execução de obra pública e desenvolvimento de atividades econômicas.

Assim, para que uma atividade possa ser conceituada como serviço público, segundo a doutrina majoritária, deve-se analisar a reunião de três requisitos:

Substrato material: está relacionado à necessidade de o serviço público ser uma atividade que possa ser usufruída pelo particular de maneira continua, sem que existam interrupções indevidas.

Substrato formal: o serviço público deve ter a função de beneficiar toda a coletividade, logo, não deverá o Estado buscar a satisfação de apenas alguns indivíduos ou de pequenos grupos sociais. E, existindo a busca pela satisfação do interesse público, a prestação desse tipo de atividade rege-se pelo regime de direito público, ainda que venha a ser exercido por particulares em sistema de delegação.

Elemento subjetivo: necessariamente deverá existir a presença do Estado na prestação desse tipo de serviço, podendo ele aparecer tanto na atuação direta da atividade quanto de forma indireta por meio dos institutos da concessão e permissão.

Com isso, podemos conceituar o serviço público como uma atividade estatal, desempenhada de forma direta ou indireta, regida pelo regime de direito público e que visa à satisfação de interesses coletivos.

Por fim, cumpre diferenciar o serviço público das demais atividades desempenhadas pelo Estado.

Serviço público x **obra pública:** enquanto aquele é uma atividade dinâmica, este é algo estático. Por exemplo, a obra de construção de uma escola pública é algo que tem início e fim predeterminados. No entanto, após a construção do colégio, existirá a prestação do serviço público de educação. Veja que os conceitos não se confundem. Uma coisa é a obra, outra coisa é a atividade que vai ser desempenhada depois dela.

Serviço público x **poder de polícia:** enquanto aquele é uma atividade ampliativa, este tem cunhos restritivos. Por exemplo, uma placa de proibido estacionar (poder de polícia) limita a liberdade do particular. Já o atendimento de pessoas adoentadas em determinado hospital público tem a função de ampliar a esfera de benefícios ofertados aos indivíduos.

Serviço público x **atividade econômica:** enquanto aquele é regido pelo regime de direito público, este atua sobre regras de direito privado. Como sabemos, o Estado ou seus delegados, ao prestarem serviços públicos, receberão prerrogativas e restrições típicas do regime público. Isso ocorre pelo fato de se buscar o bem-estar coletivo. Entretanto, ao desempenhar atividades econômicas, não deverão ser ofertados benefícios não extensíveis às demais pessoas jurídicas, logo, adota-se o regime de direito privado.

> Art. 173, CF/1988. Ressalvados os casos previstos nesta Constituição, a exploração direta de atividade econômica pelo Estado só será permitida quando necessária aos imperativos da segurança nacional ou a relevante interesse coletivo, conforme definidos em lei. [...] § 2.º As empresas públicas e as sociedades de economia mista não poderão gozar de privilégios fiscais não extensivos às do setor privado.

SERVIÇO PÚBLICO

- → ATIVIDADE MATERIAL → É O FAZER ALGO
- → ATIVIDADE AMPLIATIVA
- → REGIME: DIREITO PÚBLICO ⇒ PRERROGATIVAS + RESTRIÇÕES
- → BUSCA A SATISFAÇÃO DO INTERESSE PÚBLICO
- → PRESTADO PELO ESTADO (DIRETAMENTE) OU POR DELEGAÇÃO

2. PRINCÍPIOS

A prestação de serviços públicos deve obedecer a diversos princípios. Logicamente, ao se adotar o regime de direito público, deverá o prestador do serviço sofrer algumas restrições, tais como a imposição de observância aos princípios constitucionais expressos.

Art. 37, CF/1988. A administração pública direta e indireta de qualquer dos Poderes da União, dos Estados, do Distrito Federal e dos Municípios obedecerá aos princípios de legalidade, impessoalidade, moralidade, publicidade e eficiência [...].

Entretanto, como já realizamos, em capítulo específico, o estudo aprofundado dos princípios da legalidade, impessoalidade, moralidade, publicidade e eficiência, não repetiremos o assunto. Por ora, interessa-nos aprofundar os princípios específicos do serviço público, os quais se encontram disciplinados na Lei 8.987/1995 (que dispõe sobre os regimes de concessão e permissão). Vejamos:

Art. 6.º Toda concessão ou permissão pressupõe a prestação de serviço adequado ao pleno atendimento dos usuários, conforme estabelecido nesta Lei, nas normas pertinentes e no respectivo contrato. § 1.º Serviço adequado é o que satisfaz as condições de **regularidade, continuidade, eficiência, segurança, atualidade, generalidade, cortesia** na sua prestação e **modicidade** das tarifas.

caiu na prova

(QUADRIX/CRT-04/2022) *O serviço adequado é aquele que satisfaz as condições de regularidade, continuidade, eficiência, segurança, atualidade, generalidade, cortesia na sua prestação e modicidade das tarifas.*

Gabarito: *Certo.*

2.1 Generalidade

O princípio da generalidade, também denominado universalidade, impõe ao Estado o dever de prestar os serviços públicos ao maior número de pessoas possível. Assim, não se deve buscar o benefício de apenas algumas pessoas predeterminadas.

Esse raciocínio é uma decorrência lógica do princípio constitucional da impessoalidade, o qual impõe ao Poder Público uma atuação objetiva, ou seja, sem privilégios ou discriminações a indivíduos pré-selecionados.

2.2 Modicidade tarifária

Para analisar esse princípio devemos estudar dois conceitos: O que é módico? O que é tarifa?

Segundo o dicionário, módico é algo moderado, modesto, de baixo valor.

Já o conceito de tarifa decorre do estudo do Direito Constitucional e Tributário. Segundo a Carta Maior, a prestação dos serviços públicos pode ensejar a cobrança de uma tarifa. Vejamos:

Art. 175, CF/1988. Incumbe ao Poder Público, na forma da lei, diretamente ou sob regime de concessão ou permissão, sempre através de licitação, a prestação de serviços públicos. Parágrafo único. A lei disporá sobre: [...] III – política tarifária.

Em resumo, tarifa é o valor que o usuário paga pela utilização do serviço ofertado. Basta lembrar das contas que chegam na nossa casa: tarifa de água, tarifa de energia, tarifa de telefonia, entre outras.

Agora, vamos juntar os conceitos.

O princípio chama-se modicidade tarifária, logo, o valor que o indivíduo paga ao utilizar os serviços públicos deve ser de baixo valor. Isso ocorre até para que se garanta o acesso àquela atividade ao maior número de pessoas possível (princípio da generalidade/universalidade). Usando-se um raciocínio lógico simples, quanto menor o valor cobrado pelo uso do serviço, maior o número de pessoas com condições de usá-lo.

Vamos imaginar, por exemplo, uma empresa concessionária do serviço de energia elétrica. A empresa oferta um serviço ao particular que deverá pagar ao usá-lo. Esse é um ciclo infinito!

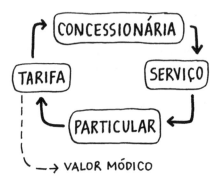

Por fim, cumpre observar que não necessariamente a tarifa será igual para todos; o que o princípio impõe é a modicidade para todos. Entretanto, pode ser que alguns setores da população paguem um valor menor pela utilização do serviço ofertado, por exemplo, à população de baixa renda que possui tarifas sociais de água e energia.

caiu na prova

(IDIB/AGENTE.ADM-CE/2020) *O princípio da modicidade tarifária determina que nenhum usuário de baixa renda seja onerado com o custo do serviço público.*

Gabarito: *Errado.*[1]

cuidado

Em busca da modicidade tarifária, poderá o poder concedente prever em favor da concessionária fontes de receitas alternativas. Imagine o seguinte exemplo: a concessionária "X" é responsável por determinada estrada e tem como fonte principal de suas receitas a tarifa cobrada dos usuários que por lá passam. Entretanto, ao longo da rodovia existem alguns outdoors que realizam a propaganda de algumas lojas. Agora imagine que Joana tenha, por exemplo, uma loja de roupa e deseje fazer a divulgação da marca em um daqueles outdoors, ela terá de pagar um valor à empresa responsável pela concessão.

---

[1] O princípio da modicidade garante que todos devem pagar uma tarifa módica. Entretanto, apesar de existir algumas isenções, esse princípio não garante, por si só, a gratuidade da atividade.

> *Logo, a concessionária "X" terá como fonte principal de suas receitas a tarifa paga pelos usuários e como fonte alternativa o valor que a loja pagou para divulgar seus produtos. E já que existe uma outra fonte de renda (além da principal), o valor das tarifas poderá ser reduzido, garantindo, assim, o princípio da modicidade das tarifas.*

> Art. 11, Lei 8.987/1995. No atendimento às peculiaridades de cada serviço público, poderá o poder concedente prever, em favor da concessionária, no edital de licitação, a possibilidade de outras fontes provenientes de receitas alternativas, complementares, acessórias ou de projetos associados, com ou sem exclusividade, com vistas a favorecer a modicidade das tarifas, observado o disposto no art. 17 desta Lei.

2.3 Eficiência

Esse princípio já foi analisado de maneira aprofundada no segundo capítulo deste livro. Só para fins de resumo, podemos dizer que por, por meio dele, busca-se maior produtividade dos serviços públicos com um aumento da economicidade.

Os principais escopos desse princípio são a busca por: presteza, alto rendimento funcional, qualidade, rapidez e redução de desperdícios, lembrando que esses pontos devem ser analisados tanto de forma interna quanto externa, e tanto na visão do administrador quanto da Administração.

2.4 Segurança

O próprio nome já faz referência ao seu escopo. Portanto, o serviço público deve ser prestado da forma mais segura possível para que não coloque os prestadores do serviço nem a população em situações de risco.

2.5 Atualidade

O princípio da atualidade, também denominado adaptabilidade, é uma decorrência lógica do princípio da eficiência, pois, assim como este, busca a prestação de um serviço com mais qualidade.

A própria Lei 8.987/1995 menciona o que seria atualidade:

> Art. 6.º, § 2.º A atualidade compreende a modernidade das técnicas, do equipamento e das instalações e a sua conservação, bem como a melhoria e expansão do serviço.

De forma clara e objetiva, podemos dizer que o princípio da atualidade busca a prestação de um serviço público de acordo com as tecnologias acessíveis no momento. Por exemplo, antigamente as imagens da televisão eram projetadas de forma analógica, o que causava desestabilidade e falta de nitidez. Entretanto, atualmente já se migrou para o modelo de transmissão digital, capaz de produzir uma imagem com muito mais qualidade.

2.6 Cortesia

A educação impõe-se como dever geral de toda e qualquer sociedade minimamente organizada. Assim, a prestação dos serviços públicos não poderia fugir a essa regra.

Logo, o prestador do serviço deve fazê-lo com gentileza, polidez, urbanidade. E é exatamente nisso que se fundamenta o princípio da cortesia.

2.7 Regularidade

A prestação dos serviços públicos deve ser feita de forma que não prejudique a coletividade. Por exemplo, o serviço de transporte de passageiros deve ser feito com regularidade de horários, para que, assim, a população possa programar seus compromissos sem atrasos ou surpresas.

Logo, as condições e horários da prestação dos serviços devem ter uma correlação com as necessidades da sociedade, pois só assim existirá a efetividade no desempenho deles.

2.8 Continuidade

Como regra, a prestação dos serviços públicos não deve ser interrompida, ou seja, deverá existir um fornecimento sem paralisações. Dessa necessidade surge o princípio da continuidade, também denominado por parte da doutrina de princípio da permanência.

Entretanto, apesar de a regra ser a não paralisação, a própria Lei 8.987/1995 admite que, em alguns casos, a interrupção será lícita, não gerando, por consequência lógica, descontinuidade na prestação dos serviços, vejamos:

> Art. 6.º, § 3.º Não se caracteriza como descontinuidade do serviço a sua interrupção em situação de emergência ou após prévio aviso, quando: I – motivada por razões de ordem técnica ou de segurança das instalações; II – por inadimplemento do usuário, considerado o interesse da coletividade.

> Art. 6.º, § 4.º A interrupção do serviço na hipótese prevista no inciso II do § 3.º deste artigo não poderá iniciar-se na sexta-feira, no sábado ou no domingo, nem em feriado ou no dia anterior a feriado.

caiu na prova

(CEBRASPE/CODEVASF/2021) *Situação hipotética: Determinada concessionária de serviço público interrompeu a prestação do serviço objeto de concessão por razões de ordem técnica, em situação de emergência. Assertiva: Nessa situação hipotética, será caracterizada descontinuidade do serviço e este será considerado inadequado, uma vez que a continuidade é condição da adequação da prestação por parte da concessionária, cabendo a ela o ônus de garanti-la.*

Gabarito: *Errado.[2]*

Vamos imaginar, por exemplo, um acidente de trânsito que acabou gerando a derrubada de um poste. Logicamente, caso a fiação de energia elétrica esteja exposta,

---

[2] Segundo a Lei 8.987/1995 (art. 6.º, § 3.º): não se caracteriza como descontinuidade do serviço a sua interrupção em situação de emergência ou após prévio aviso, quando: I – motivada por razões de ordem técnica ou de segurança das instalações; II – por inadimplemento do usuário, considerado o interesse da coletividade.

deverá a concessionária interromper a prestação do serviço evitando, dessa forma, que algum particular venha a ser colocado em uma situação de risco pela eventual exposição com a rede elétrica.

Observe que, em situações emergenciais, poderá existir a paralisação a qualquer momento. Todavia, caso não se trate de uma situação de urgência, antes de ocorrer a suspensão do fornecimento do serviço deve-se dar um aviso à população.

Por exemplo, caso a empresa concessionária necessite realizar reparos no seu sistema de captação de água, deverá, antes de interromper a prestação, avisar aos particulares quais são os dias que estes ficarão sem receber o serviço.

jurisprudência

É legítima a interrupção do fornecimento de energia elétrica por razões de ordem técnica, de segurança das instalações, ou ainda, em virtude do inadimplemento do usuário, quando houver o devido aviso prévio pela concessionária sobre o possível corte no fornecimento do serviço (STJ, 1.ª Turma, REsp 1270339/SC, 15.12.2016).

Em resumo desenhado, podemos visualizar da seguinte forma:

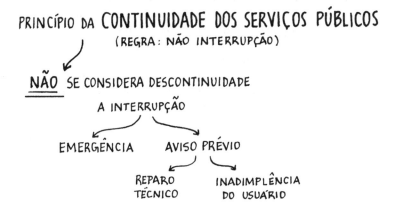

A jurisprudência apresenta diversos julgados importantes com relação ao princípio da continuidade dos serviços públicos. Por ora, vamos analisar os principais julgados sobre possibilidade de interrupção nos casos de inadimplência do usuário.

a) **Impossibilidade de interrupção do serviço por inadimplência de antigo morador.**

b) **Impossibilidade de interrupção do serviço por débitos pretéritos.**

c) **Possibilidade de interrupção da energia elétrica por fraude no medidor, desde que cumpridos alguns requisitos.**

d) **Impossibilidade de interrupção dos serviços essenciais.**

e) **Vedação de vinculação do recebimento da tarifa mensal à quitação dos débitos anteriores.**

188 DIREITO ADMINISTRATIVO FACILITADO – Ana Cláudia Campos

f) **Impossibilidade de interrupção de energia elétrica quando puder afetar o direito à saúde e à integridade física do usuário.**

g) **Impossibilidade de corte no fornecimento de energia elétrica em razão de débito irrisório.**

jurisprudência

Independentemente da natureza da obrigação (se pessoal ou propter rem), o inadimplemento é do usuário, ou seja, de quem efetivamente obteve a prestação do serviço, razão por que **não cabe responsabilizar o atual usuário por débito pretérito relativo ao consumo de água de usuário anterior.** *(STJ, 2.ª Turma, AgRg no Ag 1399175/RJ, 16.06.2011).*

É inviável a suspensão do fornecimento de energia elétrica em razão de cobrança de débitos pretéritos. Exegese dos arts. 42 do CDC e 6.º, § 3.º, I e II, da Lei 8.987/1995. 3. Embargos de divergência providos (STJ, 1.ª Seção, EREsp 1069215/RS, 10.11.2010).

*Na hipótese de débito estrito de recuperação de consumo efetivo por fraude no aparelho medidor atribuída ao consumidor, desde que apurado em observância aos princípios do contraditório e da ampla defesa, é **possível o corte administrativo do fornecimento do serviço de energia elétrica,** mediante prévio aviso ao consumidor, pelo inadimplemento do consumo recuperado correspondente ao período de 90 (noventa) dias anterior à constatação da fraude, contanto que executado o corte em até 90 (noventa) dias após o vencimento do débito, sem prejuízo do direito de a concessionária utilizar os meios judiciais ordinários de cobrança da dívida, inclusive antecedente aos mencionados 90 (noventa) dias de retroação (STJ, 1.ª Seção, REsp 1412433/RS, 25.04.2018).*

A suspensão do serviço de energia elétrica, por empresa concessionária, em razão de inadimplemento de unidades públicas essenciais – hospitais; prontos-socorros; escolas; creches; fontes de abastecimento d'água e iluminação pública; e serviços de segurança pública –, como forma de compelir o usuário ao pagamento de tarifa ou multa, despreza o interesse da coletividade. *[...] Ressalto que* **a interrupção de fornecimento de energia elétrica de ente público somente é considerada ilegítima quando atinge necessidades inadiáveis da comunidade, entendidas essas – por analogia à Lei de Greve – como "aquelas que, não atendidas, coloquem em perigo iminente a sobrevivência, a saúde ou a segurança da população" (art. 11, parágrafo único, da Lei n.º 7.783/1989), aí incluídos hospitais, prontos-socorros, centros de saúde, escolas e creches [...]"** *(STJ, EREsp 845982/RJ, Primeira Seção, 24.06.2009).*

A suspensão do serviço de energia elétrica, por empresa concessionária, em razão de inadimplemento de unidades públicas essenciais – hospitais; prontos-socorros; escolas; creches; fontes de abastecimento d'água e iluminação pública; e serviços de segurança pública –, como forma de compelir o usuário ao pagamento de tarifa ou multa, despreza o interesse da coletividade (STJ, 2.ª Turma, AgRg no AREsp 543404/RJ, 12.02.2015).

A concessionária, ao suspender o fornecimento de energia elétrica em razão de um débito de R$ 0,85, não agiu no exercício regular de direito, e sim com flagrante abuso de direito. Aplicação dos princípios da razoabilidade e proporcionalidade (STJ, 1.ª Turma, REsp 811690/RR, 18.05.2006).

2.8.1 Continuidade x direito de greve

Como sabemos, a continuidade dos serviços públicos é a regra. Portanto, como fica o direito de greve dos servidores?

Bom, por expressa disposição constitucional, é permitida, sim, aos agentes públicos a realização de greve, salvo com relação aos servidores militares. Vejamos:

Servidor civil:

Art. 37, VII – o direito de greve será exercido nos termos e nos limites definidos em lei específica.

Servidor militar:

Art. 142, § 3.º, IV – ao militar são proibidas a sindicalização e a greve.

Ademais, apesar de não existir expressa disposição constitucional sobre o tema, o Supremo Tribunal Federal sedimentou o entendimento de que os policiais, por exercerem um serviço público essencial relacionado à segurança pública, não poderão aderir a greves. Vejamos:

jurisprudência

O exercício do direito de greve, sob qualquer forma ou modalidade, é vedado aos policiais civis e a todos os servidores públicos que atuem diretamente na área de segurança pública. (STF, ARE 654432, Tribunal Pleno, 05.04.2017).

caiu na prova

(CEBRASPE/TC-DF/2021) *É vedado o exercício do direito de greve a todos os servidores públicos que atuem diretamente na área de segurança pública.*

Gabarito: *Certo.*

Após essa análise inicial, fica fácil perceber que os servidores, desde que civis, poderão exercer o direito de greve. Entretanto, segundo o texto da Carta Maior, essa prerrogativa deverá ser realizada de acordo com disposições instituídas em uma lei específica.

Só existe um problema.

Até hoje não foi produzida a lei de greve dos servidores.

Daí surgiu um grande questionamento: poderiam os agentes públicos exercer esse direito desde já ou só após a feitura da norma?

A solução veio com uma decisão do próprio Supremo Tribunal Federal, o qual, considerando o art. 37, VII, CF/1988 uma norma de eficácia limitada, entendeu que, enquanto não for produzida legislação específica de greve para os servidores, deverão estes, por analogia, usar a lei geral (Lei 7.783/1989) para que possam exercer o seu direito.

jurisprudência

O preceito veiculado pelo artigo 37, inciso VII, da CB/1988 exige a edição de ato normativo que integre sua eficácia. Reclama-se, para fins de plena incidência do preceito, atuação legislativa que dê concreção ao comando positivado no texto da Constituição. [...] Diante de mora legislativa, cumpre ao Supremo Tribunal Federal decidir no sentido de suprir omissão dessa ordem. Esta Corte não se presta, quando se trate da apreciação de mandados de injunção, a emitir decisões desnutridas de eficácia. [...] 16. Mandado de injunção julgado procedente, para remover o obstáculo decorrente da omissão legislativa e, supletivamente, tornar viável o exercício do direito consagrado no artigo 37, VII, da Constituição do Brasil (STF, Tribunal Pleno, MI 712/PA, 25.10.2007).

Agora que sabemos que o servidor civil poderá exercer seu direito de greve usando, por analogia, a lei geral (Lei 7.783/1989), surge outro questionamento: os dias de paralisação serão remunerados?

De acordo com o entendimento do STF, não, salvo se a greve decorrer de algum ato ilícito do Poder Público, por exemplo, o não pagamento da remuneração dos servidores.

Entretanto, por ofensa ao princípio da razoabilidade, o desconto referente aos dias de paralisação não precisará ser feito em uma parcela única, ou seja, pode ser feito de maneira parcelada. Vejamos as jurisprudências sobre o tema:

jurisprudência

A administração pública deve proceder ao desconto dos dias de paralisação decorrentes do exercício do direito de greve pelos servidores públicos, em virtude da suspensão do vínculo funcional que dela decorre, permitida a compensação em caso de acordo. O desconto será, contudo, incabível se ficar demonstrado que a greve foi provocada por conduta ilícita do Poder Público. (STF, Plenário, RE 693456/RJ, 27.10.2016, repercussão geral).

caiu na prova

(NC-UFPR/PC-PR/2021) *A Administração Pública deve proceder ao desconto dos dias de paralisação decorrentes do exercício do direito de greve pelos servidores públicos, exceto se ficar demonstrado que a greve foi provocada por conduta ilícita do Poder Público.*

Gabarito: Certo.

Por fim, vale salientar que, caso o conflito chegue ao Poder Judiciário, será a justiça comum (federal ou estadual) a competente para apreciar as questões relativas à greve, ainda que esta envolva empregados públicos. Em outras palavras, tanto faz se a greve está sendo realizada por detentores de cargos (exemplo: servidores de uma autarquia) ou de empregos públicos (exemplo: servidores de uma sociedade de economia mista), a justiça competente para analisar o feito será a comum, e não a do trabalho.

2.8.2 Continuidade x *exceptio non adimpleti contractus*

A regra da *exceptio non adimpleti contractus*, exceção do contrato não cumprido, é um instituto criado pelo Direito Civil, o qual se baseia em uma ideia bem simples:

se uma das partes não cumpre o pactuado, a outra também não será mais obrigada a cumpri-lo. "Art. 476, CC. Nos contratos bilaterais, nenhum dos contratantes, antes de cumprida a sua obrigação, pode exigir o implemento da do outro."

Entretanto, em virtude do princípio da supremacia do interesse público sobre o privado, nos contratos administrativos essa cláusula terá uma aplicação diferenciada, pois só poderá ser alegada pelo contratado quando o atraso da Administração em relação aos pagamentos for superior a dois meses. Vejamos o que diz a Lei 14.133/2021:

> Art. 137. Constituirão motivos para extinção do contrato, a qual deverá ser formalmente motivada nos autos do processo, assegurados o contraditório e a ampla defesa, as seguintes situações: § 2.º O contratado terá direito à extinção do contrato nas seguintes hipóteses: V – atraso superior a 2 (dois) meses, contado da emissão da nota fiscal, dos pagamentos ou de parcelas de pagamentos devidos pela Administração por despesas de obras, serviços ou fornecimentos.

Observe que a exceção do contrato não cumprido pode até ser usada pelo contratado, só que de forma diferida. Isso decorre da necessidade da continuidade da prestação dos serviços públicos.

2.8.3 Continuidade *x* ocupação provisória e reversão

Para finalizar o estudo acerca do princípio da continuidade do serviço público, cumpre transcrever alguns dispositivos legais que possuem a função de garantir a não interrupção.

Ocupação provisória (Lei 14.133/2021)

> Art. 104. O regime jurídico dos contratos instituído por esta Lei confere à Administração, em relação a eles, as prerrogativas de: V – ocupar provisoriamente bens móveis e imóveis e utilizar pessoal e serviços vinculados ao objeto do contrato nas hipóteses de: a) risco à prestação de serviços essenciais; b) necessidade de acautelar apuração administrativa de faltas contratuais pelo contratado, inclusive após extinção do contrato.

Reversão (Lei 8.987/1995)

> Art. 36. A reversão no advento do termo contratual far-se-á com a indenização das parcelas dos investimentos vinculados a bens reversíveis, ainda não amortizados ou depreciados, que tenham sido realizados com o objetivo de garantir a continuidade e atualidade do serviço concedido.

3.   CLASSIFICAÇÃO

O estudo da classificação nunca é uma tarefa fácil. Isso decorre dos inúmeros critérios adotados pela doutrina. Assim, focaremos nosso estudo nos principais pontos cobrados em prova, seguindo a corrente majoritária.

a) Serviço público: propriamente dito x utilidade pública

Os serviços públicos **propriamente ditos** são aqueles relacionados às atividades necessárias à sobrevivência em sociedade, tais como segurança pública e defesa nacional. Sendo assim, em virtude da importância de tais serviços, eles só podem ser prestados pela própria Administração, não se admitindo a delegação a particulares.

Já os serviços de **utilidade pública** são aqueles que auxiliam e facilitam a vida em sociedade, apesar de não serem essenciais para a sobrevivência desta. Podemos citar, como exemplo, os serviços de transporte e telefonia. Podem tais serviços ser realizados pela própria Administração ou mediante o instituto da delegação (concessão e permissão).

b) Serviço público: *uti universi x uti singuli*

Os serviços públicos *uti universi*, também denominados serviços gerais, são aqueles prestados a toda coletividade, não sendo possível mensurar o quanto cada pessoa utilizou individualmente; logo, são indivisíveis.

Imagine, por exemplo, o serviço de segurança pública: a polícia está nas ruas para proteger toda sociedade, é algo geral; sendo assim, não é possível individualizar o uso.

Dessa forma, pergunta-se: como os serviços gerais são custeados?

Por meio da arrecadação de impostos. Perceba que, como esses serviços não possuem usuários individualizados, todos deverão ajudar a custear o sistema.

Como decorrência dessa lógica, surge a Súmula 670 do STF: "O serviço de iluminação pública não pode ser remunerado mediante taxa".

Antes de tudo, saiba que tributo é gênero do qual existem diversas espécies: "Art. 5.º, CTN. Os tributos são impostos, taxas e contribuições de melhoria". Em uma linguagem simples, dentro da proposta do Direito Administrativo, os impostos custeiam os serviços gerais; já as taxas, aqueles que podem ser individualizados.

> **caiu na prova**
>
> **(FUNDEP/CÂMARA-MG/2020)** *Serviços uti universi: são aqueles que a Administração presta sem ter usuários determinados, para atender à coletividade no seu todo, como os de polícia, de iluminação pública, de calçamento e outros dessa espécie.*
>
> **Gabarito:** *Certo.*

Observe que o serviço de iluminação pública é geral, logo, não é possível saber o quanto cada pessoa usa do serviço ofertado. Sendo assim, deverá essa atividade ser custeada mediante o dinheiro proveniente da arrecadação de impostos e não pelo pagamento de taxas.

Já os serviços *uti singuli* são aqueles que possuem usuários determinados, sendo possível individualizar condutas para saber o quanto cada indivíduo utilizou do serviço ofertado.

Por exemplo, no caso da telefonia, água ou energia elétrica domiciliar, quanto mais o morador da casa usar do serviço, maior será o valor da conta; *a contrario sensu*, quanto menor a utilização, menor também o valor a ser pago.

> **caiu na prova**
>
> **(QUADRIX/CREMERO/2022)** *Serviços* uti singuli *são aqueles usufruídos direta e individualmente pelos administrados, como os serviços de telecomunicações e transportes coletivos.*
>
> **Gabarito:** *Certo.*

Em virtude da possibilidade de mensuração das condutas, o custeio desses serviços será realizado mediante o pagamento de taxas ou tarifas.

Por fim, os serviços divisíveis (***uti singuli***) podem ser subdivididos em: compulsórios e facultativos.

Os serviços **compulsórios** são necessários à coletividade, por isso não podem ser recusados pelo particular. Nesse caso, o simples fato de o serviço estar à disposição do indivíduo, ainda que não seja usado, enseja a cobrança de uma taxa mínima.

Já os serviços **facultativos** podem ou não ser utilizados pelo particular. Cite-se o caso da telefonia: não poderá o Poder Público obrigar o indivíduo a adquirir um plano de ligações. Logo, fica o pagamento da tarifa condicionado ao efetivo uso do serviço.

c) Serviço público: próprio x impróprio

Os serviços **próprios** (também denominados exclusivos delegáveis) são aqueles que somente poderão ser executados pela própria Administração ou mediante delegação (concessão ou permissão) a particulares, após uma prévia licitação e assinatura de um contrato. Cite-se o caso dos serviços de: energia elétrica, transporte de passageiros e telecomunicações.

Por outro lado, os serviços **impróprios** (também denominados não exclusivos) podem ser executados tanto pelo Estado quanto por particulares. A diferença é que nesse caso não precisará o indivíduo participar de licitações e muito menos assinar contratos para que possa exercer a atividade. Por exemplo, se Maria desejar montar uma escola, não precisará receber uma concessão ou permissão, pois o serviço de educação pode ser prestado tanto por entes públicos quanto por pessoas puramente privadas.

d) Serviço público: administrativo x comercial (industrial) x social

Os serviços **administrativos** estão relacionados às necessidades internas da própria Administração, como aquelas ligadas à sua organização e estruturação. Cite-se o caso da imprensa oficial, atividade necessária para garantir a publicidade dos atos administrativos e, por consequência, gerar a eficácia destes.

Os serviços **comerciais**, também denominados industriais, na verdade não estão relacionados à prestação de serviços públicos, mas se referem ao desempenho de atividades econômicas desempenhadas pelo Estado, o qual o faz por meio de suas empresas públicas e sociedades de economia mista (art. 173, CF/1988).

Por fim, os serviços **sociais** são aqueles executados tanto pelo Estado quanto pela sociedade em geral, tais como os relacionados à educação, saúde e previdência social.

4. FORMAS DE PRESTAÇÃO DO SERVIÇO PÚBLICO

Os serviços públicos podem ser prestados pela própria Administração Direta (União, Estados, Distrito Federal e Municípios) ou repassados a outras pessoas, por exemplo, aos integrantes da Administração Indireta.

Em busca de especialização, a Administração centralizada (direta) poderá transferir a execução de determinadas atividades a outros entes. Dessa necessidade surgem os institutos da descentralização por outorga e por delegação (já estudados no capítulo referente ao tema organização administrativa).

Como sabemos, a **outorga** ocorrerá quando o Poder Público, mediante lei específica, criar uma entidade de direito público para que esta tanto execute quanto venha a ser titular da atividade repassada. Vale lembrar que, segundo a doutrina majoritária, a titularidade dos serviços públicos só poderá ser dada às pessoas de direito público.

No caso da **delegação**, o Estado, por intermédio de um contrato ou ato administrativo, permitirá que uma pessoa jurídica de direito privado venha a executar (sem receber a titularidade) determinado serviço público.

Assim, a própria Constituição Federal preleciona as formas de prestação de um serviço público. Vejamos:

> Art. 175. Incumbe ao Poder Público, na forma da lei, diretamente ou sob regime de concessão ou permissão, sempre através de licitação, a prestação de serviços públicos.

caiu na prova

(CPCON/ASSESSOR-RN/2020) *Conforme a Constituição Federal, a prestação de serviços públicos incumbe apenas diretamente ao poder público.*
Gabarito: *Errado.*[3]

Mas quem seriam as concessionárias e permissionárias?

Fácil. São as pessoas do setor privado que, mediante delegação, puderam passar a executar determinado serviço público.

---

[3] O poder público poderá prestar o serviço público diretamente ou por meio de concessão ou permissão.

Observe, pelo desenho, as etapas. A descentralização, que será feita mediante uma prévia licitação (1), será efetivada por meio de um contrato (2), com isso ocorrerá a delegação (3); e assim transfere-se a execução de determinado serviço público (4) a uma pessoa do setor privado, a qual, após esse caminho, passará a ser considerada uma concessionária ou permissionária de serviços públicos (5).

Entretanto, não poderão os governantes escolher de forma livre a quem delegar a prestação dos serviços públicos, pois, se assim fosse, os princípios da impessoalidade e moralidade poderiam ser violados.

Por isso, por expressa ordem constitucional, deverá existir uma prévia licitação antes da assinatura dos contratos de concessão e permissão.

> Art. 175, CF/1988. Incumbe ao Poder Público, na forma da lei, diretamente ou sob regime de concessão ou permissão, **sempre** através de **licitação**, a prestação de serviços públicos[...] (grifos nossos).

Em resumo, podemos dizer que os serviços públicos podem ser prestados por:

caiu na prova

(CEBRASPE/SEFAZ-DF/2020) A prestação de serviços públicos de transporte coletivo sob o regime de permissão prescinde de licitação, que é exigida apenas para a modalidade de concessão.
Gabarito: Errado.[4]

Como os entes da Administração descentralizada (indireta) já foram estudados em capítulo específico, neste momento dedicaremos nosso estudo às formas de de-

---

[4] Tanto a concessão quanto a permissão dependem de uma prévia licitação.

legação dos serviços públicos à iniciativa privada, ou seja, aprofundaremos os temas referentes à: concessão e permissão[5].

5. CONCESSÃO DE SERVIÇOS PÚBLICOS

A concessão decorre de uma descentralização por delegação, também denominada colaboração. Por meio dela o Poder Público transfere, após prévio procedimento licitatório, a execução de determinado serviço público a uma pessoa do setor privado, sem, entretanto, repassar a titularidade da atividade a ser realizada.

> **caiu na prova**
>
> **(CEBRASPE/INSS/2022)** *A concessão de serviço público consiste na delegação de sua prestação, feita pelo poder concedente, por meio de licitação, na modalidade concorrência ou diálogo competitivo, a pessoa jurídica ou a consórcio de empresas que demonstre capacidade para o seu desempenho, por sua conta e risco e por prazo determinado.*
>
> **Gabarito:** *Certo.*

O conceito de concessão comum encontra-se disciplinado na Lei 8.987/1995, a qual menciona que podem existir duas formas de concessão, a simples e a precedida de obra. Vejamos:

Concessão de serviço público:

Delegação de sua prestação, feita pelo poder concedente, mediante licitação, na modalidade concorrência ou diálogo competitivo, a pessoa jurídica ou consórcio de empresas que demonstre capacidade para seu desempenho, por sua conta e risco e por prazo determinado.

Concessão de serviço público precedida da execução de obra pública:

A construção, total ou parcial, conservação, reforma, ampliação ou melhoramento de quaisquer obras de interesse público, delegados pelo poder concedente, mediante licitação, na modalidade concorrência ou diálogo competitivo, a pessoa jurídica ou consórcio de empresas que demonstre capacidade para a sua realização, por sua conta e risco, de forma que o investimento da concessionária seja remunerado e amortizado mediante a exploração do serviço ou da obra por prazo determinado.

Observe que tanto a concessão simples quanto a precedida de obra possuem características semelhantes; a diferença está apenas na realização ou não de alguma obra para que o serviço possa vir a ser executado.

Por exemplo, se a Administração assina um contrato com a Empresa "X" para que esta execute o serviço de transporte de passageiros mediante o oferecimento de

---

[5] Via de regra, as concessões e permissões não são delegadas com exclusividade, vejamos: Art. 16, Lei 8.987/1995. A outorga de concessão ou permissão não terá caráter de exclusividade, salvo no caso de inviabilidade técnica ou econômica justificada no ato a que se refere o art. 5.º desta Lei.

ônibus à população não será preciso, neste caso, que a concessionária realize obras. Logo, estaremos diante de uma concessão do tipo simples.

Entretanto, caso o serviço de transporte venha a ser oferecido por meio de uma nova linha de metrô, deverá a concessionária, antes de começar a executar o transporte de passageiros, realizar as obras necessárias à construção daquele novo local. Sendo assim, estaremos diante de uma concessão precedida da execução de uma obra.

Mas quem remunera a concessionária?

Os usuários, nós!

Ou seja, as pessoas que usam o serviço do ônibus ou do metrô pagarão uma tarifa à concessionária e é exatamente por meio dessa tarifa que é feita a remuneração das pessoas do setor privado que receberam a delegação do poder público.

Em outras palavras, a Administração não pagará nenhum tipo de remuneração às concessionárias comuns, ficando essa incumbência a cargo da população que usa do serviço ofertado.

5.1 Características da concessão

A própria Lei 8.987/1995, em seu art. 2.º, II, trouxe-nos as características das concessionárias. Vejamos:

> [...] a delegação de sua prestação, feita pelo poder concedente, mediante licitação, na modalidade concorrência ou diálogo competitivo, a pessoa jurídica ou consórcio de empresas que demonstre capacidade para seu desempenho, por sua conta e risco e por prazo determinado.

Para facilitar a compreensão, vamos analisar os principais pontos em separado.

a) Delegação

Como sabemos, as concessões são fruto do procedimento de descentralização administrativa, o qual busca dar maior eficiência à prestação dos serviços públicos. Como esse repasse acontece mediante a assinatura de um contrato administrativo, chama-se tal fenômeno de descentralização por delegação.

b) Licitação

Para que o princípio da impessoalidade venha a ser respeitado, faz-se imprescindível que a concessionária seja escolhida após prévio procedimento licitatório. Esse entendimento, inclusive, é imposto pelo próprio texto constitucional:

> Art. 175. Incumbe ao Poder Público, na forma da lei, diretamente ou sob regime de **concessão ou permissão, sempre através de licitação**, a prestação de serviços públicos. (grifos nossos)

Para dar efetividade a essa imposição, a Lei 8.987/1995 trouxe algumas regras referentes à forma como o procedimento licitatório deve ser concluído. Como sabemos, a norma-base desse tipo de certame é a Lei 14.133/2021 (Nova Lei de Licitações e Contratos Administrativos), entretanto a lei das concessionárias trouxe algumas regras específicas. Vamos a elas:

Critérios de seleção

- Lei 14.133/2021. Segundo a Nova Lei de Licitações e Contratos Administrativos, a seleção da proposta mais vantajosa poderá acontecer, a depender da situação, de acordo com seis tipos de escolha: menor preço; maior desconto; melhor técnica ou conteúdo artístico; técnica e preço; maior lance, no caso de leilão; maior retorno econômico.

- Lei 8.987/1995: a lei das concessionárias traz critérios diferenciados daqueles previstos na lei geral de licitação, podendo, por exemplo, ser selecionada a proposta mais vantajosa analisando o valor da tarifa que venha a ser cobrada dos usuários.

  Art. 15. No julgamento da licitação será considerado um dos seguintes critérios: I – o menor valor da tarifa do serviço público a ser prestado; II – a maior oferta, nos casos de pagamento ao poder concedente pela outorga da concessão; III – a combinação, dois a dois, dos critérios referidos nos incisos I, II e VII; IV – melhor proposta técnica, com preço fixado no edital; V – melhor proposta em razão da combinação dos critérios de menor valor da tarifa do serviço público a ser prestado com o de melhor técnica; VI – melhor proposta em razão da combinação dos critérios de maior oferta pela outorga da concessão com o de melhor técnica; ou VII – melhor oferta de pagamento pela outorga após qualificação de propostas técnicas.

Critérios de desempate

- Lei 14.133/2021: ampliou de maneira bastante acentuada as formas de desempate antes previstas pela lei 8.666/1993, vejamos:

  Art. 60, § 1º. Em igualdade de condições, se não houver desempate, será assegurada preferência, sucessivamente, aos bens e serviços produzidos ou prestados por:

  I – empresas estabelecidas no território do Estado ou do Distrito Federal do órgão ou entidade da Administração Pública estadual ou distrital licitante ou, no caso de licitação realizada por órgão ou entidade de Município, no território do Estado em que este se localize;

  II – empresas brasileiras;

  III – empresas que invistam em pesquisa e no desenvolvimento de tecnologia no País;

  IV – empresas que comprovem a prática de mitigação, nos termos da Lei nº 12.187, de 29 de dezembro de 2009.

- Lei 8.987/1995: já a lei das concessionárias apenas elenca uma única forma de desempate:

  Art. 15, § 4.º. Em igualdade de condições, será dada preferência à proposta apresentada por empresa brasileira.

c) Licitação na modalidade concorrência ou diálogo competitivo

Ademais, não basta que se realize um procedimento licitatório, exige a lei das concessionárias que o certame venha a ser realizado na modalidade da **concorrência ou do diálogo competitivo**, as quais, segundo a Lei 14.133/2021 – Nova Lei de Licitações e Contratos Administrativos, possuem as seguintes características:

Art. 6.º, XXXVIII – concorrência: modalidade de licitação para contratação de bens e serviços especiais e de obras e serviços comuns e especiais de engenharia, cujo critério de julgamento poderá ser: a) menor preço; b) melhor técnica ou conteúdo artístico; c) técnica e preço; d) maior retorno econômico; e) maior desconto.

Art. 6.º, XLII – diálogo competitivo: modalidade de licitação para contratação de obras, serviços e compras em que a Administração Pública realiza diálogos com licitantes previamente selecionados mediante critérios objetivos, com o intuito de desenvolver uma ou mais alternativas capazes de atender às suas necessidades, devendo os licitantes apresentar proposta final após o encerramento dos diálogos.

Entretanto, a Lei 9.074/1995, que institui o plano nacional de desestatização, prevê que os serviços públicos que estejam disciplinados pela referida norma poderão utilizar outra modalidade licitatória: o **leilão**.

Art. 29. A modalidade de leilão poderá ser adotada nas licitações relativas à outorga de nova concessão com a finalidade de promover a transferência de serviço público prestado por pessoas jurídicas, a que se refere o art. 27, incluídas, para os fins e efeitos da Lei n.º 8.031, de 1990, no Programa Nacional de Desestatização, ainda que não haja a alienação das quotas ou ações representativas de seu controle societário.

Mas quais seriam esses serviços?

A resposta encontra-se na própria Lei 9.074/1995. Vejamos:

Art. 27. Nos casos em que os serviços públicos, prestados por pessoas jurídicas sob controle direto ou indireto da União, para promover a privatização simultaneamente com a outorga de nova concessão ou com a prorrogação das concessões existentes a União, exceto quanto aos serviços públicos de telecomunicações, poderá: I – utilizar, no procedimento licitatório, a modalidade de leilão, observada a necessidade da venda de quantidades mínimas de quotas ou ações que garantam a transferência do controle societário [...].

Em resumo, para que o Poder Público oferte uma concessão a determinada pessoa, deve, antes de realizar a assinatura do contrato, efetuar um procedimento licitatório na modalidade concorrência ou diálogo competitivo, e no caso de a outorga da concessão estar relacionada ao plano nacional de desestatização será utilizada a modalidade do leilão.

Por fim, cumpre observar que a maioria esmagadora das provas de concurso leva em consideração apenas os termos da Lei 8.987/1995, ou seja, adota como modalidades a concorrência e o diálogo competitivo.

d) Pessoa jurídica ou consórcio de empresas

A delegação de uma concessão jamais poderá ser feita a uma pessoa física, pois, por expressa disposição legal, esse tipo de delegação será ofertado apenas a uma pessoa jurídica sozinha ou a várias pessoas jurídicas reunidas em um consórcio.

> **caiu na prova**
>
> **(QUADRIX/CRT-04/2022)** *A concessão consiste na delegação, a título precário, mediante licitação, da prestação de serviços públicos, feita pelo poder concedente à pessoa física ou jurídica.*
>
> **Gabarito:** *Errado.*[6]

e) Capacidade para o desempenho do serviço

Segundo a Lei de Licitações e Contratos Administrativos (Lei 14.133/2021), os interessados em formalizar um contrato com o poder público deverão preencher alguns requisitos. Por exemplo, caso o licitante não possua regularidade fiscal, não poderá ele ser habilitado e muito menos contratado pelo Estado.

> Art. 62, Lei 14.133/2021. A habilitação é a fase da licitação em que se verifica o conjunto de informações e documentos necessários e suficientes para demonstrar a capacidade do licitante de realizar o objeto da licitação, dividindo-se em: I – jurídica; II – técnica; III – fiscal, social e trabalhista; IV – econômico-financeira.

Como as concessões se referem a um tipo de contrato administrativo, deverá o interessado em receber a delegação preencher os requisitos impostos pelas legislações, ou seja, é necessário que eles demonstrem possuir capacidade para executar o serviço que está sendo repassado Estado.

> Art. 18, Lei 8.987/1995. O edital de licitação será elaborado pelo poder concedente, observados, no que couber, os critérios e as normas gerais da legislação própria sobre licitações e contratos e conterá, especialmente: [...] V – os critérios e a relação dos documentos exigidos para a aferição da capacidade técnica, da idoneidade financeira e da regularidade jurídica e fiscal.

f) Desempenho do serviço por conta e risco da concessionária

Sendo a concessionária uma pessoa jurídica de direito privado prestadora de serviço público, seguirá ela, no que se refere à responsabilidade civil, as normas estipuladas pela Constituição Federal.

> Art. 37, § 6.º As pessoas jurídicas de direito público e as de direito privado prestadoras de serviços públicos responderão pelos danos que seus agentes, nessa qualidade, causarem a terceiros, assegurado o direito de regresso contra o responsável nos casos de dolo ou culpa.

Aprofundaremos esse tema em capítulo específico (responsabilidade civil do Estado), por ora cabe dizer que as concessionárias respondem de forma objetiva pelos danos que seus agentes causem a terceiros. Sendo assim, bastará o particular prejudicado provar que existiu um ato, um dano e nexo causal entre estes, sendo

---

[6] A concessão não pode ser dada à pessoa física, apenas poderá ser delegada à pessoa jurídica ou a consórcio de empresas. Ademais, o contrato de concessão é assinado por prazo determinado, não a título precário. Esta característica "título precário" existe nas permissões, não nas concessões.

prescindível (dispensável) a demonstração de conduta dolosa ou culposa por parte do Poder Público.

Daí surge uma pergunta: se, por exemplo, determinado Município assina um contrato de concessão com a empresa "X" e esta vem a causar dano a um particular, caso este venha a pleitear uma indenização, moverá o processo contra quem? Município ou concessionária?

Contra a concessionária!

Pois esta atua por sua conta e risco e se causar algum dano a terceiro deverá ser responsabilizada de forma direta e objetiva. Apenas em caso de impossibilidade financeira será o Município acionado. Nesse caso, dizemos que este possui responsabilidade subsidiária, ou seja, apenas será chamado a responder pelo ato da concessionária se esta não possuir condições de arcar com o *quantum* indenizatório.

> ### caiu na prova
>
> **(VUNESP/ANAL.LEGISLATIVO-SP/2020)** *Na hipótese de o Município vir a contratar uma empresa para prestação de serviço público, por meio de regular processo licitatório de concessão, é correto afirmar que a responsabilidade civil da empresa contratada, em relação aos usuários do serviço, será objetiva, e a do Município será subsidiária.*
>
> **Gabarito:** *Certo.*

g) Contrato por prazo determinado

A formalização de uma concessão ocorre por meio da assinatura de um contrato administrativo, devendo este, segundo a Lei 8.987/1995, possuir um prazo determinado. Ou seja, veda-se a existência de contratos firmados por prazo indeterminado. Com isso, busca-se o respeito à moralidade administrativa e impede-se a perpetuação das empresas na execução dos serviços públicos. Vejamos:

> Art. 2°, II. concessão de serviço público: a delegação de sua prestação, feita pelo poder concedente, mediante licitação, na modalidade concorrência ou diálogo competitivo, a pessoa jurídica ou consórcio de empresas que demonstre capacidade para seu desempenho, por sua conta e risco e **por prazo determinado**. (grifo nosso)

A Nova Lei de Licitações e Contratos Administrativos prevê a possibilidade da assinatura de contratos por prazo indeterminado na hipótese de a Administração ser usuária de serviço público oferecido em regime de monopólio, vejamos:

> Art. 109, Lei 14.133/2021. A Administração poderá estabelecer a vigência por prazo indeterminado nos contratos em que seja usuária de serviço público oferecido em regime de monopólio, desde que comprovada, a cada exercício financeiro, a existência de créditos orçamentários vinculados à contratação.

Vale ressaltar que a lei das concessionárias (Lei 8.987/1995) apenas menciona que deverá o contrato ser pactuado por prazo determinado, entretanto não estipula qual seria o prazo mínimo ou máximo de vigência.

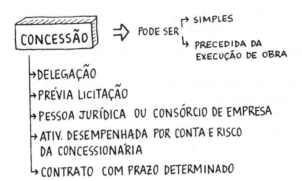

Ponto interessante é o fato de, apesar de as concessionárias assinarem contrato com a Administração Pública, não será esta a responsável pela remuneração daquela, pois as concessões serão custeadas mediante tarifa paga pelos usuários do serviço, em resumo, pelo povo.

Por fim, cumpre observar que os contratos de concessão devem seguir as regras gerais instituídas pela Lei 14.133/2021 (Nova Lei de Licitações e Contratos Administrativos) e também as normas específicas, tais como aquelas disciplinadas no art. 23 da Lei de Concessão e Permissão (Lei 8.987/1995).

> Art. 4.º, Lei 8.987/1995. A concessão de serviço público, precedida ou não da execução de obra pública, será formalizada mediante contrato, que deverá observar os termos desta Lei, das normas pertinentes e do edital de licitação.

5.2 Obrigações da concessionária

Agora que já sabemos as características necessárias para que uma pessoa jurídica venha a ser contratada como concessionária, devemos passar a analisar os encargos que esta receberá em virtude do vínculo travado com a Administração.

Logicamente, já sabemos dos deveres gerais relativos à prestação dos serviços públicos, como o dever de respeito aos princípios.

> Art. 6.º, Lei 8.987/1995. Toda concessão ou permissão pressupõe a prestação de **serviço adequado** ao pleno atendimento dos usuários, conforme estabelecido nesta Lei, nas normas pertinentes e no respectivo contrato. § 1.º Serviço adequado é o que satisfaz as condições de regularidade, continuidade, eficiência, segurança, atualidade, generalidade, cortesia na sua prestação e modicidade das tarifas. (grifos nossos)

Além deste dever, vários outros se impõem à concessionária, vejamos o que preleciona a Lei 8.987/1995:

> Art. 31. Incumbe à concessionária:
>
> I – prestar serviço adequado, na forma prevista nesta Lei, nas normas técnicas aplicáveis e no contrato;
>
> II – manter em dia o inventário e o registro dos bens vinculados à concessão;

III – prestar contas da gestão do serviço ao poder concedente e aos usuários, nos termos definidos no contrato;

IV – cumprir e fazer cumprir as normas do serviço e as cláusulas contratuais da concessão;

V – permitir aos encarregados da fiscalização livre acesso, em qualquer época, às obras, aos equipamentos e às instalações integrantes do serviço, bem como a seus registros contábeis;

VI – promover as desapropriações e constituir servidões autorizadas pelo poder concedente, conforme previsto no edital e no contrato;

VII – zelar pela integridade dos bens vinculados à prestação do serviço, bem como segurá-los adequadamente; e

VIII – captar, aplicar e gerir os recursos financeiros necessários à prestação do serviço.

5.3 Poder concedente

Poder concedente é aquele que possui a prerrogativa de repassar a execução dos serviços públicos à iniciativa privada, sendo formado pelos entes pertencentes à Administração direta: União, Estados, Distrito Federal e Municípios.

> Art. 2.º, Lei 8.987/1995. Para os fins do disposto nesta Lei, considera-se: I – **poder concedente**: a União, o Estado, o Distrito Federal ou o Município, em cuja competência se encontre o serviço público, precedido ou não da execução de obra pública, objeto de concessão ou permissão. (grifos nossos)

Apesar de a lei das concessionárias mencionar como poder concedente apenas os entes políticos, outras legislações estendem esse conceito a outras entidades da Administração Indireta, quais sejam: ANATEL, ANEEL e consórcios públicos.

Poderá, por exemplo, a Agência Nacional de Energia Elétrica – ANEEL (agência reguladora) firmar contratos de concessão e permissão com pessoas jurídicas que atuem na área de energia elétrica.

> Art. 3.º, Lei 9.427/1996 [...] compete à **ANEEL**: [...] II – **promover, mediante delegação**, com base no plano de outorgas e diretrizes aprovadas pelo Poder Concedente, os procedimentos licitatórios para a **contratação de concessionárias e permissionárias** de serviço público para produção, transmissão e distribuição de energia elétrica e para a outorga de concessão para aproveitamento de potenciais hidráulicos. (grifos nossos)

Esse benefício também foi conferido aos consórcios públicos, introduzidos pela Lei 11.107/2005:

> Art. 2.º, § 3.º Os **consórcios** públicos poderão outorgar concessão, permissão ou autorização de obras ou serviços públicos mediante autorização prevista no contrato de consórcio público, que deverá indicar de forma específica o objeto da concessão, permissão ou autorização e as condições a que deverá atender, observada a legislação de normas gerais em vigor. (grifos nossos)

Em resumo, como regra, considera-se poder concedente os entes integrantes da Administração centralizada: União, Estados, Distrito Federal e Municípios. Entretanto, por meio de legislações específicas, a prerrogativa de firmar contratos de concessão e permissão foi estendida a alguns entes pertencentes à Administração Indireta: ANATEL, ANEEL e consórcios públicos.

Por fim, como o poder concedente continua com a titularidade do serviço público que está sendo executado pela concessionária, possuirá este diversos encargos a serem observado. Vejamos:

> Lei 8.987/1995, art. 29. Incumbe ao poder concedente:
> I – regulamentar o serviço concedido e fiscalizar permanentemente a sua prestação;
> II – aplicar as penalidades regulamentares e contratuais;
> III – intervir na prestação do serviço, nos casos e condições previstos em lei;
> IV – extinguir a concessão, nos casos previstos nesta Lei e na forma prevista no contrato;
> V – homologar reajustes e proceder à revisão das tarifas na forma desta Lei, das normas pertinentes e do contrato;
> VI – cumprir e fazer cumprir as disposições regulamentares do serviço e as cláusulas contratuais da concessão;
> VII – zelar pela boa qualidade do serviço, receber, apurar e solucionar queixas e reclamações dos usuários, que serão cientificados, em até trinta dias, das providências tomadas;
> VIII – declarar de utilidade pública os bens necessários à execução do serviço ou obra pública, promovendo as desapropriações, diretamente ou mediante outorga de poderes à concessionária, caso em que será desta a responsabilidade pelas indenizações cabíveis;
> IX – declarar de necessidade ou utilidade pública, para fins de instituição de servidão administrativa, os bens necessários à execução de serviço ou obra pública, promovendo-a diretamente ou mediante outorga de poderes à concessionária, caso em que será desta a responsabilidade pelas indenizações cabíveis;
> X – estimular o aumento da qualidade, produtividade, preservação do meio ambiente e conservação;
> XI – incentivar a competitividade; e
> XII – estimular a formação de associações de usuários para defesa de interesses relativos ao serviço.

5.4 Usuários do serviço público

Aos usuários do serviço público são previstas diversas garantias. Isso decorre basicamente de dois motivos: o primeiro é o fato de a concessionária ter o dever de prestar um serviço adequado com respeito a todos os princípios, tais como o da eficiência, atualidade e cortesia.

A segunda razão reside no fato de o usuário pagar, como regra, uma tarifa pela utilização do serviço, logo, será equiparado a um consumidor, aplicando-se a ele as defesas previstas na Lei 8.078/1990 (Código de Defesa do Consumidor).

Com isso, a Lei 8.987/1995 assegurou, além dos benefícios já previstos no Código de Defesa do Consumidor, vários outros direitos aos usuários dos serviços prestados pelas concessionárias e permissionárias. Vejamos:

> Art. 7.º Sem prejuízo do disposto na Lei n.º 8.078, de 11 de setembro de 1990, são direitos e obrigações dos usuários:
>
> I – receber serviço adequado;
>
> II – receber do poder concedente e da concessionária informações para a defesa de interesses individuais ou coletivos;
>
> III – obter e utilizar o serviço, com liberdade de escolha entre vários prestadores de serviços, quando for o caso, observadas as normas do poder concedente.
>
> IV – levar ao conhecimento do poder público e da concessionária as irregularidades de que tenham conhecimento, referentes ao serviço prestado;
>
> V – comunicar às autoridades competentes os atos ilícitos praticados pela concessionária na prestação do serviço;
>
> VI – contribuir para a permanência das boas condições dos bens públicos através dos quais lhes são prestados os serviços.

5.5 Intervenção

O princípio da supremacia do interesse público sobre o privado oferece à Administração a possibilidade de fiscalizar a execução do serviço que está sendo prestado pela concessionária. Assim, caso o serviço apresente irregularidades, poderá o Poder Público praticar uma intervenção na concessionária.

Para que tal procedimento se efetive, o Estado, por meio de um Decreto expedido pelo chefe do Poder Executivo, nomeará um agente público como interventor, o qual passará a gerir a empresa concessionária de forma a apurar as irregularidades e normalizar a prestação do serviço. Vejamos o que diz a Lei 8.987/1995:

> Art. 32. O poder concedente poderá intervir na concessão, com o fim de assegurar a adequação na prestação do serviço, bem como o fiel cumprimento das normas contratuais, regulamentares e legais pertinentes.
>
> Parágrafo único. A intervenção far-se-á por decreto do poder concedente, que conterá a designação do interventor, o prazo da intervenção e os objetivos e limites da medida.

Observe que a intervenção pode ser decretada antes mesmo da instauração de um processo administrativo disciplinar. Entretanto, assim que for nomeado o interventor, deverá ele, dentro do prazo de 30 dias, proceder à instauração do PAD.

Art. 33. Declarada a intervenção, o poder concedente deverá, no prazo de trinta dias, instaurar procedimento administrativo para comprovar as causas determinantes da medida e apurar responsabilidades, assegurado o direito de ampla defesa.

Por fim, finalizada a intervenção e o processo administrativo disciplinar, será o serviço devolvido à concessionária caso esta não venha a ter o seu contrato extinto.

Art. 34. Cessada a intervenção, se não for extinta a concessão, a administração do serviço será devolvida à concessionária, precedida de prestação de contas pelo interventor, que responderá pelos atos praticados durante a sua gestão.

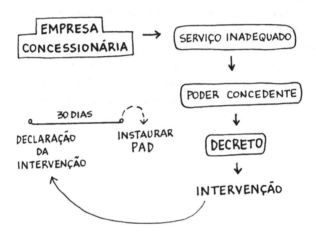

5.6 Extinção da concessão

Já sabemos que o contrato de concessão possui prazo determinado. Logo, a regra é que só exista o encerramento desta quando findar o prazo previamente estipulado contratualmente.

Entretanto, em algumas situações pode ocorrer o encerramento da concessão durante a prestação dos serviços. Por exemplo, existindo razões de interesse público, poderá a concessão ser extinta antes de findo o prazo contratual.

São diversas as possibilidades que ensejam esse término. Segundo a Lei 8.987/1995 (art. 35), a concessão pode ser extinta por: I – advento do termo contratual; II – encampação; III – caducidade; IV – rescisão; V – anulação; e VI – falência ou extinção da empresa concessionária e falecimento ou incapacidade do titular, no caso de empresa individual. Vamos analisar em separado cada um desses casos.

No entanto, antes de analisá-los, devemos mencionar que em virtude do princípio da continuidade os bens que sejam necessários à execução dos serviços públicos deverão, ao fim do contrato de concessão, ser repassados ao poder concedente, devendo este indenizar a concessionária dos investimentos que ainda não tenham sido amortizados. A esse fenômeno dá-se o nome de: Reversão.

Art. 36, Lei 8.987/1995. A **reversão** no advento do termo contratual far-se-á com a indenização das parcelas dos investimentos vinculados a bens reversíveis, ainda não amortizados ou depreciados, que tenham sido realizados com o objetivo de garantir a continuidade e atualidade do serviço concedido. (grifos nossos)

Após essas considerações iniciais, passaremos a analisar as diversas formas de extinção do contrato de concessão.

Advento do termo contratual

Essa é a forma de extinção normal das concessões, pois decorre simplesmente do término do prazo contratualmente estabelecido. Por exemplo, caso a empresa "X", prestadora do serviço de transportes, tenha assinado um contrato com o Estado prevendo a possibilidade de execução daquela atividade por 20 anos, passado esse período naturalmente a concessão será extinta pelo simples decurso do tempo.

Mas daí surge uma pergunta: quando o prazo estipulado contratualmente findar, poderá a concessão ser renovada de maneira automática?

Não! Já que a concessionária não possui direito adquirido à renovação do contrato, esta decisão será tomada por ato puramente discricionário do poder concedente. Vejamos como já se posicionou o Supremo Tribunal Federal:

⚖ jurisprudência

A concessionária não tem direito adquirido à renovação do contrato de concessão de usina hidrelétrica. A União possui a faculdade de prorrogar ou não o contrato de concessão, tendo em vista o interesse público, não se podendo invocar direito líquido e certo a tal prorrogação. (STF, 2.ª Turma, RMS 34.203/DF e AC 3.980/DF, 21.11.2017).

Anulação

A anulação é a forma de extinção dos atos/contratos administrativos que possuem algum vício de legalidade. Imagine, por exemplo, que o governador do Estado "X" tenha assinado um contrato de concessão com a empresa de seu cunhado sem nem sequer ter realizado prévio procedimento licitatório. Logicamente, existem diversas ilegalidades na negociação e, sendo esse fato descoberto, poderá a própria administração usando se seu poder de autotutela, ou até mesmo o Poder Judiciário (mediante provocação do interessado) anular o contrato, pelos vícios decorrentes da irregular atuação administrativa.

Falência

A falência ou extinção da empresa concessionária e o falecimento ou incapacidade do titular, no caso de empresa individual, geram a extinção da concessão pelo fato da não mais existência da concessionária. Perceba que a decretação de falência representa a "morte" daquela pessoa jurídica, sendo assim, não existirá mais a possibilidade da continuidade da prestação dos serviços pelo simples fato de desaparecimento do executor da atividade.

Encampação

Segundo a Lei 8.987/1995:

> Art. 37. Considera-se encampação a retomada do serviço pelo poder concedente durante o prazo da concessão, por motivo de interesse público, mediante lei autorizativa específica e após prévio pagamento da indenização [...].

Perceba que a encampação não decorre de irregularidades praticadas pela concessionária, mas sim do simples fato de aquele serviço não ser mais do interesse da coletividade. Por exemplo, imagine o transporte coletivo de passageiros por meio de bondes. Caso ainda existissem concessões desse tipo, poderiam elas ser extintas pela falta de interesse social naquele tipo de atividade.

Entretanto, para que exista o término do contrato de concessão, alguns requisitos são necessários:

- Ausência de interesse público na atividade ofertada.
- Uma lei autorizando especificamente a extinção da concessão.
- Pagamento de prévia indenização à concessionária.

caiu na prova

(CONSULPLAN/PGE-SC/2022) *Entende-se por encampação a retomada do serviço pelo poder concedente durante o prazo da concessão, por motivo de interesse público, mediante lei autorizativa específica e após prévio pagamento da indenização.*

Gabarito: *Certo.*

Caducidade

Essa forma de extinção decorre de irregularidades praticadas pela própria concessionária. Como sabemos, deve o serviço público ser prestado de forma adequada, respeitando, por exemplo, princípios como regularidade, eficiência, continuidade e segurança. E, caso não exista essa adequação, poderá a concessão ser extinta por meio da caducidade.

> Art. 38, Lei 8.987/1995. A inexecução total ou parcial do contrato acarretará, a critério do poder concedente, a declaração de caducidade da concessão ou a aplicação das sanções contratuais, respeitadas as disposições deste artigo, do art. 27, e as normas convencionadas entre as partes.

caiu na prova

(CEBRASPE/MP-SC/2021) *A caducidade é a forma de extinção de uma concessão em razão do descumprimento de cláusula contratual ou inadimplemento pela concessionária.*

Gabarito: *Certo.*

A própria Lei 8.987/1995 elenca situações que podem ensejar o encerramento da concessão. Assim, pode a caducidade da concessão ser declarada quando (art. 38, § 1.º):

> I – o serviço estiver sendo prestado de forma inadequada ou deficiente, tendo por base as normas, critérios, indicadores e parâmetros definidores da qualidade do serviço;
>
> II – a concessionária descumprir cláusulas contratuais ou disposições legais ou regulamentares concernentes à concessão;
>
> III – a concessionária paralisar o serviço ou concorrer para tanto, ressalvadas as hipóteses decorrentes de caso fortuito ou força maior;

Cap. 6 – SERVIÇOS PÚBLICOS **209**

IV – a concessionária perder as condições econômicas, técnicas ou operacionais para manter a adequada prestação do serviço concedido;

V – a concessionária não cumprir as penalidades impostas por infrações, nos devidos prazos;

VI – a concessionária não atender a intimação do poder concedente no sentido de regularizar a prestação do serviço; e

VII – a concessionária não atender a intimação do poder concedente para, em 180 (cento e oitenta) dias, apresentar a documentação relativa à regularidade fiscal, no curso da concessão, na forma do art. 29 da Lei n.º 8.666, de 21 de junho de 1993.

Logicamente, para que se garanta a observância dos princípios do contraditório e da ampla defesa, deverá ser instaurado um processo administrativo para que se apurem as irregularidades cometidas pela concessionária.

Art. 38, § 2.º. A declaração da caducidade da concessão deverá ser precedida da verificação da inadimplência da concessionária em processo administrativo, assegurado o direito de ampla defesa.

Somente após essa investigação, sendo a concessionária considerada culpada e ficando demonstrado que não possui condições de continuar prestando o serviço público, a extinção da concessão poderá ser realizada por meio de um decreto expedido pelo chefe do Poder Executivo.

Art. 38, § 4.º Instaurado o processo administrativo e comprovada a inadimplência, a caducidade será declarada por decreto do poder concedente, independentemente de indenização prévia, calculada no decurso do processo.

Em resumo, para que ocorra a caducidade, alguns requisitos são necessários:

- Irregularidade cometida pela concessionária.
- Processo administrativo disciplinar que assegure o direito de defesa.
- Decreto expedido pelo chefe do Poder Executivo.
- Sem pagamento de prévia indenização à concessionária.

Encampação x Caducidade

Formas de extinção da concessão	
ENCAMPAÇÃO	**CADUCIDADE**
Interesse Público	Culpa: concessionária
LEI autorizativa específica	Processo Administrativo Disciplinar + DECRETO
Concessionária: prévia indenização	Concessionária: sem prévia indenização

Rescisão

A diferença principal da rescisão para as outras modalidades de extinção decorre da iniciativa com relação ao fim do contrato, pois, enquanto, por exemplo, na encampação e na caducidade o termo contratual é imposto pela Administração, no uso de sua supremacia, na rescisão quem busca o encerramento das funções é a própria concessionária.

> Art. 39, Lei 8.987/1995. O contrato de concessão poderá ser rescindido por iniciativa da concessionária, no caso de descumprimento das normas contratuais pelo poder concedente, mediante ação judicial especialmente intentada para esse fim.

Apesar de a lei falar apenas em rescisão judicial, logicamente poderá a concessionária conseguir de forma amigável uma rescisão consensual (bilateral) com a Administração. Nesse caso, existirá o desinteresse das partes na continuidade da concessão. A esse fenômeno dá-se o nome de distrato.

Entretanto, não existindo acordo, deverá a concessionária ingressar com uma ação judicial pleiteando especificamente a extinção do contrato antes do prazo avençado. Ocorre que, em virtude do princípio da continuidade dos serviços públicos, o serviço não poderá ser interrompido antes da decisão judicial transitada em julgado.

> Art. 39, Lei 8.987/1995. Parágrafo único. Na hipótese prevista no *caput* deste artigo, os serviços prestados pela concessionária não poderão ser interrompidos ou paralisados, até a decisão judicial transitada em julgado.

6. PARCERIA PÚBLICO-PRIVADA – PPP

As parcerias público-privadas nada mais são do que contratos especiais de concessão de serviços públicos.

A Lei 11.079/2004 instituiu duas formas de PPP. Vejamos:

> Art. 2.º Parceria público-privada é o contrato administrativo de concessão, na modalidade patrocinada ou administrativa.
>
> § 1.º **Concessão patrocinada** é a concessão de serviços públicos ou de obras públicas de que trata a Lei n.º 8.987, de 13 de fevereiro de 1995, quando envolver, adicionalmente à tarifa cobrada dos usuários contraprestação pecuniária do parceiro público ao parceiro privado.
>
> § 2.º **Concessão administrativa** é o contrato de prestação de serviços de que a Administração Pública seja a usuária direta ou indireta, ainda que envolva execução de obra ou fornecimento e instalação de bens.
>
> § 3.º **Não constitui parceria público-privada a concessão comum**, assim entendida a concessão de serviços públicos ou de obras públicas de que trata a Lei n.º 8.987, de 13 de fevereiro de 1995, quando não envolver contraprestação pecuniária do parceiro público ao parceiro privado.

Em resumo, podemos dizer que existem três tipos de concessão: comum (regida integralmente pela Lei 8.987/1995), patrocinada e administrativa, as quais são regidas pela Lei 11.079/2004, aplicando-lhes, subsidiariamente, as disposições da Lei 8.987/1995.

Cap. 6 – SERVIÇOS PÚBLICOS 211

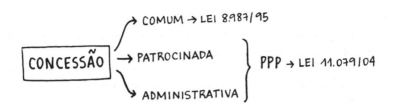

> **caiu na prova**
>
> **(CEBRASPE/MP-CE/2020)** Parceria público-privada é o contrato administrativo de concessão que pode ser celebrado na modalidade patrocinada ou administrativa.
>
> **Gabarito:** Certo.

6.1 Espécies de PPP

Como analisamos nas disposições do art. 2.º da Lei 11.079/2004, existem duas formas de o Poder Público efetivar as suas parcerias, podendo estas formar concessões comuns ou patrocinadas.

Concessão patrocinada

Segundo a Lei 11.079/2004:

> Art. 2.º, § 1.º Concessão patrocinada é a concessão de serviços públicos ou de obras públicas de que trata a Lei n.º 8.987, de 13 de fevereiro de 1995, quando **envolver, adicionalmente à tarifa cobrada dos usuários contraprestação pecuniária do parceiro público ao parceiro privado**. (grifos nossos)

Nesse tipo de parceria, o Poder Público vai ajudar a remunerar a concessionária. Vamos imaginar o seguinte exemplo: a Empresa "X", após participar de uma licitação e assinar um contrato de parceria público-privada do tipo patrocinada com o Estado "Y", inicia as obras de construção de uma nova rodovia, a qual será usufruída pela população mediante o pagamento de uma tarifa (pedágio). Entretanto, com o objetivo de garantir a observância do princípio da modicidade tarifária, o pagamento à concessionária não será feito apenas pelos usuários (povo), existirá também uma contraprestação pecuniária paga pelo Estado "Y" a fim de baratear o valor pago pelos usuários.

Pode a Administração Pública realizar essa contraprestação por diversos meios. Vejamos o que preleciona a Lei 11.079/2004:

> Art. 6.º A contraprestação da Administração Pública nos contratos de parceria público-privada poderá ser feita por: I – ordem bancária; II – cessão de créditos não tributários; III – outorga de direitos em face da Administração Pública; IV – outorga de direitos sobre bens públicos dominicais; V – outros meios admitidos em lei.

Por fim, como regra, apenas poderá o Poder Público custear até 70% do valor da tarifa. Entretanto, em casos excepcionais, mediante autorização legislativa, a contraprestação poderá ser efetivada em um valor maior.

Art. 10, § 3.º, Lei 11.079/2004. As concessões patrocinadas em que mais de 70% (setenta por cento) da remuneração do parceiro privado for paga pela Administração Pública dependerão de autorização legislativa específica.

> **caiu na prova**
>
> **(FUNDATEC/CONTADOR-SC/2020)** *As concessões patrocinadas em que mais de 50% (cinquenta por cento) da remuneração do parceiro privado for paga pela Administração Pública dependerão de autorização legislativa específica.*
>
> **Gabarito:** *Errado.[7]*

Concessão administrativa

Segundo a Lei 11.079/2004, art. 2.º, § 2.º:

> Concessão administrativa é o contrato de prestação de serviços de que **a Administração Pública seja a usuária direta ou indireta**, ainda que envolva execução de obra ou fornecimento e instalação de bens. (grifos nossos)

> **caiu na prova**
>
> **(CEBRASPE/INSS/2022)** *A concessão administrativa se dá quando seu objeto é a prestação de serviço do qual a administração pública seja a usuária, ainda que indireta.*
>
> **Gabarito:** *Certo.*

No caso desse tipo de PPP, o serviço terá como usuária a própria Administração. Assim, logicamente será esta a responsável pela remuneração à concessionária. Um exemplo clássico desse tipo de concessão especial é a construção e manutenção de presídios federais.

6.1.1 Concessão comum x patrocinada x administrativa

Com a finalidade de facilitar a visualização da diferença entre os tipos de concessão, segue uma tabela esquematizando o tema:

CONCESSÃO			
	Comum	**Patrocinada**	**Administrativa**
Quem usa o serviço?	Povo	Povo	Administração
Quem paga?	Povo	Povo + Administração	Administração

6.2 Características dos contratos de parceria público-privada

Além das características gerais instituídas pela lei geral de licitação e contratos (Lei 14.133/2021) e das previsões da lei referente às concessões comuns

---

[7] Apenas será necessária a autorização legislativa caso o poder público tenha de arcar com mais de 70% da remuneração do parceiro privado.

(Lei 8.987/1995), algumas **cláusulas específicas** se impõem nos contratos de PPP. Vamos a elas:

a) **Prazo de duração do contrato:** no mínimo 5 anos e no máximo 35 anos.

b) **Penalidades:** poderá a Administração, usando de seu poder disciplinar, aplicar punições ao parceiro privado, as quais deverão ser fixadas de forma proporcional à gravidade da falta cometida e às obrigações assumidas.

c) **Compartilhamento de riscos:** a Administração Pública se responsabiliza juntamente com o parceiro privado pelos riscos decorrentes do contrato, inclusive os decorrentes de: caso fortuito, força maior, fato do príncipe e álea econômica extraordinária.

d) **Manutenção do equilíbrio econômico-financeiro:** deverão ser previstas formas de remuneração e de atualização dos valores contratuais de forma a evitar as perdas inflacionárias.

e) **Atualidade:** devem existir mecanismos para a preservação da atualidade da prestação dos serviços.

f) **Inadimplência do parceiro público:** os fatos que caracterizem a inadimplência pecuniária do parceiro público, os modos e o prazo de regularização e, quando houver, a forma de acionamento da garantia.

g) **Avaliação de desempenho:** em busca do respeito ao princípio da eficiência, passará o parceiro privado por critérios objetivos de avaliação de desempenho.

h) **Garantias de execução:** a prestação, pelo parceiro privado, de garantias de execução suficientes e compatíveis com os ônus e riscos envolvidos.

i) **Compartilhamento dos ganhos:** o compartilhamento com a Administração Pública de ganhos econômicos efetivos do parceiro privado decorrentes da redução do risco de crédito dos financiamentos utilizados pelo parceiro privado.

j) **Vistoria:** os bens reversíveis, ou seja, aqueles que após a finalização do contrato retornam às mãos da Administração deverão passar por vistorias, podendo o parceiro público reter os pagamentos ao parceiro privado, no valor necessário para reparar as irregularidades eventualmente detectadas.

k) **Cronograma:** o cronograma e os marcos para o repasse ao parceiro privado das parcelas do aporte de recursos, na fase de investimentos do projeto e/ou após a disponibilização dos serviços, sempre que verificada a hipótese do § 2.º do art. 6.º da Lei 11.079/2004.

Segundo a Nova Lei de Licitações e Contratos Administrativos, a concessão de parceria público-privadas será precedida de licitação na modalidade concorrência ou diálogo competitivo. Art. 180, Lei 14.133/2021. O caput do art. 10 da Lei n.º 11.079, de 30 de dezembro de 2004, passa a vigorar com a seguinte redação: "Art. 10. A contratação de parceria público-privada será precedida de licitação na modalidade concorrência ou diálogo competitivo, estando a abertura do processo licitatório condicionada a: [...]"

6.2.1 Vedações aos contratos de parceria público-privada

Além das características específicas, a Lei 11.079/2004 impõe algumas proibições ao contrato de PPP. Vejamos:

Art. 2.º, § 4.º É vedada a celebração de contrato de parceria público-privada:

I – cujo valor do contrato seja inferior a R$ 10.000.000,00 (dez milhões de reais);

II – cujo período de prestação do serviço seja inferior a 5 (cinco) anos; ou

III – que tenha como objeto único o fornecimento de mão de obra, o fornecimento e instalação de equipamentos ou a execução de obra pública.

Em outras palavras, podemos dizer que o contrato de parceria público-privada possui as seguintes limitações:

a) **Valor:** no mínimo, o contrato terá o valor de 10 milhões de reais.
b) **Prazo:** o contrato terá como prazo mínimo o período de 5 anos e, no máximo, 35 anos.
c) **Serviço público:** necessariamente um contrato de parceria público-privada deve envolver a prestação de um serviço público, não podendo ser pactuado com a única finalidade de realizar obra, fornecer mão de obra e instalar equipamentos.

cuidado

O contrato de PPP poderá realizar, por exemplo, a execução de uma obra, entretanto não poderá ser firmado apenas com essa finalidade, pois, para que a parceria possa vir a ser firmada, junto com a realização da obra deve vir necessariamente a prestação de um serviço público.

caiu na prova

(IESES/TJ-RO/2021) É vedada a celebração de contrato de parceria público-privada que tenha como objeto único o fornecimento de mão de obra, o fornecimento e instalação de equipamentos ou a execução de obra pública.

Gabarito: Certo.

6.2.2 Principais características dos contratos de parceria público-privada

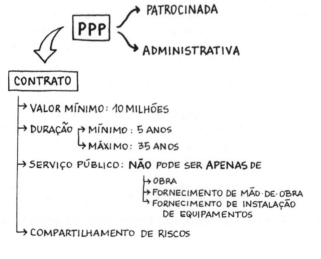

7. PERMISSÃO DE SERVIÇO PÚBLICO

A Constituição Federal previu que os serviços públicos poderiam ser prestados pelo Poder Público diretamente ou mediante concessão ou permissão (art. 175, CF/1988). A fim de pôr em prática esse mandamento constitucional, foi produzida a Lei 8.987, no ano de 1995.

Entretanto, essa norma quase não se dedicou ao estudo das permissões, mencionando tal instituto em apenas duas passagens rápidas de seu texto. Por exemplo, logo no início da lei foram instituídas quais seriam as características básicas da permissão. Vejamos:

> Art. 2.º Para os fins do disposto nesta Lei, considera-se: [...] IV – **permissão** de serviço público: a **delegação**, a **título precário**, mediante **licitação**, da prestação de serviços públicos, feita pelo poder concedente à **pessoa física ou jurídica** que demonstre **capacidade para seu desempenho**, por **sua conta e risco**. (grifos nossos)

Para facilitar a compreensão, vamos sintetizar as características:

* Delegação.
* Título precário.
* Pessoa física ou jurídica.
* Capacidade para desempenhar o serviço público.
* Realiza a atividade por sua conta e risco.

caiu na prova

(QUADRIX/CREMERN/2022) *A delegação de serviços públicos à pessoa física, por meio de permissão, será a título precário.*

Gabarito: *Certo.*

De cara já podemos observar algumas diferenças da concessão para a permissão. Por exemplo, enquanto aquela só pode ser ofertada para pessoas jurídicas ou consórcios de empresas, esta poderá ser delegada tanto a pessoas físicas quanto jurídicas.

Segundo vimos no artigo citado acima, a permissão é dada a título precário, ou seja, quem a recebe não possui estabilidade. Até aí não existe nenhum problema. A grande problemática surge quando analisamos outro dispositivo da Lei 8.987/1995. Vejamos:

> Art. 40. A permissão de serviço público será formalizada mediante **contrato de adesão**, que observará os termos desta Lei, das demais normas pertinentes e do edital de licitação, inclusive quanto à precariedade e à revogabilidade unilateral do contrato pelo poder concedente. (grifos nossos)

Nesse momento, instaurou-se um conflito doutrinário, pois a natureza contratual é incompatível com a precariedade, já que a regra generalíssima é a de que todo contrato deve possuir um prazo. Logo, considerá-lo precário seria o mesmo que estabelecer uma vigência indeterminada.

A Nova Lei de Licitações e Contratos Administrativos prevê a possibilidade da assinatura de contratos por prazo indeterminado na hipótese de a Administração ser usuária de serviço público oferecido em regime de monopólio, vejamos: Art. 109, Lei 14.133/2021. A Administração poderá estabelecer a vigência por prazo indeterminado nos contratos em que seja usuária de serviço público oferecido em regime de monopólio, desde que comprovada, a cada exercício financeiro, a existência de créditos orçamentários vinculados à contratação.

Daí alguns doutrinadores começaram a contestar a natureza contratual das permissões, mas o próprio Supremo Tribunal Federal já decidiu que tanto as concessões quanto as permissões de serviços públicos devem ser formalizadas mediante a assinatura de um contrato.

jurisprudência

(...) no sentido de que o art. 175, parágrafo único, I da CF (...) **afastou qualquer distinção conceitual entre permissão e concessão, ao conferir àquela o caráter contratual próprio desta.** *(STF, ADInMC 1.491/DF, 08.05.2014).*

Resumindo, segundo a doutrina majoritária, deve existir uma mitigação do caráter precário das permissões, devendo o contrato estipular um prazo a ser respeitado, o que gera, por consequência, direito à indenização, caso exista uma rescisão antecipada.

Mas cuidado ao realizar provas de concurso!

Várias questões pedem simplesmente o texto de lei. Logo, a resposta dada como correta, muitas vezes, simplesmente menciona que a permissão é um contrato de adesão, precário, e que, por isso, não acarreta direitos indenizatórios ao contratado.

7.1 Permissão x concessão

Conforme sabemos, existem diversos pontos em comum entre esses dois institutos, pois as duas modalidades são formas de delegação da prestação de serviços públicos.

Entretanto, precisamos demonstrar os pontos diferenciadores entre eles.

CONCESSÃO	PERMISSÃO
Licitação: modalidade concorrência ou diálogo competitivo	Licitação: qualquer modalidade
Execução: – só serviço público; ou – serviço público + obra	Execução: – só serviço público
Delegação: Pessoa jurídica ou consórcio de empresa	Delegação: Pessoa jurídica ou física
Contrato: Prazo determinado	Contrato: Título precário (a doutrina preleciona que a precariedade é incompatível com a natureza contratual)

8. AUTORIZAÇÃO DE SERVIÇO PÚBLICO

A autorização é classificada como um ato administrativo unilateral, discricionário e precário. Sendo assim, a Administração Pública tanto poderá analisar a conveniência e oportunidade no momento da concessão desta quanto no momento de sua extinção.

Sendo a autorização um ato administrativo precário, não terá o particular direito à indenização, caso o Poder Público decida revogar o benefício que havia concedido.

Para a doutrina majoritária existem dois tipos de autorização:

a) **Autorização para uso de bem público:** nesse caso, o indivíduo solicita à Administração uma liberação para usar de determinado bem público sem a interferência de terceiros. Por exemplo, Maria e João desejam fechar parte de determinada praia para a realização de seu casamento. Logo, poderá o Poder Público (ato discricionário) conceder a autorização para que eles utilizem, naquele momento, o bem público para fins estritamente particulares.

b) **Autorização do poder de polícia:** nesse caso, libera-se ao particular determinada atividade que depende de fiscalização do Estado. Temos, como exemplo clássico, a autorização concedida pela Polícia Federal para o porte de armas.

Observe que em nenhum momento se falou em autorização para a prestação de serviços públicos, pois, para a doutrina majoritária, tais serviços, na atualidade, só podem ser prestados mediante o regime de concessão ou permissão, sendo este, inclusive, o entendimento consagrado pelo texto constitucional:

> Art. 175. Incumbe ao Poder Público, na forma da lei, diretamente ou sob regime de concessão ou permissão, sempre através de licitação, a prestação de serviços públicos.

9. SÚMULAS

9.1 Súmulas vinculantes – STF

✓ **Súmula 2.** É inconstitucional a lei ou ato normativo estadual ou distrital que disponha sobre sistemas de consórcios e sorteios, inclusive bingos e loterias.

✓ **Súmula 12.** A cobrança de taxa de matrícula nas universidades públicas viola o disposto no art. 206, IV, da Constituição Federal.

✓ **Súmula 19.** A taxa cobrada exclusivamente em razão dos serviços públicos de coleta, remoção e tratamento ou destinação de lixo ou resíduos provenientes de imóveis, não viola o artigo 145, II, da Constituição Federal.

✓ **Súmula 27.** Compete à Justiça estadual julgar causas entre consumidor e concessionária de serviço público de telefonia, quando a ANATEL não seja litisconsorte passiva necessária, assistente nem opoente.

✓ **Súmula 29.** É constitucional a adoção, no cálculo do valor de taxa, de um ou mais elementos da base de cálculo própria de determinado imposto, desde que não haja integral identidade entre uma base e outra.

✓ **Súmula 41.** O serviço de iluminação pública não pode ser remunerado mediante taxa.

9.2 Súmulas do STF

- **Súmula 157.** É necessária prévia autorização do Presidente da República para desapropriação, pelos Estados, de empresa de energia elétrica.
- **Súmula 477.** As concessões de terras devolutas situadas na faixa de fronteira, feitas pelos Estados, autorizam, apenas, o uso, permanecendo o domínio com a União, ainda que se mantenha inerte ou tolerante, em relação aos possuidores.
- **Súmula 516.** O Serviço Social da Indústria – SESI – está sujeito à jurisdição da Justiça Estadual.
- **Súmula 545.** Preços de serviços públicos e taxas não se confundem, porque estas, diferentemente daqueles, são compulsórias e têm sua cobrança condicionada à prévia autorização orçamentária, em relação à lei que as instituiu.
- **Súmula 670.** O serviço de iluminação pública não pode ser remunerado mediante taxa.

9.3 Súmulas do STJ

- **Súmula 350.** O ICMS não incide sobre o serviço de habilitação de telefone celular.
- **Súmula 356.** É legítima a cobrança da tarifa básica pelo uso dos serviços de telefonia fixa.
- **Súmula 391.** O ICMS incide sobre o valor da tarifa de energia elétrica correspondente à demanda de potência efetivamente utilizada.
- **Súmula 405.** A ação de cobrança do seguro obrigatório (DPVAT) prescreve em três anos.
- **Súmula 407.** É legítima a cobrança da tarifa de água fixada de acordo com as categorias de usuários e as faixas de consumo.
- **Súmula 506.** A Anatel não é parte legítima nas demandas entre a concessionária e o usuário de telefonia decorrentes de relação contratual.
- **Súmula 601.** O Ministério Público tem legitimidade ativa para atuar na defesa de direitos difusos, coletivos e individuais homogêneos dos consumidores, ainda que decorrentes da prestação de serviço público.
- **Súmula 606.** Não se aplica o princípio da insignificância a casos de transmissão clandestina de sinal de internet via radiofrequência, que caracteriza o fato típico previsto no art. 183 da Lei 9.472/1997.

RESUMO
CAPÍTULO 6 – SERVIÇOS PÚBLICOS

1. Os serviços públicos podem ser prestados pelo Poder Público diretamente ou mediante os regimes de concessão, ou permissão (art. 175, CF).
2. Os serviços *uti universi* (exemplo: segurança pública) são indivisíveis e por isso serão custeados com o dinheiro dos impostos. Já os *uti singuli* (exemplo: energia elétrica domiciliar) são divisíveis e remunerados mediante taxas ou tarifas.
3. Princípio da continuidade do serviço público. Art. 6.º, § 3.º, Lei 8.987/1995. Não se caracteriza como descontinuidade do serviço a sua interrupção em situação

de emergência ou após prévio aviso, quando: I – motivada por razões de ordem técnica ou de segurança das instalações; II – por inadimplemento do usuário, considerado o interesse da coletividade.

4. Concessão de serviço público: executa serviços públicos mediante uma delegação; pode envolver a execução de obra; a licitação para que a concessão possa ser efetivada será realizada na modalidade da concorrência ou do diálogo competitivo; a concessão será repassada a uma pessoa jurídica ou a um consórcio de empresas; deve ter capacidade para desempenhar a atividade delegada; executa o serviço por sua conta e risco; assina um contrato administrativo por prazo determinado.

5. Formas de extinção do contrato de concessão: advento do termo contratual; encampação; caducidade; rescisão; anulação; falência ou extinção da empresa concessionária e falecimento ou incapacidade do titular, no caso de empresa individual.

6. Permissão de serviço público: delegação feita a título precário, mediante licitação (qualquer modalidade), da prestação de serviços públicos, feita pelo poder concedente à pessoa física ou jurídica que demonstre capacidade para seu desempenho, por sua conta e risco.

7. Encampação: considera-se encampação a retomada do serviço pelo poder concedente durante o prazo da concessão, por motivo de interesse público, mediante lei autorizativa específica e após prévio pagamento da indenização (art. 37, Lei 8.987/1995).

8. Caducidade: A inexecução total ou parcial do contrato acarretará, a critério do poder concedente, a declaração de caducidade da concessão ou a aplicação das sanções contratuais, respeitadas as disposições deste artigo, do art. 27, e as normas convencionadas entre as partes (art. 38, Lei 8.987/1995).

9. Parceria público-privada (Lei 11.079/2004): contrato administrativo de concessão, na modalidade patrocinada ou administrativa. Concessão patrocinada: concessão de serviços públicos ou de obras públicas, quando envolver, adicionalmente à tarifa cobrada dos usuários contraprestação pecuniária do parceiro público ao parceiro privado; Concessão administrativa: contrato de prestação de serviços de que a Administração Pública seja a usuária direta ou indireta, ainda que envolva execução de obra ou fornecimento e instalação de bens.

10. Características do contrato de PPP (Lei 11.079/2004): prazo de duração do contrato: no mínimo 5 anos e no máximo 35 anos; valor: no mínimo, o contrato terá o valor de 10 milhões de reais; compartilhamento de riscos: a Administração Pública se responsabiliza juntamente com o parceiro privado pelos riscos decorrentes do contrato; necessariamente um contrato de parceria público-privada deve envolver a prestação de um serviço público, não podendo ser pactuado com a única finalidade de realizar obra, fornecer mão de obra e instalar equipamentos.

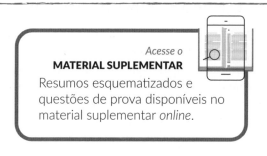

Acesse o
MATERIAL SUPLEMENTAR
Resumos esquematizados e questões de prova disponíveis no material suplementar *online*.

ATOS ADMINISTRATIVOS

1. FATO X ATO

O fato jurídico está relacionado a qualquer acontecimento capaz de produzir efeitos, podendo este ser proveniente de ações humanas ou, simplesmente, de eventos naturais.

Entretanto, o fato jurídico é gênero no qual se encontram duas espécies:

- Fato jurídico *stricto sensu* (sentido restrito): eventos naturais.
- Ato jurídico: manifestação de vontade humana.

Para facilitar a visualização, vamos a dois exemplos:

Exemplo 1: João, servidor público federal, estava trabalhando quando, de forma inesperada, teve um enfarto fulminante que acabou gerando o seu falecimento. Após esse triste episódio, foi declarada a vacância de seu cargo, nos moldes da Lei 8.112/1990: "Art. 33. A vacância do cargo público decorrerá de: [...] IX – falecimento".

Perceba que, no caso acima, tivemos uma vacância decorrente de fato jurídico em sentido restrito, pois a morte não decorreu da vontade humana, mas de um acontecimento natural.

Exemplo 2: Maria, Governadora do Estado "X", expediu um decreto desapropriando a casa de José com a finalidade de construir um posto de saúde naquela localidade.

Observe que esse decreto é um ato jurídico, pois decorreu de uma manifestação de vontade humana que ensejou a produção de efeitos.

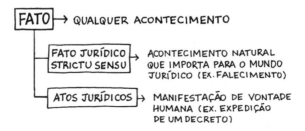

2. ATO DA ADMINISTRAÇÃO *X* ATO ADMINISTRATIVO

Sabemos que o ato decorre de uma manifestação de vontade humana. Entretanto, nem tudo o que o Poder Público faz será considerado um ato administrativo. Inicialmente, podemos dizer que os atos da Administração são o gênero do qual o ato administrativo é espécie.

Os **atos administrativos** são regidos pelo regime de direito público e expedidos no exercício da função administrativa, a qual, apesar de típica do Poder Executivo, poderá ser exercida de maneira atípica pelos Poderes Legislativo e Judiciário.

Todavia, nem sempre que a Administração atuar estará expedindo atos administrativos. Cite-se, por exemplo, a locação de um imóvel. Nesse caso, a ação será regida pelo regime de direito privado, logo, será um **ato da Administração**, mas não será um ato administrativo.

Para ficar mais visual, são atos da administração:

- **Atos privados:** conforme estudado, por diversas vezes o Estado atua usando sua posição de supremacia e, com isso, pode impor condutas e restrições aos particulares. Entretanto, em algumas situações o administrador atuará em posição de igualdade com o particular e será regido pelo regime privado. Podemos citar o caso das locações, compras e vendas, doações e permutas.

- **Atos materiais:** assemelham-se muito mais a um fato do que propriamente a um ato, pois são condutas de mera execução, sem expressar manifestações de vontade. Exemplos: demolição de uma construção irregular, apreensão de mercadorias fruto de contrabando, execução de uma cirurgia em um hospital público.

- **Atos políticos:** também denominados atos de governo, são aqueles que decorrem diretamente da própria Constituição e possuem ampla discricionariedade. Nesse caso, não se está exercendo a função administrativa, pois a atuação é baseada na função política do Estado. Como exemplo, podemos mencionar a possibilidade de o Presidente da República sancionar ou vetar leis.

- **Atos administrativos:** são expedidos no exercício da função administrativa, em caráter infralegal (abaixo da lei), sob o regime de direito público, com todas as prerrogativas e restrições decorrentes deste (falaremos do conceito de forma aprofundada no próximo tópico).

Agora que sabemos a diferença entre os atos da Administração (gênero) e os atos administrativos (espécies), surge uma pergunta:

Todos os atos administrativos são produzidos pela Administração Pública?

Não!

Isso ocorre pelo fato de os concessionários e permissionários de serviço público poderem expedir atos administrativos no exercício da função administrativa que lhes foi delegada. Observe que, nesse caso, o ato será produzido por uma pessoa não pertencente à Administração Pública.

Em resumo, podemos dizer que nem todos os atos administrativos serão um ato da Administração, já que poderão ser expedidos por pessoas do setor privado que, mediante delegação do Poder Público, passaram a executar algum serviço público (concessionárias e permissionárias).

3. CONCEITO DE ATO ADMINISTRATIVO

De maneira simples, podemos definir os atos administrativos como: uma manifestação de vontade expedida de maneira infralegal e no exercício da função administrativa, podendo ser produzido pela Administração Pública ou por seus delegatários com a finalidade de complementar a lei e atingir alguma finalidade pública, gozando de prerrogativas e restrições advindas da adoção do regime público.

Com o desenho, podemos observar várias características dos atos administrativos. São elas:

- **Unilateral:** os atos administrativos são unilaterais, já os contratos serão bilaterais.
- **Função administrativa:** como mencionamos, os atos administrativos decorrem do exercício da função administrativa, sendo esta típica do Poder Executivo e atípica do Legislativo e Judiciário. Logo, os três Poderes do Estado poderão produzir atos administrativos. Além disso, os concessionários e permissionários de serviços públicos também poderão, mediante delegação do Poder Público, expedir esse tipo de ato.
- **Infralegal:** como estudamos (capítulo referente aos princípios), a Administração Pública só poderá agir quando a lei previamente autorizar. Assim, para que um ato administrativo venha a ser produzido, faz-se imprescindível a existência de uma lei autorizadora.
- **Regime de direito público:** os princípios basilares do regime jurídico administrativo são a supremacia do interesse público sobre o privado e a indisponibilidade do interesse público. Aquele oferta prerrogativas ao administrador, já este impõe restrições em suas atuações. Como o ato administrativo busca a satisfação do interesse coletivo, atuará regido por normas públicas.
- **Manifestação de vontade:** diferentemente dos fatos administrativos em sentido estrito, os atos administrativos decorrem da manifestação de vontade de um

agente público, devendo este ser entendido da maneira mais ampla possível, de forma a abarcar todos aqueles que exercem algum *múnus público*. Logo, os atos expressam a vontade estatal na busca da produção de algum efeito jurídico.

3.1 Vinculação e discricionariedade

Ato vinculado (ou regrado) é aquele que a lei impõe uma conduta ao administrador sem deixar a ele qualquer margem de liberdade. Nesse caso, o agente público será um mero executor dos termos legais.

Podemos citar, como exemplos de atuação vinculada, a exoneração de um servidor em caso de inabilitação no período do estágio probatório e o dever de a Administração respeitar os princípios constitucionais expressos. Vejamos:

A) "Art. 20, § 2.º, Lei 8.112/1990: O servidor não aprovado no estágio probatório **será** exonerado [...]".

B) "Art. 37, CF/1988. A administração pública direta e indireta de qualquer dos Poderes da União, dos Estados, do Distrito Federal e dos Municípios **obedecerá** aos princípios de legalidade, impessoalidade, moralidade, publicidade e eficiência [...]".

Já o **ato discricionário** oferece certa margem de liberdade ao administrador para que este possa analisar, em cada caso concreto, dentre duas ou mais alternativas, qual se apresenta mais conveniente e oportuna.

Todavia, não se pode confundir discricionariedade com arbitrariedade. Esta ocorre quando se atua fora dos limites impostos ou aceitos pela lei.

Portanto, um ato nunca será integralmente discricionário, pois, o agente público deve agir sempre dentro dos limites da lei e do interesse público. Podemos citar, inclusive, alguns princípios que são considerados limitadores da discricionariedade: indisponibilidade do interesse público, legalidade, proporcionalidade e razoabilidade.

caiu na prova

(FCC/AL-AP/2020) *Pode o regramento jurídico em vigor dar ao administrador público a possibilidade de opção para sua atuação no caso concreto sob sua análise, observados, porém, certos limites que esse mesmo regramento fornece, caso em que se diz que o ato administrativo é discricionário, não sendo totalmente livre.*

Gabarito: *Certo.*

Por fim, para que exista uma harmonia entre os Poderes e se evitem excessos na atuação pública, devem existir mecanismos que garantam a fiscalização dos atos (vinculados ou discricionários) praticados pelos agentes públicos. Todavia, em virtude da tripartição dos poderes, o magistrado poderá exercer apenas o controle de legalidade dos atos administrativos, não podendo invadir o mérito deles.

3.2 Silêncio administrativo

Um grande questionamento doutrinário é se o silêncio administrativo gera efeitos. Podemos afirmar que, como regra, não.

Sabe aquele ditado popular: "quem cala consente"?

Bom, no mundo jurídico ele não será aplicado, pois a regra é a adoção do: "quem cala... fica calado". Logo, a inércia administrativa, de forma geral, não produz nenhum ato administrativo.

Entretanto, caso os efeitos do silêncio estejam previstos em lei, poderá produzir tanto ações de aprovação quanto de rejeição dos pedidos dos administrados. Para facilitar, vamos imaginar dois exemplos:

Exemplo 1:

A lei do Município "A" prevê que, quando a Administração receber do particular um pedido de autorização deverá decidir sobre a concessão desta dentro de um prazo de dez dias.

Vamos imaginar que, mesmo após esse prazo, a autoridade competente não se pronunciou acerca da solicitação do administrado. Pergunta-se:

A autorização foi concedida? Não!

A autorização foi negada? Não!

Pois, "quem cala... fica calado". Ou seja, a inércia administrativa nem aprovou e nem rejeitou a solicitação do particular. Logo, o silêncio administrativo não gerou a produção de nenhum efeito.

Exemplo 2:

A lei do Município "B" prevê que, quando a Administração receber do particular um pedido de autorização, deverá decidir sobre a concessão desta dentro de um prazo de dez dias. E, caso não se pronuncie, entende-se que a solicitação do administrado foi aprovada.

Observe que, nesse caso, a própria lei previu os efeitos do silêncio administrativo. Tanto é assim que, caso a autoridade competente fique inerte, o particular terá sua autorização concedida por expressa menção legal.

> **cuidado**
>
> *Alguns autores prelecionam que o silêncio é um fato administrativo, não um ato. Esse entendimento surge em virtude de o silêncio ser uma ausência de manifestação de vontade, logo, não poderia ser enquadrado como um ato administrativo.*

4. REQUISITOS/ELEMENTOS DO ATO ADMINISTRATIVO

Apesar de existir divergência doutrinária, usa-se de forma amplamente majoritária os termos *elementos* e *requisitos* como sinônimos, sendo estes os responsáveis pela validade ou não do ato administrativo.

Seguindo a lei da ação popular (Lei 4.717/1965), existem cinco requisitos. Vejamos: "Art. 2.º São nulos os atos lesivos ao patrimônio das entidades mencionadas no artigo anterior, nos casos de: a) incompetência; b) vício de forma; c) ilegalidade do objeto; d) inexistência dos motivos; e) desvio de finalidade".

COM	Competência
FI	Finalidade
FOR	Forma
M	Motivo
OB	Objeto

Como afirmamos, os elementos são necessários para que o ato administrativo venha a ser considerado válido. E, caso esses elementos não sejam respeitados, podem surgir defeitos de competência, finalidade, forma, motivo e objeto.

Para ficar mais fácil entender, de início vamos pensar em uma ideia-chave para cada um desses requisitos:

- **Competência: quem** pode praticar o ato.
- **Finalidade:** o que se **busca.**
- **Forma:** meio de **exteriorização.**
- **Motivo: causa.**
- **Objeto:** é o resultado do ato – **consequência.**

Agora, vamos imaginar o seguinte **exemplo**:

O dono do restaurante "Comida Boa", no dia 21 de março de 2018, foi surpreendido com a visita de um fiscal da vigilância sanitária, João. O agente público, após constatar inúmeras irregularidades, entre elas a venda de alimentos estragados e fora do prazo de validade, decidiu interditar o estabelecimento em virtude do risco iminente que este causava à saúde dos frequentadores do local. Após o ocorrido, foi aberto um processo administrativo que explicou todo o ocorrido e abriu-se prazo para que o proprietário do restaurante apresentasse a sua defesa.

Após essa história, vamos encaixar os requisitos!

A primeira coisa que se deve fazer é procurar o ato administrativo que foi praticado. A dica é: o ato é sempre a ação/omissão administrativa, basta procurar pelo verbo do caso enunciado. Assim, o **ato** foi: **interditar**.

Agora, todas as outras perguntas vão partir daí.

a) João, fiscal da vigilância sanitária, poderia ter interditado o estabelecimento?

Sim, pois ele possui **competência**.

b) O que se buscou com a interdição do restaurante?

Garantir a satisfação do interesse público e, especificamente, preservar a saúde dos frequentadores do local. Essas são as **finalidades**.

c) O ato de interdição foi exteriorizado, formalizado?

Sim, o ato de interdição foi feito por escrito e seguido de um processo administrativo. Logo, houve uma **forma**.

d) Qual foi a causa que gerou a interdição do restaurante?

A venda de alimentos estragados e impróprios ao consumo. Esse foi o **motivo** que gerou a interdição.

e) Qual foi a consequência da interdição do restaurante?

A restrição no funcionamento do local. Logo, a suspensão das atividades foi o efeito da interdição, ou seja, o seu **objeto**.

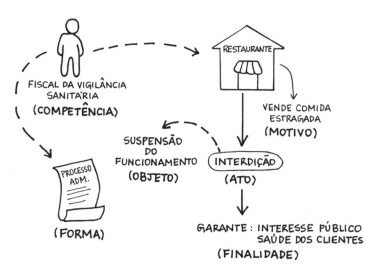

Agora que já possuímos a visão geral dos elementos dos atos administrativos, devemos passar a analisar cada um deles de forma separada.

4.1 Competência

A competência, também denominada sujeito, é um requisito vinculado, ou seja, a própria lei definirá quem estará autorizado a praticar cada tipo de ato, devendo o termo "lei" ser entendido de forma a abarcar tanto as leis em sentido estrito, a Constituição Federal e, excepcionalmente, os atos administrativos gerais.

Por exemplo, o estatuto do servidor público federal (Lei 8.112/1990) institui que a punição de demissão deve ser aplicada pela autoridade máxima do local a que esteja vinculado o servidor:

> Art. 141. As penalidades disciplinares serão aplicadas: I – pelo Presidente da República, pelos Presidentes das Casas do Poder Legislativo e dos Tribunais Federais e pelo Procurador-Geral da República, quando se tratar de demissão e cassação de aposentadoria ou disponibilidade de servidor vinculado ao respectivo Poder, órgão, ou entidade [...].

Já a Constituição Federal preleciona que a edição de decretos regulamentares deve ser feita pelo Presidente da República:

> Art. 84. Compete privativamente ao Presidente da República: [...] IV – sancionar, promulgar e fazer publicar as leis, bem como expedir decretos e regulamentos para sua fiel execução.

Mas essa competência poderá ser ofertada a quem?

A qualquer **agente público**, devendo este ser entendido como todo aquele que possui um vínculo permanente ou temporário com o Poder Público, remunerado ou não. Vejamos o que diz a lei de improbidade administrativa (Lei 8.429/1992):

> Art. 2.º Para os efeitos desta Lei, consideram-se agente público o agente político, o servidor público e todo aquele que exerce, ainda que transitoriamente ou sem remuneração, por eleição, nomeação, designação, contratação ou qualquer outra forma de investidura ou vínculo, mandato, cargo, emprego ou função nas entidades referidas no art. 1.º desta Lei.

Por fim, vale lembrar que a competência do administrador nunca é ilimitada, pois deverá o agente público atuar sempre dentro dos limites da legalidade.

4.1.1 Características da competência

Como sabemos, a competência é um requisito instituído pela lei. Logo, o administrador terá um poder-dever de utilizá-la a fim de que possa cumprir suas obrigações legais. Por exemplo, não poderia um auditor deixar de tributar uma senhora por simples piedade. Por mais humano que esse gesto possa ser, não caberá ao agente público se furtar de cumprir as suas obrigações.

Portanto, dentro da lógica de que "a lei é feita para ser cumprida", a competência possuirá as seguintes características:

- **Irrenunciável:** "Art. 11, Lei 9.784/1999. A competência é irrenunciável e se exerce pelos órgãos administrativos a que foi atribuída como própria, salvo os casos de delegação e avocação legalmente admitidos".

- **Imodificável:** como a competência é instituída pela lei, não poderá o administrador, por sua simples vontade, modificar o comando legal.

- **Imprescritível:** ainda que o agente público passe um bom tempo sem usar de sua competência, ele não perderá a titularidade de suas atribuições.

- **Improrrogável:** caso o agente público pratique um ato fora de suas atribuições e não haja reclamações por parte de terceiros, passará ele a ser considerado competente para o ato?

Não! Pois a competência administrativa não se prorroga, ou seja, não se transfere a um agente incompetente pelo simples fato de não ter havido contestações.

4.1.1.1 Delegação x avocação

Segundo a lei do processo administrativo federal, a competência é irrenunciável, ou seja, não poderá o administrador, por simples vontade, fazer a renúncia de suas atribuições legalmente previstas.

> Art. 11, Lei 9.784/1999. A competência é irrenunciável e se exerce pelos órgãos administrativos a que foi atribuída como própria, salvo os casos de delegação e avocação legalmente admitidos.

Observe que na parte final do dispositivo acima se permite que, nos casos legalmente autorizados, haja delegação e avocação de competências. Entretanto, não estará o administrador nesses casos renunciando a suas atribuições, mas, simplesmente, ocorrerá a transferência temporária da execução de alguma atividade.

Como falamos dos institutos da delegação e avocação no capítulo referente aos poderes administrativo, neste momento vamos apenas realizar uma conceituação mais resumida desses institutos.

Delegação

É a possibilidade de repassar, de forma temporária, a execução de determinada atividade à outra pessoa. Segundo a Lei 9.784/1999:

> Art. 12. Um órgão administrativo e seu titular poderão, se não houver impedimento legal, **delegar** parte da sua competência a outros órgãos ou titulares, ainda que estes não lhe sejam hierarquicamente subordinados, quando for conveniente, em razão de circunstâncias de índole técnica, social, econômica, jurídica ou territorial.

Observe que, em busca do princípio da eficiência, poderá a delegação ser feita tanto para um subordinado (relação vertical) quanto para uma pessoa de fora do plano hierárquico da autoridade delegante (relação horizontal). Em resumo, a delegação pode ser feita tanto com hierarquia quanto sem.

Logicamente, na delegação repassa-se apenas a execução de determinado serviço, preservando a autoridade delegante a competência para tal atividade. Tanto é assim que a qualquer momento poderá existir a revogação da delegação. "Art. 14, § 2.º, Lei 9.784/1999. O ato de delegação é revogável a qualquer tempo pela autoridade delegante."

DIREITO ADMINISTRATIVO FACILITADO – *Ana Cláudia Campos*

Mas quem será o responsável pela má execução do ato, o delegante (quem repassou a atividade) ou o delegado (quem praticou o ato)?

O delegado!

A resposta é ofertada pela Súmula 510 do Supremo Tribunal Federal: "Praticado o ato por autoridade, no exercício de competência delegada, contra ela cabe o mandado de segurança ou a medida judicial".

Por fim, surge outra pergunta: todos os atos estatais podem ser delegados?

Não! A lei do processo administrativo federal é expressa no sentido de que não podem ser objeto de delegação (art. 13, Lei 9.784/1999):

a)   A edição de atos de caráter normativo.

b)   A decisão de recursos administrativos.

c)   As matérias de competência exclusiva do órgão ou autoridade.

Avocação

Ocorrerá quando o superior hierárquico tomar para si as atribuições de um subordinado. Entretanto, para que isso ocorra, a competência não poderá ser exclusiva do subordinado, devendo existir ainda um motivo relevante e ser sempre excepcional e temporária.

> Lei 9.784/1999, art. 15. Será permitida, em caráter excepcional e por motivos relevantes devidamente justificados, a avocação temporária de competência atribuída a órgão hierarquicamente inferior.

Perceba que, diferentemente da delegação, a avocação só poderá existir se houver uma relação de superioridade e subordinação, ou seja, enquanto a delegação pode ser vertical ou horizontal, a avocação, necessariamente, terá de ser vertical, já que somente poderá ocorrer quando o superior pegar para si a função de um subordinado.

4.1.2 Vício de competência

Pode ser que o ato administrativo venha a ser praticado com algum defeito em relação ao seu sujeito. Os principais vícios são: excesso de poder, atos praticados pelo funcionário de fato e pelo usurpador de função.

Excesso de poder

Nesse caso, o administrador pratica o ato sem nem possuir competência para tanto, ou seja, ele extrapola os limites de suas atribuições. Por exemplo, caso um delegado de polícia no curso de uma investigação criminal autorize a interceptação de comunicações telefônicas de determinado traficante, será essa medida considerada ilícita, já que apenas o juiz, segundo a própria Constituição Federal (art. 5.º, XII), poderá autorizar tal medida.

Resumindo: o ato praticado com excesso de poder é **inválido**.

Obs.: a depender do caso concreto, poderá tal ato ser convalidado. Aprofundaremos essa parte no final do capítulo.

Cap. 7 – ATOS ADMINISTRATIVOS

Funcionário de fato

É aquele que possui algum tipo de vício em sua investidura. Por exemplo, Rafaela falsificou um diploma de conclusão do curso de Direito para ser nomeada no cargo de Oficial de Justiça. Perceba que ocorreu uma irregularidade com a sua investidura no setor público. Entretanto, enquanto a fraude não for descoberta, ela exercerá suas funções com aparência de legalidade.

Daí surge um questionamento: os atos praticados pelo funcionário de fato são válidos ou inválidos?

Válidos!

Isso ocorre em virtude da boa-fé dos particulares, do princípio da impessoalidade e da teoria do órgão. Imagine o caso de uma certidão emitida por um funcionário de fato. Quando este realiza a produção de tal documento, quem o está fazendo, na verdade, é o próprio Estado (princípio da impessoalidade e teoria do órgão), pois o agente público é mero transmissor da vontade estatal. Além do mais, o particular que recebeu o documento o fez de boa-fé, logo, não seria justo ele ser prejudicado pelo erro cometido por outrem.

Usurpador de função

Nesse caso, o ato será praticado por um particular que não possui nenhuma relação com a Administração Pública. Cite-se, por exemplo, o caso de um indivíduo que atua como se fosse agente de trânsito. Caso ele aplique uma multa, esta será considerada um comando estatal?

Claro que não, pois o Poder Público não possui ciência dessa atitude, já que o ato foi praticado por um particular não integrante de seus quadros funcionais. Logo, o ato praticado por um usurpador de função é considerado **inexistente**.

> **caiu na prova**
>
> **(FCC/DPE-AM/2022)** *A lavratura de um auto de infração por um particular usurpador de função pública constitui um ato administrativo inexistente.*
>
> **Gabarito:** *Certo.*

Por fim, vale salientar que, caso um indivíduo atue como se fosse agente público, não o sendo, estará ele praticando crime previsto no Código Penal. Vejamos:

> Art. 328. Usurpar o exercício de função pública: Pena – detenção, de três meses a dois anos, e multa. Parágrafo único. Se do fato o agente aufere vantagem: Pena – reclusão, de dois a cinco anos, e multa.

4.2 Finalidade

A finalidade é o que o administrador busca com a sua atuação, podendo, segundo a doutrina majoritária, ser definida em:

- **Finalidade geral/mediata:** o administrador sempre deverá atuar em busca da satisfação do interesse público, sendo exatamente esta a finalidade geral de todo

DIREITO ADMINISTRATIVO FACILITADO – *Ana Cláudia Campos*

e qualquer ato administrativo. Por exemplo, o Estado ao desapropriar uma casa, interditar um restaurante e punir um servidor, terá o mesmo escopo geral nas três ações, qual seja: atingir o bem coletivo.

- **Finalidade específica/imediata:** entretanto, apesar de a finalidade geral de todos os atos ser exatamente a mesma, de forma específica cada atuação administrativa estará buscando um fim diferente, qual seja aquele estipulado pela lei. Por exemplo, ao interditar um restaurante, o Poder Público visa garantir a saúde pública; já a sanção imposta a um servidor possui como escopo evitar que este pratique novamente atos irregulares.

4.2.1 Vício de finalidade

O administrador deverá agir sempre dentro de certos limites. Com isso, caso ele atue buscando uma finalidade diversa da prevista em lei, estará cometendo abuso de poder classificado como: **desvio de finalidade**.

> Art. 2.º, Lei 4.717/1965. [...]. Parágrafo único. Para a conceituação dos casos de nulidade observar-se-ão as seguintes normas: [...] e) o desvio de finalidade se verifica quando o agente pratica o ato visando a fim diverso daquele previsto, explícita ou implicitamente, na regra de competência.

Podemos citar como exemplo o caso do chefe de determinada repartição que remove seu subordinado para uma localidade bem distante em virtude de uma discussão travada com ele. Perceba que o chefe é competente para praticar o ato de remoção, entretanto o faz para satisfazer interesses pessoais, não visando o interesse público; logo, ele desvia da finalidade imposta pela lei.

Por fim, cumpre observar que, em certas situações, o administrador desviará da finalidade específica, mas, ainda assim, o ato será considerado lícito. Esse fenômeno poderá ocorrer nas desapropriações, sendo denominado: **tredestinação lícita.** Vamos a dois exemplos.

Exemplo 1

Paulo, governador do Estado "X", desapropriou a casa de Maria alegando a necessidade de construir naquela localidade um posto de saúde. Entretanto, após a efetivação da desapropriação, ele utilizou o imóvel para fazer a sede de seu partido político.

Perceba que houve desvio de poder, também denominado desvio de finalidade. Sendo assim, logicamente o ato será considerado nulo, já que a finalidade pública não foi atingida. Nesse caso, ocorreu uma tredestinação (mudança de finalidade) ilícita.

Exemplo 2

Rafael, governador do Estado "W", desapropriou a casa de Bruna alegando a necessidade de construir naquela localidade um posto de saúde. Entretanto, após a conclusão da desapropriação ocorreu uma forte chuva que acabou gerando a destruição de algumas escolas públicas. Em virtude do ocorrido, o governador decidiu que, em vez de construir o novo posto de saúde, usaria aquele espaço para a feitura de um novo colégio público.

Veja que, diferentemente da situação do exemplo 1, no caso ora mencionado o interesse público foi atingido, mesmo acontecendo um desvio em relação à finalidade inicial. Nesse caso, temos uma tredestinação lícita, devendo o ato ser preservado.

Esse entendimento encontra-se, inclusive, pacificado no âmbito dos tribunais superiores. Segue uma decisão do Superior Tribunal de Justiça sobre o tema:

> ### jurisprudência
>
> *O fato de atribuir ao imóvel finalidade não prevista no momento da desapropriação não configura, necessariamente, tredestinação ilícita. 5. Caso a área seja destinada a outro fim que atenda ao interesse público, ocorre simples tredestinação lícita, não surgindo o direito à retrocessão. Precedentes do STJ. [...] (STJ, 2.ª Turma, REsp 853713/SP, 06.08.2009).*

> ### caiu na prova
>
> **(QUADRIX/CRA-PA/2019)** *Há casos em que a própria lei admite a possibilidade de alteração da finalidade original do ato administrativo; quando esse desvio, contudo, se dá sem respaldo legal, ocorre a chamada tredestinação ilícita, ou desvio de finalidade.*
>
> **Gabarito:** *Certo.*

4.3 Forma

No início do capítulo estudamos que os fatos decorrem de eventos naturais, enquanto os atos são fruto de uma manifestação de vontade humana. Sendo assim, para que o agente público externe seus comandos, faz-se imprescindível a utilização de determinada forma. Perceba que sem a presença desse requisito o ato administrativo nem sequer existe.

Em virtude do **princípio da solenidade**, adota-se como regra a forma **escrita** e em vernáculo (língua portuguesa):

> Art. 22, § 1.º, Lei 9.784/1999. Os atos do processo devem ser produzidos por escrito, em vernáculo, com a data e o local de sua realização e a assinatura da autoridade responsável.

Todavia, excepcionalmente admite-se a utilização de outras formas que não sejam escritas. Cite-se o caso dos agentes de trânsito que emitem comandos sonoros, dispondo a resolução 160 do Contran que: "um silvo breve significa: siga. Dois silvos breves significam: pare. Um silvo longo significa: a necessidade de diminuição da marcha".

Resumindo, podemos dizer que a forma, como regra, será escrita, admitindo--se, excepcionalmente, a utilização de meios sonoros, verbais, gestuais e até mesmo luminosos, como os semáforos.

Por fim, como decorrência do regime de direito público e do princípio da legalidade, deverá a Administração, como regra, antes de praticar os seus atos, realizar prévio processo administrativo para que os princípios do devido processo legal, do contraditório e da ampla defesa venham a ser respeitados.

4.3.1 Motivação

Motivar é explicar, justificar, realizar uma fundamentação (de fato e de direito), por escrito, sobre os atos e decisões produzidos pelo Poder Público. É um princípio geral que deve reger toda atividade administrativa. Por exemplo, quando uma multa de trânsito é expedida, deverá ela mencionar as razões que levaram à aplicação da punição (fundamentar o fato) e mostrar o embasamento legal de tal medida (fundamentar o direito).

> **I Jornada de Direito Administrativo – Enunciado 12**
>
> A decisão administrativa robótica deve ser suficientemente motivada, sendo a sua opacidade motivo de invalidação.

Observe que a motivação faz parte da **forma**, até mesmo porque motivar é explicar por escrito a razão de o Poder Público ter tomado as suas decisões. E, segundo a Lei 9.784/1999 (art. 50), as ações administrativas **deverão ser motivadas** quando:

a) Neguem, limitem ou afetem direitos ou interesses.

b) Imponham ou agravem deveres, encargos ou sanções.

c) Decidam processos administrativos de concurso ou seleção pública.

d) Dispensem ou declarem a inexigibilidade de processo licitatório.

e) Decidam recursos administrativos.

f) Decorram de reexame de ofício.

g) Deixem de aplicar jurisprudência firmada sobre a questão ou discrepem de pareceres, laudos, propostas e relatórios oficiais.

h) Importem anulação, revogação, suspensão ou convalidação de ato administrativo.

Mas será que todos os atos, sem exceção, devem ser motivados?

Não!

A motivação é uma regra generalíssima, porém, excepcionalmente, por autorização legal ou constitucional, admite-se a prática de atos independentemente de motivação. Cite-se o caso da exoneração de uma pessoa de seu cargo em comissão. Não precisará a autoridade competente explicar as razões que a levaram àquela medida. Esse fenômeno é denominado exoneração *ad nutum*, ou seja, sem a necessidade de motivação.

Por fim, o art. 50, § 1.º, da Lei 9.784/1999 preleciona que:

> [...] a motivação deve ser explícita, clara e congruente, podendo consistir em declaração de concordância com fundamentos de anteriores pareceres, informações, decisões ou propostas, que, neste caso, serão parte integrante do ato.

Nesse caso, temos a **motivação aliunde** (*per relationem*).

Mas do que se trata essa motivação?

A motivação aliunde ocorre quando o administrador justifica a prática de seu ato com base em uma motivação anterior. Por exemplo, no processo "X" foi dado um parecer opinando pela interdição de determinado estabelecimento em virtude das péssimas condições em que este se encontrava. Sendo assim, poderá a autoridade competente decidir usando os fundamentos apontados no parecer para embasar a sua decisão. Ou seja, em vez de se fazer uma nova motivação, serão usados os fundamentos de um ato anterior.

Mas a utilização desse tipo de motivação por referência é aceita pelo ordenamento jurídico brasileiro?

Sim!

A motivação aliunde, também denominada *per relationem*, é completamente legítima, sendo acatada tanto pela doutrina quanto pela jurisprudência nacional. Vejamos um julgado do STJ relativo ao tema:

⚖️ jurisprudência

Processual civil. Administrativo. Agravo interno no recurso ordinário em mandado de segurança. Código de Processo Civil de 2015. Aplicabilidade. Processo administrativo disciplinar. Motivação per relationem. [...] Verifico que o tribunal de origem adotou orientação pacífica no âmbito do Supremo Tribunal Federal, segundo a qual é possível, para fins de motivação dos atos administrativos, a remissão aos fundamentos de manifestação constante nos autos de processo administrativo. (STJ, 1.ª Turma, AgInt nos EDcl no RMS 509264t/BA, 21.11.2017).

📄 caiu na prova

(FGV/TRT-MA/2022) *De acordo com a Lei 9.784/1999, que trata do processo administrativo federal, a motivação deve ser explícita, clara e congruente, podendo consistir em declaração de concordância com fundamentos de anteriores pareceres, informações, decisões ou propostas, que, neste caso, serão parte integrante do ato, configurando o que a doutrina denomina de motivação aliunde.*

Gabarito: *Certo.*

4.3.2 Vício de forma

A forma é um instrumento para que a Administração Pública consiga atingir os seus objetivos, pois, como vimos, se o ato não for exteriorizado, ele nem sequer existirá.

Além do mais, sendo a forma um requisito vinculado, deverá o agente público respeitar os ditames e procedimentos legais até para que não exista o desrespeito a princípios básicos, tais como o da indisponibilidade, devido processo legal, contraditório e ampla defesa.

Entretanto, nem todo defeito de forma culminará com a nulidade do ato, pois, caso o vício não atinja interesses de terceiros e nem prejudique a Administração poderá existir a correção da irregularidade por meio do instituto da convalidação (aprofundaremos esse tópico no final do capítulo).

Por outro lado, sendo o vício considerado insanável, só restará uma opção: a anulação. Isso ocorre nos casos em que a forma predeterminada pela lei for desobedecida. Podemos citar, como exemplo, a ausência de prévio procedimento licitatório para uma contratação e a demissão de um servidor estável sem a realização de um prévio processo administrativo disciplinar.

> Art. 2.º, parágrafo único, Lei 4.717/1965. Para a conceituação dos casos de nulidade observar-se-ão as seguintes normas: [...] b) o vício de forma consiste na omissão ou na observância incompleta ou irregular de formalidades indispensáveis à existência ou seriedade do ato.

4.4 Motivo

O motivo é a causa que gera uma consequência. É uma situação de fato e de direito que autoriza a prática de um ato. Sendo assim, será ele baseado em dois pressupostos. Vejamos:

- **Pressuposto de direito:** existência de uma norma.
- **Pressuposto de fato:** ocorrência concreta da previsão normativa.

Vamos imaginar a seguinte situação: Maria, servidora pública federal, após regular processo administrativo disciplinar, recebeu a punição de demissão por ter ficado comprovado que ela praticava atos de corrupção juntamente com empresas do setor privado, punição esta baseada na Lei 8.112/1990: "Art. 132. A demissão será aplicada nos seguintes casos: [...] XI – corrupção".

Observe que o pressuposto de direito é a previsão normativa (art. 132, Lei 8.112/1990) e o pressuposto de fato é o perfeito enquadramento da conduta da servidora no dispositivo legal, ou seja, Maria, no caso concreto, praticou atos de corrupção vedados pela lei.

De forma bem simples, podemos achar esse requisito fazendo uma simples pergunta: por que o ato foi praticado?

A resposta a esse questionamento sempre será o motivo.

Vamos a alguns exemplos:

ATO	POR QUÊ?	MOTIVO
Maria foi demitida (ato: demitir)	?	Estava aceitando propina
A lanchonete foi interditada (ato: interditar)	?	Possuía alimentos impróprios ao consumo
João foi multado (ato: multar)	?	Estacionou seu carro em local proibido
O servidor foi removido (ato: remover)	?	Necessidade de servidores no interior do Estado

4.4.1 Teoria dos motivos determinantes

O administrador fica vinculado ao motivo por ele alegado. Sendo assim, a causa que determinou a prática do ato terá de ser existente e válida; caso não o seja, o ato será invalidado por vício de motivo.

Para facilitar a compreensão, vamos a mais um exemplo.

João, servidor público do Estado da Bahia, foi removido por ordem de seu superior hierárquico para uma cidade bem distante daquela em que exercia as suas funções sob a alegação de necessidade de servidores. Entretanto, ao chegar a seu novo local de trabalho, João constatou que na verdade existia excesso de servidores.

Analisando o caso acima, temos o seguinte:

Ato: remoção.

Motivo que determinou a prática do ato de remoção: necessidade de servidores no interior do Estado.

Constatação: existia, na verdade, excesso de servidores.

Conclusão: a causa que determinou a prática do ato de remoção era falsa. Portanto, a remoção será considerada inválida por possuir vício de motivo e ofender a teoria dos motivos determinantes.

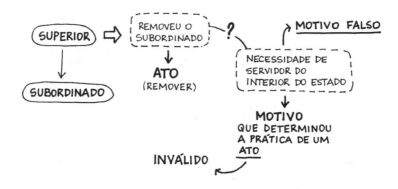

jurisprudência

Constatada a inexistência da razão ensejadora da demissão do agravado pela Administração (prática de nepotismo) e considerando a vinculação aos motivos que determinaram o ato impugnado, este deve ser anulado, com a consequente reintegração do impetrante. Precedentes do STJ. 3. Agravo regimental não provido (STJ, 2.ª Turma, AgRg no RMS 32437/MG, 22.02.2011).

caiu na prova

(CEBRASPE/TJ-AM/2019) De acordo com a teoria dos motivos determinantes, a validade de um ato administrativo vincula-se aos motivos indicados como seus fundamentos, de modo que, se inexistentes ou falsos os motivos, o ato torna-se nulo.

Gabarito: Certo.

4.4.1.1 Teoria dos motivos determinantes x motivação

Conforme estudado, a motivação deve ser a regra. Assim, os atos administrativos devem apresentar uma fundamentação de fato e de direito ligando o caso concreto ao dispositivo legal.

No entanto, excepcionalmente, alguns atos podem prescindir (dispensar) de motivação, como no caso da exoneração de um indivíduo de seu cargo em comissão.

Observe que a autoridade competente, ao exonerar o comissionado, não precisará explicar as razões que o levaram a adotar tal medida. Entretanto, se ele desejar, poderá justificar (motivar) a sua decisão.

Daí surge uma pergunta: caso a motivação, apesar de não ser necessária, venha a ser feita, os motivos por ela indicados vinculam a atuação administrativa?

Sim! Em virtude da teoria dos motivos determinantes.

Imagine a seguinte situação: Paula possuía há anos um cargo em comissão no Tribunal de Justiça do Estado do Paraná. Todavia, foi surpreendida com o ato de sua exoneração sob a alegação de que a instituição precisava realizar um corte de verbas.

Observe que até o momento não existe problema algum.

Contudo, se no dia imediatamente posterior à exoneração de Paula existisse a nomeação de Bruno para ocupar exatamente o lugar daquela, ainda assim o ato continuaria válido?

Nesse caso, não mais.

Como Paula foi exonerada sob a alegação de corte de verbas, a nomeação de Bruno para o seu lugar demonstra que o motivo alegado pelo ato exoneratório é falso. Logo, o ato desrespeita a teoria dos motivos determinantes, pois, ainda que a motivação não seja necessária, se ela for feita, o motivo por ela alegado passa a vincular a atuação administrativa. Vejamos o que preleciona o STJ.

⚖ jurisprudência

Segundo a Teoria dos Motivos Determinantes, a Administração, ao adotar determinados motivos para a prática de ato administrativo, ainda que de natureza discricionária, fica a eles vinculada. (STJ, 5.ª Turma, RMS 20565/MG, 15.03.2007).

📄 caiu na prova

(IBFC/TRE-PA/2020) *Segundo a teoria dos motivos determinantes, quando a Administração motiva o ato, mesmo que a lei não exija a motivação, ele só será válido se os motivos forem verdadeiros.*

Gabarito: *Certo.*

4.4.2 Motivo x motivação

Não podemos confundir o motivo com a motivação. Aquele é a causa de o ato ter sido praticado; já esta é simplesmente a explicação do ocorrido, ou seja, a demonstração das razões de fato e de direito que levaram a Administração a praticar o seu ato.

Joana estacionou seu carro em local proibido e, após a fiscalização de um agente de trânsito, o veículo foi rebocado por estar atrapalhando o trânsito local e infringir o Código de Trânsito Brasileiro, fato este que foi apurado em um processo administrativo, o qual explicitou todo o ocorrido e as razões que levaram à aplicação da sanção.

Analisando o caso acima, temos o seguinte:

Ato: rebocar.

Motivo que determinou a prática do ato: estacionamento do carro em local proibido.

Motivação: explicação por escrito dos fundamentos de fato e de direito que embasaram a ação administrativa.

4.4.3 Vício de motivo

Para que o ato venha a ser válido, ele deverá possuir previamente um motivo que o tenha causado. Por exemplo, para que exista uma desapropriação, terá de existir um motivo que leve o Poder Público a praticar essa ação; para que um servidor venha a ser demitido, ele deverá ter cometido alguma irregularidade.

Com isso, caso o motivo alegado venha a ser falso ou inexistente, o ato praticado será considerado nulo.

> Art. 2.º, parágrafo único, Lei 4.717/1965. Para a conceituação dos casos de nulidade observar-se-ão as seguintes normas: [...] d) a inexistência dos motivos se verifica quando a matéria de fato ou de direito, em que se fundamenta o ato, é materialmente inexistente ou juridicamente inadequada ao resultado obtido.

Só para facilitar a visualização, imagine o caso de um servidor estável que sofre a punição de demissão por suposta inassiduidade habitual (art. 132, III, Lei 8.112/1990). Caso ele consiga provar que na verdade não possuía faltas injustificadas ao trabalho, o ato sancionatório será considerado nulo em virtude da falsidade do motivo alegado.

4.5 Objeto

O objeto, também denominado, segundo a doutrina majoritária, conteúdo, é simplesmente o efeito gerado pela prática do ato. Por exemplo, a interdição de um restaurante terá como efeito (objeto) a suspensão das atividades por determinado período de tempo; a demissão de um servidor estável terá como efeito (objeto) a punição e a vacância do cargo.

Sendo assim, tal requisito está relacionado ao efeito jurídico imediato do ato, ou seja, ao efeito produzido com a ação administrativa, devendo o objeto ser sempre lícito, possível, determinado ou, pelo menos, determinável.

E, qualquer que seja o tipo de ato, deverá ele respeitar os cinco elementos: competência, finalidade, forma, motivo e objeto.

> Art. 2.º, parágrafo único, Lei 4.717/1965. Para a conceituação dos casos de nulidade observar-se-ão as seguintes normas: [...] c) a ilegalidade do objeto ocorre quando o resultado do ato importa em violação de lei, regulamento ou outro ato normativo.

4.6 Mérito do ato administrativo

Como sabemos, os atos administrativos podem ser vinculados ou discricionários. Naqueles o administrador atua sem margem de liberdade para fazer escolhas, já neste poderá o agente público analisar qual conduta será mais conveniente e oportuna para que se possa atingir o interesse público.

E, qualquer que seja o tipo de ato, deverá ele respeitar os cinco elementos: competência, finalidade, forma, motivo e objeto.

No caso dos atos vinculados, todos os requisitos também o serão, ou seja, não poderá o administrador realizar nenhum tipo de escolha.

Já nos atos discricionários o mérito (motivo + objeto) possibilitará ao agente público a realização de escolhas. Todavia, continuam sendo vinculados os elementos referentes à competência, finalidade e forma.

Para facilitar o aprendizado, segue uma tabela:

REQUISITOS	ATO VINCULADO	ATO DISCRICIONÁRIO	
Competência	Vinculado	Vinculado	
Finalidade	Vinculado	Vinculado	
Forma	Vinculado	Vinculado	
Motivo	Vinculado	Discricionário	MÉRITO
Objeto	Vinculado	Discricionário	

4.6.1 Controle judicial dos atos administrativos

Para que exista harmonia entre os Poderes e se evitem excessos na atuação pública, devem existir mecanismos que garantam a fiscalização dos atos (vinculados ou discricionários) praticados pelos agentes públicos.

Imagine, por exemplo, o prefeito de determinada cidade que, de forma irregular, aplica o dinheiro público para atender a fins meramente particulares.

Pergunta-se: poderá o juiz (Poder Judiciário) exercer controle em relação aos atos praticados pelo prefeito (Poder Executivo)?

Claro que sim. Até mesmo porque, segundo a própria Constituição Federal, "art. 5.º, XXXV – a lei não excluirá da apreciação do Poder Judiciário lesão ou ameaça a direito". Assim, por meio de controle externo, poderá o juiz analisar os atos praticados pelo prefeito.

Daí surge outra pergunta: poderá o juiz exercer controle sobre qualquer aspecto do ato administrativo?

Não. Como decorrência da tripartição de poderes, o magistrado poderá exercer apenas controle de legalidade dos atos administrativos, sem, entretanto, invadir o mérito destes. Em outras palavras, o Poder Judiciário verifica se o ato praticado respeitou ou não a lei (controle de legalidade), sendo vedada a substituição das decisões do administrador pelas do juiz (controle de mérito).

Em resumo, podemos afirmar que poderá existir, sim, controle judicial em relação aos atos discricionários, desde que o juiz se limite a analisar os aspectos referentes à legalidade desses atos, não podendo, então, por consequência lógica, invadir o mérito administrativo.

Por fim, cabe fazer uma observação. Caso o administrador pratique um ato desrespeitando princípios, tais como a proporcionalidade e razoabilidade, caberá, sim, ao Poder Judiciário exercer controle sobre esse ato. Nesse caso, estará ele fazendo a análise da legalidade da atuação administrativa, e não do mérito, pois, se um ato fere os princípios, será considerado ilegal.

caiu na prova

(CEBRASPE/PGE-PE/2019) *O controle judicial dos atos administrativos é restrito a aspectos de legalidade, sendo vedada a análise do mérito administrativo pelo Poder Judiciário.*

Gabarito: *Certo.*

5. ATRIBUTOS/CARACTERÍSTICAS DO ATO ADMINISTRATIVO

O princípio da supremacia do interesse público oferta à Administração prerrogativas para que esta possa alcançar a satisfação do interesse público. Sendo assim, os atos administrativos possuem algumas características que os distinguem dos atos privados chamadas de atributos dos atos administrativos.

Mas quais seriam esses atributos?

Bom, apesar de não existir um consenso doutrinário, para fins de provas em geral costuma-se usar quatro características: presunção de legitimidade, autoexecutoriedade, tipicidade e imperatividade.

P	**P**resunção de legitimidade
A	**A**utoexecutoriedade
T	**T**ipicidade
I	**I**mperatividade

5.1 Presunção de legitimidade

Em virtude do princípio da legalidade, o administrador só poderá fazer aquilo que a lei permite. Com isso, quando existir uma atuação do Poder Público, se presumirá que a ação está sendo feita de acordo com a lei.

Então vamos usar o seguinte raciocínio lógico:

Quando o agente público pratica um ato, presume-se que ele o fez com autorização legal; logo, deverá essa ação ser considerada válida até que se consiga comprovar alguma irregularidade.

Resumindo, o atributo da presunção de legitimidade faz que os atos administrativos se **presumam válidos** desde a sua produção até o momento que alguém porventura consiga provar que, na verdade, eles possuíam alguma ilegalidade.

Para facilitar a compreensão, segue um exemplo:

Maria, proprietária do veículo de placa XXX-0001, recebeu em sua residência a notificação de uma infração de trânsito. Na exposição dos motivos, a Administração justificou sua ação dizendo que impôs a sanção em virtude de a particular ter estacionado o seu carro em local proibido, ferindo assim o disposto no art. 181 do Código de Trânsito Brasileiro.

Observe que esse ato (notificação da infração de trânsito) se presume feito de acordo com a lei (presunção de legalidade) e de acordo com a verdade dos fatos "estacionamento em local proibido" (presunção de veracidade). Com isso, a ação administrativa é tida como válida e possibilita a execução imediata do comando estatal, o que traz, por consequência lógica, maior **celeridade** à atuação do Poder Público.

Mas essa presunção de validade é absoluta (*juris et de jure*)?

Não, pois poderá o particular prejudicado contestar o ato administrativo e demonstrar que ele não foi produzido de acordo com a lei ou que a história narrada não corresponde à verdade dos fatos.

Usando o caso acima, poderia Maria impugnar a ação administrativa e tentar comprovar que a multa é descabida, provando, por exemplo, que no dia em que supostamente houve o estacionamento em local proibido ela nem sequer havia saído de casa, demonstrando por meio de filmagens que seu carro passou o dia inteiro estacionado no interior de sua residência.

Com isso, podemos afirmar que a presunção de legitimidade dos atos administrativos é meramente **relativa (*juris tantum*),** ou seja, poderá o interessado contestar a ação administrativa e demonstrar a ilegalidade da conduta.

> ### caiu na prova
>
> **(QUADRIX/CREA-GO/2019)** *Um atributo dos atos administrativos é a presunção de legitimidade, que é* juris tantum.
>
> **Gabarito:** *Certo.*

Perceba que, quando a Administração produz o ato, ela não terá de provar o que alega, pois desde o início esse ato já é tido como válido. Mas, como sabemos, poderá o interessado contestar a atuação estatal e demonstrar que os fatos alegados não são verdadeiros, ocorrendo dessa forma a **inversão do ônus da prova**, ou seja, quem deverá provar algo não é quem faz o ato, mas sim que se defende dele.

Agora resta saber o seguinte: esse atributo está presente em alguns atos praticados pela Administração ou em todos?

Em **todos**, pois os atos administrativos gozam de **fé pública** (presumem-se feitos de acordo com a lei e procedimentos legais) e os fatos por eles narrados presumem-se verdadeiros até prova em contrário.

Por fim, são fundamentos desse atributo:

- Soberania do Estado.
- Princípio da legalidade.
- Necessidade de maior celeridade na atuação administrativa.
- Observância de procedimentos prévios e formais para a expedição do ato.
- Submissão do ato ao controle interno e externo.

5.2 Autoexecutoriedade

O atributo da autoexecutoriedade possibilita à Administração a execução de seus atos independentemente de prévia autorização judicial, podendo inclusive fazer uso da força, desde que esta seja necessária e se respeitem os princípios da proporcionalidade e razoabilidade.

Mas será que todo ato possui autoexecutoriedade?

Não!

Esse atributo só existirá quando a **lei** previamente autorizar a ação administrativa ou em situações de **urgência**.

Exemplo 1:

Um agente de trânsito pode remover um veículo que esteja estacionado de forma irregular. Observe que não precisará existir uma prévia autorização judicial para esse ato, pois o próprio Código de Trânsito Brasileiro (**lei**) já autoriza tal medida.

> Art. 181. Estacionar o veículo: [...] IV – em desacordo com as posições estabelecidas neste Código: Infração – média; Penalidade – multa; Medida administrativa – remoção do veículo.

Exemplo 2:

Um agente da defesa civil adentra a casa de Paula, sem autorização judicial, para resgatar duas pessoas que ficaram soterradas após o desabamento de uma barreira. Perceba que, logicamente, não precisará o agente administrativo solicitar prévia autorização do juiz para que possa entrar na residência, pois, tratando-se de uma situação de **urgência**, deverá existir a atuação imediata do administrador.

Daí surge outra pergunta.

Sabemos que em algumas situações o administrador não precisará de prévia autorização do juiz para agir. Mas isso significa que os atos administrativos estão imunes ao controle judicial?

Não!

A autoexecutoriedade apenas faz com que o agente público não precise pedir para praticar o ato. Todavia, em caso de excessos, existirá, sim, um controle judicial, realizado posteriormente à prática do ato.

Por fim, a autoexecutoriedade possui dois aspectos: a exigibilidade e a executoriedade. Vejamos.

Exigibilidade

É a possibilidade de a Administração tomar decisões independentemente da manifestação do Poder Judiciário. Nesse caso, o administrador usa **meios indiretos de coerção** para forçar determinadas condutas.

Vamos imaginar a seguinte situação: João estava dirigindo seu carro e, ao mesmo tempo, falando no celular, descumprindo, dessa forma, o Código de Trânsito Brasileiro:

> Art. 252. Dirigir o veículo: [...] V – com apenas uma das mãos, exceto quando deva fazer sinais regulamentares de braço, mudar a marcha do veículo, ou acionar equipamentos e acessórios do veículo: **Penalidade – multa** [...]. Parágrafo único. A hipótese prevista no inciso V caracterizar-se-á como infração gravíssima no caso de o condutor estar segurando ou manuseando telefone celular.

Observe que a Administração não tem como obrigar o particular a cumprir e respeitar a lei, mas poderá impor uma **multa** em caso de descumprimento do comando normativo.

Portanto, a multa tem força de exigibilidade, podendo ser imposta independentemente de autorização judicial e possuindo a finalidade de, pelo menos indiretamente, tentar impedir o cometimento de atos irregulares por parte dos indivíduos.

Por fim, logicamente, para que a Administração exija seus atos, faz-se imprescindível a existência de prévio procedimento administrativo em respeito, especialmente, aos princípios do devido processo legal, contraditório e ampla defesa.

> Súmula 312 do STJ. No processo administrativo para imposição de multa de trânsito, são necessárias as notificações da autuação e da aplicação da pena decorrente da infração.

Executoriedade

Nesse caso, a Administração poderá usar **meios diretos de coerção** para fazer cumprir os comandos legais, utilizando, inclusive, de força física a fim de fazer valer suas decisões.

Cap. 7 – ATOS ADMINISTRATIVOS **245**

Podemos citar, como exemplo, a remoção de um veículo estacionado de forma irregular na via e que estava gerando enorme caos no trânsito; a dispersão de uma passeata atentatória à moralidade; a destruição de alimentos impróprios ao consumo, entre outros.

Perceba que nessas situações o administrador não precisará de prévia autorização judicial para praticar o ato, bastando, para tanto, tratar-se de uma situação emergencial ou na qual exista autorização legal para o agir administrativo.

5.3 Tipicidade

Esse atributo é uma criação da doutrinadora Maria Sylvia Zanella di Pietro, a qual preleciona que: "o ato administrativo deve corresponder a figuras definidas previamente pela lei como aptas a produzir determinados resultados. Para cada finalidade que a Administração pretende alcançar existe um ato definido em lei".[1]

A tipicidade está relacionada diretamente ao **princípio da legalidade,** impondo a Administração a prática de atos legalmente previstos e vedando, por consequência, os atos inominados (não previstos em lei).

Observe que esse atributo não oferta uma prerrogativa, muito pelo contrário, impõe **restrições** à atuação administrativa, já que a Administração só poderá atuar dentro dos limites estipulados pelo ordenamento jurídico. Sendo assim, a tipicidade representa uma garantia aos administrados, vendando condutas abusivas por parte do Estado.

Por fim, como o princípio da legalidade deve sempre ser respeitado, esse atributo estará presente em **todos** os atos administrativos.

5.4 Imperatividade

A imperatividade faz com que a Administração possa impor obrigações aos particulares independentemente da concordância destes (**poder extroverso**). Trata-se de decorrência do princípio da supremacia do interesse público, o qual permite ao Estado atuar impondo deveres e obrigações aos administrados sem a necessidade da anuência destes.

> **caiu na prova**
>
> **(CEBRASPE/MPC-SC/2022)** *A imperatividade do ato administrativo, também conhecida como poder extroverso da administração, é o atributo que diz respeito à imediata realização do objeto do ato, independentemente do crivo judicial.*
>
> **Gabarito:** *Errado.*[2]

Podemos citar vários exemplos: a interdição de um restaurante, a limitação de velocidade em determinada via e uma desapropriação. Observe que em todas as situações o ato administrativo prescinde (dispensa) da manifestação de vontade do particular.

---

[1] DI PIETRO, Maria Sylvia Zanella. *Direito administrativo*. 21. ed. São Paulo: Atlas, 2008.

[2] O atributo que diz respeito à imediata realização do objeto do ato, independentemente do crivo judicial, é o da autoexecutoriedade, e não da imperatividade.

Mas a imperatividade existe em todos os atos?

Não! Apenas naqueles que impõem obrigações aos administrados. Assim, os **atos de gestão, enunciativos e negociais** não possuem imperatividade.

caiu na prova

(QUADRIX/CRP-SP/2022) *A imperatividade é um atributo inerente a todo ato administrativo.*
Gabarito: *Errado.*[3]

Por exemplo, quando o Poder Público concede uma licença (ato negocial) para que o particular possa construir sua casa, não estará nesse momento impondo nenhuma obrigação, mas apenas liberando o exercício de determinada atividade. Da mesma forma, quando o médico concede um atestado (ato enunciativo) a determinado paciente, estará apenas confirmando a existência de um problema de saúde sem, entretanto, impor obrigações a ele.

Por fim, vale ressaltar que, em virtude do atributo da presunção de legitimidade, o ato, mesmo tendo sido produzido de maneira inválida, poderá ser impositivo em relação aos particulares, devendo estes acatar o comando estatal até que consigam comprovar a ilegalidade da ação administrativa.

5.5 Resumo

ATRIBUTO	RESUMO	APLICAÇÃO	CUIDADO!
Presunção de legitimidade	Presunção de validade dos atos administrativos até que exista prova em contrário	Todos os atos	A presunção de validade é relativa (*juris tantum*)
Autoexecutoriedade	Possibilidade de o administrador praticar o ato independentemente de prévia autorização judicial	Autorização da lei ou situações de urgência	O ato poderá sofrer controle judicial posterior
Tipicidade	Dever de praticar os atos de acordo com a lei	Todos os atos	Veda a prática de atos inominados
Imperatividade	Poder de impor uma obrigação ao particular independentemente da concordância deste	Atos que impõem obrigações	Não existe nos atos de gestão, enunciativos e negociais

---

[3] Nem todos os atos possuem imperatividade.

6. CLASSIFICAÇÃO DOS ATOS ADMINISTRATIVOS

O estudo da classificação nunca é uma tarefa fácil, em virtude dos inúmeros critérios que são adotados pela doutrina. Sendo assim, focaremos nosso estudo nos principais pontos cobrados em prova seguindo a corrente majoritária.

6.1 Quanto à liberdade

a) **Ato vinculado:** nesse caso, o administrador não possuirá nenhuma margem de liberdade para realizar escolhas, existindo, segundo os comandos legais, apenas uma única opção de atuação.

Exemplo: caso, após um regular processo administrativo disciplinar, fique comprovado que um servidor estável abandonou o seu cargo (ausência intencional por mais de 30 dias seguidos), será ele demitido.

Art. 132, Lei 8.112/1990. A demissão será aplicada nos seguintes casos: [...] II – abandono de cargo.

b) **Ato discricionário:** nesse tipo de ato, oferece-se certa margem de liberdade ao administrador para que este possa analisar, em cada caso concreto, dentre duas ou mais alternativas, qual se apresenta mais conveniente e oportuna.

Exemplo: Maria pede uma autorização para celebrar seu casamento na praia "X" (bem de uso comum do povo) no dia 02 de outubro daquele ano. Entretanto, ao receber a solicitação, o poder público poderá autorizar o uso do espaço público ou não, tudo dependerá da conveniência e oportunidade.

6.2 Quanto aos destinatários

a) **Ato geral:** é aquele destinado a pessoas indeterminadas, preservando as características de abstração, generalidade e impessoalidade. Nesse caso, temos comandos normativos que atingem de forma indiscriminada a todos que se enquadrem na situação descrita.

Exemplo: atos que impõem limite de velocidade em uma avenida, regulamentam as etapas de um procedimento licitatório, limitam a altura dos prédios em determinado bairro, entre outros.

Por fim, para que esse tipo de ato produza seus efeitos, faz-se imprescindível a efetiva publicação de seus termos.

b) **Ato individual:** nesse caso, o ato é produzido para atingir pessoas certas e determinadas. Observe que não necessariamente será atingido um único indivíduo, pois, para que um ato seja considerado individual, basta que as pessoas atingidas pelo comando estatal sejam conhecidas.

Exemplo: nomeação de um candidato, exoneração de um servidor, desapropriação de duas casas.

Segundo a doutrina especializada, caso o ato individual atinja uma única pessoa, será chamado de singular; se atingir vários indivíduos determinados, será denominado ato múltiplo.

6.3 Quanto ao alcance

a) **Ato interno:** são aqueles ligados diretamente ao poder hierárquico, produzindo efeitos meramente internos à estrutura administrativa sem atingir particulares. Esses atos buscam garantir a organização e estruturação dos órgãos e agentes públicos, não precisando, como regra, ser publicados para que possam produzir efeitos.

Exemplo: uma instrução do superior hierárquico para o seu subordinado, uma circular explicando como deve ser feito o atendimento ao público, uma ordem de serviço, entre outros.

b) **Ato externo:** são aqueles que possuem abrangência externa, ou seja, atingem indivíduos estranhos à repartição pública. É muito comum a produção de atos externos no uso do poder de polícia, já que este pode limitar a liberdade e a propriedade dos particulares em benefício da coletividade.

Exemplo: decreto que limita a altura dos prédios de determinada área e que impõe limite de velocidade em determinada via.

Logicamente, por atingir pessoas em geral, deverá esse ato ser devidamente publicado nos meios oficiais para que possa iniciar a produção dos seus efeitos.

6.4 Quanto ao objeto

a) **Ato de império:** é decorrente do princípio da supremacia do interesse público sobre o privado e faz com que a Administração atue em posição de superioridade em relação ao particular.

Em virtude da relação verticalizada, ao praticar atos de império adota-se o regime de direito público, o qual confere diversas prerrogativas ao Estado, tais como a possibilidade de atuar sem a necessidade de prévia autorização judicial (autoexecutoriedade) e de impor condutas independentemente da anuência dos indivíduos (imperatividade).

Exemplo: um decreto expropriatório, a imposição de uma multa e a interdição de um supermercado.

b) **Ato de gestão:** nesse ato, a Administração despe-se de sua posição de supremacia e atua em posição de horizontalidade com o particular. Sendo assim, adota-se o regime de direito privado, colocando-se o Estado em posição de igualdade com os indivíduos.

Exemplo: doação de bens, alienação de imóveis inservíveis e locações.

c) **Ato de expediente:** são os atos burocráticos relacionados ao andamento dos processos administrativos. Nesse caso, o Estado não está se relacionando com os particulares, mas meramente impulsionando os procedimentos administrativos.

Exemplo: o despacho com o fim de encaminhar um processo para ser julgado.

6.5 Quanto à estrutura

a) **Ato concreto:** é produzido para um único e específico caso. Após a sua produção, ele já exaure os seus efeitos.

Cap. 7 – ATOS ADMINISTRATIVOS 249

Exemplo: demissão de um servidor, desapropriação de uma casa, aplicação de uma multa de trânsito.

b) **Ato abstrato:** define uma regra genérica que deve ser observada por todos que se enquadrem em determinada situação. É perene e se aplica indefinidas vezes.

Exemplo: uma norma que limita a velocidade em uma via; estabelece o horário de funcionamento dos órgãos públicos e impõe restrições ao estacionamento dos veículos.

6.6 Quanto aos efeitos

a) **Ato constitutivo:** é aquele apto a gerar uma nova situação jurídica, seja criando, extinguindo ou modificando direitos.

Exemplo: autorização para o porte de arma de fogo, exoneração de um servidor, nomeação de um candidato aprovado em concurso público, dentro tantos outros.

b) **Ato declaratório:** não cria um novo direito, mas apenas declara algo já preexistente.

Exemplo: uma certidão de nascimento não criará a criança, mas apenas fará a declaração de que ela existe. A mesma lógica usa-se no atestado de óbito, que apenas reconhece que determinada pessoa faleceu.

6.7 Quanto aos resultados

a) **Ato ampliativo:** é aquele que amplia a esfera de direitos de seus destinatários. É um ato benéfico que concede vantagens àquele que o recebe.

Exemplo: licença para construir, autorização para casar na praia, permissão para colocar uma banca de jornal na calçada.

b) **Ato restritivo:** também denominado ato ablativo, é aquele que limita os direitos dos destinatários ou lhes impõem restrições.

Exemplo: punição de suspensão aplicada a um servidor, cassação da licença para dirigir, proibição de construir em determinada área.

6.8 Quanto à formação

De todas as classificações, a que gera maior dúvida na hora das provas, com certeza, é em relação à formação do ato. Exatamente por isso vamos tentar explicar de maneira bem prática e desenhada. Vamos lá.

a) Ato simples: é aquele que, para ser formado, basta uma única manifestação de vontade, podendo esta ser expedida por um único indivíduo ou por um órgão colegiado.

Exemplo 1: O governador do Estado da Paraíba expediu um decreto (ato simples feito por um único agente).

Exemplo 2: Um conselho de administração, formado por três pessoas, decidiu aplicar uma multa a determinado particular (ato simples feito por um colegiado).

Observe que, neste último caso, apesar de o órgão possuir três pessoas, estas se uniram e decidiram em nome do órgão, logo, o ato é simples.

b) **Ato complexo:** é aquele que para ser formado necessita da conjugação de duas ou mais vontades expedidas por órgãos distintos e independentes entre si, ou seja, não existe hierarquia entre eles.

Exemplo 1: Para facilitar, vamos imaginar uma situação bem trivial e cotidiana, não relacionada ao Direito Administrativo.

Um casamento! (imagine a cena)

João e Maria estão no altar e o padre pergunta:

"João da Silva, você aceita Maria como sua esposa?"

Na mesma hora o noivo responde: Sim!!!

Daí eu te pergunto, já existe casamento?

Não, pois não basta a manifestação de vontade de apenas um dos noivos para que o casamento exista. Faz-se necessária a soma de vontades entre Maria e João. Assim, somente no momento em que ambos concordarem, o casamento tornar-se-á existente.

Exemplo 2: Agora, de fato, vamos analisar um ato complexo estritamente da matéria de Direito Administrativo.

A nomeação de um Ministro do STF.

> Art. 84, CF. Compete privativamente ao Presidente da República: [...] XIV – nomear, após aprovação pelo Senado Federal, os Ministros do Supremo Tribunal Federal [...].

Observe que, para que a vaga de Ministro do Supremo Tribunal Federal seja preenchida, um caminho precisa ser percorrido.

Passo 1: indicação do nome pelo Presidente da República (Poder Executivo).

Passo 2: aprovação do nome indicado pelo Senado Federal (Poder Legislativo).

Logicamente, como sabemos, não existe hierarquia entre os Poderes do Estado. Logo, as vontades do Presidente da República e do Senado são independentes, e somente se existir a concordância de ambos em relação à pessoa indicada (Executivo + legislativo) é que se aperfeiçoará o ato de nomeação do novo Ministro do STF.

Exemplo 3: Por fim, outro exemplo de ato complexo muito utilizado nas provas em geral é a concessão de aposentadoria.

Observe que, para que esta se aperfeiçoe, é necessária a manifestação do órgão a que o servidor esteja vinculado + o registro perante o Tribunal de Contas.

> **caiu na prova**
>
> **(QUADRIX/CREA-GO/2019)** *A aposentadoria do servidor público configura-se como ato administrativo complexo.*
>
> **Gabarito:** *Certo.*

Esse entendimento é, inclusive, adotado pelo Supremo e pelo Superior Tribunal de Justiça. Vejamos.

> Súmula Vinculante 3 do STF. Nos processos perante o Tribunal de Contas da União asseguram-se o contraditório e a ampla defesa quando da decisão puder resultar anulação ou revogação de ato administrativo que beneficie o interessado, excetuada a apreciação da legalidade do ato de concessão inicial de aposentadoria, reforma e pensão.

> **jurisprudência**
>
> *É assente, nesta Corte, o entendimento de que "a concessão de aposentadoria é ato complexo, razão pela qual descabe falar em prazo decadencial para a Administração revisá-lo antes da manifestação do Tribunal de Contas (STJ, 2.ª Turma, AgInt no REsp 1626905/RS, 16.02.2017).*

c) **Ato composto:** é aquele que, para ser formado, necessita de dois atos. Um principal e o outro acessório. Nesse caso, teremos um único órgão e vontades hierarquizadas. Em outras palavras, podemos dizer que inicialmente será produzido um ato; entretanto, esse ato só poderá produzir seus efeitos após a ratificação, aprovação, homologação de outro ato produzido por uma autoridade diversa da primeira.

Exemplo 1: João, servidor público do Estado de Mato Grosso, expediu uma multa (ato principal), todavia esta só poderá produzir os seus efeitos após a homologação (ato secundário) de seu superior hierárquico.

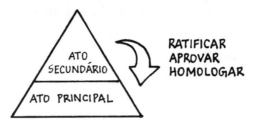

> **caiu na prova**
>
> **(COPESI/ALEPI/2020)** Ato composto é o que resulta da vontade única de um órgão ou agente, mas depende de aprovação, notificação ou confirmação por parte de outro para produzir seus efeitos.
>
> **Gabarito:** Certo.

7. ESPÉCIES DE ATOS ADMINISTRATIVOS

Segundo a doutrina majoritária, existem cinco espécies de atos administrativos: normativos, enunciativos, punitivos, ordinatórios e negociais.

Mas o que seria uma espécie de ato?

O estudo das espécies está relacionado à função que o ato possui. Por exemplo, um decreto tem como escopo a produção de uma norma (ato normativo). Já a certidão tem como finalidade atestar um fato já registrado em algum órgão público (ato enunciativo).

Por fim, devemos alertar que, assim como nas classificações dos atos, o estudo deste tópico sofre divergências doutrinárias. Logo, vamos nos ater à corrente mais cobrada nas provas de concursos em geral.

7.1 Atos normativos

Possuem como função complementar os termos da lei produzindo normas gerais e abstratas, mas sem o poder de inovar no ordenamento jurídico.

Em outras palavras, podemos dizer que esses atos são decorrência lógica do uso do poder normativo (já estudado no capítulo referente aos poderes administrativos) e possuem como escopo a produção de regras gerais para dar fiel execução às leis, atingindo, dessa forma, pessoas indeterminadas.

E quais seriam os atos normativos?

DE	**De**creto (Regulamento)	Atos, em regra, gerais e abstratos, privativos do chefe do Poder Executivo e expedidos para dar fiel execução à lei. Obs.: decreto é a forma e regulamento é o conteúdo.
RE	**Re**gimentos	Disciplinam o funcionamento interno dos órgãos colegiados. Decorrem do poder hierárquico.

DE	Deliberações	Atos decisórios dos órgãos colegiados.
RE	Resoluções	Meio utilizado pelos órgãos colegiados de alto escalão para dispor sobre assuntos de sua competência.
IN	Instruções normativas	Atos expedidos, de regra, pelos Ministros de Estado a fim de pôr em prática leis e outros atos infralegais.

7.2 Atos enunciativos

Os atos enunciativos não criam nenhuma situação nova, pois possuem como função base atestar, cientificar e opinar acerca de uma situação existente.

Para alguns autores, não seriam eles considerados atos administrativos, já que não expressam nenhuma manifestação de vontade. Sendo assim, seriam tidos como meros atos administrativos (espécie do gênero atos da administração), ou seja, simplesmente uma execução da atividade estatal.

Todavia, apesar da discussão doutrinária, para fins de provas os atos enunciativos são, sim, levados em consideração. Logo, devemos analisá-los.

E quais seriam esses atos?

C	Certidão	Cópia autenticada que atesta um fato registrado em determinado órgão público.
A	Atestado	Comprova uma situação que não está previamente registrada nos arquivos públicos.
P	Parecer	Opinião de órgãos técnicos especializados em determinado assunto. Podem ser técnicos ou jurídicos.
A	Apostila	Acrescenta ou altera situações previamente registradas. Possui a função de uma averbação.

caiu na prova

(IDCAP/AUDITOR-ES/2019) *Atos enunciativos são atos que atestam uma situação existente. São atos administrativos apenas em sentido formal, porque materialmente não contêm, via de regra, nenhuma declaração de vontade da Administração.*

Gabarito: *Certo.*

7.3 Atos punitivos

Os atos punitivos estão relacionados às sanções impostas pelo Estado aos particulares que pratiquem atos irregulares, podendo ser fruto do poder disciplinar (supremacia especial) ou de polícia (supremacia geral).

Exemplo 1: Poder disciplinar – servidores

Ficou comprovado, após regular processo administrativo disciplinar, que Saulo, servidor público federal, praticou crimes contra a Administração Pública. Sendo assim, como consequência de seus atos, recebeu a punição de **demissão**.

Art. 132, Lei 8.112/1990. A demissão será aplicada nos seguintes casos: I – crime contra a administração pública.

Exemplo 2: Poder disciplinar – particular vinculado à Administração

Determinada concessionária do serviço de transporte de passageiros (ônibus) estava descumprindo as normas contratuais e desempenhando uma atividade com qualidade muito inferior àquela que tinha sido pactuada.

Após regular processo administrativo disciplinar, o Poder Público lhe aplicou uma **multa** em virtude do descumprimento das normas que haviam sido convencionadas em contrato.

Observe que, em virtude do vínculo (contrato) entre a concessionária e o Estado, a punição é fruto de uma supremacia especial, logo, decorre do poder disciplinar.

Exemplo 3: Poder polícia – particular em geral

Um fiscal da vigilância sanitária, após a inspeção de determinada padaria, decidiu **interditar** o local em virtude das péssimas condições dos alimentos ofertados.

Então, o administrador, usando de seu poder de polícia, limitou a liberdade e a propriedade do dono do estabelecimento em busca da garantia da saúde pública.

7.4 Atos ordinatórios

Decorrem diretamente do poder hierárquico e possuem como finalidade básica a organização interna da própria Administração. Exatamente por isso, esses atos não atingem particulares estranhos à estrutura do Poder Público.

Quais seriam os atos ordinatórios?

C	Circular	Ato escrito e concreto produzido pelo superior hierárquico a fim de transmitir ordens a seus subordinados.
O	Ofício	É a forma como a Administração se comunica.
P	Portaria	Ato interno que inicia inquéritos, sindicância e processos administrativos.
A	Aviso	Utilizado pelos Ministérios de Estado para assuntos de competência interna.
D	Despacho	Decisão final ou interlocutória da autoridade pública.
O	Ordem de serviço	Ato concreto que determina instruções aos executores de obras e serviços.
I	Instrução	Ordem escrita e geral, do superior para seus subordinados.

7.5 Atos negociais

Nos atos negociais, o Estado concede algum benefício ao particular após haver o requerimento deste. Podemos citar, como exemplo, uma licença expedida pelo Poder Público liberando a construção de um novo edifício.

Observe que a Administração não está impondo condutas, mas apenas permitindo o exercício de alguma atividade. Sendo assim, esse tipo de ato não possui imperatividade.

Mas quais seriam os atos negociais?

P	**P**ermissão	• Ato unilateral • Discricionário • Constitutivo • Precário • Interesse predominantemente público • Ex.: permissão para instalar uma banca de jornal na calçada
A	**A**utorização	• Ato unilateral • Discricionário • Constitutivo • Precário • Interesse predominante do particular • Ex.: autorização para casar na praia
L	**L**icença	• Ato unilateral • Vinculado • Declaratório • Ex.: licença para construir
A	**A**dmissão	• Ato unilateral • Vinculado • Permite ao particular o uso de um serviço público • Ex.: admissão em uma escola pública
D	**D**ispensa	• Ato unilateral • Discricionário • Libera o particular do desempenho de certa atividade • Ex.: dispensa do serviço militar
A	**A**provação	• Ato unilateral • Discricionário • Faz o controle, prévio ou posterior, da legalidade e do mérito de um ato anterior
R	**R**enúncia	• Ato unilateral • Discricionário • Administração extingue um crédito ou direito próprio e libera o particular
V	**V**isto	• Ato unilateral • Vinculado • Controla a legitimidade formal de um ato produzido pela Administração ou pelo particular
H	**H**omologação	• Ato unilateral • Vinculado • Controla de forma posterior a legalidade de um ato praticado anteriormente.

caiu na prova

(VUNESP/CÂMARA-SP/2019) *São exemplos de atos negociais a autorização, a permissão e a licença.*

Gabarito: *Certo.*

8. FORMAÇÃO E EFEITOS DOS ATOS ADMINISTRATIVOS

Quando se estuda a Teoria Geral do Direito, percebe-se que qualquer ato, seja jurídico ou administrativo, deve passar por algumas fases para que possa existir e ser aplicado aos casos concretos.

Mas quais seriam essas etapas?

São três: perfeição, validade e eficácia.

8.1 Perfeição

Ato **perfeito** é aquele que completou o seu ciclo de formação. Em outras palavras, é aquele que já preencheu todas as etapas necessárias à sua existência, teve início e fim.

Em virtude do princípio da segurança jurídica, o ato jurídico perfeito não poderá ser atingido por uma nova lei, devendo esta possuir efeitos *ex nunc* (não retroativos). Entretanto, caso exista alguma ilegalidade, logicamente poderá o ato ser anulado, tanto pela Administração quanto pelo Poder Judiciário.

Já o ato **imperfeito** é aquele que ainda está sendo constituído, ou seja, ainda necessita da conclusão de algumas etapas.

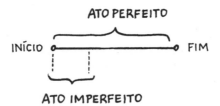

8.2 Validade

Ato **válido** é aquele que respeitou todos os ditames legais, o princípio da legalidade e todo o ordenamento jurídico. Vale lembrar que, em uma visão mais atual, a licitude deve representar tanto a observância às normas quanto aos princípios.

No caso dos atos administrativos, válido será aquele expedido com respeito às normas relativas à competência, finalidade, forma, motivo e objeto.

Já o ato **inválido** é aquele possuidor de algum defeito, tendo sido praticado sem o devido respeito aos ditames legais.

8.3 Eficácia

Alguns atos, apesar de perfeitos e válidos, ainda não estão aptos a produzir os seus efeitos. Isso ocorre nas situações em que existe a submissão a alguma condição ou termo, sendo o conceito desses institutos disciplinado pelo Código Civil. Vejamos:

> Art. 121. Considera-se condição a cláusula que, derivando exclusivamente da vontade das partes, subordina o efeito do negócio jurídico a evento futuro e incerto.
>
> Art. 131. O termo inicial suspende o exercício, mas não a aquisição do direito.

De forma simples, podemos dizer que:

- Condição é evento futuro e incerto.
- Termo é evento futuro e certo.

Vamos a um exemplo.

João, em 01.06.2023, desejando realizar uma festa junina, solicita ao Poder Público uma autorização para que no dia 24.06.2023 possa haver a interdição temporária de sua rua, visando à realização do evento. Após analisar a conveniência e oportunidade, o pedido é acatado e a autorização é expedida em 10.06.2023.

Observe que a autorização já é perfeita e válida, porém ainda não é eficaz, pois o ato está sujeito a um termo (evento futuro e certo) e só produzirá os seus efeitos no dia da realização do evento, ou seja, em 24.06.2023.

Resumindo, podemos dizer que:

- Ato **eficaz** – apto a produzir os seus efeitos.
- Ato **ineficaz** – está sujeito a uma condição ou termo. Também pode ser denominado ato pendente.

Após essa visão geral e inicial, temos de analisar os efeitos próprios (típicos) e impróprios (atípicos) dos atos administrativos:

a) **Efeito próprio:** está relacionado aos efeitos típicos do ato, ou seja, é exatamente aquilo que se espera com a expedição do comando administrativo. Por exemplo, no ato de demissão, o efeito típico é a retirada do servidor dos quadros funcionais, gerando a vacância do cargo; já em uma desapropriação, o efeito próprio é a perda da propriedade pelo particular com a consequente aquisição do bem pelo Poder Público.

b) **Efeito impróprio:** também denominado atípico, é aquele que, apesar de não estar relacionado ao fim principal da produção do ato, surge como consequência da prática administrativa, dividindo-se esse efeito em duas espécies.

   b.1) **Efeito impróprio reflexo:** atinge terceiros estranhos à relação original. Para facilitar a compreensão, vamos a um exemplo: o Município de Recife, desejando realizar a construção de um novo posto de saúde, desapropria a casa de Túlio, a qual estava alugada a Júlia.

     Observe que a relação é travada entre o Município e Túlio (proprietário do imóvel), entretanto, de maneira reflexa, essa desapropriação irá atingir Júlia (pessoa estranha à relação original), já que esta terá de deixar o local que havia alugado.

   b.2) **Efeito impróprio prodrômico:** é aquele que impõe uma nova manifestação administrativa após o início da feitura do ato. Esse efeito é muito comum em relação aos atos complexos e compostos, pois ambos dependem da produção de mais de uma vontade para que possam ser eficazes.

     Por exemplo, o Presidente da República poderá indicar uma pessoa para integrar o Supremo Tribunal Federal, entretanto, como estudamos, essa nomeação só se aperfeiçoará após a aprovação do Senado Federal.

Observe que, após a indicação realizada pelo Presidente da República, deverá o Senado agir e se pronunciar sobre a aceitação ou não do nome indicado, sendo exatamente esse o efeito prodrômico, ou seja, não poderá existir a inércia da Casa Legislativa, devendo esta, necessariamente, se manifestar sobre o ato iniciado.

8.4 Possibilidade de combinações

Após o estudo de cada uma das fases necessárias à constituição e produção de efeitos dos atos, podemos montar as seguintes combinações possíveis.

a) **Ato perfeito + válido + eficaz:** nesse caso, o ato administrativo completou seu ciclo de formação, respeitando todos os requisitos legais, e está apto a produzir seus efeitos.

b) **Ato perfeito + inválido + eficaz:** em virtude do atributo da presunção de legitimidade, um ato administrativo, ainda que inválido, produz efeitos como se válido fosse, até que exista a comprovação de sua irregularidade.

Assim, um ato poderá ser perfeito (completou seu ciclo de formação), eficaz (apto a produzir efeitos) e inválido. Podemos citar, como exemplo, o caso de uma pessoa que é nomeada para determinado cargo público mediante a realização de fraude no concurso. Observe que, enquanto não for descoberta a ilicitude, a nomeação produzirá os seus efeitos normalmente. Com isso, teremos um ato perfeito, inválido e eficaz.

caiu na prova

(QUADRIX/CRM-AC/2019) *O ato administrativo será perfeito, inválido e eficaz quando, concluído seu ciclo de formação e apesar de não se achar conformado às exigências normativas, encontrar-se produzindo os efeitos que lhe seriam inerentes.*

Gabarito: *Certo.*

c) **Ato perfeito + válido + ineficaz:** é o ato que completou todo seu ciclo de formação, respeitou o ordenamento jurídico, porém ainda não está apto a produzir efeitos em virtude da submissão de condições ou termos. Nesse caso, dizemos que o ato é pendente.

Podemos citar, por exemplo, o caso de autorização expedida para a celebração de um casamento em praça pública. Esse ato é perfeito e válido, entretanto, só produzirá efeitos no dia marcado para a celebração do matrimônio.

d) **Ato perfeito + inválido + ineficaz:** nesse caso, apesar de o ato ter encerrado o seu ciclo de formação, possui irregularidades e não está apto a produzir efeitos ou por estar sujeito a alguma condição/termo ou em virtude da comprovação da irregularidade.

9. EXTINÇÃO DOS ATOS ADMINISTRATIVOS

A extinção, também denominada desfazimento, é a retirada do ato administrativo do ordenamento jurídico, podendo esse fenômeno ocorrer pelas mais variadas razões, por exemplo, pela ilegalidade da atuação administrativa, em virtude da falta de conveniência e oportunidade, e pela sobrevinda de uma lei incompatível com o ato anteriormente praticado, entre outros.

Por ora, vamos focar nas duas formas de extinção mais importantes: revogação e anulação. Posteriormente, trataremos dos demais casos.

9.1 Revogação

A revogação é a extinção de um ato administrativo que, apesar de válido, não se mostra mais conveniente e oportuno.

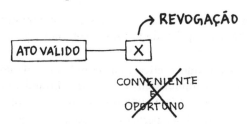

Para facilitar o aprendizado, vamos analisar esse tema em tópicos.

a) Motivo da extinção

No caso da revogação, a extinção será de um ato plenamente válido, mas que não se mostra mais adequado aos interesses da Administração.

Vamos imaginar o seguinte exemplo: João, proprietário do Bar "Tô de Boa", solicitou ao Poder Público uma autorização para poder colocar mesas e cadeiras na calçada em frente ao seu estabelecimento. Após uma análise discricionária, a Administração concedeu o pedido, por entender que aquela ação não atrapalharia o interesse público. Entretanto, após dois anos, houve um gigantesco aumento populacional no bairro em que estava instalado o bar e por entender que as mesas e cadeiras estavam dificultando a passagem dos pedestres, resolveu a Administração gerar a extinção da autorização que havia concedido.

Observe que, nesse caso, temos o desfazimento de um ato que, apesar de válido, não é mais conveniente e oportuno. A esse fenômeno dá-se o nome de revogação.

> **caiu na prova**
>
> **(QUADRIX/CRBM/2021)** *Quando se revelar inoportuno, a revogação do ato administrativo dar-se-á por conveniência da Administração.*
> **Gabarito:** *Certo.*

b) Natureza da revogação

A revogação possui a natureza de ato discricionário, já que não existe uma obrigação em relação à extinção do comando administrativo, mas, sim, mera faculdade, em virtude de o ato ter se tornado inconveniente e inoportuno.

Logo, a frase correta é: a Administração **pode** revogar os seus próprios atos. Vejamos o que diz a lei do processo administrativo federal (Lei 9.784/1999):

Art. 53. A Administração deve anular seus próprios atos, quando eivados de vício de legalidade, e **pode revogá-los** por motivo de conveniência ou oportunidade, respeitados os direitos adquiridos.

Súmula 473 do STF. A administração **pode** anular seus próprios atos, quando eivados de vícios que os tornam ilegais, porque deles não se originam direitos; ou **revogá-los, por motivo de conveniência ou oportunidade**, respeitados os direitos adquiridos, e ressalvada, em todos os casos, a apreciação judicial. (grifos nossos)

caiu na prova

(CEBRASPE/MP-AP/2021) A revogação de ato administrativo consiste em medida discricionária, por meio da qual a administração pública extingue ato administrativo válido.
Gabarito: Certo.

c) Competência para revogar

A revogação decorre de um controle de mérito. Portanto, como já visto anteriormente, apenas poderá existir essa extinção por meio de atos internos e não externos.

Em outras palavras, não poderá o Poder Judiciário revogar atos praticados pelo administrador. Todavia, os três Poderes (Legislativo, Executivo e Judiciário) poderão promover a revogação de seus próprios atos.

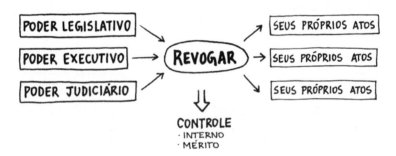

caiu na prova

(QUADRIX/SEDF/2022) A revogação dos atos administrativos é um ato discricionário pelo qual a Administração Pública ou o Poder Judiciário extinguem um ato válido por razões de oportunidade e conveniência.
Gabarito: Errado.[4]

Por fim, poderá o ato revocatório ser produzido tanto pela própria autoridade que praticou originariamente o ato como por alguma autoridade de hierarquia superior.

Art. 64, Lei 9.784/1999. O órgão competente para decidir o recurso poderá confirmar, modificar, anular ou revogar, total ou parcialmente, a decisão recorrida, se a matéria for de sua competência.

---

[4] O poder judiciário não poderá revogar os atos praticados pelo administrador.

d) Efeitos da revogação

Como na revogação existe a extinção de um ato válido, os efeitos do desfazimento desse ato serão não retroativos (***ex nunc***), ou seja, só serão levados em consideração para o futuro. Para facilitar a compreensão, vamos usar o exemplo dado inicialmente em relação ao Bar "Tô de Boa".

Observe, no caso supramencionado, que a autorização foi expedida de maneira válida. Todavia, houve a revogação do ato em virtude do acréscimo populacional e do eventual transtorno aos pedestres. Portanto, não poderá mais o dono do estabelecimento, daquela data em diante, usar a calçada para colocar as mesas e cadeiras.

caiu na prova

(AOCP/AUDITOR-RS/2020) *A revogação é a supressão de um ato administrativo válido e discricionário por motivo de interesse público superveniente, que o tornou inconveniente ou inoportuno, possuindo efeitos "ex nunc". Isso quer dizer que seus efeitos retroagem.*

Gabarito: *Errado.*[5]

e) Limite temporal

Não existe previsão legal de limite temporal para que a Administração possa revogar os seus próprios atos. Sendo assim, poderá essa forma de extinção ser realizada a **qualquer tempo**.

f) Limite material

Apesar de não existirem limitações temporais, em virtude do princípio da segurança jurídica surgem algumas restrições materiais, ou seja, alguns tipos de atos não poderão ser extintos por meio da revogação.

Pensando na doutrina majoritária e na forma como o assunto é abordado nas provas em geral, são considerados **irrevogáveis** os seguintes atos:

- **Atos vinculados:** a revogação decorre de uma análise discricionária do administrador, que decide (escolhe) não mais continuar com o ato anteriormente praticado. Assim, essa forma de extinção apenas será possível em relação aos atos discricionários, já que nos vinculados não existe espaço para a análise da conveniência e oportunidade da situação proposta.

---

[5] O efeito *ex nunc* é não retroativo. O erro está no final da questão, quando ela menciona que o efeito da revogação seria retroativo.

- **Atos que geram direitos adquiridos:** os direitos adquiridos devem ser concedidos aos seus destinatários. Logo, por raciocínio lógico, todo ato que gera um direito adquirido é vinculado e, como já vimos, só poderá existir a revogação dos atos do tipo discricionário.

- **Atos consumados/exauridos:** nesse caso, o ato já produziu todos os efeitos possíveis. É como se ele já tivesse "morrido". Como exemplo, podemos citar o caso de uma autorização expedida para a celebração de um casamento na praia. Após a realização do evento, o ato "morre", ou seja, se torna exaurido, consumado.

- **Atos enunciativos:** apenas certificam ou atestam uma situação existente, ou seja, não criam situações novas, sendo considerados meros atos administrativos. Logo, pela falta de produção de efeitos, não poderão ser revogados. São atos enunciativos: certidão, atestado, parecer e apostila.

- **Atos que integram um procedimento:** o procedimento é uma sequência preordenada de atos que possuem um momento específico para ser produzido. Com isso, existirá a preclusão dos atos anteriores com a produção dos atos subsequentes, não havendo que falar em revogação.

- **Atos de controle:** não são propriamente atos expedidos no exercício da função administrativa. Ademais, eles se exaurem com a produção do ato controlador. Logo, não há como revogar uma simples fiscalização.

- **Atos complexos (revogação por apenas uma das partes):** como visto, ato complexo é aquele dependente da conjugação de mais de uma vontade para ser formado. Sendo assim, não poderia apenas uma das partes revogar o ato que foi produzido. Por exemplo, caso uma portaria tenha sido fruto das manifestações das Secretarias A + B, não poderia um dos órgãos, por pura e simples vontade autônoma, realizar a revogação do ato produzido em conjunto.

- **Atos que a lei declare irrevogáveis:** a lei, por disposição expressa, pode considerar determinado ato não passível de revogação. Logo, em respeito ao princípio da legalidade, não poderá a Administração promover a extinção deles.

g) Resumo

REVOGAÇÃO	
Extinção de um ato	✓ Válido ✓ Não é mais conveniente e oportuno
Natureza	✓ Discricionária ✓ "Pode revogar"
Competência	✓ Só da própria Administração ✓ Controle interno Obs.: o Legislativo e o Judiciário, quando estiverem desempenhando a função administrativa, podem revogar os seus próprios atos
Efeito	✓ Não retroativo ✓ *Ex nunc*
Prazo	✓ Pode ser feita a qualquer tempo

Não podem ser revogados	✓ Atos vinculados ✓ Atos que geram direitos adquiridos ✓ Atos consumados/exauridos ✓ Atos enunciativos ✓ Atos que integram um procedimento ✓ Atos de controle ✓ Atos complexos ✓ Atos que a lei declare irrevogáveis

9.2 Anulação

A anulação, também denominada invalidação, é a extinção de um ato administrativo que foi produzido em desacordo com o ordenamento jurídico, ou seja, possui algum vício em relação à legalidade.

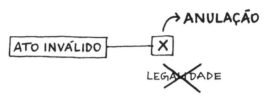

Para facilitar a compreensão, vamos analisar esse tema em tópicos.

a) Motivo da extinção

No caso da anulação, o ato terá a sua extinção pautada na ofensa ao princípio da legalidade. Assim, estará viciada a atuação administrativa que busque fins diversos daqueles previstos pelo ordenamento jurídico.

Vamos imaginar dois exemplos:

Caso 1:

Maria, desejando conseguir uma licença para construir um hotel em uma área de preservação ambiental, subornou João, servidor público, e pagou a ele o valor de R$ 50.000,00 para que fosse feita a liberação da obra.

Caso 2:

Adriano, desejando conseguir uma permissão para instalar sua barraca de doces em uma feira na área central da cidade, fez uma proposta a Rafaela, servidora pública. Segundo o acordo, caso o ato fosse concedido, Adriano confeccionaria de forma gratuita todos os doces e bolos da festa de casamento da filha da servidora. Rafaela prontamente aceitou a oferta e deu a permissão ao particular.

No primeiro caso, temos um ato vinculado (licença); no segundo, um ato discricionário (permissão). Observe que ambos foram expedidos mediante uma **ilegalidade**, logo, assim que a irregularidade for descoberta deverão os atos ser anulados por ofensa à legalidade.

b) Natureza da anulação

A anulação possui natureza vinculada, já que quando a ilegalidade for descoberta deverá ocorrer a extinção do ato viciado.

Logo, a frase correta é: a Administração **deve** anular os seus atos eivados de vícios de legalidade. Vejamos o que diz a lei do processo administrativo federal:

> Art. 53. A **Administração deve anular** seus próprios atos, quando eivados de vício de legalidade, e pode revogá-los por motivo de conveniência ou oportunidade, respeitados os direitos adquiridos.

cuidado

Em alguns casos, o ato, por possuir um defeito sanável, será convalidado, não anulado. Ou seja, quando o defeito for insanável ("sem conserto"), o ato deverá ser anulado, mas, caso o defeito seja sanável ("pode ser consertado"), o ato poderá vir a ser convalidado. Analisaremos esse tópico mais detalhadamente adiante.

c) Competência para anular

A anulação decorre do controle de legalidade. Logo, como visto anteriormente, poderá ser realizada tanto pela própria **Administração**, no exercício de sua autotutela, quanto pelo **Poder Judiciário**, mediante provocação do interessado.

caiu na prova

(QUADRIX/CRMV-SP/2022) Somente o Poder Judiciário pode anular os atos ilegais praticados pela Administração.

Gabarito: Errado.[6]

Em outras palavras, diferentemente da revogação, que só pode ser efetivada pela própria Administração, a invalidação pode decorrer tanto de controle interno (autotutela) quanto externo (Poder Judiciário).

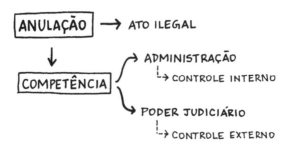

Por fim, é pacífico na jurisprudência pátria a necessidade de prévio procedimento administrativo para que a anulação seja efetivada, necessidade essa que fica ainda mais forte e evidente nos casos em que a extinção puder retirar direitos de terceiros.

---

[6] Tanto a Administração quanto o poder judiciário poderão anular os atos administrativos que não respeitarem a legalidade.

Esse entendimento decorre, por exemplo, dos princípios do devido processo legal, do contraditório e da ampla defesa.

⚖ jurisprudência

O entendimento da Corte é no sentido de que, embora a Administração esteja autorizada a anular seus próprios atos quando eivados de vícios que os tornem ilegais (Súmula 473 do STF), não prescinde do processo administrativo, com obediência aos princípios constitucionais da ampla defesa e do contraditório. (STF, 1.ª Turma, AI 710085 AgR/SP, 03.02.2009).

Entretanto, caso exista decisão judicial confirmando a nulidade do ato, não haverá necessidade de se instaurar processo administrativo para apurar a irregularidade. Esse entendimento é consagrado pelo próprio Supremo Tribunal Federal. Vejamos.

⚖ jurisprudência

O estrito cumprimento da decisão proferida por este Supremo Tribunal Federal torna desnecessária a instauração de processo administrativo prévio à exoneração dos candidatos aprovados. (STF, Tribunal Pleno, Rcl 5819/TO, 20.05.2009).

d) Efeitos da anulação

Em virtude da ilegalidade, deverá a anulação produzir efeitos retroativos (*ex tunc*), desconstituindo os efeitos do ato administrativo desde o momento de sua edição.

Todavia, em virtude do princípio da segurança jurídica e da vedação ao enriquecimento ilícito do Estado, alguns efeitos do ato nulo poderão ser preservados, mesmo após sua extinção. Nesse caso, haverá a **estabilização dos efeitos** dos atos administrativos. Para facilitar o aprendizado, vamos imaginar duas situações.

Exemplo 1

Carlos, com a finalidade de ingressar no cargo de oficial de justiça, falsifica um certificado de conclusão do curso de Direito. Com isso, após a sua excelente classificação, é nomeado e passa a desempenhar suas funções normalmente.

Como estudado no tópico relativo à competência, Carlos enquadra-se na característica de **funcionário de fato**, pois, apesar de existir irregularidade em sua investidura, ela possui aparência de legalidade em relação a terceiros de boa-fé.

Dessa história surgem duas perguntas:

a) Quando a irregularidade for descoberta, Carlos ainda continuará no cargo de oficial de justiça?

Claro que não! Sua nomeação deverá ser anulada em virtude da ilegalidade causada pela fraude dos documentos de conclusão do curso de Direito.

b) Os atos por ele praticados, enquanto exercia as suas funções de oficial de justiça, também serão invalidados?

Não, pois isso prejudicaria os particulares que agiram de boa-fé em virtude da aparência de legalidade demonstrada por Carlos. Logo, os efeitos dos atos deverão ser preservados em virtude, especialmente, dos princípios da impessoalidade, segurança jurídica e da proteção à confiança.

Resumindo:

- O ato da nomeação será anulado.
- Os efeitos dos atos praticados pelo funcionário de fato serão preservados.

Exemplo 2

Usando o mesmo caso supramencionado, surge outra questão. Imagine que Carlos, atuando na qualidade de funcionário de fato no cargo de oficial de justiça, tenha desempenhado suas funções por dois anos.

Pergunta-se: quando a nomeação dele for anulada em virtude da falsificação dos documentos relativos à conclusão do curso de Direito, deverá ocorrer a devolução das remunerações recebidas?

Não!

Isso causaria o **enriquecimento ilícito do Estado**, pois, como Carlos de fato trabalhou, deverá receber a contraprestação pelos serviços ofertados, ou seja, caso ele tivesse de devolver os valores recebidos ao Estado, este iria lucrar, e muito, já que receberia um serviço sem ter que realizar o pagamento.

Vejamos a manifestação do Superior Tribunal de Justiça sobre o tema.

> **jurisprudência**
>
> *[...] 5. Também não há que se falar na figura de **funcionário de fato**, onde teria a incidência da teoria da investidura aparente, que impediria o Poder Público de obrigar o servidor irregular a repor aos cofres públicos aquilo que percebeu até então. Isto porque,* **havendo trabalhado para o ente estatal, se lhe fosse exigida a devolução dos vencimentos auferidos haveria um enriquecimento sem causa do Estado, o qual, destarte, se locupletaria com trabalho gratuito** *(STJ, AREsp 766633, 17.09.2015).*

Resumindo:

- O ato da nomeação será anulado.
- As remunerações recebidas não terão de ser devolvidas.

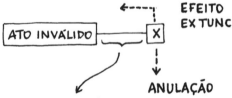

APESAR DE INVÁLIDO, PRODUZ EFEITOS (PRESUNÇÃO DE LEGITIMIDADE)

ESTABILIZAÇÃO DOS EFEITOS EM ALGUNS CASOS (OS EFEITOS POR ELE PRODUZIDOS SÃO PRESERVADOS)

Cap. 7 – ATOS ADMINISTRATIVOS **267**

e) Limite temporal

Na busca pela garantia do princípio da segurança jurídica e da necessidade de estabilização das ações estatais, estão os atos administrativos submetidos a um prazo decadencial dentro do qual deverá ser providenciada a anulação das condutas irregulares.

Segundo a lei do processo administrativo federal, quando um ato for favorável ao seu destinatário, a Administração terá o prazo de **cinco anos** para anulá-lo, salvo se ficar comprovada a má-fé do beneficiário.

> Art. 54, Lei 9.784/1999. O direito da Administração de anular os atos administrativos de que decorram efeitos favoráveis para os destinatários decai em cinco anos, contados da data em que foram praticados, salvo comprovada má-fé.

I Jornada de Direito Administrativo – Enunciado 20

O exercício da autotutela administrativa, para o desfazimento do ato administrativo que produza efeitos concretos favoráveis aos seus destinatários, está condicionado à prévia intimação e oportunidade de contraditório aos beneficiários do ato.

---

caiu na prova

(CEBRASPE/ANP/2022) *Salvo se comprovada má-fé, a administração pública tem o prazo decadencial de cinco anos para anular atos administrativos de que decorram efeitos favoráveis aos destinatários, o qual é contado da data em que tais atos foram praticados.*

Gabarito: *Certo.*

f) Resumo

ANULAÇÃO	
Extinção de um ato	✓ Ilegal ✓ Ofende o princípio da legalidade
Natureza	✓ Vinculada ✓ "Deve anular"
ANULAÇÃO	
Competência	✓ Da Administração (autotutela) ✓ Poder Judiciário
Efeito	✓ Retroativo ✓ *Ex Tunc* Obs.: em algumas situações os efeitos do ato nulo poderão ser preservados.
Prazo	✓ Decadencial: cinco anos ✓ Salvo má-fé do destinatário

9.3 Revogação x Anulação

	REVOGAÇÃO	ANULAÇÃO
Motivo	Ausência de conveniência e oportunidade	Ilegalidade
Natureza	Decisão discricionária (pode revogar)	Decisão vinculada (deve anular)
Competência	Administração	Administração + Poder Judiciário
Efeito	*Ex Nunc*	*Ex Tunc* Obs.: em algumas situações os efeitos do ato nulo poderão ser preservados.
Prazo	Não tem	5 anos (salvo má-fé do destinatário)
Pode ocorrer em relação a	Atos discricionários	Atos discricionários e Atos vinculados

9.4 Cassação

A cassação ocorrerá quando o particular deixar de preencher os requisitos necessários à permanência de um benefício. Nesse caso, o ato administrativo é completamente válido, todavia, o destinatário (particular) pratica condutas incompatíveis com a continuidade da vantagem.

Vamos imaginar o seguinte exemplo.

Eduardo conseguiu, no ano de 2010, de maneira válida, a sua habilitação para conduzir veículos automotores. Todavia, em 2018 ele foi flagrado duas vezes (janeiro e março) dirigindo sob o efeito de álcool, encontrando-se completamente embriagado ao volante.

Com isso, existiu uma flagrante ofensa ao Código de Trânsito Brasileiro, o que culminou com a cassação de sua habilitação. Vejamos o que diz o CTB:

> Art. 263. A cassação do documento de habilitação dar-se-á: [...] II – no caso de reincidência, no prazo de doze meses, das infrações previstas no inciso III do art. 162 e nos arts. 163, 164, 165, 173, 174 e 175.

> Art. 165. Dirigir sob a influência de álcool ou de qualquer outra substância psicoativa que determine dependência: Infração – gravíssima: Penalidade – multa (dez vezes) e suspensão do direito de dirigir por 12 (doze) meses.

caiu na prova

(FGV/SEFAZ-AM/2022) *O empresário João obteve do poder público licença para funcionamento de um hotel. Seis meses após o início das atividades de seu estabelecimento, João mudou a* *finalidade do empreendimento, que passou a ser um misto de casa de show e de motel, sem qualquer comunicação ou ciência do poder público. Tendo em vista que, de forma superveniente à concessão da licença, João, por sua culpa, descumpriu os requisitos do ato de sua concessão, haverá a extinção do ato administrativo de licença por meio da cassação.*

Gabarito: *Certo.*

Resumindo:

- A cassação é a extinção de um ato administrativo válido.
- A extinção do ato ocorre em virtude de o particular deixar de preencher as condições necessárias à permanência do benefício.

9.5 Caducidade

A caducidade, também denominada decaimento, é a extinção de um ato administrativo válido em virtude da edição de lei posterior que proíbe o que antes o ato autorizava.

Por exemplo, Sabrina possuía uma autorização para colocar mesas e cadeiras na calçada em frente ao seu restaurante. Entretanto, dois anos após a edição do ato, sobreveio uma lei municipal proibindo a colocação de qualquer tipo de equipamento nas calçadas.

Observe que a lei proibiu o que antes o ato autorizava. Com isso, em virtude da hierarquia daquela em relação a este, o ato deverá ser extinto pelo fenômeno da caducidade.

caiu na prova

(FCC/TRT-MT/2022) *Guilherme recebeu do município onde reside autorização para a instalação de um determinado comércio em uma rua no centro da cidade. Tempos depois, foi editada uma nova lei de zoneamento proibindo a instalação de qualquer comércio naquele local, inclusive do estabelecimento de Guilherme. Diante do exposto, quanto ao ato de autorização, deve ser declarada sua caducidade.*

Gabarito: *Certo.*

Resumindo:

- A caducidade é a extinção de um ato administrativo válido.
- O destinatário do ato (particular) não praticou nenhuma conduta irregular.
- O motivo da caducidade é a edição de uma lei posterior que proíbe o que antes o ato administrativo autorizava.

9.6 Contraposição

A contraposição, também denominada derrubada, ocorre quando um ato administrativo posterior, baseado em competência diversa, possui efeitos contrários a um ato originário. O exemplo clássico dessa forma de extinção é o binômio: nomeação x exoneração.

De maneira bem simples, com a nomeação a pessoa entra no setor público; com a exoneração, ela sai. Os efeitos são claramente contrapostos. Logo, quando for expedido o ato exoneratório existirá, por consequência lógica, a extinção do ato originário.

> **caiu na prova**
>
> **(FCM/ADVOGADO-MG/2022)** *Contraposição é a retirada do ato administrativo em razão da emissão de ato com fundamento em competência diversa da que gerou o ato anterior, mas cujos efeitos são opostos aos daquele.*
>
> **Gabarito:** *Certo.*

Resumindo:

- A contraposição é a extinção de um ato administrativo válido.
- O destinatário do ato (particular) não praticou nenhuma conduta irregular.
- O motivo da contraposição é a edição de um segundo ato administrativo com efeitos contrapostos (contrário) aos do ato originário.

9.7 Outras formas de extinção

Além das formas supramencionadas, o ato poderá ser extinto por outras razões, quais sejam:

- **Extinção natural**
  a) O ato cumpriu o seu efeito. Exemplo: extinção de uma autorização expedida especificamente para a celebração de um casamento na praia após a realização do evento.

Cap. 7 – ATOS ADMINISTRATIVOS **271**

b) Implemento da condição ou termo. Exemplo: João recebeu uma permissão para instalar sua barraca de doces na feira da cidade. Entretanto, o ato foi concedido pelo exato período de um ano (termo – evento futuro e certo). Após o esgotamento desse prazo, a permissão será naturalmente extinta.

c) Esgotamento do conteúdo jurídico. Exemplo: caso um servidor tenha recebido 30 dias de férias, período legalmente previsto, após o decurso desse prazo o ato de concessão será extinto naturalmente.

- **Renúncia**

Essa situação engloba a extinção dos atos ampliativos pelo simples fato de o beneficiário não mais desejá-los. Podemos citar, como exemplo, a renúncia de um servidor a uma promoção funcional.

- **Desaparecimento da pessoa ou coisa**

Nesse caso, o objeto ou a pessoa destinatária do ato desaparecem. Por exemplo, a morte de um servidor gera a extinção de sua nomeação (ausência de sujeito) e o tombamento de uma casa colonial não terá mais razão de existir caso o imóvel seja destruído (ausência de objeto).

10. CONVALIDAÇÃO

Convalidar é consertar um ato anterior.

Entretanto, antes de aprofundar este tópico, devemos analisar as quatro formas de desconformidades legais que os atos administrativos podem apresentar, a saber:

Ato inexistente: é aquele que viola princípios básicos e se encontra fora das possibilidades do nosso ordenamento jurídico. Podemos citar os seguintes exemplos: autorização para exploração de trabalho escravo, ordem de tortura a um preso. Observe que esses casos, logicamente, não são passíveis de convalidação, já que em nenhuma hipótese poderão essas ações ser consideradas válidas.

Ato nulo: apresenta defeitos insanáveis, logo, não poderá ser convalidado. Todavia, como já visto no tópico referente à anulação, em virtude do princípio da segurança jurídica, da boa-fé de terceiros e da necessidade de estabilização das relações sociais, alguns efeitos dos atos nulos poderão ser preservados, por exemplo, aqueles praticados pelo funcionário de fato.

Ato anulável: refere-se aos defeitos mais brandos, ou seja, sanáveis e passíveis de convalidação.

Ato irregular: apresenta um vício material irrelevante, representando mera ofensa à padronização das normas internas. Sendo assim, como não atinge direitos de terceiros, não enseja a nulidade do ato.

Após essa conceituação inicial, podemos dizer que, segundo a lei do processo administrativo federal (Lei 9.784/1999):

> Art. 55. Em decisão na qual se evidencie não acarretarem lesão ao interesse público nem prejuízo a terceiros, os atos que apresentarem defeitos sanáveis poderão ser **convalidados** pela própria Administração. (grifo nosso)

Para facilitar o entendimento, vamos analisar esse assunto em tópicos.

a) Atos que podem ser convalidados

Apenas poderão ser convalidados os atos que apresentem **defeitos sanáveis**, ou seja, irregularidades mais simples (atos anuláveis).

Mas quais seriam estes atos?

Bom, para responder a essa pergunta, devemos relembrar os cinco requisitos dos atos administrativos, a saber: competência, finalidade, forma, motivo e objeto.

Após essa revisão, podemos afirmar que qualquer vício relacionado à finalidade, ao motivo e objeto torna o ato nulo, ou seja, impossibilita o conserto.

Sendo assim, os defeitos sanáveis, passíveis de convalidação, são aqueles presentes nos elementos: competência e forma. Para facilitar a memorização, lembre-se que para convalidar é preciso ter **FO CO** (**FO**rma e **CO**mpetência).

Por fim, vale ressaltar que os defeitos de forma e de competência, como visto, admitem convalidação. Entretanto, caso se trate de um ato de competência exclusiva ou se a forma for indispensável à validade do ato, não se admitirá a sanatória.

b) Efeitos da convalidação

A finalidade da convalidação é consertar um ato anterior que foi produzido de forma defeituosa.

Imagine a seguinte situação: Maria, particular, solicitou ao Poder Público uma licença para construir a sua casa, pedido este que foi acatado por João, servidor público municipal. Observe que até o presente momento não existe nenhuma irregularidade na história.

No entanto, se pensarmos que a competência para expedir a licença era, na verdade, do superior hierárquico de João, teremos um problema, pois, agora sabemos que o ato foi praticado por uma autoridade incompetente.

Daí surge uma pergunta: existe a possibilidade de esse ato (licença para construir) ser convalidado?

Sim!

Basta que o superior hierárquico (autoridade competente) produza um ato convalidatório a fim de sanar o vício existente na ação originária e, com isso, restaurar a juridicidade. Observe que a função da convalidação é consertar o primeiro ato, logo, possui efeito **retroativo** (*ex tunc*).

c) **Natureza da convalidação**

Segundo a Lei 9.784/1999, art. 55:

> Em decisão na qual se evidencie não acarretarem lesão ao interesse público nem prejuízo a terceiros, os atos que apresentarem defeitos sanáveis **poderão ser convalidados** pela própria Administração. (grifo nosso)

Fazendo uma interpretação meramente legalista, poderíamos entender que a convalidação seria um ato discricionário, ou seja, que dependeria da análise da conveniência e oportunidade do administrador.

Todavia, esse não é o entendimento da doutrina e jurisprudência majoritárias, segundo as quais a convalidação é um **dever (ato vinculado)** imposto pelos princípios da segurança jurídica e da economia processual, ressalvando-se apenas os casos de defeitos de competência em relação a atos discricionários, pois, nesses casos, a autoridade competente poderá analisar se convalidará ou não.

Resumindo:

- Lei 9.784/1999: a Administração **pode** convalidar.
- Doutrina e jurisprudência: a Administração **deve** convalidar.
- Quando um ato discricionário for praticado por uma autoridade incompetente, a convalidação **poderá** ser feita ou não pela pessoa com atribuições legais para tanto, pois, tratando-se de um ato discricionário, não pode existir a imposição de que uma pessoa concorde com os fundamentos expostos por outra.

d) **Espécies de convalidação**

De acordo com a doutrina dominante, a convalidação pode ser de três espécies diferentes, a saber:

1.ª) **Ratificação:** a convalidação é feita pela mesma autoridade que havia praticado o ato originário.

2.ª) **Confirmação:** a convalidação é feita por uma autoridade diferente daquela que praticou o ato inválido.

3.ª) **Saneamento:** a convalidação é feita pelo particular. Podemos citar o caso de um ato que dependa da manifestação de vontade do indivíduo.

Por fim, deve-se observar que a **conversão** não é uma forma de convalidação, pois nesse tipo de ação não se "consertará" o ato anterior, mas sim o transformará em outra categoria. Podemos citar o caso de uma concessão irregular de uso de bem público convertida em permissão de uso.

e) Não poderão ser convalidados

Segundo a doutrina majoritária, **não** podem ser **convalidados** os seguintes atos:

- Atos com defeitos na finalidade, motivo e objeto.
- Atos com defeito na competência, quando exclusiva.
- Atos com defeito na forma, quando indispensável à validade do ato.
- Atos que causem prejuízo ao interesse público.
- Atos que causem prejuízo a terceiros.
- Atos defeituosos já impugnados administrativa ou judicialmente.
- Atos já atingidos pela prescrição ou decadência.

11. SÚMULAS

11.1 Súmulas vinculantes – STF

✓ **Súmula 2.** É inconstitucional a lei ou ato normativo estadual ou distrital que disponha sobre sistemas de consórcios e sorteios, inclusive bingos e loterias.

✓ **Súmula 3.** Nos processos perante o Tribunal de Contas da União asseguram-se o contraditório e a ampla defesa quando da decisão puder resultar anulação ou revogação de ato administrativo que beneficie o interessado, excetuada a apreciação da legalidade do ato de concessão inicial de aposentadoria, reforma e pensão.

✓ **Súmula 12.** A cobrança de taxa de matrícula nas universidades públicas viola o disposto no art. 206, IV, da Constituição Federal.

✓ **Súmula 13.** A nomeação de cônjuge, companheiro ou parente em linha reta, colateral ou por afinidade, até o terceiro grau, inclusive, da autoridade nomeante ou de servidor da mesma pessoa jurídica investido em cargo de direção, chefia ou assessoramento, para o exercício de cargo em comissão ou de confiança ou, ainda, de função gratificada na administração pública direta e indireta em qualquer dos Poderes da União, dos Estados, do Distrito Federal e dos Municípios, compreendido o ajuste mediante designações recíprocas, viola a Constituição Federal.

11.2 Súmulas do STF

✓ **Súmula 6.** A revogação ou anulação, pelo Poder Executivo, de aposentadoria, ou qualquer outro ato aprovado pelo Tribunal de Contas, não produz efeitos antes de aprovada por aquele Tribunal, ressalvada a competência revisora do Judiciário.

✓ **Súmula 14.** Não é admissível, por ato administrativo, restringir, em razão da idade, inscrição em concurso para cargo público.

Cap. 7 – ATOS ADMINISTRATIVOS **275**

✓ **Súmula 148.** É legítimo o aumento de tarifas portuárias por ato do Ministro da Viação e Obras Públicas.

✓ **Súmula 248.** É competente, originariamente, o Supremo Tribunal Federal, para mandado de segurança contra ato do Tribunal de Contas da União.

✓ **Súmula 330.** O Supremo Tribunal Federal não é competente para conhecer de mandado de segurança contra atos dos Tribunais de Justiça dos Estados.

✓ **Súmula 346.** A administração pública pode declarar a nulidade dos seus próprios atos.

✓ **Súmula 347.** O Tribunal de Contas, no exercício de suas atribuições, pode apreciar a constitucionalidade das leis e dos atos do poder público.

✓ **Súmula 473.** A administração pode anular seus próprios atos, quando eivados de vícios que os tornam ilegais, porque deles não se originam direitos; ou revogá-los, por motivo de conveniência ou oportunidade, respeitados os direitos adquiridos, e ressalvada, em todos os casos, a apreciação judicial.

✓ **Súmula 510.** Praticado o ato por autoridade, no exercício de competência delegada, contra ela cabe o mandado de segurança ou a medida judicial.

✓ **Súmula 684.** É inconstitucional o veto não motivado à participação de candidato a concurso público.

11.3 Súmulas do STJ

✓ **Súmula 41.** O Superior Tribunal de Justiça não tem competência para processar e julgar, originariamente, mandado de segurança contra ato de outros tribunais ou dos respectivos órgãos.

✓ **Súmula 127.** É ilegal condicionar a renovação da licença de veículo ao pagamento de multa, da qual o infrator não foi notificado.

✓ **Súmula 280.** O art. 35 do Decreto-lei 7.661, de 1945, que estabelece a prisão administrativa, foi revogado pelos incisos LXI e LXVII do art. 5.º da Constituição Federal de 1988.

✓ **Súmula 311.** Os atos do presidente do tribunal que disponham sobre processamento e pagamento de precatório não têm caráter jurisdicional.

✓ **Súmula 312.** No processo administrativo para imposição de multa de trânsito, são necessárias as notificações da autuação e da aplicação da pena decorrente da infração.

✓ **Súmula 333.** Cabe mandado de segurança contra ato praticado em licitação promovida por sociedade de economia mista ou empresa pública.

✓ **Súmula 355.** É válida a notificação do ato de exclusão do programa de recuperação fiscal do Refis pelo *Diário Oficial* ou pela Internet.

✓ **Súmula 467.** Prescreve em cinco anos, contados do término do processo administrativo, a pretensão da Administração Pública de promover a execução da multa por infração ambiental.

✓ **Súmula 510.** A liberação de veículo retido apenas por transporte irregular de passageiros não está condicionada ao pagamento de multas e despesas.

✓ **Súmula 633.** A Lei 9.784/1999, especialmente no que diz respeito ao prazo decadencial para a revisão de atos administrativos no âmbito da Administração Pública federal, pode ser aplicada, de forma subsidiária, aos estados e municípios, se inexistente norma local e específica que regule a matéria.

✓ **Súmula 650.** A autoridade administrativa não dispõe de discricionariedade para aplicar ao servidor pena diversa de demissão quando caraterizadas as hipóteses previstas no art. 132 da Lei 8.112/1990.

 top 10

RESUMO
CAPÍTULO 7 – ATOS ADMINISTRATIVOS

1. **Conceito:** os atos administrativos são uma manifestação de vontade expedida de maneira infralegal e no exercício da função administrativa, podendo ser produzido pela Administração Pública ou por seus delegatários com a finalidade de complementar a lei e atingir alguma finalidade pública, gozando de prerrogativas e restrições advindas da adoção do regime público.

2. **Competência (requisito do ato administrativo):** é um requisito vinculado, ou seja, a própria lei definirá quem estará autorizado a praticar cada tipo de ato. Tem como características ser irrenunciável, imodificável, imprescritível e improrrogável. São vícios de competência: excesso de poder (ato inválido), atos praticados pelo funcionário de fato (ato válido) e pelo usurpador de função (ato inexistente).

3. **Finalidade (requisito do ato administrativo):** é o que o administrador busca com a sua atuação, podendo, segundo a doutrina majoritária, ser definida em finalidade geral/imediata (busca pelo interesse público) e específica/imediata (dependerá de cada ato). O desvio de finalidade é um vício de finalidade que torna o ato nulo.

4. **Presunção de legitimidade (atributo do ato administrativo):** faz com que os atos administrativos se presumam válidos desde a sua produção até o momento que alguém porventura consiga provar que, na verdade, eles possuíam alguma ilegalidade. Sendo assim, a presunção de legitimidade é relativa, *juris tantum*.

5. **Autoexecutoriedade (atributo do ato administrativo):** possibilita à Administração a execução de seus atos independentemente de prévia autorização judicial, podendo inclusive fazer uso da força, desde que esta seja necessária e se respeitem os princípios da proporcionalidade e razoabilidade.

6. **Imperatividade (atributo do ato administrativo):** faz com que a Administração possa impor obrigações aos particulares independentemente da concordância destes (poder extroverso). Trata-se de decorrência do princípio da supremacia do interesse público, o qual permite ao Estado atuar impondo deveres e obrigações aos administrados sem a necessidade da anuência destes.

7. **Classificação quanto à formação:** ato simples: é aquele que, para ser formado, basta uma única manifestação de vontade, podendo esta ser expedida por um único indivíduo ou por um órgão colegiado; ato complexo: é aquele que para ser formado necessita da conjugação de duas ou mais vontades expedidas por órgãos distintos e independentes entre si, ou seja, não existe hierarquia entre eles; ato

composto: é aquele que, para ser formado, necessita de dois atos, um principal e o outro acessório.

8. **Revogação:** é a extinção de um ato administrativo que, apesar de válido, não se mostra mais conveniente e oportuno. A competência para revogar será da própria Administração, ou seja, não poderá o Poder Judiciário revogar os atos praticados pelo administrador. Quanto aos efeitos, serão *ex nunc* (não retroativos), já que o ato extinto é plenamente válido. E apesar de não existir limite temporal (a revogação pode ser feita a qualquer tempo), existem alguns limites materiais, como, por exemplo, em relação aos atos vinculados, aos que geraram direitos adquiridos e aos consumados, pois nenhum destes irá admitir a revogação.

9. **Anulação:** é a extinção de um ato administrativo que foi produzido em desacordo com o ordenamento jurídico, ou seja, possui algum vício em relação à legalidade. O ato poderá ser anulado tanto pela própria Administração quanto pelo Poder Judiciário, já que se trata de um controle de legalidade. Quanto aos efeitos, serão, regra generalíssima, *ex tunc* (retroativos), já que o ato é inválido. Entretanto, quando um ato for favorável ao seu destinatário, existirá uma limitação temporal, sendo assim, a Administração terá o prazo decadencial de cinco anos para anulá-lo, salvo se ficar comprovada a má-fé do beneficiário.

10. **Convalidação:** é consertar um ato que possui um defeito sanável (vício no requisito da forma ou competência). Como a finalidade da é consertar um ato anterior que foi produzido de forma defeituosa, o efeito da convalidação será *ex tunc* (retroativo).

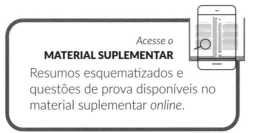

Acesse o
MATERIAL SUPLEMENTAR
Resumos esquematizados e questões de prova disponíveis no material suplementar *online*.

CONTROLE DA ADMINISTRAÇÃO PÚBLICA

1. INTRODUÇÃO

O controle dos atos estatais é uma característica básica de qualquer sociedade moderna. A necessidade de controle decorre da formação do Estado Democrático de Direito, o qual impõe a todos, inclusive ao próprio Poder Público, a obediência às normas previamente estipuladas, pois, sendo o administrador mero gestor da coisa pública, não poderia ficar imune a fiscalizações.

Essa ideia decorre do Direito Romano, o qual, ao instituir a República (*res publica*, em latim), prelecionou que o grande proprietário da coisa pública é o povo, sendo o agente público um mero instrumento em busca da satisfação do interesse coletivo.

Outro fundamento para a existência do controle é o supraprincípio da indisponibilidade do interesse público, o qual, conforme visto, estipula limitações à atuação administrativa com a finalidade de evitar excessos por parte do Estado.

Por fim, apesar de não existir uma norma específica sobre esse tema, diversos dispositivos legais realizam menções à necessidade de fiscalização. Vejamos alguns exemplos:

Declaração dos Direitos do Homem e do Cidadão, 1789: "Art. 15. A sociedade tem o direito de pedir contas a todo agente público pela sua administração".

Decreto-lei 200/1967: "Art. 6.º As atividades da Administração Federal obedecerão aos seguintes princípios fundamentais: [...] V – controle".

2. CONCEITO

A noção de controle da atividade administrativa decorre do princípio da legalidade. Diferentemente do particular, que possui autonomia em sua vontade, o administrador só poderá atuar quando a lei permitir. Sendo assim, caso haja fora dos limites estipulados pela norma, estará o ato administrativo sujeito à revisão estatal em virtude da ofensa à legalidade.

Nessa situação estaremos diante do denominado **controle de legalidade**, o qual poderá ser realizado tanto de forma interna, pela própria Administração, quanto de maneira externa mediante a provocação do Poder Judiciário.

Entretanto, a fiscalização não se limita apenas à legalidade da conduta administrativa, pois um ato, ainda que válido, poderá ser considerado inconveniente e inoportuno e com isso ser extinto por meio da revogação. Nessa situação, estamos diante de um **controle de mérito**, o qual só pode ser exercido de forma interna, ou seja, não poderá o Poder Judiciário gerar a extinção dos atos administrativos válidos, pois isso causaria uma ofensa à separação dos poderes.

Em resumo, podemos dizer que a fiscalização dos atos praticados pelo Poder Público é baseada em dois pilares: controle de legalidade e de mérito.

Mas o que seria o controle?

Simples, controlar é a necessidade de analisar, fiscalizar, revisar a atuação estatal de forma a evitar abusos por parte dos agentes, órgãos e entes administrativos.

A necessidade de fiscalização é tão grande que o próprio Supremo Tribunal Federal já prelecionou na Súmula 473 que:

> A administração pode anular seus próprios atos, quando eivados de vícios que os tornam ilegais, porque deles não se originam direitos; ou revogá-los, por motivo de conveniência ou oportunidade, respeitados os direitos adquiridos, e ressalvada, em todos os casos, a apreciação judicial.

caiu na prova

(CONSULPLAN/PGE-SC/2022) *A Administração pode anular seus próprios atos, quando eivados de vícios que os tornem ilegais, porque deles não se originam direitos; ou revogá-los, por*

> *motivo de conveniência ou oportunidade, respeitados os direitos adquiridos, e ressalvada, em todos os casos, a apreciação judicial.*
>
> **Gabarito:** *Certo.*

Esse enunciado traduz a ideia do **princípio da autotutela**, pelo qual a própria Administração poderá reanalisar os seus atos sem que para isso tenha de recorrer ao Poder Judiciário.

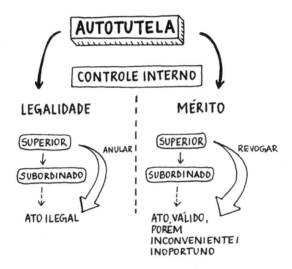

Para finalizar, cabe mencionar que, além de poder ser realizado pelos Poderes Legislativo, Executivo e Judiciário, o controle também poderá ser posto em prática pelo povo. Essa possibilidade decorre do dever de democracia, logo, a população poderá realizar denúncias provocando os órgãos administrativos e jurisdicionais a se manifestar sobre condutas supostamente ilegais e inconvenientes.

3. CLASSIFICAÇÃO

Classificar algo nunca é uma tarefa fácil. Isso decorre do fato de não existir um consenso doutrinário acerca do tema. Portanto, buscaremos nesta obra selecionar as classificações mais cobradas para fins de provas de concurso.

a) Quanto ao órgão controlador

Nesse caso, estamos analisando qual dos poderes vai exercer a fiscalização, logo, poderá essa atividade ser exercida pelos Poderes Legislativo, Executivo e Judiciário.

Controle legislativo: as funções típicas do Poder Legislativo são legislar e fiscalizar, sendo exatamente nesta última acepção que nasce a possibilidade de ser exercido o controle. Por ora, cumpre observar que este pode ser efetivado diretamente pelas Casas Legislativas, por exemplo, uma CPI (Comissão Parlamentar de Inquérito) instaurada pela Câmara dos Deputados ou ainda por meio do auxílio do Tribunal de Contas.

Controle administrativo: esse tipo de fiscalização é decorrência do princípio da autotutela, o qual oferta à Administração a possibilidade de revisar os seus próprios atos, tanto em relação à legalidade quanto ao mérito.

Controle judicial: como preleciona a própria Constituição Federal: "art. 5.º, XXXV – a lei não excluirá da apreciação do Poder Judiciário lesão ou ameaça a direito". Assim, mediante a provocação do interessado, poderá o Judiciário exercer controle de legalidade em relação aos atos administrativos. Não custa lembrar que não poderá o juiz invadir o mérito administrativo, sob pena de ofensa ao princípio da separação dos poderes.

b) Quanto à extensão do controle

Poderá o controle, em relação à extensão, ser subdividido em: interno e externo.

Controle interno: é aquele realizado dentro de um mesmo poder. Por exemplo, o Conselho Nacional de Justiça (CNJ) é um órgão pertencente ao Judiciário responsável pela fiscalização administrativa e financeira desse poder, logo, quando controla os atos praticados pelos magistrados e servidores, estará exercendo um controle interno nos moldes do que dispõe a própria Constituição Federal:

> Art. 92. São órgãos do Poder Judiciário: I–A o Conselho Nacional de Justiça.
>
> Art. 103-B, § 7.º A União, inclusive no Distrito Federal e nos Territórios, criará ouvidorias de justiça, competentes para receber reclamações e denúncias de qualquer interessado contra membros ou órgãos do Poder Judiciário, ou contra seus serviços auxiliares, representando diretamente ao Conselho Nacional de Justiça.

Entretanto, nem sempre esse tipo de controle será pautado na noção de hierarquia. Vamos imaginar mais um exemplo: quando uma Universidade Federal (autarquia) sofre a fiscalização do Ministério da Educação, será esse controle considerado interno, já que ambos pertencem ao mesmo Poder (Executivo), contudo, como sabemos, não existirá hierarquia entre as pessoas da Administração Direta para com as da Indireta, mas apenas uma vinculação.

caiu na prova

(CEBRASPE/TCE-PB/2022) *A fiscalização realizada pela própria administração sobre seus órgãos ou entidades descentralizadas recebe o nome de controle interno.*

Gabarito: *Certo.*

Para finalizar, cumpre transcrever o art. 74 da Constituição, o qual se refere especificamente ao controle do tipo interno:

> Os Poderes Legislativo, Executivo e Judiciário manterão, de forma integrada, sistema de controle interno com a finalidade de: I – avaliar o cumprimento das metas previstas no plano plurianual, a execução dos programas de governo e dos orçamentos da União; II – comprovar a legalidade e avaliar os resultados,

quanto à eficácia e eficiência, da gestão orçamentária, financeira e patrimonial nos órgãos e entidades da administração federal, bem como da aplicação de recursos públicos por entidades de direito privado; III – exercer o controle das operações de crédito, avais e garantias, bem como dos direitos e haveres da União; IV – apoiar o controle externo no exercício de sua missão institucional.

Controle externo: esse tipo de fiscalização envolve o controle de um poder em relação a outro. Cite-se o caso da anulação pelo Judiciário dos atos praticados pela Administração e o controle financeiro realizado pelo Tribunal de Contas sobre os gastos efetivados pelo Poder Executivo.

Por fim, também como forma de fiscalização externa, surge o controle popular, no qual o cidadão poderá contestar tanto a legalidade quanto o mérito dos atos estatais. Cite-se o caso da imposição constitucional em relação às contas do Município, as quais poderão ser contestadas pelos particulares:

> Art. 31. A fiscalização do Município será exercida pelo Poder Legislativo Municipal, mediante controle externo, e pelos sistemas de controle interno do Poder Executivo Municipal, na forma da lei. [...] § 3.º As contas dos Municípios ficarão, durante sessenta dias, anualmente, à disposição de qualquer contribuinte, para exame e apreciação, o qual poderá questionar-lhes a legitimidade, nos termos da lei.

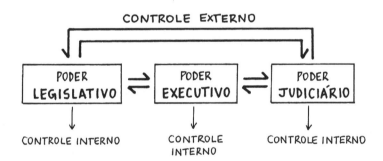

c) **Quanto ao âmbito de atuação**

A Administração Pública pode travar tanto relações verticais quanto horizontais. Naquele caso, estabelece-se uma relação por subordinação e, neste, por vinculação.

Controle por subordinação: decorre diretamente do poder hierárquico, tratando da relação entre o superior e seus subordinados. Quando, por exemplo, a autoridade competente instaura um processo administrativo disciplinar para apurar a suposta irregularidade de algum servidor, estaremos diante de um controle por subordinação.

Controle por vinculação: refere-se à fiscalização dos entes da Administração Direta em relação às pessoas integrantes da Administração Indireta. Como estudado, sabemos que não existe hierarquia entre pessoas diferentes. Logo, se, por exemplo, a União exercer controle em relação a suas autarquias, será este efetivado por vinculação.

> **caiu na prova**
>
> **(QUADRIX/CRMV-AM/2020)** Os entes da administração indireta sujeitam-se ao controle, pela administração direta, da pessoa política à qual são vinculados.
>
> **Gabarito:** Certo.

Cumpre lembrar que, quando as pessoas da Administração descentralizada são instituídas, deve a lei especificar para qual finalidade aquele novo ente está sendo criado. Com isso, poderá a Administração Direta, em observância ao princípio da especialidade, realizar um controle finalístico, também denominado tutela ou supervisão ministerial, sendo, todos estes, controles por vinculação.

> Art. 19, Decreto-lei 200/1967. Todo e qualquer órgão da Administração Federal, direta ou indireta, está sujeito à supervisão do Ministro de Estado competente, excetuados unicamente os órgãos mencionados no art. 32, que estão submetidos à supervisão direta do Presidente da República.

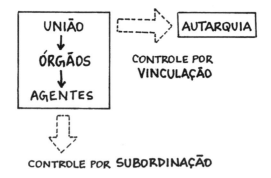

d) Quanto à natureza

O controle pode se referir a aspectos relacionados à legalidade ou à conveniência e oportunidade.

Controle de legalidade: conforme explicitamos, o controle de legalidade visa analisar a conformidade dos atos estatais com as normas e os princípios, podendo ser exercido tanto de maneira interna (autotutela) quanto de forma externa pelo Poder Judiciário. Caso confirmada a ilegalidade, deverá o ato ser anulado.

> **caiu na prova**
>
> **(CEBRASPE/MPC-SC/2022)** A anulação de ato administrativo que esteja em desacordo com súmula vinculante é, quanto à natureza, modalidade de controle de legalidade.
>
> **Gabarito:** Certo.

De maneira excepcional, caso o defeito seja sanável, poderá a Administração convalidar seus atos, desde que isso não cause prejuízos a terceiros.

Art. 55, Lei 9.784/1999. Em decisão na qual se evidencie não acarretarem lesão ao interesse público nem prejuízo a terceiros, os atos que apresentarem defeitos sanáveis poderão ser convalidados pela própria Administração.

Esse tópico foi aprofundado no capítulo referente aos atos administrativos.

Controle de mérito: em algumas situações, a Administração produz atos válidos que, entretanto, após um tempo, passam a ser inconvenientes e inoportunos, ou seja, não são mais considerados adequados, apesar de serem lícitos. Portanto, por meio de um controle interno, poderá existir a revogação de tais atos por meio do controle de mérito.

Como esse tipo de controle é necessariamente interno, não poderá o Judiciário analisar a conveniência e oportunidade dos atos praticados pelo administrador – esse é inclusive o entendimento adotado pelos tribunais superiores. Veja o que preleciona o STJ:

> [...] 2. A jurisprudência desta Corte Superior firmou-se na linha de que o controle jurisdicional dos processos administrativos se restringe à regularidade do procedimento, à luz dos princípios do contraditório e da ampla defesa, **sem exame do mérito do ato administrativo** (STJ, 2.ª Turma, REsp 1185981/MS, 27.09.2011). (grifos nossos)

Por fim, poderá o Poder Judiciário analisar, por exemplo, se determinado ato administrativo respeitou os princípios da proporcionalidade e razoabilidade, pois, caso estes sejam desrespeitados, a ação será considerada ilegal, logo, passível de controle de legalidade, e não de mérito.

e) Quanto ao momento

Em busca de maior transparência, eficiência e moralidade, o controle poderá ser exercido de forma prévia, concomitante ou posterior à prática do ato.

Controle prévio: é aquele exercido antes mesmo da produção do ato administrativo. Por exemplo, caso exista uma ameaça à liberdade de locomoção, poderá o interessado impetrar um *habeas corpus* preventivo.

> Art. 5.º, LXVIII, CF/1988 – conceder-se-á *habeas corpus* sempre que alguém sofrer ou se achar ameaçado de sofrer violência ou coação em sua liberdade de locomoção, por ilegalidade ou abuso de poder.

Controle concomitante: é aquele exercido concomitantemente com o ato que está sendo executado. Um exemplo de fácil visualização refere-se à possibilidade de a Administração fiscalizar a execução das obras públicas. Perceba que ao mesmo tempo que o serviço está sendo realizado estará ele, também, sendo controlado.

> Art. 58, Lei 8.666/1993. O regime jurídico dos contratos administrativos instituído por esta Lei confere à Administração, em relação a eles, a prerrogativa de: [...] III – fiscalizar-lhes a execução.

Art. 104, Lei 14.133/2021. O regime jurídico dos contratos instituído por esta Lei confere à Administração, em relação a eles, as prerrogativas de: [...] III – fiscalizar sua execução.

Controle posterior: logicamente, ocorrerá após o ato ter sido praticado. Como exemplo, podemos citar o caso de um servidor que já sofreu a punição de demissão. Entretanto, com o surgimento de novas provas que demonstram a sua inocência, poderá ele ingressar com um pedido de revisão administrativa para tentar anular a punição que lhe foi dada.

Art. 174, Lei 8.112/1990. O processo disciplinar poderá ser revisto, a qualquer tempo, a pedido ou de ofício, quando se aduzirem fatos novos ou circunstâncias suscetíveis de justificar a inocência do punido ou a inadequação da penalidade aplicada.

caiu na prova

(OBJETIVA/AG.ADMIN.-RS/2022) Com relação ao controle da administração pública, quanto ao momento em que se efetua, pode ser prévio ou concomitante, mas jamais posterior.

Gabarito: Errado.[1]

f) Quanto à iniciativa

Poderá o controle ser iniciado de ofício (Poderes: Legislativo e Executivo) ou mediante provocação.

Controle de ofício: um ato praticado de ofício é aquele que prescinde (dispensa) da provocação do interessado, ou seja, ainda que não exista nenhuma solicitação poderá a autoridade competente agir.

Os Poderes Executivo e Legislativo podem iniciar os seus processos independentemente da solicitação de qualquer pessoa. Por exemplo, caso o chefe de determinada repartição pública suspeite de irregularidades cometidas por um subordinado, poderá mandar instaurar processo disciplinar com fins de apurar a suposta ilicitude.

Entretanto, o Poder Judiciário, por ser inerte, não poderá iniciar os seus processos de ofício, só podendo existir ação judicial mediante a provocação do interessado.

---

[1] O controle poderá ser prévio, concomitante ou posterior.

Controle por provocação: é aquele iniciado mediante a solicitação do interessado. Por exemplo, quando um direito líquido e certo é desrespeitado, poderá o particular prejudicado impetrar um mandado de segurança contra a afronta à legalidade.

> Art. 5.º, LXIX, CF/1988 – conceder-se-á mandado de segurança para proteger direito líquido e certo, não amparado por *habeas corpus* ou *habeas data*, quando o responsável pela ilegalidade ou abuso de poder for autoridade pública ou agente de pessoa jurídica no exercício de atribuições do Poder Público.

Por fim, essa provocação pode dar início ao controle em todos os três poderes: Legislativo, Executivo e Judiciário.

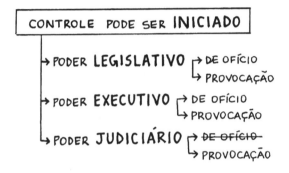

4. CONTROLE ADMINISTRATIVO

Em virtude do princípio da autotutela, poderá a Administração Pública revisar, corrigir, confirmar e, até mesmo, extinguir seus próprios atos, tanto por questões de conveniência e oportunidade quanto de legalidade.

Exatamente dentro dessa lógica surge o controle administrativo, por meio do qual poderá o ente público exercer a fiscalização de suas próprias ações, sem a necessidade de interferência de outro poder. Por exemplo, uma autarquia, para anular um ato ilegal, não precisa de permissão do Poder Judiciário; ela própria, usando de sua autotutela, poderá gerar a extinção do ato defeituoso.

Mas daí surge uma pergunta: qual dos Poderes do Estado pode exercer esse tipo de controle?

Todos! Desde que estejam no desempenho da função administrativa. Logicamente, quando pensamos no controle administrativo, logo nos vem à mente o Poder Executivo. No entanto, caso o Legislativo e o Judiciário desempenhem atos no exercício da função administrativa, também realizarão esse tipo de fiscalização.

De forma resumida, podemos afirmar que o controle administrativo é um controle interno, decorrente do princípio da autotutela, possibilitando àquele que esteja desempenhando a função administrativa revisar os seus próprios atos, tanto em relação à legalidade quanto ao mérito.

Mas qual seria a finalidade desse tipo de controle?

Encontramos a resposta no próprio texto constitucional (art. 74). Vejamos:

a) Avaliar o cumprimento das metas previstas no plano plurianual, a execução dos programas de governo e dos orçamentos da União.

b) Comprovar a legalidade e avaliar os resultados, quanto à eficácia e eficiência, da gestão orçamentária, financeira e patrimonial nos órgãos e entidades da administração federal, bem como da aplicação de recursos públicos por entidades de direito privado.

c) Exercer o controle das operações de crédito, avais e garantias, bem como dos direitos e haveres da União.

d) Apoiar o controle externo no exercício de sua missão institucional.

4.1 Meios de controle

O controle administrativo é um controle interno, ou seja, ocorre dentro de um mesmo poder, podendo ou não ser baseado na noção de hierarquia. Por exemplo, caso um superior revogue atos de seu subordinado, estaremos diante do poder hierárquico. Contudo, se a União fiscaliza uma autarquia a ela vinculada, estaremos diante de um controle finalístico, sem a presença de hierarquia.

a) Fiscalização hierárquica

O poder hierárquico possui como função-base a distribuição e o escalonamento das funções administrativas. Logo, para que exista a devida organização, impõe-se a presença de um controle vertical, do superior para com os seus subordinados, surgindo assim a fiscalização hierárquica.

b) Supervisão ministerial

Como sabemos, entre pessoas diferentes não existirá hierarquia. O que poderá acontecer é uma vinculação entre os entes, como ocorre, por exemplo, entre os integrantes da Administração Direta (centralizada) para com os da Indireta (descentralizada).

A supervisão ministerial, também denominada tutela ou controle finalístico, representa uma fiscalização menos abrangente do que o controle hierárquico, pois, enquanto este é pleno, aquele só poderá ser exercido nos limites da lei.

caiu na prova

(OBJETIVA/ADVOGADO-RS/2022) *O controle finalístico é exercido pela administração direta sobre as pessoas jurídicas integrantes da administração indireta.*

Gabarito: *Certo.*

4.2 Direito de petição

O direito de peticionar está ligado à possibilidade de pedir algo. Assim, poderá o particular provocar a Administração Pública para que esta controle seus atos. Esse entendimento é consagrado pela própria Carta Maior:

> Art. 5.º, XXXIV – são a todos assegurados, independentemente do pagamento de taxas: a) o direito de petição aos Poderes Públicos em defesa de direitos ou contra ilegalidade ou abuso de poder [...].

Todavia, em virtude do princípio da inafastabilidade, poderá o interessado, a qualquer momento, buscar o Poder Judiciário para solucionar um conflito decorrente de alguma ilegalidade, não sendo necessário para tanto o esgotamento da via administrativa, salvo em casos expressamente previstos na Constituição como os relacionados à Justiça Desportiva.

> Art. 217, § 1.º, CF/1988. O Poder Judiciário só admitirá ações relativas à disciplina e às competições desportivas após esgotarem-se as instâncias da justiça desportiva, regulada em lei.

Por fim, como consequência do direito de petição, surge para a Administração o dever de oferecer uma resposta, pois, salvo disposição legal em contrário, o silêncio administrativo não produz nenhum efeito. Portanto, poderá o interessado buscar o Judiciário para que este force o Poder Público a se pronunciar sobre o caso.

4.3 Recurso administrativo

O princípio do duplo grau de jurisdição garante aos interessados a possibilidade de ter o processo revisto. Esse entendimento encontra-se, inclusive, sedimentado no próprio Pacto de São José da Costa Rica:

> Art. 8.º, 2. Toda pessoa acusada de delito tem direito a que se presuma sua inocência enquanto não se comprove legalmente sua culpa. Durante o processo, toda pessoa tem direito, em plena igualdade, às seguintes garantias mínimas: [...] h) Direito de recorrer da sentença a juiz ou tribunal superior.

Segundo a doutrina majoritária e os tribunais superiores, essa garantia aplica-se tanto às ações judiciais quanto aos processos administrativos. Corroborando com esse entendimento, o STF editou a Súmula Vinculante 21. Vejamos: "É inconstitucional a exigência de depósito ou arrolamento prévios de dinheiro ou bens para admissibilidade de recurso administrativo".

Assim, não se podem instituir limitações indevidas ao direito de recorrer, sob pena de afronta aos princípios do contraditório, ampla defesa, devido processo legal e duplo grau de jurisdição.

O referido recurso pode ser interposto tanto em face de alguma ilegalidade praticada pelo Poder Público quanto em relação à ausência de conveniência e oportunidade na decisão prolatada. "Art. 56, Lei 9.784/1999. Das decisões administrativas cabe recurso, em face de razões de legalidade e de mérito."

Daí surge uma pergunta: quando todos os recursos administrativos forem julgados, a decisão torna-se imutável?

Não! Pois apenas as decisões judiciais produzem a coisa julgada material. Vamos a um exemplo: Maria, dona de um bar, após regular processo administrativo, sofreu a penalidade de interdição de seu estabelecimento. Inconformada com a decisão prolatada, Maria resolveu recorrer administrativamente, entretanto, mesmo após todos os recursos cabíveis, a interdição do seu local de trabalho foi confirmada.

Observe que existiu no exemplo acima a denominada coisa julgada administrativa, a qual se refere ao fato da impossibilidade de rediscussão da matéria na esfera administrativa. Todavia, em virtude do princípio da inafastabilidade da jurisdição, poderá a interessada a qualquer momento ingressar com uma ação judicial para tentar reverter decisão prolatada. "Art. 5.º, XXXV, CF/1988 – a lei não excluirá da apreciação do Poder Judiciário lesão ou ameaça a direito."

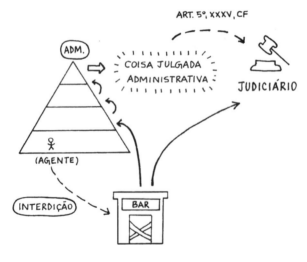

caiu na prova

(QUADRIX/CRM-MS/2021) *A coisa julgada administrativa impede a revisão judicial do ato administrativo e da decisão proferida em sede administrativa.*
Gabarito: *Errado.²*

---

² De acordo com o princípio da inafastabilidade da jurisdição, a coisa julgada administrativa não impede a revisão judicial do ato administrativo.

Por fim, devemos lembrar que, segundo a lei do processo administrativo federal (Lei 9.784/1999), é possível a *reformatio in pejus* dos recursos administrativos, ou seja, quando a autoridade competente for julgar o pedido de recurso, poderá piorar a situação do interessado. Isso ocorre pela busca da verdade material e pelo respeito ao princípio da legalidade estrita.

4.3.1 Recurso hierárquico: próprio x impróprio

Quando falamos em recurso hierárquico, a primeira coisa que vem à mente é uma estrutura verticalizada, pautada no poder hierárquico, na qual o superior revisa os atos do subordinado. Nesse caso, estamos diante do denominado: **recurso hierárquico próprio**.

Podemos citar, como exemplo, o caso de um secretário de segurança pública (autoridade superior) que analisa os atos praticados pelo delegado de determinada circunscrição.

Todavia, nem sempre existirá essa noção de hierarquia nos recursos administrativos. Em casos excepcionais, autorizados expressamente por lei, pode ser que uma autoridade revisora não seja superior àquela prolatora da decisão. Nesse caso, teremos o **recurso hierárquico impróprio**.

Imagine a seguinte situação: a autarquia "X" deu uma decisão desfavorável a João, particular. Caso exista previsão legal, poderá o interessado recorrer ao Ministério supervisor para tentar reverter a sua situação.

Observe que entre a autarquia e o Ministério (órgão pertencente à União) não existe hierarquia, mas apenas vinculação. Logo, caso um recurso venha a ser admitido, será denominado recurso hierárquico impróprio.

caiu na prova

(FCC/CÂMARA.FORTALEZA/2019) *O dirigente máximo de autarquia estadual de proteção ambiental decide interditar uma indústria, sendo a única autoridade no âmbito da autarquia que possui competência para a prática deste ato. Sabe-se que a autarquia atua sob supervisão do Secretário Estadual do Meio Ambiente. Diante dessa decisão, a indústria sancionada pode interpor, na esfera administrativa, recurso hierárquico impróprio, que será apreciado pelo Secretário Estadual do Meio Ambiente, desde que haja previsão legal.*

Gabarito: *Certo.*

4.4 Órgão de controle interno

Diversos órgãos possuem como função precípua a realização da fiscalização dos atos praticados no âmbito interno do Poder Público. Vamos citar alguns exemplos.

Conselho Nacional de Justiça (CNJ)

> Art. 103-B, § 4.º, CF/1988. [...] Compete ao Conselho o **controle da atuação administrativa e financeira do Poder Judiciário** e do cumprimento dos deveres funcionais dos juízes, cabendo-lhe, além de outras atribuições que lhe forem conferidas pelo Estatuto da Magistratura (grifos nossos).

Conselho Nacional do Ministério Público (CNMP)

> Art. 130-A, § 2.º, CF/1988. [...] Compete ao Conselho Nacional do Ministério Público o **controle da atuação administrativa e financeira do Ministério Público** e do cumprimento dos deveres funcionais de seus membros. (grifos nossos)

Corregedorias

> Art. 74, CF/1988. Os Poderes Legislativo, Executivo e Judiciário manterão, de forma integrada, sistema de controle interno [...].

5. CONTROLE LEGISLATIVO

A Constituição Federal admite, baseada no sistema de freios e contrapesos, que o Poder Legislativo venha a realizar a fiscalização política e financeira dos atos praticados pela Administração Pública.

Como exemplo de **controle político**, podemos citar o caso da necessidade de aprovação, pelo Senado Federal, do nome indicado pelo Presidente da República para a vaga de Ministro do STF.

> Art. 84, CF/1988. Compete privativamente ao Presidente da República: [...] XIV – nomear, **após aprovação pelo Senado Federal**, os Ministros do Supremo Tribunal Federal [...]. (grifos nossos)

Observe que, nesse caso, seguindo a doutrina majoritária, estará o Legislativo realizando o controle prévio da nomeação, tanto em relação a aspectos de legalidade quanto de mérito.

Nossa, mas seria possível existir um controle de mérito externo?

Sim!

Perceba que, nesse caso, o Senado Federal analisará duas coisas:

1. Se a pessoa indicada preenche os requisitos legais para a ocupação da vaga de Ministro do Supremo, por exemplo, a idade mínima de 35 anos (controle de legalidade).

2. Se o nome indicado é conveniente e oportuno (controle de mérito) para a ocupação daquela vaga.

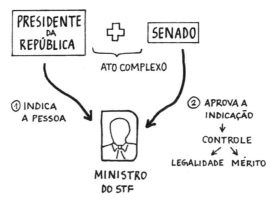

Apenas a título de cuidado e revisão, lembre-se que o Poder Judiciário só poderá realizar o controle externo dos atos administrativos estritamente em relação a aspectos de legalidade, sem poder invadir o mérito. No tocante ao Legislativo, em situações pontuais e constitucionalmente autorizadas, poderá existir, sim, a análise de conveniência, como no caso supracitado.

Já o **controle financeiro** será exercido pelas casas parlamentares (Câmara dos Deputados, Senado Federal e Congresso Nacional), com o auxílio do Tribunal de Contas. Vejamos o que diz a CF/1988:

> Art. 70. A fiscalização contábil, financeira, orçamentária, operacional e patrimonial da União e das entidades da administração direta e indireta, quanto à legalidade, legitimidade, economicidade, aplicação das subvenções e renúncia de receitas, será exercida pelo Congresso Nacional, mediante controle externo, e pelo sistema de controle interno de cada Poder.
>
> Art. 71. O controle externo, a cargo do Congresso Nacional, será exercido com o auxílio do Tribunal de Contas da União, ao qual compete: [...]

5.1 Controle parlamentar

Nesse caso, teremos a atuação direta do parlamento, ou seja, a fiscalização será realizada pela Câmara dos Deputados, Senado Federal ou Congresso Nacional. Vale salientar que, em respeito ao princípio da tripartição dos Poderes, esse tipo de controle só poderá ser efetivado dentro dos limites e dos casos previstos taxativamente na Carta Maior. Assim, não poderá uma norma infraconstitucional ampliar a área de atuação fiscalizatória do Legislativo.

> **caiu na prova**
>
> **(CEBRASPE/PF/2021)** *Apenas a Constituição Federal de 1988 pode prever modalidades de controle externo.*
>
> **Gabarito:** *Certo.*

Os principais dispositivos constitucionais referentes ao tema são:

> Art. 49, II, CF. É da competência exclusiva do Congresso Nacional: [...] II – autorizar o Presidente da República a declarar guerra, a celebrar a paz, a permitir que forças estrangeiras transitem pelo território nacional ou nele permaneçam temporariamente, ressalvados os casos previstos em lei complementar.
>
> Art. 49, III, CF. É da competência exclusiva do Congresso Nacional: [...] III – autorizar o Presidente e o Vice-Presidente da República a se ausentarem do País, quando a ausência exceder a quinze dias.
>
> Art. 49, IV, CF. É da competência exclusiva do Congresso Nacional: [...] IV – aprovar o estado de defesa e a intervenção federal, autorizar o estado de sítio, ou suspender qualquer uma dessas medidas.
>
> Art. 49, V, CF. É da competência exclusiva do Congresso Nacional: [...] V – sustar os atos normativos do Poder Executivo que exorbitem do poder regulamentar ou dos limites de delegação legislativa.
>
> Art. 49, IX, CF. É da competência exclusiva do Congresso Nacional: [...] IX – julgar anualmente as contas prestadas pelo Presidente da República e apreciar os relatórios sobre a execução dos planos de governo.
>
> Art. 52, I, CF. Compete privativamente ao Senado Federal: I – processar e julgar o Presidente e o Vice-Presidente da República nos crimes de responsabilidade, bem como os Ministros de Estado e os Comandantes da Marinha, do Exército e da Aeronáutica nos crimes da mesma natureza conexos com aqueles.
>
> Art. 58, § 3.º, CF. [...] As comissões parlamentares de inquérito, que terão poderes de investigação próprios das autoridades judiciais, além de outros previstos nos regimentos das respectivas Casas, serão criadas pela Câmara dos Deputados e pelo Senado Federal, em conjunto ou separadamente, mediante requerimento de um terço de seus membros, para a apuração de fato determinado e por prazo certo, sendo suas conclusões, se for o caso, encaminhadas ao Ministério Público, para que promova a responsabilidade civil ou criminal dos infratores.
>
> Art. 71, § 1.º, CF. [...] No caso de contrato, o ato de sustação será adotado diretamente pelo Congresso Nacional, que solicitará, de imediato, ao Poder Executivo as medidas cabíveis.

5.2 Controle pelo Tribunal de Contas

Vamos iniciar o assunto com uma pergunta: o Tribunal de Contas faz parte de qual dos três Poderes?

De nenhum!

Ele é um órgão independente que auxilia o Poder Legislativo na realização do controle externo referente à fiscalização contábil, financeira, orçamentária, operacional e patrimonial de todas as pessoas que recebam recursos públicos, sejam elas entes públicos ou não.

Atualmente, existem os seguintes Tribunais de Contas:

Cap. 8 – CONTROLE DA ADMINISTRAÇÃO PÚBLICA **295**

a) **TCU** – Tribunal de Contas da União: auxilia o Congresso Nacional.

b) **TCE** – Tribunal de Contas dos Estados: auxilia as Assembleias Legislativas.

c) **TCDF** – Tribunal de Contas do Distrito Federal: auxilia a Câmara Legislativa Municipal.

d) **TCM** – Tribunal de Contas dos Municípios: auxilia a Câmara dos Vereadores.

Obs.: Existem apenas dois TCMs reconhecidos constitucionalmente: São Paulo e Rio de Janeiro. Isso ocorre em virtude de a Constituição Federal de 1988 ter vedado, de forma expressa, a criação da Corte de Contas municipal, vejamos: "Art. 31, § 4.º É vedada a criação de Tribunais, Conselhos ou órgãos de Contas Municipais". Logo, apenas foram aceitos os TCMs que já existiam anteriormente (antes da CF/1988), os de São Paulo e Rio de Janeiro.

Por fim, cumpre observar que, apesar de o Município não poder instituir seu próprio Tribunal de Contas, poderá o Estado criar um órgão de contas específico para a fiscalização de seus Municípios, entendimento respaldado pelo próprio Supremo. Vejamos:

> **⚖ jurisprudência**
>
> *Tribunal de contas dos municípios – criação – extinção. A interpretação sistemática dos §§ 1.º e 4.º do artigo 31 da Carta da República é conducente a concluir-se que* **os Estados-membros têm o poder de criar e extinguir conselhos ou tribunais de contas dos municípios**. *A expressão "onde houver" inserta no primeiro parágrafo alberga a existência presente e futura de tais órgãos, sendo que o óbice à criação ficou restrito a atividade municipal (STF, Tribunal Pleno, ADI 867/MA, 10.10.1994).*

5.2.1 Competências do Tribunal de Contas da União

A Constituição Federal previu (art. 71) diversas atribuições do Tribunal de Contas da União. São elas:

a) **Apreciar as contas** prestadas anualmente pelo **Presidente da República**, mediante parecer prévio que deverá ser elaborado em 60 dias a contar de seu recebimento.

Observe que a função do TCU não é julgar as contas do chefe do Executivo, ficando essa função a cargo do Congresso Nacional. A atribuição da Corte de Contas será meramente elaborar um parecer que, apesar de obrigatório, é não vinculante.

b) **Julgar as contas dos administradores** e demais responsáveis por dinheiros, bens e valores públicos da administração direta e indireta, incluídas as fundações e sociedades instituídas e mantidas pelo Poder Público federal, e as contas daqueles que derem causa a perda, extravio ou outra irregularidade de que resulte prejuízo ao erário público.

Diferentemente da situação do Presidente da República, caso em que o TCU apenas aprecia as contas, em relação aos demais administradores haverá o julgamento delas.

c) Apreciar, para fins de registro, a **legalidade dos atos de admissão de pessoal**, a qualquer título, na administração direta e indireta, incluídas as fundações instituídas e mantidas pelo Poder Público, excetuadas as nomeações para cargo de provimento em comissão, bem como a das concessões de aposentadorias, reformas e pensões, ressalvadas as melhorias posteriores que não alterem o fundamento legal do ato concessório.

Ponto importante relacionado a esse tema é o entendimento do STF sobre o ato de concessão de aposentadoria. Para a Corte Suprema, esse é um ato complexo que só se aperfeiçoa com o registro no Tribunal de Contas correspondente.

jurisprudência

O ato de aposentadoria configura ato administrativo complexo, aperfeiçoando-se somente com o registro perante o Tribunal de Contas. Submetido à condição resolutiva, não se operam os efeitos da decadência antes da vontade final da Administração (STF, Tribunal Pleno, MS 24997/DF, 02.02.2005).

jurisprudência

TESE: "Em atenção aos princípios da segurança jurídica e da confiança legítima, os Tribunais de Contas estão sujeitos ao prazo de 5 anos para o julgamento da legalidade do ato de concessão inicial de aposentadoria, reforma ou pensão, a contar da chegada do processo à respectiva Corte de Contas". (RE 636553, Tribunal Pleno, 19.02.2020).

d) Realizar, por iniciativa própria, da Câmara dos Deputados, do Senado Federal, de Comissão Técnica ou de Inquérito, **inspeções e auditorias de natureza contábil, financeira, orçamentária, operacional e patrimonial**, nas unidades administrativas dos Poderes Legislativo, Executivo e Judiciário, e demais entidades que recebam recursos públicos.

e) **Fiscalizar as contas nacionais das empresas supranacionais** de cujo capital social a União participe, de forma direta ou indireta, nos termos do tratado constitutivo.

f) **Fiscalizar a aplicação de quaisquer recursos repassados pela União** mediante convênio, acordo, ajuste ou outros instrumentos congêneres, a Estado, ao Distrito Federal ou a Município.

g) **Prestar as informações solicitadas pelo Congresso Nacional**, por qualquer de suas Casas, ou por qualquer das respectivas Comissões, sobre a fiscalização contábil, financeira, orçamentária, operacional e patrimonial e sobre resultados de auditorias e inspeções realizadas.

h) **Aplicar** aos responsáveis, em caso de ilegalidade de despesa ou irregularidade de contas, as **sanções previstas em lei**, que estabelecerá, entre outras cominações, multa proporcional ao dano causado ao erário.

Cumpre observar que, caso a punição aplicada pelo Tribunal de Contas seja uma multa, possuirá esta a natureza de título executivo extrajudicial; sendo assim, prescinde da instauração de um processo de conhecimento. "Art. 71, § 3.º, CF. As decisões do Tribunal de que resulte imputação de débito ou multa terão eficácia de título executivo."

Cap. 8 – CONTROLE DA ADMINISTRAÇÃO PÚBLICA

i) **Assinar prazo** para que o órgão ou entidade adote as providências necessárias ao exato cumprimento da lei, se verificada ilegalidade.

j) **Sustar**, se não atendido, a execução do ato impugnado, comunicando a decisão à Câmara dos Deputados e ao Senado Federal.

Lembre-se que o Tribunal de Contas não pode sustar contratos, sendo a competência para esse tipo de ação do próprio Congresso Nacional.

Logo, em resumo:

Sustar aTos = Tribunal de Contas

Sustar CONtratos = CONgresso Nacional

k) Representar ao Poder competente sobre irregularidades ou abusos apurados.

Por fim, cabe destacar que o TCU, ao realizar os seus julgamentos, poderá declarar a inconstitucionalidade de leis e atos estatais. Esse entendimento encontra-se sedimentado na jurisprudência do Supremo Tribunal Federal: "Súmula 347 do STF: O Tribunal de Contas, no exercício de suas atribuições, pode apreciar a constitucionalidade das leis e dos atos do poder público".

6. CONTROLE JUDICIAL

A atividade estatal deve ser fiscalizada para que se evitem atuações desproporcionais e desvinculadas dos interesses públicos. Sendo assim, para a efetivação dessa medida, dois modelos surgiram: o sistema do contencioso administrativo e o da jurisdição una. Vamos analisá-los em separado.

a) Contencioso administrativo

Também chamado de sistema francês ou da dualidade de jurisdição, decorre da separação absoluta dos poderes, sendo vedados ao Poder Judiciário o conhecimento e a análise dos atos praticados pela Administração Pública.

Pela simples análise desse conceito já se percebe que não é esse o modelo adotado pelo ordenamento jurídico brasileiro.

b) Jurisdição una

Também denominado sistema inglês, por este todos os conflitos, sejam eles decorrentes de atos do Poder Público ou não, poderão ser julgados pelo Poder Judiciário. É o sistema adotado no Brasil.

> **caiu na prova**
>
> **(QUADRIX/CRF-BA/2019)** *O Brasil adota o modelo inglês de jurisdição una, de modo que todas as disputas judicializadas são submetidas ao Poder Judiciário, envolvendo ou não a Administração.*
>
> **Gabarito:** *Certo.*

Observe que esse modelo não impede a Administração de revisar seus próprios atos, até mesmo porque, em virtude do princípio da autotutela, poderá ela tanto rever a legalidade quanto o mérito de suas condutas.

Súmula 473 do STF. A administração pode anular seus próprios atos, quando eivados de vícios que os tornam ilegais, porque deles não se originam direitos; ou revogá-los, por motivo de conveniência ou oportunidade, respeitados os direitos adquiridos, e ressalvada, em todos os casos, a apreciação judicial.

Entretanto, o julgamento administrativo não faz coisa julgada material, ou seja, ainda que se percorram todas as instâncias, a decisão administrativa não será definitiva, pois o interessado sempre poderá rediscutir a matéria no Judiciário.

Art. 5.º, XXXV, CF/1988. A lei não excluirá da apreciação do Poder Judiciário lesão ou ameaça a direito (princípio da inafastabilidade da jurisdição).

6.1 Características

Como estudamos neste capítulo, o Poder Judiciário é inerte; logo, os processos judiciais só poderão ter início após a provocação do interessando. Além disso, em virtude da separação dos Poderes, ao juiz cabe apenas analisar a legalidade das condutas públicas, sendo vedado a ele invadir o mérito dos atos administrativos.

De forma prática e resumida, podemos esquematizar as características do controle judicial com o seguinte desenho:

6.2 Ações judiciais de controle

Existem diversas formas de o particular provocar o Judiciário para resguardar os seus direitos. A própria Constituição Federal prevê diversos remédios que possibilitam esse controle, por exemplo, o mandado de segurança.

Para facilitar o aprofundamento e a visualização do assunto, vamos analisar as principais ações de controle de forma separada.

6.2.1 Mandado de segurança

Esse remédio constitucional será usado para os casos em que existir ofensa a algum direito líquido e certo, desde que não possa o conflito ser solucionado por meio de *habeas corpus* ou *habeas data*.

Além da previsão constitucional, esse assunto encontra-se regulamentado pela Lei 12.016, do ano de 2009.

a) Dispositivos constitucionais

Art. 5.º, LXIX – conceder-se-á mandado de segurança para proteger direito líquido e certo, não amparado por habeas corpus ou habeas data, quando o responsável pela ilegalidade ou abuso de poder for autoridade pública ou agente de pessoa jurídica no exercício de atribuições do Poder Público.

Art. 5.º, LXX – o mandado de segurança coletivo pode ser impetrado por:

a) partido político com representação no Congresso Nacional;

b) organização sindical, entidade de classe ou associação legalmente constituída e em funcionamento há pelo menos um ano, em defesa dos interesses de seus membros ou associados.

b) Espécies

O mandado de segurança poderá ser individual ou coletivo, podendo nos dois casos a finalidade ser preventiva ou repressiva.

No caso da **ação individual**, o ajuizamento será feito por uma única pessoa (física ou jurídica) ou ainda por um conjunto de indivíduos que estejam vivenciando uma mesma situação de ofensa a direito líquido e certo.

Por exemplo, Maria, em virtude de sua excelente classificação no concurso para analista do TJ de Pernambuco, seria, pela ordem de classificação, a próxima a ser nomeada. Entretanto, no momento que o *Diário Oficial* foi publicado, a candidata percebeu que outra pessoa havia sido nomeada em seu lugar. Inconformada, poderá Maria impetrar um mandado de segurança individual para assegurar o seu direito líquido e certo de respeito à ordem de classificação.

Seguindo ainda o mesmo exemplo, caso vários candidatos fiquem inconformados com o desrespeito na ordem das nomeações, poderão eles, juntos, impetrar um mandado de segurança que, mesmo interposto por várias pessoas, continua sendo caracterizado como individual.

Assim, o que seria o mandado de segurança coletivo?

A **ação coletiva** é aquela que visa a proteção de direitos coletivos, somente podendo ser intentada por partido político com representação no Congresso Nacional ou por organização sindical, entidade de classe ou associação legalmente constituída e em funcionamento há pelo menos um ano, em defesa dos interesses de seus membros ou associados (art. 5.º, LXX, *b*, CF/1988). Observe que, nesse caso, existirá a substituição processual, ou seja, as entidades pleitearão em nome próprio um direito alheio.

c) Direito líquido e certo

É aquele referente à prova pré-constituída, ou seja, para se comprovar a alegação do impetrante basta que se efetive a juntada de alguns documentos. Não é possível, nesse tipo de ação, existir dilação probatória.

Art. 6.º, Lei 12.016/2009. A petição inicial, que deverá preencher os requisitos estabelecidos pela lei processual, será apresentada em 2 (duas) vias com os documentos que instruírem a primeira reproduzidos na segunda e indicará, além da autoridade coatora, a pessoa jurídica que esta integra, à qual se acha vinculada ou da qual exerce atribuições.

d) Legitimidade ativa

No caso do mandado de segurança individual, a legitimidade pertence a qualquer pessoa física ou jurídica que tenha algum direito líquido e certo violado. Até mesmo os entes que possuem apenas personalidade formal poderão impetrar esse remédio, por exemplo, os condomínios e o espólio.

Já no caso da ação coletiva, como já mencionamos, a impetração apenas poderá ser feita por partidos políticos, organização sindical, entidade de classe ou associação.

e) Legitimidade passiva

O agente público, detentor do poder de decisão, será considerado o **coator**, entretanto ele não será réu na ação mandamental, pois essa posição será ocupada pela pessoa jurídica a qual o agente se encontra ligado.

Por exemplo, caso Bruno, Ministro de Estado, pratique um ato violador de direitos líquidos e certos, será ele a autoridade coatora e a União será a ré na ação mandamental.

E nos casos de delegação?

Vamos imaginar a seguinte situação: João, servidor público, delegou determinada atividade a seu subordinado Bruno. Contudo, este, ao executar a função recebida, violou o direito líquido e certo de Maria, particular.

Daí pergunta-se: quem será a autoridade coatora? João (delegante) ou Bruno (delegado)?

A resposta encontra-se na Súmula 510 do Supremo Tribunal Federal. Vejamos: "Praticado o ato por autoridade, no exercício de competência delegada, contra ela cabe o mandado de segurança ou a medida judicial". Logo, de forma resumida, podemos afirmar que a autoridade coatora é quem executa o ato, e não quem a delega.

f) Competência para julgamento

A Constituição Federal distribui a competência entre os diversos entes federativos e autoridades públicas. No caso do julgamento do mandado de segurança, tudo depende de quem foi a autoridade coatora. Vejamos:

COMPETÊNCIA	AUTORIDADE COATORA
STF (art. 102, I, d, CF)	✓ Presidente da República ✓ Mesas da Câmara dos Deputados e do Senado Federal ✓ Tribunal de Contas da União ✓ Procurador-Geral da República ✓ Supremo Tribunal Federal
STJ (art. 105, I, b, CF)	✓ Ministro de Estado ✓ Comandantes da Marinha, do Exército e da Aeronáutica ✓ Superior Tribunal de Justiça
TRF (art. 108, I, c, CF)	✓ Ato do próprio Tribunal ✓ Juiz federal
TJ	✓ Será definido na Constituição de cada Estado
JUSTIÇA FEDERAL (art. 109, VIII, CF)	✓ Ato de autoridade federal, excetuados os casos de competência dos tribunais federais
JUSTIÇA ESTADUAL	✓ Será definido na Constituição de cada Estado

6.2.2 Ação popular

Esse remédio constitucional será interposto por qualquer cidadão que busque a anulação de um ato lesivo contra o patrimônio público, a moralidade administrativa, o meio ambiente ou ao patrimônio histórico e cultural, podendo essa ação ser tanto preventiva quanto repressiva.

Observe que o cidadão pleiteia em nome próprio a defesa de interesses coletivos. Logo, na ação popular se busca garantir o bem-estar coletivo, e não apenas o individual.

Além da previsão constitucional, esse assunto encontra-se regulamentado pela Lei 4.717, do ano de 1965.

a) Dispositivo constitucional

Art. 5.º, LXXIII – qualquer cidadão é parte legítima para propor ação popular que vise a anular ato lesivo ao patrimônio público ou de entidade de que o Estado participe, à moralidade administrativa, ao meio ambiente e ao patrimônio histórico e cultural, ficando o autor, salvo comprovada má-fé, isento de custas judiciais e do ônus da sucumbência.

b) Legitimidade ativa

Segundo a Constituição Federal, a ação popular pode ser proposta por qualquer cidadão. Mas quem seria este?

Cidadão é a pessoa física que se encontra em pleno gozo de seus direitos políticos, podendo votar e ser votada. Logo, nem toda pessoa poderá impetrar essa ação. Cite-se, como exemplo, o caso de um condenado por atos de improbidade administrativa que como punição recebeu a suspensão de seus direitos políticos.

Daí surge uma pergunta: uma pessoa jurídica poderá impetrar a ação popular?

Não! Até mesmo porque pessoas jurídicas não possuem direitos políticos. Esse entendimento encontra-se sedimentado na jurisprudência dos tribunais superiores.

Súmula 365 do STF. Pessoa jurídica não tem legitimidade para propor ação popular.

> **caiu na prova**
>
> **(VUNESP/PROCURADOR-SP/2020)** *Pessoa jurídica que atua na área de defesa do meio ambiente e defesa do patrimônio público tem legitimidade para propor ação popular.*
>
> **Gabarito:** *Errado.[3]*

c) Legitimidade passiva

O rol de sujeitos passivos da ação popular é bem amplo, englobando tanto os integrantes da Administração quanto aqueles que, mesmo sem fazer parte do Poder Público, recebam algum tipo de benefício. Vejamos o que diz a Lei 4.717/1965:

> Art. 6.º A ação será proposta contra as pessoas públicas ou privadas e as entidades referidas no art. 1.º (Administração direta e indireta e todos aqueles que recebam benefícios públicos), contra as autoridades, funcionários ou administradores que houverem autorizado, aprovado, ratificado ou praticado o ato impugnado, ou que, por omissas, tiverem dado oportunidade à lesão, e contra os beneficiários diretos do mesmo.

Em resumo, podemos dizer que os legitimados passivos da ação popular são: o agente público + pessoa jurídica à qual o agente se encontra subordinado + beneficiado pelo ato ilícito.

d) Julgamento

No julgamento da ação popular, admite-se a concessão de tutela antecipada. Assim, poderá o ato lesivo ser suspenso até que exista o julgamento final.

> Art. 5.º, § 4.º, Lei 4.717/1965. Na defesa do patrimônio público caberá a suspensão liminar do ato lesivo impugnado.

Ainda no que se refere ao andamento do processo, faz-se imprescindível a participação do Ministério Público. Será este considerado parte autônoma e atuará como fiscal da lei.

Quanto à competência, não existirá foro por prerrogativa de função nesse tipo de ação, logo, qualquer que seja o réu, o processo terá início no juízo de primeiro grau, estadual ou federal.

---

[3] A legitimidade é conferida ao cidadão, não englobando, por consequência lógica, as pessoas jurídicas.

Art. 5.º, Lei 4.717/1965. Conforme a origem do ato impugnado, é competente para conhecer da ação, processá-la e julgá-la o juiz que, de acordo com a organização judiciária de cada Estado, o for para as causas que interessem à União, ao Distrito Federal, ao Estado ou ao Município.

Por fim, cumpre lembrar que, como o autor da ação busca a satisfação do interesse público, e não do seu individual, a indenização será feita na forma de ressarcimento ao erário. Logo, não receberá o cidadão nenhum valor ao final do processo.

6.2.3 *Habeas data*

Esse remédio constitucional visa garantir o acesso a informações relativas à pessoa do impetrante e possibilitar a retificação de dados.

Além da previsão constitucional, esse assunto encontra-se regulamentado pela Lei 9.507, do ano de 1997.

a) Dispositivo constitucional

Art. 5.º, LXXII – conceder-se-á *habeas data*:

a) para assegurar o conhecimento de informações relativas à pessoa do impetrante, constantes de registros ou bancos de dados de entidades governamentais ou de caráter público;

b) para a retificação de dados, quando não se prefira fazê-lo por processo sigiloso, judicial ou administrativo.

b) Características

Vamos selecionar os principais pontos referentes ao tema.

Petição inicial

Para que se possa impetrar o *habeas data*, faz-se imprescindível a demonstração de que houve recusa por parte da Administração em fornecer os dados solicitados ou que esta não o fez no prazo solicitado. Vejamos:

Art. 8.º, parágrafo único, Lei 9.507/1997. A petição inicial deverá ser instruída com prova: I – da recusa ao acesso às informações ou do decurso de mais de dez dias sem decisão; II – da recusa em fazer-se a retificação ou do decurso de mais de quinze dias, sem decisão; ou III – da recusa em fazer-se a anotação a que se refere o § 2.º do art. 4.º ou do decurso de mais de quinze dias sem decisão.

Prerrogativa de foro

De acordo com a autoridade coatora, será estabelecido o juízo competente. Pois, assim como no mandado de segurança, possuirá a ação de *habeas data* foro por prerrogativa de função (olhar a tabela de competência do mandado de segurança).

Gratuidade

A ação de *habeas data* é gratuita.

> Art. 21, Lei 9.507/1997. São gratuitos o procedimento administrativo para acesso a informações e retificação de dados e para anotação de justificação, bem como a ação de *habeas data*.

6.2.4 Mandado de injunção

Esse remédio constitucional será utilizado sempre que a falta de norma regulamentadora inviabilizar o exercício de um direito constitucionalmente previsto.

Por exemplo, a Carta Maior, ao tratar do direito de greve dos servidores, institui que: "Art. 37, VII – o direito de greve será exercido nos termos e nos limites definidos em lei específica". Observe que essa é uma **norma de eficácia limitada**, ou seja, depende da produção de uma lei disciplinando os termos nos quais o agente público poderá fazer a greve.

O grande problema é que essa lei específica até hoje não foi produzida. Logo, em virtude da omissão legislativa, pode-se usar o mandado de injunção para que este direito venha a ser assegurado.

Além da previsão constitucional, esse assunto encontra-se regulamentado pela Lei 13.300, do ano de 2016.

a) Dispositivo constitucional

> Art. 5.º, LXXI – conceder-se-á mandado de injunção sempre que a falta de norma regulamentadora torne inviável o exercício dos direitos e liberdades constitucionais e das prerrogativas inerentes à nacionalidade, à soberania e à cidadania.

b) Espécies

O mandado de injunção poderá ser individual ou coletivo.

> Art. 1.º, Lei 13.300/2016. Esta Lei disciplina o processo e o julgamento dos mandados de injunção individual e coletivo, nos termos do inciso LXXI do art. 5º da Constituição Federal.

Como mencionamos, a falta de norma regulamentadora faz com que o mandado de injunção possa ser impetrado. No caso da **ação individual**, o ajuizamento será feito por qualquer pessoa (física ou jurídica) que possua direitos dependentes de regulamentação.

> Art. 3.º, Lei 13.300/2016. São legitimados para o mandado de injunção, como **impetrantes**, as **pessoas naturais ou jurídicas** que se afirmam titulares dos direitos, das liberdades ou das prerrogativas referidos no art. 2.º e, como impetrado, o Poder, o órgão ou a autoridade com atribuição para editar a norma regulamentadora.

Seguindo o entendimento doutrinário dominante, a Lei 13.300/2016 previu, de forma expressa, a possibilidade do **mandado de injunção coletivo**. Nesse caso, o direito que está sendo suprimido não pertence apenas a uma única pessoa, mas, sim, indistintamente, a uma coletividade indeterminada ou determinada por grupo, classe ou categoria.

c) Legitimidade ativa

Mandado de injunção **individual**: possui como legitimado ativo (podem propor a ação) qualquer pessoa, seja ela física ou jurídica.

Mandado de injunção **coletivo**:

- **Ministério Público**, quando a tutela requerida for especialmente relevante para a defesa da ordem jurídica, do regime democrático ou dos interesses sociais ou individuais indisponíveis.

- **Partido político** com representação no Congresso Nacional, para assegurar o exercício de direitos, liberdades e prerrogativas de seus integrantes ou relacionados com a finalidade partidária.

- **Organização sindical, entidade de classe ou associação** legalmente constituída e em funcionamento há pelo menos 1 (um) ano, para assegurar o exercício de direitos, liberdades e prerrogativas em favor da totalidade ou de parte de seus membros ou associados, na forma de seus estatutos e desde que pertinentes a suas finalidades, dispensada, para tanto, autorização especial.

- **Defensoria Pública,** quando a tutela requerida for especialmente relevante para a promoção dos direitos humanos e a defesa dos direitos individuais e coletivos dos necessitados, na forma do inciso LXXIV do art. 5.º da Constituição Federal.

d) Legitimidade passiva

Legitimado ativo será aquele responsável pela produção da norma regulamentadora.

> Art. 3.º, Lei 10.330/2016. São legitimados para o mandado de injunção, [...] como impetrado, o Poder, o órgão ou a autoridade com atribuição para editar a norma regulamentadora.

Por exemplo, no caso do direito de greve dos servidores, a norma regulamentadora deve ser providenciada pelo Poder Legislativo Federal, logo, o mandado de injunção deve ser impetrado contra a União.

e) Direito de greve dos servidores

O magistrado, ao decidir o mandado de injunção, não poderá substituir o legislador, sob pena de afronta à separação dos poderes. Sendo assim, não cabe ao Poder Judiciário inovar no mundo jurídico criando a norma regulamentadora.

Todavia, segundo os tribunais superiores, poderá a decisão judicial usar uma norma já existente (analogia) como forma de suprir a omissão legislativa. Esse posicionamento ficou consolidado quando o STF decidiu que em virtude da ausência de norma regulamentadora os servidores deverão garantir o seu direito constitucional à greve utilizando, por analogia, a lei dos trabalhadores em geral. Vejamos:

jurisprudência

Mandado de injunção julgado procedente, para remover o obstáculo decorrente da omissão legislativa e, supletivamente, tornar viável o exercício do direito consagrado no artigo 37, VII, da Constituição do Brasil (STF, Tribunal Pleno, MI 712/PA, 25.10.2007).

Resumindo, podemos afirmar que, na atualidade, o mandado de injunção tem uma função concreta, ou seja, poderá solucionar de fato o problema, podendo o Judiciário, usando da analogia, preencher a lacuna legislativa até a edição da norma específica.

f) Decisão

Antes de falarmos dos efeitos da decisão, devemos mencionar que, seguindo a doutrina majoritária, a Lei 13.300/2016 não previu a concessão de liminares no âmbito do mandado de injunção.

Quanto à decisão, poderá esta produzir efeito *inter partes* ou *erga omnes* a depender do caso concreto.

> Art. 9.º A decisão terá eficácia subjetiva limitada às partes e produzirá efeitos até o advento da norma regulamentadora. § 1.º Poderá ser conferida eficácia *ultra partes* ou *erga omnes* à decisão, quando isso for inerente ou indispensável ao exercício do direito, da liberdade ou da prerrogativa objeto da impetração.

Por fim, caso a norma regulamentadora venha a ser editada, não poderá ela prejudicar aqueles que tinham sido beneficiados por decisões judiciais anteriores, ou seja, os efeitos da lei serão *ex nunc*, salvo se esta for mais favorável ao destinatário.

> Art. 11, Lei 13.300/2016. A norma regulamentadora superveniente produzirá efeitos *ex nunc* em relação aos beneficiados por decisão transitada em julgado, salvo se a aplicação da norma editada lhes for mais favorável.

6.2.5 Ação civil pública

Esta ação visa a proteção dos interesses difusos e coletivos podendo, inclusive, em algumas situações pontuais, assegurar os interesses individuais homogêneos, tais como, os do consumidor.

Além da previsão constitucional, esse assunto encontra-se regulamentado pela Lei 7.347, do ano de 1995.

a) Dispositivo constitucional

> Art. 129. São funções institucionais do Ministério Público: [...] III – promover o inquérito civil e a ação civil pública, para a proteção do patrimônio público e social, do meio ambiente e de outros interesses difusos e coletivos.

b) Função

Como mencionado, a ação civil pública possui a finalidade de preservar diversos interesses, tais como os difusos e coletivos. Caso esses direitos venham a ser desrespeitados, a responsabilização poderá envolver indenização, tanto por danos **materiais** quanto **morais**.

Mas quais seriam de fato os bens protegidos?

A resposta encontra-se na Lei 7.347/1995, a qual, em seu primeiro artigo, faz uma lista dos bens que **são abrangidos pela ação civil**. São eles:

a)   Meio ambiente.

b)   Consumidor.

c)   Bens e direitos de valor artístico, estético, histórico, turístico e paisagístico.

d)   Qualquer outro interesse difuso ou coletivo.

e)   Ordem econômica.

f)   Ordem urbanística.

g)   Honra e a dignidade de grupos raciais, étnicos ou religiosos.

h)   Patrimônio público e social.

Por outro lado, a Lei 7.347/1995 também menciona quais seriam as pretensões **não amparadas pela ação civil pública**. São aquelas que envolvam:

a)   Tributos.

b)   Contribuições previdenciárias.

c)   O Fundo de Garantia do Tempo de Serviço (FGTS).

d)   Outros fundos de natureza institucional cujos beneficiários podem ser individualmente determinados.

c) Legitimidade ativa e passiva

A Lei 7.347/1995 previu de forma taxativa o rol de pessoas que podem propor a ação civil pública. São legitimados **ativos**:

a)   O Ministério público.

b)   A Defensoria pública.

c)   A União, os Estados, o Distrito Federal e os Municípios.

d)   A autarquia, empresa pública, fundação ou sociedade de economia mista;

e)   A associação que, concomitantemente: 1. Esteja constituída há pelo menos 1 (um) ano nos termos da lei civil; 2. Inclua, entre suas finalidades institucionais, a proteção ao patrimônio público e social, ao meio ambiente, ao consumidor, à ordem econômica, à livre concorrência, aos direitos de grupos raciais, étnicos ou religiosos ou ao patrimônio artístico, estético, histórico, turístico e paisagístico.

Caso o Ministério Público não atue como parte, deverá intervir no processo como fiscal da lei. E, no caso das associações, poderão estas atuar como litisconsortes de qualquer das partes.

Art. 5.º, § 1.º, Lei 7.347/1995. O Ministério Público, se não intervier no processo como parte, atuará obrigatoriamente como fiscal da lei. § 2.º Fica facultado ao Poder Público e a outras associações legitimadas nos termos deste artigo habilitar--se como litisconsortes de qualquer das partes.

Já os legitimados **passivos** são todas aquelas pessoas, físicas ou jurídicas, que deram causa a violações aos bens protegidos pela referida norma, podendo ou não pertencer à Administração Pública e ainda ser pessoa de direito público ou privado.

6.3 Atos *interna corporis*

Ato *interna corporis* é aquele praticado pelo Poder Legislativo e pelo Poder Judiciário com a finalidade de instituir a suas normas internas. Logicamente, tal ato deverá ser praticado dentro das competências outorgadas e dos limites da lei.

Assim, em virtude da discricionariedade dessas condutas e do respeito à separação dos poderes, é vedado ao Judiciário analisar esse tipo de ato, salvo se existir alguma lesão ou ameaça de dano a direitos constitucionalmente assegurados.

Para ficar mais fácil a compreensão, vamos a um exemplo: o Tribunal "X" pode em seu regimento interno fazer a distribuição de suas varas entre as comarcas do Estado da forma que achar mais conveniente e oportuna, não podendo o Judiciário interferir nessa decisão.

Entretanto, vamos imaginar que esse mesmo regimento instituiu que todos os municípios que não apoiassem o atual prefeito teriam os seus fóruns fechados. Logicamente, essa medida afronta diretamente os princípios da impessoalidade e moralidade, entre outros. Portanto, poderá o Judiciário, mediante provocação do interessado, analisar essa medida.

7. SÚMULAS

7.1 Súmulas vinculantes – STF

- ✓ **Súmula 3.** Nos processos perante o Tribunal de Contas da União asseguram-se o contraditório e a ampla defesa quando da decisão puder resultar anulação ou re-vogação de ato administrativo que beneficie o interessado, excetuada a apreciação da legalidade do ato de concessão inicial de aposentadoria, reforma e pensão.

- ✓ **Súmula 5.** A falta de defesa técnica por advogado no processo administrativo dis-ciplinar não ofende a Constituição.

- ✓ **Súmula 13.** A nomeação de cônjuge, companheiro ou parente em linha reta, co-lateral ou por afinidade, até o terceiro grau, inclusive, da autoridade nomeante ou de servidor da mesma pessoa jurídica investido em cargo de direção, chefia ou assessoramento, para o exercício de cargo em comissão ou de confiança ou, ainda, de função gratificada na administração pública direta e indireta em qualquer dos Poderes da União, dos Estados, do Distrito Federal e dos Municípios, compreendido o ajuste mediante designações recíprocas, viola a Constituição Federal.

- ✓ **Súmula 21.** É inconstitucional a exigência de depósito ou arrolamento prévios de dinheiro ou bens para admissibilidade de recurso administrativo.

Cap. 8 – CONTROLE DA ADMINISTRAÇÃO PÚBLICA **309**

7.2 Súmulas do STF

✓ **Súmula 101.** O mandado de segurança não substitui a ação popular.

✓ **Súmula 266.** Não cabe mandado de segurança contra lei em tese.

✓ **Súmula 267.** Não cabe mandado de segurança contra ato judicial passível de recurso ou correição.

✓ **Súmula 268.** Não cabe mandado de segurança contra decisão judicial com trânsito em julgado.

✓ **Súmula 269.** O mandado de segurança não é substitutivo de ação de cobrança.

✓ **Súmula 271.** Concessão de mandado de segurança não produz efeitos patrimoniais em relação a período pretérito, os quais devem ser reclamados administrativamente ou pela via judicial própria.

✓ **Súmula 304.** Decisão denegatória de mandado de segurança, não fazendo coisa julgada contra o impetrante, não impede o uso da ação própria.

✓ **Súmula 330.** O Supremo Tribunal Federal não é competente para conhecer de mandado de segurança contra atos dos Tribunais de Justiça dos Estados.

✓ **Súmula 346.** A administração pública pode declarar a nulidade dos seus próprios atos.

✓ **Súmula 347.** O Tribunal de Contas, no exercício de suas atribuições, pode apreciar a constitucionalidade das leis e dos atos do poder público.

✓ **Súmula 365.** Pessoa jurídica não tem legitimidade para propor ação popular.

✓ **Súmula 405.** Denegado o mandado de segurança pela sentença, ou no julgamento do agravo, dela interposto, fica sem efeito a liminar concedida, retroagindo os efeitos da decisão contrária.

✓ **Súmula 429.** A existência de recurso administrativo com efeito suspensivo não impede o uso do mandado de segurança contra omissão da autoridade.

✓ **Súmula 430.** Pedido de reconsideração na via administrativa não interrompe o prazo para o mandado de segurança.

✓ **Súmula 433.** É competente o Tribunal Regional do Trabalho para julgar mandado de segurança contra ato de seu presidente em execução de sentença trabalhista.

✓ **Súmula 473.** A administração pode anular seus próprios atos, quando eivados de vícios que os tornam ilegais, porque deles não se originam direitos; ou revogá-los, por motivo de conveniência ou oportunidade, respeitados os direitos adquiridos, e ressalvada, em todos os casos, a apreciação judicial.

✓ **Súmula 510.** Praticado o ato por autoridade, no exercício de competência delegada, contra ela cabe o mandado de segurança ou a medida judicial.

✓ **Súmula 512.** Não cabe condenação em honorários de advogado na ação de mandado de segurança.

✓ **Súmula 597.** Não cabem embargos infringentes de acórdão que, em mandado de segurança decidiu, por maioria de votos, a apelação.

✓ **Súmula 623.** Não gera por si só a competência originária do Supremo Tribunal Federal para conhecer do mandado de segurança com base no art. 102, I, *n*, da

Constituição, dirigir-se o pedido contra deliberação administrativa do tribunal de origem, da qual haja participado a maioria ou a totalidade de seus membros.

✓ **Súmula 624.** Não compete ao Supremo Tribunal Federal conhecer originariamente de mandado de segurança contra atos de outros tribunais.

✓ **Súmula 625.** Controvérsia sobre matéria de direito não impede concessão de mandado de segurança.

✓ **Súmula 626.** A suspensão da liminar em mandado de segurança, salvo determinação em contrário da decisão que a deferir, vigorará até o trânsito em julgado da decisão definitiva de concessão da segurança ou, havendo recurso, até a sua manutenção pelo Supremo Tribunal Federal, desde que o objeto da liminar deferida coincida, total ou parcialmente, com o da impetração.

✓ **Súmula 627.** No mandado de segurança contra a nomeação de magistrado da competência do Presidente da República, este é considerado autoridade coatora, ainda que o fundamento da impetração seja nulidade ocorrida em fase anterior do procedimento.

✓ **Súmula 628.** Integrante de lista de candidatos a determinada vaga da composição de tribunal é parte legítima para impugnar a validade da nomeação de concorrente.

✓ **Súmula 629.** A impetração de mandado de segurança coletivo por entidade de classe em favor dos associados independe da autorização destes.

✓ **Súmula 630.** A entidade de classe tem legitimação para o mandado de segurança ainda quando a pretensão veiculada interesse apenas a uma parte da respectiva categoria.

✓ **Súmula 631.** Extingue-se o processo de mandado de segurança se o impetrante não promove, no prazo assinado, a citação do litisconsorte passivo necessário.

✓ **Súmula 632.** É constitucional lei que fixa o prazo de decadência para a impetração de mandado de segurança.

✓ **Súmula 644.** Ao titular do cargo de procurador de autarquia não se exige a apresentação de instrumento de mandato para representá-la em juízo.

✓ **Súmula 649.** É inconstitucional a criação, por Constituição estadual, de órgão de controle administrativo do Poder Judiciário do qual participem representantes de outros Poderes ou entidades.

✓ **Súmula 655.** A exceção prevista no art. 100, *caput*, da Constituição, em favor dos créditos de natureza alimentícia, não dispensa a expedição de precatório, limitando--se a isentá-los da observância da ordem cronológica dos precatórios decorrentes de condenações de outra natureza.

✓ **Súmula 733.** Não cabe recurso extraordinário contra decisão proferida no processamento de precatórios.

✓ **Súmula 735.** Não cabe recurso extraordinário contra acórdão que defere medida liminar.

7.3 Súmulas do STJ

✓ **Súmula 2.** Não cabe o *habeas data* (CF, art. 5.º, LXXII, letra a) se não houve recusa de informações por parte da autoridade administrativa.

Cap. 8 – CONTROLE DA ADMINISTRAÇÃO PÚBLICA (311)

✓ **Súmula 85.** Nas relações jurídicas de trato sucessivo em que a Fazenda Pública figure como devedora, quando não tiver sido negado o próprio direito reclamado, a prescrição atinge apenas as prestações vencidas antes do quinquênio anterior a propositura da ação.

✓ **Súmula 105.** Na ação de mandado de segurança não se admite condenação em honorários advocatícios.

✓ **Súmula 116.** A Fazenda Pública e o Ministério Público têm prazo em dobro para interpor agravo regimental no Superior Tribunal de Justiça.

✓ **Súmula 144.** Os créditos de natureza alimentícia gozam de preferência, desvinculados os precatórios da ordem cronológica dos créditos de natureza diversa.

✓ **Súmula 169.** São inadmissíveis embargos infringentes no processo de mandado de segurança.

✓ **Súmula 175.** Descabe o depósito prévio nas ações rescisórias propostas pelo INSS.

✓ **Súmula 177.** O Superior Tribunal de Justiça é incompetente para processar e julgar, originariamente, mandado de segurança contra ato de órgão colegiado presidido por Ministro de Estado.

✓ **Súmula 190.** Na execução fiscal, processada perante a Justiça Estadual, cumpre à Fazenda Pública antecipar o numerário destinado ao custeio das despesas com o transporte dos oficiais de justiça.

✓ **Súmula 213.** O mandado de segurança constitui ação adequada para a declaração do direito à compensação tributária.

✓ **Súmula 224.** Excluído do feito o ente federal, cuja presença levara o Juiz Estadual a declinar da competência, deve o Juiz Federal restituir os autos e não suscitar conflito.

✓ **Súmula 232.** A Fazenda Pública, quando parte no processo, fica sujeita à exigência do depósito prévio dos honorários do perito.

✓ **Súmula 270.** O protesto pela preferência de crédito, apresentado por ente federal em execução que tramita na Justiça Estadual, não desloca a competência para a Justiça Federal.

✓ **Súmula 279.** É cabível execução por título extrajudicial contra a Fazenda Pública.

✓ **Súmula 311.** Os atos do presidente do tribunal que disponham sobre processamento e pagamento de precatório não têm caráter jurisdicional.

✓ **Súmula 325.** A remessa oficial devolve ao Tribunal o reexame de todas as parcelas da condenação suportadas pela Fazenda Pública, inclusive dos honorários de advogado.

✓ **Súmula 329.** O Ministério Público tem legitimidade para propor ação civil pública em defesa do patrimônio público.

✓ **Súmula 339.** É cabível ação monitória contra a Fazenda Pública.

✓ **Súmula 345.** São devidos honorários advocatícios pela Fazenda Pública nas execuções individuais de sentença proferida em ações coletivas, ainda que não embargadas.

✓ **Súmula 373.** É ilegítima a exigência de depósito prévio para admissibilidade de recurso administrativo.

✓ **Súmula 376.** Compete a turma recursal processar e julgar o mandado de segurança contra ato de juizado especial.
✓ **Súmula 390.** Nas decisões por maioria, em reexame necessário, não se admitem embargos infringentes.
✓ **Súmula 601.** O Ministério Público tem legitimidade ativa para atuar na defesa de direitos difusos, coletivos e individuais homogêneos dos consumidores, ainda que decorrentes da prestação de serviço público.

 top 10

RESUMO
CAPÍTULO 8 – CONTROLE

1. Conceito: controle é a necessidade de analisar, fiscalizar e revisar a atuação estatal, de forma a evitar abusos por parte dos agentes, órgãos e entes administrativos.
2. Controle de legalidade: visa analisar a conformidade dos atos estatais com as normas e os princípios, podendo ser exercido tanto de maneira interna (autotutela) quanto de forma externa pelo Poder Judiciário.
3. Controle de mérito: em algumas situações, a Administração produz atos válidos que, entretanto, após um tempo, passam a ser inconvenientes e inoportunos, ou seja, não são mais considerados adequados, apesar de serem lícitos. Vale ressaltar que o Poder Judiciário não poderá exercer o controle de mérito (conveniência e oportunidade) dos atos praticados pelo administrador, apenas poderá fazer em relação à legalidade.
4. Controle quanto ao âmbito de atuação: controle por subordinação: decorre diretamente do poder hierárquico, tratando da relação entre o superior e seus subordinados; controle por vinculação: refere-se à fiscalização dos entes da Administração Direta em relação às pessoas integrantes da Administração Indireta.
5. Controle administrativo: é um controle interno, decorrente do princípio da autotutela, possibilitando àquele que esteja desempenhando a função administrativa revisar os seus próprios atos, tanto em relação à legalidade quanto ao mérito.
6. Meio de se exercer o controle administrativo: pode ser exercido por fiscalização hierárquica (controle vertical, do superior para com os seus subordinados) ou por meio de uma vinculação, como ocorre, por exemplo, entre os integrantes da Administração Direta (centralizada) para com os da Indireta (descentralizada).
7. Controle legislativo: as funções típicas do Poder Legislativo são legislar e fiscalizar, sendo exatamente nesta última acepção que nasce a possibilidade de ser exercido o controle.
8. Controle financeiro será exercido pelas casas parlamentares (Câmara dos Deputados, Senado Federal e Congresso Nacional), com o auxílio do Tribunal de Contas. (Art. 70 e 71, CF/1988).

9. O Tribunal de Contas é um órgão independente (não faz parte de nenhum dos três poderes) que auxilia o Poder Legislativo na realização do controle externo. Obs.: Tribunal de Contas não pode sustar contratos, sendo a competência para esse tipo de ação do próprio Congresso Nacional (sustar atos = Tribunal de Contas / sustar contratos = Congresso Nacional).

10. Controle judicial: o Poder Judiciário é inerte; logo, os processos judiciais só poderão ter início após a provocação do interessando. Além disso, em virtude da separação dos Poderes, ao juiz cabe apenas analisar a legalidade das condutas públicas, sendo vedado a ele invadir o mérito dos atos administrativos. Exemplos de ações judiciais de controle: mandado de segurança, Habeas Data, Mandado de Injunção e a Ação Popular.

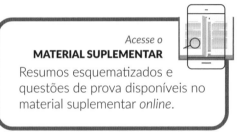

Acesse o
MATERIAL SUPLEMENTAR
Resumos esquematizados e questões de prova disponíveis no material suplementar *online*.

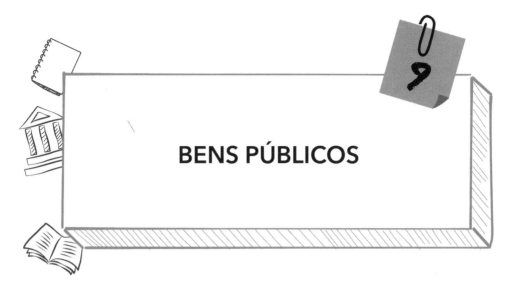

BENS PÚBLICOS

1. CONCEITO

Antes de conceituar bens públicos, devemos entender o significado de domínio público, possuindo essa expressão dois tipos de sentido: amplo e estrito. Vejamos.

Domínio público em sentido amplo, também denominado domínio eminente, está relacionado ao poder exercido pelo Estado sobre todos os bens, sejam eles públicos ou privados, que se localizem em seu território. É utilizado para fundamentar as limitações estatais impostas aos particulares. Por exemplo, no uso de seu poder de polícia, poderá a Administração limitar a altura das novas construções com a finalidade de preservar o interesse público.

Domínio público em sentido estrito está relacionado ao conjunto de bens pertencentes ao Estado. É, literalmente, o próprio patrimônio público, ou seja, são os bens públicos.

1.1 Bens públicos

Não existe um consenso doutrinário acerca da conceituação dos bens públicos. Entretanto, para fins de provas de concursos públicos, deve-se adotar a corrente majoritária (embasada no Código Civil de 2002), a qual considera como públicos todos os bens pertencentes às pessoas jurídicas de direito público. Vejamos:

> Art. 98, CC. São públicos os bens do domínio nacional pertencentes às pessoas jurídicas de direito público interno; todos os outros são particulares, seja qual for a pessoa a que pertencerem.

caiu na prova

(AOCP/CÂMARA-TERESINA/2021) *São públicos os bens do domínio nacional pertencentes às pessoas jurídicas de direito público interno. Todos os outros são particulares, seja qual for a pessoa a que pertencerem.*

Gabarito: *Certo.*

Portanto, são considerados públicos os bens pertencentes aos entes federativos (União, Estados, Distrito Federal e Municípios), às autarquias (incluindo as associações públicas) e às fundações públicas que utilizarem o regime de direito público. Ficam, dessa forma, excluídos da categorização os bens pertencentes às empresas públicas e sociedades de economia mista, em virtude de estas adotarem a personalidade de direito privado.

Depois de analisar a posição dominante para concursos públicos, devemos verificar o posicionamento de Celso Antônio Bandeira de Melo (que adota a corrente mista), o qual preleciona que serão bens públicos aqueles afetados à prestação de serviços públicos. Vejamos:

> [...] todos os bens que estiverem sujeitos ao mesmo regime público deverão ser havidos como bens públicos. Ora, bens particulares quando afetados a uma finalidade pública (enquanto estiverem) ficam submissos ao mesmo regime dos bens de propriedade pública. Logo, têm que estar incluídos no conceito de bem público.[1]

---

[1] BANDEIRA DE MELLO, Celso Antônio. *Curso de direito administrativo*. 25. ed. São Paulo: Malheiros, 2008.

Em resumo, podemos dizer que, enquanto o Código Civil (corrente dominante) se importa com a titularidade do bem, classificando como públicos os bens apenas se pertencentes às pessoas de direito público, a corrente mista (minoritária) entende como públicos os bens utilizados para a prestação de serviços públicos, ou seja, não leva em consideração quem é o titular do bem, e, sim, para qual tipo de atividade ele serve.

2. TITULARIDADE DOS BENS PÚBLICOS

Os bens públicos podem ser federais, estaduais, distritais ou municipais. A Constituição Federal não elencou quais são os bens pertencentes ao Distrito Federal e aos Municípios, mencionando, apenas, os bens de titularidade da União e dos Estados. Vejamos.

Bens da União (art. 20, CF)

I – os que atualmente lhe pertencem e os que lhe vierem a ser atribuídos;

II – as terras devolutas indispensáveis à defesa das fronteiras, das fortificações e construções militares, das vias federais de comunicação e à preservação ambiental, definidas em lei;

III – os lagos, rios e quaisquer correntes de água em terrenos de seu domínio, ou que banhem mais de um Estado, sirvam de limites com outros países, ou se estendam a território estrangeiro ou dele provenham, bem como os terrenos marginais e as praias fluviais;

IV – as ilhas fluviais e lacustres nas zonas limítrofes com outros países; as praias marítimas; as ilhas oceânicas e as costeiras, excluídas, destas, as que contenham a sede de Municípios, exceto aquelas áreas afetadas ao serviço público e a unidade ambiental federal, e as referidas no art. 26, II;

V – os recursos naturais da plataforma continental e da zona econômica exclusiva;

VI – o mar territorial;

VII – os terrenos de marinha e seus acrescidos;

VIII – os potenciais de energia hidráulica;

IX – os recursos minerais, inclusive os do subsolo;

X – as cavidades naturais subterrâneas e os sítios arqueológicos e pré-históricos;

XI – as terras tradicionalmente ocupadas pelos índios.

Bens dos Estados (art. 26, CF)

I – as águas superficiais ou subterrâneas, fluentes, emergentes e em depósito, ressalvadas, neste caso, na forma da lei, as decorrentes de obras da União;

II – as áreas, nas ilhas oceânicas e costeiras, que estiverem no seu domínio, excluídas aquelas sob domínio da União, Municípios ou terceiros;

III – as ilhas fluviais e lacustres não pertencentes à União;

IV – as terras devolutas não compreendidas entre as da União.

3. ESPÉCIES DE BENS PÚBLICOS

A classificação mais importante envolvendo os bens públicos é aquela que considera sua destinação. Segundo o Código Civil, os bens públicos podem ser de uso comum do povo, de uso especial ou dominical.

Uso comum do povo

Art. 99, CC. São bens públicos: I – os de uso comum do povo, tais como rios, mares, estradas, ruas e praças.

Observe que o Código Civil não conceituou o que seriam tais bens, mas apenas exemplificou alguns locais que se enquadram em tal classificação. De forma prática, podemos dizer que esses bens servem para o uso geral das pessoas, não possuindo uma finalidade específica em sua utilização.

> **caiu na prova**
>
> **(AMAUC/PREFEITURA-JABORÁ/2022)** *Os bens de uso comum do povo são aqueles que se destinam à utilização geral pelos indivíduos, podendo ser federais, estaduais ou municipais.*
>
> **Gabarito:** *Certo.*

Ponto interessante é o fato de o uso poder ser gratuito ou oneroso, pois, ainda que se pague uma taxa, não haverá a descaracterização do bem, ou seja, ele continuará sendo considerado de uso comum do povo.

Art. 103, CC. O uso comum dos bens públicos pode ser gratuito ou retribuído, conforme for estabelecido legalmente pela entidade a cuja administração pertencerem.

Uso especial

Art. 99, CC. São bens públicos: [...] II – os de uso especial, tais como edifícios ou terrenos destinados a serviço ou estabelecimento da administração federal, estadual, territorial ou municipal, inclusive os de suas autarquias.

Esse tipo de bem possui uma finalidade específica. Por exemplo, uma escola pública estadual é um bem público (pertencente ao Estado) usado especialmente para a educação.

Pode existir, nessa categoria, o enquadramento tanto de bens imóveis (ex.: prédios da prefeitura, de um hospital público e do Tribunal de Justiça) quanto de bens móveis (ex.: carros da polícia).

> ### I Jornada de Direito Administrativo – Enunciado 2
>
> O administrador público está autorizado por lei a valer-se do desforço imediato sem necessidade de autorização judicial, solicitando, se necessário, força policial, contanto que o faça preventivamente ou logo após a invasão ou ocupação de imóvel público de uso especial, comum ou dominical, e não vá além do indispensável à manutenção ou restituição da posse (art. 37 da Constituição Federal; art. 1.210, § 1.º, do Código Civil; art. 79, § 2.º, do Decreto-lei n.º 9.760/1946; e art. 11 da Lei 9.636/1998).

Por fim, cabe observar que nem sempre a Administração será a usuária direta dos bens. Cite-se o caso das terras tradicionalmente ocupadas pelos índios, que, segundo a jurisprudência, são enquadradas como bens de uso especial em virtude da necessidade de preservação da área. Nesse caso, temos os chamados bens de uso especial indireto.

> **caiu na prova**
>
> **(CEBRASPE/ANP/2022)** *As terras ocupadas pelos índios em caráter permanente são bens de uso especial e são insuscetíveis de alienação.*
>
> **Gabarito:** *Certo.*

Uso dominical

> Art. 99, CC. São bens públicos: [...] III – os dominicais, que constituem o patrimônio das pessoas jurídicas de direito público, como objeto de direito pessoal, ou real, de cada uma dessas entidades.

De forma simples, podemos classificar os bens dominicais como aqueles pertencentes às pessoas jurídicas de direito público que, entretanto, não estão sendo usados para nenhuma finalidade, seja genérica ou específica. Assim, teremos bens desafetados, ou seja, que não possuem uma utilidade pública.

Podemos citar como exemplo os carros da polícia que não estejam mais em funcionamento, as terras devolutas e os bens móveis sucateados.

4. CARACTERÍSTICAS DOS BENS PÚBLICOS

Os bens públicos são regidos por um regime diferenciado daquele dos bens privados, possuindo, dessa forma, prerrogativas e restrições que decorrem dos princípios da supremacia e da indisponibilidade (já estudados em capítulo específico).

São quatro os atributos principais: imprescritibilidade, impenhorabilidade, não onerabilidade e alienabilidade condicionada. Vamos analisá-los em separado.

Imprescritibilidade

Segundo o art. 1.238 do Código Civil:

Aquele que, por quinze anos, sem interrupção, nem oposição, possuir como seu um imóvel, adquire-lhe a propriedade, independentemente de título e boa-fé; podendo requerer ao juiz que assim o declare por sentença, a qual servirá de título para o registro no Cartório de Registro de Imóveis.

Os bens privados estão sujeitos ao fenômeno da usucapião, ou seja, poderá uma pessoa adquirir determinado bem (privado) se exercer a posse por determinado tempo, de forma contínua e inconteste.

Entretanto, por expressa vedação legal, os bens públicos não podem ser adquiridos por usucapião. Logo, o Estado não perderá seu patrimônio pelo simples abandono e decurso do tempo.

Art. 102, CC. Os bens públicos não estão sujeitos a usucapião.

Art. 183, § 3.º, CF. Os imóveis públicos não serão adquiridos por usucapião.

caiu na prova

(CEBRASPE/SEPLAN-RR/2023) *Mesmo que seja usado de forma contínua e incontestadamente por alguém de boa-fé, o bem público não se sujeita a usucapião.*

Gabarito: *Certo.*

Por fim, vale salientar que essa característica se aplica a todas as espécies de bens públicos, inclusive aos de uso dominical.

Súmula 340, STF. Desde a vigência do Código Civil, os bens dominicais, como os demais bens públicos, não podem ser adquiridos por usucapião.

I Jornada de Direito Administrativo – Enunciado 2

O administrador público está autorizado por lei a valer-se do desforço imediato sem necessidade de autorização judicial, solicitando, se necessário, força policial, contanto que o faça preventivamente ou logo após a invasão ou ocupação de imóvel público de uso especial, comum ou dominical, e não vá além do indispensável à manutenção ou restituição da posse (art. 37 da Constituição Federal; art. 1.210, § 1.º, do Código Civil; art. 79, § 2.º, do Decreto-Lei n. 9.760/1946; e art. 11 da Lei n. 9.636/1998).

Impenhorabilidade

Os bens privados estão sujeitos à penhora, ou seja, caso determinada pessoa possua dívidas e venha a ser processada por isso, poderá o juiz determinar a venda dos bens desse particular com a finalidade de pagar os credores, saldando, dessa forma, os débitos.

No entanto, os bens públicos não estão sujeitos à penhora; eles são impenhoráveis, e, ainda que a Fazenda Pública possua valores a pagar, não poderá o Poder Judiciário ordenar a venda desses bens, pois isso causaria um enorme prejuízo à continuidade da prestação dos serviços públicos.

Então, pergunta-se: como o Estado paga seus débitos?

Simples, pelo sistema de precatórios instituído pelo art. 100 da Constituição Federal. Vejamos:

> Os pagamentos devidos pelas Fazendas Públicas Federal, Estaduais, Distrital e Municipais, em virtude de sentença judiciária, far-se-ão exclusivamente na ordem cronológica de apresentação dos precatórios e à conta dos créditos respectivos, proibida a designação de casos ou de pessoas nas dotações orçamentárias e nos créditos adicionais abertos para este fim.

Portanto, o Poder Público pagará os seus débitos em ordem cronológica, mediante a disponibilidade da dotação orçamentária.

> **caiu na prova**
>
> **(AMEOSC/PROCURADOR-SC/2021)** *No caso de sentença judicial transitada em julgado que imponha créditos contra a fazenda pública municipal, o pagamento efetuar-se-á por meio de precatórios, conforme o disposto na CF, uma vez que os bens públicos não estão sujeitos aos efeitos jurídicos do regime da penhora.*
> **Gabarito:** *Certo.*

Por fim, cabe ressaltar que essa característica se aplica a todas as espécies de bens públicos (uso comum do povo, uso especial e uso dominical).

> **cuidado**
>
> *Caso a empresa pública/sociedade de economia mista desempenhe atividade econômica, todos os seus bens seguirão as regras do regime estritamente privado. Portanto, poderão ser, por exemplo,*

> penhorados. Todavia, caso a estatal tenha como função a prestação de serviços públicos, apesar de seus bens continuarem sendo privados, poderão estes gozar de algumas prerrogativas públicas, por exemplo, a impenhorabilidade e a imprescritibilidade.

Vejamos o que diz o STF:

jurisprudência

> *É aplicável o regime dos precatórios às sociedades de economia mista prestadoras de serviço público próprio do Estado e de natureza não concorrencial. (STF, ADPF 387/PI, Tribunal Pleno, 23.03.2017).*

Não onerabilidade

Um particular poderá oferecer seus bens como garantia de pagamento de seus débitos, utilizando-se de institutos do Direito Civil, tais como a hipoteca, o penhor e a anticrese.

> Art. 1.419, CC/2002. Nas dívidas garantidas por penhor, anticrese ou hipoteca, o bem dado em garantia fica sujeito, por vínculo real, ao cumprimento da obrigação.

Entretanto, no tocante aos bens públicos, eles não podem ser objeto de nenhum ônus real de garantia. Logo, não seria possível, por exemplo, um prédio público ser hipotecado como forma de garantir o pagamento de dívidas estatais.

Por fim, cabe ressaltar que essa característica se aplica a todas as espécies de bens públicos (uso comum do povo, uso especial e uso dominical).

Alienabilidade condicionada

Os bens privados podem ser livremente alienados pelos seus proprietários. Entretanto, no caso dos bens públicos, a regra é diametralmente oposta, ou seja, como regra, não poderá haver a alienação deles.

Como sabemos, os bens subdividem-se em três espécies diferentes: uso comum do povo, uso especial (afetados) e os de uso dominical (desafetados). E hoje, de forma indiscutível, podemos afirmar que só poderão ser alienados os bens de uso dominical, ou seja, aqueles que não estejam sendo utilizados para nenhuma finalidade pública específica.

Corroborando esse entendimento, temos o próprio texto do Código Civil:

> Art. 100. Os bens públicos de uso comum do povo e os de uso especial são inalienáveis, enquanto conservarem a sua qualificação, na forma que a lei determinar.
>
> Art. 101. Os bens públicos dominicais podem ser alienados, observadas as exigências da lei.

caiu na prova

(FGV/TJ-SC/2021) *A doutrina de Direito Administrativo indica algumas garantias, via de regra, de um bem público imóvel, como a alienabilidade condicionada, segundo a qual o bem público pode ser alienado, desde que esteja desafetado da destinação pública, haja prévias avaliação, licitação e autorização legislativa, assim como seja demonstrado o interesse público.*

Gabarito: *Certo.*

Em resumo, podemos dizer que para existir a alienação o bem deverá estar previamente desafetado. Vejamos o desenho:

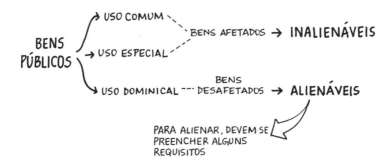

Como o tema referente à alienação dos bens públicos possui várias peculiaridades, vamos aprofundar esse assunto subdividindo-o em tópicos.

4.1 Afetação x desafetação

Um bem público **afetado** é aquele possuidor de alguma destinação, podendo esta ser genérica (bem de uso comum do povo) ou específica (bem de uso especial).

Por sua vez, o bem caracterizado como **desafetado** é aquele que, apesar de pertencer ao Poder Público, não está sendo usado para nenhuma finalidade. Enquadram-se nessa categoria os bens de uso dominical.

Entretanto, tal classificação não é estanque, ou seja, um bem afetado poderá se tornar desafetado e vice-versa. Por exemplo, poderá o Poder Público, mediante lei específica, transformar um bem de uso especial em bem de uso dominical.

O procedimento de **afetação** poderá ser expresso (lei ou ato administrativo) ou tácito. Por exemplo, em determinado município, existia um terreno público inutilizado (bem de uso dominical) e, depois de certo tempo, foi construída uma praça naquele local. Perceba que, nesse caso, existiu uma afetação tácita, tornando-se aquela localidade um bem de uso comum do povo.

 caiu na prova

(FCC/TRT-RS/2022) *A afetação de bens públicos pode ser expressa ou tácita.*

Gabarito: *Certo.*

O procedimento de **desafetação**, por sua vez, é bem mais complexo, pois, para que se efetive, via de regra, faz-se necessária a edição de uma lei específica ou a produção de um ato administrativo expresso. Assim, o não uso do bem não o torna de maneira automática bem de uso dominical; faz-se imprescindível a manifestação expressa do Poder Legislativo (lei específica) ou do Executivo (ato administrativo).

Cumpre observar que poderá existir a desafetação em virtude de fatos da natureza. Por exemplo, um incêndio destruiu por completo determinado posto de saúde (bem de uso especial), e, após a devida perícia, ficou demonstrado que não havia mais a possibilidade de funcionamento daquele local. Nesse caso, o bem passará a ser considerado de uso dominical.

 cuidado

Vale lembrar que a doutrina mais tradicional costuma usar o termo ***consagração*** como sinônimo de afetação, e ***desconsagração*** como sinônimo de desafetação.

4.2 Alienação de bens públicos

Como sabemos, só poderá existir a alienação dos bens de uso dominical, logo, consequentemente, são inalienáveis os bens de uso comum do povo e de uso especial.

O procedimento da venda dos bens públicos encontra-se disciplinado na Lei de Licitações e Contratos Administrativos (Lei 14.133/2021). Para facilitar o entendimento completo do tema, vamos subdividir o estudo analisando de forma separada a alienação dos bens móveis e imóveis.

Alienação de bens móveis

> Art. 76, Lei 14.133/2021. A alienação de bens da Administração Pública, subordinada à existência de interesse público devidamente justificado, será precedida de avaliação e obedecerá às seguintes normas: II – tratando-se de bens móveis, dependerá de licitação na modalidade leilão [...].

Perceba, com a simples leitura do texto legal, que alguns requisitos são imprescindíveis para que exista a venda. São eles:

1. ***O bem deve estar desafetado*** – não custa lembrar que só poderão ser vendidos os bens de uso dominical.

2. ***Deve existir interesse público*** – logicamente, como a alienação dos bens públicos é excepcional, deverá existir a motivação, ou seja, uma fundamentação estatal explicando as razões da venda.

3. ***Deve haver avaliação prévia*** – esta serve para fixar o valor do bem. Portanto, quando esse bem for alienado, já será de conhecimento público o valor mínimo de compra.

4. ***Há necessidade de licitação*** – para que se garanta a observância dos princípios da impessoalidade e moralidade administrativa, deverá existir um prévio procedimento licitatório para que se concretize a venda dos bens públicos, devendo a Administração pública utilizar a modalidade do leilão para efetivar a alienação.

Alienação de bens imóveis

> Art. 76, Lei 14.133/2021. A alienação de bens da Administração Pública, subordinada à existência de interesse público devidamente justificado, será precedida de avaliação e obedecerá às seguintes normas: I – tratando-se de bens imóveis, inclusive os pertencentes às autarquias e às fundações, exigirá autorização legislativa e dependerá de licitação na modalidade leilão [...].

Perceba que, no caso dos bens imóveis, além dos requisitos analisados (bem desafetado, interesse público, avaliação prévia e licitação), deverá existir, como regra, uma autorização legislativa para que a alienação possa vir a ser efetivada.

Observe que a autorização legislativa é uma regra, mas possui exceções. Segundo a Nova Lei Geral de Licitação e Contratos – Lei 14.133/2021, se a aquisição do bem imóvel tiver decorrido de um procedimento judicial ou de uma dação em pagamento, a autorização legislativa será dispensada, vejamos:

> Art. 76, § 1.º, Lei 14.133/2021. A alienação de bens imóveis da Administração Pública cuja aquisição tenha sido derivada de procedimentos judiciais ou de dação em pagamento dispensará autorização legislativa e exigirá apenas avaliação prévia e licitação na modalidade leilão.

Por fim, quanto à modalidade licitatória adotada, deve-se usar, por expressa disposição legal, a modalidade do leilão:

> Art. 6.º, Lei 14.133/2021. Para os fins desta Lei, consideram-se: XL – leilão: modalidade de licitação para alienação de bens imóveis ou de bens móveis inservíveis ou legalmente apreendidos a quem oferecer o maior lance.

4.3 Resumo: espécies e características dos bens públicos

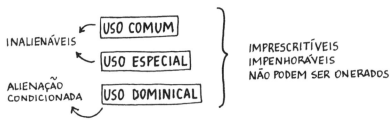

5. USO DOS BENS PÚBLICOS PELOS PARTICULARES

Os bens públicos podem ser usufruídos pelos particulares de forma normal ou anormal.

O uso **normal** é aquele dentro do escopo do bem, por exemplo, o particular que usa uma praça pública para lazer e as ruas para se locomover em seu carro está gozando desses bens dentro da finalidade esperada.

Entretanto, em algumas situações, o particular almeja uma finalidade diversa para aquele bem, por exemplo, a utilização da praça pública para a realização de um casamento privado. Nesse caso, estaremos diante de um uso **anormal** (também denominado especial).

Pode, segundo a doutrina majoritária, o uso anormal ser subdividido em uso especial remunerado e privativo:

a) **Uso especial remunerado:** nesse caso, o particular terá de realizar o pagamento de determinado valor para poder utilizar o bem. Cite-se o caso do pagamento de pedágio em determinada rodovia.

b) **Uso especial privativo:** nesse caso, o particular deseja utilizar determinado bem público sem a interferência de terceiros. Podemos exemplificar com o fechamento de uma praça pública para a celebração de um casamento. Observe que, nessa hipótese, poderá o Poder Público conceder o uso anormal ou não.

Para fins didáticos e organizacionais, vamos analisar em tópico separado as formas que o Estado possui de repassar o uso privativo de bens públicos aos particulares.

5.1 Formas de consentimento estatal para uso especial de bens públicos

Autorização de uso

Quando o particular almeja utilizar, de forma privativa, determinado bem público para seu interesse puramente privado, deverá solicitar ao Poder Público uma autorização.

Vamos imaginar, por exemplo, o caso dos moradores de determinado local que desejam fechar a rua para a realização de uma festa junina. Perceba que, nesse caso, os particulares objetivam utilizar um bem de uso comum do povo (rua) em benefício puramente privado; logo, precisarão receber do Poder Público uma liberação.

Entretanto, o Estado vai analisar se a autorização é conveniente e oportuna, ou seja, o ato dependerá puramente da discricionariedade do Poder Público, não podendo o interesse privado contrariar o interesse público.

Além de discricionário, o ato de autorização será precário, podendo a Administração gerar a extinção desta a qualquer momento.

Por fim, para que a autorização venha a ser concedida, não precisará o particular participar de uma licitação, podendo a liberação ser ofertada de maneira gratuita ou onerosa.

> **caiu na prova**
>
> **(VUNESP/PROCURADOR-SP/2021)** *Autorização de uso é o ato unilateral, discricionário e precário pelo qual a Administração consente na prática de determinada atividade individual incidente sobre um bem público.*
>
> **Gabarito:** *Certo.*

Principais características da autorização:

1. Ato administrativo (unilateral);
2. Ato discricionário;
3. Precário;
4. Interesse particular;
5. Não precisa de licitação;
6. O uso pode ser gratuito ou oneroso.

Permissão de uso

A permissão é ato administrativo unilateral, discricionário e precário. No entanto, diferentemente do que ocorre na autorização, o uso do bem público será feito em prol do interesse predominantemente público.

Cite-se, como exemplo, a permissão para que o particular instale uma banca de jornal na calçada. Perceba que, nesse caso, existe o interesse coletivo relacionado ao acesso à informação.

Uma observação faz-se necessária. Como dissemos, a regra é que a permissão seja ofertada a título precário, logo, em caso de revogação desta por parte do Poder concedente, não será oferecido ao particular direitos indenizatórios. Entretanto, de forma excepcional, poderá a Administração conceder a denominada permissão condicionada estabelecendo um prazo determinado de vigência do ato, gerando, assim, maior estabilidade ao permissionário. Logicamente, nesse último caso, existindo uma rescisão antecipada da permissão, caberá ao particular lesado o direito de receber uma indenização.

Por fim, deve ser ressaltada a necessidade de prévio procedimento licitatório para que o Poder Público conceda a permissão ao particular. Essa imposição ocorre, especialmente, em virtude dos princípios da impessoalidade e moralidade.

Principais características da permissão:

1. Ato administrativo (unilateral).
2. Ato discricionário.
3. Precário (regra).
4. Interesse público.
5. Precisa de licitação.
6. O uso pode ser gratuito ou oneroso.

Concessão de uso

Diferentemente dos institutos da autorização e permissão, que são concedidos mediante um ato administrativo, a concessão de uso de bem público é um contrato administrativo formalizado após prévio procedimento licitatório.

A finalidade desse instituto é conceder ao particular o uso mais duradouro de determinado espaço público. Podemos citar como exemplo a concessão para instalação de um Box em um mercado público.

Logicamente, como a formalização da concessão se dá mediante um contrato administrativo assinado por prazo fixado, caso haja a rescisão antecipada do vínculo por razões de interesse público, ou seja, sem culpa do particular contratado, terá este direito a receber uma indenização.

Por fim, assim como nas outras formas de consentimento estatal, a concessão pode ser ofertada de forma gratuita ou onerosa.

caiu na prova

(FGV/SENADO/2022) *A sociedade empresária Alfa, após processo licitatório, celebrou contrato administrativo com a União recebendo consentimento estatal para utilização especial de bem público consistente em uma lanchonete no presídio federal Gama, por prazo determinado, realizando investimento financeiro para instalação da lanchonete. No caso em tela, de acordo com a doutrina de Direito Administrativo, a modalidade de uso de bem público por particular adotada foi a concessão de uso.*

Gabarito: *Certo.*

Principais características da concessão:

1. Contrato administrativo.

2. Prazo determinado.
3. Uso mais duradouro do bem público.
4. Interesse público.
5. Precisa de licitação.
6. O uso pode ser gratuito ou oneroso.

Concessão de direito real de uso

É um contrato administrativo que transfere a um particular o direito real de uso de um bem público, podendo, inclusive, o concessionário transferir esse título por ato *inter vivos* ou por sucessão legítima ou testamentária.

A disposição dessa forma de concessão encontra-se disciplinada no Decreto 271/1967. Vejamos:

> Art. 7.º É instituída a concessão de uso de terrenos públicos ou particulares remunerada ou gratuita, por tempo certo ou indeterminado, como direito real resolúvel, para fins específicos de regularização fundiária de interesse social, urbanização, industrialização, edificação, cultivo da terra, aproveitamento sustentável das várzeas, preservação das comunidades tradicionais e seus meios de subsistência ou outras modalidades de interesse social em áreas urbanas. [...] § 4.º A concessão de uso, salvo disposição contratual em contrário, transfere-se por ato *inter vivos*, ou por sucessão legítima ou testamentária, como os demais direitos reais sobre coisas alheias, registrando-se a transferência.

Concessão de uso especial para fins de moradia

Essa concessão será ofertada de forma gratuita ao homem ou à mulher, independentemente do estado civil, que preencha os requisitos instituídos pela Medida Provisória 2.220/2001:

> Art. 1.º Aquele que, até 22 de dezembro de 2016, possuiu como seu, por cinco anos, ininterruptamente e sem oposição, até duzentos e cinquenta metros quadrados de imóvel público situado em área com características e finalidade urbanas, e que o utilize para sua moradia ou de sua família, tem o direito à concessão de uso especial para fins de moradia em relação ao bem objeto da posse, desde que não seja proprietário ou concessionário, a qualquer título, de outro imóvel urbano ou rural. § 1.º A concessão de uso especial para fins de moradia será conferida de forma gratuita ao homem ou à mulher, ou a ambos, independentemente do estado civil. § 2.º O direito de que trata este artigo não será reconhecido ao mesmo concessionário mais de uma vez. § 3.º Para os efeitos deste artigo, o herdeiro legítimo continua, de pleno direito, na posse de seu antecessor, desde que já resida no imóvel por ocasião da abertura da sucessão.

Cessão de uso

Segundo a doutrina majoritária, tratando-se de bens dominicais, poderá o Poder Público transferir bens públicos de um órgão para outro com o escopo de buscar maior eficiência no desempenho das atividades estatais. Como regra, esse repasse se efetiva por meio de convênios ou de termos de cooperação.

6. FORMAS DE AQUISIÇÃO DE BENS

O Poder Público poderá adquirir bens por meio de contratos, disposições legais e, até mesmo, por fenômenos naturais, e essa incorporação poderá ser originária ou derivada.

Na aquisição **originária**, a Administração adquire os bens de forma direta, ou seja, sem nenhuma espécie de restrição ou ônus, ocorrendo a transferência independentemente da vontade do particular. Vamos imaginar a seguinte situação: João, proprietário de um imóvel urbano, hipotecou seu bem para fins de pagar determinado empréstimo. Tempos depois, em virtude de uma utilidade pública, o Estado resolveu desapropriar a casa de João. Perceba que, nesse caso, independentemente da anuência do proprietário, poderá o Poder Público adquirir aquela propriedade e, ao receber o bem, virá ele livre dos ônus, ou seja, não continuará existindo a hipoteca sobre o bem.

Exemplos de aquisição legal e por fenômenos da natureza:

a) desapropriação (art. 5.º, XXIV, Constituição Federal);

b) usucapião (arts. 1.238 a 1.244, Código Civil);

c) perda de bens (art. 12, I, Lei 8.429/1992).

Por sua vez, aquisição **derivada** decorre da vontade das partes, persistindo na transferência todos os ônus e restrições antes existentes. Podemos citar como exemplo o contrato de compra e venda de determinado imóvel.

Exemplos de aquisição contratual:

a) Compra e venda (art. 481, Código Civil).

b) Dação em pagamento (art. 356, Código Civil).

c) Permuta (art. 533, Código Civil).

d) Doação (art. 538, Código Civil).

7. SÚMULAS

7.1 Súmulas do STF

✓ **Súmula 77.** Está isenta de impostos federais a aquisição de bens pela Rede Ferroviária Federal.

✓ **Súmula 340.** Desde a vigência do Código Civil, os bens dominicais, como os demais bens públicos, não podem ser adquiridos por usucapião.

✓ **Súmula 477.** As concessões de terras devolutas situadas na faixa de fronteira, feitas pelos Estados, autorizam, apenas, o uso, permanecendo o domínio com a União, ainda que se mantenha inerte ou tolerante, em relação aos possuidores.

✓ **Súmula 479.** As margens dos rios navegáveis são de domínio público, insuscetíveis de expropriação e, por isso mesmo, excluídas de indenização.

✓ **Súmula 480.** Pertencem ao domínio e administração da União, nos termos dos arts. 4.º, IV, e 186, da Constituição Federal de 1967, as terras ocupadas por silvícolas.

✓ **Súmula 583.** Promitente-Comprador de imóvel residencial transcrito em nome de autarquia é contribuinte do imposto predial territorial urbano.

✓ **Súmula 650.** Os incisos I e XI do art. 20 da CF não alcançam terras de aldeamentos extintos, ainda que ocupadas por indígenas em passado remoto.

7.2 Súmulas do STJ

✓ **Súmula 496.** Os registros de propriedade particular de imóveis situados em terrenos de marinha não são oponíveis à União.

 top 10

RESUMO

CAPÍTULO 9 – BENS PÚBLICOS

1. **Bens públicos:** são públicos os bens do domínio nacional pertencentes às pessoas jurídicas de direito público interno; todos os outros são particulares, seja qual for a pessoa a que pertencerem.

2. **Bens de uso comum do povo:** art. 99, CC. São bens públicos: I – os de uso comum do povo, tais como rios, mares, estradas, ruas e praças; Art. 103, CC. O uso comum dos bens públicos pode ser gratuito ou retribuído, conforme for estabelecido legalmente pela entidade a cuja administração pertencerem. (são bens afetados)

3. **Bens de uso especial:** art. 99, CC. São bens públicos: [...] II – os de uso especial, tais como edifícios ou terrenos destinados a serviço ou estabelecimento da administração federal, estadual, territorial ou municipal, inclusive os de suas autarquias. (são bens afetados)

4. **Bens dominicais:** art. 99, CC. São bens públicos: [...] III – os dominicais, que constituem o patrimônio das pessoas jurídicas de direito público, como objeto de direito pessoal, ou real, de cada uma dessas entidades. (são bens desafetados)

5. **Imprescritibilidade:** por expressa vedação legal, os bens públicos não podem ser adquiridos por usucapião. Logo, o Estado não perderá seu patrimônio pelo simples abandono e decurso do tempo.

6. **Impenhorabilidade:** os bens públicos não estão sujeitos à penhora; ou seja, ainda que a Fazenda Pública possua valores a pagar, não poderá o Poder Judiciário ordenar a venda desses bens, pois isso causaria um enorme prejuízo à continuidade da prestação dos serviços públicos. Assim, deve o Poder Público pagar os seus débitos pelo sistema de precatórios.

7. **Alienabilidade condicionada:** apenas poderão ser alienados os bens de uso dominical, ou seja, aqueles que não estejam sendo utilizados para nenhuma finalidade pública específica (desafetados).

8. **Alienação de bens móveis:** o bem deve estar desafetado; tem que existir interesse público na venda; o bem a ser alienado deve passar por uma avaliação prévia; há necessidade de licitação na modalidade do leilão.

9. **Alienação de bens imóveis:** o bem deve estar desafetado; tem que existir interesse público na venda; o bem a ser alienado deve passar por uma avaliação prévia; deve existir uma autorização legislativa para que se realize a alienação; há necessidade de licitação na modalidade do leilão.

10. **Uso de bem público por particular:** autorização - ato administrativo unilateral, discricionário, precário, dado para satisfazer interesse puramente privado e sem necessidade de licitação; permissão – ato administrativo unilateral, discricionário, precário, dado para satisfazer interesse público e com necessidade de licitação; concessão de uso – contrato administrativo, prazo determinado, necessita de prévia licitação, visa situações mais duradouras.

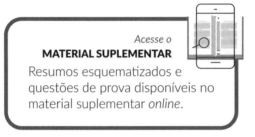

Acesse o
MATERIAL SUPLEMENTAR
Resumos esquematizados e questões de prova disponíveis no material suplementar *online*.

INTERVENÇÃO DO ESTADO NA PROPRIEDADE

1. DIREITO DE PROPRIEDADE

O direito de propriedade é assegurado expressamente pelo texto da Carta Maior. Vejamos: "Art. 5.º, XXII – é garantido o direito de propriedade". Além desse dispositivo, podemos encontrar regras de proteção na legislação infraconstitucional, por exemplo, no Código Civil: "Art. 1.231. A propriedade presume-se plena e exclusiva, até prova em contrário".

Com isso, podemos definir algumas características referentes ao direito de propriedade:

- **Caráter absoluto:** o proprietário pode utilizar de seu bem da forma que melhor lhe aprouver, desde que respeite o princípio da função social da propriedade: "Art. 5.º, XXIII – a propriedade atenderá a sua função social" (aprofundaremos este tópico um pouco mais adiante).
- **Caráter exclusivo:** o proprietário pode utilizar de seu bem sem a interferência de terceiros, sendo esse direito oponível *erga omnes.*
- **Caráter perpétuo:** não existe um prazo máximo para a utilização desse direito. Assim, o proprietário só perderá tal qualidade quando realizar a transferência do bem a outrem.

Por fim, vale salientar que **nenhuma dessas características** é **absoluta**, pois poderá o Estado, usando do princípio da supremacia do interesse público, realizar limitações à propriedade privada em benefício coletivo.

2. INTERVENÇÃO NA PROPRIEDADE

Como regra, o particular exercerá seu direito de propriedade sem sofrer intervenções estatais. Todavia, em situações expressamente autorizadas pelo ordenamento jurídico, poderá o Poder Público condicionar e restringir esse direito, a fim de adequar o uso do bem à sua função social e ao interesse público.

Mas qual seria o poder usado nessa intervenção?

Como regra, o **poder de polícia**. Como estudado em capítulo específico, será possível ao Estado limitar a liberdade e a propriedade particular em benefício da coletividade.

Todavia, no caso das desapropriações não estará a Administração usando do mencionado poder, já que nessa forma de intervenção transfere-se a propriedade do bem particular para o Estado, ou seja, não se trata de mera restrição, mas sim de verdadeira supressão.

3. FUNDAMENTOS E REGRAS CONSTITUCIONAIS

A intervenção do Estado na propriedade privada terá como fundamento o princípio da **supremacia** do interesse público ou a prática de alguma **ilegalidade** pelo particular. Vejamos dois exemplos: 1. poderá a Administração limitar a altura dos prédios em determinada área da cidade (supremacia); 2. deverá haver o confisco das terras usadas para plantação de drogas (ato ilícito).

Para iniciar, vamos enumerar as principais **regras constitucionais** sobre o tema:

- Art. 5.º, XXII – "é garantido o direito de propriedade".
- Art. 5.º, XXIII – "a propriedade atenderá a sua função social".
- Art. 5.º, XXIV – "a lei estabelecerá o procedimento para desapropriação por necessidade ou utilidade pública, ou por interesse social, mediante justa e prévia indenização em dinheiro, ressalvados os casos previstos nesta Constituição".
- Art. 5.º, XXV – "no caso de iminente perigo público, a autoridade competente poderá usar de propriedade particular, assegurada ao proprietário indenização ulterior, se houver dano".
- Art. 182, § 4.º "É facultado ao Poder Público municipal, mediante lei específica para área incluída no plano diretor, exigir, nos termos da lei federal, do proprietário do solo urbano não edificado, subutilizado ou não utilizado, que promova seu adequado aproveitamento sob pena, sucessivamente, de: [...] III – desapropriação com pagamento mediante títulos da dívida pública de emissão previamente aprovada pelo Senado Federal, com prazo de resgate de até dez anos, em parcelas anuais, iguais e sucessivas, assegurados o valor real da indenização e os juros legais."
- Art. 184. "Compete à União desapropriar por interesse social, para fins de reforma agrária, o imóvel rural que não esteja cumprindo sua função social, mediante prévia e justa indenização em títulos da dívida agrária, com cláusula de preservação do valor real, resgatáveis no prazo de até vinte anos, a partir do segundo ano de sua emissão, e cuja utilização será definida em lei."
- Art. 191. "Aquele que, não sendo proprietário de imóvel rural ou urbano, possua como seu, por cinco anos ininterruptos, sem oposição, área de terra, em zona rural, não superior a cinquenta hectares, tornando-a produtiva por seu trabalho ou de sua família, tendo nela sua moradia, adquirir-lhe-á a propriedade."

- **Art. 243.** "As propriedades rurais e urbanas de qualquer região do País onde forem localizadas culturas ilegais de plantas psicotrópicas ou a exploração de trabalho escravo na forma da lei serão expropriadas e destinadas à reforma agrária e a programas de habitação popular, sem qualquer indenização ao proprietário e sem prejuízo de outras sanções previstas em lei, observado, no que couber, o disposto no art. 5.º."

4. FORMAS DE INTERVENÇÃO

A intervenção poderá ter a finalidade de limitar o uso do bem ou, em casos mais extremos, retirar a propriedade do particular e transferi-la ao Estado. Logo, podemos subdividir essa atuação em duas modalidades, vejamos:

- **Intervenção restritiva:** o particular continua com a propriedade do bem, entretanto, sofre algumas limitações em relação ao seu uso. Enquadram-se nessa modalidade: limitação administrativa, servidão, requisição, tombamento e ocupação temporária.
- **Intervenção supressiva:** nesse caso, o particular perde a propriedade de seu bem, sendo este transferido ao domínio do Estado. A única forma desse tipo de intervenção é a desapropriação.

INTERVENÇÃO RESTRITIVA	INTERVENÇÃO SUPRESSIVA
✓ Limitação administrativa ✓ Servidão administrativa ✓ Requisição administrativa ✓ Tombamento ✓ Ocupação temporária	✓ Desapropriação

5. INTERVENÇÕES RESTRITIVAS DA PROPRIEDADE

Como analisado, nessa forma de intervenção o particular continua com a propriedade do seu bem, entretanto sofre restrições em relação ao uso dele. Vamos analisar em separado cada uma das modalidades.

5.1 Limitação administrativa

A limitação administrativa é uma restrição de caráter geral decorrente do uso do poder de polícia. Podemos citar, como exemplo, o caso da estipulação de uma altura máxima para as construções em determinado bairro.

caiu na prova

(CONSULPLAN/CÂMARA-UNAÍ/2022) *O plano diretor do Município X determina o limite máximo de cinco andares na construção de prédios que estejam na área próxima ao parque Y. Em relação à possibilidade de intervenção do estado na propriedade, é correto afirmar que o caso hipotético se refere a Limitação Administrativa.*

Gabarito: *Certo.*

Para facilitar e aprofundar o tema, vamos analisar em tópicos as diversas **características** dessa forma de intervenção.

a) **Poder de polícia:** a limitação administrativa decorre diretamente do uso do mencionado poder (já estudado em capítulo específico), o qual possibilita à Administração impor restrições gerais em benefício do interesse público.

b) **Limitação geral:** nesse caso, a restrição atinge de forma indiscriminada todos aqueles que se enquadrem no âmbito da restrição, ou seja, a intervenção não é feita a um proprietário específico, mas sim à toda a coletividade.

c) **Atividade administrativa ou legislativa:** o poder de polícia em sentido amplo abarca tanto a produção das normas quanto a execução destas. Sendo assim, a limitação poderá ser instituída tanto por lei quanto por ações administrativas da autoridade competente.

d) **Direito pessoal:** a restrição é direcionada aos particulares, regulando a prática de atos ou a abstenção de fatos. Em outras palavras, a limitação é imposta aos proprietários e não aos bens.

e) **Não indenização (regra):** por tratar-se de uma limitação de cunho geral, como regra, não será devida nenhuma indenização aos proprietários dos bens afetados com a restrição. Todavia, a jurisprudência vem admitindo em situações pontuais e específicas o direito à reparação financeira.

- **Quando houver específica redução do valor econômico do bem.**

jurisprudência

É possível, contudo, que o tombamento de determinados bens, ou mesmo a imposição de limitações administrativas, traga prejuízos aos seus proprietários, gerando, a partir de então, a obrigação de indenizar. [...] (STJ, 1.ª Turma, REsp 901319/SC, 17.05.2007).

- **Para que exista o dever indenizatório, a aquisição do bem deve ter ocorrido antes da instituição da limitação administrativa, salvo os casos de negócios jurídicos gratuitos ou se o adquirente for vulnerável economicamente.**

jurisprudência

O adquirente não faz jus a qualquer indenização do órgão expropriante por eventual apossamento anterior. Excetuam-se da tese hipóteses em que patente a boa-fé objetiva do sucessor, como em situações de negócio jurídico gratuito ou de vulnerabilidade econômica do adquirente (STJ, 1.ª Seção, REsp 1750660/SC, 10.03.2021. Tema Repetitivo 1004).

- **Respeito ao prazo prescricional – 5 anos.**

jurisprudência

*Não se tratando, todavia, de ação real, incide, na hipótese, a norma contida no art. 1.º do Decreto 20.910/32, o qual dispõe que "todo e qualquer direito ou ação contra a Fazenda Federal, Estadual ou Municipal, seja qual for a sua natureza, **prescreve em cinco anos contados da data do ato ou fato do qual se originarem**" (STJ, 1.ª Turma, REsp 901319/SC, 17.05.2007).*

Por fim, se a limitação impossibilitar por completo a utilização do bem, estaremos diante de uma desapropriação indireta (desapropriação que não respeitou os procedimentos legais), logo, o ato será considerado ilícito.

Resumindo:

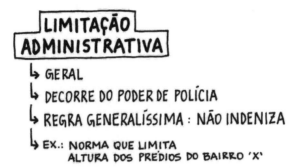

5.2 Servidão administrativa

A servidão administrativa é um direito real que impõe ao proprietário do bem o dever de tolerar uma restrição estatal realizada em prol do interesse público. Para facilitar a visualização, podemos citar diversos exemplos: colocação de uma placa com o nome da rua no muro de uma casa; passagem de tubulação de gás e fiação elétrica em determinado terreno, entre outros.

Para facilitar e aprofundar o tema, vamos analisar em tópicos as diversas **características** dessa forma de intervenção:

a) **Poder de polícia:** a servidão administrativa decorre diretamente do uso do mencionado poder (já estudado em capítulo específico), o qual possibilita à Administração impor restrições aos indivíduos em benefício coletivo.

b) **Intervenção específica:** a servidão administrativa atinge bens imóveis determinados. Como regra generalíssima, a restrição será imposta a particulares, entretanto, a doutrina majoritária admite a intervenção em bens públicos, desde que seja respeitada a hierarquia entre os entes federativos. Por exemplo, a União poderá instituir uma servidão em um imóvel do Estado, mas o contrário não será possível.

c) **Direito real:** a restrição é direcionada ao bem, logo, serão estes utilizados pela Administração em busca da satisfação do interesse público.

d) **Formas de instituição:** a servidão poderá decorrer de uma lei, ato administrativo com o posterior acordo do particular ou decisão judicial. Este último caso decorre da não aceitação do proprietário em relação ao comando administrativo.

e) **Registro:** para que se dê eficácia *erga omnes*, faz-se necessário o registro da servidão no Cartório de Registro de Imóveis, ressalvados os casos em que a intervenção decorre de uma imposição legal. Ademais, por tratar-se de direito real, deverá esta forma de intervenção acompanhar o bem mesmo em caso de alienação a terceiros.

f) **Indenização (se houver dano):** por tratar-se de limitação a um bem específico, terá o proprietário direitos indenizatórios caso comprove que a servidão lhe causou algum dano anormal e específico.

g) **Perpétua:** a servidão é instituída por prazo indeterminado, somente existindo a sua extinção em situações pontuais, tais como ausência de interesse público e desaparecimento do bem gravado.

> **caiu na prova**
>
> **(QUADRIX/FISCAL.TRIBUTOS-BA/2022)** *A instalação de placas com nome de ruas na propriedade privada, como em muros e fachadas, é um exemplo da intervenção do Estado na propriedade mediante a servidão.*
>
> **Gabarito:** *Certo.*

5.3 Requisição administrativa

A requisição administrativa é utilizada em casos de iminente perigo público e decorre diretamente do próprio texto constitucional.

> Art. 5.º, XXV – no caso de iminente perigo público, a autoridade competente poderá usar de propriedade particular, assegurada ao proprietário indenização ulterior, se houver dano.

Podemos citar, como exemplo, o caso de um policial que pega a moto de um particular para perseguir um bandido que se encontra armado, com reféns e dirigindo um carro em alta velocidade (bem filme de Hollywood). Logicamente, caso haja algum dano à moto, o proprietário terá direito à indenização.

Cap. 10 – INTERVENÇÃO DO ESTADO NA PROPRIEDADE **339**

Resumindo, as principais **características** dessa forma de intervenção são:

- Podem ser requisitados: bens móveis, imóveis, semoventes e serviços.
- Motivo da requisição: situação de iminente perigo público.
- Duração: temporária.
- Indenização: só será feita de forma ulterior e se houver dano ao bem requisitado.

> **caiu na prova**
>
> **(QUADRIX/CRF-AP/2021)** *No caso de perigo público iminente, a autoridade competente poderá usar da propriedade particular, assegurando-se ao proprietário indenização prévia.*
>
> **Gabarito:** *Errado.*[1]

5.4 Tombamento

O tombamento visa a preservação da própria coisa (intervenção autorreferente), em outras palavras, busca a conservação do patrimônio histórico, cultural, arqueológico, artístico, turístico e paisagístico.

Tal intervenção pode ser efetivada de forma concorrente pelos diversos entes federativos. Por exemplo, um bem municipal poderá ser tombado pelo seu interesse local (competência municipal), regional (competência estadual) e nacional (competência federal).

Resumindo:

Município: possui competência para tombamento de bens de interesse local.

Estado: possui competência para tombamento de bens de interesse regional.

União: possui competência para tombamento de bens de interesse nacional.

Para facilitar o entendimento do tema, vamos analisá-lo em tópicos.

a) Legislação correlata

- **Constituição Federal:** art. 216, § 1.º O Poder Público, com a colaboração da comunidade, promoverá e protegerá o patrimônio cultural brasileiro, por meio de inventários, registros, vigilância, **tombamento** e desapropriação, e de outras formas de acautelamento e preservação.
- **Decreto-lei 25/1937:** é a norma federal que regulamenta o tombamento, explicitando, entre outros pontos, os bens sujeitos a essa forma de intervenção, formas e procedimento para efetivação da medida.

b) Bens sujeitos ao tombamento

Segundo o Decreto-lei 25/1937, podem ser tombados:

- **Bens móveis e imóveis existentes no País** e cuja conservação seja de interesse público, quer por sua vinculação a fatos memoráveis da história do Brasil, quer por seu excepcional valor arqueológico ou etnográfico, bibliográfico ou artístico.

---

[1] A indenização será posterior e apenas será devida se houver dano.

- Equiparam-se aos bens os **monumentos naturais, bem como os sítios e paisagens** que importe conservar e proteger pela feição notável com que tenham sido dotados pela natureza ou agenciados pela indústria humana.
- Podem ser tombados os bens pertencentes às **pessoas físicas e jurídicas** (de direito privado ou público).

c) Bens não sujeitos ao tombamento

Segundo o Decreto-lei 25/1937, excluem-se do patrimônio histórico e artístico nacional as obras de origem estrangeira que:

- Pertençam às representações diplomáticas ou consulares acreditadas no País.
- Adornem quaisquer veículos pertencentes a empresas estrangeiras, que façam carreira no País.
- Incluam-se entre os bens referidos no art. 10 da Introdução do Código Civil (sucessão por morte), e que continuam sujeitas à lei pessoal do proprietário;
- Pertençam a casas de comércio de objetos históricos ou artísticos.
- Sejam trazidas para exposições comemorativas, educativas ou comerciais;
- Sejam importadas por empresas estrangeiras expressamente para adorno dos respectivos estabelecimentos.

d) Inscrição

O Serviço do Patrimônio Histórico e Artístico Nacional possuirá quatro Livros do Tombo, nos quais serão inscritas as obras submetidas ao tombamento, a saber:

- Livro do Tombo Arqueológico, Etnográfico e Paisagístico – as coisas pertencentes às categorias de arte arqueológica, etnográfica, ameríndia e popular e, bem assim, as mencionadas no § 2.º do citado art. 1.º.
- Livro do Tombo Histórico – as coisas de interesse histórico e as obras de arte histórica;
- Livro do Tombo das Belas Artes – as coisas de arte erudita, nacional ou estrangeira;
- Livro do Tombo das Artes Aplicadas – as obras que se incluírem na categoria das artes aplicadas, nacionais ou estrangeiras.

e) Formas

O tombamento poderá ser voluntário, ou seja, a pedido do proprietário do bem, ou compulsório, por ato do Poder Público.

- **Voluntário:** ocorrerá sempre que o proprietário pedir e a coisa se revestir dos requisitos necessários para constituir parte integrante do patrimônio histórico e artístico nacional, a juízo do Conselho Consultivo do Serviço do Patrimônio Histórico e Artístico Nacional, ou sempre que o mesmo proprietário anuir, por escrito, à notificação, que se lhe fizer, para a inscrição da coisa em qualquer dos Livros do Tombo.
- **Compulsório:** ocorrerá quando o proprietário se recusar a anuir à inscrição da coisa.

f) Procedimento

O tombamento decorre de um processo administrativo, o qual deverá seguir as seguintes etapas:

- O Serviço do Patrimônio Histórico e Artístico Nacional (IPHAN), por seu órgão competente, notificará o proprietário para anuir ao tombamento, dentro do prazo de quinze dias, a contar do recebimento da notificação, ou para, se desejar impugnar, oferecer dentro do mesmo prazo as razões de sua impugnação.
- No caso de não haver impugnação dentro do prazo assinado, que é fatal, o diretor do Serviço do Patrimônio Histórico e Artístico Nacional mandará por simples despacho que se proceda à inscrição da coisa no competente Livro do Tombo.
- Se a impugnação for oferecida dentro do prazo assinado, far-se-á vista da mesma, dentro de outros quinze dias fatais, ao órgão de que houver emanado a iniciativa do tombamento, a fim de sustentá-la. Em seguida, independentemente de custas, será o processo remetido ao Conselho Consultivo do Serviço do IIPHAN, que proferirá decisão a respeito, dentro do prazo de sessenta dias, a contar do seu recebimento. Dessa decisão não caberá recurso.

g) Efeitos

O tombamento pode gerar obrigações de fazer, não fazer e ainda de tolerar algumas medidas administrativas. Vamos analisar esses efeitos em separado.

- **Obrigações de fazer**

Direito de preferência

O tombamento não impede a alienação do bem pelo seu proprietário. Entretanto, caso venda venha a ser feita por meio de leilão judicial, deverá ser dada, em igualdade de oferta, preferência aos entes federativos na arrematação.

> Art. 892, § 3.º, CPC. No caso de leilão de bem tombado, a União, os Estados e os Municípios terão, nessa ordem, o direito de preferência na arrematação, em igualdade de oferta.

Vale salientar que, se a alienação estiver sendo realizada de maneira extrajudicial, não haverá mais o direito de preferência aos entes federativos, por expressa revogação do art. 22 do Decreto-lei 25/1937.

Resumindo:

- Alienação judicial: os entes federativos possuem direito de preferência na arrematação do bem.

- Alienação extrajudicial: não existe o direito de preferência.

Dever de conservação do bem

O proprietário do bem tombado deverá conservá-lo realizando todas as obras e reparos necessários à preservação da coisa. Entretanto, caso não possua condições financeiras, deverá avisar ao Poder Público, sob pena de receber uma multa.

> Art. 19, Decreto-lei 25/1937. O proprietário de coisa tombada, que não dispuser de recursos para proceder às obras de conservação e reparação que a mesma requerer, levará ao conhecimento do Serviço do Patrimônio Histórico e Artístico Nacional a necessidade das mencionadas obras, sob pena de multa correspondente ao dobro da importância em que for avaliado o dano sofrido pela mesma coisa.

jurisprudência

A responsabilidade de reparar e conservar o imóvel tombado é, em princípio, do proprietário. Tal responsabilidade é elidida quando ficar demonstrado que o proprietário não dispõe de recurso para proceder à reparação (STJ, 2.ª Turma, AgRg no AREsp 176140/BA, 18.10.2012).

Dever de comunicação

No caso de extravio ou furto de qualquer objeto tombado, o respectivo proprietário deverá dar conhecimento do fato ao Serviço do Patrimônio Histórico e Artístico Nacional, dentro do prazo de cinco dias, sob pena de multa de dez por cento sobre o valor da coisa.

- **Obrigações de não fazer**

Não destruição do bem

As coisas tombadas não poderão, em caso nenhum, ser destruídas, demolidas ou mutiladas, nem, sem prévia autorização especial do Serviço do Patrimônio Histórico e Artístico Nacional, ser reparadas, pintadas ou restauradas, sob pena de multa de cinquenta por cento do dano causado.

Retirada do País

A coisa tombada não poderá sair do País, senão por curto prazo, sem transferência de domínio e para fim de intercâmbio cultural, a juízo do Conselho Consultivo do Serviço do Patrimônio Histórico e Artístico Nacional.

caiu na prova

(FGV/JUIZ-MG/2022) *As coisas tombadas não poderão sair do país, exceto em caso de intercâmbio cultural.*

Gabarito: *Certo.*

Tentada a retirada, salvo na hipótese do parágrafo anterior, para fora do País, da coisa tombada, será esta sequestrada pela União ou pelo Estado em que se encontrar e será apurada a responsabilidade do proprietário, ser-lhe-á imposta a multa de cinquenta por cento do valor da coisa, que permanecerá sequestrada em garantia do pagamento, e até que este se faça. E, em caso de reincidência, a multa será elevada ao dobro.

Por fim, a pessoa que tentar a exportação de coisa tombada, além de incidir na multa a que se referem os parágrafos anteriores, incorrerá nas penas cominadas no Código Penal para o crime de contrabando.

- **Obrigações de tolerar**

Fiscalização

As coisas tombadas ficam sujeitas à vigilância permanente do Serviço do Patrimônio Histórico e Artístico Nacional (IPHAN), que poderá inspecioná-los sempre que for julgado conveniente, não podendo os respectivos proprietários ou responsáveis criar obstáculos à inspeção, sob pena de multa que será elevada ao dobro em caso de reincidência.

Regras aos vizinhos do bem

Sem prévia autorização do Serviço do Patrimônio Histórico e Artístico Nacional, não se poderá, na vizinhança da coisa tombada, fazer construção que lhe impeça ou reduza a visibilidade, nem nela colocar anúncios ou cartazes, sob pena de ser mandado destruir a obra ou retirar o objeto, impondo-se neste caso a multa de cinquenta por cento do valor do mesmo objeto.

h) Indenização

Como regra, o tombamento não enseja nenhum tipo de indenização ao proprietário do bem. Todavia, caso haja, em virtude da intervenção, o esvaziamento do valor econômico do bem ou a necessidade de gastos extraordinários, deverá o proprietário ser indenizado pelo ônus suportado.

Resumindo:

- Regra: não indeniza.
- Esvaziamento do valor do bem: indeniza.
- Gastos excessivos com a conservação do bem: indeniza.

i) Extinção

O tombamento poderá ser extinto por:

- **Revogação:** quando não mais existirem conveniência e oportunidade em relação à proteção do bem, poderá a Administração providenciar a extinção do tombamento por meio da revogação.
- **Anulação:** ocorrerá quando existir alguma ilegalidade no procedimento ou nos requisitos para o tombamento, podendo essa medida ser fruto de uma decisão administrativa (autotutela) ou judicial.

- **Desaparecimento do bem:** nesse caso, ocorrerá a extinção do tombamento, em decorrência da não mais subsistência do bem protegido. Podemos citar o caso de um incêndio que destrói diversos documentos históricos que haviam sido tombados.
- **Cancelamento:** caso o proprietário requeira ao Poder Público auxílio para a conservação do bem e este não se pronuncie, existirá o cancelamento da intervenção.

5.5 Ocupação temporária

Essa forma de intervenção faz que o Estado possa usar por um prazo determinado bens privados para apoiar a execução de obras ou serviços públicos. Pode a ocupação ocorrer de forma gratuita ou onerosa. Por exemplo, a Administração poderá alocar seus maquinários no terreno ao lado da estrada que está sendo duplicada por uma obra estatal.

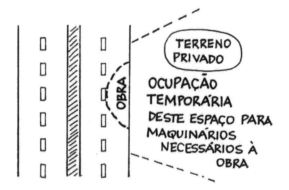

Os principais dispositivos legais relacionados à ocupação provisória estão presentes no Decreto 3.365/1941 (desapropriação por utilidade pública) e nas Leis 14.133/2021 (Nova Lei de Licitações e Contratos Administrativos), 8.987/1995 (concessões e permissões de serviço público) e 3.924/1961 (dispõe sobre os monumentos arqueológicos e pré-históricos). Vejamos o que prelecionam tais normas:

- **Decreto-lei 3.365/1941, art. 36.** É permitida a **ocupação temporária**, que será indenizada, afinal, por ação própria, de terrenos não edificados, vizinhos às obras e necessários à sua realização.
- **Lei 14.133/2021, art. 104.** O regime jurídico dos contratos instituído por esta Lei confere à Administração, em relação a eles, as prerrogativas de: V – ocupar provisoriamente bens móveis e imóveis e utilizar pessoal e serviços vinculados ao objeto do contrato nas hipóteses de: a) risco à prestação de serviços essenciais; b) necessidade de acautelar apuração administrativa de faltas contratuais pelo contratado, inclusive após extinção do contrato.
- **Lei 8.987/1995, art. 35, § 3.º** A assunção do serviço autoriza a **ocupação** das instalações e a utilização, pelo poder concedente, de todos os bens reversíveis.

Cap. 10 – INTERVENÇÃO DO ESTADO NA PROPRIEDADE 345

- **Lei 3.924/1961, art. 14.** No caso de ocupação temporária do terreno, para realização de escavações nas jazidas declaradas de utilidade pública, deverá ser lavrado um auto, antes do início dos estudos, no qual se descreva o aspecto exato do local.

Observe que a ocupação provisória pode estar ou não relacionada a uma desapropriação e difere claramente da requisição administrativa pelo fato de não estar presente o iminente perigo público.

Por fim, como regra, não haverá indenização. Todavia, quando aquele espaço estiver ligado a uma futura desapropriação, ou nos casos de o interessado conseguir comprovar um efetivo prejuízo decorrente da ação estatal, deverá o Poder Público indenizar o proprietário do bem.

Resumindo, as principais **características** dessa forma de intervenção são:

- Duração da intervenção: temporária.

- Motivo da ocupação: necessidade pública, tais como a realização de uma obra ou a prestação de um serviço público.

- Indenização: como regra, não há indenização. Salvo se a ocupação estiver ligada a uma desapropriação ou nos casos de o proprietário conseguir comprovar um efetivo prejuízo decorrente da intervenção.

6. DESAPROPRIAÇÃO

Entre todas as formas de intervenção, a desapropriação é a única que retira do particular a propriedade de seu bem, podendo esta ocorrer, segundo a própria Constituição Federal, por necessidade ou utilidade pública e ainda por interesse social.

> Art. 5.º, XXIV. A lei estabelecerá o procedimento para desapropriação por necessidade ou utilidade pública, ou por interesse social, mediante justa e prévia indenização em dinheiro, ressalvados os casos previstos nesta Constituição.

Em virtude da importância e da dimensão do tema, analisaremos esse assunto em diversos tópicos.

6.1 Aquisição originária da propriedade

A desapropriação é uma forma originária de aquisição da propriedade, ou seja, o bem passa a ser do domínio estatal livre de qualquer ônus de natureza real. Em outras palavras, o bem chega às mãos do Poder Público como se este fosse, de fato, o primeiro e único dono.

Para facilitar a compreensão, vamos imaginar a seguinte situação: João, proprietário de uma casa de praia no Município "X", estava com diversas dívidas e, por isso, resolveu pegar um empréstimo. Entretanto, essa medida só se tornou possível após o particular hipotecar o seu imóvel. Passados alguns meses, o Poder Público resolveu desapropriar a casa de João.

Nesse caso, pergunta-se: quando o imóvel passar a ser de propriedade do Estado, o bem continuará gravado com a hipoteca?

Não, pois, como falamos, a desapropriação é uma forma originária de aquisição da propriedade. Sendo assim, o bem passará a ser do Poder Público livre de qualquer ônus.

> **caiu na prova**
>
> **(CEBRASPE/DPE-TO/2022)** *A desapropriação é uma forma de aquisição originária da propriedade, na medida em que a aquisição não está vinculada à situação jurídica anterior e o bem ingressa no domínio público livre de ônus, gravames ou relações jurídicas de natureza real ou pessoal.*
> **Gabarito:** Certo.

> **jurisprudência**
>
> *O ente desapropriante não responde por tributos incidentes sobre o imóvel desapropriado nas hipóteses em que o período de ocorrência dos fatos geradores é anterior ao ato de aquisição originária da propriedade (STJ, 2.ª Turma, REsp 1668058/ES, 08.06.2017).*

6.2 Bens x desapropriação

A desapropriação poderá atingir diversos tipos de bens, sejam eles móveis ou imóveis, públicos ou privados, corpóreos ou incorpóreos, dispondo o Decreto 3.365/1941 que:

> Art. 2.º Mediante declaração de utilidade pública, todos os bens poderão ser desapropriados pela União, pelos Estados, Municípios, Distrito Federal e Territórios.

Ponto interessante relaciona-se à possibilidade de desapropriação de bens públicos de uso dominical. Entretanto, para que essa medida se efetive, dois requisitos devem coexistir: autorização legislativa e respeito à "hierarquia federativa". Vejamos o que preleciona o Decreto 3.365/1941:

> Art. 2.º, § 2.º Os bens do domínio dos Estados, Municípios, Distrito Federal e Territórios poderão ser desapropriados pela União, e os dos Municípios pelos Estados, mas, em qualquer caso, ao ato deverá preceder autorização legislativa.

De forma mais simples, podemos dizer que, no caso dos bens públicos, deve ser respeitada a verticalidade das esferas federativas. Portanto, a União poderá, por exemplo, desapropriar bens estaduais, distritais e municipais. Já um Estado poderá até intervir na esfera municipal, mas não na federal.

Por fim, a doutrina nacional entende que alguns bens **não** estão sujeitos à **desapropriação**, seja por impossibilidade jurídica ou física. Vejamos os principais exemplos:

- **Direitos personalíssimos.** Exemplo: a honra e a intimidade de uma pessoa.
- **Moeda corrente.** O dinheiro nacional não será o fim da desapropriação, ou seja, ele será o meio de o Poder Público indenizar o particular pela desapropriação sofrida.
- **Pessoas.** Logicamente não será possível desapropriar pessoas físicas ou jurídicas.
- **Margens dos rios navegáveis.** Súmula 479 do STF: As margens dos rios navegáveis são de domínio público, insuscetíveis de expropriação e, por isso mesmo, excluídas de indenização.
- **Pequena propriedade produtiva.** Art. 185, CF/1988. São insuscetíveis de desapropriação para fins de reforma agrária: [...] II – a propriedade produtiva.

6.3 Pressupostos

A Constituição Federal garantiu o direito à propriedade, logo, a desapropriação deverá ser uma medida excepcional e pautada em alguns dos seguintes pressupostos: **utilidade pública, necessidade pública ou interesse social**.

Todas essas formas de desapropriação serão vistas de maneira mais aprofundada um pouco mais adiante. Por ora, vale mencionar características gerais de cada uma delas. Vejamos.

a) Utilidade pública

Nesse caso, o Estado efetiva a intervenção com a finalidade de realizar uma obra ou de prestar serviços de interesse coletivo. Segundo o Decreto-lei 3.365/1941, a desapropriação por utilidade pública pode ter como fundamento:

- Segurança nacional.
- Defesa do estado.
- Socorro público em caso de calamidade.
- Salubridade pública.
- Criação e melhoramento de centros de população, seu abastecimento regular de meios de subsistência.
- Aproveitamento industrial das minas e das jazidas minerais, das águas e da energia hidráulica.
- Assistência pública, obras de higiene e decoração, casas de saúde, clínicas, estações de clima e fontes medicinais.
- Exploração ou conservação dos serviços públicos.
- Abertura, conservação e melhoramento de vias ou logradouros públicos; execução de planos de urbanização; parcelamento do solo, com ou sem edificação, para sua melhor utilização econômica, higiênica ou estética; construção ou ampliação de distritos industriais.
- Funcionamento dos meios de transporte coletivo.

- Preservação e conservação dos monumentos históricos e artísticos, isolados ou integrados em conjuntos urbanos ou rurais, bem como as medidas necessárias a manter-lhes e realçar-lhes os aspectos mais valiosos ou característicos e, ainda, a proteção de paisagens e locais particularmente dotados pela natureza.
- Preservação e a conservação adequada de arquivos, documentos e outros bens móveis de valor histórico ou artístico.
- Construção de edifícios públicos, monumentos comemorativos e cemitérios.
- Criação de estádios, aeródromos ou campos de pouso para aeronaves.
- Reedição ou divulgação de obra ou invento de natureza científica, artística ou literária.
- Demais casos previstos por leis especiais.

b) Necessidade pública

Nesse caso, a medida impõe-se como solução para uma situação emergencial, podendo essa forma de intervenção ser utilizada exatamente nas mesmas situações que ensejam a desapropriação por utilidade pública.

c) Interesse social

A desapropriação por interesse social tem como fundamento a redução das desigualdades sociais e o auxílio à população de baixa renda. Segundo a Lei 4.132/1962, essa forma de intervenção poderá se basear nos seguintes fundamentos:

- Aproveitamento de todo bem improdutivo ou explorado sem correspondência com as necessidades de habitação, trabalho e consumo dos centros de população a que deve ou possa suprir por seu destino econômico.
- Estabelecimento e a manutenção de colônias ou cooperativas de povoamento e trabalho agrícola.
- Manutenção de posseiros em terrenos urbanos onde, com a tolerância expressa ou tácita do proprietário, tenham construído sua habilitação, formando núcleos residenciais de mais de dez famílias.
- Construção de casas populares.
- As terras e águas suscetíveis de valorização extraordinária, pela conclusão de obras e serviços públicos, notadamente de saneamento, portos, transporte, eletrificação armazenamento de água e irrigação, no caso em que não sejam ditas áreas socialmente aproveitadas.
- Proteção do solo e a preservação de cursos e mananciais de água e de reservas florestais.
- Utilização de áreas, locais ou bens que, por suas características, sejam apropriados ao desenvolvimento de atividades turísticas.

Por fim, além dos pressupostos supramencionados, para que se retire de forma compulsória a propriedade de alguém, deverá existir uma justa e prévia indenização, que será feita, como regra, em dinheiro.

Art. 5.º, XXIV, CF/1988 – a lei estabelecerá o procedimento para desapropriação por **necessidade** ou **utilidade** pública, ou por **interesse social**, mediante **justa e prévia indenização** em **dinheiro**, ressalvados os casos previstos nesta Constituição.

6.4 Modalidades de desapropriação

Apesar de não existir um consenso doutrinário, vamos analisar as diversas formas de desapropriação, levando em consideração a posição majoritária para fins de provas em geral.

6.4.1 Desapropriação comum

Também denominada desapropriação geral ou ordinária, é aquela que se fundamenta em alguma necessidade, utilidade pública ou interesse social.

Observe que essa forma de intervenção não representa uma punição ao proprietário do bem, logo, deverá este ser indenizado pelo Poder Público de maneira justa, prévia e em dinheiro.

Mas o que seria uma indenização justa, prévia e em dinheiro?

- **Indenização justa:** leva em consideração o valor de mercado do bem + danos emergentes que decorrem da perda da propriedade + lucros cessantes comprovados + correção monetária, feita a partir da avaliação do bem.

No caso de a desapropriação ser efetivada por um procedimento judicial, devem-se somar a esses valores os honorários advocatícios e os juros, quando couber.

- **Indenização prévia:** será realizada antes da transferência do bem.
- **Indenização em dinheiro:** o Poder Público deverá pagar a quantia ou depositá-la judicialmente, em espécie.

DESAPROPRIAÇÃO COMUM	
FUNDAMENTO	**INDENIZAÇÃO**
Necessidade pública	PRÉVIA + JUSTA + DINHEIRO
Utilidade pública	
Interesse social	

6.4.2 Desapropriação sancionatória (função social da propriedade)

A Constituição Federal garantiu o direito à propriedade. Todavia, deverá esse benefício ser utilizado em conformidade com a função social legalmente instituída. "Art. 5.º, XXIII. A propriedade atenderá a sua função social." Assim, caso o particular descumpra essas regras, poderá perder a propriedade de seu imóvel (urbano ou rural) como forma de punição.

Resumindo, essa forma de desapropriação sancionatória decorre de:

> Interesse social
> +
> Descumprimento da função social da propriedade

6.4.2.1 Propriedade urbana

A Constituição Federal previu que as propriedades urbanas devem respeitar o plano diretor do município em que se encontrem e, caso o proprietário descumpra tais comandos, algumas medidas sancionatórias poderão ser impostas, entre elas a desapropriação em virtude da não adequação do imóvel a sua função social.

> Art. 182, CF. A política de desenvolvimento urbano, executada pelo Poder Público municipal, conforme diretrizes gerais fixadas em lei, tem por objetivo ordenar o pleno desenvolvimento das funções sociais da cidade e garantir o bem-estar de seus habitantes.

Para regulamentar esse dispositivo constitucional, foi produzida a Lei 10.257/2001, Estatuto da Cidade, a qual estabelece diretrizes gerais referentes à política urbana.

> Art. 39. A propriedade urbana cumpre sua função social quando atende às exigências fundamentais de ordenação da cidade expressas no plano diretor, assegurando o atendimento das necessidades dos cidadãos quanto à qualidade de vida, à justiça social e ao desenvolvimento das atividades econômicas [...].

Mas quais as características do **plano diretor**?

Várias!

Vamos destacar os principais pontos:

- Deve ser aprovado por lei municipal.
- É parte integrante do processo de planejamento municipal.
- O plano plurianual, as diretrizes orçamentárias e o orçamento anual devem incorporar as diretrizes e as prioridades contidas no plano diretor.
- Deve englobar o território do Município como um todo.
- Deve ser revisto, pelo menos, a cada dez anos.
- É obrigatório para cidades: com mais de vinte mil habitantes; integrantes de regiões metropolitanas e aglomerações urbanas; onde o Poder Público municipal pretenda utilizar os instrumentos previstos no § 4.º do art. 182 da Constituição Federal; integrantes de áreas de especial interesse turístico; inseridas na área

Cap. 10 – INTERVENÇÃO DO ESTADO NA PROPRIEDADE **351**

de influência de empreendimentos ou atividades com significativo impacto ambiental de âmbito regional ou nacional; incluídas no cadastro nacional de Municípios com áreas suscetíveis à ocorrência de deslizamentos de grande impacto, inundações bruscas ou processos geológicos ou hidrológicos correlatos.

Então, caso o proprietário de um imóvel descumpra as diretrizes instituídas pelo plano diretor, poderá a Administração municipal adotar medidas a fim de forçar o particular a realizar o adequado aproveitamento da área urbana, respeitando-se, dessa forma, a função social instituída por lei.

Mas quais serão essas **medidas sancionatórias?**

São três, existindo entre elas uma sequência e gradação que deve ser respeitada pelo Poder Público. Vejamos.

a) Parcelamento ou edificação compulsórios

Lei municipal específica para área incluída no plano diretor poderá determinar o parcelamento, a edificação ou a utilização compulsória do solo urbano não edificado, subutilizado ou não utilizado, devendo fixar as condições e os prazos para implementação da referida obrigação.

Quanto aos referidos prazos, estes não poderão ser inferiores a:

- 1 ano – a partir da notificação, para que seja protocolado o projeto no órgão municipal competente.

- 2 anos – a partir da aprovação do projeto, para iniciar as obras do empreendimento.

b) Imposto sobre a Propriedade Predial e Territorial Urbana (IPTU) progressivo no tempo

Caso a primeira medida não tenha surtido efeito, o Poder Público poderá instituir o IPTU progressivo como forma de tentar forçar o proprietário a dar o adequado aproveitamento ao seu imóvel urbano.

A alíquota do imposto será majorada sucessivamente pelo prazo de cinco anos consecutivos e não excederá duas vezes o valor referente ao ano anterior, respeitada a alíquota máxima de quinze por cento.

Após esse período, caso a obrigação de parcelar, edificar ou utilizar não esteja atendida, o Município manterá a cobrança pela alíquota máxima, até que se cumpra a referida obrigação.

c) Desapropriação

Caso nenhuma das duas medidas anteriores tenha solucionado o problema, poderá o Poder Público municipal desapropriar o imóvel com pagamento mediante títulos da dívida pública (TDP), de emissão previamente aprovada pelo Senado Federal, com prazo de resgate de até dez anos, em parcelas anuais, iguais e sucessivas, assegurados o valor real da indenização e os juros legais.

Resumindo:

DESAPROPRIAÇÃO SANÇÃO – URBANA	
Quem pode realizar essa desapropriação?	✓ Município
Qual o motivo da desapropriação?	✓ Desrespeito ao plano diretor (imóvel não atende a sua função social)
Medidas sucessivas e gradativas	1) parcelamento e edificação compulsórios 2) IPTU progressivo 3) desapropriação
Indenização	✓ Prévia ✓ Justa ✓ Títulos da dívida pública (aprovados pelo Senado Federal, com prazo de resgate de até dez anos, em parcelas anuais, iguais e sucessivas)
Dispositivos legais	✓ Art. 182, CF ✓ Lei 10.257/2001

6.4.2.2 Propriedade rural

A propriedade rural também poderá ser desapropriada para fins de reforma agrária em virtude de não estar cumprindo a sua função social.

> Art. 184, CF. Compete à União desapropriar por interesse social, para fins de reforma agrária, o imóvel rural que não esteja cumprindo sua função social, mediante prévia e justa indenização em títulos da dívida agrária, com cláusula de preservação do valor real, resgatáveis no prazo de até vinte anos, a partir do segundo ano de sua emissão, e cuja utilização será definida em lei.

Para regulamentar esse dispositivo constitucional, foi editada a Lei 4.504/1964 (Estatuto da Terra), com a finalidade de regular os direitos e obrigações concernentes aos bens imóveis rurais, para os fins de execução da Reforma Agrária e promoção da Política Agrícola.

Com isso, para que uma propriedade rural cumpra a sua **função social,** alguns **requisitos** deverão ser preenchidos de forma cumulativa:

- Aproveitamento racional e adequado.
- Utilização adequada dos recursos naturais disponíveis e preservação do meio ambiente.
- Observância das disposições que regulam as relações de trabalho.
- Exploração que favoreça o bem-estar dos proprietários e dos trabalhadores.

Logo, caso esses critérios não venham a ser respeitados, poderá a União (e somente ela) realizar a **desapropriação sanção** para fins de reforma agrária, objetivando alguma das seguintes **finalidades:**

- Condicionar o uso da terra à sua função social.
- Promover a justa e adequada distribuição da propriedade.
- Obrigar a exploração racional da terra.
- Permitir a recuperação social e econômica de regiões.
- Estimular pesquisas pioneiras, experimentação, demonstração e assistência técnica.
- Efetuar obras de renovação, melhoria e valorização dos recursos naturais.
- Incrementar a eletrificação e a industrialização no meio rural.
- Facultar a criação de áreas de proteção à fauna, à flora ou a outros recursos naturais, a fim de preservá-los de atividades predatórias.

Quanto à **indenização,** será esta paga ao proprietário de maneira justa, prévia e em Títulos da Dívida Agrária (TDA), com cláusula de preservação do valor real, resgatáveis no prazo de até vinte anos, a partir do segundo ano de sua emissão, cuja utilização será definida em lei.

Por fim, são **insuscetíveis de desapropriação** para fins de reforma agrária:

- A propriedade produtiva.
- A pequena e média propriedade rural, assim definida em lei, desde que seu proprietário não possua outra.

DESAPROPRIAÇÃO SANÇÃO – RURAL	
Quem pode realizar essa desapropriação?	✓ União
Qual o motivo da desapropriação?	✓ Reforma Agrária (imóvel não atende a sua função social)
Não pode ser desapropriada	✓ Propriedade produtiva ✓ Pequena e média propriedade rural (desde que seu proprietário não possua outra)

DESAPROPRIAÇÃO SANÇÃO – RURAL	
Indenização	✓ Prévia ✓ Justa ✓ Títulos da dívida agrária (resgatáveis no prazo de até vinte anos, a partir do segundo ano de sua emissão)
Dispositivos legais	✓ Arts. 184-191, CF ✓ Lei 4.504/1964 ✓ Lei 8.629/1993 ✓ LC 76/1993

caiu na prova

(FCC/PROMOTOR-PE/2022) *São suscetíveis de desapropriação para fins de reforma agrária a pequena e média propriedade rural, assim definida em lei, desde que seu proprietário não possua outra, bem como a propriedade produtiva.*

Gabarito: *Errado.*[2]

6.4.3 Desapropriação sancionatória (confisco)

O confisco decorre de atos ilícitos praticados pelo proprietário do bem (urbano ou rural), o qual, em virtude da gravidade de sua conduta, será desapropriado sem ter direito a nenhuma indenização. A regulamentação dessa forma de intervenção supressiva encontra-se no texto constitucional. Vejamos.

> Art. 243, CF. As propriedades rurais e urbanas de qualquer região do País onde forem localizadas culturas ilegais de plantas psicotrópicas ou a exploração de trabalho escravo na forma da lei serão expropriadas e destinadas à reforma agrária e a programas de habitação popular, sem qualquer indenização ao proprietário e sem prejuízo de outras sanções previstas em lei, observado, no que couber, o disposto no art. 5.º.
>
> Parágrafo único. Todo e qualquer bem de valor econômico apreendido em decorrência do tráfico ilícito de entorpecentes e drogas afins e da exploração de trabalho escravo será confiscado e reverterá a fundo especial com destinação específica, na forma da lei.

Para facilitar, podemos dizer que o confisco possui as seguintes **características**:

- Atinge propriedades urbanas ou rurais que forem usadas para o cultivo de plantas psicotrópicas (drogas) ou para a exploração de trabalho escravo.
- O proprietário não terá direito a nenhuma indenização.

---

[2] Art. 185, CF/1988. São insuscetíveis de desapropriação para fins de reforma agrária: I – a pequena e média propriedade rural, assim definida em lei, desde que seu proprietário não possua outra; II – a propriedade produtiva.

Cap. 10 - INTERVENÇÃO DO ESTADO NA PROPRIEDADE **355**

- O imóvel desapropriado será utilizado para fins de reforma agrária ou para programas de habitação popular.
- A competência para desapropriar é da União.

Devemos, entretanto, ter cuidado com a seguinte situação: imagine que o imóvel esteja locado e o locatário (quem alugou) esteja realizando, no terreno daquele bem, a plantação de drogas ilícitas.

A questão que surge é: o confisco atingirá o proprietário do imóvel?

Dando uma resposta "seca", sim! O confisco atingirá o proprietário do bem, ainda que este não tenha participado diretamente do cultivo ilegal de drogas.

Todavia, caso fique comprovado que o proprietário não possuiu nem culpa *in vigilando* (falta de atenção à conduta do locatário), nem *in eligendo* (má escolha daquele que locará o bem), a sua responsabilidade será afastada e, dessa forma, não perderá o seu bem.

jurisprudência

A expropriação prevista no art. 243 da Constituição Federal pode ser afastada, desde que o proprietário comprove que não incorreu em culpa, ainda que in vigilando ou in eligendo (STF, Plenário, RE 635336/PE, 14.12.2016, repercussão geral).

Para finalizar, uma pergunta: caso o proprietário use apenas parte de seu terreno para realizar a plantação de maconha, a desapropriação confiscatória atingirá apenas parte do terreno ou o todo?

Todo!

Esse entendimento encontra-se, inclusive, sedimentado pela jurisprudência do Supremo Tribunal Federal. Vejamos.

jurisprudência

Gleba, no artigo 243 da Constituição do Brasil, só pode ser entendida como a propriedade na qual sejam localizadas culturas ilegais de plantas psicotrópicas. O preceito não refere áreas em que sejam culti-vadas plantas psicotrópicas, mas as glebas, no seu todo. (STF, Tribunal Pleno, RE 543974/MG, 26.03.2009).

Resumindo:

DESAPROPRIAÇÃO SANÇÃO - CONFISCO	
Quem pode realizar essa desapropriação?	✓ União
Pode atingir:	✓ Propriedades urbanas e rurais
Motivo da desapropriação?	✓ Cultivo ilegal de plantas psicotrópicas (drogas) ✓ Exploração de trabalho escravo
Imóvel desapropriado será usado para:	✓ Reforma agrária ✓ Programas de habitação popular

DESAPROPRIAÇÃO SANÇÃO – CONFISCO	
Indenização	✓ NÃO existe indenização
Cuidado!	✓ A desapropriação recai sobre todo o terreno, ainda que o cultivo das drogas ou o trabalho escravo tenha sido realizado em apenas parte do imóvel
Dispositivos legais	✓ Art. 243, CF ✓ Lei 8.257/1991

6.4.4 Desapropriação indireta

A desapropriação indireta, também denominada apossamento administrativo, ocorre nas situações em que o Poder Público intervém de forma supressiva no bem privado sem, entretanto, observar os procedimentos administrativos e judiciais cabíveis.

Em outras palavras, o Estado desapropria um bem particular **sem a existência do devido processo legal**. Podemos citar o caso de um terreno privado que é transformado em um posto de saúde sem ter havido sequer a notificação ao proprietário do local.

Noutras situações, o Poder Público, de forma disfarçada, institui uma intervenção "restritiva" que na verdade se converte em verdadeira desapropriação. Imagine a situação de um tombamento que impede o proprietário do imóvel de residir no local em virtude de o espaço ficar permanentemente aberto ao público. Logicamente, estaremos diante de uma verdadeira desapropriação e não de um mero tombamento.

Mas quais seriam os **requisitos** caracterizadores da desapropriação indireta?

São três:

a) Apossamento do bem pelo Estado sem a observância do devido processo administrativo ou judicial.

b) Destinação pública ao bem que foi desapropriado de forma indireta.

c) Irreversibilidade da situação.

jurisprudência

A desapropriação indireta pressupõe três situações, quais sejam: (i) apossamento do bem pelo Estado sem prévia observância do devido processo legal; (ii) afetação do bem, ou seja, destiná-lo à utilização pública; e (iii) irreversibilidade da situação fática a tornar ineficaz a tutela judicial específica. [...] (STJ, 1.ª Seção, EREsp 922786/SC, 09.09.2009).

O último requisito (irreversibilidade da situação) decorre do fato de não ser mais possível o retorno do bem ao seu antigo dono, sob pena de ofensa ao interesse público. Observe que, no exemplo supramencionado (uso do terreno particular para a instalação de um posto de saúde), caso o imóvel retornasse ao domínio privado, a coletividade seria prejudicada, logo, será o ex-proprietário do local indenizado pelos danos decorrentes da ação administrativa.

Esse entendimento encontra-se, inclusive, positivado pelo Decreto 3.365/1941:

Art. 35. Os bens expropriados, uma vez incorporados à Fazenda Pública, não podem ser objeto de reivindicação, ainda que fundada em nulidade do processo de desapropriação. Qualquer ação, julgada procedente, resolver-se-á em perdas e danos.

Cap. 10 – INTERVENÇÃO DO ESTADO NA PROPRIEDADE · 357

> **cuidado**
>
> Segundo o Superior Tribunal de Justiça (e também o Supremo Tribunal Federal), a ação de desapropriação indireta terá a natureza de ação real, não pessoal. Vejamos:
>
> O conceito de desapropriação indireta retrata situação fática em que a Administração, sem qualquer título legítimo, ocupa indevidamente a propriedade privada. Incorporado de forma irreversível e plena o bem particular ao patrimônio público, resta ao esbulhado apenas a ação indenizatória por desapropriação indireta. 4. A jurisprudência conferiu a essa ação indenizatória caráter de direito real, equiparando seu prazo prescricional ao da ocorrência de usucapião em favor do ente público (STJ, 1.ª Seção, ERESP 1575846/SC, 26.06.2019).

> **caiu na prova**
>
> **(TRF-4R/JUIZ.FEDERAL/2022)** A ação de indenização por desapropriação indireta não tem caráter obrigacional ou pessoal, mas natureza real, visto que os prejuízos decorrem da perda do domínio imobiliário por ato ilegal do poder público.
>
> **Gabarito:** Certo.

Quanto à **indenização**, sabemos que a Constituição Federal prelecionou que o pagamento deve ocorrer de maneira prévia ao ato expropriatório. Todavia, no caso do apossamento administrativo, o Estado, por uma conduta irregular, primeiro retira o bem do domínio privado para apenas posteriormente ressarcir o particular prejudicado.

Ademais, a indenização será quantificada judicialmente por meio de uma ação de desapropriação indireta e paga mediante o sistema constitucional dos precatórios (art. 100, CF).

Mas qual será o foro **competente** para o julgamento dessa ação?

Segundo a doutrina majoritária, a competência deve ser do local onde estiver situado o bem imóvel, já que se trata de uma ação de natureza real.

> Art. 47, CPC. Para as ações fundadas em direito real sobre imóveis é competente o foro de situação da coisa.

Por fim, qual será o prazo **prescricional** para o particular reclamar seu direito indenizatório?

Será, como regra, de dez anos! Entretanto, caso se comprove que no local não foram realizadas obras ou serviços públicos, o prazo prescricional será de 15 anos.

Vejamos uma decisão do Superior Tribunal de Justiça sobre o tema.

> **jurisprudência**
>
> [...] Desapropriação. Indireta. Natureza. Ação indenizatória de direito real. Prescrição. Aplicação analógica do prazo de usucapião. Regra. Prazo decenal. Construção de obras ou implantação de serviços de utilidade pública ou interesse social. Presunção relativa. Possibilidade de prova em sentido contrário. Prazo de quinze anos. Exceção. [...] Em regra, portanto, o prazo prescricional das ações indenizatórias por desapropriação indireta é decenal. Admite-se, excepcionalmente, o prazo prescricional de 15 anos, caso concreta e devidamente afastada a presunção legal. (EREsp 1575846/SC, 1.ª Seção, 26.06.2019).

> **caiu na prova**
>
> **(VUNESP/PC-SP/2022)** *De acordo com o Superior Tribunal de Justiça, o prazo prescricional aplicável à desapropriação indireta, na hipótese em que poder público tenha realizado obras no local ou atribuído natureza de utilidade pública ou de interesse social ao imóvel, é de 10 anos.*
>
> **Gabarito:** *Certo.*

DESAPROPRIAÇÃO INDIRETA	
Conceito	✓ Desapropriação efetivada sem a observância do devido processo legal
Requisitos	✓ Apossamento do bem sem o devido processo legal ✓ Destinação pública ao bem desapropriado ✓ Impossibilidade de reversão do bem ao antigo proprietário, sob pena de ofensa ao interesse público
Indenização	✓ Justa ✓ Posterior à desapropriação ✓ Paga por meio de precatórios
Competência	✓ O foro do local em que estiver situado o bem imóvel
Prescrição	✓ Dez anos (regra)
Cuidado	✓ A desapropriação indireta decorre de uma ilegalidade praticada pelo Poder Público

6.4.5 Desapropriação privada

Como sabemos, o instituto da desapropriação é uma decorrência direta do regime publicístico e do princípio da supremacia do interesse público em relação ao privado.

Entretanto, o novo Código Civil instituiu uma forma de desapropriação efetivada por particulares. Vejamos.

> Art. 1.228, § 4.º O proprietário também pode ser privado da coisa se o imóvel reivindicado consistir em extensa área, na posse ininterrupta e de boa-fé, por mais de cinco anos, de considerável número de pessoas, e estas nela houverem realizado, em conjunto ou separadamente, obras e serviços considerados pelo juiz de interesse social e econômico relevante.

Observe que, apesar de ser uma forma de intervenção em busca do interesse social, o estudo deste tópico cabe ao direito privado, logo, esse tema não se enquadra nas desapropriações clássicas estudadas pelo Direito Administrativo.

6.4.6 Desapropriação por zona

Ocorre nas situações em que se faz necessário desapropriar as áreas contíguas a uma obra estatal, podendo esse fenômeno ser motivado por duas razões:

- Necessidade de extensão da obra.
- Valorização extraordinária dos terrenos vizinhos à obra.

Art. 4.º, Decreto-lei 3.365/1941. A desapropriação poderá abranger a área contígua necessária ao desenvolvimento da obra a que se destina, e as zonas que se valorizarem extraordinariamente, em consequência da realização do serviço. Em qualquer caso, a declaração de utilidade pública deverá compreendê-las, mencionando-se quais as indispensáveis à continuação da obra e as que se destinam à revenda.

6.5 Procedimento administrativo da desapropriação

Para que a desapropriação seja considerada lícita, faz-se imprescindível a instauração de um procedimento administrativo em respeito, especialmente, aos princípios do devido processo legal, do contraditório e da ampla defesa.

Em virtude das inúmeras peculiaridades desse assunto, vamos analisar as diversas características do procedimento em tópicos separados.

6.5.1 Competência

A competência pode ser referente à legislação, declaração ou execução da desapropriação. Vejamos.

Competência legislativa

Apenas a **União** poderá legislar sobre desapropriação. Esse entendimento encontra-se positivado no próprio texto constitucional.

Art. 22. Compete privativamente à União legislar sobre: [...] II – desapropriação.

Competência declaratória

Está relacionada à declaração por meio de lei ou decreto da necessidade ou utilidade pública e do interesse social em relação a algum bem, sendo essa competência concorrente entre todos os entes federativos, desde que estes atuem dentro de seu âmbito territorial.

Em outras palavras, podem declarar a desapropriação: **União, Estados, Distrito Federal e Municípios**. Logicamente, a declaração só pode atingir o limite territorial do ente federativo. Por exemplo, o Município do Rio de Janeiro não poderá declarar a desapropriação de bens situados no Município de São Paulo.

Todavia, além das pessoas políticas, excepcionalmente as desapropriações comuns poderão ser declaradas por outras pessoas jurídicas, quais sejam:

DNIT (Departamento Nacional de Infraestrutura de Transporte): trata-se de uma autarquia federal que poderá declarar a desapropriação para fins de implantação do sistema nacional de viação.

Art. 82, Lei 10.233/2001. São atribuições do DNIT, em sua esfera de atuação: [...] IX – declarar a utilidade pública de bens e propriedades a serem desapropriados para implantação do Sistema Federal de Viação.

ANEEL (Agência Nacional de Energia Elétrica): trata-se de uma agência reguladora que poderá declarar a desapropriação para fins de instalação de empresas concessionárias e permissionárias de energia elétrica.

Art. 10, Lei 9.074/1995. Cabe à Agência Nacional de Energia Elétrica – ANEEL, declarar a utilidade pública, para fins de desapropriação ou instituição de servidão administrativa, das áreas necessárias à implantação de instalações de concessionários, permissionários e autorizados de energia elétrica.

Por fim, devemos lembrar que em algumas formas de desapropriação a competência declaratória pertence a um ente específico. Vejamos.

- Desapropriação sanção – urbana: Município.
- Desapropriação sanção – rural: União.
- Desapropriação confisco: União.

Competência executiva

Está relacionada à implementação da execução da desapropriação após a devida declaração de necessidade, utilidade pública ou interesse social, podendo ser promovida por todos os entes federativos e também, por exemplo, pelas concessionárias de serviços públicos. Vejamos o que diz o Decreto-lei 3.365/1941:

Art. 3.º Podem promover a desapropriação, mediante autorização expressa constante de lei ou contrato: I – os concessionários, inclusive aqueles contratados nos termos da Lei n.º 11.079, de 30 de dezembro de 2004; II – as entidades públicas; III – as entidades que exerçam funções delegadas do poder público; e IV – as autorizatárias para a exploração de ferrovias como atividade econômica.

Mas, de fato, o que seria essa competência executiva?

Vamos imaginar a seguinte situação hipotética: o estado de Pernambuco, por meio de um Decreto de seu governador, declarou a desapropriação da casa de Maria para que naquele local possa haver a duplicação de uma rodovia. A construção da estrada e a posterior manutenção do local serão de responsabilidade da empresa "Duplica tudo S/A", a qual, após o devido processo licitatório, assinou um contrato com o poder público e passou a ser uma concessionária de serviço público.

Observe que a concessionária não poderá expedir o Decreto declarando a desapropriação da casa de Maria, já que não possui competência declaratória. Entretanto, caso Maria não concorde com a desapropriação, será necessária uma ação judicial para que se possa efetivar a intervenção estatal na propriedade privada.

Daí surge uma outra pergunta: quem poderá promover (entrar com a ação) a desapropriação?

Tanto o ente que declarou a desapropriação – no exemplo, o estado de Pernambuco –, quanto a concessionária, desde que exista uma autorização dada por lei ou contrato. Em outras palavras, a declaração da desapropriação (exemplo: Decreto que declara a desapropriação da casa de Maria) não poderá ser feita pela concessionária, mas, depois que o Decreto já foi feito, a concessionária poderá entrar com a ação para efetivar a desapropriação.

Resumindo:

COMPETÊNCIA	
LEGISLATIVA	• União
DECLARATÓRIA	• União • Estados • Distrito Federal • Municípios • DNIT (implantação do sistema nacional de viação) • ANEEL (instalação de empresas concessionárias e permissionárias de energia elétrica)
DECLARATÓRIA Casos especiais	• Desapropriação sanção – urbana: Município • Desapropriação sanção – rural: União • Desapropriação confisco: União
EXECUTIVA	• Todos os entes que possuem a competência declaratória se encontram acima descritos • Concessionárias de serviço público • Estabelecimentos de caráter público • Estabelecimentos que exerçam funções delegadas de Poder Público Obs.: nestes últimos três casos, deve existir autorização expressa na lei ou no contrato permitindo que essas pessoas possam promover a desapropriação.

6.5.2 Fases

Caso não haja discordância do proprietário, a desapropriação será iniciada e finalizada por meio de um processo administrativo. Entretanto, caso o particular discorde dos termos estipulados pelo Poder Público, faz-se necessária uma posterior ação judicial para a efetivação da medida interventiva.

Por ora, vamos focar nosso estudo no procedimento administrativo, o qual se divide em duas fases: **declaratória e executiva**. Para facilitar a compreensão, vamos analisá-las em tópicos separados.

6.5.2.1 Fase declaratória

Nessa fase, o Poder Público, por meio de um ato discricionário, **declara o bem** que deseja desapropriar e especifica a **finalidade** de tal medida, podendo esta ação ser efetivada por meio de uma **lei** de efeitos concretos ou por um **decreto** expedido pelo chefe do Poder Executivo. Vejamos o que preleciona o Decreto 3.365/1941:

> Art. 6.º A declaração de utilidade pública far-se-á por decreto do Presidente da República, Governador, Interventor ou Prefeito.
>
> Art. 8.º O Poder Legislativo poderá tomar a iniciativa da desapropriação, cumprindo, neste caso, ao Executivo, praticar os atos necessários à sua efetivação.

a) Requisitos necessários à validade da lei/decreto expropriatório

Como a legislação não menciona tais requisitos, a descrição ficou a cargo da doutrina, a qual dispõe que deve existir no ato de declaração da desapropriação:

- Descrição dos **recursos orçamentários** que serão utilizados na futura indenização do expropriado.
- **Identificação** clara e precisa do **bem** submetido à desapropriação, devendo-se mencionar, inclusive, as eventuais benfeitorias existentes.
- Explicitação do **fundamento legal** que possibilitou a desapropriação, ou seja, deve ser descrita em que lei, artigo e inciso a intervenção se baseia.
- Descrição da futura **finalidade** do bem.
- Identificação do **sujeito passivo** (pessoa física ou jurídica) que vai sofrer a desapropriação.

> **I Jornada de Direito Administrativo – Enunciado 4**
>
> O ato declaratório da desapropriação, por utilidade ou necessidade pública, ou por interesse social, deve ser motivado de maneira explícita, clara e congruente, não sendo suficiente a mera referência à hipótese legal.

b) Efeitos da declaração

Apesar de a declaração de desapropriação não retirar do particular a propriedade de seu bem, em virtude do princípio da supremacia do interesse público, alguns efeitos da força expropriatória do Estado já surgem nessa fase inicial. São eles:

Direito de penetração: poderá o Poder Público adentrar no imóvel para fins de avaliações e medições, podendo, inclusive, existir o uso da força policial para a efetivação de tal medida, desde que se respeitem os limites da proporcionalidade e razoabilidade.

Fixação do estado do bem: a Administração, após a declaração de desapropriação, fará uma avaliação no bem para fins de fixar o valor da futura indenização. Portanto, as benfeitorias posteriores a esse ato somente serão remuneradas se forem consideradas necessárias ou úteis. Neste último caso, faz-se imprescindível a autorização do ente expropriante.

Caducidade: após o ato declaratório, terá o Poder Público um prazo para efetivar a desapropriação, pois não poderá o particular passar o resto de sua vida à espera da efetivação da intervenção.

Mas qual será esse prazo?

Depende do fundamento da desapropriação. Vejamos:

- Desapropriação por necessidade pública: 5 anos.
- Desapropriação por utilidade pública: 5 anos.
- Desapropriação por interesse social: 2 anos.

Se após esses períodos a Administração permanecer inerte, ocorrerá a caducidade do ato declaratório. Com isso, caso o Poder Público ainda deseje desapropriar o bem, deverá esperar o prazo de um ano para que possa fazer uma nova declaração.

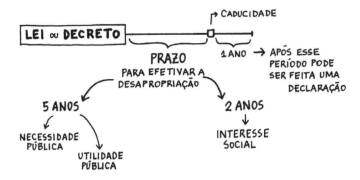

6.5.2.2 Fase executiva

A fase executiva, também denominada de executória, ocorre quando existe o pagamento da prévia indenização e a efetivação da transferência do bem particular para as mãos do Poder Público, podendo essa etapa ocorrer de duas formas:

- **Execução administrativa:** nesse caso, o proprietário concorda com a desapropriação e esta se aperfeiçoa de maneira amigável, devendo o Estado indenizar o particular, sem a necessidade de intervenção do Poder Judiciário, ou seja, tudo se resolve na própria esfera administrativa.

> **caiu na prova**
>
> **(CEBRASPE/PG-DF/2022)** O governador do DF editou decreto no qual declarou a utilidade pública e o interesse social para efeito de desapropriação de uma área de terra rural localizada em Brazlândia, no DF. Nessa situação, caso o proprietário da referida área seja notificado e aceite a oferta de indenização proposta pelo DF, será dispensada a propositura de ação de desapropriação.
>
> **Gabarito:** *Certo.*

DIREITO ADMINISTRATIVO FACILITADO – Ana Cláudia Campos

> **cuidado**
>
> *Quando o Poder Público fizer a oferta do valor a ser indenizado, terá o proprietário do bem o prazo de 15 dias para responder se aceita ou recusa a oferta; caso não haja resposta, o silêncio será interpretado como uma recusa. Vejamos.*

Art. 10-A, Decreto 3.365/1941. O poder público deverá notificar o proprietário e apresentar-lhe oferta de indenização. § 1.º A notificação de que trata o *caput* deste artigo conterá: I – cópia do ato de declaração de utilidade pública; II – planta ou descrição dos bens e suas confrontações; III – valor da oferta; IV – informação de que o prazo para aceitar ou rejeitar a oferta é de 15 (quinze) dias e de que o silêncio será considerado rejeição. § 2.º Aceita a oferta e realizado o pagamento, será lavrado acordo, o qual será título hábil para a transcrição no registro de imóveis.

- **Execução judicial:** ocorrerá nos casos em que o proprietário discorde do valor ofertado pela Administração ou quando não se saiba a quem pertence bem expropriado. Nessas situações, faz-se necessária a interposição da ação de desapropriação.

6.6 Procedimento judicial da desapropriação

O procedimento judicial de desapropriação seguirá as regras instituídas pelo Decreto-lei 3.365/1941 (necessidade, utilidade pública e interesse social) e pela Lei Complementar 76/1993, nos casos de expropriação para fins de reforma agrária, devendo, em todos os casos, ser usada de forma supletiva as normas positivadas no Código de Processo Civil.

Para facilitar a visualização, vamos dividir esse assunto em tópicos usando como base o Decreto-lei 3.365/1941.

a) Petição inicial

Além dos requisitos previstos no Código de Processo Civil, a petição inicial deverá conter a oferta do preço e será instruída com um exemplar do contrato, do jornal oficial que houver publicado o decreto de desapropriação ou cópia autenticada de ambos, e a planta ou descrição dos bens e suas confrontações.

Ademais, o juiz, ao despachar a inicial, designará um perito de sua livre escolha, sempre que possível, técnico, para proceder à avaliação dos bens podendo o autor e o réu indicar assistente técnico do perito.

b) Citação

A citação far-se-á por mandado na pessoa do proprietário dos bens; a do marido dispensa a da mulher; a de um sócio, ou administrador, a dos demais, quando o bem pertencer à sociedade; a do administrador da coisa no caso de condomínio, exceto o de edifício de apartamento constituindo cada um propriedade autônoma, a dos demais condôminos e a do inventariante, e, se não houver, a do cônjuge, herdeiro, ou legatário, detentor da herança, a dos demais interessados, quando o bem pertencer a espólio.

Quando não encontrar o citando, mas ciente de que está no território da jurisdição do juiz, o oficial portador do mandado marcará desde logo hora certa para a citação, ao fim de 48 horas, independentemente de nova diligência ou despacho.

Ademais, caso a ação não seja proposta no foro do domicílio ou da residência do réu, a citação far-se-á por precatória, se o mesmo estiver em lugar certo, fora do território da jurisdição do juiz, e por edital, se o citando não for conhecido, ou estiver em lugar ignorado, incerto ou inacessível, ou, ainda, no estrangeiro, o que dois oficiais do juízo certificarão.

c) Contestação

A contestação só poderá versar sobre vício do processo judicial ou impugnação do preço. Qualquer outra questão deverá ser decidida por ação direta, ou seja, em virtude da necessária separação dos poderes, não poderá o juiz adentrar na análise da conveniência e oportunidade do ato expropriatório, já que este decorre da atuação discricionária da Administração.

Resumindo, a ação de desapropriação poderá discutir:

- Legalidade do procedimento: SIM.
- Valor indenizatório: SIM.
- Conveniência e oportunidade na desapropriação: NÃO.

> **I Jornada de Direito Administrativo – Enunciado 3**
>
> Não constitui ofensa ao artigo 9.º do Decreto-Lei n. 3.365/1941 o exame por parte do Poder Judiciário, no curso do processo de desapropriação, da regularidade do processo administrativo de desapropriação e da presença dos elementos de validade do ato de declaração de utilidade pública.

d) Imissão provisória na posse

Se o expropriante alegar **urgência** e **depositar a quantia arbitrada**, o juiz mandará imiti-lo provisoriamente na posse dos bens. Portanto, mesmo antes de findo o processo já poderá o Poder Público usufruir do objeto fruto da desapropriação.

Logo, para a concessão dessa medida dois requisitos são necessários: urgência + depósito do valor arbitrado.

Mas qual seria o **valor desse depósito?**

Depende. Poderá ser:

- Preço oferecido, se este for superior a 20 vezes o valor locativo, caso o imóvel esteja sujeito ao imposto predial.
- Quantia correspondente a 20 vezes o valor locativo, estando o imóvel sujeito ao imposto predial e sendo menor o preço oferecido.

- Valor cadastral do imóvel, para fins de lançamento do imposto territorial, urbano ou rural, caso o referido valor tenha sido atualizado no ano fiscal imediatamente anterior.
- Não tendo havido a atualização acima referida, o juiz fixará, independentemente de avaliação, a importância do depósito, tendo em vista a época em que houverem sido fixados originalmente o valor cadastral e a valorização ou desvalorização posterior do imóvel.

Ademais, observe que, por expressa disposição legal, essa tutela de urgência poderá ser concedida independentemente de prévia notificação do proprietário. Vejamos: "Art. 15, § 1.º, Decreto-lei 3.365/1941. A imissão provisória poderá ser feita, independente da citação do réu [...]".

Mas seria esse dispositivo constitucional?

Sim.

Inclusive esse é o entendimento do próprio Supremo Tribunal Federal:

> Súmula 652. Não contraria a Constituição o art. 15, § 1.º, do Decreto-lei 3.365/41 (Lei da Desapropriação por utilidade pública).

Quanto à alegação de urgência, que não poderá ser renovada, obrigará o expropriante a requerer a imissão provisória dentro do prazo improrrogável de 120 dias, a qual deverá ser registrada no registro de imóveis competente. Entretanto, caso o Poder Público fique omisso durante esse prazo, a imissão provisória não será concedida.

Por fim, a imissão provisória autoriza o desapropriado a levantar até 80% do valor depositado, ainda que ele discorde do preço oferecido, do arbitrado ou do fixado pela sentença, devendo essa quantia ser deferida mediante prova de propriedade, de quitação de dívidas fiscais que recaiam sobre o bem expropriado, e publicação de editais, com o prazo de dez dias, para conhecimento de terceiros.

e) Sentença

O juiz indicará na sentença os fatos que motivaram o seu convencimento e deverá atender, especialmente, à estimação dos bens para efeitos fiscais; ao preço de aquisição e interesse que deles aufere o proprietário; à sua situação, estado de conservação e segurança; ao valor venal dos da mesma espécie, nos últimos cinco anos, e à valorização ou depreciação de área remanescente, pertencente ao réu.

Dessa sentença caberá apelação com efeito simplesmente devolutivo, quando interposta pelo expropriado, e com ambos os efeitos, quando o for pelo expropriante.

6.7 Indenização

Os particulares afetados por uma desapropriação deverão ser ressarcidos dos prejuízos causados pela atuação pública, devendo, como regra, ser indenizados em dinheiro, de forma justa e prévia ao ato expropriatório. Todavia, existem exceções. Vejamos.

DESAPROPRIAÇÃO	INDENIZAÇÃO
Necessidade pública	Prévia
Utilidade pública	Justa
Interesse social	Dinheiro
Sancionatória: Urbana	Prévia
	Justa
	Títulos da dívida pública
Sancionatória: Rural	Prévia
	Justa
	Títulos da dívida agrária
Confisco	NÃO

caiu na prova

(QUADRIX/PREFEITURA.CANAÃ-PA/2020) *Em qualquer situação, para a desapropriação de imóvel urbano, deverá haver prévia e justa indenização em dinheiro.*

Gabarito: *Errado.*[3]

De maneira resumida, podemos dizer que a indenização:

- **Justa:** leva em consideração o valor de mercado do bem + danos emergentes que decorram da perda da propriedade + lucros cessantes comprovados + correção monetária, feita a partir da avaliação do bem.

No caso de a desapropriação ser efetivada por um procedimento judicial, devem-se somar a esses valores os honorários advocatícios e os juros, quando couber.

---

[3] A desapropriação comum será paga em dinheiro, entretanto, a desapropriação sanção urbana será paga em títulos da dívida pública.

Juros

Podem ser de dois tipos, a saber:

- **Compensatórios:** são aqueles destinados a compensar o particular que teve uma perda de renda em virtude da imissão provisória na posse efetivada pelo poder público. Segundo o Decreto 3.365/1941:

> Art. 15-A. No caso de imissão prévia na posse, na desapropriação por necessidade ou utilidade pública e interesse social, inclusive para fins de reforma agrária, havendo divergência entre o preço ofertado em juízo e o valor do bem, fixado na sentença, expressos em termos reais, incidirão juros compensatórios de até seis por cento ao ano sobre o valor da diferença eventualmente apurada, a contar da imissão na posse, vedado o cálculo de juros compostos.
>
> § 1.º Os juros compensatórios destinam-se, apenas, a compensar a perda de renda comprovadamente sofrida pelo proprietário.
>
> § 2.º Não serão devidos juros compensatórios quando o imóvel possuir graus de utilização da terra e de eficiência na exploração iguais a zero.
>
> § 3.º O disposto no *caput* deste artigo aplica-se também às ações ordinárias de indenização por apossamento administrativo ou desapropriação indireta, bem assim às ações que visem a indenização por restrições decorrentes de atos do Poder Público, em especial aqueles destinados à proteção ambiental, incidindo os juros sobre o valor fixado na sentença.
>
> § 4.º Nas ações referidas no § 3.º, não será o Poder Público onerado por juros compensatórios relativos a período anterior à aquisição da propriedade ou posse titulada pelo autor da ação.

Em resumo, podemos dizer que os juros compensatórios serão devidos quando (requisitos cumulativos):

a) Ocorrer imissão provisória na posse.

b) O proprietário comprovar uma efetiva perda de renda decorrente da privação da posse.

c) O imóvel desapropriado possuir graus de utilização da terra e de eficiência na exploração superiores a zero.

Mas qual seria a porcentagem desses juros?

Segundo o Decreto-lei 3.365/1941, seria de até 6% ao ano.

E esse percentual é constitucional?

Sim.

O próprio Supremo Tribunal Federal, ao julgar a Ação Direta de Inconstitucionalidade (ADIN 2332/DF), considerou constitucional o percentual de juros de 6% ao ano, declarando, apenas, a inconstitucionalidade do termo "até". Resumindo, segundo o STF os juros compensatórios serão de 6% ao ano e não de "até" 6% ao ano. Vejamos.

jurisprudência

Decisão: O Tribunal julgou parcialmente procedente a ação direta para: (i) por maioria, e nos termos do voto do Relator, reconhecer a constitucionalidade do percentual de juros compensatórios de 6% (seis por cento) ao ano para remuneração do proprietário pela imissão provisória do ente público na posse de seu bem, declarando a inconstitucionalidade do vocábulo "até", e interpretar conforme a Constituição o caput do art. 15-A do Decreto-lei 3.365/1941, de 21 de junho de 1941, introduzido pelo art. 1.º da Medida Provisória 2.027-43, de 27 de setembro de 2000, e suas sucessivas reedições, de maneira a incidir juros compensatórios sobre a diferença entre 80% (oitenta por cento) do preço ofertado em juízo pelo ente público e o valor do bem fixado na sentença [...] (STF, Tribunal Pleno, ADIN 2332/DF, 17.05.2018).

Ademais, os juros compensatórios também serão devidos nas ações ordinárias de indenização por apossamento administrativo ou desapropriação indireta, bem como nas ações que visem a indenização por restrições decorrentes de atos do Poder Público, em especial aqueles destinados à proteção ambiental, incidindo os juros sobre o valor fixado na sentença.

Seguindo este entendimento, o STF declarou a inconstitucionalidade do § 4.º do art. 15-A (Decreto-lei 3.365/1941). Vejamos.

jurisprudência

Decisão: [...] (iii) por unanimidade, e nos termos do voto do Relator, declarar a constitucionalidade do § 3.º do artigo 15-A do Decreto-lei 3.365/41; (iv) por maioria, e nos termos do voto do Relator, declarar a inconstitucionalidade do § 4.º do art. 15-A do Decreto-lei 3.365/41, vencido o Ministro Marco Aurélio [...] (STF, Tribunal Pleno, ADIN 2332/DF, 17.05.2018).

Resumindo tudo, após o julgamento da ADIN 2332/DF pelo Supremo Tribunal Federal, devemos ler o art. 15-A do Decreto-lei 3.365/1941 da seguinte forma:

Art. 15-A. No caso de imissão prévia na posse, na desapropriação por necessidade ou utilidade pública e interesse social, inclusive para fins de reforma agrária, havendo divergência entre o preço ofertado em juízo e o valor do bem, fixado na sentença, expressos em termos reais, incidirão juros compensatórios de até seis por cento ao ano sobre o valor da diferença eventualmente apurada, a contar da imissão na posse, vedado o cálculo de juros compostos. (CONSTITUCIONAL, salvo a expressão "até")

§ 1.º Os juros compensatórios destinam-se, apenas, a compensar a perda de renda comprovadamente sofrida pelo proprietário. (CONSTITUCIONAL)

§ 2.º Não serão devidos juros compensatórios quando o imóvel possuir graus de utilização da terra e de eficiência na exploração iguais a zero. (CONSTITUCIONAL)

§ 3.º O disposto no caput deste artigo aplica-se também às ações ordinárias de indenização por apossamento administrativo ou desapropriação indireta, bem assim às ações que visem a indenização por restrições decorrentes de atos do Poder Público, em especial aqueles destinados à proteção ambiental, incidindo os juros sobre o valor fixado na sentença. (CONSTITUCIONAL)

§ 4° Nas ações referidas no § 3°, não será o Poder Público onerado por juros compensatórios relativos a período anterior à aquisição da propriedade ou posse titulada pelo autor da ação. (INCONSTITUCIONAL)

- **Moratórios:** destinam-se a recompor a perda decorrente do atraso no efetivo pagamento da indenização fixada na decisão final de mérito, e somente serão devidos à razão de até 6% ao ano, a partir de 1º de janeiro do exercício seguinte àquele em que o pagamento deveria ser feito, nos termos do art. 100 da Constituição.

Honorários advocatícios

A base de cálculo dos honorários advocatícios em desapropriação é a diferença entre a oferta e a indenização, corrigidas ambas monetariamente (Súmula 617 do STF).

Devendo, segundo o Decreto-lei 3.365/1941:

> Art. 27, § 1.º A sentença que fixar o valor da indenização quando este for superior ao preço oferecido condenará o desapropriante a pagar honorários do advogado, que serão fixados entre meio e cinco por cento do valor da diferença, observado o disposto no § 4.º do art. 20 do Código de Processo Civil, não podendo os honorários ultrapassar R$ 151.000,00 (cento e cinquenta e um mil reais).

Todavia, o STF, por meio da ADIN 2332, prelecionou que não poderá existir um teto máximo para os honorários advocatícios. Sendo assim, a parte final do dispositivo (teto – R$ 151.000,00) foi declarada inconstitucional. Vejamos:

jurisprudência

Decisão: V) por unanimidade, e nos termos do voto do Relator, declarar a constitucionalidade da estipulação de parâmetros mínimo e máximo para a concessão de honorários advocatícios previstos no § 1.º do artigo 27 do Decreto-lei 3.365/41 e declarar a **inconstitucionalidade da expressão "não podendo os honorários ultrapassar R$ 151.000,00 (cento e cinquenta e um mil reais"** *(STF, Tribunal Pleno, ADIN 2332/DF, 17.05.2018).*

- **Prévia:** será realizada antes da transferência do bem.
- **Dinheiro:** o Poder Público deverá pagar a quantia ou depositá-la judicialmente, em espécie.

6.8 Direito de extensão

A desapropriação poderá recair sobre a área total do bem ou apenas em parte deste. Todavia, em algumas situações poderá o proprietário solicitar administrativa ou judicialmente o seu direito de extensão.

Mas o que seria esse direito?

Simples. Em algumas desapropriações parciais a área remanescente torna-se completamente inútil e inaproveitável. Assim, poderá o interessado solicitar que a desapropriação leve em consideração a totalidade do bem, aumentando-se, dessa forma, o *quantum* indenizatório.

O fundamento para esse direito encontra-se na LC 76/1993. Vejamos:

> Art. 4.º Intentada a desapropriação parcial, o proprietário poderá requerer, na contestação, a desapropriação de todo o imóvel, quando a área remanescente ficar: I – reduzida a superfície inferior à da pequena propriedade rural; ou II – prejudicada substancialmente em suas condições de exploração econômica, caso seja o seu valor inferior ao da parte desapropriada.

Resumindo:

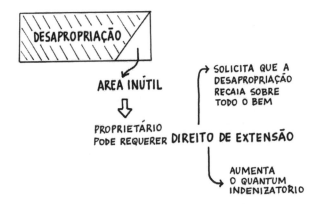

6.9 Tredestinação

Quando o Poder Público faz a declaração de necessidade, utilidade pública ou do interesse social na desapropriação, terá de mencionar para qual finalidade essa medida está sendo adotada. Todavia, em algumas situações a Administração acaba dando outra destinação ao bem expropriado; nesses casos, estaremos diante de uma tredestinação.

Em outras palavras, tredestinar é dar outra finalidade ao bem que foi desapropriado, podendo esse fenômeno ser considerado lícito ou ilícito. Vejamos os exemplos:

a) Tredestinação lícita

Imagine que o Município desapropria a casa de Maria alegando que vai construir naquela localidade uma nova escola pública. Todavia, após a efetivação da medida, o Poder Público resolve usar daquele espaço para a instalação de um hospital em virtude do crescente aumento de doentes naquela região.

Assim, em vez de construir uma escola pública (finalidade: educação), foi feito um novo hospital (finalidade: saúde). Observe que o interesse público foi atingido e respeitado, logo, apesar da mudança de finalidade, o ato será considerado completamente lícito.

> **caiu na prova**
>
> **(CONSULPLAN/PGE-ES/2022)** *Amauri, prefeito, desapropriou um imóvel para a construção de uma escola; todavia, o terreno foi utilizado para a construção de um hospital municipal. A hipótese configura, a princípio, tredestinação lícita.*
>
> **Gabarito:** *Certo.*

b) Tredestinação ilícita

Imagine que o Estado desapropria a casa de Bruno alegando que vai construir naquela localidade um novo posto de saúde. Entretanto, após a finalização do procedimento expropriatório, usa-se o local para fazer a sede do partido político do governador.

Portanto, em vez de construir um posto de saúde (finalidade: saúde), foi erguida uma sede para o partido político do governador (finalidade: bem-estar privado).

Observe que, diferentemente da situação acima, na qual o interesse público foi preservado, no caso ora em estudo existe um desvio de finalidade completamente ilícito. Logo, terá o ex-proprietário do local direito à retrocessão do bem.

jurisprudência

2. O desvio de finalidade que leva à retrocessão não é o simples descumprimento dos objetivos que justificaram a desapropriação. Para que o expropriado tenha direito à devolução do imóvel, ou seja indenizado, é necessário que o Poder Público dê ao bem *destinação que não atenda ao interesse público (tredestinação* **ilícita**). *(STJ, 2.ª Turma, REsp 1025801/SP, 20.08.2009).*

6.10 Retrocessão

A retrocessão caracteriza-se pela possibilidade de o particular que sofreu a desapropriação solicitar o retorno de seu bem, caso este tenha sofrido uma tredestinação ilícita.

caiu na prova

(CEBRASPE/JUIZ-PA/2019) *A retrocessão é a denominação dada ao direito do expropriado de exigir de volta o imóvel objeto de desapropriação na hipótese de o poder público não dar o destino adequado ao bem desapropriado.*

Gabarito: *Certo.*

Apesar de existir uma enorme divergência doutrinária, prevalece na jurisprudência nacional a teoria de que a retrocessão, por ter natureza de direito real, garante ao particular expropriado o direito de reaver seu patrimônio mediante a efetivação do pagamento do valor atualizado do bem.

jurisprudência

A retrocessão é o instituto por meio do qual ao expropriado é lícito pleitear as consequências pelo fato de o imóvel não ter sido utilizado para os fins declarados no decreto expropriatório. Nessas hipóteses, a lei permite que a parte, que foi despojada do seu direito de propriedade, possa reivindicá-lo e, diante da impossibilidade de fazê-lo (*ad impossibilia nemo tenetur*), venha postular em juízo a reparação pelas perdas e danos sofridos. [...] 2. A retrocessão constitui-se direito real do ex-proprietário de reaver o bem expropriado, mas não preposto a finalidade pública. [...] 13. Não há falar em retrocessão se ao bem expropriado for dada destinação que atende ao interesse público, ainda que diversa da inicialmente prevista no decreto expropriatório. *14. Recurso especial improvido (STJ, 1.ª Turma, REsp 868120/SP, 27.11.2007).*

Cap. 10 – INTERVENÇÃO DO ESTADO NA PROPRIEDADE | 373

Por fim, logicamente, caso se tenha dado uma destinação pública ao bem expropriado, não terá o ex-proprietário o direito de reavê-lo, ainda que o procedimento tenha ocorrido de maneira ilícita.

> Art. 35, Decreto-lei 3.365/1941. Os bens expropriados, uma vez incorporados à Fazenda Pública, não podem ser objeto de reivindicação, ainda que fundada em nulidade do processo de desapropriação. Qualquer ação, julgada procedente, resolver-se-á em perdas e danos.

7. SÚMULAS

7.1 Súmulas vinculantes – STF

✓ **Súmula 17.** Durante o período previsto no parágrafo 1.º do artigo 100 da Constituição, não incidem juros de mora sobre os precatórios que nele sejam pagos.

✓ **Súmula 47.** Os honorários advocatícios incluídos na condenação ou destacados do montante principal devido ao credor consubstanciam verba de natureza alimentar cuja satisfação ocorrerá com a expedição de precatório ou requisição de pequeno valor, observada ordem especial restrita aos créditos dessa natureza.

7.2 Súmulas do STF

✓ **Súmula 23.** Verificados os pressupostos legais para o licenciamento da obra, não o impede a declaração de utilidade pública para desapropriação do imóvel, mas o valor da obra não se incluirá na indenização, quando a desapropriação for efetivada.

✓ **Súmula 111.** É legítima a incidência do imposto de transmissão *inter vivos* sobre a restituição, ao antigo proprietário, de imóvel que deixou de servir à finalidade da sua desapropriação.

✓ **Súmula 157.** É necessária prévia autorização do Presidente da República para desapropriação, pelos Estados, de empresa de energia elétrica.

✓ **Súmula 164.** No processo de desapropriação, são devidos juros compensatórios desde a antecipada imissão de posse, ordenada pelo juiz, por motivo de urgência.

✓ **Súmula 218.** É competente o Juízo da Fazenda Nacional da capital do Estado, e não o da situação da coisa, para a desapropriação promovida por empresa de energia elétrica, se a União Federal intervém como assistente.

✓ **Súmula 378.** Na indenização por desapropriação incluem-se honorários do advogado do expropriado.

✓ **Súmula 415.** Servidão de trânsito não titulada, mas tornada permanente, sobretudo pela natureza das obras realizadas, considera-se aparente, conferindo direito à proteção possessória.

✓ **Súmula 416.** Pela demora no pagamento do preço da desapropriação não cabe indenização complementar além dos juros.

✓ **Súmula 476.** Desapropriadas as ações de uma sociedade, o Poder desapropriante, imitido na posse, pode exercer, desde logo, todos os direitos inerentes aos respectivos títulos.

✓ **Súmula 479.** As margens dos rios navegáveis são de domínio público, insuscetíveis de expropriação e, por isso mesmo, excluídas de indenização.

✓ **Súmula 561.** Em desapropriação, é devida a correção monetária até a data do efetivo pagamento da indenização, devendo proceder-se à atualização do cálculo, ainda que por mais de uma vez.

✓ **Súmula 617.** A base de cálculo dos honorários de advogado em desapropriação é a diferença entre a oferta e a indenização, corrigidas ambas monetariamente.

✓ **Súmula 652.** Não contraria a Constituição o art. 15, § 1.º, do Decreto-lei 3.365/41 (Lei da Desapropriação por utilidade pública).

✓ **Súmula 668.** É inconstitucional a lei municipal que tenha estabelecido, antes da Emenda Constitucional 29/2000, alíquotas progressivas para o IPTU, salvo se destinada a assegurar o cumprimento da função social da propriedade urbana.

7.3 Súmulas do STJ

✓ **Súmula 56.** Na desapropriação para instituir servidão administrativa são devidos os juros compensatórios pela limitação de uso da propriedade.

✓ **Súmula 67.** Na desapropriação, cabe a atualização monetária, ainda que por mais de uma vez, independente do decurso de prazo superior a um ano entre o cálculo e o efetivo pagamento da indenização.

✓ **Súmula 69.** Na desapropriação direta, os juros compensatórios são devidos desde a antecipada imissão na posse e, na desapropriação indireta, a partir da efetiva ocupação do imóvel.

✓ **Súmula 102.** A incidência dos juros moratórios sobre os compensatórios, nas ações expropriatórias, não constitui anatocismo vedado em lei.

✓ **Súmula 113.** Os juros compensatórios, na desapropriação direta, incidem a partir da imissão na posse, calculados sobre o valor da indenização, corrigido monetariamente.

✓ **Súmula 114.** Os juros compensatórios, na desapropriação indireta, incidem a partir da ocupação, calculados sobre o valor da indenização, corrigido monetariamente.

✓ **Súmula 131.** Nas ações de desapropriação incluem-se no cálculo da verba advocatícia as parcelas relativas aos juros compensatórios e moratórios, devidamente corrigidas.

✓ **Súmula 141.** Os honorários de advogado em desapropriação direta são calculados sobre a diferença entre a indenização e a oferta, corrigidas monetariamente.

✓ **Súmula 354.** A invasão do imóvel é causa de suspensão do processo expropriatório para fins de reforma agrária.

✓ **Súmula 637.** O ente público detém legitimidade e interesse para intervir, incidentalmente, na ação possessória entre particulares, podendo deduzir qualquer matéria defensiva, inclusive, se for o caso, o domínio.

top 10

RESUMO

CAPÍTULO 10 – INTERVENÇÃO DO ESTADO NA PROPRIEDADE

1. Conceito: a intervenção do Estado na propriedade privada terá como fundamento o princípio da supremacia do interesse público ou a prática de alguma ilegalidade pelo particular.

2. A intervenção poderá ter a finalidade de limitar o uso do bem (intervenção restritiva) ou, em casos mais extremos, retirar a propriedade do particular e transferi-la ao Estado (intervenção supressiva), é o caso da desapropriação.

3. Formas de intervenção restritivas: limitação administrativa – é uma restrição de caráter geral decorrente do uso do poder de polícia; servidão administrativa - é um direito real que impõe ao proprietário do bem o dever de tolerar uma restrição estatal realizada em prol do interesse público; requisição administrativa - utilizada em casos de iminente perigo público e decorre diretamente do próprio texto constitucional (art. 5.º, XXV, CF); tombamento - visa a preservação da própria coisa intervenção autorreferente, busca a conservação do patrimônio histórico, cultural, arqueológico, artístico, turístico e paisagístico; ocupação temporária - faz que o Estado possa usar por prazo determinado bens privados para apoiar a execução de obras ou serviços públicos., podendo a ocupação ocorrer de forma gratuita ou onerosa.

4. Desapropriação comum: é aquela que se fundamenta em alguma necessidade, utilidade pública ou interesse social. Essa forma de intervenção não representa uma punição ao proprietário do bem, logo, deverá este ser indenizado pelo Poder Público de maneira justa, prévia e em dinheiro.

5. Desapropriação sanção – urbana: competência para desapropriar: município; motivo da desapropriação: desrespeito ao plano diretor (imóvel não atende a sua função social); medidas sucessivas e gradativas: notificação para parcelamento, edificação ou utilização compulsórios, IPTU progressivo, desapropriação; indenização: prévia, justa e paga em títulos da dívida pública (aprovados pelo Senado Federal, com prazo de resgate de até dez anos, em parcelas anuais, iguais e sucessivas).

6. Desapropriação sanção – rural: competência para desapropriar: união; motivo da desapropriação: reforma agrária (imóvel não atende a sua função social); não pode ser desapropriada: propriedade produtiva, pequena e média propriedade rural; indenização: prévia, justa e paga em títulos da dívida agrária (resgatáveis no prazo de até vinte anos, a partir do segundo ano de sua emissão).

7. Fase declaratória da desapropriação: o Poder Público, por meio de um ato discricionário, declara o bem que deseja desapropriar e especifica a finalidade de tal medida, podendo esta ação ser efetivada por meio de uma lei de efeitos concretos ou por um decreto expedido pelo chefe do Poder Executivo; efeitos da declaração: direito de penetração, fixação do estado do bem, início do prazo da caducidade (5 anos para as desapropriações por necessidade e utilidade pública e 2 anos para as desapropriações por interesse social).

8. Fase executiva da desapropriação: execução administrativa – o proprietário concorda com a desapropriação e esta se aperfeiçoa de maneira amigável, devendo o Estado indenizar o particular, sem a necessidade de intervenção do Poder Judiciário; execução judicial - ocorrerá nos casos em que o proprietário discorde do valor ofertado pela Administração ou quando não se saiba a quem pertence o bem expropriado, nessas situações, faz-se necessária a interposição da ação de desapropriação.

9. Tredestinação: quando o Poder Público faz a declaração de desapropriação, terá de mencionar para qual finalidade essa medida está sendo adotada. Todavia, em algumas situações a Administração acaba dando outra destinação ao bem expropriado; nesses casos, estaremos diante de uma tredestinação, a qual poderá ser lícita (interesse público é respeitado) ou ilícita (desvio de finalidade, cabe retrocessão).

10 Retrocessão: caracteriza-se pela possibilidade de o particular que sofreu a desapropriação solicitar o retorno de seu bem, caso este tenha sofrido uma tredestinação ilícita. Entretanto, caso se tenha dado uma destinação pública ao bem expropriado, não terá o ex-proprietário o direito de reavê-lo, ainda que o procedimento tenha ocorrido de maneira ilícita.

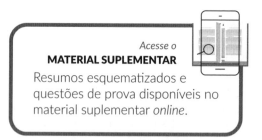

AGENTES PÚBLICOS

1. CONCEITO

A nomenclatura agente público deve ser entendida da forma mais ampla possível, abarcando todas as pessoas que possuam algum tipo de vínculo com o Estado, ainda que essa relação seja transitória e sem remuneração.

A Lei de Improbidade Administrativa e o Código Penal buscam conceituar o termo agente público. Vejamos o que esses dispositivos legais prelecionam, respectivamente:

> Art. 2.º, Lei 8.429/1992. Para os efeitos desta Lei, consideram-se agente público o agente político, o servidor público e todo aquele que exerce, **ainda que transitoriamente ou sem remuneração**, por eleição, nomeação, designação, contratação ou qualquer outra forma de investidura ou vínculo, mandato, cargo, emprego ou função nas entidades referidas no art. 1.º desta Lei.
>
> Art. 327, CP. Considera-se funcionário público, para os efeitos penais, quem, **embora transitoriamente ou sem remuneração**, exerce cargo, emprego ou função pública. § 1.º Equipara-se a funcionário público quem exerce cargo, emprego ou função em entidade paraestatal, e quem trabalha para empresa prestadora de serviço contratada ou conveniada para a execução de atividade típica da Administração Pública. (grifos nossos)

Após tais definições, algo fica claro: o recebimento de contraprestação financeira e uma relação duradoura com a Administração **não** são requisitos necessários para que alguém se enquadre no conceito ora estudado. Cite-se a situação dos mesários; eles possuem um vínculo temporário e voluntário com o Estado e, ainda assim, são considerados agentes públicos.

Por fim, devemos lembrar que, segundo a Constituição Federal, art. 37, § 6.º:

> As pessoas jurídicas de direito público e as de direito privado prestadoras de serviços públicos responderão pelos danos que seus agentes, nessa qualidade, causarem a terceiros, assegurado o direito de regresso contra o responsável nos casos de dolo ou culpa.

Assim, ainda que não se trate de um servidor, o Estado será obrigado a reparar os danos que seus agentes causarem a particulares, assegurando-se o direito de regresso contra o causador da lesão nos casos de ele ter atuado de forma dolosa ou culposa (o aprofundamento desse tema está no capítulo sobre responsabilidade civil do Estado).

2. CLASSIFICAÇÃO DOS AGENTES PÚBLICOS

O estudo da classificação nunca é uma tarefa fácil. Isso decorre dos inúmeros critérios adotados pela doutrina a fim de tentar explicar o assunto. Portanto, focaremos nosso estudo na corrente majoritária, a qual preleciona que são agentes públicos:

- **Agentes políticos.**
- **Agentes administrativos.**
- **Particulares em colaboração com o Estado.**

Para facilitar o entendimento e buscar o aprofundamento necessário, vamos analisar cada uma dessas espécies de forma independente, em tópicos separados.

2.1 Agentes políticos

Esses cargos são estruturais e relacionam-se diretamente com a organização estatal, pois seus agentes atuam no exercício da função política do Estado, possibilitando que as vontades superiores deste sejam externadas e executadas.

Mas quem seriam os agentes políticos?

Bom, segundo a doutrina majoritária (adotada nas provas de concurso em geral), seriam agentes políticos os detentores de mandatos eletivos, auxiliares do chefe do Executivo, magistrados e membros do Ministério Público.

	AGENTES POLÍTICOS
Chefes do Poder Executivo	✓ *Presidente da República (+vice)* ✓ *Governadores (+vice)* ✓ *Prefeitos (+vice)*
Auxiliares diretos dos chefes do Executivo	✓ *Ministros de Estado* ✓ *Secretários de Estado*
Parlamentares	✓ *Senadores* ✓ *Deputados Federais* ✓ *Deputados Estaduais* ✓ *Vereadores*
Membros	✓ *Magistratura* ✓ *Ministério Público*

caiu na prova

(QUADRIX/CAU-AP/2021) *O presidente da República, os governadores, os prefeitos e respectivos vices, diversamente do que ocorre com os ministros de Estado, podem ser considerados como agentes políticos.*

Gabarito: *Errado.*[1]

Em relação aos magistrados, alguns doutrinadores não os incluem no rol dos agentes políticos. Entretanto, o próprio Supremo Tribunal Federal já se pronunciou no sentido de eles serem, sim, considerados como tais. Logo, para fins das provas em geral, deve-se adotar o entendimento do STF. Vejamos.

jurisprudência

Os magistrados enquadram-se na espécie agente político, investidos para o exercício de atribuições constitucionais, sendo dotados de plena liberdade funcional no desempenho de suas funções, com prerrogativas próprias e legislação específica. (STF, 2.ª Turma, RE 228977/SP, 05.03.2002).

Observem que todos esses agentes possuem um **vínculo legal** com o Poder Público, sendo regidos por leis específicas que disciplinam os seus direitos e deveres. Como exemplo, podemos citar o caso dos membros do Ministério Público que possuem um estatuto próprio (Lei 8.625/1993).

E os conselheiros do Tribunal de Contas, são agentes políticos ou administrativos?

Segundo o próprio Supremo Tribunal, são agentes administrativos.

jurisprudência

O cargo de Conselheiro do Tribunal de Contas do Estado do Paraná reveste-se, à primeira vista, de natureza administrativa, uma vez que exerce a função de auxiliar do Legislativo no controle da Administração Pública. (STF, Tribunal Pleno, Rcl 6702 MC-AgR/PR, 04.03.2009).

---

[1] Os Ministros de Estado também são considerados agentes políticos.

Por fim, vale relembrar que a Súmula Vinculante 13 do STF prelecionou que será considerado nepotismo a nomeação de parentes para cargos em comissão ou funções de confiança:

> Súmula Vinculante 13 do STF. A nomeação de cônjuge, companheiro ou parente em linha reta, colateral ou por afinidade, até o terceiro grau, inclusive, da autoridade nomeante ou de servidor da mesma pessoa jurídica investido em cargo de direção, chefia ou assessoramento, para o exercício de cargo em comissão ou de confiança ou, ainda, de função gratificada na administração pública direta e indireta em qualquer dos Poderes da União, dos Estados, do Distrito Federal e dos Municípios, compreendido o ajuste mediante designações recíprocas, viola a Constituição Federal.

Logo, podemos afirmar que esse enunciado não atinge os agentes políticos. Assim, a nomeação para um cargo político poderá ser efetivada inclusive entre parentes da autoridade nomeante, desde que os nomeados preencham os requisitos legais necessários ao exercício do cargo.

caiu na prova

(FAUEL/ADVOGADO-PR/2019) *O Supremo Tribunal Federal tem afastado a aplicação da Súmula Vinculante 13 a cargos públicos de natureza política, ressalvados os casos de inequívoca falta de razoabilidade, por manifesta ausência de qualificação técnica ou inidoneidade moral.*
Gabarito: *Certo.*

2.2 Agentes administrativos

Os agentes administrativos estão vinculados ao Poder Público por meio de uma relação legal ou contratual, podendo ser de três espécies: **servidores temporários, celetistas ou estatutários**. Para facilitar, vamos analisar o regramento de cada um deles em separado.

2.2.1 Servidores temporários

A Administração poderá, em situações excepcionais, realizar a contratação de pessoas por tempo determinado para que elas possam auxiliar no desempenho de alguma atividade de interesse público.

> Art. 37, IX, CF – a lei estabelecerá os casos de contratação por tempo determinado para atender a necessidade temporária de excepcional interesse público.

Cap. 11 – AGENTES PÚBLICOS **381**

> **caiu na prova**
>
> **(QUADRIX/CRF-MA/2021)** *Em caso de necessidade temporária de excepcional interesse público, a Constituição permite a contratação, por prazo indeterminado, de agentes públicos.*
>
> **Gabarito:** *Errado.*[2]

Pela leitura do texto constitucional, percebemos que essa contratação somente poderá ser efetiva se existir de forma cumulativa a presença de três requisitos:

- **Lei específica:** o art. 37, inciso IX, da Constituição é uma norma de eficácia limitada. Assim, é imprescindível a feitura de uma norma específica disciplinando as regras sobre os serviços que podem ser desempenhados e em quais termos o contrato será firmado.

- **Excepcional interesse público:** não poderá a contratação temporária ser utilizada para situações regulares, ou seja, nesses casos deve-se, em respeito aos princípios da impessoalidade e moralidade, realizar um concurso público para que as vagas sejam preenchidas.

- **Contratação temporária:** o contrato deverá ser firmado por um prazo determinado, ficando a cargo da lei específica disciplinar durante quanto tempo ele poderá ser exercido.

A Lei 8.745/1993 regulamentou esse tipo de contratação no setor federal e prelecionou quais situações se enquadram como de excepcional interesse público. Entre elas, podemos destacar: assistência a situações de calamidade pública; assistência a emergências em saúde pública; realização de recenseamentos e outras pesquisas de natureza estatística realizados pelo IBGE; admissão de professor substituto e professor visitante; admissão de professor e pesquisador visitante estrangeiro; combate a emergências ambientais e admissão de profissional de nível superior especializado para atendimento a pessoas com deficiência.

Pergunta: Os contratados temporários são admitidos mediante aprovação em um concurso público?

Não!

O que os interessados realizam é um **processo simplificado de seleção**, muito menos rigoroso e formal se comparado ao concurso público, podendo ainda, em situações específicas, tais como de calamidade pública e emergência ambiental, existir a contratação direta, dispensando-se essa seleção.

> Art. 3.º, Lei 8.745/1993. O recrutamento do pessoal a ser contratado, nos termos desta Lei, será feito mediante processo seletivo simplificado sujeito a ampla divulgação, inclusive através do Diário Oficial da União, prescindindo de concurso público. § 1.º A contratação para atender às necessidades decorrentes de calamidade pública, de

---

[2] A contratação será feita por tempo determinado.

emergência ambiental e de emergências em saúde pública prescindirá de processo seletivo.

Por fim, como esses servidores temporários são regidos por uma lei própria, logicamente não serão considerados empregados celetistas. Com isso, as eventuais ações deverão correr na **Justiça Comum**, e não na Trabalhista.

 jurisprudência

> Compete à Justiça comum pronunciar-se sobre a existência, a validade e a eficácia das relações entre servidores e o poder público fundadas em vínculo jurídico-administrativo. É irrelevante a argumentação de que o contrato é temporário ou precário, ainda que haja sido extrapolado seu prazo inicial, bem assim se o liame decorre de ocupação de cargo comissionado ou função gratificada. (STF, Tribunal Pleno, Rcl 5954/PA, 02.06.2010).

2.2.2 Servidores celetistas

Como regra generalíssima, a contratação de empregados públicos pela Administração somente poderá acontecer nas **pessoas jurídicas de direito privado**, quais sejam: empresas públicas, sociedades de economia mista e fundações governamentais.

cuidado

> Segundo o art. 6.º, § 2.º, da Lei 11.107/2005: "O consórcio público, com personalidade jurídica de direito público ou privado, observará as normas de direito público no que concerne à realização de licitação, à celebração de contratos, à prestação de contas e à admissão de pessoal, que será regido pela Consolidação das Leis do Trabalho (CLT), aprovada pelo Decreto-lei n.º 5.452, de 1.º de maio de 1943". Sendo assim, tanto faz se o consórcio possui personalidade de direito público ou privado as pessoas que nele trabalham serão regidas pela CLT (empregados públicos).

Todavia, conforme estudado no capítulo referente à organização administrativa, apesar de os empregados públicos se relacionarem com a Administração por meio de um vínculo contratual regido pela Consolidação das Leis Trabalhistas (**CLT**), não serão estes regidos integralmente por normas privadas, pois, por imposição da própria Constituição, algumas regras públicas devem ser aplicadas a eles, por exemplo:

- Necessidade de prévia aprovação em **concurso** público (art. 37, II, CF).
- **Vedação**, como regra, à **acumulação** de cargos, empregos e funções (art. 37, XVII, CF).
- Respeito ao **teto remuneratório** quando a entidade receber recursos públicos (art. 37, § 9.º, CF).
- São servidores públicos para fins **penais** (art. 327, CP).
- São servidores para fins da Lei de **Improbidade Administrativa** (art. 2.º, Lei 8.429/1992).
- Sofrem **controle** judicial em relação aos atos praticados.

Como pudemos analisar, aos empregados públicos aplicam-se várias características típicas do regime de direito público. Entretanto, existe uma grande diferença entre eles e os detentores de um cargo público: a estabilidade!

No caso do **cargo público efetivo**, após o servidor ser aprovado no período do estágio probatório (três anos), adquirirá a estabilidade, a qual impede demissões imotivadas e desarrazoadas por parte do Poder Público. Sendo assim, segundo a Constituição Federal, só poderá este perder o cargo após: sentença judicial transitada em julgado, processo administrativo em que lhe seja assegurada ampla defesa, procedimento de avaliação periódica de desempenho, adequação do limite de gastos com pessoal.

Ocorre que a sonhada estabilidade não é ofertada para aqueles que possuem um **emprego público**, posicionamento este que já se encontra pacificado pelo Tribunal Superior do Trabalho:

> Súmula 390 do TST. Ao empregado de empresa pública ou de sociedade de economia mista, ainda que admitido mediante aprovação em concurso público, não é garantida a estabilidade prevista no art. 41 da CF/1988.

caiu na prova

(FUNDEP/ADVOGADO-MG/2022) *De acordo com o art. 41 da Constituição da República de 1988, "são estáveis após três anos de efetivo exercício os servidores nomeados para cargo de provimento efetivo em virtude de concurso público": ao empregado de empresa pública ou de sociedade de economia mista, ainda que admitido mediante aprovação em concurso público, não é garantida a estabilidade prevista no referido art. 41.*

Gabarito: *Certo.*

Todavia, mesmo não possuindo estabilidade, segundo o entendimento mais atual do Supremo Tribunal Federal, deverá existir, nas estatais que prestem serviços públicos, um procedimento legal para que se possa garantir ao acusado os direitos ao contraditório e à ampla defesa e, caso haja a efetivação da punição de demissão, a decisão tem de ser motivada, ou seja, com explicação acerca dos motivos que levaram à adoção de tal medida.

jurisprudência

Os empregados públicos não fazem jus à estabilidade prevista no art. 41 da CF, *salvo aqueles admitidos em período anterior ao advento da EC 19/1998. Precedentes.* II – **Em atenção, no entanto, aos princípios da impessoalidade e isonomia, que regem a admissão por concurso público, a dispensa do empregado de empresas públicas e sociedades de economia mista que prestam serviços públicos deve ser motivada,** *assegurando-se, assim, que tais princípios, observados no momento daquela admissão, sejam também respeitados por ocasião da dispensa. (STF, Tribunal Pleno, RE 589998/PI, 20.03.2013).*

Por fim, como esses empregados públicos são celetistas, ou seja, regidos pela Consolidação das Leis Trabalhistas (CLT), os eventuais conflitos serão dirimidos pela **Justiça Trabalhista**. Vejamos o que diz o STF.

jurisprudência

Compete à Justiça do Trabalho dirimir controvérsias que surgem no processo seletivo para empregos públicos no âmbito da administração pública indireta. (STF, 1.ª Turma, ARE 684649 AgR/BA, 27.10.2015).

2.2.3 Servidores estatutários

Os servidores estatutários possuem um **vínculo legal** com o Estado, ou seja, são regidos por um estatuto funcional que preleciona quais são os direitos e deveres aplicados ao detentor do cargo público.

Qual legislação é responsável pela regulamentação do regime aplicável aos servidores estatutários?

Bom, para responder a esse questionamento, teremos de fazer uma análise histórica acerca do regime jurídico único instituído pela Constituição Federal. Vamos lá.

Inicialmente, a Carta Magna instituiu, em seu art. 37, o dever do **regime jurídico único**, o qual obrigava que a Administração Direta (União, Estados, Distrito Federal e Municípios), suas autarquias e fundações públicas possuíssem o mesmo regime. Com isso, no caso do plano federal, foi adotado o regime estatutário, sendo criada a Lei 8.112, no ano de 1990, com a finalidade de ser a norma aplicável a todos os entes supramencionados.

Ocorre que, em 1998, foi editada a Emenda Constitucional 19, a qual fez uma alteração no texto originário da Constituição com a finalidade de retirar a obrigatoriedade do regime jurídico único e com isso passou a admitir a adoção de regimes mistos. Então, poderia, por exemplo, a União realizar um concurso para cargos (Lei 8.112/1990) e uma Autarquia Federal para empregos públicos (CLT).

Entretanto, o Supremo Tribunal Federal, por meio da ADIN 2.135-4, suspendeu a eficácia da EC 19/1998 em virtude de vícios formais encontrados no procedimento de elaboração da emenda, e, com a suspensão do novo texto, voltou a vigorar a antiga redação que obrigava a instituição do regime jurídico único. Vejamos a decisão do STF:

> ### ⚖ jurisprudência
>
> *1. A matéria votada em destaque na Câmara dos Deputados no DVS n.º 9 não foi aprovada em primeiro turno, pois obteve apenas 298 votos, e não os 308 necessários. Manteve-se, assim, o então vigente caput do art. 39, que tratava do regime jurídico único, incompatível com a figura do emprego público. 2. O deslocamento do texto do § 2.º do art. 39, nos termos do substitutivo aprovado, para o caput desse mesmo dispositivo representou, assim, uma tentativa de superar a não aprovação do DVS n.º 9 e evitar a permanência do regime jurídico único previsto na redação original suprimida, circunstância que permitiu a implementação do contrato de emprego público ainda que à revelia da regra constitucional que exige o quórum de três quintos para aprovação de qualquer mudança constitucional. 3. Pedido de medida cautelar deferido, dessa forma, quanto ao caput do art. 39 da Constituição Federal (STF, Tribunal Pleno, ADI 2135/DF, 02.08.2007).*

Com essa decisão, **atualmente voltou a ser obrigatório o regime jurídico único**, não podendo existir nomeações para regimes diferentes. No caso do plano federal, por exemplo, sempre que existirem concursos para a União suas autarquias e fundações públicas, impõe-se a utilização da Lei 8.112/1990.

Por fim, como a relação dos servidores estatutários é não contratual, **não** possuem eles **direito adquirido ao regime jurídico**, ou seja, como o vínculo deles com o Estado é baseado em uma norma, poderá esta ser alterada ainda que traga modificações não benéficas aos servidores. Cite-se, como exemplo, a retirada da licença-prêmio no

Cap. 11 – AGENTES PÚBLICOS

âmbito da legislação federal. Esse entendimento encontra-se sedimentado na esfera dos tribunais superiores. Vejamos.

jurisprudência

A jurisprudência firmada no âmbito deste Supremo Tribunal Federal é no sentido de que não há direito adquirido a regime jurídico (STF, 1.ª Turma, ARE 937685 AgR/SP, 15.03.2016).

2.3 Particulares em colaboração com o Estado

Nesse caso, o particular exercerá uma função pública sem, entretanto, pertencer à Administração Direta ou Indireta. Ou seja, apesar de estar sendo executada uma atividade em nome do Estado, o executor continua sendo um particular (não servidor).

Para fins de provas em geral, seguindo a doutrina majoritária, os particulares em colaboração com o Estado podem ser de quatro espécies distintas, a saber:

- **Agentes honoríficos:** também denominados agentes designados, são aqueles que exercem um *múnus público* após serem convocados pelo Poder Público. Exemplos: mesário e os jurados do tribunal do júri.

caiu na prova

(QUADRIX/PRODAM-AM/2022) *Os agentes honoríficos são considerados particulares em colaboração com o poder público.*

Gabarito: *Certo.*

- **Agentes delegados:** aqueles que atuam em concessionárias ou permissionárias de serviços públicos. Todavia, existe uma crítica a essa classificação em virtude de tais agentes não atuarem em nome do Estado. Para facilitar a compreensão, imagine a seguinte situação: João, motorista de ônibus da empresa "X" (concessionária), por negligência, atropela um particular. Observe que quando este for mover uma ação de indenização, processará diretamente a concessionária, possuindo o Estado uma responsabilidade meramente subsidiária (esse assunto é aprofundado no capítulo sobre a responsabilidade civil do Estado). Sendo assim, os agentes delegados atuam, na verdade, em nome da pessoa jurídica do setor privado que recebeu a delegação, e não em nome do Estado.

- **Agentes voluntários:** são aqueles que atuam em escolas, hospitais, repartições públicas ou em situações de calamidade, de forma completamente voluntária. Podemos citar o caso dos "Amigos da Escola" e dos médicos particulares que atuam em hospitais públicos em virtude de um grave acidente.

- **Agentes credenciados:** representam a Administração em determinada ação ou praticam uma atividade específica após a celebração de um convênio com o Poder Público. Como exemplo, podemos citar o caso dos médicos particulares que atendem pelo SUS e são pagos pelo Estado.

> **caiu na prova**
>
> **(FCC/DPE-GO/2021)** Na classificação dos agentes públicos, são definidos como agentes credenciados aqueles que recebem incumbência da Administração para representá-la em determinado ato ou praticar certa atividade.
>
> **Gabarito:** Certo.

3. CARGO X EMPREGO PÚBLICO X FUNÇÃO

Após a diferenciação entre as diversas espécies de agentes públicos, devemos fazer a análise das principais características e distinções entre os detentores de cargo, emprego e função pública. Vejamos:

Cargo efetivo

- Criação: Lei (regra).[3]
- Extinção: Lei (regra).[4]
- Ingresso: concurso público.
- Existe: na Administração Direta, nas autarquias e fundações públicas.
- Regime: estatutário (lei).
- Vínculo com o Estado: legal (não contratual).
- Estágio probatório: sim.
- Estabilidade: sim (após aprovação no estágio probatório).
- Competência para solucionar conflitos: Justiça Comum.

Emprego público

- Criação: Lei.
- Extinção: Lei[5].
- Ingresso: concurso público.
- Existe: nas empresas públicas, sociedades de economia mista, fundações governamentais (pessoas jurídicas de direito privado), consórcios públicos (de direito

---

[3] Como forma de exceção, os cargos vinculados às casas do Congresso Nacional (Câmara dos Deputados e Senado Federal) serão criados mediante resolução das respectivas casas (arts. 51, IV, e 52, III, CF).

[4] Excepcionalmente, no caso de o cargo estar vago, a extinção será feita por decreto do Presidente da República (art. 84, VI, *b*, CF).

[5] Art. 61, CF. A iniciativa das leis complementares e ordinárias cabe a qualquer membro ou Comissão da Câmara dos Deputados, do Senado Federal ou do Congresso Nacional, ao Presidente da República, ao Supremo Tribunal Federal, aos Tribunais Superiores, ao Procurador-Geral da República e aos cidadãos, na forma e nos casos previstos nesta Constituição. § 1.º São de iniciativa privativa do Presidente da República as leis que: [...] II – disponham sobre: a) criação de cargos, funções ou empregos públicos na administração direta e autárquica ou aumento de sua remuneração.

público ou privado) e nas pessoas de direito público que em seu regime jurídico único optarem pelo emprego público.

- Regime: celetista (CLT).
- Vínculo com o Estado: contratual.
- Estágio probatório: não.
- Estabilidade: não.
- Competência para solucionar conflitos: Justiça do Trabalho.

Função pública

Todos os cargos e empregos públicos possuem uma função, atribuições a serem desempenhadas pelo servidor. Entretanto, nem sempre que existir uma função estará ela vinculada a um cargo ou emprego.

Para facilitar o entendimento, vamos analisar as duas funções existentes em nosso ordenamento jurídico: **cargo em comissão e função de confiança.**

Ambas estão relacionadas ao desempenho de uma atividade de direção, chefia ou assessoramento. Todavia, enquanto os cargos em comissão podem ser preenchidos por qualquer pessoa, servidor ou não, as funções de confiança só podem ser ofertadas àqueles que já possuam um vínculo com o Poder Público, ou seja, que já sejam servidores.

caiu na prova

(QUADRIX/CRESS-PB/2021) *Cargo em comissão é aquele cuja função corresponde à atividade de direção, chefia e assessoramento e que pode ser exercido por quem não possua cargo efetivo.*

Gabarito: *Certo.*

Ademais, no caso da função de confiança, temos o desempenho de uma atividade sem a existência de um cargo específico – trata-se, literalmente, de uma função sem cargo. Já no caso do cargo em comissão existem tanto um cargo (criado por lei) quanto uma função a ele correspondente.

Para facilitar a compreensão, segue um esquema diferenciando os dois institutos.

	CARGO EM COMISSÃO	FUNÇÃO DE CONFIANÇA
Características	*Cargo* + *Função* *(conjunto de atribuições e responsabilidades)*	*Só função* *(conjunto de atribuições e responsabilidades)*
Funções	✓ *Direção* ✓ *Chefia* ✓ *Assessoramento*	✓ *Direção* ✓ *Chefia* ✓ *Assessoramento*
Quem pode ocupar	✓ *Servidor* ✓ *Não servidor*	✓ *Servidor*

3.1 Acumulação de cargos, empregos e funções

Como regra, a acumulação de cargos, empregos e funções públicas é **vedada** pelo ordenamento jurídico. Entretanto, por autorização da própria Constituição Federal, em algumas situações poderá existir o desempenho de mais de uma atividade, desde que exista **compatibilidade de horário**.

> Art. 37, XVI, CF/1988 – é vedada a acumulação remunerada de cargos públicos, exceto, quando houver compatibilidade de horários [...].

Poderão ser acumulados:

- Dois cargos de professor (art. 37, XVI, *a*, CF).
- Um cargo de professor + um cargo técnico ou científico (art. 37, XVI, *b*, CF).
- Dois cargos na área de saúde, com profissões regulamentadas (art. 37, XVI, *c*, CF).
- Um cargo de magistrado + cargo de professor (art. 95, parágrafo único, I, CF).
- Um cargo de membro do Ministério Público + cargo de professor (art. 128, § 5.º, II, *d*, CF).
- Um cargo efetivo + mandato de vereador (art. 38, III, CF).

cuidado

As regras referentes à acumulação de cargos se aplicam tanto aos servidores civis quanto aos militares, vejamos: art. 42, § 3.º, CF. Aplica-se aos militares dos Estados, do Distrito Federal e dos Territórios o disposto no art. 37, inciso XVI, com prevalência da atividade militar.

Por fim, vale ressaltar que, nas hipóteses de admissibilidade de acumulação, deverá o **teto remuneratório** previsto no art. 37, XI, da Constituição Federal ser analisado em **cada um dos cargos**. Sendo assim, a soma das remunerações poderá ultrapassar o limite remuneratório. Vejamos o que diz o STF:

jurisprudência

*Teto constitucional. Acumulação de cargos. Alcance. Nas situações jurídicas em que a Constituição Federal autoriza a acumulação de cargos, **o teto remuneratório é considerado em relação à remuneração de cada um deles, e não ao somatório do que recebido** (STF, Tribunal Pleno, RE 612975, 27.04.2017).*

caiu na prova

(MPM/MPM/2021) *Nos casos constitucionalmente autorizados de acumulação de cargos, empregos e funções, a incidência do teto remuneratório previsto no art. 37, inciso XI, da Constituição Federal, deve ser observada mediante o somatório dos ganhos do agente público.*
Gabarito: *Errado.*[6]

---

[6] O teto remuneratório é considerado em relação à remuneração de cada um deles, e não ao somatório do que é recebido.

Cap. 11 – AGENTES PÚBLICOS **389**

4. CONCURSO PÚBLICO

Em respeito especialmente aos princípios da **impessoalidade** e **moralidade**, o texto constitucional previu que o ingresso de uma pessoa no setor público depende de prévia aprovação em concurso:

> Art. 37, II, CF/1988 – a investidura em cargo ou emprego público depende de aprovação prévia em concurso público de provas ou de provas e títulos, de acordo com a natureza e a complexidade do cargo ou emprego, na forma prevista em lei [...].

Resumindo, o concurso público:

- Garante o respeito aos princípios da impessoalidade e moralidade.
- É um procedimento administrativo.
- É imprescindível para a investidura em cargos efetivos e empregos públicos.

> Súmula Vinculante 43 do STF. É inconstitucional toda modalidade de provimento que propicie ao servidor investir-se, sem prévia aprovação em concurso público destinado ao seu provimento, em cargo que não integra a carreira na qual anteriormente investido.

- Pode ser só de provas.
- Pode ser de provas + título.
- Jamais poderá existir um concurso somente de títulos.

cuidado

O edital de um concurso público não poderá restringir a participação de um candidato pelo simples fato de este estar respondendo a inquérito policial ou a uma ação penal, salvo se a restrição for imposta pela lei e se mostrar adequada aos termos constitucionais. Vejamos o que prelecionou o STF sobre o tema:

Sem previsão constitucionalmente adequada e instituída por lei, não é legítima a cláusula de edital de concurso público que restrinja a participação de candidato pelo simples fato de responder a inquérito ou a ação penal *(STF, Plenário, RE 560900/DF, Rel. Min. Roberto Barroso, julgado em 5 e 06.02.2020).*

4.1 Exceções ao concurso público

Apesar de a regra ser a obrigatoriedade da realização de concurso antes do preenchimento de uma vaga no setor público, em algumas situações, previstas de forma expressa no **texto constitucional**, poderá existir a nomeação direta, ou seja, sem a necessidade de concurso.

Mas quais seriam essas exceções?

As seguintes:

a) **Cargos em comissão:** "art. 37, II, CF – a investidura em cargo ou emprego público depende de aprovação prévia em concurso público [...] ressalvadas as nomeações para cargo em comissão declarado em lei de livre nomeação e exoneração".

b) Servidores temporários: "art. 37, IX, CF – a lei estabelecerá os casos de contratação por tempo determinado para atender a necessidade temporária de excepcional interesse público". Nesse caso, como estudado, haverá no máximo um processo simplificado de seleção.

c) Agentes comunitários de saúde e agentes de combate às endemias: "Art. 198, § 4.º, CF. Os gestores locais do sistema único de saúde poderão admitir agentes comunitários de saúde e agentes de combate às endemias por meio de processo seletivo público, de acordo com a natureza e complexidade de suas atribuições e requisitos específicos para sua atuação".

d) Agentes detentores de mandatos eletivos: nesse caso, o ingresso será efetivado por meio de eleição e não por meio de concurso público. Cite-se o caso dos senadores, prefeitos, deputados, entre outros.

e) Ex-combatentes: "Art. 53, ADCT. Ao ex-combatente que tenha efetivamente participado de operações bélicas durante a Segunda Guerra Mundial, nos termos da Lei n.º 5.315, de 12 de setembro de 1967, serão assegurados os seguintes direitos: I – aproveitamento no serviço público, sem a exigência de concurso, com estabilidade".

f) Ministros dos Tribunais Superiores: os Ministros do STF, STJ, STM, TST, TSE e Tribunal de Contas serão nomeados independentemente de concurso público. Podemos citar, como exemplo, o caso dos Ministros do Supremo Tribunal Federal, os quais serão nomeados pelo Presidente da República, após aprovação da escolha pela maioria absoluta do Senado Federal.

g) Quinto constitucional: "Art. 94, CF. Um quinto dos lugares dos Tribunais Regionais Federais, dos Tribunais dos Estados, e do Distrito Federal e Territórios será composto de membros, do Ministério Público, com mais de dez anos de carreira, e de advogados de notório saber jurídico e de reputação ilibada, com mais de dez anos de efetiva atividade profissional, indicados em lista sêxtupla pelos órgãos de representação das respectivas classes. Parágrafo único. Recebidas as indicações, o tribunal formará lista tríplice, enviando-a ao Poder Executivo, que, nos vinte dias subsequentes, escolherá um de seus integrantes para nomeação".

h) Empregados da OAB: segundo o Supremo Tribunal Federal, a Ordem dos Advogados do Brasil exerce um serviço público independente, sendo considerada uma entidade *sui generis*. Com isso, a Corte Maior possibilitou que ela contratasse seus empregados sem a necessidade da prévia realização de um concurso público. Segue a decisão:

jurisprudência

3. A OAB não é uma entidade da Administração Indireta da União. A Ordem é um serviço público independente, categoria ímpar no elenco das personalidades jurídicas existentes no direito brasileiro. [...] 5. **Por não consubstanciar uma entidade da Administração Indireta, a OAB não está sujeita a controle da Administração, nem a qualquer das suas partes está vinculada.** [...] 10. *Incabível a exigência de concurso público para admissão dos contratados sob o regime trabalhista pela OAB. (STF, Tribunal Pleno, ADI 3026/DF, 08.06.2006).*

4.2 Prazo de validade

Segundo o art. 37, III, da Constituição Federal:

> O prazo de validade do concurso público será de até dois anos, prorrogável uma vez, por igual período.

Observe que, de forma ordinária, o concurso público terá, no máximo, a validade de dois anos, e, caso a Administração resolva prorrogá-lo, só poderá fazê-lo uma única vez e por igual período.

Sendo assim, se o concurso possuir, por exemplo, o prazo inicial de um ano, poderá ser prorrogado por mais um ano. Perceba que deve existir uma necessária simetria entre o período ordinário e o extraordinário.

> **caiu na prova**
>
> **(FGV/CÂMARA-ARACAJU/2021)** *A Câmara Municipal de cidade do interior de Sergipe está elaborando edital de concurso público para preenchimento de seus cargos efetivos que estão vagos. De acordo com o texto constitucional, o mencionado concurso público deverá ter prazo de validade de até dois anos, prorrogável uma vez, por igual período.*
>
> **Gabarito:** *Certo.*

Mas a partir de qual momento começa a contar esse prazo?

Do momento em que o concurso for **homologado**, ou seja, quando for declarada a legalidade do procedimento administrativo.

E a prorrogação será um ato vinculado ou discricionário?

Discricionário, pois dependerá da análise de conveniência e oportunidade realizada pela Administração. Esse entendimento é adotado, inclusive, pelo próprio Supremo Tribunal Federal. Vejamos:

> **jurisprudência**
>
> *A Corte tem reconhecido a discricionariedade da Administração pública no tocante à prorrogação do prazo de validade de concursos públicos. (STF, 1.ª Turma, RE 594410 AgR/RS, 29.04.2014).*

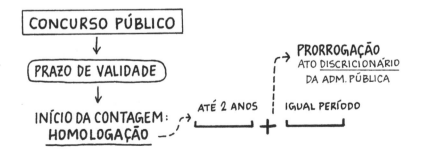

Por fim, segundo o texto constitucional, caso a Administração, ainda dentro do prazo de validade de um concurso, resolva abrir novo certame, deverá nomear com prioridade os aprovados no primeiro procedimento.

> Art. 37, IV – durante o prazo improrrogável previsto no edital de convocação, aquele aprovado em concurso público de provas ou de provas e títulos será convocado com prioridade sobre novos concursados para assumir cargo ou emprego, na carreira.

4.3 Direito subjetivo à nomeação

A aprovação em um concurso público, como regra, garante apenas expectativa de direito com relação à nomeação, ou seja, gera uma esperança de que o candidato possa ser chamado dentro do prazo de validade estipulado para o concurso.

Todavia, em algumas situações pontuais, existirá direito subjetivo à nomeação; com isso, o candidato terá de ser nomeado e, caso não o seja, poderá impetrar um mandado de segurança para resguardar o seu direito líquido e certo à convocação.

Para facilitar a compreensão, vamos elencar em tópicos as principais situações que causam esse **direito adquirido à nomeação**:

a) Candidato classificado dentro do número de vagas previsto no edital.

b) Candidato preterido na ordem de classificação.

c) Contratação de servidores temporários dentro da validade do concurso.

d) Desistência ou desclassificação de candidato nomeado.

jurisprudência

O candidato aprovado em concurso público, dentro do número de vagas previstas em edital, possui direito líquido e certo à nomeação e à posse. (STJ, 6.ª Turma, RMS 20718/SP, 04.12.2007).

Súmula 15 do STF. Dentro do prazo de validade do concurso, o candidato aprovado tem o direito à nomeação, quando o cargo for preenchido sem observância da classificação.

Nos casos de preterição de candidato na nomeação em concurso público, o termo inicial do prazo prescricional quinquenal recai na data em que foi nomeado outro servidor no lugar do aprovado no certame (STJ, 2.ª Turma, AgInt no REsp 1643048/GO, julgado em 05.03.2020).

A ocupação precária, por comissão, terceirização, ou contratação temporária, para o exercício das mesmas atribuições do cargo para o qual promovera o concurso público, configura ato administrativo eivado de desvio de finalidade, caracterizando verdadeira burla à exigência constitucional do artigo 37, II, da Constituição Federal. I – A aprovação em concurso público, fora da quantidade de vagas, não gera direito à nomeação, mas apenas expectativa de direito. II – Essa expectativa, no entanto, convola-se em direito subjetivo, a partir do momento em que, dentro do prazo de validade do concurso, há contratação de pessoal, de forma precária, para o preenchimento de vagas existentes, em flagrante preterição àqueles que, aprovados em concurso ainda válido, estariam aptos a ocupar o mesmo cargo ou função. [...] (STF, 1.ª Turma, ARE 649046 AgR/MA, 28.08.2012).

"[...] a desistência dos candidatos convocados, ou mesmo a sua desclassificação em razão do não preenchimento de determinados requisitos, gera para os seguintes na ordem de classificação direito subjetivo à nomeação, observada a quantidade das novas vagas disponibilizadas" *(STJ, 6.ª Turma, AgRg no RMS 30776/RO, 11.10.2013).*

Cap. 11 – AGENTES PÚBLICOS **393**

4.4 Cláusula de barreira

A cláusula de barreira impõe **limitações** para que o candidato prossiga na disputa pela vaga no setor público. Para facilitar, vamos imaginar a seguinte situação: o concurso do Tribunal de Justiça do Estado "X" previu que somente seriam corrigidas as redações dos 300 primeiros colocados.

Observe pela situação apresentada acima que o próprio edital estipulou restrições ao seguimento no certame, pois, ainda que o candidato tenha livrado a nota de corte, só poderá prosseguir disputando a vaga se for classificado até a posição de número 300.

Mas esta cláusula de barreira é constitucional?

Sim!

Segundo o próprio Supremo Tribunal Federal, as restrições são impostas por critérios meritórios, logo, não existe qualquer ofensa a dispositivos constitucionais.

⚖ jurisprudência

Recurso extraordinário. Repercussão geral. 2. Concurso público. Edital. Cláusulas de barreira. Alegação de violação aos arts. 5.º, caput, e 37, inciso I, da Constituição Federal. 3. Regras restritivas em editais de concurso público, quando fundadas em critérios objetivos relacionados ao desempenho meritório do candidato, não ferem o princípio da isonomia. 4. **As cláusulas de barreira em concurso público, para seleção dos candidatos mais bem classificados, têm amparo constitucional.** *5. Recurso extraordinário provido (STF, Tribunal Pleno, RE 635739/AL, 19.02.2014).*

📄 caiu na prova

(FUNDEP/DPE-MG/2019) *É constitucional a regra inserida no edital de concurso público, denominada cláusula de barreira, com o intuito de selecionar apenas os candidatos mais bem classificados para prosseguir no certame.*

Gabarito: *Certo.*

4.5 Controle judicial

Conforme estudado no capítulo específico, o Poder Judiciário apenas poderá analisar a legalidade dos atos administrativos, sem, entretanto, poder adentrar no mérito, sob pena de ofensa à separação dos poderes. Sendo assim, não poderá o juiz substituir a banca examinadora do concurso público, de forma a redefinir os critérios de seleção e as questões por ela elaboradas.

Todavia, poderá o Judiciário exercer o controle de legalidade do certame de forma a verificar o respeito deste aos princípios constitucionais e ao ordenamento jurídico. Por exemplo, poderá o magistrado analisar erros grosseiros de gabarito e questões formuladas fora da previsão editalícia.

⚖ jurisprudência

2. O Poder Judiciário é incompetente para, substituindo-se à banca examinadora de concurso público, reexaminar o conteúdo das questões formuladas e os critérios de correção das provas, consoante pacificado na jurisprudência do Supremo Tribunal Federal.

> *(...)* **ressalvadas as hipóteses em que restar configurado, tal como** *in casu*, **o erro grosseiro no gabarito apresentado, porquanto caracterizada a ilegalidade do ato praticado pela Administração Pública.** *(STF, 1.ª Turma, MS 30859/DF, 28.08.2012).*

4.6 Nulidade

Caso venha a ser declarada a nulidade de um concurso público, as nomeações dele decorrentes também serão invalidadas, não sendo possível, nesse caso, se usar da teoria do fato consumado. Sendo assim, segundo a doutrina majoritária, será o particular afastado de seu cargo.

Logicamente, antes de existir a decretação da nulidade, deverá ser assegurado ao particular o direito ao contraditório e ampla defesa, haja vista tratar-se de ato restritivo a seu direito.

E os atos praticados pelos servidores serão invalidados também?

Não!

Isso ocorre em virtude da boa-fé dos particulares, do princípio da impessoalidade e da teoria do órgão. Imagine o caso de uma certidão emitida por um funcionário de fato. Quando este realiza a produção de tal documento, quem na verdade o está fazendo é o próprio Estado (princípio da impessoalidade e teoria do órgão), pois o agente público é mero transmissor da vontade estatal. Além do mais, o particular que recebeu o documento o fez de boa-fé; sendo assim, não seria justo ele ser prejudicado pelo erro cometido por outrem.

Por fim, para evitar o enriquecimento ilícito do Estado, os valores recebidos pelo funcionário de fato como forma de remuneração não terão de ser restituídos ao Poder Público. Vejamos a manifestação do Superior Tribunal de Justiça sobre o tema.

jurisprudência

[...] 5. Também não há que se falar na figura de funcionário de fato, onde teria a incidência da teoria da investidura aparente, que impediria o Poder Público de obrigar o servidor irregular a repor aos cofres públicos aquilo que percebeu até então. Isto porque, **havendo trabalhado para o ente estatal, se lhe fosse exigida a devolução dos vencimentos auferidos haveria um enriquecimento sem causa do Estado, o qual, destarte, se locupletaria com trabalho gratuito** *(STJ, AREsp 766633, Min. Herman Benjamin, 17.09.2015).*

5. ESTABILIDADE

Antes de conceituarmos estabilidade, temos de diferenciar os dois tipos de **cargo: efetivo** e **em comissão**. Como falamos, aquele é preenchido após aprovação em concurso público e pode garantir a estabilidade ao seu ocupante; já este decorre da livre escolha da autoridade nomeante, entretanto possui exoneração *ad nutum*, ou seja, poderá o comissionado a qualquer momento ser "mandado embora".

> **I Jornada de Direito Administrativo – Enunciado 23**
>
> O art. 9.º, II, c/c art. 10 da Lei 8.112 estabelece a nomeação de servidor em comissão para cargos de confiança vagos. A existência de processo seletivo por competências para escolha de servidor para cargos de confiança vagos não equipara as regras deste processo seletivo às de concurso público, e nem o regime jurídico de servidor em comissão ao de servidor em caráter efetivo, quando se tratar de cargo isolado de provimento efetivo ou de carreira.

Sendo assim, nem todo servidor possuirá estabilidade, sendo essa característica uma prerrogativa restrita aos cargos efetivos, logo, não será concedido esse benefício aos detentores de cargo em comissão nem aos empregados públicos.

Mas qual é a diferença entre **efetividade** e **estabilidade**?

Efetividade é uma característica do cargo; já a estabilidade é a segurança em relação à permanência nele. Por exemplo, Paula realizou concurso para Agente da Polícia Civil do Estado do Maranhão. Após uma excelente classificação, foi nomeada e, logo após, assinou o termo de posse, passando, nesse momento, a ser considerada servidora.

Observe que no momento da posse Paula passou a ocupar um cargo efetivo (efetividade), todavia ela ainda não possui a estabilidade, já que esse benefício só é ofertado após a aprovação no período do estágio probatório.

5.1 Prazo para aquisição

Segundo o texto constitucional, art. 41, "São estáveis após **três anos** de efetivo exercício os servidores nomeados para cargo de provimento efetivo em virtude de concurso público" (grifos nossos). Entretanto, a aquisição dessa estabilidade não é automática, pois o servidor somente fará jus à prerrogativa se for aprovado em uma avaliação de desempenho.

> Art. 41, § 4.º, CF. Como condição para a aquisição da estabilidade, é obrigatória a avaliação especial de desempenho por comissão instituída para essa finalidade.

Resumindo, a estabilidade só será adquirida se existir, de forma cumulativa, o preenchimento de dois requisitos:

- **Efetivo exercício do cargo por três anos**
  +
- **Aprovação na avaliação especial de desempenho**

Atualmente, já é pacífico o fato de o prazo para a aquisição da estabilidade ser exatamente o mesmo do estágio probatório: três anos. Esse entendimento é adotado por todos os Tribunais Superiores. Vejamos uma decisão sobre o tema.

> **jurisprudência**
>
> Após a Emenda Constitucional 19/1998, o prazo do estágio probatório passou a ser de 3 anos, acompanhando a alteração para aquisição da estabilidade (STJ, 5.ª Turma, AgRg no REsp 1171995/RS, 16.08.2011).

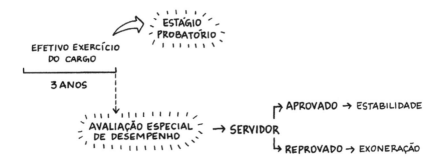

> **I Jornada de Direito Administrativo – Enunciado 37**
>
> A estabilidade do servidor titular de cargo público efetivo depende da reunião de dois requisitos cumulativos: (i) o efetivo desempenho das atribuições do cargo pelo período de 3 (três) anos; e (ii) a confirmação do servidor no serviço mediante aprovação pela comissão de avaliação responsável (art. 41, *caput* e § 4.º, da CF c/c arts. 20 a 22 da Lei n. 8.112/1990). Assim, não há estabilização automática em virtude do tempo, sendo o resultado positivo em avaliação especial de desempenho uma condição indispensável para a aquisição da estabilidade.

Por fim, em busca do respeito ao princípio da segurança jurídica e da necessária estabilização das relações sociais, aquelas pessoas que, mesmo sem concurso, estejam em exercício na data da promulgação da Constituição de 1988, há pelo menos cinco anos continuados, terão direito adquirido à estabilidade. Esse entendimento encontra-se no ADCT (Ato das Disposições Constitucionais Transitórias). Vejamos:

> Art. 19. Os servidores públicos civis da União, dos Estados, do Distrito Federal e dos Municípios, da administração direta, autárquica e das fundações públicas, em exercício na data da promulgação da Constituição, há pelo menos cinco anos continuados, e

Cap. 11 – AGENTES PÚBLICOS **397**

que não tenham sido admitidos na forma regulada no art. 37, da Constituição, são considerados estáveis no serviço público.

> **caiu na prova**
>
> **(CEBRASPE/SEPLAN-RR/2023)** *A estabilidade excepcional prevista no art. 19 do Ato das Disposições Constitucionais Transitórias (ADCT) impõe que o servidor admitido sem concurso público antes da promulgação da Constituição Federal de 1988 esteja em exercício no cargo, ainda que em ente público diverso, há, no mínimo, três anos.*
>
> **Gabarito:** *Errado.*[7]

Resumindo, podem ser estáveis:

- Detentores de cargos efetivos após o exercício da atividade por três anos e aprovação no período do estágio probatório.
- Servidores que estejam em exercício na data da promulgação da Constituição, há pelo menos cinco anos continuados. Ainda que tenham entrado no serviço público sem prévia aprovação em um concurso.

5.2 Perda do cargo

Mesmo após a aquisição da estabilidade, poderá o servidor, em situações excepcionais, perder o seu cargo por:

- **Sentença judicial** transitada em julgado (art. 41, § 1.º, I, CF).
- **Processo administrativo** em que lhe seja assegurado o direito de defesa (art. 41, § 1.º, II, CF).
- **Avaliação periódica de desempenho.** Observe que nessa situação o servidor já foi aprovado no período do estágio probatório, entretanto, continua sendo fiscalizado pela Administração. Todavia, para a efetiva aplicação desse dispositivo, faz-se necessária a regulamentação dessa avaliação por meio de uma lei complementar, a qual, até o presente momento, não foi criada. (art. 41, § 1.º, III, CF).

> **caiu na prova**
>
> **(FGV/PC-RJ/2022)** *De acordo com o texto da Constituição da República de 1988, Rodrigo apenas poderá perder o cargo em algumas hipóteses, como, por exemplo: mediante procedimento de avaliação periódica de desempenho, na forma de lei complementar, assegurada a ampla defesa.*
>
> **Gabarito:** *Certo.*

- **Limite de gastos com pessoal.** Essa situação visa adequar os gastos públicos com os limites estabelecidos pela Lei de Responsabilidade Fiscal. Portanto, caso o Poder Público realize gastos acima do permitido, poderá, em último

---

[7] Teriam que estar em exercício na data da promulgação da Constituição, há pelo menos cinco anos continuados, não três anos.

caso, existir a perda do cargo pelos servidores estáveis. Vejamos o que diz a Constituição Federal:

> Art. 169, CF/1988. A despesa com pessoal ativo e inativo e pensionistas da União, dos Estados, do Distrito Federal e dos Municípios não pode exceder os limites estabelecidos em lei complementar.
>
> [...]
>
> § 3.º Para o cumprimento dos limites estabelecidos com base neste artigo, durante o prazo fixado na lei complementar referida no *caput*, a União, os Estados, o Distrito Federal e os Municípios adotarão as seguintes providências:
>
> I – redução em pelo menos vinte por cento das despesas com cargos em comissão e funções de confiança;
>
> II – exoneração dos servidores não estáveis.
>
> § 4.º Se as medidas adotadas com base no parágrafo anterior não forem suficientes para assegurar o cumprimento da determinação da lei complementar referida neste artigo, o servidor estável poderá perder o cargo, desde que ato normativo motivado de cada um dos Poderes especifique a atividade funcional, o órgão ou unidade administrativa objeto da redução de pessoal.

Observe que a perda do cargo do servidor estável é a última gradação, pois, para que exista a devida adequação dos gastos públicos com o pagamento de seu pessoal, a ordem de exonerações será:

1. Redução de, pelo menos, 20% dos comissionados.
2. Exoneração de servidores não estáveis – aqueles que ainda se encontram no período do estágio probatório ou que não estivessem em exercício na data da promulgação da Constituição (05.10.1988), há pelo menos cinco anos continuados.
3. Servidores estáveis.

Por fim, no caso da dispensa para adequação ao limite de gastos, não existirá demissão do servidor, mas, sim, exoneração, pois a perda do cargo não ocorreu em virtude de um ato irregular praticado pelo detentor do cargo público, muito pelo contrário, se deu em virtude da falta de planejamento financeiro da Administração.

5.3 Estabilidade x vitaliciedade

Sabemos que os detentores de cargos efetivos poderão adquirir a **estabilidade** após preencherem dois requisitos: efetivo desempenho das funções pelo prazo de três anos + aprovação na avaliação de desempenho. Após adquirir esse benefício, só poderão perder o cargo mediante: sentença judicial transitada em julgado, processo administrativo, avaliação periódica de desempenho e adequação ao limite de gastos com pessoal.

Já a **vitaliciedade** será adquirida, no primeiro grau, após um período de dois anos de efetivo exercício do cargo e somente será ofertada a algumas carreiras específicas: magistrados, membros do Ministério Público, ministros e conselheiros do Tribunal de Contas. E, após a aquisição desse benefício, os servidores somente poderão perder o cargo em uma única situação: mediante sentença judicial transitada em julgado.

	ESTABILIDADE	VITALICIEDADE
Prazo para aquisição	*3 anos*	*2 anos*
Quem pode ter	*Servidores detentores de um cargo efetivo*	✓ *Magistrados* ✓ *Membros do MP* ✓ *Ministros e conselheiros do TC*
Podem perder o cargo	✓ *Sentença judicial transitada em julgado* ✓ *Processo administrativo* ✓ *Avaliação periódica de desempenho* ✓ *Adequação ao limite de gastos com pessoal*	✓ *Sentença judicial transitada em julgado*

6. DIREITO DE GREVE

Como sabemos, a continuidade dos serviços públicos é a regra. Sendo assim, como fica o direito de greve dos servidores?

Bom, por expressa disposição constitucional é permitido, sim, aos agentes públicos a realização de greve, salvo em relação aos servidores militares. Vejamos:

Servidor civil:

> Art. 37, VII – o direito de greve será exercido nos termos e nos limites definidos em lei específica.

Servidor militar:

> Art. 142, § 3.º, IV – ao militar são proibidas a sindicalização e a greve.

Após essa análise inicial, fica fácil perceber que os servidores, desde que civis, poderão exercer o direito de greve. Entretanto, segundo o texto da Carta Maior, essa prerrogativa deverá ser realizada de acordo com disposições instituídas em lei específica.

Só existe um problema.

Até hoje não foi produzida a lei de greve dos servidores.

Daí surgiu um grande questionamento: poderiam os agentes públicos exercer esse direito desde já ou só após a feitura da norma?

Desde já!

A solução veio com uma decisão do próprio Supremo Tribunal Federal, o qual, considerando o art. 37, VII, da CF/1988 como uma norma de eficácia limitada, entendeu que, enquanto não for produzida uma legislação específica de greve para os servidores, deverão estes, por analogia, usar a lei geral (Lei 7.783/1989) para que possam exercer o seu direito.

Bom, agora que sabemos que o servidor civil poderá exercer seu direito de greve usando, por analogia, a lei geral (Lei 7.783/1989), surge outro questionamento: os dias de paralisação serão remunerados?

De acordo com o entendimento do STF, não, salvo se a greve decorrer de algum ato ilícito do Poder Público, por exemplo, o não pagamento da remuneração dos servidores.

> **jurisprudência**
>
> "A administração pública deve proceder ao desconto dos dias de paralisação decorrentes do exercício do direito de greve pelos servidores públicos, em virtude da suspensão do vínculo funcional que dela decorre, permitida a compensação em caso de acordo. O desconto será, contudo, incabível se ficar demonstrado que a greve foi provocada por conduta ilícita do Poder Público". 5. Recurso extraordinário provido na parte de que a Corte conhece (STF, Tribunal Pleno, RE 693456/RJ, 27.10.2016).

7. ESTATUTO DO SERVIDOR PÚBLICO FEDERAL (LEI 8.112/1990)

Essa lei institui o Regime Jurídico dos Servidores Públicos Civis da União, das autarquias, inclusive as em regime especial, e das fundações públicas federais (art. 1.º, Lei 8.112/1990).

E o que vem a ser regime jurídico?

Fácil, é o **conjunto de normas e princípios** que regem a relação dos servidores para com a Administração, dispondo sobre seus direitos e obrigações. Por exemplo, no setor privado a norma que vem a reger as relações de trabalho é a Consolidação das Leis do Trabalho (CLT). Já as pessoas que ingressarem, após aprovação prévia em um concurso público, nos quadros da União, das autarquias e das fundações públicas federais passarão a ser chamadas de servidores estatutários, sendo regidos por uma lei própria, denominada estatuto, que, no caso das entidades ora mencionadas, será a Lei 8.112/1990. Já os ocupantes de cargos estaduais, distritais e municipais serão regidos por leis próprias, promulgadas pelo respectivo ente federativo.

Nesta obra, vamos usar a legislação federal (Lei 8.112/1990) como base para o estudo e aprofundamento de diversos tópicos relacionados aos servidores estatutários, tais como provimento, direito, vantagens e regime disciplinar.

7.1 Cargo público

Para os efeitos da Lei 8.112/1990, servidor é a pessoa legalmente investida em cargo público. Mas o que vem a ser um cargo público?

O próprio estatuto nos responde, no art. 3.º:

> Cargo público é o **conjunto de atribuições e responsabilidades** previstas na estrutura organizacional que devem ser cometidas a um servidor. Parágrafo único. Os cargos públicos, acessíveis a todos os brasileiros, são criados por lei, com denominação própria e vencimento pago pelos cofres públicos, para provimento em caráter efetivo ou em comissão. (grifo nosso)

Resumindo, cargo público é:

a) Conjunto de atribuições (atividades) e responsabilidades.

b) Acessíveis aos brasileiros e aos estrangeiros que preencham os requisitos estabelecidos por lei (art. 37, I, CF).

c) Deve ser criado por lei (art. 48, X, CF).

d) Pode ser efetivo (ingresso mediante aprovação prévia em concurso) ou em comissão (ingresso mediante uma escolha de livre nomeação e exoneração).

7.1.1 Requisitos para a investidura em um cargo público

Alguns requisitos são necessários para que se ingresse no serviço público.

Segundo a própria Constituição Federal de 1988, os cargos podem ser ocupados por brasileiros e estrangeiros que preencham os requisitos estabelecidos em lei, após uma prévia aprovação em concurso público.

caiu na prova

(IBFC/FISCAL-RN/2021) *Os cargos, empregos e funções públicas são acessíveis aos brasileiros que preencham os requisitos estabelecidos em lei, assim como aos estrangeiros, na forma da lei.*
Gabarito: *Certo.*

Segundo o art. 5.º da Lei 8.112/1990, são requisitos básicos para investidura em cargo público:

a) Nacionalidade brasileira

Apesar de o dispositivo falar em nacionalidade brasileira, sabemos que, em virtude do princípio da impessoalidade, deverá ser assegurada a ampla acessibilidade aos cargos públicos. Portanto, a própria Constituição Federal admite o preenchimento das vagas por estrangeiros. Vejamos:

> Art. 37, I, CF – os cargos, empregos e funções públicas são acessíveis aos brasileiros que preencham os requisitos estabelecidos em lei, assim como aos estrangeiros, na forma da lei.

Ademais, a própria Lei 8.112/1990 prevê, de forma expressa, a presença de estrangeiros em alguns tipos de cargos.

> Art. 5.º, § 3.º As universidades e instituições de pesquisa científica e tecnológica federais poderão prover seus cargos com professores, técnicos e cientistas estrangeiros, de acordo com as normas e os procedimentos desta Lei.

b) **Gozo dos direitos políticos**
Esse requisito representa, em linguagem simples, a capacidade de votar e ser votado. Vale lembrar que, segundo a Constituição Federal, algumas situações poderão suspender o gozo dos direitos políticos. Podemos citar, como exemplo, o caso da condenação por atos de improbidade administrativa.

> Art. 37, § 4.º, CF/1988. Os atos de improbidade administrativa importarão a suspensão dos direitos políticos, a perda da função pública, a indisponibilidade dos bens e o ressarcimento ao erário, na forma e gradação previstas em lei, sem prejuízo da ação penal cabível.

c) **Quitação com as obrigações militares e eleitorais**
d) **Nível de escolaridade exigido para o exercício do cargo**
e) **Idade mínima de dezoito anos**
f) **Aptidão física e mental**

Com relação a este último requisito, devemos fazer uma subdivisão:

> **f.1) Pessoa com deficiência:** como regra, logicamente, os cargos públicos podem ser preenchidos por tais pessoas. Sendo assim, apenas poderão existir limitações ao acesso das vagas quando houver justificativa diante das atribuições do cargo. Por exemplo, uma pessoa com deficiência visual não poderá ser impedida de ingressar no Tribunal de Justiça na função de técnica judiciária. Todavia, não terá como acessar o cargo de motorista dessa instituição em virtude da incompatibilidade existente entre a deficiência e as atribuições do cargo.

 jurisprudência

> Teses fixadas pelo STF para o tema:
>
> 1) É inconstitucional a interpretação que exclui o direito de candidatos com deficiência à adaptação razoável em provas físicas de concursos públicos. 2) É inconstitucional a submissão genérica de candidatos com e sem deficiência aos mesmos critérios em provas físicas, sem a demonstração da sua necessidade para o exercício da função pública (STF, Plenário, ADI 6476/DF, 08.09.2021).

Em busca da acessibilidade, a Constituição ordenou que a lei reserve um percentual das vagas aos deficientes. Vejamos:

> Art. 37, VIII – a lei reservará percentual dos cargos e empregos públicos para as pessoas portadoras de deficiência e definirá os critérios de sua admissão.

Com isso, a Lei 8.112/1990 prelecionou que na disputa para os cargos públicos federais deverão ser reservadas até 20% das vagas às pessoas com deficiência.

> Art. 5.º, § 2.º – Às pessoas portadoras de deficiência é assegurado o direito de se inscrever em concurso público para provimento de cargo cujas atribuições sejam compatíveis com a deficiência de que são portadoras; para tais pessoas serão reservadas até 20% (vinte por cento) das vagas oferecidas no concurso.

Então, se, por exemplo, existir a previsão de 100 vagas para o cargo de analista judiciário do TRT, até 20 dessas vagas serão reservadas àqueles que se enquadrarem como deficientes.

Essa primeira conta ficou bem fácil. A grande problemática é: se o concurso prever apenas duas vagas, existirá a reserva para deficientes?

Não, pois, segundo os Tribunais Superiores, caso isso fosse feito, estaríamos reservando 50% das vagas aos deficientes, extrapolando, dessa forma, o limite previsto em lei (até 20%). Logo, não será possível o arredondamento para majorar o número de vagas. Vejamos.

> **Jurisprudência**
>
> *A jurisprudência desta Corte fixou entendimento no sentido de que a reserva de **vagas para portadores de deficiência deve ater-se aos limites da lei, na medida da viabilidade das vagas oferecidas, não sendo possível seu arredondamento no caso de majoração das porcentagens mínima e máxima previstas**. (STF, 1.ª Turma, RE 440988 AgR/DF, 28.02.2012).*

f.2) **Limite de idade:** o concurso público apenas poderá estabelecer um limite de idade para o acesso das vagas nos casos em que as atribuições do cargo a justificarem.

Súmula 683 do STF. O limite de idade para a inscrição em concurso público só se legitima em face do art. 7.º, XXX, da Constituição, quando possa ser justificado pela natureza das atribuições do cargo a ser preenchido.

f.3) **Exame psicotécnico:** o edital de um concurso público apenas poderá prever a realização de exames psicotécnicos se existir autorização em lei.

Súmula Vinculante 44 do STF. Só por lei se pode sujeitar a exame psicotécnico a habilitação de candidato a cargo público.

Ademais, segundo a jurisprudência dominante, deverá o instrumento convocatório estabelecer critérios objetivos de avaliação. Vejamos.

> **Jurisprudência**
>
> *Desde que haja previsão legal e não sendo o exame psicotécnico irrecorrível nem sigiloso, tampouco havendo critérios subjetivos, deve ser afastada a tese de invalidade do teste. (STJ, 6.ª Turma, AgRg no RMS 31748/AC, 28.04.2015).*

8. DO PROVIMENTO

Provimento é uma forma de preenchimento do cargo público com o consequente repasse a determinada pessoa das atribuições decorrentes do exercício da função provida.

Segundo a doutrina majoritária, o provimento poderá ser de dois tipos: originário ou derivado.

PROVIMENTO ORIGINÁRIO	PROVIMENTO DERIVADO
✓ Nomeação	✓ Readaptação ✓ Reversão ✓ Reintegração ✓ Recondução ✓ Aproveitamento ✓ Promoção

O **provimento originário** representa o vínculo inicial do servidor com a carreira, sendo efetivado mediante a **nomeação**, a qual, nos casos de cargo de provimento efetivo, deve ser precedida de aprovação em concurso público, garantindo-se, assim, o respeito e a observância aos princípios da impessoalidade e moralidade.

> Súmula Vinculante 43 do STF. É inconstitucional toda modalidade de provimento que propicie ao servidor investir-se, sem prévia aprovação em concurso público destinado ao seu provimento, em cargo que não integra a carreira na qual anteriormente investido.

Já as formas de **provimento derivado** relacionam-se ao preenchimento de determinado cargo por um servidor que tenha sido anteriormente nomeado para aquela instituição. Em outras palavras, a pessoa já possui um vínculo com a carreira e está, por exemplo, retornando por meio da invalidação de sua demissão, mudando de setor em virtude de uma limitação física, sendo promovido, entre outros.

Com a finalidade de facilitar o estudo e aprofundar esses temas, vamos analisar cada uma dessas formas de provimento em separado.

8.1 Nomeação

O provimento originário ocorre nas situações em que certa pessoa passa a ocupar pela primeira vez determinado cargo, devendo esse ingresso ser efetivado por meio da nomeação, a qual poderá ser realizada para o desempenho de um cargo em caráter efetivo (mediante aprovação em concurso público) ou em comissão (livre nomeação e exoneração).

Mas em qual momento deverá ocorrer essa forma de provimento?

Depende.

Nos cargos em comissão, a nomeação poderá acontecer a qualquer momento, pois depende da pura e simples escolha da autoridade nomeante. Já nos cargos efetivos, o provimento deverá ser efetivado dentro do prazo de validade do concurso, todavia, a seleção do dia será um ato discricionário do administrador. Em outras palavras, se um concurso possui, por exemplo, a validade de dois anos, poderá o Poder Público escolher qualquer data dentro desse prazo para efetuar as suas nomeações.

Por fim, vale ressaltar que a nomeação não faz que a pessoa passe a ter o *status* de servidor, pois a investidura em um cargo público só acontece no ato da posse. Vejamos: "Art. 7.º, Lei 8.112/1990. A investidura em cargo público ocorrerá com a posse".

8.1.1 Da posse

Como mencionamos, a investidura em cargo público apenas acontecerá no ato da posse. Observe que esta terá como função efetivar o vínculo inicial de determinada pessoa para com o poder público, logo, apenas existirá posse nos casos de provimento por nomeação:

> Art. 13, § 4.º, Lei 8.112/1990 – Só haverá posse nos casos de provimento de cargo por nomeação.

> **Caiu na prova**
>
> **(FUNDATEC/IF-RS/2022)** *A investidura em cargo público ocorrerá com a aprovação em concurso público.*
>
> **Gabarito:** *Errado.*[8]

E qual será o prazo para a posse?

Será de 30 dias, a contar da publicação da nomeação.

> Art. 13, § 1.º, Lei 8.112/1990. A posse ocorrerá no prazo de trinta dias contados da publicação do ato de provimento.

Ponto interessante (e bastante cobrado em provas) refere-se aos **requisitos** para a posse, devendo o interessado:

- Comparecer pessoalmente ou enviar uma procuração específica (*art. 13, § 3.º, Lei 8.112/1990*).
- Apresentar a declaração de bens e valores que constituem o patrimônio (*art. 13, § 5.º, Lei 8.112/1990*).
- Fazer uma declaração quanto ao exercício ou não de outro cargo, emprego ou função pública (*art. 13, § 5.º, Lei 8.112/1990*).
- Passar por uma prévia inspeção médica oficial (*art. 14, Lei 8.112/1990*).

---

[8] A investidura ocorre no ato da posse, não da aprovação no concurso.

Por fim, caso a pessoa nomeada não compareça ao ato da posse, sua nomeação se torna sem efeito e o cargo volta a ser considerado vago. Cuidado, nessa situação não existirá exoneração, até mesmo porque ainda não existiu a investidura, logo, o indivíduo nem havia se tornado servidor.

8.1.2 Do exercício

Após a nomeação e a posse, deverá o servidor entrar em exercício, sendo este caracterizado pelo efetivo desempenho das atribuições do cargo público ou da função de confiança (art. 15, Lei 8.112/1990). Em uma linguagem simples, entrar em exercício é literalmente começar a trabalhar.

O exercício deve ser efetivado em um prazo de **15 dias** a contar da data da posse, conforme disposto no art. 15, § 1.º, da Lei 8.112/1990: "É de quinze dias o prazo para o servidor empossado em cargo público entrar em exercício, contados da data da posse".

> **caiu na prova**
>
> **(UFU-MG/UFU-MG/2021)** *Os prazos para os servidores públicos nomeados para cargo efetivo tomarem posse e entrarem em exercício são, respectivamente, de 30 e 15 dias.*
>
> **Gabarito:** *Certo.*

E se a pessoa foi nomeada, assinou o termo de posse, mas não entrou em exercício no prazo legal, o que ocorre?

Ela será **exonerada**! Observe que agora já existe um vínculo entre o indivíduo e o Estado, pois com a posse já aconteceu a investidura no cargo público.

8.1.3 Resumo: nomeação x posse x exercício

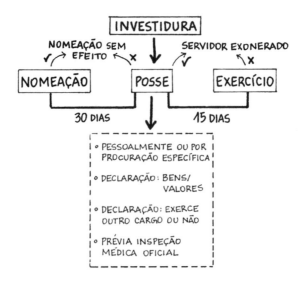

8.1.4 Estágio probatório

Em busca do respeito ao princípio da eficiência, o servidor que passa a ocupar um cargo efetivo deverá ser submetido a um **período de teste**, cuja finalidade é analisar se o agente administrativo desempenha bem ou não as suas funções.

A esse período de prova dá-se o nome de estágio probatório, durante o qual se avaliam a aptidão e a capacidade para o desempenho do cargo, observados os seguintes fatores: **assiduidade, disciplina, capacidade de iniciativa, produtividade e responsabilidade.**

Durante quanto tempo o servidor fica em estágio probatório?

Bom, o texto da Lei 8.112/1990 fala em um período de 24 meses, entretanto a Constituição Federal sofreu uma grande reforma no ano de 1998 e passou a adotar o prazo de três anos para que se possa adquirir a estabilidade:

> Art. 41, CF/1988. São estáveis após **três anos** de efetivo exercício os servidores nomeados para cargo de provimento efetivo em virtude de concurso público (grifos nossos).

Com essa disparidade entre o texto constitucional e o estatuto do servidor público federal, nasceu uma grande discussão. Todavia, hoje a controvérsia já se encontra superada, pois tanto os Tribunais Superiores quanto a doutrina amplamente majoritária passaram a adotar o prazo de três anos para o estágio probatório, sob o fundamento de que este tem de ser exatamente o mesmo prazo para se adquirir a estabilidade.

Resumindo, se em determinada questão objetiva for perguntado sobre o prazo do estágio, responda: três anos.[9]

⚖ jurisprudência

O Supremo Tribunal Federal assentou entendimento no sentido de que "a Emenda Constitucional 19/1998, que alterou o art. 41 da Constituição Federal, elevou para três anos o prazo para a aquisição da estabilidade no serviço público e, por interpretação lógica, o prazo do estágio probatório *(STF, 1.ª Turma, AI 744121 AgR/DF, 09.06.2015).*

Vale ressaltar que o desempenho efetivo do cargo por três anos não é suficiente, por si só, para a aquisição da estabilidade, pois deverá o servidor ao final do período de teste passar por uma avaliação de desempenho, a qual poderá aprová-lo ou inabilitá-lo.

> Art. 20, Lei 8.112/1990. § 1.º 4 (quatro) meses antes de findo o período do estágio probatório, será submetida à homologação da autoridade competente a **avaliação do**

---

[9] Cuidado com provas que pedem a literalidade da lei, pois, segundo a Lei 8.112/1990, em seu art. 20: "Ao entrar em exercício, o servidor nomeado para cargo de provimento efetivo ficará sujeito a estágio probatório por período de 24 (vinte e quatro) meses, durante o qual a sua aptidão e capacidade serão objeto de avaliação para o desempenho do cargo, observados os seguintes fatores". Então, se a prova pedir em uma questão o prazo probatório segundo a Lei 8.112/1990, estará pedindo o texto do estatuto, devendo ser marcado o prazo de 24 meses.

desempenho do servidor, realizada por comissão constituída para essa finalidade [...].
§ 2.º O servidor não aprovado no estágio probatório será exonerado ou, se estável, reconduzido ao cargo anteriormente ocupado, observado o disposto no parágrafo único do art. 29. (grifo nosso)

Por fim, uma pergunta: um servidor ainda em estágio probatório pode exercer um cargo em comissão? Sim! Vejamos o que diz a Lei 8.112/1990:

Art. 20, § 3.º O servidor em estágio probatório poderá exercer quaisquer cargos de provimento em comissão ou funções de direção, chefia ou assessoramento no órgão ou entidade de lotação, e somente poderá ser cedido a outro órgão ou entidade para ocupar cargos de Natureza Especial, cargos de provimento em comissão do Grupo-Direção e Assessoramento Superiores – DAS, de níveis 6, 5 e 4, ou equivalentes.

8.2 Readaptação

A readaptação ocorre em virtude de uma limitação física ou mental sofrida pelo servidor impossibilitando-o de exercer as suas atuais funções.

Art. 24, Lei 8.112/1990. Readaptação é a investidura do servidor em cargo de atribuições e responsabilidades compatíveis com a **limitação** que tenha sofrido em sua capacidade **física ou mental** verificada em inspeção médica. (grifo nosso)

Imagine, por exemplo, uma pessoa que trabalha como escrivã da Polícia Federal e seja diagnosticada com lesão por esforço repetitivo, a famosa LER. Deverá a Administração providenciar a readaptação do servidor caso ele, apesar de não mais conseguir desempenhar as funções no setor atual, consiga fazê-lo em outro (dentro da mesma carreira) que lhe exija menos esforço e seja compatível com a sua nova situação.

Sendo garantida na readaptação a **equivalência** de vencimentos, o desempenho em um cargo de atribuições afins e com o mesmo nível de escolaridade.

> **caiu na prova**
>
> **(CEBRASPE/SEE-PE/2022)** *Denomina-se readaptação a investidura do servidor público em cargo de atribuições e responsabilidades compatíveis com a limitação que ele tenha sofrido em sua capacidade física ou mental, verificada em inspeção médica.*
>
> **Gabarito:** *Certo.*

E se não existir cargo vago?

O servidor readaptado exercerá suas funções como **excedente** até o surgimento de uma vaga, ou seja, o cargo terá o acréscimo temporário do número de ocupantes a fim de recepcionar aquele que sofreu limitações em sua capacidade física ou mental (*art. 24, § 2.º, Lei 8.112/1990*).

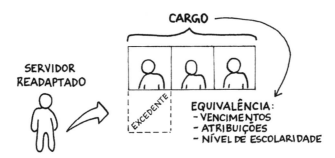

Por fim, caso não exista um cargo compatível com a limitação sofrida ou se for completamente impossível de o agente administrativo desempenhar as suas funções em qualquer outro local, deverá ele ser aposentado (*art. 24, § 1.º, Lei 8.112/1990*).

8.3 Reversão

É o retorno ao serviço público de um servidor que já havia se **aposentado**, por invalidez (art. 25, I, Lei 8.112/1990) ou de forma voluntária (art. 25, II, Lei 8.112/1990).

> **caiu na prova**
>
> **(CEBRASPE/FUB/2022)** A reversão é uma forma de provimento de cargo público, sendo uma das suas hipóteses o retorno à atividade de servidor aposentado por invalidez quando a junta médica oficial declarar insubsistentes os motivos da aposentadoria.
> **Gabarito:** Certo.

Todavia, para que exista a reversão ao cargo público anteriormente ocupado, faz-se necessário o preenchimento de alguns requisitos, a saber:

REVERSÃO DO APOSENTADO POR INVALIDEZ	REVERSÃO DO APOSENTADO DE FORMA VOLUNTÁRIA
Retorno vinculado (independe do interesse da administração)	Retorno discricionário (depende do interesse da administração)
Requisito para o retorno: a) junta médica oficial declarar insubsistentes os motivos da aposentadoria.	Requisito para o retorno: a) servidor tenha solicitado a reversão; b) a aposentadoria tenha sido voluntária; c) servidor estável quando na atividade; d) a aposentadoria tenha ocorrido nos cinco anos anteriores à solicitação; e) haja cargo vago.

> **cuidado**
>
> Apesar de a Lei 8.112/1990 falar em aposentadoria "por invalidez", a Constituição Federal, após a Emenda Constitucional 103, de 2019, passou a não mais usar essa expressão, que foi substituída por "aposentadoria por incapacidade permanente para o trabalho", vejamos: Art. 40, § 1.º – O servidor abrangido por regime próprio de previdência social será aposentado: I – por incapacidade permanente para o trabalho, no cargo em que estiver investido, quando insuscetível de readaptação, hipótese em que será obrigatória a realização de avaliações periódicas para verificação da continuidade das condições que ensejaram a concessão da aposentadoria, na forma de lei do respectivo ente federativo.

No caso do servidor que se aposentou de forma voluntária, sua reversão depende da existência de vaga. Entretanto, na situação em que não mais subsistem os motivos para a permanência da aposentadoria por invalidez, o retorno do servidor é vinculado. Assim, mesmo não existindo vaga, ele reverte ao serviço público na qualidade de **excedente** até a ocorrência de uma vaga (art. 25, § 3.º, Lei 8.112/1990).

Resumindo, no caso de ausência de vaga:

- Servidor aposentado por invalidez: reverte e trabalha como excedente.
- Servidor aposentado de maneira voluntária: não poderá reverter.

Por fim, segundo o estatuto dos servidores federais, não poderá reverter o aposentado que já tiver completado 70 anos de idade (art. 27). Todavia, a Constituição Federal sofreu alteração pela Emenda Constitucional 88 de 2015, passando a prever, em seu art. 40, § 1.º, II, que os servidores serão aposentados: "compulsoriamente, com proventos proporcionais ao tempo de contribuição, aos 70 (setenta) anos de idade, ou aos 75 (setenta e cinco) anos de idade, na forma de lei complementar".

Observe que o aumento da idade para a aposentadoria compulsória depende da edição de uma lei complementar. Mas essa lei já foi editada?

Sim!

Inclusive já está em vigência. Vejamos:

> LC 152/2015, art. 2.º Serão aposentados compulsoriamente, com proventos proporcionais ao tempo de contribuição, aos **75 (setenta e cinco) anos de idade**: I – os servidores titulares **de cargos efetivos da União, dos Estados, do Distrito Federal e dos Municípios**, incluídas suas autarquias e fundações; II – os membros do Poder Judiciário; III – os membros do Ministério Público; IV – os membros das Defensorias Públicas; V – os membros dos Tribunais e dos Conselhos de Contas. (grifo nosso)

8.4 Reintegração

No caso de um servidor ser **demitido** e, posteriormente, por uma decisão administrativa ou judicial, essa punição vir a ser **anulada** em virtude de alguma ilegalidade, o servidor, injustamente demitido, terá o direito de voltar ao serviço público com o

Cap. 11 – AGENTES PÚBLICOS | **411**

ressarcimento de tudo o que deixou de ganhar em virtude do ato irregular. A esse retorno dá-se o nome de: reintegração.

caiu na prova

(FGV/TJ-DFT/2022) *João, após regular processo administrativo disciplinar, foi demitido do serviço público. Irresignado com o teor dessa decisão, ajuizou ação, perante o Poder Judiciário, requerendo o reconhecimento de vício no processo administrativo, com a consequente declaração da nulidade da decisão que culminou com a referida sanção. À luz dessa narrativa, João deve ser reintegrado.*

Gabarito: *Certo.*

Segundo a Lei 8.112/1990, com relação a esse instituto:

Art. 28. A reintegração é a reinvestidura do servidor estável no cargo anteriormente ocupado, ou no cargo resultante de sua transformação, quando invalidada a sua demissão por decisão administrativa ou judicial, com ressarcimento de todas as vantagens.

cuidado

Apesar de o texto da Lei 8.112/1990 falar em "ressarcimento de todas vantagens", a jurisprudência pátria caminha no sentido do não ressarcimento de algumas verbas, tais como: auxílio-transporte e adicional de insalubridade. Vejamos:

Servidor público que havia sido demitido e que foi reintegrado, terá direito ao recebimento retroativo dos vencimentos, férias indenizadas e auxílio-alimentação. Por outro lado, não terá direito ao retroativo de auxílio-transporte e adicional de insalubridade (STJ, 1.ª Turma, REsp 1941987/PR, 07.12.2021).

Observe que o dispositivo legal diz que será reintegrado o servidor estável. Com isso, surge uma pergunta: caso a pessoa ainda esteja no período do estágio probatório (não estável), poderá se valer do instituto da reintegração? Sim! Esse entendimento já é, inclusive, adotado pelo próprio Supremo Tribunal Federal. Vejamos:

jurisprudência

O servidor público ocupante de cargo efetivo, ainda que em estágio probatório, não pode ser exonerado *ad nutum, com base em decreto que declara a desnecessidade do cargo, sob pena de ofensa à garantia do devido processo legal, do contraditório e da ampla defesa. Incidência da Súmula 21 do STF. Recurso a que se dá provimento, para* **determinar a reintegração dos autores no quadro de pessoal** *da Prefeitura Municipal de Bicas (MG) (STF, 1.ª Turma, RE 378041/MG, 21.09.2004).*

Bom, agora que já sabemos que a reintegração é o retorno do servidor, estável ou não, ao serviço público em virtude da invalidação de sua demissão. Vamos imaginar a seguinte situação: Sicrano, ocupante do cargo X, foi demitido após um regular processo administrativo disciplinar e, em virtude da vacância, seu cargo passou a ser ocupado por Fulano. Entretanto, após um ano, Sicrano conseguiu comprovar judicialmente que a punição recebida estava eivada de vícios de legalidade. Com isso, o juiz determinou a reintegração de Sicrano ao seu cargo de origem.

Assim, pergunta-se: quem deverá ficar com o cargo, Sicrano (reintegrado) ou Fulano (eventual ocupante)?

Sicrano!

Siga o raciocínio lógico: se a demissão de Sicrano foi ilegal, ele nunca deveria ter deixado o cargo, logo, Fulano nunca deveria ter ingressado naquele lugar. Portanto, deverá o eventual ocupante (Fulano) ser reconduzido, sem direito à indenização, ao seu cargo de origem; caso este já esteja ocupado, será ele aproveitado em um cargo semelhante ou, não existindo nada compatível com as suas antigas atribuições, será posto em disponibilidade com remuneração proporcional ao seu tempo de serviço.

> Art. 28, § 2.º, Lei 8.112/1990. Encontrando-se provido o cargo, o seu eventual ocupante será reconduzido ao cargo de origem, sem direito à indenização ou aproveitado em outro cargo, ou, ainda, posto em disponibilidade.

Para facilitar a visualização, observe o seguinte desenho:

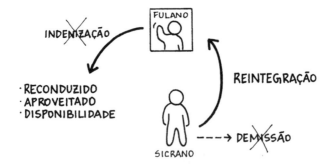

Por fim, caso a reintegração não venha a ser possível em virtude da extinção do cargo, deverá o servidor ser posto em disponibilidade até que surja uma vaga compatível com as suas atribuições anteriores (art. 28, § 2.º, Lei 8.112/1990).

8.5 Recondução

Segundo o estatuto, em seu art. 29, "recondução é o retorno do servidor estável ao cargo anteriormente ocupado", e pode decorrer de duas situações:

a) **Reintegração do anterior ocupante:** é a situação estudada no tópico anterior. Como vimos, caso exista uma reintegração, deverá o eventual ocupante do cargo retornar ao seu cargo de origem (recondução) sem direito à indenização.

b) **Inabilitação em estágio probatório relativo a outro cargo:** vamos imaginar que Bruno já era estável no cargo de Agente da Polícia Federal, ingressando posteriormente, após a aprovação em um concurso público, no cargo de Delegado da Polícia Federal. Com isso, ele terá de passar por um novo período de estágio probatório e, caso seja inabilitado, por já ser estável, terá o direito de retornar ao seu cargo anterior de Agente de Polícia.

Daí surge uma pergunta: existirá recondução apenas se o servidor for reprovado no estágio probatório?

Não!

Segundo a doutrina e a jurisprudência, a recondução poderá ocorrer tanto em caso de inabilitação no período do estágio probatório quanto ser fruto de uma escolha do servidor, bastando para isso que ele demonstre o desejo de retornar dentro do período probatório.

jurisprudência

O servidor público estável que desiste do estágio probatório a que foi submetido em razão de ingresso em novo cargo público tem direito a ser reconduzido ao cargo anteriormente ocupado. (STJ, 3.ª Seção, MS 8339/DF, 11-09-2002).

Por fim, segundo o Supremo Tribunal Federal, se o cargo for extinto e o servidor ainda não for estável, não terá como existir recondução. "Súmula 22 do STF. O estágio probatório não protege o funcionário contra a extinção do cargo."

8.6 Aproveitamento

É o retorno ao serviço público do servidor que se encontrava em disponibilidade em virtude da extinção do cargo que anteriormente ocupava.

> Art. 41, § 3.º, CF/1988. Extinto o cargo ou declarada a sua desnecessidade, o servidor estável ficará em disponibilidade, com remuneração proporcional ao tempo de serviço, até seu adequado aproveitamento em outro cargo.

O retorno à atividade de servidor em disponibilidade far-se-á mediante **aproveitamento obrigatório** em cargo de atribuições e vencimentos compatíveis com o anteriormente ocupado (art. 30, Lei 8.112/1990). Por exemplo, um servidor foi posto em disponibilidade em virtude da extinção do cargo (nível superior) que exercia. Após um tempo, surgiu uma vaga para um cargo de nível médio. Nesse caso, não poderia existir o aproveitamento do agente público em virtude da falta de compatibilidade (diferentes níveis de escolaridade) com o cargo anteriormente ocupado.

Por fim, o aproveitamento é um **ato vinculado**, ou seja, com o surgimento de um cargo compatível, deverá o Poder Público executar o ato de provimento e o servidor deve aceitá-lo, sob pena de cassação de sua disponibilidade.

Art. 32, Lei 8.112/1990. Será tornado sem efeito o aproveitamento e cassada a disponibilidade se o servidor não entrar em exercício no prazo legal, salvo doença comprovada por junta médica oficial.

8.7 Promoção

A promoção, forma de provimento derivado e vertical, possibilita ao servidor a progressão na carreira em que ingressou mediante prévia aprovação em concurso público. Ela deve acontecer, alternadamente, por antiguidade e merecimento.

Observe que nessa situação não existe a mudança de cargo, pois para que isso ocorra faz-se imprescindível a realização e a aprovação em um novo concurso. Logo, na atualidade, é completamente **vedado** o instituto da **ascensão** (mudança de cargo sem concurso), tendo sido banida essa forma de provimento desde a promulgação da Constituição em 1988.

jurisprudência

Tese de julgamento: "A equiparação de carreira de nível médio a outra de nível superior constitui ascensão funcional, vedada pelo art. 37, II, da CF/1988" (STF, Tribunal Pleno, ADI 3199, 20.04.2020).

caiu na prova

(QUADRIX/CRP-GO/2022) Ascensão é a forma de provimento pela qual o servidor deixa seu cargo e ingressa em cargo situado em classe mais elevada.

Gabarito: Errado.[10]

9. DA VACÂNCIA

A vacância é uma forma de deixar o cargo público vago. Observe que esse instituto é diametralmente oposto às formas de provimento, pois nestas existirá o preenchimento do cargo público.

A Lei 8.112/1990 (art. 33) preleciona que são formas de vacância:

- **Demissão:** é a única forma de vacância punitiva, devendo ser efetivada após prévio processo administrativo disciplinar que assegure o direito de defesa ao acusado. Aprofundaremos esse assunto no tópico relacionado ao regime disciplinar.

---

[10] O instituto da ascensão não existe mais em nosso ordenamento.

Cap. 11 – AGENTES PÚBLICOS 415

- **Exoneração:** pode acontecer a pedido do próprio agente público ou, nas situações legalmente previstas, por ato de ofício da Administração. Em ambos os casos, a extinção do vínculo funcional não representa uma punição ao servidor.

A exoneração poderá ser providenciada pelo próprio Poder Público (de ofício), quando:

a) **Servidor não estável for inabilitado no estágio probatório.** "Art. 20, § 2.º, Lei 8.112/1990. O servidor não aprovado no estágio probatório será exonerado ou, se estável, reconduzido ao cargo anteriormente ocupado, observado o disposto no parágrafo único do art. 29."

b) **Servidor não entrar em exercício no prazo legal.** "Art. 15, § 2.º, Lei 8.112/1990. O servidor será exonerado do cargo ou será tornado sem efeito o ato de sua designação para função de confiança, se não entrar em exercício nos prazos previstos neste artigo, observado o disposto no art. 18."

c) **Servidor não consegue ser aprovado na avaliação periódica de desempenho.** "Art. 41, § 1.º, CF. O servidor público estável só perderá o cargo: [...] III – mediante procedimento de avaliação periódica de desempenho, na forma de lei complementar, assegurada ampla defesa."

d) **Limite de gastos com pessoal.** "Art. 169, CF. A despesa com pessoal ativo e inativo e pensionistas da União, dos Estados, do Distrito Federal e dos Municípios não pode exceder os limites estabelecidos em lei complementar. [...] § 4.º Se as medidas adotadas com base no parágrafo anterior não forem suficientes para assegurar o cumprimento da determinação da lei complementar referida neste artigo, o servidor estável poderá perder o cargo, desde que ato normativo motivado de cada um dos poderes especifique a atividade funcional, o órgão ou unidade administrativa objeto da redução de pessoal."

e) **Nos casos de cargo em comissão, a exoneração poderá ser** *ad nutum,* ou seja, dependerá do livre interesse da autoridade nomeante, não precisando esta sequer motivar o ato exoneratório. "Art. 37, II, CF. A investidura em cargo ou emprego público depende de aprovação prévia em concurso público de provas ou de provas e títulos, de acordo com a natureza e a complexidade do cargo ou emprego, na forma prevista em lei, ressalvadas as nomeações para cargo em comissão declarado em lei de livre nomeação e exoneração."

- **Falecimento:** é um fato administrativo que gera efeitos na esfera jurídica, pois, logicamente, a morte do servidor ocasionará a vacância do cargo por este ocupado.

- **Aposentadoria:** poderá ocorrer de maneira compulsória (75 anos), mediante invalidez comprovada ou por escolha do servidor. Em qualquer uma das situações, o agente público vai para a inatividade e deixará o cargo vago.

- **Readaptação:** como sabemos, esse instituto refere-se à mudança de cargo em virtude de uma limitação física ou mental sofrida pelo servidor. Observe que existirá uma vacância do cargo de origem e um provimento no novo local por ele ocupado (forma híbrida).

- **Posse em outro cargo inacumulável:** por disposição constitucional, a regra é a vedação à acumulação de cargos, empregos e funções públicas (art. 37, XVI e XVII,

CF). Sendo assim, o servidor, ao ser aprovado em um novo concurso público, em caso de incompatibilidade, deverá vagar o cargo de origem para que possa assumir a nova função. Mais uma vez, temos uma forma híbrida, pois, existirá a vacância do cargo inicial e o respectivo provimento no novo local.

- **Promoção:** mediante uma promoção por antiguidade ou merecimento, o servidor passará a um nível mais alto dentro da carreira que ocupa. Assim como as duas formas anteriores, temos uma forma híbrida.

As formas híbridas (readaptação, promoção e posse em cargo inacomodável) são assim denominadas em virtude de o mesmo ato administrativo gerar tanto a vacância no cargo de origem quanto o provimento no novo local. Por exemplo, Maria trabalhava no cargo "A", todavia, em virtude de uma limitação física, foi readaptada para o cargo "B" em virtude de este ser compatível com a sua nova situação. Observe que Maria deixou o local "A" (vacância) e passou para o cargo "B" (provimento), tendo, assim, o mesmo ato (readaptação) tanto desocupado um cargo quanto ocupado outro.

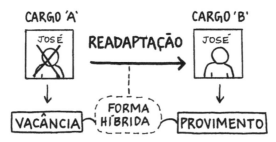

10. DA REMOÇÃO

Não é forma de provimento nem de vacância, sendo caracterizada simplesmente como o deslocamento do servidor para uma nova lotação.

Segundo o estatuto do servidor público federal:

> Art. 36. Remoção é o deslocamento do servidor, a pedido ou de ofício, no âmbito do mesmo quadro, com ou sem mudança de sede.

Perceba, pela disposição legal, que não necessariamente terá de haver mudança do local de trabalho para existir a remoção.

caiu na prova

(UFSC/UFSC/2022) *Remoção é o deslocamento do servidor, a pedido ou de ofício, no âmbito do mesmo quadro, com ou sem mudança de sede.*
Gabarito: *Certo.*

Resumindo, a remoção:

- **É o deslocamento do servidor.**
- **Dentro do mesmo quadro (mesma carreira).**

Cap. 11 – AGENTES PÚBLICOS **417**

- **Com ou sem mudança de sede.**
- **Pode acontecer de ofício.**

Demonstrado o interesse público, deverá o servidor acatar a ordem. Todavia, caso consiga comprovar a existência de um desvio de finalidade no ato praticado pelo Poder Público, deverá o deslocamento ser anulado. Por exemplo, se realmente a remoção foi efetivada por razões de interesse público, ao servidor restará apenas obedecer ao comando administrativo, mas, caso o deslocamento tenha se efetivado por perseguição do superior hierárquico, será declarado o desvio de poder e o ato poderá ser anulado tanto pela própria Administração quanto pelo Poder Judiciário.

- **Pode acontecer a pedido do próprio servidor**

Nessa situação, como regra generalíssima, caberá à Administração a análise discricionária acerca da concessão ou não do pedido. Todavia, por disposição expressa da própria Lei 8.112/1990, em três casos o Poder Público ao receber o pedido de remoção do servidor deverá acatá-lo e conceder o deslocamento. As situações são:

a) **Para acompanhar cônjuge ou companheiro,** também servidor público civil ou militar, de qualquer dos Poderes da União, dos Estados, do Distrito Federal e dos Municípios, que foi deslocado no interesse da Administração. Em relação a essa forma de remoção, algumas observações são importantes:

- A remoção do cônjuge tem de ter acontecido no interesse da Administração. Logo, se o deslocamento se deu a pedido do servidor, o Poder Público poderá analisar de forma discricionária se remove ou não o outro cônjuge/companheiro.

- O cônjuge removido no interesse da Administração pode ser servidor Federal, Estadual ou Municipal. Ou seja, independentemente da esfera envolvida, se o deslocamento se deu para satisfação de interesse do Poder Público, terá o outro cônjuge/companheiro o direito à remoção.

- Se os envolvidos não moravam juntos na época do deslocamento, não terá o cônjuge/companheiro direito adquirido à remoção.

jurisprudência

A Corte de origem, fundada em prova dos autos, reconheceu que **a remoção de ofício da esposa do recorrente não interferiu na quebra da unidade familiar, uma vez que inexistia prévia coabitação entre os cônjuges.** *2. O trauma à unidade familiar configura-se quando ocorre o afastamento do convívio familiar direto e diário entre os cônjuges, hipótese não verificada nos autos. (STJ, 2.ª Seção, AgRg no REsp 1209391/PB, 06.09.2011).*

b) Por **motivo de saúde** do servidor, cônjuge, companheiro ou dependente que viva às suas expensas e conste do seu assentamento funcional, condicionada à comprovação por junta médica oficial.

c) Em virtude de **processo seletivo** promovido, na hipótese em que o número de interessados for superior ao número de vagas, de acordo com normas preestabelecidas pelo órgão ou entidade em que aqueles estejam lotados.

DIREITO ADMINISTRATIVO FACILITADO – *Ana Cláudia Campos*

> ## I Jornada de Direito Administrativo – Enunciado 16
>
> As hipóteses de remoção de servidor público a pedido, independentemente do interesse da Administração, fixadas no art. 36, parágrafo único, III, da Lei n.º 8.112/1990 são taxativas. Por esse motivo, a autoridade que indefere a remoção, quando não presentes os requisitos da lei, não pratica ato ilegal ou abusivo.

11. REDISTRIBUIÇÃO

Com vimos, a remoção trata-se da mudança do servidor de um local para outro; já a redistribuição é uma forma de deslocamento do próprio cargo para fins de reorganização administrativa.

Permite a lei que esse deslocamento do cargo ocorra de um órgão para outro e até mesmo de uma pessoa jurídica para outra, desde que dentro do mesmo Poder, por exemplo, o deslocamento de cargos de um ministério para outro.

> Art. 37, Lei 8.112/1990. Redistribuição é o deslocamento de cargo de provimento efetivo, ocupado ou vago no âmbito do quadro geral de pessoal, para outro órgão ou entidade do mesmo Poder, com prévia apreciação do órgão central do SIPEC, observados os seguintes preceitos:
>
> I – interesse da administração;
>
> II – equivalência de vencimentos;
>
> III – manutenção da essência das atribuições do cargo;
>
> IV – vinculação entre os graus de responsabilidade e complexidade das atividades;
>
> V – mesmo nível de escolaridade, especialidade ou habilitação profissional;
>
> VI – compatibilidade entre as atribuições do cargo e as finalidades institucionais do órgão ou entidade.

REMOÇÃO	REDISTRIBUIÇÃO
Deslocamento do servidor	Deslocamento do cargo

12. DOS DIREITOS E VANTAGENS

A Lei 8.112/1990 elenca vários direitos e vantagens que são garantidos ao servidor, tais como indenizações, gratificações e adicionais. Entretanto, antes de iniciar o aprofundamento sobre esse tema, faz-se necessário um breve resumo sobre o vencimento e a remuneração do servidor.

12.1 Do vencimento e da remuneração

A remuneração do servidor será baseada em seu vencimento (mínimo a se receber) acrescida das vantagens pecuniárias de caráter permanente (art. 41, Lei 8.112/1990). Sendo assim, a remuneração vai variar de acordo com o cargo, tempo de serviço, nível de escolaridade e condições de prestação da atividade, entre outras situações

Cap. 11 – AGENTES PÚBLICOS **419**

pessoais do servidor e da carreira, vedando-se a prestação de serviços gratuitos, salvo aqueles autorizados por lei (art. 4.º, Lei 8.112/1990).

Desde já devemos ressaltar que o vencimento e a remuneração possuem caráter alimentar. Exatamente por isso, como regra, não se admitem arresto, sequestro ou penhora dos valores recebidos pelo servidor, salvo nas situações necessárias para o pagamento das pensões alimentícias. Por exemplo, se o servidor está devendo o cartão de crédito, não poderia o juiz determinar o sequestro (apreensão da remuneração) para o pagamento dessa dívida. Contudo, se for para garantir a prestação de alimentos ao filho do agente público, o sequestro poderá ser feito, já que tal débito é de natureza alimentar.

> Art. 48, Lei 8.112/1990. O vencimento, a remuneração e o provento não serão objeto de arresto, sequestro ou penhora, exceto nos casos de prestação de alimentos resultante de decisão judicial.

Para facilitar o estudo e deixá-lo mais organizado, vamos analisar as principais considerações sobre o tema em separado.

a) Nomenclaturas

A pessoa que desempenha uma atividade no presente ou que a tenha feito no passado deverá receber um valor como forma de contraprestação pelo serviço prestado. Quantia esta que, a depender da situação, poderá ser chamada de: salário, vencimento, remuneração, provento ou subsídio.

- **Salário:** valor recebido pelos empregados regidos pela CLT. Por exemplo, os trabalhadores da Caixa Econômica (Empresa Pública), Petrobrás e Banco do Brasil (Sociedades de Economia Mista) recebem salário, pois são regidos pela Consolidação das Leis do Trabalho.
- **Vencimento:** é a retribuição pecuniária pelo exercício de cargo público, com valor fixado em lei. Em outras palavras, é o valor base recebido pelo servidor estatutário.
- **Remuneração:** é a soma do vencimento (valor base) com as vantagens de caráter permanente.
- **Vencimentos:** sinônimo de remuneração.
- **Provento:** retribuição pecuniária paga aos aposentados (servidores que passaram à inatividade).
- **Subsídio:** algumas categorias de agentes públicos recebem o pagamento em parcela única, possuindo essa ação a finalidade de evitar os supersalários e facilitar o controle dos gastos públicos.

> Art. 39, § 4.º, CF. O membro de Poder, o detentor de mandato eletivo, os Ministros de Estado e os Secretários Estaduais e Municipais serão remunerados exclusivamente por subsídio fixado em parcela única, vedado o acréscimo de qualquer gratificação, adicional, abono, prêmio, verba de representação ou outra espécie remuneratória, obedecido, em qualquer caso, o disposto no art. 37, X e XI.

Por fim, a Constituição instituiu algumas carreiras que devem possuir como contraprestação o subsídio, possibilitando para as demais a escolha entre a utilização deste ou da remuneração.

> Art. 39, § 8.º, CF. A remuneração dos servidores públicos organizados em carreira poderá ser fixada nos termos do § 4.º.

b) Irredutibilidade

A Constituição preleciona que a remuneração do servidor é irredutível (art. 37, XV, CF), entendimento este que é replicado pelo estatuto do servidor federal:

> Art. 41, § 3.º, Lei 8.112/1990. O vencimento do cargo efetivo, acrescido das vantagens de caráter permanente, é irredutível.

caiu na prova

(IDECAN/IF-CE/2021) *O vencimento do cargo efetivo, acrescido das vantagens de caráter permanente, é irredutível.*

Gabarito: *Certo.*

Mas essa irredutibilidade é do tipo nominal ou real?

Nominal!

Ou seja, o servidor tem o direito de não ter o valor nominal de seu vencimento reduzido, mas não necessariamente essa quantia acompanhará a alta inflacionária, já que não foi garantida a irredutibilidade real. Por exemplo, se João, ficar durante dez anos recebendo uma remuneração de R$ 2.000,00 (dois mil reais), estará sendo respeitada a não redução nominal, pois a quantia não foi nominalmente reduzida, entretanto, em virtude dos aumentos inflacionários, se pensarmos de forma real estará o servidor recebendo menos. Vejamos o que diz o Supremo tribunal Federal:

jurisprudência

O art. 37, XV, da Constituição assegura a irredutibilidade nominal da remuneração global – soma de todas as parcelas, gratificações e outras vantagens percebidas pelo servidor. (STF, Tribunal Pleno, MS 21659/DF, 28.09.2005).

c) Salário mínimo

Segundo a Constituição Federal:

> Art. 7.º São direitos dos trabalhadores urbanos e rurais, além de outros que visem à melhoria de sua condição social: [...] IV – salário mínimo, fixado em lei, nacionalmente unificado, capaz de atender a suas necessidades vitais básicas e às de sua família com moradia, alimentação, educação, saúde, lazer, vestuário, higiene, transporte e previdência social, com reajustes periódicos que lhe preservem o poder aquisitivo, sendo vedada sua vinculação para qualquer fim.

Com esse dispositivo a Carta Maior garantiu que todos os trabalhadores devem receber um valor mínimo como forma de contraprestação pelos serviços prestados,

Cap. 11 – AGENTES PÚBLICOS **421**

proteção esta que foi estendida aos servidores: "Art. 39, § 3.º, CF. Aplica-se aos servidores ocupantes de cargo público o disposto no art. 7.º, IV [...]". Com isso, nenhum detentor de cargo efetivo receberá menos que o valor de um salário mínimo como forma de remuneração (art. 41, § 5.º, Lei 8.112/1990).

Como a lei falou especificamente que a **remuneração não pode ser inferior ao salário mínimo**, o valor do vencimento poderá ser menor que esta base?

Sim!

Esse entendimento está, inclusive, pacificado no âmbito da jurisprudência nacional. Vejamos: "Súmula Vinculante 16 do STF. Os artigos 7.º, IV, e 39, § 3.º (redação da EC 19/1998), da Constituição, referem-se ao total da remuneração percebida pelo servidor público". Sendo assim, percebe-se que o vencimento pode ser menor que o salário mínimo, desde que, quando somado às vantagens de caráter permanente, venha a ser feito, pelo menos, no valor-base.

d) Teto remuneratório

A Constituição Federal instituiu tetos remuneratórios, prelecionando que:

> Art. 37, XI – a remuneração e o subsídio dos ocupantes de cargos, funções e empregos públicos da administração direta, autárquica e fundacional, dos membros de qualquer dos Poderes da União, dos Estados, do Distrito Federal e dos Municípios, dos detentores de mandato eletivo e dos demais agentes políticos e os proventos, pensões ou outra espécie remuneratória, percebidos cumulativamente ou não, incluídas as vantagens pessoais ou de qualquer outra natureza, não poderão exceder o subsídio mensal, em espécie, dos Ministros do Supremo Tribunal Federal, aplicando-se como limite, nos Municípios, o subsídio do Prefeito, e nos Estados e no Distrito Federal, o subsídio mensal do Governador no âmbito do Poder Executivo, o subsídio dos Deputados Estaduais e Distritais no âmbito do Poder Legislativo e o subsídio dos Desembargadores do Tribunal de Justiça, limitado a noventa inteiros e vinte e cinco centésimos por cento do subsídio mensal, em espécie, dos Ministros do Supremo Tribunal Federal, no âmbito do Poder Judiciário, aplicável este limite aos membros do Ministério Público, aos Procuradores e aos Defensores Públicos.

De forma bem mais resumida, podemos dizer que os servidores federais deverão obedecer ao teto geral (subsídio dos Ministros do STF) e aqueles que possuam cargos estaduais, distritais ou municipais estarão submetidos a subtetos.

TETO GERAL	SUBTETO Estados e DF	SUBTETO municípios
Subsídio dos Ministros do STF	**Poder Legislativo** Subsídio dos Deputados Estaduais e Distritais	Subsídio do Prefeito
	Poder Executivo Subsídio do Governador	
	Poder Judiciário Subsídio dos desembargadores do TJ (90,25% dos subsídios dos Ministros do STF) Obs.: aos membros do Ministério Público, aos Procuradores e aos Defensores Públicos se aplica o subteto do Judiciário	

DIREITO ADMINISTRATIVO FACILITADO – Ana Cláudia Campos

Todavia, um problema surgiu em virtude de o dispositivo constitucional acima ter feito diferenciação entre os juízes federais e estaduais, prelecionando que aqueles estariam submetidos ao teto geral (subsídio dos Ministros do STF) e estes ao subteto estadual limitado a 90,25% do que ganham os membros da Corte maior.

Para encerrar a discussão, o próprio Supremo decidiu que não pode haver tratamento diferenciado entre os magistrados, já que ambos estão sujeitos à mesma lei (LOMAN – Lei Orgânica da Magistratura Nacional). Sendo assim, não existe hierarquia entre eles. Logo, deverão os juízes federais e estaduais ser submetidos ao teto geral. Vejamos:

> ### jurisprudência
>
> *Fixação diferenciada para os membros da magistratura federal e estadual. Inadmissibilidade. Caráter nacional do Poder Judiciário. Distinção arbitrária. Ofensa à regra constitucional da igualdade ou isonomia. (STF, Tribunal Pleno, ADI 3854 MC/DF, 28.02.2007).*

O Tribunal, por maioria, julgou procedente o pedido formulado na ação direta para, confirmando a medida cautelar anteriormente deferida pelo Plenário, dar interpretação conforme à Constituição ao artigo 37, inciso XI (com redação dada pela EC 41/2003) e § 12 (com redação dada pela EC 47/2005), da Constituição Federal, para afastar a submissão dos membros da magistratura estadual da regra do subteto remuneratório e declarar a inconstitucionalidade do artigo 2º da Resolução n.º 13/2006 e artigo 1.º, parágrafo único, da Resolução n.º 14, ambas do Conselho Nacional de Justiça, nos termos do voto do Relator, vencido o Ministro Edson Fachin. Falou, pela requerente Associação dos Magistrados Brasileiros – AMB, o Dr. Alberto Pavie Ribeiro. Impedido o Ministro Alexandre de Moraes (STF, Plenário, Sessão Virtual de 27.11.2020 a 4.12.2020).

Por fim, existem algumas verbas não submetidas à regra do teto remuneratório. Com isso, em determinadas situações poderá o valor-limite ser extrapolado. Em resumo, não se submetem ao teto as seguintes verbas:

- **Indenizações:** exemplo – diárias de viagens.
- **Direitos sociais:** exemplo – décimo terceiro salário.
- **Abono de permanência:**

    Art. 40, § 19, CF. Observados critérios a serem estabelecidos em lei do respectivo ente federativo, o servidor titular de cargo efetivo que tenha completado as exigências para a aposentadoria voluntária e que opte por permanecer em atividade poderá fazer jus a um abono de permanência equivalente, no máximo, ao valor da sua contribuição previdenciária, até completar a idade para aposentadoria compulsória.

- **Remuneração pelo desempenho da atividade de professor:** por exemplo, um Ministro do STF, caso venha a dar aula em uma universidade pública, poderá acumular o recebimento de ambos os cargos. Esse entendimento é doutrinário e jurisprudencial e visa à difusão da cultura e conhecimento.

e) Descontos na remuneração

Como forma de proteção à remuneração do servidor, já que esta tem caráter alimentar, algumas garantias são asseguradas – por exemplo, a vedação de descontos na remuneração do servidor. Todavia, em algumas situações poderá haver esse abatimento, a saber:

- **Imposição legal:** podemos citar o caso do desconto para pagamento do imposto de renda e da contribuição previdenciária.
- **Mandado judicial:** o exemplo clássico refere-se ao desconto para pagamento de pensão alimentícia.
- **Ressarcimento ao erário:** o servidor em débito com o erário, que for demitido, exonerado ou que tiver sua aposentadoria ou disponibilidade cassada, terá o prazo de 60 (sessenta) dias para quitar o débito. Caso não realize a quitação do débito no prazo mencionado, haverá a sua inscrição em dívida ativa (art. 47, Lei 8.112/1990).

> **cuidado**
>
> *Os pagamentos indevidos aos servidores públicos decorrentes de erro administrativo (operacional ou de cálculo), não embasado em interpretação errônea ou equivocada da lei pela Administração, estão sujeitos à devolução, ressalvadas as hipóteses em que o servidor, diante do caso concreto, comprova sua boa-fé objetiva, sobretudo com demonstração de que não lhe era possível constatar o pagamento indevido. STJ. 1.ª Seção. REsp 1.769.306/AL, Rel. Min. Benedito Gonçalves, julgado em 10/03/2021 (Recurso Repetitivo – Tema 1009)*

12.2 Das vantagens

Ao vencimento serão somadas algumas vantagens, que poderão ter a natureza de indenização ou de gratificação/adicional.

Art. 49, Lei 8.112/1990. Além do vencimento, poderão ser pagas ao servidor as seguintes vantagens:

I – indenizações;

II – gratificações;

III – adicionais.

§ 1.º As indenizações não se incorporam ao vencimento ou provento para qualquer efeito.

§ 2.º As gratificações e os adicionais incorporam-se ao vencimento ou provento, nos casos e condições indicados em lei.

12.2.1 Das indenizações

As indenizações terão o caráter de reembolso feito ao servidor. Por isso, **não se incorporam** ao vencimento ou provento, ou seja, não serão levadas em consideração para cálculos posteriores, por exemplo, da aposentadoria, gratificação natalina, serviço extraordinário, entre outros.

A lei prevê as seguintes indenizações: **ajuda de custo, diárias, transporte e auxílio-moradia** (art. 51, Lei 8.112/1990).

Vamos analisar cada um desses institutos de forma individualizada.

a) Ajuda de custo

Destina-se a compensar as despesas de instalação do servidor que, no **interesse da Administração**, passa a ter exercício em nova sede, com **mudança de domicílio** em caráter **permanente**, vedado o duplo pagamento de indenização, a qualquer tempo, no caso de o cônjuge ou companheiro, que detenha também a condição de servidor, vier a ter exercício na mesma sede (art. 53 do Estatuto).

A finalidade dessa indenização é ajudar a custear as despesas de transporte do servidor e de sua família, compreendendo despesas como passagem, bagagem e bens pessoais. E caso o agente público venha a falecer na nova sede, a família terá o direito de receber essa ajuda para retornar ao seu local de origem, sendo ato vinculado da Administração o pagamento, desde que a família faça a solicitação dentro do período de **um ano** a contar do falecimento do servidor.

Mas quem poderá receber essa indenização?

Tanto o detentor de **cargo efetivo**, deslocado no interesse da Administração, quanto aquele que, mesmo não sendo servidor da União, for nomeado para **cargo em comissão**, com mudança de domicílio.

Sendo assim, caso a remoção ocorra a pedido do próprio servidor, não terá este direito ao recebimento da ajuda de custo. Ademais, por expressa disposição legal, também não receberá essa indenização aquele que se afastar do cargo, ou reassumi-lo, em virtude de mandato eletivo.

E qual será o valor da ajuda de custo?

Terá como teto a importância correspondente a três meses da remuneração do servidor. Vejamos:

> Art. 54, Lei 8.112/1990. A ajuda de custo é calculada sobre a remuneração do servidor, conforme se dispuser em regulamento, não podendo exceder a importância correspondente a 3 (três) meses.

Por fim, sempre que o servidor não se apresentar na nova sede dentro do prazo de **30 dias**, ficará obrigado a restituir o valor recebido como forma de ajuda de custo (art. 57, Lei 8.112/1990).

Resumindo, a ajuda de custo:

- Deslocamento permanente do servidor.
- Deslocamento feito no interesse da Administração.
- Podem receber essa ajuda os detentores de cargo efetivo e em comissão.
- Vedado o duplo pagamento.
- Valor da ajuda de custo: até três meses da remuneração do servidor.
- Em caso de falecimento do servidor, a família tem direito a receber a ajuda de custo para retornar ao local de origem, desde que solicite dentro de período de um ano a contar do falecimento.
- Caso o servidor não se apresente na nova sede no prazo de 30 dias, deverá devolver o valor recebido como forma de ajuda de custo.

> **caiu na prova**
>
> **(IDECAN/IF-CE/2021)** *A ajuda de custo destina-se a compensar as despesas de instalação do servidor que, no interesse do serviço, passar a ter exercício em nova sede, com mudança de domicílio em caráter permanente, vedado o duplo pagamento de indenização, a qualquer tempo, no caso de o cônjuge ou companheiro que detenha também a condição de servidor, vier a ter exercício na mesma sede.*
>
> **Gabarito:** *Certo.*

b) Diárias

O servidor que, a serviço, **afastar-se** da sede em caráter eventual ou **transitório** para outro ponto do território nacional ou para o exterior, fará jus a passagens e diárias destinadas a indenizar as parcelas de despesas extraordinária com pousada, alimentação e locomoção urbana, conforme dispuser em regulamento (art. 58 do Estatuto).

Mas qual será o valor da diária?

A lei não menciona valor fixo, apenas preleciona que será paga por dia de afastamento e quando não existir pernoite ou a União custear, por meio diverso, as despesas extraordinárias, o valor da diária será pago pela **metade**.

Daí surge outra pergunta: todos os servidores que se deslocam em caráter transitório farão jus a essa indenização?

Não!

A Lei 8.112/1990 é expressa no sentido de que **não receberão** diárias os servidores, nos seguintes casos:

- Deslocamento da sede constituir exigência permanente do cargo (art. 58, § 2.º).
- Quando o deslocamento ocorrer dentro da mesma região metropolitana, aglomeração urbana ou microrregião, constituídas por municípios limítrofes e regularmente instituídas, ou em áreas de controle integrado mantidas com países limítrofes, cuja jurisdição e competência dos órgãos, entidades e servidores brasileiros considera-se estendida, salvo se houver pernoite fora da sede, hipóteses em que as diárias pagas serão sempre as fixadas para os afastamentos dentro do território nacional (art. 58, § 3.º).

Por fim, caso o servidor não chegue a se afastar da sede ou retorne antes do prazo estabelecido, deverá restituir o valor da diária dentro do prazo de **cinco dias**.

Resumindo, a diária:

- Será paga no caso de deslocamento temporário do servidor.
- O deslocamento deve ser feito no interesse da Administração.
- Custeia despesas com: pousada, alimentação e locomoção urbana.
- Será paga por dia. Não existindo pernoite ou no caso de a União custear as despesas por outro meio, o valor da diária será pago pela metade.
- A devolução do valor da diária deve ser feita no prazo de cinco dias nos casos de não afastamento da sede ou de retorno antes do prazo inicialmente acordado.

> **caiu na prova**
>
> **(FCC/TRT-BA/2022)** *A diária é concedida ao servidor por dia de afastamento, sendo devida integralmente, ainda que o deslocamento não exija pernoite fora da sede.*
>
> **Gabarito:** *Errado.*[11]

c) Transporte

Conceder-se-á indenização de transporte ao servidor que realizar despesas com a utilização de meio próprio de locomoção para a execução de serviços externos, por força das atribuições próprias do cargo, conforme se dispuser em regulamento (art. 60 do Estatuto).

Podemos citar, como exemplo, o caso dos oficiais de justiça, os quais, se usarem o seu próprio veículo a fim de entregar os mandados judiciais, deverão ser reembolsados pelo gasto com o deslocamento.

d) Auxílio-moradia

O auxílio-moradia consiste no ressarcimento das despesas comprovadamente realizadas pelo servidor com aluguel de moradia ou com meio de hospedagem administrado por empresa hoteleira, no prazo de **um mês** após a comprovação da despesa pelo servidor (art. 60-A, Lei 8.112/1990).

Entretanto, para fazer jus ao referido adicional, o agente público terá de preencher de forma cumulativa os seguintes **requisitos**:

1. Não deve existir imóvel funcional disponível para uso pelo servidor.
2. O cônjuge ou companheiro do servidor não deve ocupar imóvel funcional.
3. O servidor ou seu cônjuge ou companheiro não deve ser nem ter sido proprietário, promitente comprador, cessionário ou promitente cessionário de imóvel no município em que for exercer o cargo, incluída a hipótese de lote edificado sem averbação de construção, nos doze meses que antecederem a sua nomeação.
4. Nenhuma outra pessoa que resida com o servidor deve receber auxílio-moradia.
5. O servidor deve ter se mudado do local de residência para ocupar cargo em comissão ou função de confiança do Grupo-Direção e Assessoramento Superiores (DAS), níveis 4, 5 e 6, de Natureza Especial, de Ministro de Estado ou equivalentes.
6. O Município no qual assuma o cargo em comissão ou função de confiança não pode se enquadrar nas hipóteses do art. 58, § 3.º, em relação ao local de residência ou domicílio do servidor.
7. O servidor não pode ter sido domiciliado ou residido no Município, nos últimos doze meses, no qual for exercer o cargo em comissão ou função de confiança, desconsiderando-se prazo inferior a sessenta dias dentro desse período.

---

[11] A diária será concedida por dia de afastamento, sendo devida pela metade quando o deslocamento não exigir pernoite fora da sede.

8. O deslocamento não pode ter ocorrido por força de alteração de lotação ou nomeação para cargo efetivo.

9. O deslocamento deve ter ocorrido após 30 de junho de 2006.

Qual será o valor deste auxílio-moradia?

Essa indenização é limitada a **25%** do valor do cargo em comissão, da função de confiança ou do cargo de Ministro de Estado ocupado e possui como teto a quantia referente a **25%** da remuneração de um Ministro de Estado.

Ademais, vale salientar que, independentemente do valor do cargo em comissão ou função comissionada, fica garantido a todos os que preencherem os requisitos o ressarcimento até o valor de R$ 1.800,00 (mil e oitocentos reais).

Por fim, no caso de falecimento, exoneração, colocação de imóvel funcional à disposição do servidor ou aquisição de imóvel, o auxílio-moradia poderá ser mantido por **um mês**, limitado ao valor pago no mês anterior (art. 60-E, Lei 8.112/1990).

Resumindo, quanto ao auxílio-moradia:

- Serve para o ressarcimento de despesas comprovadamente realizadas pelo servidor com aluguel de moradia ou com meio de hospedagem administrado por empresa hoteleira.
- Poderão receber esse auxílio: detentores de cargo em comissão ou função de confiança (DAS, níveis 4, 5 e 6, de Natureza Especial), os Ministros de Estado e os aqueles que possuam cargos equivalentes a esses.
- Teto máximo: 25% da remuneração do Ministro de Estado.
- Demais tetos: 25% do valor do cargo em comissão, da função de confiança ou do cargo de Ministro de Estado ocupado.

12.2.2 Das gratificações e adicionais

Além das indenizações, são vantagens ofertadas aos servidores as seguintes gratificações e adicionais: retribuição pelo exercício de função de direção, chefia e assessoramento; gratificação natalina; adicional pelo exercício de atividades insalubres, perigosas ou penosas; adicional pela prestação de serviço extraordinário; adicional noturno; adicional de férias; outros, relativos ao local ou à natureza do trabalho; gratificação por encargo de curso ou concurso[12] (art. 61 do estatuto).

Mais uma vez, para facilitar o entendimento, vamos analisar as principais gratificações e adicionais de forma separada.

a) Retribuição pelo exercício de função de direção, chefia e assessoramento

Ao servidor ocupante de cargo efetivo investido em função de direção, chefia ou assessoramento, cargo de provimento em comissão ou de natureza especial é devida

---

[12] O Decreto 11.069/2022 regulamentou a concessão da gratificação por encargo de curso ou concurso de que trata o art. 76-A da Lei 8.112, de 11 de dezembro de 1990, e altera o Decreto 9.739, de 28 de março de 2019, que estabelece medidas de eficiência organizacional para o aprimoramento da administração pública federal direta, autárquica e fundacional.

retribuição pelo seu exercício (art. 62 do Estatuto). Entretanto, a Lei 8.112/1990 não menciona os valores que deverão ser recebidos a título de retribuição.

b) Gratificação natalina

A gratificação natalina corresponde a 1/12 da remuneração a que o servidor fizer jus no mês de dezembro, por mês de exercício no respectivo ano. A fração igual ou superior a 15 dias será considerada como mês integral (art. 63 do Estatuto).

Essa gratificação é popularmente conhecida como 13.º salário, pois se trata de um suposto mês treze, não existente, mas que o servidor acaba recebendo por ele. Esse benefício deve ser pago até o dia 20 de dezembro de cada ano.

E se o servidor, por exemplo, pedir exoneração – receberá ele essa gratificação?

Sim! De maneira proporcional ao número de meses trabalhados.

Por fim, o estatuto do servidor público federal afirmou que a gratificação natalina não será considerada para cálculo de qualquer vantagem pecuniária.

c) Adicional pelo exercício de atividades insalubres, perigosas ou penosas

Os servidores que trabalham com habitualidade em locais insalubres ou em contato permanente com substâncias tóxicas, radioativas ou com risco de vida, fazem jus a um adicional sobre o vencimento do cargo efetivo (art. 68 do Estatuto).

No caso do adicional de **insalubridade**, o servidor trabalha com algo que lhe causa algum mal à saúde; já no de **periculosidade**, o trabalho é desempenhado com risco à vida de quem o exerce. Observe que tanto a insalubridade quanto a periculosidade possuem o mesmo fundamento, qual seja: o **risco do trabalho** desenvolvido. Logo, a lei veda a percepção simultânea dos dois adicionais, devendo o servidor receber um ou o outro.

Já no caso do adicional de **penosidade** o fundamento é outro. Não se funda na noção do risco do trabalho desempenhado, mas, sim, no local em que o servidor se encontra lotado. O adicional de atividade penosa será devido aos servidores em exercício em zonas de fronteira ou em localidades cujas condições de vida o justifiquem, nos termos, condições e limites fixados em regulamento (art. 71 do Estatuto).

Resumindo, poderá o servidor receber o adicional de:

- Insalubridade + penosidade.
- Periculosidade + penosidade.
- Jamais receberá insalubridade + periculosidade.

Em qualquer dos casos, cessando a situação que gerou os referidos acréscimos remuneratórios, cessará também o recebimento dos referidos adicionais.

Por fim, os locais de trabalho e os servidores que operam com Raios-X ou substâncias radioativas serão mantidos sob controle permanente, de modo que as doses de radiação ionizante não ultrapassem o nível máximo previsto na legislação própria, devendo os agentes públicos expostos a tais substanciais ser submetidos a exames médicos periódicos a cada seis meses.

Cap. 11 – AGENTES PÚBLICOS | 429

d) Adicional pela prestação de serviço extraordinário

O serviço extraordinário é popularmente conhecido como hora extra, e será devido quando o servidor extrapolar a sua jornada normal de trabalho, sendo remunerado com acréscimo de **50%** em relação à hora normal de trabalho (art. 73 do Estatuto).

Todavia, não poderá o agente público extrapolar de forma indiscriminada a sua jornada normal, pois, segundo a legislação, somente será permitido o serviço extraordinário para atender a situações excepcionais e temporárias, respeitado o limite máximo de **duas horas** por cada jornada de trabalho.

> ### caiu na prova
>
> **(IDECAN/IF-PA/2022)** *Francisco de Assis, servidor público federal, foi informado pelo seu superior hierárquico acerca da necessidade de realizar, durante todo o mês de março deste ano, um serviço extraordinário que faria ultrapassar a carga de trabalho semanal. Logo, é correto afirmar que o servidor será remunerado com acréscimo de 50% (cinquenta por cento) em relação à hora normal de trabalho, respeitado o limite máximo de duas horas extras por jornada.*
>
> **Gabarito:** *Certo.*

e) Adicional noturno

O adicional noturno aparece como forma de compensar o prejuízo físico e mental causado pelo labor neste turno. Sendo assim, em virtude do maior desgaste que o servidor venha a ter, será ele compensado com um acréscimo de **25%** em relação ao valor-hora.

Mas o que se considera horário noturno?

É aquele prestado em horário compreendido entre **22 horas de um dia até as 5 horas do dia seguinte**. Durante esse período, a hora possui, de maneira fictícia, a duração de **cinquenta e dois minutos e trinta segundos**. Assim, a cada sete horas trabalhadas é como se o servidor tivesse trabalhado oito horas.

Agora imagine a seguinte situação: Maria, servidora pública federal, trabalhou em determinado dia duas horas a mais que sua jornada normal (serviço extraordinário). Em virtude disso, apenas deixou o seu labor às 23 horas.

Pergunta-se: Maria, além do acréscimo pelo serviço extraordinário (+50%), fará jus ao adicional noturno (+25%) em relação à hora trabalhada durante esse período?

Sim!

Esse entendimento encontra-se, inclusive, positivado no texto da Lei 8.112/1990. Vejamos:

> Art. 75, parágrafo único. Em se tratando de serviço extraordinário, o acréscimo de que trata este artigo incidirá sobre a remuneração prevista no art. 73.
>
> Art. 73. O serviço extraordinário será remunerado com acréscimo de 50% (cinquenta por cento) em relação à hora normal de trabalho.

f) Adicional de férias

Independentemente de solicitação, será pago ao servidor, por ocasião das férias, um adicional correspondente a 1/3 da remuneração do período das férias. No caso

DIREITO ADMINISTRATIVO FACILITADO – *Ana Cláudia Campos*

de o servidor exercer função de direção, chefia ou assessoramento, ou ocupar cargo em comissão, a respectiva vantagem será considerada no cálculo do adicional de que trata o art. 76 da Lei 8.112/1990 (art. 76, parágrafo único, do Estatuto).

> **caiu na prova**
>
> **(UFSC/UFSC/2022)** *Independentemente de solicitação, será pago ao servidor, por ocasião das férias, um adicional correspondente a 1/4 (um quarto) da remuneração do período das férias.*
>
> **Gabarito:** *Errado.*[13]

Adota-se, como regra, a duração de **30 dias** de férias, os quais podem ser acumulados em até dois períodos no caso de necessidade do serviço. Todavia, para que exista a concessão desse benefício, deverá o servidor exercer as suas funções a, pelo menos, **12 meses**.

Mas precisará o servidor gozar de todos os dias de férias de uma única vez?

Não!

O estatuto do servidor federal permite o fracionamento em **até três períodos** de descanso. Logicamente, esse parcelamento será feito se assim requerer o agente público e for do interesse da Administração.

Desse parcelamento surge outra pergunta: o terço constitucional (+1/3) deverá ser pago em qual dos períodos?

No **primeiro**!

> Art. 78, § 5.º, Lei 8.112/1990. Em caso de parcelamento, o servidor receberá o valor adicional previsto no inciso XVII do art. 7.º da Constituição Federal quando da utilização do primeiro período.

Por fim, as férias somente poderão ser interrompidas por motivo de calamidade pública, comoção interna, convocação para júri, serviço militar ou eleitoral, ou por necessidade do serviço declarada pela autoridade máxima do órgão ou entidade, devendo o restante do período ser usufruído de uma só vez (art. 80, Lei 8.112/1990).

12.3 Das licenças

As licenças permitem que o servidor fique um tempo sem exercer suas funções. Para efeito de prova de concurso, os pontos mais cobrados em relação a esse tema são: tipos de licença, duração, se são remuneradas ou não e, por fim, se o servidor no período do estágio probatório pode ou não as tirar.

Vale ressaltar, desde já, que se uma licença for concedida dentro de 60 dias do término de outra da mesma espécie será considerada como prorrogação (art. 82, Lei 8.112/1990).

---

[13] Independentemente de solicitação, será pago ao servidor, por ocasião das férias, um adicional correspondente a 1/3 (um terço) da remuneração do período das férias.

Cap. 11 – AGENTES PÚBLICOS **431**

Então, com a finalidade de facilitar a memorização, vamos analisar esse tema em tópicos. Inicialmente, com a ajuda da tabela 1, vamos verificar quais as licenças, a duração delas e a existência ou não de remuneração.

Tabela 1

LICENÇA	PRAZO	REMUNERAÇÃO
Doença em pessoa da família[14]	Até 150 dias (período de 12 meses)	Primeiros 60 dias (consecutivos ou não) = SIM Próximos 90 dias (consecutivos ou não) = NÃO
Afastamento do cônjuge	Indeterminado	NÃO
Serviço militar	Indeterminado Obs.: Concluído o serviço militar, o servidor terá até 30 dias para reassumir o exercício do cargo.	NÃO
Atividade política	1. Da escolha partidária até as vésperas do registro da candidatura. 2. Do registro da candidatura até o décimo dia após a eleição.	1. Da escolha partidária até as vésperas do registro da candidatura: NÃO 2. Do registro até o décimo dia após a eleição (dentro de um período de 3 meses): SIM
Tratar de interesse particular[15]	Até 3 anos	NÃO
Capacitação	Até 3 meses (a cada 5 anos)	SIM
Mandato classista[16]	Prazo do mandato Obs.: A licença pode ser renovada, no caso de reeleição.	NÃO

> **cuidado**
>
> *A licença em virtude de doença em pessoa da família somente será deferida se a assistência direta do servidor for indispensável e não puder ser prestada simultaneamente com o exercício do cargo ou mediante compensação de horário.*

---

[14] Considera-se família do servidor, segundo o art. 83 da Lei 8.112/1990: cônjuge ou companheiro, pais, filhos, padrasto ou madrasta e enteado, ou dependente que viva a suas expensas e conste do seu assentamento funcional. Ademais, a licença somente será deferida se a assistência direta do servidor for indispensável e não puder ser prestada simultaneamente com o exercício do cargo ou mediante compensação de horário.

[15] Art. 91, Lei 8.112/1990. "A critério da Administração, poderão ser concedidas ao servidor ocupante de cargo efetivo, desde que não esteja em estágio probatório, licenças para o trato de assuntos particulares pelo prazo de até três anos consecutivos, sem remuneração".

[16] O Decreto 11.411/2023 regulamentou a licença para o desempenho de mandato classista de que trata o art. 92 da Lei 8.112, de 11 de dezembro de 1990.

> Além disso, o servidor que que estiver afastado, sob tal fundamento, ficará impedido de exercer atividade remunerada. Vejamos:
>
> Art. 83, § 1.º, Lei 8.112/1990. A licença somente será deferida se a assistência direta do servidor for indispensável e não puder ser prestada simultaneamente com o exercício do cargo ou mediante compensação de horário.
>
> Art. 81, § 3.º, Lei 8.112/1990. É vedado o exercício de atividade remunerada durante o período da licença prevista no inciso I deste artigo.

caiu na prova

(QUADRIX/PRODAM-AM/2022) A critério da Administração, poderá ser concedida ao servidor estável licença para o trato de assuntos particulares, pelo prazo de até dois anos consecutivos, sem remuneração.

Gabarito: Errado.[17]

Após essa análise inicial referente aos tipos de licença, duração e remuneração, devemos passar a verificar dois aspectos:

a) A concessão dessas licenças é um ato vinculado ou discricionário?

b) O servidor durante o período do estágio probatório pode se beneficiar dessas licenças?

Essas respostas, com o intuito de facilitar a memorização e o estudo, serão dadas pela tabela 2. Vejamos:

Tabela 2

LICENÇA	CONCESSÃO	ESTÁGIO PROBATÓRIO
Doença em pessoa da família[18]	VINCULADA	SIM
Afastamento do cônjuge	VINCULADA	SIM
Serviço militar	VINCULADA	SIM
Atividade política	VINCULADA	SIM
Tratar de interesse particular	DISCRICIONÁRIA	NÃO
Capacitação	DISCRICIONÁRIA	NÃO
Mandato classista	VINCULADA	NÃO

---

[17] A licença para o trato de assuntos particulares pode ser concedida pelo prazo de até três anos consecutivos, sem remuneração.

[18] Para a concessão dessa licença, deverá existir comprovação da doença por uma perícia médica oficial e a constatação de que o auxílio do servidor seja indispensável.

12.4 Das concessões

As concessões são pequenas ausências do servidor ao seu local de trabalho, as quais são ofertadas sem prejuízo da remuneração, ou seja, o servidor continua recebendo o seu vencimento normalmente. Isso ocorre em virtude de a ausência ser considerada como efetivo exercício das funções.

As principais concessões são:

CONCESSÃO	PRAZO	REMUNERAÇÃO
Doação de sangue	1 DIA	SIM
Alistamento ou recadastramento eleitoral	2 DIAS	SIM
Casamento	8 DIAS	SIM
Falecimento[19]	8 DIAS	SIM

Além dessas, também serão ofertadas algumas concessões a servidores que se enquadrem nas seguintes situações:

a) Servidor estudante

Será concedida uma flexibilidade especial de trabalho ao servidor estudante, nos casos de comprovada incompatibilidade entre o horário escolar e o da repartição. Todavia, apesar de ser ofertada essa concessão, deverá o beneficiário realizar a compensação das horas no órgão ou entidade que tiver exercício, respeitada a duração semanal do trabalho.

Além da possibilidade de flexibilidade da jornada de trabalho, ao servidor estudante que for removido no interesse da Administração será assegurada, na localidade da nova residência ou na mais próxima, matrícula em instituição de ensino congênere, em qualquer época, independentemente de vaga.

Mas o que seria uma instituição de ensino congênere?

É aquela da mesma natureza. Por exemplo, se o servidor estudava numa universidade federal, ao ser removido no interesse da Administração terá de ser matriculado em uma universidade federal (simetria). No entanto, se ele era aluno de uma instituição privada, a transferência será realizada para uma instituição semelhante. Esse entendimento é adotado pelo próprio STF. Vejamos:

jurisprudência

Da transferência de alunos, pressupõe a observância da natureza jurídica do estabelecimento educacional de origem, a congeneridade das instituições envolvidas – de privada para privada, de pública para pública –, mostrando-se inconstitucional interpretação que resulte na mesclagem – de privada para pública *(STF, Tribunal Pleno, ADI 3324/DF, 16.12.2004).*

---

[19] A concessão de oito dias será liberada no caso de falecimento do cônjuge, companheiro, pais, madrasta ou padrasto, filhos, enteados, menor sob guarda ou tutela e irmãos.

DIREITO ADMINISTRATIVO FACILITADO – *Ana Cláudia Campos*

Por fim, o benefício da matrícula em instituição congênere será ofertado tanto ao servidor quanto ao seu cônjuge/companheiro, filhos, enteados que vivam na sua companhia, bem como aos menores sob sua guarda, com autorização judicial.

b) Servidor deficiente

Também será concedido horário especial ao servidor deficiente, quando comprovada a necessidade por junta médica oficial. Todavia, diferentemente do estudante, não precisará existir a compensação de horário.

Ademais, a concessão de jornada de trabalho especial será oferta ao servidor que possua cônjuge, filho ou dependente com deficiência, independentemente de compensação de horário.

> **caiu na prova**
>
> **(UFSCAR/UFSCAR/2022)** *É possível em relação ao direito do servidor ao benefício da concessão de horário especial, segundo a Lei 8.112/1990: em caso de servidor que tenha cônjuge, filho ou dependente com deficiência, quando comprovada a necessidade por junta médica oficial, independente de compensação de horário.*
>
> **Gabarito:** *Certo.*

13. REGIME DISCIPLINAR

O servidor deve ter um comportamento compatível com a legalidade, moralidade e eficiência administrativa. Em virtude disso, a lei estabelece deveres e vedações ao comportamento funcional.

Logo, fruto do poder disciplinar, se o ocupante de um cargo na Administração Pública descumprir os preceitos legais, deverá, após regular processo administrativo disciplinar ou sindicância, ser punido na forma do estatuto.

13.1 Dos deveres do servidor

O servidor, por estar submetido à hierarquia administrativa, deve atuar segundo os padrões legais e éticos impostos, estabelecendo a Lei 8.112/1990 um rol, meramente exemplificativo, de deveres impostos aos agentes públicos. Vejamos:

a) Exercer com zelo e dedicação as atribuições do cargo.

b) Ser leal às instituições a que servir.

c) Observar as normas legais e regulamentares.

d) Cumprir as ordens superiores, exceto quando manifestamente ilegais.

e) Atender com presteza: ao público em geral, prestando as informações requeridas, ressalvadas as protegidas por sigilo; à expedição de certidões requeridas para defesa de direito ou esclarecimento de situações de interesse pessoal; às requisições para a defesa da fazenda pública.

f) Levar as irregularidades de que tiver ciência em razão do cargo ao conhecimento da autoridade superior ou, quando houver suspeita de envolvimento desta, ao conhecimento de outra autoridade competente para apuração.

Cap. 11 – AGENTES PÚBLICOS   435

g) Zelar pela economia do material e a conservação do patrimônio público.

h) Guardar sigilo sobre assunto da repartição.

i) Manter conduta compatível com a moralidade administrativa.

j) Ser assíduo e pontual ao serviço.

k) Tratar com urbanidade as pessoas.

l) Representar contra ilegalidade, omissão ou abuso de poder. A representação será encaminhada pela via hierárquica e apreciada pela autoridade superior àquela contra a qual é formulada, assegurando-se ao representando ampla defesa.

13.2 Das responsabilidades

O servidor pela prática de um único ato poderá ser responsabilizado na esfera criminal + civil + administrativa pelo exercício irregular de suas funções.

Pergunta: se ele for punido nas três áreas, isso representará *bis in idem* (dupla punição pelo mesmo fato)?

Não! Pois cada ação será pautada em um fundamento diverso, vejamos:

- **Sanção penal:** decorre da prática de algum crime ou contravenção no exercício da função pública.

- **Sanção civil:** decorre de ato omissivo ou comissivo, doloso ou culposo, que resulte em prejuízo ao erário ou a terceiros. Podemos citar o caso da ação de improbidade administrativa.

- **Sanção administrativa:** resulta da prática de ato omissivo ou comissivo em desrespeito às normas funcionais (Lei 8.112/1990), devendo a irregularidade ser apurada mediante prévio processo administrativo disciplinar.

> **caiu na prova**
>
> **(MÁXIMA/ANALISTA-MG/2022)** *O servidor público pode responder pelos seus atos tanto na esfera cível, administrativa, quanto na criminal, porquanto são áreas independentes, não representando essa tríplice responsabilidade,* bis in idem.
>
> **Gabarito:** *Certo.*

Sendo assim, devemos usar como regra a independência das esferas, ou seja, poderá, por exemplo, uma pessoa ser condenada na ação civil e absolvida na administrativa. Logo, a condenação ou absolvição em um dos processos não interfere no resultado dos outros, já que as instâncias são independentes entre si.

> Art. 125, Lei 8.112/1990. As sanções civis, penais e administrativas poderão cumular-se, sendo independentes entre si.

Entretanto, se no processo criminal a pessoa for absolvida por negativa de fato (o fato irregular não existiu) ou de autoria (não foi ela a autora), esse efeito será irradiado também para o processo administrativo, devendo o servidor ser absolvido.

Art. 126. A responsabilidade administrativa do servidor será afastada no caso de absolvição criminal que negue a existência do fato ou sua autoria.

Vamos a um exemplo: Raul estava sendo investigado criminal e administrativamente pela suposta aceitação de propina. Ao final do processo criminal, ficou comprovado que não havia sido ele o receptor da vantagem ilícita, já que o delito, na verdade, tinha sido cometido por Paulo. Com isso, Raul foi absolvido criminalmente sob o fundamento de negativa de autoria, já que não foi ele o autor do ato ilícito.

Observe que a absolvição criminal impõe a absolvição administrativa, pois, como Raul não foi o autor da irregularidade, não poderá ser condenado em nenhuma das esferas.

Mas, se Raul tivesse sido absolvido na esfera criminal por falta de provas, ele poderia ser condenado na esfera administrativa?

Sim!

Pois as provas insuficientes para uma condenação criminal talvez sejam mais do que suficientes para uma condenação administrativa.

Resumindo:

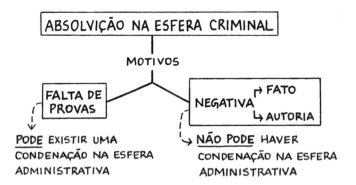

13.3 Das penalidades

O estatuto do servidor faz uma lista de punições que poderão ser aplicadas àquele que cometer faltas funcionais, devendo estas ser quantificadas de acordo com a natureza e a gravidade da infração cometida, os danos que dela provierem para o serviço público, as circunstâncias agravantes ou atenuantes e os antecedentes funcionais do servidor faltoso.

São penalidades disciplinares:

a) **Advertência.**
b) **Suspensão.**
c) **Demissão.**
d) **Cassação de aposentadoria ou disponibilidade.**
e) **Destituição de cargo em comissão.**
f) **Destituição de função comissionada.**

Cap. 11 – AGENTES PÚBLICOS

As sanções mais cobradas para efeito de prova em geral são advertência, suspensão e demissão. Por isso, serão estas analisadas em pontos separados.

A **cassação de aposentadoria ou disponibilidade** vai ocorrer quando o servidor houver praticado, na atividade, falta punível com demissão (art. 134 do Estatuto). Logo, as mesmas irregularidades que servem para demitir um servidor da ativa são usadas, por exemplo, para cassar a aposentadoria de um inativo. Vale ressaltar que este tipo de punição ao servidor inativo foi considerado plenamente constitucional pelo Supremo Tribunal Federal, já que não se pode favorecer atos de impunidade.

> **jurisprudência**
>
> *A impossibilidade de aplicação de sanção administrativa a servidor aposentado, a quem a penalidade de cassação de aposentadoria se mostra como única sanção à disposição da Administração, resultaria em tratamento diverso entre servidores ativos e inativos, para o sancionamento dos mesmos ilícitos, em prejuízo do princípio isonômico e da moralidade administrativa, e representaria indevida restrição ao poder disciplinar da Administração em relação a servidores aposentados que cometeram faltas graves enquanto em atividade, favorecendo a impunidade (STF, Plenário, ADPF 418, 15.04.2020).*

Já a **destituição de cargo em comissão** exercido por não ocupante de cargo efetivo será aplicada nos casos de infração sujeita às penalidades de suspensão e de demissão (art. 135 do Estatuto).

13.3.1 Advertência

A advertência é a punição mais leve de todas, devendo ser aplicada, por escrito, pelo próprio chefe da repartição.

> Art. 129, Lei 8.112/1990. A advertência será aplicada por escrito, nos casos de violação de proibição constante do art. 117, incisos I a VIII e XIX, e de inobservância de dever funcional previsto em lei, regulamentação ou norma interna, que não justifique imposição de penalidade mais grave.

Para facilitar a memorização, mostraremos na tabela quais irregularidades são passíveis de punição com advertência. Vejamos.

ADVERTÊNCIA	
1	Ausentar-se do serviço durante o expediente, sem prévia autorização do chefe imediato
2	Retirar, sem prévia anuência da autoridade competente, qualquer documento ou objeto da repartição
3	Recusar fé a documentos públicos
4	Opor resistência injustificada ao andamento de documento e processo ou execução de serviço
5	Promover manifestação de apreço ou desapreço no recinto da repartição
6	Cometer a pessoa estranha à repartição, fora dos casos previstos em lei, o desempenho de atribuição que seja de sua responsabilidade ou de seu subordinado

7	Coagir ou aliciar subordinados no sentido de filiarem-se a associação profissional ou sindical, ou a partido político
8	Manter sob sua chefia imediata, em cargo ou função de confiança, cônjuge, companheiro ou parente até o segundo grau civil
9	Recusar-se a atualizar seus dados cadastrais quando solicitado

caiu na prova

(FAFIPA/ASSESSOR.JURÍDICO-MS/2021) *A advertência será aplicada por escrito, caso o servidor promova manifestação de apreço ou desapreço no recinto da repartição, e de inobservância de dever funcional previsto em lei, regulamentação ou norma interna, que não justifique imposição de penalidade mais grave.*

Gabarito: *Certo.*

Possui a Administração o prazo de **180 dias**, a contar da data do conhecimento do fato, para a aplicação desta penalidade disciplinar, sob pena de ocorrer a **prescrição** (art. 142, III, Lei 8.112/1990). Entretanto, a abertura de uma sindicância ou de um processo administrativo disciplinar interrompe o prazo, até ocorrer a decisão final proferida pela autoridade competente.

Mas, se o ilícito administrativo também estiver sendo investigado por meio de uma ação criminal, qual prazo de prescrição será usado?

O da legislação penal!

Art. 142, § 2.º, Lei 8.112/1990. Os prazos de prescrição previstos na lei penal aplicam-se às infrações disciplinares capituladas também como crime.

Vale ressaltar o entendimento do Superior Tribunal de Justiça de que, para se fazer uso dos prazos de prescrição penal, deve-se ter, de fato, a instauração de uma ação nessa esfera, não bastando a mera presunção de que o ilícito administrativo também se enquadraria como crime ou contravenção. Vejamos.

jurisprudência

Não tendo sido evidenciado nos autos que tenha sido apurada criminalmente a conduta do impetrante, ainda que seu ato seja tipificado como crime, deve ser aplicado o prazo prescricional previsto na lei que regula a punição administrativa, *qual seja, de cinco anos (art. 142, Lei n.º 8.112/90). 4. Segurança denegada (STJ, 3.ª Seção, MS 11220/DF, 27.05.2009).*

Por fim, as penalidades de advertência não ficarão eternamente registradas no assentamento funcional do servidor, pois, após o decurso de **três** anos de efetivo exercício, caso não haja a prática de nova infração disciplinar, o **registro** da punição será cancelado com efeitos não retroativos (*ex nunc*).

Resumindo:

- Advertência refere-se às punições mais leves.
- Deve ser aplicada por escrito.

- Situações: art. 117, I a VIII e XIX, Lei 8.112/1990 (casos demonstrados na tabela).
- Competência: chefe da repartição.
- Prescrição: 180 dias a contar do conhecimento do fato irregular.
- Cancelamento do registro: três anos (se o servidor não tiver praticado nova infração disciplinar).

> ### caiu na prova
>
> **(FGV/TJ-DFT/2022)** *João, servidor público federal ocupante de cargo efetivo, no exercício das funções, opôs resistência injustificada ao andamento de documento e processo. De acordo com o regime jurídico disciplinar da Lei 8.112/1990, que lhe é aplicável, observadas as cautelas procedimentais legais, em tese, João, que até então nunca havia praticado qualquer infração funcional, está sujeito à sanção de advertência, que terá seu registro cancelado, após o decurso de três anos de efetivo exercício, se João não houver, nesse período, praticado nova infração disciplinar.*
>
> **Gabarito:** *Certo.*

13.3.2 Suspensão

A suspensão é uma punição intermediária, a qual, segundo a Lei 8.112/1990 (art. 130), "[...] será aplicada em caso de reincidência das faltas punidas com advertência e de violação das demais proibições que não tipifiquem infração sujeita a penalidade de demissão, não podendo exceder de 90 dias".

> ### caiu na prova
>
> **(UFMT/UFMT/2021)** *Prudentina, servidora ocupante de cargo técnico-administrativo em educação da Universidade Federal de Mato Grosso, recebeu duas advertências escritas da sua chefia imediata no mês passado, após ausentar-se do trabalho antes do fim do expediente, sem prévia autorização. Esta semana, a chefia constatou nova ausência injustificada da servidora durante o expediente. De acordo com o regime disciplinar instituído pela Lei n. 8.112/1990, a conduta da servidora é sujeita à penalidade de suspensão, em razão da reincidência das faltas punidas com advertência.*
>
> **Gabarito:** *Certo.*

Do conceito inicial já percebemos que a duração máxima dessa sanção será: **90 dias**. Entretanto, a depender do interesse da Administração, poderá a suspensão ser convertida em multa na base de menos 50% no valor do vencimento ou remuneração, ficando o servidor obrigado a permanecer em serviço.

Imagine a seguinte situação: Joana praticou atos irregulares e recebeu a punição no prazo máximo de 90 dias. A Administração, analisando a conveniência e oportunidade, pode ordenar o cumprimento dessa sanção de duas formas:

a) Servidora: sem trabalhar e sem receber.

b) Servidora: permanece trabalhando e recebe metade (-50%) do valor de sua remuneração durante o período de suspensão.

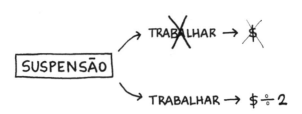

Para facilitar a memorização, mostraremos na tabela quais irregularidades são passíveis de punição com suspensão. Vejamos.

	SUSPENSÃO
1	Reincidência das faltas punidas com advertência
2	Recusar-se a ser submetido à inspeção médica determinada pela autoridade competente
3	Cometer a outro servidor atribuições estranhas ao cargo que ocupa, exceto em situações de emergência e transitórias
4	Exercer quaisquer atividades que sejam incompatíveis com o exercício do cargo ou função e com o horário de trabalho

Uma observação importante deve ser feita. Mencionamos que o prazo máximo da punição de suspensão é: 90 dias. Entretanto, no caso específico de o servidor se recusar a realizar uma inspeção médica (caso 2 da tabela), o período máximo dessa punição será de 15 dias, cessando os efeitos da penalidade, uma vez cumprida a determinação.

Resumindo:

- Prazo máximo geral da suspensão: 90 dias.
- Prazo máximo para o caso de recusa à inspeção médica: 15 dias.

Mas quem poderá aplicar tal penalidade?

Depende do prazo da punição imposta.

No caso das suspensões de até 30 dias, o próprio chefe da repartição poderá aplicá-la. Todavia, caso a suspensão venha a ser imposta entre 31 e 90 dias, a autoridade competente será a que possuir hierarquia imediatamente inferior àquela que pode aplicar a demissão.

E qual o prazo de **prescrição**?

Será de **dois anos**, a contar da data do conhecimento do fato, para a aplicação dessa penalidade disciplinar, sob pena de ocorrer a prescrição (art. 142, II, Lei 8.112/1990). Entretanto, a abertura de uma sindicância ou de um processo administrativo disciplinar interrompe o prazo, até ocorrer a decisão final proferida pela autoridade competente.

Ademais, assim como na advertência, caso a irregularidade administrativa também venha a ser investigada na esfera criminal, usam-se os prazos de prescrição da lei penal.

Por fim, a penalidade de suspensão não ficará eternamente **registrada** no assentamento funcional do servidor, pois, após o decurso de **cinco anos** de efetivo exercício, caso não haja a prática de nova infração disciplinar, o registro da punição será cancelado com efeitos não retroativos (*ex nunc*).

Resumindo:

*   Suspensão refere-se às punições intermediárias.
*   Prazo máximo geral: 90 dias.
*   Prazo máximo para a recusa à inspeção médica: 15 dias.
*   Competência:
    a) Suspensão até 30 dias: chefe da repartição.
    b) Suspensão entre 31 e 90 dias: autoridade de hierarquia imediatamente inferior àqueles que podem aplicar a demissão.
*   Prescrição: dois anos a contar do conhecimento do fato irregular.
*   Cancelamento do registro: cinco anos (se o servidor não tiver praticado nova infração disciplinar).

13.3.3 Demissão

É a punição mais grave de todas, sendo a única capaz de gerar vacância do cargo público.

Ademais, caso a irregularidade administrativa figure entre as situações ensejadoras de demissão, não poderá a autoridade administrativa usar da discricionariedade para aplicar uma sanção menos grave, ou seja, caso o ato praticado pelo servidor esteja tipificado, na Lei 8.112/1990, como passível de demissão, esta deverá (ato vinculado) ser aplicada. Vejamos:

> Súmula 650 do STJ. A autoridade administrativa não dispõe de discricionariedade para aplicar ao servidor pena diversa de demissão quando caracterizadas as hipóteses previstas no art. 132 da Lei 8.112/1990.

Mas quem poderá aplicar essa sanção?

A autoridade máxima de cada Poder, órgão ou entidade, quais sejam: Presidente da República, Presidentes das Casas do Poder Legislativo, Presidentes dos Tribunais Federais e o Procurador-Geral da República.

Ponto interessante em relação à demissão é que, a depender da irregularidade cometida, poderá o servidor retornar ou não ao serviço público federal. São três situações distintas, a saber:

a) **Demissão pura e simples:** o servidor poderá retornar ao serviço público federal após uma nova aprovação em concurso público.

b) **Demissão + 5 anos:** incompatibiliza o ex-servidor para nova investidura em cargo público federal, pelo prazo de cinco anos.

c) **Demissão sem possibilidade de retorno:** o ex-servidor não poderá retornar ao serviço público federal.

cuidado

Esta última forma de punição (demissão sem possibilidade de retorno) foi declarada inconstitucional pelo Supremo Tribunal Federal. Vamos analisar a jurisprudência relacionada a esta decisão no tópico específico.

Para facilitar a memorização, mostraremos nas tabelas a seguir quais irregularidades passíveis do recebimento da punição de demissão e qual o efeito desta. Vejamos.

a) Demissão pura e simples:

	DEMISSÃO PURA E SIMPLES
1	Participar de gerência ou administração de sociedade privada, personificada ou não personificada, exercer o comércio, exceto na qualidade de acionista, cotista ou comanditário
2	Receber propina, comissão, presente ou vantagem de qualquer espécie, em razão de suas atribuições
3	Aceitar comissão, emprego ou pensão de estado estrangeiro
4	Praticar usura sob qualquer de suas formas
5	Proceder de forma desidiosa
6	Utilizar pessoal ou recursos materiais da repartição em serviços ou atividades particulares
7	Abandono de cargo[20]
8	Inassiduidade habitual[21]
9	Incontinência pública e conduta escandalosa, na repartição
10	Insubordinação grave em serviço
11	Ofensa física, em serviço, a servidor ou a particular, salvo em legítima defesa própria ou de outrem
12	Revelação de segredo do qual se apropriou em razão do cargo
13	Acumulação ilegal de cargos, empregos ou funções públicas[22]

---

[20] Art. 138, Lei 8.112/1990. "Configura abandono de cargo a ausência intencional do servidor ao serviço por mais de trinta dias consecutivos."

[21] Art. 139, Lei 8.112/1990. "Entende-se por inassiduidade habitual a falta ao serviço, sem causa justificada, por sessenta dias, interpoladamente, durante o período de doze meses."

[22] Art. 133, Lei 8.112/1990. "Detectada a qualquer tempo a acumulação ilegal de cargos, empregos ou funções públicas, a autoridade a que se refere o art. 143 notificará o servidor, por intermédio de sua chefia imediata, para apresentar opção no prazo improrrogável de dez dias, contados da data da ciência e, na hipótese de omissão, adotará procedimento sumário para a sua apuração e regularização imediata, cujo processo administrativo disciplinar se desenvolverá nas seguintes fases: I – instauração, com a publicação do ato que constituir a comissão, a ser composta por dois servidores estáveis, e simultaneamente indicar a autoria e a materialidade da transgressão objeto da apuração; II – instrução sumária, que compreende indiciação, defesa e relatório; III – julgamento."

Cap. 11 – AGENTES PÚBLICOS **443**

> ### caiu na prova
>
> **(IBFC/IBGE/2022)** *O abandono de cargo é uma das hipóteses de aplicação da pena de demissão ao servidor público, conforme dispõe a Lei 8.112/1990. Sobre o assunto: Configura abandono de cargo a ausência intencional do servidor ao serviço por mais de 30 (trinta) dias consecutivos.*
>
> **Gabarito:** *Certo.*

b) Demissão + 5 anos:

	DEMISSÃO + 5 ANOS
1	Valer-se do cargo para lograr proveito pessoal ou de outrem, em detrimento da dignidade da função pública
2	Atuar, como procurador ou intermediário, em repartições públicas, salvo quando se tratar de benefícios previdenciários ou assistenciais de parentes até o segundo grau, e de cônjuge ou companheiro

c) Demissão sem possibilidade de retorno ao serviço público federal:

		DEMISSÃO SEM POSSIBILIDADE DE RETORNO
1	C	Crime contra a Administração Pública
2	L	Lesão aos cofres públicos e dilapidação do patrimônio nacional
3	I	Improbidade administrativa
4	C	Corrupção
5	A	Aplicação irregular de dinheiros públicos

Apesar de o texto do art. 137, parágrafo único da Lei 8.112/1990 prever que existem casos de demissão que impedem o retorno do ex-servidor ao serviço público federal, a jurisprudência do Superior Tribunal de Justiça e do Supremo Tribunal Federal vem declarando a invalidade de tal previsão, visto que a própria Constituição Federal veda punições de caráter perpétuo, vejamos: "Art. 5º, XLVII, b, CF. – não haverá penas de caráter perpétuo".

Sendo assim, o STF, no ano de 2021, declarou a inconstitucionalidade do parágrafo único do art. 137 da Lei 8.112/1990. Com isso, não poderá a demissão impedir, *ad aeternum*, o retorno do ex-servidor.

> ### jurisprudência
>
> *Ação Direta de Inconstitucionalidade. [...] "O parágrafo único do art. 137 da Lei n.º 8.112/1990 proíbe, para sempre, o retorno ao serviço público federal de servidor que for demitido ou destituído por prática de crime contra a Administração Pública, improbidade administrativa, aplicação irregular de dinheiro público, lesão aos cofres públicos e dilapidação do patrimônio nacional e corrupção. Essa previsão viola o art. 5.º, XLVII, b, da CF/1988, que afirma que não haverá penas de caráter perpétuo" (STF, Tribunal Pleno, ADI 2975/DF, 07.12.2020, data de publicação 04.02.2021).*

Resumindo, apesar da demissão sem a possibilidade de retorno ainda estar prevista no texto da Lei 8.112/1990, deve-se passar a adotar, nas provas em geral, o entendimento do Supremo Tribunal Federal em relação ao tema, qual seja: a inconstitucionalidade do parágrafo único do art. 137 da Lei 8.112/1990, ou seja, em virtude da vedação a punições de caráter perpétuo, não poderá a pena de demissão impedir que o ex-servidor retorne ao serviço público federal.

> **cuidado**
>
> *Além da punição de demissão, nas situações de: lesão aos cofres públicos e dilapidação do patrimônio nacional, improbidade administrativa, corrupção e aplicação irregular de dinheiro público, será decretada também a indisponibilidade dos bens e o consequente ressarcimento ao erário.*

Além da punição de demissão, nas situações de: lesão aos cofres públicos e dilapidação do patrimônio nacional, improbidade administrativa, corrupção e aplicação irregular de dinheiro público, será decretada também a indisponibilidade dos bens e o consequente ressarcimento ao erário.

Por fim, qual o prazo **prescricional** da demissão?

A prescrição ocorrerá em **cinco anos**, a contar da data do conhecimento do fato, para a aplicação dessa penalidade disciplinar (art. 142, I, Lei 8.112/1990). Entretanto, a abertura de sindicância ou de processo administrativo disciplinar interrompe o prazo, até ocorrer a decisão final proferida pela autoridade competente.

Ademais, assim como na advertência e na suspensão, caso a irregularidade administrativa também venha a ser investigada na esfera criminal, usam-se os prazos de prescrição da lei penal.

Resumindo:

- Demissão é a punição mais grave.
- Gera vacância do cargo público.
- Tipos de demissão:
  a) Demissão pura e simples.
  b) Demissão + 5 anos sem poder retornar ao serviço público federal.
  c) Demissão sem possibilidade de retorno ao serviço público federal.
- Competência: autoridade máxima de cada órgão, entidade ou Poder.
  a) Poder Executivo: Presidente da República.
  b) Poder Legislativo: Presidente da Câmara e Presidente do Senado.
  c) Poder Judiciário: Presidentes dos Tribunais Federais.
  d) Procurador-Geral da República.
- Prescrição: cinco anos a contar do conhecimento do fato irregular.

> **cuidado**
>
> *Caso um servidor, além do processo administrativo disciplinar, também esteja sendo investigado em uma ação de improbidade, não se faz necessário esperar a finalização desta para que haja a condenação administrativa. Vejamos:*

> Súmula 651 do STJ: Compete à autoridade administrativa aplicar a servidor público a pena de demissão em razão da prática de improbidade administrativa, independentemente de prévia condenação, por autoridade judicial, à perda da função pública.

13.3.4 Do registro das penalidades

Como analisamos, as punições de advertência e suspensão serão registradas no assentamento funcional do servidor. Logicamente, com a demissão existirá a quebra do vínculo funcional, não havendo mais que falar em registro funcional.

Segundo a Lei 8.112/1990, art. 131:

> As penalidades de advertência e de suspensão terão seus registros cancelados, após o decurso de 3 (três) e 5 (cinco) anos de efetivo exercício, respectivamente, se o servidor não houver, nesse período, praticado nova infração disciplinar.

Observe que esses prazos geram efeitos diretos para fins de reincidência. Vamos imaginar duas situações:

a) Maria, servidora pública federal, ausentou-se do serviço durante o expediente, sem prévia autorização do chefe imediato. Com isso, recebeu a punição de advertência. Todavia, seis meses depois do recebimento daquela punição, novamente saiu de seu local de trabalho sem a devida autorização. Sendo assim, constatada a reincidência, deverá Maria receber a punição de suspensão.

b) João, servidor público federal, recusou-se a atualizar os seus dados cadastrais e, em virtude da falta funcional, o seu chefe imediato lhe aplicou a punição de advertência. Entretanto, passados quatro anos do fato sem João ter cometido nenhuma outra irregularidade ele veio a, novamente, se recusar a atualizar os dados de seu cadastro.

Nessa última situação, pergunta-se: qual punição será aplicada?

A advertência, pois, como a nova irregularidade foi cometida mais de três anos depois do recebimento da primeira punição, o assentamento funcional de João estava sem nenhuma punição, em virtude do cancelamento do registro da falta anterior. Sendo assim, como ele não é considerado reincidente, sua punição deverá ser a advertência.

A grande problemática, entretanto, ocorreu em relação à redação do **art. 170** do estatuto do servidor federal. Vejamos:

DIREITO ADMINISTRATIVO FACILITADO – *Ana Cláudia Campos*

Extinta a punibilidade pela prescrição, a autoridade julgadora determinará o registro do fato nos assentamentos individuais do servidor.

Observe que o fato prescreveu e o servidor não foi condenado nem se defendeu das acusações a ele feitas. Logo, segundo a doutrina majoritária, registrar esse fato no assentamento individual do servidor violaria o princípio constitucional da presunção de inocência. Por essas razões, o Supremo Tribunal Federal já considerou tal dispositivo **inconstitucional**.

jurisprudência

Declaração incidental de inconstitucionalidade do art. 170 da Lei n.º 8.112/1990. *Violação do princípio da presunção de inocência.* **[...] 3. É inconstitucional, por afronta ao art. 5.º, LVII, da CF/1988, o art. 170 da Lei n.º 8.112/1990. [...] 4. Reconhecida a prescrição da pretensão punitiva, há impedimento absoluto de ato decisório condenatório ou de formação de culpa definitiva por atos imputados ao investigado no período abrangido pelo PAD.** *(STF, Tribunal Pleno, MS 23262/DF, 23.04.2014).*

14. PROCESSO ADMINISTRATIVO DISCIPLINAR

Em virtude das garantias constitucionais do contraditório, da ampla defesa e do devido processo legal, nenhum servidor poderá ser punido administrativamente sem antes ter passado por um processo prévio de investigação com direito a defesa.

Com isso, impõe-se à autoridade que tiver ciência de irregularidade no serviço público a apuração imediata do fato, mediante a abertura de **sindicância** ou de **processo administrativo disciplinar**, as quais devem necessariamente conceder ao acusado o direito de defesa.

Todavia, antes de iniciar o estudo setorizado, algumas **observações** devem ser feitas desde já:

a) O servidor que estiver respondendo a processo administrativo disciplinar não poderá ser exonerado a pedido nem aposentado de forma voluntária antes da conclusão da investigação.

b) A abertura de investigação, como já vimos, interrompe o prazo prescricional ("Art. 142, § 3.º, Lei 8.112/1990. A abertura de sindicância ou a instauração de processo disciplinar interrompe a prescrição, até a decisão final proferida por autoridade competente").

No entanto, segundo o Superior Tribunal de Justiça, essa interrupção dura um período de 140 dias; transcorrido esse tempo, se reinicia a contagem do prazo prescricional. Vejamos:

jurisprudência

[...] Interrompida a contagem da prescrição com a instauração do Processo Administrativo Disciplinar em 15.10.2001, volta o referido prazo a correr por inteiro em 07.03.2002,

> **isto é, após o transcurso de 140 (cento e quarenta) dias (prazo máximo para a conclusão do PAD** – *art. 152, caput, c.c. o art. 169, § 2.º, ambos da Lei 8.112/90) [...] (STJ, 3.ª Seção, MS 12735/DF, 09.06.2010).*

Súmula 635 do STJ. Os prazos prescricionais previstos no art. 142 da Lei n.º 8.112/1990 iniciam-se na data em que a autoridade competente para a abertura do procedimento administrativo toma conhecimento do fato, interrompem-se com o primeiro ato de instauração válido – sindicância de caráter punitivo ou processo disciplinar – e voltam a fluir por inteiro, após decorridos 140 dias desde a interrupção.

c) A instauração de processo administrativo é prescindível (dispensável) para a concretização da exoneração de um servidor em estágio probatório. Isso ocorre pelo fato de este ainda não ser estável no cargo.

Entretanto, segundo o Superior Tribunal de Justiça, apesar de não existir a necessidade de abertura de um Processo Administrativo Disciplinar (PAD) para a concretização da exoneração de um servidor em estágio probatório, fazem-se imprescindíveis a motivação do ato e a concessão do direito de defesa.

jurisprudência

É pacífico o entendimento neste Tribunal de que é desnecessária a instauração de processo administrativo disciplinar, com todas suas formalidades, para a apuração de inaptidão ou insuficiência no exercício das funções para fins de exoneração em estágio probatório, bastando que sejam asseguradas as garantias constitucionais da ampla defesa e do contraditório, mediante decisão fundamentada, tal como ocorrera na espécie. (STJ, 5.ª Turma, AgRg no RMS 13984/SP, 26.06.2007).

d) Segundo a jurisprudência nacional, o processo administrativo poderá, sim, ser iniciado mediante denúncia anônima.

jurisprudência

A denúncia anônima é apta a deflagrar processo administrativo disciplinar, não havendo, portanto, qualquer ilegalidade na instauração deste com fundamento naquela, tendo em vista o poder-dever de autotutela imposto à Administração e, por conseguinte, o dever da autoridade de apurar a veracidade dos fatos que lhe são comunicados. (STJ, 3.ª Seção, MS 10419/DF, 12.06.2013).

Súmula 611 do STJ. Desde que devidamente motivada e com amparo em investigação ou sindicância, é permitida a instauração de processo administrativo disciplinar com base em denúncia anônima, em face do poder-dever de autotutela imposto à Administração.

caiu na prova

(CEBRASPE/DEPEN/2021) *A denúncia anônima é meio legítimo à viabilização da instauração de processo administrativo disciplinar.*

Gabarito: *Certo.*

14.1 Sindicância

É uma investigação preliminar e facultativa, já que a autoridade competente, se desejar, pode instaurar diretamente o processo administrativo disciplinar, ou seja, sem a necessidade de abertura de sindicância.

No entanto, quais são os resultados que esse processo administrativo simplificado (sindicância) pode gerar?

São três:

a) **Arquivamento do processo:** ocorrerá nos casos de comprovada negativa de fato ou de autoria.
b) Aplicação das seguintes **penalidades**:
   – Advertência.
   – Suspensão de até 30 dias.
c) **Instauração do PAD:** ocorrerá nas situações em que se desejar aplicar punições maiores, quais sejam: suspensão superior a 30 dias ou demissão.

caiu na prova

(FAFIPA/CREA-PR/2019) *Da sindicância poderá resultar: o arquivamento do processo; a aplicação de penalidade de advertência ou suspensão de até 30 (trinta) dias; ou a instauração de processo disciplinar, sendo que sempre que o ilícito praticado pelo servidor ensejar a imposição de penalidade de suspensão por mais de 30 (trinta) dias, de demissão, cassação de aposentadoria ou disponibilidade, ou destituição de cargo em comissão, será obrigatória a instauração de processo disciplinar.*

Gabarito: *Certo.*

Por fim, o prazo para conclusão da sindicância é de 30 dias, podendo ser prorrogado por igual período, a critério da autoridade superior. Entretanto, esse prazo é impróprio, ou seja, o desrespeito a ele não gera nulidade processual.

Resumo da sindicância:

- Investigação preliminar.
- Investigação facultativa (pode a autoridade abrir diretamente um PAD).

Cap. 11 – AGENTES PÚBLICOS **449**

- Prazo: 30 dias (pode prorrogar por + 30 dias).
- Resultados possíveis:
  a) Arquivamento da investigação.
  b) Aplicação das punições de advertência e suspensão até 30 dias.
  c) Instauração do PAD.

> **cuidado**
>
> *Em respeito ao princípio da impessoalidade e em busca de uma atuação imparcial na condução da investigação administrativa, não poderá participar de comissão de sindicância ou de inquérito, cônjuge, companheiro ou parente do acusado, consanguíneo ou afim, em linha reta ou colateral, até o terceiro grau.*

14.2 Do Processo Administrativo Disciplinar (PAD)

O processo disciplinar é o instrumento destinado a apurar responsabilidade de servidor por infração praticada no exercício de suas atribuições, ou que tenha relação com as atribuições do cargo em que se encontre investido (art. 148, Lei 8.112/1990).

Ao final do PAD, todas as sanções previstas em lei podem ser aplicadas, a depender da culpabilidade do servidor, ou seja, a autoridade competente poderá decretar desde a punição mais leve (advertência) até as mais graves (demissão, cassação de aposentadoria ou disponibilidade, destituição de cargo ou função de confiança).

Qual o prazo de conclusão desse procedimento?

É de **60 dias**, podendo ser **prorrogado por igual período**, quando as circunstâncias o exigirem. Entretanto, esse prazo é impróprio, logo, o desrespeito a ele não gera nenhuma nulidade no procedimento.

> Súmula 592 do STJ. O excesso de prazo para a conclusão do processo administrativo disciplinar só causa nulidade se houver demonstração de prejuízo à defesa.

> **caiu na prova**
>
> **(FCC/TRT-ES/2022)** *O prazo para a conclusão do processo disciplinar não excederá 30 dias, contados da data de publicação do ato que constituir a comissão, admitida a sua prorrogação por igual prazo, quando as circunstâncias o exigirem.*
>
> **Gabarito:** *Errado.[23]*

Ademais, como forma de evitar que o servidor investigado venha a atrapalhar o andamento das investigações, poderá a autoridade instauradora do processo disciplinar determinar o **afastamento preventivo** do acusado. Pode essa medida durar o

---

[23] O prazo para a conclusão do processo disciplinar não excederá 60 (sessenta) dias, contados da data de publicação do ato que constituir a comissão, admitida a sua prorrogação por igual prazo, quando as circunstâncias o exigirem.

period de 60 + 60 dias e, como ainda não existiu condenação, durante o período do afastamento o servidor continua recebendo a sua remuneração normalmente.

Após esses conceitos iniciais, devemos analisar as etapas nas quais se desenvolve o Processo Administrativo Disciplinar. São elas:

FASES DO PAD	
1	Instauração, com a publicação do ato que constituir a comissão
2	Inquérito administrativo, que compreende instrução, defesa e relatório
3	Julgamento

14.2.1 Instauração

A instauração do processo administrativo ocorre com a publicação do ato que instituir a **comissão** de investigação, a qual deve ser composta por **três servidores estáveis** designados pela autoridade competente. Ademais, para garantir o princípio da impessoalidade, não podem ser integrantes dessa comissão o cônjuge, companheiro ou parente consanguíneo ou afim, em linha reta ou colateral, até o terceiro grau do acusado.

Deve a autoridade competente indicar o presidente da comissão, o qual deverá ser ocupante de cargo efetivo superior ou de mesmo nível, ou ter nível de escolaridade igual ou superior ao do indiciado.

Entretanto, na portaria instauradora do Processo Administrativo Disciplinar, não precisará existir o detalhamento dos fatos que serão investigados.

> Súmula 641 do STJ: A portaria de instauração do processo administrativo disciplinar prescinde da exposição detalhada dos fatos a serem apurados.

14.2.2 Inquérito administrativo

O inquérito administrativo é a fase do processo administrativo na qual, de fato, se garante a observância dos princípios constitucionais do contraditório e da ampla defesa, lembrando que o acusado poderá ser auxiliado por um advogado ou não, pois na esfera administrativa não existe a obrigatoriedade da presença do defensor. Vejamos o que preleciona o Supremo Tribunal Federal:

> Súmula Vinculante 5: A falta de defesa técnica por advogado no processo administrativo disciplinar não ofende a Constituição.

Nessa etapa procedimental, a comissão fará a colheita das provas necessárias, tais como: depoimentos, acareações, investigações e diligências cabíveis, recorrendo, quando necessário, a técnicos e peritos, de modo a permitir a completa elucidação dos fatos.

A fim de facilitar a investigação, a fase do inquérito administrativo será subdividida em: instrução, defesa e relatório. Vamos analisar cada uma delas em tópicos separados.

a) Instrução

A instrução dos processos administrativos admite o uso de todas as provas admitidas em Direito, tais como: testemunhas, perícias, acareações, entre outros meios, ou seja, qualquer prova, desde que lícita, será admitida.

Um exemplo dessa ampla dilação probatória é a admissão do uso de **provas emprestadas** advindas dos processos judiciais. Admite a jurisprudência nacional, inclusive, a utilização das interceptações telefônicas colhidas regularmente no âmbito das ações judiciais.

> **jurisprudência**
>
> **Esta Corte reconhece a competência da Comissão Processante para fazer uso de interceptações telefônicas, na forma de** *provas emprestadas, derivadas de processo penal, desde que tenha havido autorização judicial para tanto, conforme a hipótese dos autos, bem como que tenha sido dada oportunidade para o contraditório em relação a elas, o que se verifica da leitura do Processo Administrativo Disciplinar [...] (STJ, 1.ª Seção, MS 20513/DF, 13.12.2017).*

Súmula 591 do STJ. É permitida a "prova emprestada" no processo administrativo disciplinar, desde que devidamente autorizada pelo juízo competente e respeitados o contraditório e a ampla defesa.

> **caiu na prova**
>
> **(UPENET/UPE/2019)** *É permitida a "prova emprestada" no processo administrativo disciplinar, desde que devidamente autorizada pelo juízo competente e respeitados o contraditório e a ampla defesa.*
>
> **Gabarito:** *Certo.*

Iniciando os trabalhos, a comissão deverá escutar as **testemunhas** do caso, devendo o depoimento ser feito de maneira oral e reduzido a termo, não sendo lícito à testemunha trazê-lo por escrito. Havendo mais de uma testemunha, elas serão escutadas separadamente e, havendo contradição, serão chamadas para fazer uma **acareação**.

Após a oitiva das testemunhas, será realizado o **interrogatório** do acusado; havendo mais de um acusado, eles serão escutados separadamente e, em caso de contradição, será providenciada uma acareação.

Por fim, sendo tipificada a infração disciplinar, o servidor será indiciado, devendo a comissão motivar sua decisão, especificando os fatos imputados ao servidor e as respectivas provas.

b) Defesa

Após o indiciamento, o servidor será citado por mandado expedido pelo presidente da comissão para apresentar defesa escrita, no prazo de **10 dias.** Havendo dois ou mais indiciados, o prazo será comum de **20 dias.** Nas situações cuja realização de diligências seja reputada indispensável, o prazo de defesa poderá ser prorrogado pelo **dobro**. Achando-se o indiciado em lugar incerto e não sabido, será citado por edital, publicado no *Diário Oficial da União* e em jornal de grande circulação na

DIREITO ADMINISTRATIVO FACILITADO – *Ana Cláudia Campos*

localidade do último domicílio conhecido, para apresentar defesa dentro de **15 dias**, contados a partir da última publicação do edital.

Resumindo, prazo da defesa:

- Um acusado: 10 dias.
- Mais de um acusado: 20 dias.
- Realização de diligências indispensáveis: o prazo pode ser duplicado.
- Acusado citado por edital: 15 dias.

E se o indiciado não apresentar defesa?

Será decretada a **revelia**.

Com isso, a autoridade instauradora do processo devolverá o prazo de defesa e designará um servidor como **defensor dativo**, o qual terá de ser ocupante de cargo efetivo superior ou de mesmo nível, ou ter nível de escolaridade igual ou superior ao do indiciado para que faça a defesa do indiciado. Observe que o defensor não precisa ser advogado, pois, como vimos na Súmula Vinculante 5, a presença deste nos processos administrativos é uma faculdade, e não uma imposição.

Por fim, cabe lembrar que no âmbito do processo civil a revelia faz que se presumam verdadeiros todos os fatos alegados pela acusação. Entretanto, esse efeito não existe nos processos administrativos.

c) Relatório

Após todas essas etapas, a **comissão** elaborará relatório minucioso, resumindo as principais peças dos autos, e mencionará as provas em que se baseou para formar a sua convicção.

Apesar de a comissão não possuir competência para condenar ou absolver o servidor, ao redigir o relatório deverá ela concluir sobre a inocência ou responsabilidade do indiciado.

Por fim, a comissão encerra o seu trabalho e encaminha o relatório para a autoridade que determinou a instauração do processo administrativo, a qual deverá julgar o caso.

14.2.3 Julgamento

Quando a autoridade julgadora receber os autos do processo disciplinar, terá **20 dias** para proferir o seu julgamento. Entretanto, tratando-se de mais um prazo impróprio, se o julgamento for realizado fora desse período, não existirá nenhuma nulidade processual.

Como regra, o julgamento deve acatar o relatório da comissão, já que este foi conclusivo quanto à inocência ou culpa do investigado. Todavia, quando o relatório da comissão contrariar as provas dos autos, a autoridade julgadora poderá, motivadamente, agravar a penalidade proposta, abrandá-la ou isentar o servidor de responsabilidade.

Resumindo, o julgamento:

- Regra: segue o relatório.

- Exceção: não seguirá o relatório quando este contrariar as provas dos autos. Nesse caso, poderá a autoridade competente agravar a penalidade, abrandá-la ou, até mesmo, absolver o servidor.

14.3 Processo Administrativo Disciplinar sumário

Será usado para situações nas quais exista maior facilidade de comprovar a irregularidade praticada pelo servidor. Sendo assim, por consequência, a duração desse procedimento será menor em comparação ao PAD "normal".

Então, qual será o prazo de duração do processo sumário?

Será de 30 dias, podendo ser prorrogado por mais 15 dias (**30 + 15**).

Em quais situações o PAD sumário pode ser utilizado?

Em três: **abandono de cargo, inassiduidade habitual e acumulação ilegal de cargos.**[24] Perceba que o ponto em comum entre essas situações é a maior facilidade em provar as irregularidades mencionadas.

> **caiu na prova**
>
> **(CEBRASPE/DEPEN/2021)** *O processo administrativo disciplinar sob o rito sumário é aplicável apenas para a apuração de acumulação ilegal de cargos, de abandono de cargo e de inassiduidade habitual.*
>
> **Gabarito:** *Certo.*

Por exemplo, para se comprovar o abandono de cargo, basta haver uma análise rápida e simples da ficha do servidor, pois, caso este tenha se ausentado intencionalmente do trabalho por mais de 30 dias consecutivos, estará configurada a irregularidade.

São etapas do PAD sumário:

	FASES DO PAD SUMÁRIO
1	**Instauração** Efetivada com a publicação do ato que constituir a comissão, a ser composta por dois servidores estáveis, devendo, simultaneamente, existir a indicação da autoria e a materialidade da transgressão objeto da apuração
2	**Instrução sumária** • Indiciação • Defesa • Relatório
3	**Julgamento** • 5 dias

---

[24] Art. 133, Lei 8.112/1990. "Detectada a qualquer tempo a **acumulação ilegal de cargos, empregos ou funções públicas**, a autoridade a que se refere o art. 143 notificará o servidor, por intermédio de sua chefia imediata, para **apresentar opção no prazo improrrogável de dez dias**, contados da data da ciência e, na hipótese de omissão, adotará procedimento sumário para a sua apuração e regularização imediata [...] § 5.º A **opção pelo servidor até o último dia de prazo para defesa configurará sua boa-fé**, hipótese em que se converterá automaticamente em pedido de exoneração do outro cargo."

Para facilitar o entendimento, segue uma tabela com as principais diferenças entre o Processo Administrativo Disciplinar normal e o sumário:

	PAD	PAD SUMÁRIO
DURAÇÃO	60 + 60 dias	30 + 15 dias
COMISSÃO	3 membros	2 membros
FASES	1. Instauração 2. Inquérito administrativo 3. Julgamento	1. Instauração 2. Instrução sumária 3. Julgamento
JULGAMENTO	20 dias	5 dias
USADO	Apura várias irregularidades	1. Abandono de cargo 2. Inassiduidade habitual 3. Acumulação ilegal de cargos

14.4 Revisão do processo

O processo disciplinar poderá ser revisto, a qualquer tempo, a pedido ou de ofício, quando se aduzirem fatos novos ou circunstâncias suscetíveis de justificar a inocência do punido ou a inadequação da penalidade aplicada. No caso de falecimento do servidor, a revisão poderá ser requerida por qualquer pessoa de sua família.

O requerimento de revisão do processo será dirigido ao Ministro de Estado ou autoridade equivalente, que, se autorizar a revisão, encaminhará o pedido ao dirigente do órgão ou entidade onde se originou o processo disciplinar (art. 177 do Estatuto).

Entretanto, a simples alegação de injustiça da penalidade não constitui fundamento para a revisão, que requer elementos novos, ainda não apreciados no processo originário.

caiu na prova

(FCM/AUDITOR-MG/2020) *A simples alegação de injustiça da penalidade não constitui fundamento para a revisão do processo administrativo disciplinar, que requer elementos novos ainda não apreciados no processo originário.*

Gabarito: *Certo.*

Formada a comissão para analisar o pedido de revisão, esta terá o prazo de **60 dias** para concluir o seu trabalho. Findo o trabalho, o relatório será encaminhado à autoridade que aplicou a penalidade originária, a qual terá o prazo de **20 dias** para decidir sobre o pedido revisional.

Julgada procedente a revisão, será declarada sem efeito a penalidade aplicada, restabelecendo-se todos os direitos do servidor, exceto em relação à destituição do cargo em comissão, que será convertida em exoneração.

Por fim, se o pedido de revisão for julgado improcedente, ele não poderá gerar o agravamento da punição que já tinha sido imposta, ou seja, o pedido de revisão ou melhora a situação do requerente ou a deixa na mesma, não podendo piorá-la.

15. SÚMULAS

15.1 Súmulas vinculantes – STF

✓ **Súmula 3.** Nos processos perante o Tribunal de Contas da União asseguram-se o contraditório e a ampla defesa quando da decisão puder resultar anulação ou revogação de ato administrativo que beneficie o interessado, excetuada a apreciação da legalidade do ato de concessão inicial de aposentadoria, reforma e pensão.

✓ **Súmula 4.** Salvo nos casos previstos na Constituição, o salário mínimo não pode ser usado como indexador de base de cálculo de vantagem de servidor público ou de empregado, nem ser substituído por decisão judicial.

✓ **Súmula 5.** A falta de defesa técnica por advogado no processo administrativo disciplinar não ofende a Constituição.

✓ **Súmula 6.** Não viola a Constituição o estabelecimento de remuneração inferior ao salário mínimo para as praças prestadoras de serviço militar inicial.

✓ **Súmula 13.** A nomeação de cônjuge, companheiro ou parente em linha reta, colateral ou por afinidade, até o terceiro grau, inclusive, da autoridade nomeante ou de servidor da mesma pessoa jurídica investido em cargo de direção, chefia ou assessoramento, para o exercício de cargo em comissão ou de confiança ou, ainda, de função gratificada na administração pública direta e indireta em qualquer dos Poderes da União, dos Estados, do Distrito Federal e dos Municípios, compreendido o ajuste mediante designações recíprocas, viola a Constituição Federal.

✓ **Súmula 15.** O cálculo de gratificações e outras vantagens do servidor público não incide sobre o abono utilizado para se atingir o salário mínimo.

✓ **Súmula 16.** Os artigos 7.º, IV, e 39, § 3.º (redação da EC 19/1998), da Constituição, referem-se ao total da remuneração percebida pelo servidor público.

✓ **Súmula 22.** A Justiça do Trabalho é competente para processar e julgar as ações de indenização por danos morais e patrimoniais decorrentes de acidente de trabalho propostas por empregado contra empregador, inclusive aquelas que ainda não possuíam sentença de mérito em primeiro grau quando da promulgação da Emenda Constitucional n.º 45/04.

✓ **Súmula 33.** Aplicam-se ao servidor público, no que couber, as regras do regime geral da previdência social sobre aposentadoria especial de que trata o artigo 40, § 4.º, inciso III da Constituição Federal, até a edição de lei complementar específica.

✓ **Súmula 37.** Não cabe ao Poder Judiciário, que não tem função legislativa, aumentar vencimentos de servidores públicos sob o fundamento de isonomia.

✓ **Súmula 39.** Compete privativamente à União legislar sobre vencimentos dos membros das polícias civil e militar e do corpo de bombeiros militar do Distrito Federal.

✓ **Súmula 42.** É inconstitucional a vinculação do reajuste de vencimentos de servidores estaduais ou municipais a índices federais de correção monetária.

✓ **Súmula 43.** É inconstitucional toda modalidade de provimento que propicie ao servidor investir-se, sem prévia aprovação em concurso público destinado ao seu provimento, em cargo que não integra a carreira na qual anteriormente investido.

✓ **Súmula 44.** Só por lei se pode sujeitar a exame psicotécnico a habilitação de candidato a cargo público.

✓ **Súmula 55.** O direito ao auxílio-alimentação não se estende aos servidores inativos.

15.2 Súmulas do STF

- ✓ **Súmula 11.** A vitaliciedade não impede a extinção do cargo, ficando o funcionário em disponibilidade, com todos os vencimentos.
- ✓ **Súmula 15.** Dentro do prazo de validade do concurso, o candidato aprovado tem o direito à nomeação, quando o cargo for preenchido sem observância da classificação.
- ✓ **Súmula 16.** Funcionário nomeado por concurso tem direito à posse.
- ✓ **Súmula 17.** A nomeação de funcionário sem concurso pode ser desfeita antes da posse.
- ✓ **Súmula 18.** Pela falta residual, não compreendida na absolvição pelo juízo criminal, é admissível a punição administrativa do servidor público.
- ✓ **Súmula 19.** É inadmissível segunda punição de servidor público, baseada no mesmo processo em que se fundou a primeira.
- ✓ **Súmula 20.** É necessário processo administrativo com ampla defesa, para demissão de funcionário admitido por concurso.
- ✓ **Súmula 21.** Funcionário em estágio probatório não pode ser exonerado nem demitido sem inquérito ou sem as formalidades legais de apuração de sua capacidade.
- ✓ **Súmula 22.** O estágio probatório não protege o funcionário contra a extinção do cargo.
- ✓ **Súmula 24.** Funcionário interino substituto é livremente demissível, mesmo antes de cessar a causa da substituição.
- ✓ **Súmula 25.** A nomeação a termo não impede a livre demissão pelo Presidente da República, de ocupante de cargo dirigente de autarquia.
- ✓ **Súmula 26.** Os servidores do Instituto de Aposentadoria e Pensões dos Industriários não podem acumular a sua gratificação bienal com o adicional de tempo de serviço previsto no Estatuto dos Funcionários Civis da União.
- ✓ **Súmula 29.** Gratificação devida a servidores do "sistema fazendário" não se estende aos dos Tribunais de Contas.
- ✓ **Súmula 30.** Servidores de coletorias não têm direito à percentagem pela cobrança de contribuições destinadas à Petrobrás.
- ✓ **Súmula 36.** Servidor vitalício está sujeito à aposentadoria compulsória, em razão da idade.
- ✓ **Súmula 37.** Não tem direito de se aposentar pelo Tesouro Nacional o servidor que não satisfizer as condições estabelecidas na legislação do serviço público federal, ainda que aposentado pela respectiva instituição previdenciária, com direito, em tese, a duas aposentadorias.
- ✓ **Súmula 38.** Reclassificação posterior à aposentadoria não aproveita ao servidor aposentado.
- ✓ **Súmula 39.** À falta de lei, funcionário em disponibilidade não pode exigir, judicialmente, o seu aproveitamento, que fica subordinado ao critério de conveniência da administração.
- ✓ **Súmula 46.** Desmembramento de serventia de justiça não viola o princípio de vitaliciedade do serventuário.

Cap. 11 – AGENTES PÚBLICOS **457**

✓ **Súmula 47:** Reitor de universidade não é livremente demissível pelo Presidente da República durante o prazo de sua investidura.

✓ **Súmula 50.** A lei pode estabelecer condições para a demissão de extranumerário.

✓ **Súmula 339.** Não cabe ao Poder Judiciário, que não tem função legislativa, aumentar vencimentos de servidores públicos sob fundamento de isonomia.

✓ **Súmula 358.** O servidor público em disponibilidade tem direito aos vencimentos integrais do cargo.

✓ **Súmula 566.** Enquanto pendente, o pedido de readaptação fundado em desvio funcional não gera direitos para o servidor, relativamente ao cargo pleiteado.

✓ **Súmula 679.** A fixação de vencimentos dos servidores públicos não pode ser objeto de convenção coletiva.

✓ **Súmula 680.** O direito ao auxílio-alimentação não se estende aos servidores inativos.

✓ **Súmula 681.** É inconstitucional a vinculação do reajuste de vencimentos de servidores estaduais ou municipais a índices federais de correção monetária.

✓ **Súmula 683.** O limite de idade para a inscrição em concurso público só se legitima em face do art. 7.º, XXX, da Constituição, quando possa ser justificado pela natureza das atribuições do cargo a ser preenchido.

✓ **Súmula 684.** É inconstitucional o veto não motivado à participação de candidato a concurso público.

✓ **Súmula 685.** É inconstitucional toda modalidade de provimento que propicie ao servidor investir-se, sem prévia aprovação em concurso público destinado ao seu provimento, em cargo que não integra a carreira na qual anteriormente investido.

✓ **Súmula 686.** Só por lei se pode sujeitar a exame psicotécnico a habilitação de candidato a cargo público.

✓ **Súmula 726.** Para efeito de aposentadoria especial de professores, não se computa o tempo de serviço prestado fora da sala de aula.

15.3 Súmulas do STJ

✓ **Súmula 97.** Compete à Justiça do Trabalho processar e julgar reclamação de servidor público relativamente a vantagens trabalhistas anteriores à instituição do regime jurídico único.

✓ **Súmula 137.** Compete à Justiça Comum Estadual processar e julgar ação de servidor público municipal, pleiteando direitos relativos ao vínculo estatutário.

✓ **Súmula 170.** Compete ao juízo onde primeiro for intentada a ação envolvendo acumulação de pedidos, trabalhista e estatutário, decidi-la nos limites da sua jurisdição, sem prejuízo do ajuizamento de nova causa, com o pedido remanescente, no juízo próprio.

✓ **Súmula 173.** Compete à Justiça Federal processar e julgar o pedido de reintegração em cargo público federal, ainda que o servidor tenha sido dispensado antes da instituição do Regime Jurídico Único.

✓ **Súmula 218.** Compete à Justiça dos Estados processar e julgar ação de servidor estadual decorrente de direitos e vantagens estatutárias no exercício de cargo em comissão.

DIREITO ADMINISTRATIVO FACILITADO – *Ana Cláudia Campos*

✓ **Súmula 266.** O diploma ou habilitação legal para o exercício do cargo deve ser exigido na posse e não na inscrição para o concurso público.

✓ **Súmula 377.** O portador de visão monocular tem direito de concorrer, em concurso público, às vagas reservadas aos deficientes.

✓ **Súmula 378.** Reconhecido o desvio de função, o servidor faz jus às diferenças salariais decorrentes.

✓ **Súmula 386.** São isentas de imposto de renda as indenizações de férias proporcionais e o respectivo adicional.

✓ **Súmula 416.** É devida a pensão por morte aos dependentes do segurado que, apesar de ter perdido essa qualidade, preencheu os requisitos legais para a obtenção de aposentadoria até a data do seu óbito.

✓ **Súmula 427.** A ação de cobrança de diferenças de valores de complementação de aposentadoria prescreve em cinco anos contados da data do pagamento.

✓ **Súmula 447.** Os Estados e o Distrito Federal são partes legítimas na ação de restituição de imposto de renda retido na fonte proposta por seus servidores.

✓ **Súmula 456.** É incabível a correção monetária dos salários de contribuição considerados no cálculo do salário de benefício de auxílio-doença, aposentadoria por invalidez, pensão ou auxílio-reclusão concedidos antes da vigência da CF/1988.

✓ **Súmula 463.** Incide imposto de renda sobre os valores percebidos a título de indenização por horas extraordinárias trabalhadas, ainda que decorrentes de acordo coletivo.

✓ **Súmula 466.** O titular da conta vinculada ao FGTS tem o direito de sacar o saldo respectivo quando declarado nulo seu contrato de trabalho por ausência de prévia aprovação em concurso público.

✓ **Súmula 552.** O portador de surdez unilateral não se qualifica como pessoa com deficiência para o fim de disputar as vagas reservadas em concursos públicos.

✓ **Súmula 591.** É permitida a "prova emprestada" no processo administrativo disciplinar, desde que devidamente autorizada pelo juízo competente e respeitados o contraditório e a ampla defesa.

✓ **Súmula 592.** O excesso de prazo para a conclusão do processo administrativo disciplinar só causa nulidade se houver demonstração de prejuízo à defesa.

✓ **Súmula 611.** Desde que devidamente motivada e com amparo em investigação ou sindicância, é permitida a instauração de processo administrativo disciplinar com base em denúncia anônima, em face do poder-dever de autotutela imposto à Administração.

✓ **Súmula 635.** Os prazos prescricionais previstos no art. 142 da Lei n. 8.112/1990 iniciam-se na data em que a autoridade competente para a abertura do procedimento administrativo toma conhecimento do fato, interrompem-se com o primeiro ato de instauração válido – sindicância de caráter punitivo ou processo disciplinar – e voltam a fluir por inteiro, após decorridos 140 dias desde a interrupção.

✓ **Súmula 641.** A portaria de instauração do processo administrativo disciplinar prescinde da exposição detalhada dos fatos a serem apurados.

✓ **Súmula 650.** A autoridade administrativa não dispõe de discricionariedade para aplicar ao servidor pena diversa de demissão quando caraterizadas as hipóteses previstas no art. 132 da Lei n. 8.112/1990.

✓ **Súmula 651**. Compete à autoridade administrativa aplicar a servidor público a pena de demissão em razão da prática de improbidade administrativa, independentemente de prévia condenação, por autoridade judiciária, à perda da função pública.

RESUMO

CAPÍTULO 11 - AGENTES PÚBLICOS

1. **Agentes púbicos:** a nomenclatura agente público deve ser entendida da forma mais ampla possível, abarcando todas as pessoas que possuam algum tipo de vínculo com o Estado, ainda que essa relação seja transitória e sem remuneração.

2. **Agentes políticos:** os cargos são estruturais e relacionam-se diretamente com a organização estatal, pois seus agentes atuam no exercício da função política do Estado, possibilitando que as vontades superiores deste sejam externadas e executadas. São agentes políticos: detentores de mandatos eletivos, auxiliares do chefe do Executivo, magistrados e membros do Ministério Público.

3. **Agentes administrativos - servidores celetistas:** a contratação de empregados públicos pela Administração, via de regra, somente poderá acontecer nas pessoas jurídicas de direito privado, quais sejam: empresas públicas, sociedades de economia mista e fundações governamentais (fundações públicas que adotam o regime de direito privado). Características principais: ingresso feito mediante aprovação em concurso público, o regime é celetista (CLT), o vínculo com o poder público é contratual, não tem estágio probatório, os detentores não adquirem estabilidade, a competência para solucionar conflitos é da Justiça do Trabalho.

4. **Agentes administrativos - servidores estatutários:** possuem um vínculo legal com o Estado, ou seja, são regidos por um estatuto funcional que preleciona quais são os direitos e deveres aplicados ao detentor do cargo público. Características principais: ingresso feito mediante aprovação em concurso público, o regime é estatutário (lei), o vínculo com o poder público é legal, tem estágio probatório, os detentores podem adquirir estabilidade, a competência para solucionar conflitos é da Justiça Comum.

5. **Formas de provimento (Lei 8.112/1990):** nomeação - poderá ser realizada para o desempenho de um cargo em caráter efetivo ou em comissão; readaptação - é a investidura do servidor em cargo de atribuições e responsabilidades compatíveis com a limitação que tenha sofrido em sua capacidade física ou mental; reversão - é o retorno à atividade de servidor que estava aposentado; reintegração - é a reinvestidura do servidor estável no cargo anteriormente ocupado, ou no cargo resultante de sua transformação, quando invalidada a sua demissão; recondução - é o retorno do servidor estável ao cargo anteriormente ocupado e decorrerá de inabilitação em estágio probatório relativo a outro cargo ou reintegração do anterior ocupante; aproveitamento - retorno do servidor que se encontrava em disponibilidade; promoção - possibilita ao servidor a progressão na carreira.

6. **Formas de vacância (Lei 8.112/1990):** exoneração; demissão; promoção; readaptação; aposentadoria; posse em outro cargo inacumulável; falecimento. Obs.: readaptação,

promoção e posse em cargo inacumulável são assim denominadas em virtude de o mesmo ato administrativo gerar tanto a vacância no cargo de origem quanto o provimento no novo local.

7. **Penalidades (Lei 8.112/1990):** na aplicação das penalidades serão consideradas a natureza e a gravidade da infração cometida, os danos que dela provierem para o serviço público, as circunstâncias agravantes ou atenuantes e os antecedentes funcionais. São penalidades: advertência, suspensão, demissão, cassação de aposentadoria ou disponibilidade, destituição de cargo em comissão e de função comissionada.

8. **Punição de suspensão (Lei 8.112/1990):** refere-se às punições intermediárias; prazo máximo geral: 90 dias (recusa à inspeção médica: 15 dias); poderá a suspensão ser convertida em multa na base de menos 50% no valor do vencimento ou remuneração, ficando o servidor obrigado a permanecer em serviço; competência: suspensão até 30 dias: chefe da repartição, suspensão entre 31 e 90 dias: autoridade de hierarquia imediatamente inferior àqueles que podem aplicar a demissão; prescrição: dois anos a contar do conhecimento do fato irregular; cancelamento do registro: cinco anos (se o servidor não tiver praticado nova infração disciplinar).

9. **Punição de demissão (Lei 8.112/1990):** é a punição mais grave; gera vacância do cargo público; tipos de demissão: demissão pura e simples, demissão + 5 anos sem poder retornar ao serviço público federal, demissão sem possibilidade de retorno ao serviço público federal (esta punição foi declarada inconstitucional pelo STF); competência: autoridade máxima de cada órgão, entidade ou Poder; prescrição: cinco anos a contar do conhecimento do fato irregular.

10. **Sindicância/PAD (Lei 8.112/1990):** sindicância - investigação preliminar e facultativa (pode a autoridade abrir diretamente um PAD); prazo: 30 dias, podendo prorrogar por mais 30 dias; resultados possíveis: arquivamento da investigação, aplicação das punições de advertência e suspensão até 30 dias, instauração do PAD; processo administrativo disciplinar (PAD) - todas as sanções previstas em lei podem ser aplicadas, a depender da culpabilidade do servidor, ou seja, a autoridade competente poderá decretar desde a punição mais leve (advertência) até as mais graves (demissão, cassação de aposentadoria ou disponibilidade, destituição de cargo ou função de confiança); prazo para conclusão: 60 dias, podendo ser prorrogado por igual período, quando as circunstâncias o exigirem.

Acesse o
MATERIAL SUPLEMENTAR
Resumos esquematizados e questões de prova disponíveis no material suplementar *online*.

RESPONSABILIDADE CIVIL DO ESTADO

1. FUNDAMENTOS

Vivemos hoje em um **Estado de Direito**, ou seja, as normas devem ser obedecidas tanto pelos indivíduos quanto pelo próprio ente estatal. Sendo assim, caso um agente público venha a causar, no exercício das suas funções, dano a determinado particular, deverá o Estado ser responsabilizado por esse ato.

Mas por que não responsabilizamos diretamente a pessoa física (agente público)?

Principalmente pela adoção da **teoria do órgão**, segundo a qual a atuação dos agentes e órgãos públicos será imputada à pessoa jurídica à qual pertencem, sendo esta a real detentora da personalidade, ou seja, dos direitos e deveres inerentes à atuação estatal.

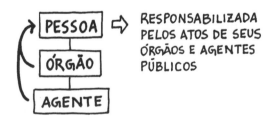

Além da teoria do órgão, podemos fundamentar a responsabilidade do ente estatal com base no **princípio da impessoalidade**, pois o administrador é mero instrumento da vontade pública, logo, quando ele atua, apenas estará manifestando a vontade da pessoa jurídica, a qual se encontra subordinado.

Ademais, saiba que neste capítulo estudaremos a **responsabilidade extracontratual do Estado** (também denominada responsabilidade aquiliana). Ou seja, a responsabilização nada terá a ver com ofensas a cláusulas contratuais, mas, sim, com fatos decorrentes da vida cotidiana. Vamos a dois exemplos:

a) A empresa "Y" celebrou contrato com o Município de São Paulo para executar a obra de construção de uma escola. Entretanto, o Poder Público não realizou os pagamentos devidos. Inconformada, a contratada ingressou com uma ação judicial para receber os valores que lhe são devidos. Observe que, nesse caso, a responsabilidade do Estado é **contratual**, pois, decorreu do descumprimento de cláusulas previamente instituídas pelas partes.

b) Maria estava atravessando a rua na faixa de pedestres, exatamente como manda a norma, quando foi surpreendida e atropelada por um carro da Secretaria de Educação. Logicamente, poderá a vítima mover uma ação contra o Estado pelos danos que lhe foram causados. Observe, entretanto, que não existia nenhuma relação prévia entre o ente estatal e Maria, logo, a responsabilização do Estado é **extracontratual**.

2. EVOLUÇÃO HISTÓRICA

Antes de analisarmos a fase atual da responsabilidade civil do Estado, faz-se imprescindível uma breve análise histórica, partindo da época dos Estados Absolutistas até os dias atuais.

Para facilitar o entendimento do tema vamos separá-lo em tópicos.

a) Teoria da irresponsabilidade estatal

Essa teoria era usada na época dos **Estados Absolutistas**, nos quais se adotava uma concepção político-teleológica do mundo, ou seja, Estado e Igreja eram considerados uma coisa só. Dessa forma, o rei era considerado o representante terrestre do próprio Deus, e, como Deus não erra, o rei também não poderia errar, daí vem a clássica frase que exprime bem o pensamento da época: "o rei não erra" ("the king can do no wrong").

É exatamente por essa personificação divina do rei que, neste primeiro momento, o ente estatal não respondia pelos danos que causasse aos seus súditos. Entretanto, com o passar dos anos e o enfraquecimento da monarquia, iniciou-se a separação entre a Igreja e o Estado, e com isso passou este a responder em alguns casos pontuais.

O *leading case* (primeiro caso) de responsabilização do Estado ocorreu na França, ficando conhecido como caso "Blanco". Nesse caso, uma menina, Agnès Blanco, enquanto brincava nas ruas da cidade de Bordeaux, foi atropelada por um vagão da Companhia Nacional de Manufatura e Fumo e acabou falecendo. Seu pai, inconformado, ingressou com uma ação de indenização alegando que o Estado era sim responsável pelo incidente. Em 8 de fevereiro de 1873, foi proferida decisão favorável ao pai da criança, gerando, dessa forma, a responsabilização do Estado.

Com isso, pode-se afirmar que a teoria da irresponsabilidade estatal começou a ser abandonada no ano de 1873, não existindo, na atualidade, nenhum país ocidental que a adote. Quanto ao Brasil, essa teoria nunca foi adotada.

b) Teoria da responsabilidade subjetiva

A responsabilidade subjetiva fez com que o Estado começasse a ser responsabilizado pelos atos danosos de seus agentes. A base dessa teoria é a ideia de dolo ou culpa.

Só para lembrar:

- **Dolo:** a pessoa atua com vontade de praticar o ato danoso ou, pelo menos, aceita o risco de sua conduta.
- **Culpa:** o agente não tem a intenção de causar o dano, mas é negligente, imprudente ou imperito ao praticar o ato.

Entretanto, apesar de a teoria subjetiva ser uma só, ela foi dividida em dois momentos distintos. Na primeira fase, deveria ser provado o dolo ou a culpa do agente público; já em um segundo momento, essas condutas subjetivas seriam analisadas perante a prestação do serviço.

1.º momento: teoria civilista

Com o fim da irresponsabilidade estatal, o Poder Público passou a ser responsável pelos danos causados aos particulares por meio de atos dos agentes públicos. Todavia, no primeiro momento, para se conseguir uma indenização estatal fazia-se imprescindível a comprovação de **quatro elementos:**

a) Ato (conduta).
b) Dano.
c) Nexo causal.
d) Comprovação de comportamento doloso ou culposo do agente público.

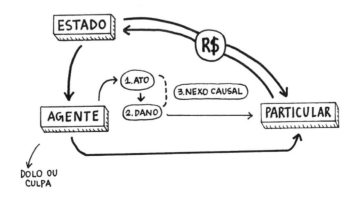

Observe que, nesse primeiro momento, o particular lesado, para ter direito a uma indenização estatal, teria de comprovar a conduta dolosa (ato praticado com vontade) ou ao menos culposa (negligência, imprudência ou imperícia) do agente público causador do dano.

Logo, apesar de a responsabilidade ser do Estado, fazia-se imprescindível a **personificação da culpa**, ou seja, a vítima teria de demonstrar especificamente qual agente público agiu em desconformidade com o direito, o que, muitas vezes, acabava por prejudicar o recebimento da indenização.

2.º momento: teoria da culpa do serviço (*faute du service*) ou culpa anônima

Ainda sob o aspecto da responsabilidade subjetiva, mas sob uma ótica mais moderna, passou-se a adotar a teoria da culpa anônima, ou seja, ainda se faz imprescindível a demonstração de **quatro elementos**: a) ato (conduta); b) dano; c) nexo causal; d) comprovação de comportamento doloso ou ao menos culposo. Entretanto, não há mais necessidade de se demonstrar a culpa de um agente específico, bastando, para tanto, a comprovação de que o serviço não funcionou, funcionou mal ou foi executado de forma atrasada.

Perceba que nesse caso ficará muito mais fácil para a vítima conseguir a indenização, pois não precisará demonstrar quem foi o agente (pessoa física) causador do dano, bastando comprovar que o serviço executado pelo Estado não funcionou, funcionou mal ou foi prestado com atrasos.

Logo, o elemento subjetivo (dolo ou culpa) será analisado sob a ótica do serviço prestado e não em relação ao seu executor, por isso fala-se em culpa anônima.

c) Teoria da responsabilidade objetiva

Chegando aos dias atuais, temos a utilização da responsabilidade objetiva do Estado, por meio da qual o particular lesado, para ter direito a receber uma indenização, precisará provar apenas **três elementos**: a) ato (conduta); b) dano; c) nexo causal, sendo prescindível, ou seja, desnecessária, a comprovação de conduta dolosa ou culposa por parte do agente público ou do Estado.

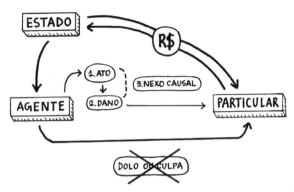

Perceba que a responsabilidade do Estado nos moldes objetivos facilita e muito o pleito indenizatório para o particular, pois não precisará este buscar elementos comprovadores de condutas subjetivas (dolo ou culpa).

Logicamente, o agente público poderá, por exemplo, ter atuado com dolo. Entretanto, não precisará o particular, na ação indenizatória, "perder tempo" tentando realizar a prova desse elemento, bastando focar seu pedido demonstrando: a ação estatal, o dano sofrido e o nexo causal entre eles.

Aprofundaremos esse tema no próximo tópico.

3. RESPONSABILIDADE ESTATAL NA CONSTITUIÇÃO DE 1988

A Constituição Federal preleciona que:

> Art. 37, § 6.º As pessoas jurídicas de direito público e as de direito privado prestadoras de serviços públicos responderão pelos danos que seus agentes, nessa qualidade, causarem a terceiros, assegurado o direito de regresso contra o responsável nos casos de dolo ou culpa.

Para facilitar o entendimento e gerar o aprofundamento necessário do tema, vamos subdividir esse artigo em três partes:

1. Analisar a quem se aplica o art. 37, § 6.º, da CF/1988:

    As pessoas jurídicas de direito público e as de direito privado prestadoras de serviços públicos [...].

2. Analisar os requisitos da responsabilidade objetiva:

    [...] responderão pelos danos que seus agentes, nessa qualidade, causarem a terceiros [...].

3. Analisar a responsabilização dos agentes públicos:

    [...] assegurado o direito de regresso contra o responsável nos casos de dolo ou culpa.

3.1 A quem se aplica o art. 37, § 6.º, da CF/1988

Segundo o texto constitucional, os entes que adotarem o regime de direito público e também as pessoas jurídicas de direito privado prestadoras de serviços públicos devem responder pelos danos que seus agentes causarem aos particulares.

Mas quem seriam essas pessoas?

Fácil, é só relembrar o que estudamos no capítulo referente à organização administrativa. Vejamos:

Pessoas jurídicas: DIREITO PÚBLICO

- União
- Estados
- Distrito Federal
- Municípios
- Autarquias
- Fundações Públicas de Direito público

Pessoas jurídicas: DIREITO PRIVADO (prestadoras de SERVIÇO PÚBLICO)

- Fundações Públicas de Direito Privado
- Empresa Pública
- Sociedade de Economia Mista
- Concessionárias
- Permissionárias

caiu na prova

(QUADRIX/CAU-SC/2022) *As pessoas jurídicas de direito público e as de direito privado prestadoras de serviços públicos responderão pelos danos que seus agentes, nessa qualidade, causarem a terceiros, assegurado o direito de regresso contra o responsável nos casos de dolo ou culpa.*

Gabarito: *Certo.*

Observe que, quanto aos entes de direito público, não existe nenhuma exceção. Todos, independentemente da atividade desempenhada, respondem pelos danos causados por seus agentes nos moldes do art. 37, § 6.º, da Constituição Federal.

Todavia, no que se refere às pessoas de direito privado, temos de fazer uma distinção, pois apenas responderão de maneira objetiva aquelas que sejam prestadoras de serviços públicos.

Sendo assim, não podemos dizer de plano qual o modelo de responsabilidade adotado para as **empresas estatais** (empresas públicas e sociedades de economia mista), pois tudo vai depender do tipo de atividade que elas desempenham.

Caso prestem algum tipo de serviço público, segundo a própria Constituição, responderão de forma objetiva pelos danos que seus empregados públicos causarem a terceiros. Entretanto, se a estatal for instituída para fazer o desempenho de uma atividade econômica, deverá ser seguida a regra do Direito Civil, ou seja, a responsabilidade será do tipo subjetiva, sendo necessária, por consequência, a comprovação da conduta dolosa ou culposa para que se gere a responsabilidade.

> **caiu na prova**
>
> **(FAU/PROCURADOR-PR/2022)** As pessoas jurídicas de direito público e as de direito privado prestadoras de serviços públicos responderão pelos danos que seus agentes, nessa qualidade, causarem a terceiros, assegurado o direito de regresso contra o responsável nos casos de dolo ou culpa. Sendo assim, é CORRETO afirmar que não estão incluídas nesta norma as empresas públicas e as sociedades de economia mista exploradoras de atividade econômica em sentido estrito.
> **Gabarito:** Certo.

Já as **concessionárias** e **permissionárias** de serviço público (conforme estudado em capítulo específico) são pessoas do setor privado que, mediante delegação do Poder Público, passam a desempenhar determinado serviço público.

> Art. 175, CF/1988. Incumbe ao Poder Público, na forma da lei, diretamente ou sob regime de concessão ou permissão, sempre através de licitação, a prestação de serviços públicos.

Vamos imaginar o seguinte exemplo: A empresa "ABC", após a assinatura de um contrato de concessão com o Estado da Bahia, começou a prestar o serviço público de transporte de passageiros. Entretanto, alguns dias após o início das atividades, o motorista da concessionária, no desempenho das suas funções, causou um enorme acidente de trânsito gerando danos tanto a passageiros do ônibus quanto a transeuntes que estavam atravessando a rua.

Desse caso decorrem várias perguntas:

a) A ação será movida diretamente contra o motorista do ônibus?

Não!

Pois, em virtude do princípio da impessoalidade e da teoria do órgão, o motorista do ônibus é mero instrumento de atuação da empresa concessionária. Logo, deverá a responsabilidade inicial recair sobre a pessoa jurídica.

b) A responsabilidade civil abarca os usuários e não usuários do serviço?

Sim!

Esse entendimento, inclusive, já se encontra pacificado na doutrina e jurisprudência nacionais. Dessa forma, deverá a pessoa jurídica responder tanto pelos danos

DIREITO ADMINISTRATIVO FACILITADO – *Ana Cláudia Campos*

causados às pessoas que se encontravam dentro do ônibus (usuários do serviço de transporte) quanto pelas lesões sofridas por aqueles que simplesmente atravessavam a rua no momento do acidente (não usuários).

Vejamos o que diz o Superior Tribunal de Justiça:

jurisprudência

A responsabilidade civil das pessoas jurídicas de direito privado prestadoras de serviço público é objetiva relativamente a terceiros usuários e não usuários do serviço, segundo decorre do art. 37, § 6.º, da Constituição Federal. (STJ, 4.ª Turma, AgInt nos EDcl no AREsp 1115349/SP, 07.12.2017).

caiu na prova

(CEBRASPE/PC-SE/2021) *Concessionária de serviço público somente pode responder subjetivamente ao dano que causar ao usuário, uma vez que se trata de um serviço não prestado diretamente pelo Estado.*

Gabarito: *Errado.*[1]

c) O processo deverá ser movido contra quem: concessionária ou Estado da Bahia?

Contra a concessionária!

A concessionária, sendo uma pessoa jurídica de direito privado prestadora de serviço público, deverá responder de forma objetiva pelos danos que seus agentes causarem a terceiros.

E, além disso, terá ela responsabilidade direta pelos atos que praticar. Ou seja, se o ato danoso foi proveniente de uma conduta da concessionária, não será o Estado obrigado a reparar (pelo menos inicialmente) as lesões causadas por ela. Seguindo o exemplo, apenas a empresa "ABC" será acionada processualmente em virtude do acidente de trânsito.

d) E se a concessionária não possuir meios de arcar com a indenização?

O Estado será chamado como responsável subsidiário!

Vamos por partes.

Quando o particular prejudicado pelo acidente de trânsito for processar alguém, deverá fazê-lo apenas em relação à concessionária, já que a responsabilidade desta é objetiva e direta (lembre-se, a responsabilidade é sempre de quem pratica a ação).

Entretanto, imagine que a concessionária decretou falência e, com isso, não possui meios de arcar com as indenizações. Nesse caso, a responsabilidade irá recair sobre o Estado da Bahia (estamos usando o exemplo supramencionado), em virtude de este ter delegado contratualmente o serviço público de transporte àquela.

---

[1] As concessionárias respondem de maneira objetiva pelos danos que seus agentes, nessa qualidade, causarem tanto aos usuários quanto aos não usuários do serviço público ofertado.

Resumindo:
- Concessionária: responsabilidade objetiva e direta.
- Estado: responsabilidade objetiva e subsidiária.

jurisprudência

Há responsabilidade subsidiária do Poder Concedente, em situações em que o concessionário não possuir meios de arcar com a indenização pelos prejuízos a que deu causa. (STJ, 2.ª Turma, REsp 1135927/MG, 10.08.2010).

caiu na prova

(FAURGS/JUIZ-RS/2022) As pessoas jurídicas de direito privado, prestadoras de serviço público, responderão pelos danos que seus agentes, nessa qualidade, causarem a terceiros, de forma primária, sendo o Estado, neste caso, responsável de forma subsidiária.

Gabarito: Certo.

Por fim, vale lembrar que a responsabilidade subsidiária não significa a mesma coisa que a solidária. Segundo o Código Civil (art. 264), responsabilidade solidária é aquela em que "[...] na mesma obrigação concorre mais de um credor, ou mais de um devedor, cada um com direito, ou obrigado, à dívida toda".

Perceba que, se a responsabilidade estatal fosse solidária, desde o início poderia o prejudicado processar: concessionária + Estado.

Mas, como sabemos, o Estado só será chamado em caso de impossibilidade financeira da concessionária, logo sua responsabilidade será do tipo subsidiária.

De forma resumida, podemos esquematizar o assunto com o seguinte desenho:

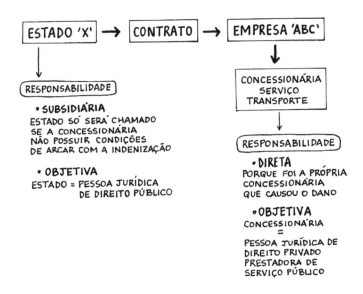

3.2 Responsabilidade objetiva

O Estado, por meio de seus agentes públicos, pode praticar atos que acabem gerando danos a particulares. Nesse caso, a responsabilidade será pautada no modelo objetivo, ou seja, prescindirá da demonstração de atuação dolosa ou culposa.

Sendo assim, basta ao indivíduo lesionado a demonstração de três requisitos para que tenha direito à indenização: ato, dano e nexo causal.

3.2.1 Ato (conduta)

A conduta apta a ensejar a responsabilidade do Estado deve ser aquela praticada por um agente público. Mas quem seria este?

Devemos usar o conceito amplo de forma a abarcar todos aqueles que agem em nome do Estado. Vejamos o que diz o Código Penal:

> Art. 327. Considera-se funcionário público, para os efeitos penais, quem, embora transitoriamente ou sem remuneração, exerce cargo, emprego ou função pública.

O conceito é tão abrangente que chega a englobar até mesmos os empregados terceirizados, sendo esse o entendimento, inclusive, do Superior Tribunal de Justiça.

jurisprudência

O fato do suposto causador do ato ilícito ser funcionário terceirizado não exime a tomadora do serviço de sua eventual responsabilidade. *(STJ, 3.ª Turma, REsp 904127/RS, 18.09.2008).*

Daí surge outra pergunta: basta a qualidade de agente público para que exista a responsabilização do Estado?

Não!

Vamos imaginar o seguinte exemplo: Bruna, servidora pública do Tribunal de Justiça de São Paulo, discutiu com a sua vizinha por causa de uma vaga de garagem no prédio. Perceba que, logicamente, o Estado não possui nenhuma responsabilidade em relação a esse ato, já que não existe ligação entre a conduta da servidora e a sua função pública.

Agora, vamos imaginar outra situação: Carlos, policial civil do Estado de Goiás, assim que acabou o seu expediente de trabalho, foi à padaria para fazer um lanche. Entretanto, minutos depois alguns indivíduos ingressaram no estabelecimento para realizar um assalto. Carlos, com a arma da corporação e agindo na função de policial, atuou rapidamente reprimindo o assalto e efetuando a prisão dos envolvidos.

Observe que, no último exemplo, apesar de o servidor não estar mais em seu horário de trabalho, acabou atuando na função de agente público e, com isso, caso ele venha a causar um dano indevido a alguém, poderá o Estado vir a ser responsabilizado.

Resumindo, para que exista a responsabilização do Estado, a conduta deve preencher dois requisitos: ser praticada por um **agente público** + deve este agir no **exercício de suas funções**.

Cap. 12 – RESPONSABILIDADE CIVIL DO ESTADO

> **cuidado**
>
> *O Estado responde, objetivamente, pelos atos dos tabeliães e registradores oficiais que, no exercício de suas funções, causem dano a terceiros, assentado o dever de regresso contra o responsável, nos casos de dolo ou culpa, sob pena de improbidade administrativa. O Estado possui responsabilidade civil direta, primária e objetiva pelos danos que notários e oficiais de registro, no exercício de serviço público por delegação, causem a terceiros (STF, Plenário, RE 842846/SC, Rel. Min. Luiz Fux, 27.02.2019, repercussão geral).*

Por fim, devemos alertar que no caso da responsabilidade objetiva a conduta deve ter sido praticada de forma **comissiva**, ou seja, por uma ação do administrador. Se o dano for causado por omissão, a responsabilidade estatal será, como regra, subjetiva (aprofundaremos este tópico um pouco mais adiante).

3.2.1.1 Ato (conduta) – lícito x ilícito

O ato propulsor da responsabilidade civil do Estado pode tanto ser lícito quanto ilícito. Vamos analisá-los em separado.

a) Ato ilícito

É todo aquele violador do **princípio da legalidade**. Lembre-se que estudamos o referido princípio e o conceituamos dizendo que, diferentemente do particular, o administrador só pode atuar quando a lei permite.

Assim, caso um agente público venha a desrespeitar o preceito da legalidade, estará atuando de forma ilícita, logo, poderá o particular ingressar com uma ação pedindo indenização.

Mas será esse ato ilícito sinônimo de crime?

Não necessariamente!

Ato ilícito é aquele violador de uma norma. Por exemplo, caso o motorista de determinada autarquia, por negligência (culpa), venha a colidir com o veículo de um particular que se encontrava devidamente estacionado, terá cometido um ato ilícito, pois o dever de cuidado foi violado. Entretanto, não chegou o agente público a cometer um crime, até mesmo porque não existe delito de dano cometido de forma culposa.

Em resumo, podemos dizer que o fundamento da responsabilização estatal pelos atos ilícitos cometidos por seus agentes públicos é a ofensa ao princípio da legalidade.

b) Ato lícito

Em alguns casos específicos e pontuais uma conduta do Poder Público, ainda que lícita, pode ensejar a responsabilização do Estado, caso exista ofensa ao **princípio da isonomia**.

Vamos imaginar a seguinte situação:

O município de Recife iniciou uma grande obra de duplicação de uma via muito movimentada. Perceba que a obra é um ato completamente lícito do Poder Público, contudo poderá causar alguns danos. Vamos comparar duas situações distintas.

1. Imagine que com a obra os moradores daquela localidade estão passando mais tempo no trânsito e com as casas sempre sujas de poeira. Pergunta-se: terão eles direito a algum tipo de indenização?

Não! Pois os transtornos que eles estão sofrendo são completamente normais. Ou seja, logicamente, quando existir uma obra, o trânsito vai piorar e as casas ao redor vão ficar mais sujas. Portanto, não caberá aos moradores daquela área nenhum tipo de indenização.

2. Agora suponha que no local central da rua exista um mercadinho, o qual teve de fechar suas portas durante todo o período da obra em virtude da impossibilidade de os compradores chegarem ao estabelecimento. Pergunta-se: o dano sofrido pelo proprietário do mercado é igual ao das outras pessoas ou muito maior?

Muito maior! Observe que ele está impossibilitado de trabalhar e ganhar o sustento de sua família em virtude da obra. Logo, está suportando um prejuízo muito maior do que as outras pessoas. Assim, o princípio da isonomia está sendo desrespeitado em virtude do desequilíbrio entre as lesões.

Em resumo, para que um particular possa o direito de receber indenização estatal por causa de um ato lícito do Poder Público, deverá provar que o **dano** sofrido é **específico e anormal** (muito maior se comparado ao das outras pessoas).

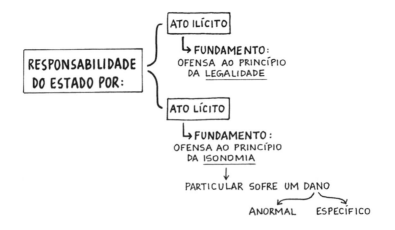

caiu na prova

(CEBRASPE/PROMOTOR-AP/2021) *Para a configuração da responsabilidade civil do Estado por dano, é desnecessário que o ato lesivo seja ilícito, bastando que haja nexo de causalidade entre a ação estatal e o dano anormal e específico, ou seja, que o dano tenha ultrapassado os inconvenientes normais da vida em sociedade, em desfavor de pessoas ou grupos determinados.*
Gabarito: *Certo.*

Por fim, observe que, no exemplo supramencionado, algumas pessoas possuirão direito à indenização e outras não. Essa diferenciação de tratamento é denominada, segundo a doutrina, teoria do duplo efeito.

3.2.2 Dano

Para que uma pessoa faça jus à indenização estatal, faz-se imprescindível a ocorrência efetiva de um dano, podendo este ser: material, moral ou, até mesmo, estético.

Inclusive, a possibilidade de cumulação de vários tipos indenizatórios encontra-se pacificada pela jurisprudência. Vejamos o que diz o STJ sobre o tema.

 jurisprudência

*[...] frise-se, perfeitamente **legítima a cumulação da indenização por dano moral e estético, entendimento que está inclusive em absoluta consonância ao da Superior Corte** (STJ, 2.ª Turma, REsp 1672411/SP, 08.08.2017).*

3.2.3 Nexo causal

Para que o Estado se responsabilize pelos atos de seus agentes é necessário que o dano sofrido pelo particular possua uma relação direta com o ato praticado pelo agente público. A isso dá-se o nome de nexo causal.

Em outras palavras, o nexo causal é a comprovação de que a lesão sofrida é proveniente da conduta estatal. Imagine, por exemplo, o caso de um particular que se encontra no meio de um conflito armado entre policiais e traficantes. Caso ele venha a ser atingido por uma bala proveniente de um agente público e sofra lesões, logicamente estará configurado o nexo causal e deverá o Estado reparar o dano sofrido por ele.

Agora, vamos imaginar outro caso: Maria estava jogando vôlei com as suas amigas quando caiu de mau jeito e fraturou a perna. Chegando ao hospital público, o médico responsável fez o atendimento, medicou a paciente e imobilizou o membro lesionado. Após sua melhora, foi-lhe concedida alta e Maria retornou para casa. Dois meses depois, Maria teve um infarto fulminante e, infelizmente, veio a falecer. Observe que nesse caso a morte de Maria não tem nenhuma relação com a atuação médica. Sendo assim, não existe nenhum nexo causal entre o ato estatal e o dano sofrido, logo, não terá o Poder Público nenhum tipo de responsabilidade.

cuidado

Nos termos do artigo 37, § 6.º, da Constituição Federal, não se caracteriza a responsabilidade civil objetiva do Estado por danos decorrentes de crime praticado por pessoa foragida do sistema prisional, quando não demonstrado o nexo causal direto entre o momento da fuga e a conduta praticada (STF, Plenário, RE 608880/MT, Rel. Min. Marco Aurélio, Relator p/ Acórdão Alexandre de Moraes, 08.09.2020. Repercussão Geral – Tema 362).

3.3 Ação regressiva

Como sabemos, o Estado responde pelos danos causados por seus agentes. Portanto, o particular prejudicado deverá ingressar com uma ação diretamente contra a pessoa jurídica.

Mas o agente público fica imune à responsabilização?

Não! Pois, a própria Constituição Federal preleciona que, caso este tenha causado o dano de forma dolosa ou culposa, deverá ressarcir o Poder Público mediante uma ação regressiva.

Observe, entretanto, que o agente público só ressarcirá o Estado se possuir pelo menos culpa no ato. Logo, sua responsabilidade será do tipo subjetiva. Vejamos dois exemplos:

Exemplo 1

Caio, policial federal, estava no meio de um tiroteio e, por acreditar que tinha encontrado o chefe do tráfico de drogas da região, desferiu um tiro para que este não pudesse fugir. Todavia, ao chegar perto do local, percebeu que o homem baleado na verdade era um morador da localidade que não possuía nenhuma relação com a venda de entorpecentes.

Logicamente, o particular prejudicado poderá ingressar com uma ação pedindo indenização por todo o dano sofrido. Mas contra quem ele ingressará?

Contra a União (lembre-se que Caio era policial federal), já que as pessoas jurídicas de direito público respondem pelos danos causados por seus agentes.

Entretanto, posteriormente à ação de indenização, poderá a União ingressar com uma ação regressiva contra o policial federal em virtude de este ter tido culpa no ocorrido, pois, no mínimo, ele foi negligente em sua ação, devendo o agente público devolver à União os valores que esta desembolsou na ação indenizatória do particular.

Exemplo 2

Bruno, servidor público do Estado de Minas Gerais, estava dirigindo um carro oficial quando este, por defeito de fabricação, ficou completamente sem freios. O servidor tentou de tudo para evitar acidentes, entretanto não teve como impedir o atropelamento de Maria.

Como sabemos, deverá a vítima ingressar com uma ação indenizatória contra o Estado de Minas. Mas será que posteriormente poderá o Poder Público obrigar que seu servidor faça o ressarcimento?

Não! Observe que, no caso, Bruno não atuou com dolo nem com culpa. Sendo assim, como sua responsabilidade é baseada no modelo subjetivo, não será ele obrigado a ressarcir o Estado.

Resumindo, o particular lesionado deverá ingressar com a ação perante o Estado nos moldes da responsabilidade objetiva (não precisará comprovar dolo ou culpa estatal) e, posteriormente, caso o agente público tenha atuado de forma dolosa ou culposa, sofrerá uma ação regressiva e terá de ressarcir os gastos realizados pelo Estado.

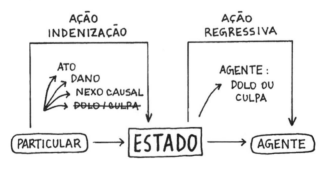

Após essa análise inicial do assunto, surge uma dúvida: poderá o particular ingressar com a ação de indenização diretamente contra o agente público?

Segundo a doutrina e jurisprudência majoritárias, **não**!

Esse é, inclusive, o entendimento do Supremo Tribunal Federal, segundo o qual deve-se adotar a **teoria da dupla garantia**, ou seja, ao particular é assegurado o direito de pleitear uma indenização perante o Estado e ao agente público concede-se o benefício de só ser cobrado em uma ação regressiva. Resumindo a dupla garantia:

Garantia 1: particular pode acionar o Estado.

Garantia 2: agente público só responderá perante o Estado por meio de uma ação regressiva.

caiu na prova

(CEBRASPE/PC-RJ/2022) *Ação por danos causados por agente público deve ser ajuizada contra o Estado ou contra pessoa jurídica de direito privado prestadora de serviço público, sendo parte ilegítima para a ação o autor do ato, em observância ao princípio da dupla garantia, assegurado o direito de regresso contra o responsável nos casos de dolo ou culpa.*

Gabarito: *Certo.*

jurisprudência

[...] dupla garantia: uma, em favor do particular, possibilitando-lhe ação indenizatória contra a pessoa jurídica de direito público, ou de direito privado que preste serviço público, dado que bem maior, praticamente certa, a possibilidade de pagamento do dano objetivamente sofrido. Outra garantia, no entanto, em prol do servidor estatal, que somente responde administrativa e civilmente perante a pessoa jurídica a cujo quadro funcional se vincular. *(STF, 1.ª Turma, RE 327904/SP, 15.08.2006).*

A responsabilização do Estado de forma direta em relação ao particular, além da teoria da dupla garantia, possui como base **o princípio da impessoalidade** e a **teoria do órgão**. Ambos os assuntos foram estudados neste livro, porém relembramos que a ideia central deles é a de que o administrador é um mero instrumento da vontade estatal, logo, quando atua, na verdade quem está agindo é o próprio Estado. Assim, será o Poder Público o responsável direto e imediato pelas lesões causadas aos indivíduos.

Por fim, cumpre alertar que existe uma decisão do Superior Tribunal de Justiça possibilitando a responsabilização direta do servidor. Vale salientar, entretanto, que este não é o entendimento majoritário e, portanto, só deverá ser levado em consideração nas provas se a questão fizer uma menção expressa a essa decisão. Vejamos.

jurisprudência

[...] há de se franquear ao particular a possibilidade de ajuizar a ação diretamente contra o servidor, suposto causador do dano, contra o Estado ou contra ambos, se assim desejar. A avaliação quanto ao ajuizamento da ação contra o servidor público ou contra o Estado deve ser decisão do suposto lesado. *(STJ, 4.ª Turma, REsp 1325862/PR, 05.09.2013).*

3.3.1 Denunciação da lide

A denunciação da lide é uma forma encontrada pelo Código de Processo Civil para que se obtenha mais celeridade, economia e eficiência processual.

> Art. 125. É admissível a denunciação da lide, promovida por qualquer das partes: [...] II – àquele que estiver obrigado, por lei ou pelo contrato, a indenizar, em ação regressiva, o prejuízo de quem for vencido no processo.

Mas o que seria a denunciação?

Fácil, é simplesmente o ato de chamar o futuro responsável para integrar o processo original, evitando-se, com isso, que posteriormente se tenha de ingressar com uma ação regressiva.

Daí surge outra pergunta:

Nas ações relativas à responsabilidade civil do Estado, poderá este fazer a denunciação da lide do agente público?

Segundo a **doutrina majoritária: NÃO.**

Essa negação ocorre principalmente com base na diferenciação entre os tipos de responsabilidade. Como já sabemos, o Estado sofrerá a ação no modelo objetivo, sendo prescindível a comprovação de conduta dolosa ou culposa. Já o agente público será responsabilizado de forma subjetiva, ou seja, terá de existir a comprovação de ação dolosa ou culposa para que este seja condenado.

Logo, essa mistura de regimes atrapalharia o regular andamento da relação processual. Sendo assim, devem existir duas ações distintas: a) ação de indenização; e, posteriormente b) ação regressiva.

Todavia, o **STJ** vem admitindo a denunciação da lide com base na busca pela eficiência, celeridade e economia processual.

jurisprudência

Responsabilidade civil do Estado. Denunciação da lide. Servidor público. Possibilidade. Em nome da **celeridade e da economia processual, admite-se e se recomenda que o servidor público, causador do acidente, integre, desde logo, a relação processual**. *Entretanto, o indeferimento da denunciação da lide não justifica a anulação do processo. Recurso improvido (STJ, 1.ª Turma, REsp 165411/ES, 12.05.1998).*

caiu na prova

(VUNESP/PROCURADOR-SP/2019) *De acordo com a jurisprudência do Superior Tribunal de Justiça, nas ações indenizatórias decorrentes da responsabilidade civil objetiva do Estado, é obrigatória a denunciação à lide.*

Gabarito: *Errado.*[2]

---

[2] A denunciação à lide, segundo o STJ, apesar de ser recomendada, não é obrigatória.

Em virtude dessa divergência entre doutrina e jurisprudência, as provas objetivas, se caso perguntarem sobre esse tema, terão de identificar se desejam a resposta com base em um ou outro entendimento.

Resumindo, fica assim:

Doutrina: não admite a denunciação da lide.

Jurisprudência: admite a denunciação da lide.

4. RESPONSABILIDADE POR OMISSÃO ESTATAL

Como regra, os danos são causados por uma ação estatal. Entretanto, em alguns casos o particular pode sofrer prejuízos decorrentes de uma omissão do Poder Público.

A Constituição Federal instituiu que a responsabilidade do Estado será do tipo objetiva:

> Art. 37, § 6.º As pessoas jurídicas de direito público e as de direito privado prestadoras de serviços públicos **responderão pelos danos que seus agentes, nessa qualidade, causarem a terceiros**, assegurado o direito de regresso contra o responsável nos casos de dolo ou culpa. (grifo nosso)

Entretanto, segundo a doutrina majoritária, o entendimento do artigo supramencionado se aplica às condutas comissivas, ou seja, caso um agente público venha a lesionar um particular por meio de uma ação.

E, nos casos de **omissão genérica**, como o Estado responde?

De forma **subjetiva**! Pois deve-se provar que a omissão estatal é violadora de um dever de agir. Com isso, faz-se necessária a comprovação de conduta dolosa ou ao menos culposa do Poder Público.

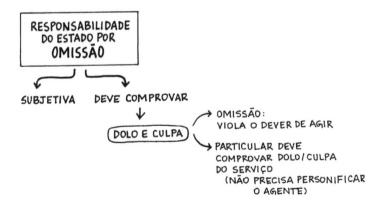

jurisprudência

Fica configurada a *responsabilidade subjetiva* por *omissão* da concessionária decorrente de falha do dever de efetiva vigilância do reservatório de água, quando nele foi encontrado um cadáver humano. *(STJ, 2.ª Turma, AgRg no REsp 1562277/MG, 24.11.2015).*

Observe que o Estado será responsabilizado de forma subjetiva com base na culpa anônima, ou seja, não precisará o particular identificar quem foi o agente público responsável pela omissão. Basta a comprovação da culpa do serviço, demonstrando que este não funcionou ou foi feito de forma atrasada.

caiu na prova

(QUADRIX/CAU-AP/2021) *Os danos por omissão do Estado ensejam sua responsabilização objetiva.*

Gabarito: *Errado.[3]*

Mas será que qualquer omissão do Estado já enseja a sua responsabilização?

Não, pois, se assim fosse, estaríamos transformando o Estado em um garantidor universal. Com isso, o Poder Público só será obrigado a indenizar o particular caso tenha deixado de agir em relação a um dano evitável.

Vamos a dois exemplos.

Exemplo 1

Em virtude de chuvas fortíssimas, as quais ocorreram de maneira completamente anormal e desproporcional naquela região, alguns moradores tiveram as suas casas alagadas e a consequente perda de vários eletrodomésticos.

Pergunta-se: o Estado possui responsabilidade?

Não! Pois as lesões foram causadas por um fato da natureza imprevisível e inevitável. Logo, não poderemos responsabilizar o Poder Público, já que este não possuía meios de evitar os danos.

Exemplo 2

Alguns moradores solicitaram à Administração municipal a colocação de uma lona em uma barreira que se encontrava perto da casa deles. O pedido foi embasado na previsibilidade da chegada do período de chuvas e no risco eminente de desabamento daquela encosta. Entretanto, mesmo após diversos requerimentos, o Estado nada fez para proteger aqueles moradores.

Com isso, chegando o mês das chuvas, como era previsível, a barreira desabou e destruiu cinco casas.

Pergunta-se: o Estado possui responsabilidade?

Sim! Pois as lesões poderiam ter sido evitadas. Caso o Estado tivesse feito a colocação da lona, muito provavelmente não teriam existido o deslizamento da barreira e a consequente destruição das casas.

Observe que, nesse exemplo, o **dano era previsível e evitável.** Sendo assim, poderia o poder público ter agido a fim de evitar as lesões sofridas.

---

[3] Via de regra, os danos causados por uma omissão estatal seguem a responsabilidade do tipo subjetiva.

Por fim, o Estado deve atuar pautado em padrões normais garantindo aos administrados o mínimo existencial, ou seja, deve existir compatibilidade entre o ato praticado e o orçamento disponível.

Não poderíamos, por exemplo, responsabilizar a Administração pelo fato de esta não possuir os equipamentos mais novos e modernos em seus hospitais públicos. Logicamente, deverá existir um padrão a ser observado garantindo aos usuários um atendimento eficiente e preciso. Entretanto, este será feito dentro da **reserva do possível**.

Portanto, caso o Estado tenha atuado usando de forma regular e normal os recursos disponíveis e, ainda assim, algum dano tenha sido causado ao particular, como regra, não existirá a responsabilização estatal. Vejamos o que preleciona o Supremo Tribunal Federal.

> **jurisprudência**
>
> O Supremo Tribunal Federal, no exame do RE n.º 580.252/MS-RG, Relator o Ministro Teori Zavascki, reconheceu a repercussão geral da matéria relativa ao **dever, ou não, do Estado de indenizar o preso por danos morais decorrentes de superlotação carcerária, levando em consideração os limites orçamentários estaduais (teoria da reserva do possível)** (STF, 2.ª Turma, ARE 855476 AgR/MG, 16.02.2016).

4.1 Relação de custódia

Em algumas situações, o Estado torna-se **garantidor** da vida e da integridade física de algumas pessoas. Cite-se, como exemplo, o aluno de uma escola pública, o qual, enquanto estiver no ambiente escolar, estará sob a custódia do Poder Público. Perceba que, nesse caso, temos um vínculo específico (**sujeição especial**) do aluno com o Poder Público.

Para facilitar a visualização, vamos imaginar o seguinte exemplo: Raquel, aluna de uma escola pública municipal, estava no horário do recreio quando, do nada, levou uma surra de João que era seu "colega" de sala.

Pergunta: O município será responsabilizado por este ato?

Sim! Observe que existe uma relação de custódia entre o Poder Público e a aluna, logo, caso esta venha a sofrer um dano proveniente de omissão estatal, deverá receber uma indenização como forma de compensar a lesão sofrida.

Como analisamos, nos casos de omissão a responsabilidade do Estado é do tipo subjetiva. Entretanto, quando o Poder Público atua como garantidor, sua **responsabilidade**, mesmo nos casos de omissão, será **objetiva**, ou seja, não precisará o lesionado comprovar dolo ou culpa.

DIREITO ADMINISTRATIVO FACILITADO – *Ana Cláudia Campos*

> ### caiu na prova
>
> **(CEBRASPE/PROMOTOR-AP/2021)** *Segundo o entendimento do STF, no caso de omissão da atuação estatal, a responsabilidade será sempre subjetiva, ou seja, somente existirá quando demonstrado culpa ou dolo do agente estatal.*
>
> **Gabarito:** *Errado.*[4]

Nas provas de concursos, o exemplo mais recorrente refere-se à relação entre preso e Estado. Em virtude da vasta jurisprudência e do altíssimo índice de questões (principalmente na área policial) sobre o assunto, vamos analisar este tópico em separado.

4.1.1 Preso *x* omissão estatal

Não restam dúvidas de que o Estado é garantidor da vida e integridade física das pessoas que se encontram presas pelo cometimento de algum delito. Sendo assim, em virtude dessa **relação de custódia**, deverá o Poder Público ser responsabilizado de forma **objetiva** pelos danos que essas pessoas sofrerem em decorrência de uma omissão estatal.

Como o tema possui ampla jurisprudência, vamos analisá-lo por partes.

a) Condição dos presídios

É dever do Estado assegurar a existência de padrões mínimos de humanidade nos presídios. Logo, não poderá o Poder Público alegar a teoria da reserva do possível para se furtar ao dever de adequar os estabelecimentos prisionais.

Existindo a omissão estatal, poderá o prejudicado pleitear indenização, inclusive por danos morais, em decorrência da falta ou insuficiência das condições legais de encarceramento.

Nesse caso, o processo seguirá o modelo da responsabilidade subjetiva ou objetiva? Seguirá o modelo da **responsabilidade objetiva**, já que o Estado atua como garantidor daquelas pessoas.

> ### jurisprudência
>
> *Fixada a tese: "Considerando que é dever do Estado, imposto pelo sistema normativo, manter em seus presídios os padrões mínimos de humanidade previstos no ordenamento jurídico, é de sua responsabilidade, nos termos do art. 37, § 6.º,* **da Constituição, a obrigação de ressarcir os danos, inclusive morais, comprovadamente causados aos detentos em decorrência da falta ou insuficiência das condições legais de encarceramento** *(STF, Tribunal Pleno, RE 580252/MS, 16.02.2017).*

> ### caiu na prova
>
> **(CEBRASPE/PROCURADOR-AL/2021)** *Em determinado estado da Federação, um preso ajuizou ação contra o Estado, requerendo indenização por ressarcimento de danos, inclusive morais, em razão*

---

[4]   Nos casos de danos causados por omissão estatal, a responsabilidade nem sempre será subjetiva. Pois, caso exista uma relação de custódia, Estado atue como garantidor, mesmo em casos de omissão, a responsabilidade será do tipo objetiva.

da insuficiência de condições legais de encarceramento. Nessa situação hipotética, a ação poderá ser julgada procedente quanto aos danos materiais e morais, se ficar provado o nexo causal das alegações.

Gabarito: *Certo.*

b) Morte de detento

Imagine a seguinte situação: mesmo sabendo que João e Bruno são detentos pertencentes a facções rivais, ordenou o Poder Público que eles cumprissem a pena no mesmo estabelecimento prisional.

Logicamente, é completamente previsível um futuro embate entre ambos. E, caso um detento venha a matar o outro, terá o Estado responsabilidade objetiva por essa morte em virtude de sua posição de **garantidor**.

jurisprudência

O Tribunal possui o entendimento de que o Estado se responsabiliza pela integridade física do pessoa sob sua custódia, devendo reparar eventuais danos por ele sofridos. *(STF, 2.ª Turma, ARE 718928 AgR/PE, 11.03.2014).*

caiu na prova

(CONSULPLAN/PGE-ES/2022) *Eduardo encontra-se preso provisoriamente em uma unidade prisional do Município X. Durante uma briga generalizada entre os internos, agravada pela inércia dos agentes prisionais diante do caso, Eduardo é esfaqueado e acaba falecendo. A respeito da responsabilidade civil, o Estado responde objetivamente pela morte de Eduardo.*

Gabarito: *Certo.*

c) Suicídio de detento

Ainda que a morte tenha decorrido do suicídio do preso, caso esse fato se mostre previsível, terá sim o Estado responsabilidade, devendo a família ser indenizada nos moldes da ação objetiva.

jurisprudência

O Superior Tribunal de Justiça sedimentou o entendimento de que a *responsabilidade civil do Estado* **pela morte de** *detento* **em delegacia, presídio ou cadeia pública é objetiva, pois é dever do estado prestar vigilância e segurança aos** *presos* **sob sua custódia** *(STJ, 2.ª Turma, REsp 1671569/SP, 27.06.2017).*

caiu na prova

(AOCP/POLÍCIA.PENAL-DF/2022) *Determinado detento que cumpria pena privativa de liberdade em regime fechado praticou suicídio. Segundo o entendimento do STF, considerando que o preso já vinha apresentando indícios de que poderia agir assim, o Estado deverá ser condenado a indenizar seus familiares.*

Gabarito: *Certo.*

d) Casos que rompem o nexo causal

Apesar de o Poder Público ter o dever de garantir a vida e integridade física do preso, em algumas situações rompe-se o nexo causal entre a omissão estatal e o dano sofrido. Com isso, não terá o Estado a obrigação de indenizar.

Imagine, por exemplo, o caso de um detento que sofre um enfarto fulminante ou ainda de um preso feliz e bem relacionado que de forma surpreendente comete suicídio.

Perceba que, nessas condutas, a morte era imprevisível, ou seja, poderia ter ocorrido tanto dentro do sistema carcerário quanto fora. Sendo assim, não teria como o Estado evitar o resultado danoso.

Logo, esta falta de previsibilidade rompe o nexo causal e faz que não exista o dever estatal de indenizar.

jurisprudência

4. O dever constitucional de proteção ao detento somente se considera violado quando possível a atuação estatal no sentido de garantir os seus direitos fundamentais, pressuposto inafastável para a configuração da responsabilidade civil objetiva estatal, *na forma do artigo 37, § 6.º, da Constituição Federal. 5. Ad impossibilia nemo tenetur,* **por isso que nos casos em que não é possível ao Estado agir para evitar a morte do detento (que ocorreria mesmo que o preso estivesse em liberdade), rompe-se o nexo de causalidade, afastando-se a responsabilidade do Poder Público,** *sob pena de adotar-se contra legem e a opinio doctorum a teoria do risco integral, ao arrepio do texto constitucional. (STF, Tribunal Pleno, RE 841526/RS, 30.03.2016).*

caiu na prova

(CEBRASPE/DPE-PI/2022) *Considerando a jurisprudência majoritária do STF a respeito da responsabilidade civil do Estado pela morte de detento, nos casos em que não é possível o Estado agir para evitar a morte do detento, rompe-se o nexo de causalidade.*

Gabarito: *Certo.*

Além do exemplo supramencionado, podemos citar o caso do foragido do sistema prisional que comete um ilícito sem relação direta com a fuga. Nesse caso, segundo o próprio Supremo Tribunal Federal, não poderá existir a responsabilização Estatal em virtude da ausência de nexo causal entre a fuga e o delito praticado.

jurisprudência

[...] repercussão geral: "Nos termos do artigo 37, § 6.º, da Constituição Federal, não se caracteriza a responsabilidade civil objetiva do Estado por danos decorrentes de crime praticado por pessoa foragida do sistema prisional, quando não demonstrado o nexo causal direto entre o momento da fuga e a conduta praticada" (STF, RE 608880, Tribunal Pleno, 08.09.2020).

5. EXCLUDENTES DE RESPONSABILIDADE DO ESTADO

Como analisado, tanto os atos comissivos quanto os omissivos praticados por agentes públicos podem ensejar uma responsabilização do Estado. No caso de danos causados por ação, a responsabilização será objetiva; já nos casos de lesões por omissão estatal, como regra, o modelo será de processo subjetivo.

Daí surge uma pergunta: sempre que o particular mover uma ação contra o Estado, deverá este ser obrigado a indenizar?

Logicamente não!

Pois em algumas situações poderá o Poder Público excluir a sua responsabilidade e, por consequência, se livrar da obrigação indenizatória. Nesses casos, dizemos que existe alguma **excludente de responsabilidade**.

Mas quais seriam essas excludentes?

Segundo a doutrina majoritária, são três: culpa exclusiva da vítima, caso fortuito/força maior e ato de terceiro.

Culpa exclusiva da vítima

Vamos imaginar o seguinte exemplo: Paulo, sofrendo de depressão, resolve cometer suicídio se jogando na frente do metrô da concessionária "X".

Observe que, nesse caso, não existe nexo causal entre a ação estatal e o dano sofrido. Logo, não caberá à concessionária (pessoa jurídica de direito privado prestadora de serviço público) a responsabilização por tal ato.

> **caiu na prova**
>
> **(QUADRIX/CRT-RN2021)** A culpa exclusiva da vítima é uma das causas excludentes da responsabilidade civil do Estado.
> **Gabarito:** Certo.

Ademais, é extremamente importante diferenciar a culpa exclusiva da vítima (excludente de responsabilidade estatal) da **culpa concorrente da vítima**. Nesta não existirá a exclusão da responsabilização do Poder Público, mas, simplesmente, uma atenuação no *quantum* indenizatório.

Cite-se o caso de um particular que esteja dirigindo muito acima da velocidade permitida e colida com um carro pertencente a uma autarquia que se movia pela contramão. Observe que no exemplo ambos possuem culpa, tanto o indivíduo quanto o Estado. Sendo assim, existirá a denominada culpa concorrente, que nada mais é do que uma **atenuante da responsabilidade** estatal, a qual fará com que o valor indenizatório seja reduzido.

> **caiu na prova**
>
> **(CEBRASPE/TCE-SC/2022)** A culpa concorrente é uma das hipóteses em que fica completamente excluída a responsabilidade civil do Estado.
> **Gabarito:** Errado.[5]

Caso fortuito/Força maior

Parte da doutrina preleciona que, enquanto a força maior decorre de fenômenos da natureza, o caso fortuito seria fruto de uma atuação humana. Já outros doutrinadores sustentam que os conceitos são exatamente o inverso. Entretanto, para efeito de provas de concurso, essa distinção não vem sendo utilizada e os conceitos, como regra, são usados como sinônimo.

Logo, podemos explicitar essas excludentes como o fato imprevisível e inevitável não correlacionado a uma ação estatal. Em regra, as provas adotam como exemplo os eventos naturais, tais como um raio, enchente, terremoto, tsunami, entre outros.

Ato de terceiro

Uma das excludentes mais óbvias é o ato de terceiro, porque, se a culpa foi desse terceiro, o particular prejudicado deverá processá-lo, e não acionar o Estado. Podemos imaginar a situação de uma pessoa que empurra outra para que esta seja atropelada por um metrô. Logicamente, o processo deverá ter como sujeito passivo quem efetuou o ato, e não o Poder Público.

Vale salientar que quando falamos em "ato de terceiro", não necessariamente estamos nos referindo a uma única pessoa. Sendo assim, via de regra, os danos causados por multidão não geram a responsabilidade estatal, salvo se ficar comprovada alguma forma de omissão do Estado.

Vamos imaginar duas situações bem distintas:

Situação 1: João estava dando aula presencial em determinado curso para concurso e, do nada, falou assim para os alunos: "vamos sair por aí quebrando tudo?". Os alunos, de forma surpreendente, acharam a ideia maravilhosa e foram para a rua, junto com o professor, e depredaram vários carros que estavam estacionados em frente ao curso.

Pergunta: o Estado poderá ser responsabilizado pelos atos de vandalismo?

Claro que não! Já que não existe nenhuma correlação entre o ato da multidão e o Estado.

> **caiu na prova**
>
> **(QUADRIX/CRF-GO/2022)** Os danos causados ao indivíduo em decorrência exclusivamente de atos de multidões não acarretam a responsabilidade civil do Estado.
> **Gabarito:** Certo.

---

[5] A culpa concorrente é apenas uma atenuante de responsabilidade do Estado, não é causa excludente.

Situação 2: dois grandes times de futebol realizarão o último jogo do campeonato para decidir quem fica com o título de campeão. É de conhecimento público que ambos possuem torcidas organizadas, as quais, quase sempre, se enfrentam em determinada avenida logo após a finalização das partidas. Mesmo sabendo disso, o poder público nada fez para impedir o embate. Após o jogo, como já era esperado por todos, as torcidas organizadas se encontraram e causaram vários danos.

Pergunta: o Estado poderá ser responsabilizado pelos atos de vandalismo?

Sim! Já que o dano poderia ter sido evitado. Observe que, diferentemente da primeira situação, neste último exemplo a dano era previsível e poderia ter sido evitado se o poder público não fosse omisso. Sendo assim, os danos causados pela multidão (torcida organizada) poderão ser de responsabilidade do Estado em virtude de sua omissão.

5.1 Teorias: risco administrativo x risco integral

A ideia da responsabilidade objetiva instituída pela Constituição Federal de 1988 (art. 37, § 6.º) é fundamentada na noção do risco da atividade desempenhada. Em outras palavras, o Poder Público deverá ser responsabilizado pelos atos de seus agentes em virtude do risco que naturalmente envolve a execução das atividades públicas.

Essa noção encontra-se, inclusive, expressa no Código Civil:

> Art. 927, parágrafo único. Haverá obrigação de reparar o dano, **independentemente de culpa**, nos casos especificados em lei, ou quando a **atividade** normalmente desenvolvida pelo autor do dano implicar, por sua natureza, **risco** para os direitos de outrem. (grifos nossos)

Desse raciocínio surge a teoria-base da responsabilidade civil do Estado que é a do **risco administrativo**, segundo a qual as pessoas jurídicas de direito público e as de direito privado prestadoras de serviços públicos devem ser responsabilizadas pelos danos que seus agentes (de maneira comissiva ou omissiva) causarem aos particulares.

Por esta teoria admite-se que **o Estado exclua ou atenue** sua responsabilidade em algumas situações, alegando, por exemplo: culpa exclusiva (excludente) ou concorrente (atenuante) da vítima, caso fortuito/força maior e ato de terceiro.

caiu na prova

(QUADRIX/CRT-03/2022) *Na responsabilidade civil do Estado, na modalidade de risco administrativo, caso fortuito ou força maior poderá excluir a responsabilidade da Administração Pública.*

Gabarito: *Certo.*

Entretanto, apesar de a teoria do risco administrativo ser a regra generalíssima no Brasil, em situações excepcionais e pontuais adotar-se-á a **teoria do risco integral.**

Ao adotar o risco integral, o Estado transforma-se em garantidor universal, ou seja, aconteça o que acontecer, o Poder Público sempre será responsabilizado e obrigado a indenizar nas situações enquadradas nessa teoria.

Mas quais situações adotam o risco integral?

Segundo a doutrina majoritária, essa teoria só será adotada em três situações:

- **Dano nuclear**

    Art. 21, XXIII, CF/1988. Compete à União – explorar os serviços e instalações nucleares de qualquer natureza e exercer monopólio estatal sobre a pesquisa, a lavra, o enriquecimento e reprocessamento, a industrialização e o comércio de minérios nucleares e seus derivados, atendidos os seguintes princípios e condições: [...] d) a responsabilidade civil por danos nucleares independe da existência de culpa.

- **Atentado terrorista ou atos de guerra em aeronave**

    Art. 1.º, Lei 10.309/2001. Fica a União autorizada a assumir as responsabilidades civis perante terceiros no caso de danos a bens e pessoas no solo, provocados por atentados terroristas ou atos de guerra contra aeronaves de empresas aéreas brasileiras no Brasil ou no exterior.

    Art. 1.º, Lei 10.744/2003. Fica a União autorizada, na forma e critérios estabelecidos pelo Poder Executivo, a assumir despesas de responsabilidades civis perante terceiros na hipótese da ocorrência de danos a bens e pessoas, passageiros ou não, provocados por atentados terroristas, atos de guerra ou eventos correlatos, ocorridos no Brasil ou no exterior, contra aeronaves de matrícula brasileira operadas por empresas brasileiras de transporte aéreo público, excluídas as empresas de táxi aéreo.

- **Dano ambiental**

> ⚖️ **jurisprudência**
>
> **A responsabilidade civil por danos ambientais, seja por lesão ao meio ambiente propriamente dito (dano ambiental público), seja por ofensa a direitos individuais (dano ambiental privado), é objetiva, fundada na teoria do risco integral,** *em face do disposto no art. 14, § 10, da Lei n. 6.938/1981. (STJ, 3.ª Turma, REsp 1373788/SP, 06.05.2014).*

    Súmula 652 do STJ: A responsabilidade civil da Administração Pública por danos ao meio ambiente, decorrente de sua omissão no dever de fiscalização, é de caráter solidário, mas de execução subsidiária.[6]

Resumindo, podemos dizer que o Brasil adotou como regra a teoria do risco administrativo, admitindo que o Estado exclua sua responsabilidade em algumas situações. Entretanto, excepcionalmente será adotada a teoria do risco integral, a qual impede que o Poder Público alegue excludentes de responsabilidade. Portanto, sempre haverá o dever indenizatório e reparatório por parte do Estado.

---

[6] Quando o dano ambiental é causado por uma ato comissivo (ação), não há dúvida, a responsabilidade do Estado segue a regra da teoria do risco integral. Quanto aos atos omissivos, segundo o STJ, a teoria do risco integral ainda se aplica, entretanto, o Estado será responsável subsidiário, ou seja, apenas responderá se, após o prévio exaurimento das tentativas de cobrança de indenização, o poluidor direto não o fizer.

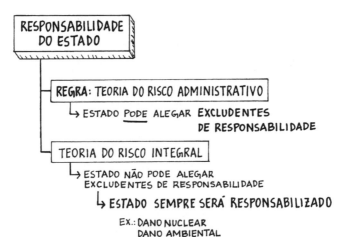

caiu na prova

(FCC/TRT-PR/2022) A lei brasileira contempla a responsabilidade estatal com base na chamada "teoria do risco integral", que afasta as excludentes de responsabilidade, na hipótese de danos causados por acidente em instalação nuclear.

Gabarito: *Certo.*

6. PRESCRIÇÃO

Temos de analisar o fenômeno da prescrição sob dois aspectos: o prazo para o particular ingressar com a ação de indenização e aquele referente à interposição da ação regressiva.

Apesar de não existir consenso doutrinário, para provas de concurso usa-se o prazo prescricional de 5 anos para que o indivíduo lesado possa ingressar com **ação contra o Estado** pedindo indenização. Esse entendimento é baseado no Decreto 20.910/1932:

> Art. 1.º As dívidas passivas da União, dos Estados e dos Municípios, bem assim todo e qualquer direito ou ação contra a Fazenda federal, estadual ou municipal, seja qual for a sua natureza, prescrevem em cinco anos contados da data do ato ou fato do qual se originarem.

E na Lei 9.494/1997:

> Art. 1.º-C. Prescreverá em cinco anos o direito de obter indenização dos danos causados por agentes de pessoas jurídicas de direito público e de pessoas jurídicas de direito privado prestadoras de serviços públicos.

I Jornada de Direito Administrativo – Enunciado 40

Nas ações indenizatórias ajuizadas contra a Fazenda Pública aplica-se o prazo prescricional quinquenal previsto no Decreto n.º 20.910/1932 (art. 1.º), em detrimento do prazo trienal estabelecido no Código Civil de 2002 (art. 206, § 3.º, V), por se tratar de norma especial que prevalece sobre a geral.

caiu na prova

(CONSULPLAN/MP-PA/2022) *O prazo para terceiros ingressarem em juízo com as ações de responsabilização extracontratual do Estado, em regra, será de cinco anos, contados da data do ato ou fato do qual se originarem.*

Gabarito: *Certo.*

No que se refere à **ação regressiva**, durante muito tempo adotou-se o entendimento da imprescritibilidade, entretanto, na atualidade, o posicionamento é de que apenas serão imprescritíveis as ações de ressarcimento ao erário decorrentes de atos de improbidade administrativa que de forma dolosa causem prejuízo ao erário; aquelas que forem fruto de ilícitos civis serão prescritíveis. Esse entendimento foi adotado pelo próprio Supremo Tribunal Federal.

jurisprudência

*É **prescritível a ação de reparação de danos à Fazenda Pública decorrente de ilícito civil**. Dito de outro modo, se o Poder Público sofreu um dano ao erário decorrente de um ilícito civil e deseja ser ressarcido, ele deverá ajuizar a ação no prazo prescricional previsto em lei. Vale ressaltar, entretanto, que essa tese não alcança prejuízos que decorram de ato de improbidade administrativa que, até o momento, continuam sendo considerados imprescritíveis (art. 37, § 5.º) (STF, Tribunal Pleno, RE 669069 ED/MG, 16.06.2016).*

Bom, agora que sabemos da prescritibilidade da ação regressiva, devemos analisar qual o prazo para interposição dela. E exatamente nesse ponto temos uma divergência jurisprudencial.

O **STF**, ao julgar o RE 669069, não se posicionou acerca do prazo para interposição da ação regressiva. Entretanto, em entendimentos anteriores, a Corte Suprema usou como base o Código Civil, o qual preleciona que: "Art. 206. Prescreve: [...] § 3.º Em **três anos**: [...] V – a pretensão de reparação civil". Observe que, apesar de não existir um posicionamento atual do Supremo em relação ao tema, deve-se adotar, pelo menos por ora, o prazo prescricional de três anos.

No tocante ao entendimento do **STJ**, este, por diversas vezes, deixou explícito o entendimento de que a ação regressiva prescreverá em **cinco anos**. Vejamos.

jurisprudência

A jurisprudência desta Corte firmou-se no sentido de que a prescrição contra a Fazenda Pública é quinquenal, mesmo em ações indenizatórias, uma vez que é regida pelo

> Decreto 20.910/1932, norma especial que prevalece sobre lei geral. [...] O STJ tem entendimento jurisprudencial no sentido de que o prazo prescricional da Fazenda Pública deve ser o mesmo prazo previsto no Decreto 20.910/32, em razão do princípio da isonomia. [...]
> (STJ, 2.ª Turma, AgRg no AREsp 768400/DF, 03.11.2015).

Portanto, se as provas objetivas buscam perguntar sobre o prazo da ação regressiva, deverão mencionar de forma expressa se preferem o entendimento do STF ou do STJ.

Resumindo, esse tema fica assim:

6.1 Tortura no regime militar

Apesar de a regra ser a prescritibilidade, em virtude do período de exceção vivido durante a época do regime militar, serão imprescritíveis as ações de indenizações referentes às torturas praticadas em presos desta época.

> Súmula 647, STJ: São imprescritíveis as ações indenizatórias por danos morais e materiais decorrentes de atos de perseguição política com violação de direitos fundamentais ocorridos durante o regime militar.

 jurisprudência

> As ações indenizatórias por danos morais decorrentes de atos de tortura ocorridos durante o Regime Militar de exceção são imprescritíveis. Inaplicabilidade do prazo prescricional do art. 1.º do Decreto 20.910/1932. (REsp 1374376/CE, 2.ª Turma, Rel. Min. Herman Benjamin, j. 07.05.2013, DJe 23.05.2013).

7. RESPONSABILIDADE POR ATOS LEGISLATIVOS E JUDICIAIS

A ideia da responsabilidade civil do Estado foi instituída, como regra, para reparar os danos resultantes de atos comissivos ou omissivos decorrentes do exercício da função administrativa.

Sendo assim, de maneira geral, os atos legislativos e judiciais não ensejam a responsabilização do Estado. Entretanto, em casos pontuais e excepcionais, o Poder Público poderá ser chamado a reparar o dano causado por uma lei ou por uma decisão judicial.

7.1 Responsabilidade por atos legislativos

Como dissemos, como regra a produção de atos legislativos não enseja a responsabilidade do Estado. Todavia, em duas situações usa-se a regra instituída pelo art. 37, § 6.º, da Constituição Federal de 1988 e obriga-se o Poder Público a reparar os danos que foram causados.

a) Lei de efeito concreto

Trata-se de lei apenas no sentido formal. Entretanto, materialmente, aproxima-se das características de um ato administrativo, pois possui objeto determinado e destinatários certos. Em outras palavras, existe o formato de uma lei, mas faltam-lhe generalidade e abstração.

Vamos imaginar o caso de uma lei que foi produzida com a finalidade de desapropriar a casa de Renato. Se o particular conseguir comprovar que houve desvio de finalidade na ação estatal, demonstrando, por exemplo, que a ação só foi realizada por perseguições políticas, terá direito de receber uma indenização proveniente do Poder Público.

Observe que, no exemplo acima, apesar de ter sido produzida uma lei, esta se assemelha muito mais a um ato administrativo, pois atingiu um indivíduo determinado (Renato), o qual terá direito de intentar uma ação de indenização contra o Estado demonstrando a ilegalidade da desapropriação e o prejuízo sofrido.

b) Lei em sentido formal e material

Trata-se de fato de uma lei, tanto formal (passou por um processo legislativo) quanto materialmente (dispõe normas gerais e abstratas). Sendo assim, a regra é que não exista responsabilidade estatal pela edição destas.

Entretanto, caso se declare a inconstitucionalidade da lei e se demonstre que existiu um prejuízo anormal e específico a determinada pessoa, poderá esta ingressar com uma ação de indenização contra o Estado.

> **jurisprudência**
>
> *Responsabilidade civil do Estado. Lei inconstitucional. Indenização.* **Estado responde civilmente por danos causados aos particulares pelo desempenho inconstitucional da função de legislar** *(STF, RE 153.464, 02.09.1992).*

7.2 Responsabilidade por atos judiciais

Como regra, as decisões judiciais não ensejam a responsabilização do Estado, nos moldes do art. 37, § 6.º, da Constituição Federal de 1988.

Entretanto, a própria Carta Maior institui exceções a essa regra. Vejamos:

Art. 5.º, LXXV – o Estado indenizará o condenado por erro judiciário, assim como o que ficar preso além do tempo fixado na sentença.

Nesses casos, comprovando-se que o magistrado atuou de forma dolosa ou cometeu um erro grosseiro, caberá a responsabilização do Estado pela decisão judicial e a consequente lesão sofrida pelo particular.

> **caiu na prova**
>
> **(FEPESE/SJC-SC/2019)** *O Estado indenizará o condenado por erro judiciário, assim como o que ficar preso além do tempo fixado na sentença.*
>
> **Gabarito:** *Certo.*

8. SÚMULAS

8.1 Súmulas vinculantes – STF

✓ **Súmula 11.** Só é lícito o uso de algemas em casos de resistência e de fundado receio de fuga ou de perigo à integridade física própria ou alheia, por parte do preso ou de terceiros, justificada a excepcionalidade por escrito, sob pena de responsabilidade disciplinar, civil e penal do agente ou da autoridade e de nulidade da prisão ou do ato processual a que se refere, sem prejuízo da responsabilidade civil do Estado.

✓ **Súmula 17.** Durante o período previsto no parágrafo 1.º do artigo 100 da Constituição, não incidem juros de mora sobre os precatórios que nele sejam pagos.

8.2 Súmulas do STF

✓ **Súmula 562.** Na indenização de danos materiais decorrentes de ato ilícito cabe a atualização de seu valor, utilizando-se, para esse fim, entre outros critérios, dos índices de correção monetária.

8.3 Súmulas do STJ

✓ **Súmula 37.** São cumuláveis as indenizações por dano material e dano moral oriundos do mesmo fato.

✓ **Súmula 54.** Os juros moratórios fluem a partir do evento danoso, em caso de responsabilidade extracontratual.

✓ **Súmula 130.** A empresa responde, perante o cliente, pela reparação de dano ou furto de veículo ocorridos em seu estacionamento.

✓ **Súmula 186.** Nas indenizações por ato ilícito, os juros compostos somente são devidos por aquele que praticou o crime.

✓ **Súmula 326.** Na ação de indenização por dano moral, a condenação em montante inferior ao postulado na inicial não implica sucumbência recíproca.

✓ **Súmula 362.** A correção monetária do valor da indenização do dano moral incide desde a data do arbitramento.

✓ **Súmula 387.** É lícita a cumulação das indenizações de dano estético e dano moral.

✓ **Súmula 406.** A Fazenda Pública pode recusar a substituição do bem penhorado por precatório.
✓ **Súmula 647.** São imprescritíveis as ações indenizatórias por danos morais e materiais decorrentes de atos de perseguição política com violação de direitos fundamentais ocorridos durante o regime militar.
✓ **Súmula 652.** A responsabilidade civil da Administração Pública por danos ao meio ambiente, decorrente de sua omissão no dever de fiscalização, é de caráter solidário, mas de execução subsidiária.

 top 10

RESUMO

CAPÍTULO 12 – RESPONSABILIDADE CIVIL DO ESTADO

1. **Fundamento constitucional:** art. 37, § 6.º, CF/1988. As pessoas jurídicas de direito público e as de direito privado prestadoras de serviços públicos responderão pelos danos que seus agentes, nessa qualidade, causarem a terceiros, assegurado o direito de regresso contra o responsável nos casos de dolo ou culpa.
2. **Responsabilidade objetiva:** o particular lesado, para ter direito a receber uma indenização, precisará provar apenas três elementos: a) ato (conduta); b) dano; c) nexo causal, sendo prescindível, ou seja, desnecessária, a comprovação de conduta dolosa ou culposa por parte do agente público ou do Estado.
3. **Quem é considerado "Estado":** pessoas jurídicas de direito público: união, estados, distrito federal, municípios, autarquias, fundações públicas; pessoas jurídicas de direito privados prestadoras de serviços públicos: fundação pública, empresa pública, sociedade de economia mista, concessionárias, permissionárias.
4. **Responsabilidade das empresas estatais (empresa pública / sociedade de economia mista):** Caso prestem algum tipo de serviço público, segundo a própria Constituição, responderão de forma objetiva pelos danos que seus empregados públicos causarem a terceiros. Entretanto, se a estatal for instituída para fazer o desempenho de uma atividade econômica, deverá ser seguida a regra do Direito Civil, ou seja, a responsabilidade será do tipo subjetiva, sendo necessária, por consequência, a comprovação da conduta dolosa ou culposa para que se gere a responsabilidade.
5. **Ação regressiva:** o particular lesionado deverá ingressar com a ação perante o Estado nos moldes da responsabilidade objetiva e, posteriormente, caso o agente público tenha atuado de forma dolosa ou culposa (a responsabilidade do agente é subjetiva), sofrerá uma ação regressiva e terá de ressarcir os gastos realizados pelo Estado.
6. **São excludentes da responsabilidade do Estado:** culpa exclusiva da vítima, caso fortuito/força maior e ato de terceiro. Obs.: a culpa concorrente da vítima não exclui a responsabilidade estatal, apenas atenua o valor do quantum indenizatório.
7. **Teoria do risco administrativo:** é a teoria adotada como regra em nosso ordenamento. As pessoas jurídicas de direito público e as de direito privado prestadoras

de serviços públicos devem ser responsabilizadas pelos danos que seus agentes (de maneira comissiva ou omissiva) causarem aos particulares. Entretanto, esta teoria admite-se que o Estado exclua ou atenue sua responsabilidade em algumas situações, alegando, por exemplo: culpa exclusiva (excludente) ou concorrente (atenuante) da vítima, caso fortuito/força maior e ato de terceiro.

8. **Teoria do risco integral:** esta teoria será adotada excepcionalmente, a qual impede que o Poder Público alegue excludentes de responsabilidade. Portanto, sempre haverá o dever indenizatório e reparatório por parte do Estado. São casos de risco integral: dano nuclear; atentado terrorista em aeronave; dano ambiental.

9. **Responsabilidade do Estado por omissão (regra):** quando um dano é causado por uma omissão estatal, segundo a doutrina majoritária, o Estado responderá de forma subjetiva, pois deve-se provar que a omissão estatal é violadora de um dever de agir. Com isso, faz-se necessária a comprovação de conduta dolosa ou ao menos culposa do Poder Público.

10. **Responsabilidade do Estado por omissão (exceção):** quando o Poder Público atua como garantidor, sua responsabilidade, mesmo nos casos de omissão, será objetiva, ou seja, não precisará o lesionado comprovar dolo ou culpa. São casos, por exemplo, de sujeição especial: Estado x presos; Estado x alunos de uma escola pública.

Acesse o
MATERIAL SUPLEMENTAR
Resumos esquematizados e questões de prova disponíveis no material suplementar *online*.

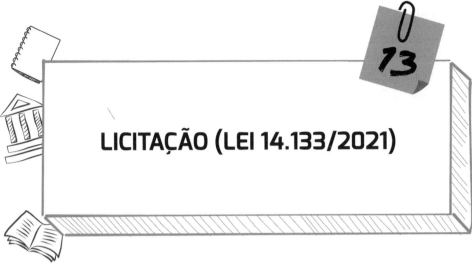

LICITAÇÃO (LEI 14.133/2021)

1. CONCEITO

A licitação é um procedimento administrativo e instrumental à futura assinatura de um contrato, devendo este certame ser respeitado e utilizado pelos três Poderes do Estado (Legislativo, Executivo e Judiciário) a fim de que possam respeitar os princípios da impessoalidade e moralidade.

Como já sabemos, a função administrativa é típica do Poder Executivo, entretanto, os poderes Legislativo e Judiciário, de forma secundária (atípica), também a desempenham. Por exemplo, todos os três Poderes em algum momento vão precisar adquirir materiais de escritório, como papéis e canetas, e para que o princípio da impessoalidade, entre outros, venha a ser respeitado a licitação deverá, regra generalíssima, ser realizada.

Segundo a própria Constituição Federal:

> Art. 37, XXI – ressalvados os casos especificados na legislação, as obras, serviços, compras e alienações serão contratados mediante **processo de licitação pública** que assegure igualdade de condições a todos os concorrentes, com cláusulas que estabeleçam obrigações de pagamento, mantidas as condições efetivas da proposta, nos termos da lei, o qual somente permitirá as exigências de qualificação técnica e econômica indispensáveis à garantia do cumprimento das obrigações. (grifo nosso)

caiu na prova

(QUADRIX/CRT-03/2022) A Lei de Licitações e Contratos Administrativos abrange os órgãos dos Poderes Legislativo e Judiciário, quando no desempenho de função administrativa.
Gabarito: Certo.

Observe que o procedimento licitatório deve ser a regra, entretanto, como veremos mais adiante, em algumas situações, legalmente autorizadas, poderá existir a contratação direta por dispensa ou inexigibilidade de licitação.

Resumindo, a licitação:
- é um procedimento administrativo;
- utilizado nos três Poderes do Estado;
- busca garantir a impessoalidade e a moralidade;
- serve de instrumento à futura assinatura do contrato administrativo.

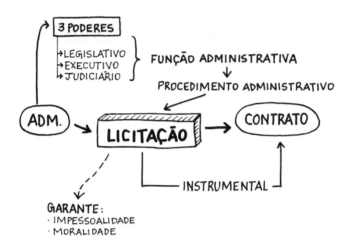

2. COMPETÊNCIA PARA LEGISLAR

A Constituição Federal prelecionou que cabe à União, de forma privativa, estabelecer normas gerais para os procedimentos de licitação e contratos.

> Art. 22. Compete privativamente à União legislar sobre: [...] XXVII – normas gerais de licitação e contratação, em todas as modalidades, para as administrações públicas diretas, autárquicas e fundacionais da União, Estados, Distrito Federal e Municípios, obedecido o disposto no art. 37, XXI, e para as empresas públicas e sociedades de economia mista, nos termos do art. 173, § 1.º, III.

Sendo assim, poderão os estados, Distrito Federal, municípios e a própria União estabelecer regras específicas para o seu procedimento licitatório. Entretanto, caso não o façam, deve-se usar de forma plena a legislação federal.

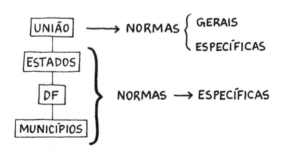

Por fim, só para listar, são normas importantes relacionadas ao tema:

- Lei 8.666/1993 – Lei Geral de Licitação e Contratos (esta norma será plenamente revogada em 30.12.2023).
- Lei 10.520/2002 – Lei do Pregão (esta norma será plenamente revogada em 30.12.2023).
- Lei 14.133/2021 – Lei Geral de Licitação e Contratos Administrativos (nova lei).
- Lei 13.303/2016 – Lei das Estatais (empresas públicas e sociedades de economia mista).
- Lei 8.987/1995 – Lei das Concessões e Permissões.
- Lei 11.079/2004 – Lei das Parcerias Público-Privadas.

3. LEI 14.133/2021, "NOVA" LEI DE LICITAÇÃO

Depois de quase 30 anos reinando de forma absoluta, a Lei 8.666/1993 "quase morreu".

A antiga lei geral de licitações e contratos (Lei 8.666) foi publicada no ano de 1993, e nessa época a Administração baseava suas atuações em um modelo burocrático. Com isso, a antiga norma era repleta de formalidades e procedimentos que, muitas vezes, travavam o andamento das contratações públicas.

Entretanto, no ano de 1998, a Administração passou a adotar o modelo gerencial em seus procedimentos, inovação esta que pode ser exemplificada com a inclusão do princípio da eficiência no texto constitucional, vejamos:

> Art. 37, CF. A administração pública direta e indireta de qualquer dos Poderes da União, dos Estados, do Distrito Federal e dos Municípios obedecerá aos princípios de legalidade, impessoalidade, moralidade, publicidade e eficiência [...] (Redação dada pela Emenda Constitucional n.º 19, de 1998).

E assim, com o passar dos anos, percebeu-se que o modelo licitatório adotado já não estava mais acompanhando as inovações, anseios sociais e necessidades administrativas, o que fez com que fossem surgindo novas legislações a fim de tentar modernizar e trazer maior celeridade ao certame licitatório e futuras contratações públicas. Como exemplo, podemos citar a Lei 10.520/2002, que criou a modalidade do pregão, e a Lei 12.462/2011, que instituiu o regime diferenciado de contratações públicas – RDC.

Mas, mesmo com a criação dessas normas, o problema ainda persistia, já que a Lei 8.666/1993 era o estatuto geral de licitações e contratos e, por consequência, servia como base para quase todos os procedimentos licitatórios, o que acabava por gerar uma enorme burocratização nas contratações públicas.

Finalmente, em 1.º de abril de 2021, foi publicada a **Nova Lei de Licitações e Contratos Administrativos** – Lei 14.133, a qual marcou uma data para que a vigência das Leis 8.666/1993 (antiga lei geral); 10.520/2002 (pregão); 12.462/2011 (RDC) fosse plenamente finalizada, ou seja, a Lei 14.133/2021 estipulou o dia em que essas normas "morreriam", seriam revogadas.

Mas quando aconteceria essa revogação plena?

Inicialmente, segundo a Lei 14.133/2021, no início do mês de abril do ano de 2023, ou seja, após decorridos 2 anos da publicação oficial da Lei 14.133.

> Art. 193, Lei 14.133/2021. Revogam-se:
>
> I – os arts. 89 a 108 da Lei n.º 8.666, de 21 de junho de 1993, na data de publicação desta Lei;
>
> II – a Lei n.º 8.666, de 21 de junho de 1993, a Lei n.º 10.520, de 17 de julho de 2002, e os arts. 1.º a 47-A da Lei n.º 12.462, de 4 de agosto de 2011, após decorridos 2 (dois) anos da publicação oficial desta Lei.

Entretanto, quando a Lei 8.666/1993 já estava "respirando por aparelhos e quase morrendo", foi editada uma Medida Provisória, a qual prorrogou a vigência das normas anteriores para até 30 de dezembro de 2023. Observe como ficou a redação do art. 193 da Lei 14.133/2021 após a alteração produzida pela Medida Provisória 1.167/2023:

> Art. 193, Lei 14.133/2021. Revogam-se:
>
> **II – em 30 de dezembro de 2023**: (Redação dada pela Medida Provisória 1.167, de 2023)
>
> a) a Lei 8.666, de 1993; (Incluído pela Medida Provisória 1.167, de 2023)
>
> b) a Lei 10.520, de 2002; e (Incluído pela Medida Provisória 1.167, de 2023)
>
> c) os art. 1.º a art. 47-A da Lei 12.462, de 2011 (Incluído pela Medida Provisória 1.167, de 2023) (grifos nossos).

Essa dilação do prazo ocorreu com a finalidade de ofertar à Administração um tempo hábil para se organizar e passar a licitar usando como base, apenas, a nova lei geral, qual seja: Lei 14.133/2021. Sendo assim, até o dia 29.12.2023 a Administração poderá escolher se licita e contrata de acordo com os termos das normas antigas ou da nova, todavia, a partir do dia 30.12.2023, apenas poderá realizar seus procedimentos usando, única e exclusivamente, a Lei 14.133/2021.

> Art. 191, Lei 14.133/2021. Até o decurso do prazo de que trata o inciso II (30.12.2023) do *caput* do art. 193, a Administração poderá **optar por licitar ou contratar diretamente de acordo com esta Lei ou de acordo com as leis citadas no referido inciso**, desde que: (Redação dada pela Medida Provisória 1.167, de 2023)
>
> I – a publicação do edital ou do ato autorizativo da contratação direta ocorra até 29 de dezembro de 2023; e (Incluído pela Medida Provisória 1.167, de 2023)
>
> II – a opção escolhida seja expressamente indicada no edital ou no ato autorizativo da contratação direta. (Incluído pela Medida Provisória 1.167, de 2023)
>
> § 1.º Na hipótese do *caput*, se a Administração optar por licitar de acordo com as leis citadas no inciso II do *caput* do art. 193, o respectivo contrato será regido pelas regras nelas previstas durante toda a sua vigência. (Incluído pela Medida Provisória 1.167, de 2023)

§ 2.º É vedada a aplicação combinada desta Lei com as citadas no inciso II do *caput* do art. 193. (Incluído pela Medida Provisória 1.167, de 2023) (grifos nossos).

Agora você deve estar se perguntando: "e na minha prova, poderá cair qual lei?".

Bom, até o dia 29.12.2023 poderão cair todas as leis, já que a Lei 8.666/1993, a Lei 10.520/2002 e a Lei 12.462/2011 ainda estão com a sua vigência preservada. Mas, a partir de 30.12.2023, apenas poderá ser solicitado o conhecimento relativo à Nova Lei Geral de Licitação e Contratos, Lei 14.133/2021.

Se você estiver lendo este livro antes da "morte oficial" das normas antiga,s deve estar sentindo uma preocupação enorme e pensando: "Meu Deus, mais coisa para estudar e memorizar". Calma, te garanto que as bancas em geral irão elaborar as suas questões com base na nova legislação (Lei 14.133/2021), focando, principalmente, nos pontos que a diferenciam das normas antigas.

Caso você esteja fazendo esta leitura após a finalização da vigência das normas anteriores (30.12.2023), pode se tranquilizar, já que essas leis não mais poderão ser cobradas nas provas dos concursos públicos em geral nem no exame da ordem. Sendo assim, nesta edição do livro, focaremos nossa análise e estudo na legislação que brevemente "reinará de forma absoluta", qual seja: Lei 14.133/2021.

> **cuidado**
>
> Na data do fechamento deste livro, a vigência das normas antigas seria plenamente encerrada no dia 30.12.2023. Mas, por cautela, sugiro acompanhar as eventuais alterações que possam vir a ser realizadas no art. 193 da Lei 14.133/2021, pois nada impede que o prazo estipulado venha a ser dilatado mais uma vez.

4. QUEM DEVE LICITAR

A Nova Lei de Licitações e Contratos Administrativos deve ser aplicada à toda Administração direta (União, Estados, Distrito Federal e Municípios), autarquias e fundações públicas federais, estaduais, distritais e municipais, aos fundos especiais, às entidades controladas direta e indiretamente pela Administração Pública e também a todos os órgãos dos três Poderes do Estado (Legislativo, Executivo e Judiciário), quando estiverem no desempenho da função administrativa.

> Art. 1.º, Lei 14.133/2021. Esta Lei estabelece normas gerais de licitação e contratação para as Administrações Públicas diretas, autárquicas e fundacionais da União, dos Estados, do Distrito Federal e dos Municípios, e abrange:
>
> I – os órgãos dos Poderes Legislativo e Judiciário da União, dos Estados e do Distrito Federal e os órgãos do Poder Legislativo dos Municípios, quando no desempenho de função administrativa;
>
> II – os fundos especiais e as demais entidades controladas direta ou indiretamente pela Administração Pública.

De forma mais esquematizada e resumida, podemos dizer que devem licitar:

- **Entes da Administração Direta** – União, Estados, Distrito Federal e Municípios.

- **Entes da Administração Indireta** – Autarquias e fundações públicas.
- **Fundos especiais** – o "fundo" será formado por um conjunto de bens e recursos pertencentes à determinada pessoa. A doutrina critica fortemente a inclusão de tais entes pelo fato de eles não serem sujeitos de direito autônomo.
- **Demais entidades controladas pelo Poder Público** – esse conceito deve ser interpretado de forma ampla, incluído todos aqueles que recebam recursos públicos para seu custeio em geral ou de seu pessoal. Podemos, por exemplo, incluir aqui as entidades integrantes do terceiro setor:
  - Organizações Sociais (Lei 9.637/1998);
  - Organizações da Sociedade Civil de Interesse Público (Lei 9.790/1999);
  - Serviços Sociais Autônomos (segundo o TCU, essas entidades devem licitar. Entretanto, poderão fazê-lo por um procedimento simplificado. Logo, não existe a necessidade de utilização da Lei 14.133/2021).

caiu na prova

(QUADRIX/CRN-4R/2022) *Os fundos especiais e as demais entidades, controladas, direta ou indiretamente, pela Administração Pública, submetem-se à Lei de Licitações e Contratos Administrativos.*
Gabarito: *Certo.*

Daí surge uma pergunta: as estatais (empresas públicas e sociedades de economia mista) também deverão licitar de acordo com a Lei 14.133/2021?

Não! **As empresas estatais foram expressamente excluídas da Nova Lei de Licitações e Contratos Administrativos** e devem licitar de acordo com o regramento específico instituído pela Lei 13.303/2016 (estatuto das estatais). Vejamos:

> Art. 1.º, Lei 14.133/2021, § 1.º. Não são abrangidas por esta Lei as empresas públicas, as sociedades de economia mista e as suas subsidiárias, regidas pela Lei n.º 13.303, de 30 de junho de 2016, ressalvado o disposto no art. 178 desta Lei.

caiu na prova

(CEBRASPE/SEFAZ-CE/2021) *As normas gerais de licitação e contratação previstas pela Lei n.º 14.133/2021 aplicam-se, em regra, às administrações públicas diretas, autárquicas e fundacionais da União, dos estados, do Distrito Federal e dos municípios, bem como às empresas públicas e às sociedades de economia mista dos respectivos entes.*
Gabarito: *Errado.*[1]

5. OBJETIVOS DA LICITAÇÃO

Os objetivos estão relacionados às finalidades da licitação.

A Administração pública, ao licitar, deverá ter em mente as seguintes finalidades: garantir a isonomia entre os licitantes, selecionar a proposta mais vantajosa,

---

[1] As estatais (empresas públicas e sociedades de economia mista) legislam de acordo com a Lei 13.303/2016, não pela Lei 14.133/2021.

evitar contratações com preços abusivos ou inexequíveis, incentivar a inovação e o desenvolvimento sustentável.

> Art. 11, Lei 14.133/2021. O processo licitatório tem por objetivos:
>
> I – assegurar a seleção da proposta apta a gerar o resultado de contratação mais vantajoso para a Administração Pública, inclusive no que se refere ao ciclo de vida do objeto;
>
> II – assegurar tratamento isonômico entre os licitantes, bem como a justa competição;
>
> III – evitar contratações com sobrepreço ou com preços manifestamente inexequíveis e superfaturamento na execução dos contratos;
>
> IV – incentivar a inovação e o desenvolvimento nacional sustentável.

Resumindo, são finalidades da licitação:

a) **Seleção da proposta apta a gerar o resultado mais vantajoso** – a Administração, ao abrir um procedimento licitatório, visa analisar as ofertas de forma a contratar com aquela que seja a mais interessante para os anseios estatais;

b) **Isonomia entre os licitantes** – igualdade de oportunidade entre os interessados, respeitando-se, especialmen**te, os princípios da impessoalidade e da moralidade;**

c) **Evitar contratações com sobrepreço ou inexequíveis** – a Administração deve combater ao máximo a corrupção, sendo assim, o dinheiro público não pode ser desperdiçado em contratos pactuados com preços mais altos que o necessário (superfaturamento) e também deve se preservar a segurança do cumprimento das obrigações, evitando-se contratos com preços inexequíveis, já que estes, muito provavelmente, não terão como ser cumpridos.

d) **Inovação e desenvolvimento nacional sustentável** – em busca de uma maior eficiência no procedimento licitatório e na futura assinatura do contrato, a Administração deve visar à inovação, mas sem deixar de observar critérios e práticas sustentáveis, vejamos a conceituação do Decreto 7.746/2012:

> Art. 4.º [...] são considerados critérios e práticas sustentáveis, entre outras: I – baixo impacto sobre recursos naturais como flora, fauna, ar, solo e água; II – preferência para materiais, tecnologias e matérias-primas de origem local; III – maior eficiência na utilização de recursos naturais como água e energia; IV – maior geração de empregos, preferencialmente com mão de obra local; V – maior vida útil e menor custo de manutenção do bem e da obra; VI – uso de inovações que reduzam a pressão sobre recursos naturais; VII – origem sustentável dos recursos naturais utilizados nos bens, nos serviços e nas obras; e VIII – utilização de produtos florestais madeireiros e não madeireiros originários de manejo florestal sustentável ou de reflorestamento.

6. OBJETOS DA LICITAÇÃO

O objeto da licitação está relacionado àquilo que a Administração deseja contratar. Por exemplo, caso a União inicie um procedimento licitatório com a finalidade de construir uma nova escola, o objeto da licitação será a obra. Já se o escopo for contratar uma empresa para realizar a limpeza dos prédios públicos, o objeto será a prestação do serviço.

A Nova Lei de Licitações e Contratos Administrativos listou quais são os possíveis **objetos** de uma licitação, vejamos:

> Art. 2.º, lei 14.133/2021. Esta Lei aplica-se a:
>
> I – alienação e concessão de direito real de uso de bens;
>
> II – compra, inclusive por encomenda;
>
> III – locação;
>
> IV – concessão e permissão de uso de bens públicos;
>
> V – prestação de serviços, inclusive os técnico-profissionais especializados;
>
> VI – obras e serviços de arquitetura e engenharia;
>
> VII – contratações de tecnologia da informação e de comunicação.

Ademais, além de listar quais são os objetos a serem licitados, a Lei 14.133/2021 também trouxe algumas definições importantes em relação ao que deve ser entendido por compra, obra e serviço.

- COMPRA: aquisição remunerada de bens para fornecimento de uma só vez ou parceladamente, considerada imediata aquela com prazo de entrega de até 30 (trinta) dias da ordem de fornecimento (art. 6.º, X, Lei 14.133/2021);
- OBRA: toda atividade estabelecida, por força de lei, como privativa das profissões de arquiteto e engenheiro que implica intervenção no meio ambiente por meio de um conjunto harmônico de ações que, agregadas, formam um todo que inova o espaço físico da natureza ou acarreta alteração substancial das características originais de bem imóvel (art. 6.º, XII, Lei 14.133/2021);
- SERVIÇO: atividade ou conjunto de atividades destinadas a obter determinada utilidade, intelectual ou material, de interesse da Administração (art. 6.º, XI, Lei 14.133/2021);
- SERVIÇO DE ENGENHARIA: toda atividade ou conjunto de atividades destinadas a obter determinada utilidade, intelectual ou material, de interesse para a Administração e que, não enquadradas no conceito de obra (art. 6.º, XXI, Lei 14.133/2021).

cuidado

Não se subordinam ao regime instituído pela Lei 14.133/2021: as empresas estatais; os contratos que tenham por objeto operação de crédito, interno ou externo, e gestão de dívida pública, incluídas as contratações de agente financeiro e a concessão de garantia relacionadas a esses contratos; e as contratações sujeitas à normas previstas em legislação própria.

7. PRINCÍPIOS

A Lei 14.133/2021 ampliou de forma substancial, em comparação com a norma anterior – Lei 8.666/1993, o rol dos **princípios** que devem ser observados nos procedimentos licitatórios. Vejamos:

Art. 5.°. Na aplicação desta Lei, serão observados os princípios da legalidade, da impessoalidade, da moralidade, da publicidade, da eficiência, do interesse público, da probidade administrativa, da igualdade, do planejamento, da transparência, da eficácia, da segregação de funções, da motivação, da vinculação ao edital, do julgamento objetivo, da segurança jurídica, da razoabilidade, da competitividade, da proporcionalidade, da celeridade, da economicidade e do desenvolvimento nacional sustentável, assim como as disposições do Decreto-lei n.º 4.657, de 4 de setembro de 1942 (Lei de Introdução às Normas do Direito Brasileiro).

> ### caiu na prova
>
> **(IESES/PROCURADOR-SC/2021)** *Na aplicação desta Lei, serão observados os princípios da legalidade, da pessoalidade, da moralidade, da publicidade, da eficiência, do interesse público, da probidade administrativa, da igualdade, do planejamento, da transparência, da eficácia, da segregação de funções, da motivação, da vinculação ao edital, do julgamento objetivo, da segurança jurídica, da razoabilidade, da competitividade, da proporcionalidade, da celeridade, da economicidade e do desenvolvimento nacional sustentável.*
>
> **Gabarito:** *Errado.[2]*

Entretanto, apesar da ampliação, a maioria dos princípios já era obedecida e servia de parâmetro para a atuação administrativa, ainda que alguns deles encontrassem-se implícitos no texto da legislação anterior – Lei 8.666/1993.

De toda forma, vamos fazer uma breve análise dos princípios mencionados de expressamente pelo art. 5.° da Lei 14.133/2021 – Nova Lei de Licitações e Contratos Administrativos.

* **Legalidade, impessoalidade, moralidade, publicidade, eficiência**: estes princípios já foram analisados de forma ampla no capítulo de número dois deste livro. Sendo assim, todas as explicações já realizadas servem como base para o entendimento deste tópico.

Dois tópicos merecem um aprofundamento, vejamos:

a) inclusão (de forma expressa) do princípio da eficiência: como sabemos, a Lei 8.666/1993 era pautada no modelo de administração burocrática, sendo assim, não previa em seus dispositivos a submissão do certame licitatório a este princípio. Entretanto, hoje vivenciamos o modelo de administração gerencial que, a cada vez mais, busca uma atuação pública pautada na produtividade e economicidade, daí se fez imperativa a inclusão do princípio da eficiência no texto da Lei 14.133/2021.

---

[2] A questão fala em respeito ao princípio da "pessoalidade", entretanto o correto é "impessoalidade". Deve-se ter muito cuidado com esse tipo de questão, pois, vez por outra, as bancas colocam um texto bem grande e um erro "sutil" para que os candidatos possam, até pela pressa e cansaço, errar a questão.

b) o princípio da publicidade deve ser a regra no procedimento licitatório. Entretanto, o sigilo poderá ser adotado quando for imprescindível à segurança da sociedade e do Estado. Ademais, a publicidade será diferida (postergada, adiada) em duas situações: quanto ao conteúdo das propostas, até a respectiva abertura; quanto ao orçamento da Administração, vejamos:

> Art. 24, Lei 14.133/2021. Desde que justificado, o orçamento estimado da contratação poderá ter caráter sigiloso, sem prejuízo da divulgação do detalhamento dos quantitativos e das demais informações necessárias para a elaboração das propostas, e, nesse caso: I – o sigilo não prevalecerá para os órgãos de controle interno e externo;

- **Transparência:** possui relação direta com o princípio da publicidade. Entretanto, enquanto este relaciona-se a divulgação da informação, aquele vai além. Pois, de acordo com o princípio da transparência, não basca existir a divulgação da informação, esta deve ser feita de maneira compreensível.

- **Interesse público, igualdade, motivação, segurança jurídica, proporcionalidade e razoabilidade:** estes princípios foram amplamente analisados no capítulo de número dois deste livro. Logo, o mesmo embasamento deve ser utilizado agora. Por exemplo, a Administração deverá, via de regra, realizar a motivação (fundamentação de fato e de direito) de seus atos administrativos, usando e trazendo este raciocínio aqui para o capítulo de licitação, a Administração também deverá motivar os atos referentes aos procedimentos licitatórios e ao futuro contrato administrativo.

- **Probidade administrativa:** está relacionada à atuação ética, proba e de boa-fé por parte da Administração Pública. Possui relação direta com o princípio da moralidade. Um bom exemplo da utilização deste princípio pela Lei 14.133/2021 é a exigência de que os contratos administrativos evitem o desperdício de dinheiro público, vejamos: "art. 11. O processo licitatório tem por objetivos: [...] III – evitar contratações com sobrepreço ou com preços manifestamente inexequíveis e superfaturamento na execução dos contratos".

- **Celeridade:** relaciona-se a uma atuação, cada vez mais, gerencial por parte da administração, com isso, busca-se evitar atrasos e formalidades desnecessárias ao procedimento licitatório. Possui relação direta com o princípio da eficiência.

- **Economicidade:** este princípio está relacionado à redução dos custos, sem que se comprometa, para tanto, os padrões de qualidade. Possui relação direta com o princípio da eficiência.

- **Eficácia:** relaciona-se ao cumprimento dos objetivos da licitação. A eficácia é a produção de efeitos, sendo assim, de nada adiantaria a realização de um procedimento licitatório se este não fosse apto a garantir o resultado almejado pela Administração.

- **Competitividade:** com a finalidade de garantir a isonomia, o procedimento licitatório é pautado pela competitividade, assegurando-se desta forma que a Administração possa selecionar a proposta mais vantajosa à futura assinatura do contrato.

Cap. 13 – LICITAÇÃO (LEI 14.133/2021) **505**

- **Planejamento:** a contratação pública deve ser planejada. Deve-se analisar a viabilidade da futura contratação em relação às disposições orçamentárias e anseios administrativos. Com o devido planejamento, evita-se, por exemplo, contratações desnecessárias e, por consequência lógica, o gasto indevido dos recursos públicos.

- **Segregação das funções:** relaciona-se à necessidade de as funções do procedimento serem repartidas. Ou seja, não poderá, por exemplo, a mesma pessoa que executa o contrato vir também a fiscalizá-lo, pois se isto acontecesse ficaria muito fácil de se cometer e esconder irregularidades.

> ### caiu na prova
>
> **(FCC/TRT-RO-AC/2022)** *A Lei 14.133/2021 traz expressamente em seu texto os princípios a serem observados nas licitações públicas. O princípio que implica na vedação à concentração de atribuições em um único sujeito e a exigência do fracionamento do exercício de funções mais suscetíveis a riscos entre uma multiplicidade de agentes públicos, de modo a reduzir a possibilidade de ocultação de erros e de ocorrência de fraudes na respectiva contratação denomina-se segregação de funções.*
>
> **Gabarito:** *Certo.*

- **Vinculação ao edital:** o edital é considerado a "lei interna da licitação", devendo ser seguido e respeitado tanto pelos licitantes quanto pela própria Administração.

- **Julgamento objetivo:** o julgamento das propostas deve ser feito livre de sentimentos e impressões pessoais. Sendo assim, a escolha do licitante vencedor deve se ater aos termos estipulados previamente pelo edital.

- **Desenvolvimento nacional sustentável:** além de ser um dos objetivos do procedimento licitatório, é também um dos princípios que devem ser observados pela Administração Pública. Conforme já explicado em tópico anterior, o desenvolvimento nacional sustentável está ligado ao incentivo à preservação do meio ambiente.

8. DEFINIÇÕES IMPORTANTES

O artigo 6º da Lei 14.133/2021 trouxe diversas definições importantes para o amplo entendimento do procedimento licitatório e das regras referentes aos contratos administrativos. Neste primeiro momento, vamos analisar as principais conceituações.

Para os fins da Nova Lei de Licitações e Contratos Administrativos, considera-se:

- Órgão: unidade de atuação integrante da estrutura da Administração Pública;
- Entidade: unidade de atuação dotada de personalidade jurídica;
- Administração Pública: administração direta e indireta da União, dos Estados, do Distrito Federal e dos Municípios, inclusive as entidades com personalidade jurídica de direito privado sob controle do Poder Público e as fundações por ele instituídas ou mantidas;
- Agente público: indivíduo que, em virtude de eleição, nomeação, designação, contratação ou qualquer outra forma de investidura ou vínculo, exerce manda-

to, cargo, emprego ou função em pessoa jurídica integrante da Administração Pública;

- Autoridade: agente público dotado de poder de decisão;

- Agente de contratação: pessoa designada pela autoridade competente, entre servidores efetivos ou empregados públicos dos quadros permanentes da Administração Pública, para tomar decisões, acompanhar o trâmite da licitação, dar impulso ao procedimento licitatório e executar quaisquer outras atividades necessárias ao bom andamento da licitação;

- Contratante: pessoa jurídica integrante da Administração Pública responsável pela contratação;

- Contratado: pessoa física ou jurídica, ou consórcio de pessoas jurídicas, signatária de contrato com a Administração;

- Licitante: pessoa física ou jurídica, ou consórcio de pessoas jurídicas, que participa ou manifesta a intenção de participar de processo licitatório, sendo-lhe equiparável, para os fins desta Lei, o fornecedor ou o prestador de serviço que, em atendimento à solicitação da Administração, oferece proposta.

Outras conceituações serão vistas no decorrer dos assuntos deste capítulo. Por exemplo, as definições referentes às modalidades licitatórias serão analisadas quando estivermos estudando este tópico.

9. MODALIDADES DE LICITAÇÃO

As modalidades de licitação estão relacionadas ao que a Administração deseja contratar, em outras palavras, o uso de uma modalidade ou outra dependerá da razão de o procedimento licitatório ter sido instaurado.

Para facilitar o entendimento do tema, vamos imaginar a seguinte situação: Maria está com muita dor de cabeça e precisa comprar um remédio para tentar aliviar seu sofrimento. Eu te pergunto, onde Maria deve ir?

Tenho certeza de que você respondeu: "a uma farmácia".

E é exatamente este o raciocínio que devemos usar. Te faço mais uma pergunta, faria algum sentido Maria tentar adquirir este produto em uma loja que vende sapatos? Claro que não!

Perceba que a "modalidade" farmácia é a adequada para a aquisição do produto desejado; já a "modalidade" loja de sapato seria completamente inadequada para esta finalidade.

Vamos continuar usando esta mesma lógica em outros exemplos: a) João precisa fazer a feira de sua casa, onde ele pode ir? Ao supermercado. b) Bruna vai voltar a estudar para concursos e precisa de cadernos e canetas, onde ela pode ir? A uma papelaria. c) Rafael quer voltar a fazer seus treinos de musculação, onde ele pode ir? A uma academia.

Te pergunto: Qual a "modalidade" adequada aos objetivos de João? A "modalidade" supermercado; já as "modalidades" papelaria e academia seriam completamente inadequadas à finalidade almejada por João.

Agora já podemos visualizar que a depender do que a pessoa deseje contratar ela vai a um local ou outro, sendo exatamente este o raciocínio que deve ser utilizado para entender as modalidades licitatórias, ou seja, a depender do que a Administração deseje contratar, ela vai utilizar uma modalidade ou outra.

E quais são as modalidades de licitação existentes na Lei 14.133/2021?

Segundo o art. 28, são cinco as modalidades licitatórias, vejamos:

caiu na prova

(CEBRASPE/DPE-PI/2022) São modalidades de licitação, conforme a Lei n.º 14.133/2021 (Nova Lei de Licitações e Contratos), pregão, concorrência, concurso, leilão e diálogo competitivo.

Gabarito: *Certo.*

Fazendo uma explicação superficial, já que este assunto será aprofundado nos próximos tópicos, quando a Administração deseja, por exemplo, alienar bens, deverá utilizar a modalidade do leilão; já se seu objetivo for adquirir bens comuns, terá de utilizar a modalidade do pregão. Mais uma vez: o uso de uma modalidade ou outra dependerá do que a Administração deseja com aquela licitação e seu futuro contrato.

Vale ressaltar que os exemplos que demos no início (farmácia, supermercado, papelaria, academia), logicamente, não são modalidades licitatórias, o objetivo daquela explicação foi fazer uma analogia com o tema e tentar facilitar a visualização e o entendimento do assunto.

Por fim, antes de entrar no estudo isolado de cada uma das modalidades, algumas observações são necessárias, principalmente se você já tinha estudado (ou vinha estudando) a antiga lei de licitação, qual seja: Lei 8.666/1993.

Na legislação anterior (Lei 8.666/1993), o uso de uma modalidade ou outra poderia variar a depender do valor da futura contratação, por exemplo, se o objetivo do Estado fosse executar uma obra, a depender do orçamento desta, a modalidade licitatória a ser utilizada poderia ser a concorrência, tomada de preço ou o convite.

Bom, agora te trago uma notícia excelente!

A Nova Lei de Licitações e Contratos Administrativos não faz mais a separação das modalidades licitatórias de acordo com o valor envolvido na futura contratação. Sendo assim, pela Lei 14.133/2021, o uso de uma modalidade ou outra dependerá da natureza do objeto a ser contratado, não importando o seu valor. Usando o exemplo supramencionado, caso o Estado deseje licitar para executar uma obra, deverá utilizar a modalidade da concorrência, independentemente do valor desta.

Além da novidade mencionada, a nova lei trouxe algumas inovações importantes em relação às modalidades licitatórias, as principais são:

- A Lei 14.133/2021 não mais prevê as modalidades da tomada de preço e do convite, existentes na Lei 8.666/1993 e revogadas pela Nova Lei de Licitações e Contratos Administrativos.

- A modalidade do pregão, antes prevista em lei específica – Lei 10.520/2002 –, foi incorporada ao texto geral da Lei 14.133/2021.

- Inclusão de uma nova modalidade licitatória: diálogo competitivo.

caiu na prova

(QUADRIX/CRMV-SP/2022) *As modalidades de licitação tomada de preços e convite, anteriormente disciplinadas pela Lei 8.666/1993, deixam de existir na nova Lei de Licitações e Contratos Administrativos.*

Gabarito: *Certo.*

cuidado

Da mesma forma que acontecia na Lei 8.666/1993, a Nova Lei de Licitações e Contratos Administrativos também vedou a criação de outras modalidades de licitação ou, ainda, a combinação das existentes.

Art. 28, § 2.º, Lei 14.133/2021. É vedada a criação de outras modalidades de licitação ou, ainda, a combinação daquelas referidas no *caput* deste artigo.

9.1 Pregão

Com a chegada da Nova Lei de Licitações e Contratos Administrativos, o pregão passou a ser a modalidade licitatória obrigatória quando a Administração desejar realizar a aquisição de bens e serviços comuns, entendendo-se como tais aqueles que possam ser definidos pelo edital de forma objetiva. Vejamos:

Art. 6.º, XLI, Lei 14.133/2021. Pregão: modalidade de licitação obrigatória para aquisição de bens e serviços comuns, cujo critério de julgamento poderá ser o de menor preço ou o de maior desconto.

Art. 6.º, XIII, Lei 14.133/2021. Bens e serviços comuns: aqueles cujos padrões de desempenho e qualidade podem ser objetivamente definidos pelo edital, por meio de especificações usuais de mercado.

De maneira mais facilitada, podemos entender como comuns os bens e serviços que não precisam ser projetados de maneira específica e direcionada para aquele contrato, ou seja, eles já existem no mercado, são fáceis de descrever.

Vamos imaginar a seguinte situação: o INSS, autarquia federal, precisa comprar material de escritório (canetas e papel). Deste exemplo, surgem algumas perguntas:

a) deverá o INSS licitar? Sim, já que estamos diante de uma autarquia! Lembre-se: toda a Administração direta e indireta[3], regra generalíssima, deve licitar antes de contratar.

b) o valor da futura contratação importará para a escolha da modalidade a ser utilizada? Não! Lembre-se: umas das inovações da Lei 14.133/2021 foi não mais levar em consideração o valor do objeto, ou seja, a escolha das modalidades será definida de acordo com o que a Administração deseja contratar.

c) material de escritório enquadra-se como bem comum? Sim! Observe que não vai precisar ser feito um planejamento específico para que as "canetas" e o "papel" venham a ser criados, eles já existem e podem ser descritos de maneira objetiva pelo edital. Quando, por exemplo, a Administração abre uma licitação dizendo que quer comprar dez mil "canetas de tinta azul" e vinte mil "canetas de tinta preta", todas as pessoas conseguem, de imediato, entender exatamente o que o Poder Público está desejando contratar.

d) qual modalidade licitatória será utilizada nesta licitação? Obrigatoriamente o pregão, independentemente do valor da futura contratação.

Entretanto, nem sempre será possível a utilização do pregão, pois a Lei 14.133/2021 menciona de forma expressa que essa modalidade não poderá ser utilizada para atividades de natureza predominantemente intelectual, obras e serviços de engenharia, salvo aqueles considerados como serviço comum de engenharia.

> Art. 29, parágrafo único, Lei 14.133/2021. O pregão não se aplica às contratações de serviços técnicos especializados de natureza predominantemente intelectual e de obras e serviços de engenharia, exceto os serviços de engenharia de que trata a alínea *a* do inciso XXI do *caput* do art. 6.º desta Lei.
>
> Art. 6.º, XXI, *a*, Lei 14.133/2021. Serviço comum de engenharia: todo serviço de engenharia que tem por objeto ações, objetivamente padronizáveis em termos de desempenho e qualidade, de manutenção, de adequação e de adaptação de bens móveis e imóveis, com preservação das características originais dos bens.

caiu na prova

(CEBRASPE/SEE-PE/2022) *O pregão não se aplica às contratações de serviços técnicos especializados de natureza predominantemente intelectual.*

Gabarito: *Certo.*

---

[3] Vale lembrar que as estatais (empresas públicas e sociedades de economia mista) devem licitar, mas licitam por uma lei específica (Lei 13.303/2016), não pela Lei 14.133/2021.

Por fim, o critério de julgamento para que a Administração possa selecionar a proposta mais vantajosa, e consequentemente realizar a escolha do licitante vencedor, levará em consideração o menor preço ou o maior desconto ofertado.

> Art. 6.º, XLI, Lei 14.133/2021. Pregão: modalidade de licitação obrigatória para aquisição de bens e serviços comuns, cujo critério de julgamento poderá ser o de menor preço ou o de maior desconto.

caiu na prova

(QUADRIX/CRA-PE/2023) *O pregão é a modalidade de licitação obrigatória para a aquisição de bens e serviços comuns, cujo critério de julgamento poderá ser o de menor preço ou o de maior desconto.*
Gabarito: *Certo.*

Resumindo:

- A utilização do pregão é obrigatória quando a Administração desejar realizar a aquisição de bens e serviços comuns.
- O pregão poderá ser utilizado para a contratação de serviços comuns de engenharia.
- O pregão não poderá ser utilizado para as seguintes contratações: serviços técnicos especializados de natureza predominantemente intelectual; obras e serviços de engenharia (salvo os serviços comuns de engenharia).
- O uso do pregão depende da natureza do objeto ser contratado, não importa o valor da futura contratação.
- Critério de julgamento: menor preço ou maior desconto.

9.2 Concorrência

A concorrência será a modalidade licitatória utilizada quando a Administração desejar realizar a contratação de: bens e serviços especiais, obras e serviços (comuns e especiais) de engenharia.

Art. 6.º, XXXVIII, Lei 14.133/2021. Concorrência: modalidade de licitação para contratação de bens e serviços especiais e de obras e serviços comuns e especiais de engenharia [...]

> ### caiu na prova
>
> **(FCC/TRT-PI/2022)** *A concorrência, modalidade de licitação prevista na Lei Federal 14.133/2021, não é obrigatória para a alienação de bens imóveis pela Administração pública, mas sim para a contratação de serviços especiais de engenharia.*
>
> **Gabarito:** *Certo.*

Mas o que pode ser considerado um serviço especial ou, por exemplo, uma obra?

A própria Lei 14.133/2021, na parte relacionada às definições – Título I, Capítulo III da Nova Lei de Licitações e Contratos Administrativos, nos oferece a resposta, Vejamos:

- **Bens e serviços especiais:** aqueles que, por sua alta heterogeneidade ou complexidade, não podem ser descritos na forma do inciso XIII do *caput* deste artigo, exigida justificativa prévia do contratante (art. 6.º, XIV, Lei 14.133/2021).

- **Obra:** toda atividade estabelecida, por força de lei, como privativa das profissões de arquiteto e engenheiro que implica intervenção no meio ambiente por meio de um conjunto harmônico de ações que, agregadas, formam um todo que inova o espaço físico da natureza ou acarreta alteração substancial das características originais de bem imóvel (art. 6.º, XII, Lei 14.133/2021).

- **Serviço de engenharia:** toda atividade ou conjunto de atividades destinadas a obter determinada utilidade, intelectual ou material, de interesse para a administração e que, não enquadradas no conceito de obra a que se refere o inciso XII do *caput* deste artigo, são estabelecidas, por força de lei, como privativas das profissões de arquiteto e engenheiro ou de técnicos especializados, que compreendem:

  a) serviço comum de engenharia: todo serviço de engenharia que tem por objeto ações, objetivamente padronizáveis em termos de desempenho e qualidade, de manutenção, de adequação e de adaptação de bens móveis e imóveis, com preservação das características originais dos bens;

  b) serviço especial de engenharia: aquele que, por sua alta heterogeneidade ou complexidade, não pode se enquadrar na definição constante da alínea *a* deste inciso (art. 6.º, XXI, Lei 14.133/2021).

> ### cuidado
>
> *A contratação de serviços comuns de engenharia também poderá vir a ser efetivada pela modalidade do pregão, observe:*
>
> *Art. 29, parágrafo único, Lei 14.133/2021. O pregão não se aplica às contratações de serviços técnicos especializados de natureza predominantemente intelectual e de obras e serviços de engenharia, exceto os serviços de engenharia de que trata a alínea a do inciso XXI do caput do art. 6.º desta Lei.*

> *Art. 6.º, XXI, a, Lei 14.133/2021. Serviço comum de engenharia: todo serviço de engenharia que tem por objeto ações, objetivamente padronizáveis em termos de desempenho e qualidade, de manutenção, de adequação e de adaptação de bens móveis e imóveis, com preservação das características originais dos bens.*

Ponto interessante e inovador da Nova Lei de Licitações e Contratos Administrativos é o fato de, diferentemente do que ocorria na Lei 8.666/1993, não levar em consideração o valor da futura contratação. Sendo assim, a utilização da modalidade da concorrência está relacionada ao tipo de objeto a ser contratado (bens e serviços especiais, obras e serviços comuns e especiais de engenharia) e não ao valor deste.

Por fim, o critério de julgamento para que possa ser feita a seleção da proposta mais vantajosa poderá ser pelo: menor preço; melhor técnica ou conteúdo artístico; técnica e preço; maior retorno econômico; ou maior desconto (art. 6.º, XXXVIII, Lei 14.133/2021).

caiu na prova

(CEBRASPE/PGE-RJ/2022) *Na modalidade de licitação concorrência, pode-se adotar o maior desconto como critério de julgamento dos concorrentes.*

Gabarito: *Certo.*

Resumindo:

- A modalidade da concorrência será utilizada quando a Administração desejar contratar os seguintes objetos: bens e serviços especiais, obras e serviços (comuns e especiais) de engenharia.
- Para a contratação de serviços comuns de engenharia poderá ser adotada a modalidade da concorrência ou do pregão.
- O uso da concorrência depende da natureza do objeto a ser contratado, não importa o valor da futura contratação.
- Critério de julgamento: melhor técnica ou conteúdo artístico; técnica e preço; maior retorno econômico ou maior desconto.

9.3 Concurso

O concurso é a modalidade licitatória utilizada para os casos em que a Administração deseja selecionar um trabalho técnico, científico ou artístico, sendo ofertado ao vencedor do certame um prêmio ou uma remuneração.

> Art. 6.°, XXXIX, Lei 14.133/2021. Concurso: modalidade de licitação para escolha de trabalho técnico, científico ou artístico, cujo critério de julgamento será o de melhor técnica ou conteúdo artístico, e para concessão de prêmio ou remuneração ao vencedor.

O critério de julgamento a ser adotado nessa modalidade será a melhor técnica ou conteúdo artístico, o qual considerará exclusivamente as propostas técnicas ou artísticas apresentadas pelos licitantes, e o edital deverá definir o prêmio ou a remuneração que será atribuída aos vencedores (art. 35, Lei 14.133/2021).

caiu na prova

(IBFC/DETRAN-DF/2022) *Concurso é a modalidade de licitação para escolha de trabalho técnico, científico ou artístico, cujo critério de julgamento será o de melhor técnica ou conteúdo artístico, e para concessão de prêmio ou remuneração ao vencedor.*

Gabarito: *Certo.*

Deve a Administração ao elaborar o edital indicar os seguintes tópicos: a qualificação exigida dos participantes; as diretrizes e formas de apresentação do trabalho; as condições de realização e o prêmio ou remuneração a ser concedido ao vencedor (art. 30, Lei 14.133/2021).

cuidado

Nos concursos destinados à elaboração de projeto, o vencedor deverá ceder à Administração Pública, nos termos do art. 93 da Lei 14.133/2021, todos os direitos patrimoniais relativos ao projeto e autorizar sua execução conforme juízo de conveniência e oportunidade das autoridades competentes (art. 30, parágrafo único, Lei 14.133/2021).

Resumindo:

- O concurso será utilizado quando a Administração desejar selecionar um trabalho técnico, científico ou artístico.
- O vencedor do certame receberá um prêmio ou uma remuneração.
- O uso do concurso depende da natureza do objeto a ser contratado, não importa o valor da futura contratação.
- Critério de julgamento: melhor técnica ou conteúdo artístico.

9.4 Leilão

O leilão será utilizado quando a Administração desejar alienar bens móveis ou imóveis, usando-se como critério de julgamento, para selecionar a proposta mais vantajosa, o maior lance. Vejamos:

> Art. 6.º, XL, Lei 14.133/2021. Leilão: modalidade de licitação para alienação de bens imóveis ou de bens móveis inservíveis ou legalmente apreendidos a quem oferecer o maior lance.
>
> Art. 33, Lei 14.133/2021. O julgamento das propostas será realizado de acordo com os seguintes critérios: [...] V – maior lance, no caso de leilão;

Observe que, segundo a Lei 14.133/2021, a modalidade do leilão será utilizada quando a Administração desejar alienar bens móveis ou imóveis, independentemente dos valores envolvidos. Este ponto trouxe uma grande inovação em relação à Lei 8.666/1993, pois esta previa limitadores de valores para a alienação de bens móveis por meio do leilão e ainda impunha, como regra, que os bens imóveis seriam alienados pela modalidade da concorrência.

Entretanto, segundo a Nova Lei de Licitações e Contratos Administrativos, para que a Administração possa alienar seus bens, móveis ou imóveis, deverá obedecer a alguns procedimentos, vejamos:

- **Alienação de bens MÓVEIS:** interesse público (devidamente justificado) na alienação + avaliação prévia do bem + realização de licitação na modalidade leilão.
- **Alienação de bens IMÓVEIS:** interesse público (devidamente justificado) na alienação + avaliação prévia do bem + autorização legislativa (inclusive para os bens pertencentes às autarquias e fundações) + realização de licitação na modalidade leilão.

Cap. 13 – LICITAÇÃO (LEI 14.133/2021) 515

ALIENAÇÃO DE BENS	
MÓVEIS	IMÓVEIS
interesse público (justificado) na alienação + avaliação prévia do bem + realização de licitação na modalidade leilão.	interesse público (justificado) na alienação + avaliação prévia do bem + autorização legislativa + realização de licitação na modalidade leilão.

> **caiu na prova**
>
> **(AOCP/SEAD-GO/2022)** *A alienação de bens da Administração Pública, subordinada à existência de interesse público devidamente justificado, será precedida de avaliação e, tratando-se de bens imóveis, exigirá autorização legislativa e dependerá de licitação na modalidade leilão.*
>
> **Gabarito:** *Certo.*

Dos requisitos vistos na tabela anterior, vale destacar o fato de a autorização legislativa ser necessária apenas para a alienação dos bens públicos imóveis, não dos móveis. Imagine o seguinte exemplo: a União desativou um prédio público federal no qual funcionava alguns órgãos de controle, com isso o prédio que antes era um bem público de uso especial, passou a ser um bem dominical, logo, foi desafetado e, além do prédio em si, alguns computadores também não serão mais utilizados pelo poder público federal.

Pergunta-se: como será feita a alienação do prédio (bem imóvel) e dos computadores (bens móveis)?

a) no caso dos computadores, bens móveis, deverá existir uma motivação (justificação) da Administração alegando e demonstrando o interesse público naquela alienação, além disso, os computadores terão de ser avaliados, até para se ter uma noção de quanto valem, e, por fim, será feita uma licitação na modalidade do leilão.

b) no caso do prédio desativado (bem imóvel), além de todos os requisitos citados na situação anterior (justificação do interesse público + avaliação do bem + licitação na modalidade do leilão), terá de ser produzida uma lei autorizando a alienação daquele bem público imóvel. Observe que a venda dos bens imóveis, até em virtude dos valores envolvidos, deve seguir uma maior formalidade para que a alienação possa ser efetivada.

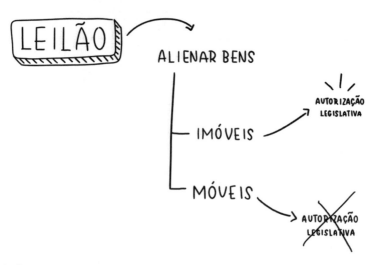

> **cuidado**
>
> A alienação de bens imóveis da Administração Pública cuja aquisição tenha sido derivada de procedimentos judiciais ou de dação em pagamento dispensará autorização legislativa e exigirá apenas avaliação prévia e licitação na modalidade leilão (art. 76, § 1.°, Lei 14.133/2021).

Quanto à divulgação do edital licitatório, além de ser feita no sítio eletrônico oficial, o edital do leilão será afixado em local de ampla circulação de pessoas na sede da Administração e poderá, ainda, ser divulgado por outros meios necessários para ampliar a publicidade e a competitividade da licitação (art. 31, § 3.°, Lei 14.133/2021).

Ademais, o leilão poderá (ato discricionário) ser conduzido por um leiloeiro oficial ou por um servidor designado pela autoridade competente (art. 31, Lei 14.133/2021)[4] e, caso a opção seja pela realização de leilão por intermédio de leiloeiro oficial, a Administração deverá selecioná-lo mediante credenciamento ou licitação na modalidade pregão e adotar o critério de julgamento de maior desconto para as comissões a serem cobradas (art. 31, § 1.°, Lei 14.133/2021).

> **caiu na prova**
>
> **(QUADRIX/CRP-SP/2022)** O leilão deverá, necessariamente, ser cometido a leiloeiro oficial.
>
> **Gabarito:** Errado.[5]

---

[4] O Decreto 11.461/2023 regulamenta o art. 31 da Lei 14.133, de 1.° de abril de 2021, para dispor sobre os procedimentos operacionais da licitação na modalidade leilão, na forma eletrônica, para alienação de bens móveis inservíveis ou legalmente apreendidos, e institui o Sistema de Leilão Eletrônico no âmbito da administração pública federal direta, autárquica e fundacional.

[5] O leilão poderá ser conduzido por um leiloeiro oficial ou por um servidor designado pela autoridade competente da Administração, e regulamento deverá dispor sobre seus procedimentos operacionais.

Deve o edital do leilão conter as seguintes informações: a descrição do bem, com suas características, e, no caso de imóvel, sua situação e suas divisas, com remissão à matrícula e aos registros; o valor pelo qual o bem foi avaliado, o preço mínimo pelo qual poderá ser alienado, as condições de pagamento e, se for o caso, a comissão do leiloeiro designado; a indicação do lugar onde estiverem os móveis, os veículos e os semoventes; o sítio da internet e o período em que ocorrerá o leilão, salvo se excepcionalmente for realizado sob a forma presencial por comprovada inviabilidade técnica ou desvantagem para a Administração, hipótese em que serão indicados o local, o dia e a hora de sua realização; a especificação de eventuais ônus, gravames ou pendências existentes sobre os bens a serem leiloados (art. 31, § 2.º, Lei 14.133/2021).

Resumindo:

- O leilão será utilizado quando a Administração desejar alienar bens móveis ou imóveis.
- Requisitos para a alienação de bens móveis: interesse público devidamente justificado + avaliação do bem + licitação na modalidade leilão.
- Requisitos para a alienação de bens imóveis: interesse público devidamente justificado + avaliação do bem + autorização legislativa + licitação na modalidade leilão.
- A modalidade da concorrência não será mais utilizada para a alienação de bens móveis ou imóveis.
- O leilão será utilizado para a alienação de bens, independentemente de seus valores.
- Critério de julgamento: maior lance.

9.5 Diálogo competitivo

Apesar de ser novidade em nosso país, o diálogo competitivo é uma modalidade licitatória que já vinha sendo aplicada pela União Europeia desde o ano de 2004 (Diretiva 2014/24/EU).

A antiga norma geral de licitações – Lei 8.666/1993, não previa esse instituto. A inovação foi trazida pela Lei 14.133/2021, e, segundo esta, a modalidade licitatória poderá ser utilizada para a contratação de obras, serviços e compras nas quais a Administração Pública realizará diálogos com os licitantes (previamente e objetivamente selecionados), com o intuito de melhor atender às suas necessidades.

> Art. 6.°, XLII, Lei 14.133/2021. Diálogo competitivo: modalidade de licitação para contratação de obras, serviços e compras em que a Administração Pública realiza diálogos com licitantes previamente selecionados mediante critérios objetivos, com o intuito de desenvolver uma ou mais alternativas capazes de atender às suas necessidades, devendo os licitantes apresentar proposta final após o encerramento dos diálogos.

Observe que a utilização desta modalidade visa a ofertar soluções para contratações complexas e inovadoras, soluções estas que serão buscadas por meio de um prévio diálogo entre a Administração e os interessados da iniciativa privada.

Em outras palavras, a Administração definirá os critérios de pré-seleção dos licitantes e iniciará uma conversa com pessoas do setor privado em busca de uma resolução. Este diálogo perdurará até que se encontre uma solução adequada. Em seguida, os licitantes estarão autorizados a apresentar a suas propostas.

Para facilitar, vamos imaginar o seguinte caso: a União precisa adquirir um programa de computador capaz de evitar os constantes ataques de "hackers" que estão invadindo as bases do governo. Entretanto, o Poder Público não faz ideia de como seria esse sistema computacional, ou seja, a Administração sabe que precisa de um software para combater os acessos indevidos, porém ainda não é capaz de definir qual seria esse produto.

Perceba, como a Administração ainda não consegue definir o objeto que deseja, terá de abrir uma licitação na modalidade denominada de diálogo competitivo para que possa, antes de abrir o edital da fase competitiva, conversar com os licitantes pré-qualificados e encontrar soluções adequadas e aptas a resolver seu problema.

Veja a diferença entre esses dois casos:

a) O estado de Minas Gerais precisa comprar café para as suas secretarias.
Perguntas:

– A Administração já sabe definir o que deseja? Sim.

– Conseguimos definir o termo "café"? Sim.

– Para que a aquisição seja efetivada, deverá existir uma licitação? Sim.

– Qual modalidade licitatória deve ser utilizada? A modalidade do pregão, já que o estado deseja adquirir um bem comum. "Art. 6°, XLI, Lei 14.133/2021. Pregão: modalidade de licitação obrigatória para aquisição de bens e serviços comuns, cujo critério de julgamento poderá ser o de menor preço ou o de maior desconto."

Resumindo, quando a Administração consegue definir exatamente o que deseja com aquela obra, serviço e compra, deve utilizar a modalidade da concorrência ou do pregão, a depender do caso. Vejamos o esquema adiante:

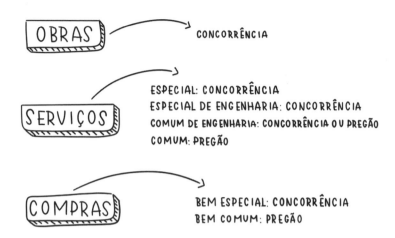

b) A União está desejando construir um novo centro de treinamento esportivo, entretanto não consegue definir com precisão suficiente as especificações técnicas desta futura obra.

Perguntas:

– A Administração já sabe o que deseja? Sim, construir um centro de treinamento esportivo.

– A Administração já pode definir como será o centro de treinamento? Não!

– Para que a aquisição seja efetivada, deverá existir uma licitação? Sim.

– Qual modalidade licitatória deve ser utilizada? A modalidade do diálogo competitivo! Observe, como a Administração ainda não consegue definir com precisão como será realizada esta obra, terá, antes de abrir o edital da fase competitiva, conversar (dialogar) com licitantes pré-qualificados em busca de soluções que possam definir como será este novo centro de treinamento. Já que o Estado deseja adquirir um bem comum. "Art. 32, Lei 14.133/2021. A modalidade diálogo competitivo é restrita a contratações em que a Administração: [...] c) impossibilidade de as especificações técnicas serem definidas com precisão suficiente pela Administração."

Resumindo, quando a Administração não consegue definir exatamente o que deseja com aquela obra, serviço e compra, deve utilizar a modalidade do diálogo competitivo para que possa encontrar soluções e, dessa forma, conseguir descrever e definir exatamente o que objetiva contratar. Observe a seguir que, como a princípio não é possível definir como será aquela obra, serviço e compra, a Administração realizará o diálogo competitivo, vejamos:

Agora vamos tentar visualizar o "passo a passo" desta modalidade:

1) edital (pré-seleção): inicialmente a Administração apresentará suas necessidades e as exigências já definidas e estabelecerá prazo mínimo de 25 dias úteis para manifestação de interesse na participação da licitação;
2) pré-seleção: a Administração, de forma objetiva e de acordo com os requisitos previstos no edital, admitirá todos os interessados que preencherem os requisitos necessários;
3) diálogos: a administração se reunirá para conversar com os licitantes pré-selecionados com o intuito de desenvolver uma ou mais alternativas capazes de atender às suas necessidades. Esta etapa poderá ser mantida até que a Administração, em decisão fundamentada, identifique a solução ou as soluções que atendam aos seus anseios.

d) edital (fase competitiva): a Administração deverá, ao declarar que o diálogo foi concluído, juntar aos autos do processo licitatório os registros e as gravações da fase de diálogo, iniciar a fase competitiva com a divulgação de edital contendo a especificação da solução que atenda às suas necessidades e aos critérios objetivos a serem utilizados para seleção da proposta mais vantajosa.

e) fase competitiva (licitantes pré-selecionados): após a abertura do edital da fase competitiva, a Administração deverá estabelecer um prazo, não inferior a 60 dias úteis, para que todos os licitantes pré-selecionados possam apresentar suas propostas, que deverão conter os elementos necessários para a realização do projeto. Por fim, a Administração definirá a proposta vencedora de acordo com critérios divulgados no início da fase competitiva, assegurada a contratação mais vantajosa como resultado.

> **caiu na prova**
>
> **(MPE-RJ/MPE-RJ/2022)** *A fase de diálogo poderá ser mantida por até 60 (sessenta) dias úteis, devendo a Administração, em seguida, de forma fundamentada, divulgar a solução ou as soluções que atendam às suas necessidades.*
> **Gabarito:** *Errado.*[6]

---

[6] A fase dos diálogos pode ser mantida pelo tempo que for necessário (não há prazo para finalizar). Entretanto, quando a fase dos diálogos for encerrada e a Administração abrir o edital

1. EDITAL (PRÉ-SELEÇÃO) → MÍN. 25 DIAS ÚTEIS PARA MANIFESTAR INTERESSE

2. PRÉ-SELEÇÃO → CRITÉRIOS OBJETIVOS (TODOS QUE PREENCHEREM OS REQUISITOS)

3. DIÁLOGOS → OBJETIVO É ENCONTRAR SOLUÇÕES ÀS NECESSIDADES DA ADM.

4. EDITAL (FASE COMPETITIVA) → MÍN. 60 DIAS ÚTEIS PARA APRESENTAR PROPOSTA

5. FASE COMPETITIVA → PARTICIPAM OS LICITANTES PRÉ-SELECIONADOS

> **cuidado**
> O diálogo competitivo será (ato vinculado) conduzido por comissão de contratação composta de pelo menos três servidores efetivos ou empregados públicos pertencentes aos quadros permanentes da Administração, admitida a contratação de profissionais para assessoramento técnico da comissão.

> **caiu na prova**
> **(FUNDATEC/SPGG-RS/2023)** O diálogo competitivo será conduzido por comissão de contratação composta de pelo menos 3 (três) servidores efetivos ou empregados públicos pertencentes aos quadros permanentes da Administração, admitida a contratação de profissionais para assessoramento técnico da comissão.
> **Gabarito:** Certo.

Por fim, vale ressaltar que nem sempre a Administração poderá se valer do uso desta modalidade. Sendo assim, não será qualquer tipo de obra, serviço ou compra que admitirá a realização do certame por meio do diálogo competitivo.

Segundo a Nova Lei de Licitações e Contratos Administrativos, o diálogo competitivo somente poderá ser utilizado nas seguintes situações (art. 32, Lei 14.133/2021):

- Contratar objeto que envolva as seguintes condições:

    a) inovação tecnológica ou técnica;

    b) impossibilidade de o órgão ou entidade ter sua necessidade satisfeita sem a adaptação de soluções disponíveis no mercado;

    c) impossibilidade de as especificações técnicas serem definidas com precisão suficiente pela Administração.

---

da fase competitiva, deverá ser ofertado aos licitantes o prazo mínimo de 60 dias úteis para que possam apresentar suas propostas.

> ### caiu na prova
>
> **(QUADRIX/CRT-04/2022)** *É vedada a utilização da modalidade diálogo competitivo para licitações em que a Administração vise a contratar objeto que envolva inovação tecnológica.*
> **Gabarito:** *Errado.*[7]

- Necessidade de definir e identificar os meios e as alternativas que possam satisfazer suas necessidades, com destaque para os seguintes aspectos:

  a) a solução técnica mais adequada;

  b) os requisitos técnicos aptos a concretizar a solução já definida;

  c) a estrutura jurídica ou financeira do contrato.

9.6 Modalidades: resumo

Como já sabemos, de acordo com a Nova Lei de Licitação e Contratos, a seleção da modalidade licitatória dependerá do que a Administração deseja contratar, não sendo mais utilizado como critério definidor o valor envolvido na futura contratação.

Então, para a resolução das provas em geral (concursos públicos e exames da ordem), faz-se necessária a memorização do tipo de objeto a ser contratado e a respectiva modalidade a ser utilizada.

Para facilitar a visualização e respectiva memorização do tema, segue uma tabela na qual podemos perceber, de uma maneira prática e visual, quando a Administração pública deve se valer de uma modalidade ou de outra, vejamos:

	CONCORRÊNCIA	PREGÃO	CONCURSO	LEILÃO
OBRA	⊘			
BEM/SERVIÇO ESPECIAL	⊘			
ENGENHARIA: SERVIÇO ESPECIAL	⊘			
ENGENHARIA: SERVIÇO COMUM	⊘	⊘		
BEM/SERVIÇO COMUM		⊘		
ESCOLHA DE UM TRABALHO			⊘	
ALIENAR BENS [MÓVEIS/IMÓVEIS]				⊘

---

[7] Art. 32, Lei 14.133/2021: "A modalidade diálogo competitivo é restrita a contratações em que a Administração: I – vise a contratar objeto que envolva as seguintes condições: a) inovação tecnológica ou técnica".

10. FASES DA LICITAÇÃO

As fases da licitação estão relacionadas ao modo como o procedimento irá caminhar, ou seja, a partir deste momento analisaremos as etapas do certame, desde a fase preparatória até a sua homologação.

Segundo o art. 17 da Lei 14.133/2021, o processo de licitação observará as seguintes fases, em sequência:

- Preparatória;
- Divulgação do edital de licitação;
- Apresentação de propostas e lances, quando for o caso;
- Julgamento;
- Habilitação;
- Recursal;
- Homologação.

Observe que uma das grandes inovações da Nova Lei de Licitações e Contratos Administrativos foi estabelecer, como regra geral, que o julgamento das propostas deve ser realizado antes da análise da habilitação do licitante mais bem classificado. Esta pequena inversão das fases busca trazer uma maior celeridade ao certame e, por consequência lógica, uma maior adesão ao princípio da eficiência.

Ainda nessa busca pela maior celeridade e eficiência do procedimento licitatório, a Lei 14.133/2021 instituiu, como regra, a realização do certame pela forma eletrônica, admitindo-se a utilização da forma presencial apenas se existir motivação expressa neste sentido, devendo ainda a sessão pública ser registrada em ata e gravada em áudio e vídeo, gravação esta que será juntada aos autos do processo licitatório depois de seu encerramento (art. 17, §§ 2.º e 5.º, Lei 14.133/2021).

> **caiu na prova**
>
> **(QUADRIX/CRM-PI/2022)** *As licitações serão realizadas, preferencialmente, sob a forma eletrônica, admitida a utilização da forma presencial, desde que motivada, e devendo a sessão pública ser registrada em ata e gravada em áudio e vídeo.*
>
> **Gabarito:** *Certo.*

10.1 Fase preparatória

A fase preparatória do processo licitatório é caracterizada pelo **planejamento** e deve compatibilizar-se com o plano de contratações anual, sempre que elaborado, com as leis orçamentárias, bem como abordar todas as considerações técnicas, mercadológicas e de gestão que podem interferir na contratação (art. 18, Lei 14.133/2021).

Este planejamento compreenderá:

- Descrição da necessidade da contratação fundamentada em estudo técnico preliminar que caracterize o interesse público envolvido;

- Definição do objeto para o atendimento da necessidade, por meio de termo de referência, anteprojeto, projeto básico ou projeto executivo, conforme o caso;
- Definição das condições de execução e pagamento, das garantias exigidas e ofertadas e das condições de recebimento;
- Orçamento estimado, com as composições dos preços utilizados para sua formação;
- Elaboração do edital de licitação;
- Elaboração de minuta de contrato, quando necessária, que constará obrigatoriamente como anexo do edital de licitação;
- O regime de fornecimento de bens, de prestação de serviços ou de execução de obras e serviços de engenharia, observados os potenciais de economia de escala;
- A modalidade de licitação, o critério de julgamento, o modo de disputa e a adequação e eficiência da forma de combinação desses parâmetros, para os fins de seleção da proposta apta a gerar o resultado de contratação mais vantajoso para a Administração Pública, considerado todo o ciclo de vida do objeto;
- Motivação circunstanciada das condições do edital, tais como justificativa de exigências de qualificação técnica, mediante indicação das parcelas de maior relevância técnica ou valor significativo do objeto, e de qualificação econômico-financeira, justificativa dos critérios de pontuação e julgamento das propostas técnicas, nas licitações com julgamento por melhor técnica ou técnica e preço, e justificativa das regras pertinentes à participação de empresas em consórcio;
- Análise dos riscos que possam comprometer o sucesso da licitação e a boa execução contratual;
- A motivação sobre o momento da divulgação do orçamento da licitação.

Ponto interessante, trazido pela Nova Lei de Licitações e Contratos Administrativos, foi a inclusão, de forma expressa, da **vedação à aquisição de artigos de luxo**. Sendo assim, os itens de consumo adquiridos para suprir as demandas das estruturas da Administração Pública não deverão ostentar especificações e características excessivas às necessárias para cumprir as finalidades às quais se destinam (art. 20, Lei 14.133/2021).

Outro tópico importante refere-se à possibilidade da adoção do sigilo **orçamentário**, desde que justificado. Todavia, o sigilo não poderá ser imposto aos órgãos de controle interno e externo, ou seja, para eles o orçamento deve ser divulgado, até mesmo porque, se não fosse assim, a fiscalização não poderia vir a ser realizada da forma devida. Vejamos:

> Art. 24, Lei 14.133/2021. Desde que justificado, o orçamento estimado da contratação poderá ter caráter sigiloso, sem prejuízo da divulgação do detalhamento dos quantitativos e das demais informações necessárias para a elaboração das propostas, e, nesse caso: I – o sigilo não prevalecerá para os órgãos de controle interno e externo;

Cap. 13 – LICITAÇÃO (LEI 14.133/2021) **525**

---

caiu na prova

(CEBRASPE/SEE-PE/2022) *O orçamento estimado para contratação mediante o procedimento licitatório pode ter caráter sigiloso, inclusive, em relação aos órgãos de controle externo.*
Gabarito: *Errado.*[8]

Quanto à **elaboração do edital**, este deverá conter o objeto da licitação e as regras relativas à convocação, ao julgamento, à habilitação, aos recursos e às penalidades da licitação, à fiscalização e à gestão do contrato, à entrega do objeto e às condições de pagamento (art. 25, Lei 14.133/2021).

Por fim, a Lei 14.133 permitiu que venha a ser adotada **margem de preferência** para: a) bens manufaturados e serviços nacionais que atendam a normas técnicas brasileiras; b) bens reciclados, recicláveis ou biodegradáveis, conforme regulamento (art. 26, Lei 14.133/2021).

10.2 Fase de divulgação do edital

O edital é considerado a "lei interna" da licitação e nele constam todas as regras que devem ser observadas no certame, tanto pelos licitantes quanto pela própria Administração. Vale ressaltar que a discricionariedade apenas existirá no momento da elaboração do edital da licitação, entretanto, após a sua produção, estará a Administração vinculada aos termos propostos.

---

caiu na prova

(FGV/TCE-AM/2021) *A Nova Lei de Licitações (Lei 14.133/2021) trouxe princípios que devem ser aplicados de forma direta às licitações públicas, como o princípio da vinculação ao edital, que estabelece normas que obrigam os interessados em participar da licitação, mas não a Administração Pública, que tem discricionariedade para alterar o edital, a qualquer tempo.*
Gabarito: *Errado.*[9]

Constam do edital: o objeto da licitação e as regras relativas à convocação, ao julgamento, à habilitação, aos recursos e às penalidades da licitação, à fiscalização e à gestão do contrato, à entrega do objeto e às condições de pagamento.

---

cuidado

O edital poderá, na forma disposta em regulamento, exigir que percentual mínimo da mão de obra responsável pela execução do objeto da contratação seja constituído por: mulheres vítimas de violência doméstica; oriundos ou egressos do sistema prisional (art. 25, § 9.º, Lei 14.133/2021).

---

[8] O sigilo não poderá atingir os órgãos de controle interno e externo.

[9] O princípio da vinculação ao edital vincula tanto os licitantes quanto a própria Administração, sendo assim, não existirá discricionariedade administrativa para, por sua única vontade, alterar as regras estipuladas no edital. "Art. 55, § 1.º, Lei 14.133/2021 Eventuais modificações no edital implicarão nova divulgação na mesma forma de sua divulgação inicial, além do cumprimento dos mesmos prazos dos atos e procedimentos originais, exceto quando a alteração não comprometer a formulação das propostas."

Após a fase preparatória e antes da publicação do edital, o processo licitatório seguirá para o órgão de assessoramento jurídico da Administração, que realizará controle prévio de legalidade mediante análise jurídica da contratação (art. 53, Lei 14.133/2021).

Neste controle de legalidade prévio, o órgão de assessoramento elaborará um parecer jurídico, devendo este:

- Apreciar o processo licitatório conforme critérios objetivos prévios de atribuição de prioridade;
- Redigir sua manifestação em linguagem simples e compreensível e de forma clara e objetiva, com apreciação de todos os elementos indispensáveis à contratação e com exposição dos pressupostos de fato e de direito levados em consideração na análise jurídica;

Daí surge uma pergunta: e se o órgão de assessoramento jurídico, ao elaborar o parecer, desaprovar a continuidade do procedimento. Poderá, ainda assim, a licitação acontecer?

Sim! O parecer jurídico poderá ser motivadamente rejeitado pela autoridade máxima do órgão ou entidade, hipótese em que esta passará a responder pessoal e exclusivamente pelas irregularidades que, em razão desse fato, lhe forem eventualmente imputadas.

Por fim, encerrada a análise técnica e jurídica e caso se entenda como viável o procedimento licitatório, a autoridade competente determinará a **divulgação do edital de licitação**, publicidade esta que deve ser realizada pelos seguintes meios (art. 54, Lei 14.133/2021):

- A publicidade do edital de licitação será realizada mediante divulgação e manutenção do inteiro teor do ato convocatório e de seus anexos no Portal Nacional de Contratações Públicas (PNCP).
- Poderá ainda (faculdade) ser realizada a divulgação adicional e a manutenção do inteiro teor do edital e de seus anexos em sítio eletrônico oficial do ente federativo do órgão ou entidade responsável pela licitação ou, no caso de consórcio público, do ente de maior nível entre eles, admitida, ainda, a divulgação direta a interessados devidamente cadastrados para esse fim.

10.3 Fase de apresentação das propostas

Como analisado, o edital é a "lei interna" da licitação, sendo o meio pelo qual o Poder Público informa e estabelece as regras da futura licitação, devendo estas serem respeitadas tanto pelos licitantes quanto pela própria Administração.

Contudo, após a divulgação do instrumento convocatório, em quanto tempo deverá o interessado apresentar a sua proposta?

Isso dependerá do **intervalo mínimo** instituído pela lei, prazo este que só começará a correr após a divulgação do edital. Ou seja, a Administração deverá entre a publicação do instrumento convocatório e a efetiva entrega das propostas pelos licitantes respeitar um prazo mínimo, qual seja:

- Para **aquisição de bens**:
  a) 8 (oito) dias úteis, quando adotados os critérios de julgamento de menor preço ou de maior desconto.
  b) 15 (quinze) dias úteis, nas hipóteses não abrangidas pela situação acima.

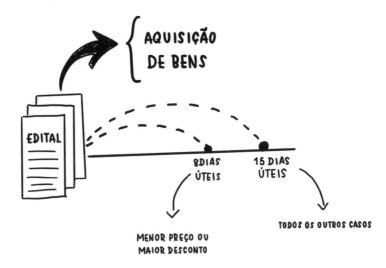

- Para **serviços e obras**:
  a) 10 (dez) dias úteis, quando adotados os critérios de julgamento de menor preço ou de maior desconto, no caso de serviços comuns e de obras e serviços comuns de engenharia.
  b) 25 (vinte e cinco) dias úteis, quando adotados os critérios de julgamento de menor preço ou de maior desconto, no caso de serviços especiais e de obras e serviços especiais de engenharia.
  c) 60 (sessenta) dias úteis, quando o regime de execução for de contratação integrada.
  d) 35 (trinta e cinco) dias úteis, quando o regime de execução for o de contratação semi-integrada ou nas hipóteses não abrangidas pelas situações acima.

- Para licitação em que se adote o **critério de julgamento de maior lance**, 15 (quinze) dias úteis.
- Para licitação em que se adote o **critério de julgamento de técnica e preço ou de melhor técnica ou conteúdo artístico**, 35 (trinta e cinco) dias úteis.

caiu na prova

(FUNDATEC/SPGG-RS/2023) *Em relação aos prazos mínimos para apresentação de propostas e lances, contados a partir da data de divulgação do edital de licitação, previstos na Lei 14.133/2021*

(Lei de Licitações e Contratos Administrativos), para licitação em que se adote o critério de julgamento de técnica e preço ou de melhor técnica ou conteúdo artístico, 35 dias úteis.

Gabarito: *Certo.*

AQUISIÇÃO DE BENS	• 8 dias úteis: menor preço/maior desconto • 15 dias úteis: outros casos
SERVIÇOS E OBRAS	– obras e serviços COMUNS de engenharia: • 10 dias úteis: menor preço/maior desconto – obras e serviços ESPECIAIS de engenharia: • 25 dias úteis: menor preço/maior desconto – regime de execução de contratação INTEGRADA: • 60 dias úteis – contratação SEMI-INTEGRADA e demais casos: • 35 dias úteis
LEILÃO	• 15 dias úteis: maior lance
OUTROS CASOS	• 35 dias úteis: técnica e preço/melhor técnica ou conteúdo artístico

cuidado

Eventuais modificações no edital implicarão nova divulgação na mesma forma de sua divulgação inicial, além do cumprimento dos mesmos prazos dos atos e procedimentos originais, exceto quando a alteração não comprometer a formulação das propostas (art. 55, § 1.º, Lei 14.133/2021).

Quanto ao **modo de disputa** da licitação, poderão as propostas ser apresentadas, isolada ou conjuntamente, de maneira aberta ou fechada, sendo aquela efetivada por meio de lances públicos e sucessivos, crescentes ou decrescentes, enquanto estas permanecerão em sigilo até a data e hora designadas para sua divulgação.

Será vedada, entretanto, a utilização de propostas fechadas quando adotados os critérios de julgamento de menor preço ou de maior desconto; e a disputa aberta será proibida quando for adotado o critério de julgamento de técnica e preço.

Ponto inovador e interessante da Lei 14.133/2021 é o fato de mesmo após ser definida a melhor proposta, se a diferença em relação à proposta classificada em segundo lugar for de pelo menos 5% (cinco por cento), a Administração poderá admitir o reinício da disputa aberta, nos termos estabelecidos no instrumento convocatório, para a definição das demais colocações. Tudo isto ocorre na incessante busca pela maior eficiência possível das futuras contratações públicas.

Por fim, poderá ser exigida, no momento da apresentação da proposta, a comprovação do recolhimento de quantia a título de **garantia de proposta**, como requisito de pré-habilitação, não podendo esta ser superior a 1% (um por cento) do valor estimado para a contratação (art. 58, Lei 14.133/2021).

A garantia poderá ser prestada em uma das seguintes formas (art. 96, § 1º, Lei 14.133/2021), quais sejam:

- Caução em dinheiro ou em títulos da dívida pública emitidos sob a forma escritural, mediante registro em sistema centralizado de liquidação e de custódia autorizado pelo Banco Central do Brasil, e avaliados por seus valores econômicos, conforme definido pelo Ministério da Economia;
- Seguro-garantia;
- Fiança bancária emitida por banco ou instituição financeira devidamente autorizada a operar no País pelo Banco Central do Brasil.

E o valor da garantia ficará para a Administração?

A resposta mais acertada é: depende!

Caso o licitante se recuse a assinar o contrato ou não apresente os documentos necessários para a contratação, a Administração executará o valor integral da garantia. Todavia, esta será devolvida no prazo de 10 (dez) dias úteis, contado da assinatura do contrato ou da data em que for declarada fracassada a licitação, se não existir irregularidades praticadas pelo particular.

10.4 Fase de julgamento

sabemos que uma das finalidades da licitação é assegurar a seleção da proposta apta a gerar o resultado de contratação mais vantajoso para a Administração Pública.

Mas o que é ser mais vantajoso?

Isso depende do critério de julgamento adotado, ou seja, a seleção da proposta mais vantajosa vai depender do tipo de escolha que foi previamente estipulado pelo edital.

Segundo a Lei 14.133/2021, o julgamento das propostas será realizado de acordo com os seguintes critérios de julgamento:

- **Menor preço;**
- **Maior desconto;**

  Art. 34, Lei 14.133/2021. O julgamento por menor preço ou maior desconto e, quando couber, por técnica e preço considerará o menor dispêndio para a Administração, atendidos os parâmetros mínimos de qualidade definidos no edital de licitação. [...]

  § 2.º O julgamento por maior desconto terá como referência o preço global fixado no edital de licitação, e o desconto será estendido aos eventuais termos aditivos.

- **Melhor técnica ou conteúdo artístico;**

  Art. 35, Lei 14.133/2021. O julgamento por melhor técnica ou conteúdo artístico considerará exclusivamente as propostas técnicas ou artísticas apresentadas pelos licitantes, e o edital deverá definir o prêmio ou a remuneração que será atribuída aos vencedores. Parágrafo único. O critério de julgamento de que trata o *caput* deste artigo poderá ser utilizado para a contratação de projetos e trabalhos de natureza técnica, científica ou artística.

- **Técnica e preço;**

Art. 36, Lei 14.133/2021. O julgamento por técnica e preço considerará a maior pontuação obtida a partir da ponderação, segundo fatores objetivos previstos no edital, das notas atribuídas aos aspectos de técnica e de preço da proposta.

- **Maior lance, no caso de leilão;**
- **Maior retorno econômico.**

Art. 39, Lei 14.133/2021. O julgamento por maior retorno econômico, utilizado exclusivamente para a celebração de contrato de eficiência, considerará a maior economia para a Administração, e a remuneração deverá ser fixada em percentual que incidirá de forma proporcional à economia efetivamente obtida na execução do contrato.

Vale ressaltar que os critérios de julgamento são diferentes das modalidades licitatórias, como já analisado, estas estão relacionadas ao que a Administração deseja contratar e aquele ao tipo de escolha que será utilizada com a finalidade de selecionar a proposta mais vantajosa.

Imagine a seguinte situação: a União deseja alienar bens móveis inservíveis, para que esta venda possa ser efetivada, devemos, regra generalíssima, licitar. Daí surgem duas perguntas: a) Qual modalidade deverá ser adota?; b) Qual critério será utilizado para escolher a quem vender os produtos que estão sendo alienados?

Respondendo a primeira pergunta, devemos utilizar para a alienação dos bens móveis a modalidade do leilão, vejamos o que diz a Lei 14.133/2021: "art. 6º, XL – leilão: modalidade de licitação para alienação de bens imóveis ou de bens móveis inservíveis [...]".

Cap. 13 – LICITAÇÃO (LEI 14.133/2021) **531**

No que se refere à segunda pergunta, devemos utilizar como critério de julgamento o maior lance, ou seja, o licitante que oferecer o maior valor para poder adquirir os bens que estão sendo alienados, vencerá a licitação. "Art. 33. O julgamento das propostas será realizado de acordo com os seguintes critérios: V – maior lance, no caso de leilão".

Para facilitar a visualização, segue uma tabela relacionando as modalidades licitatórias e os critérios de julgamento que poderão ser utilizados por cada uma delas.

PREGÃO	• Menor preço • Maior desconto
CONCORRÊNCIA	• Menor preço • Melhor técnica ou conteúdo artístico • Técnica e preço • Maior retorno econômico • Maior desconto
CONCURSO	• Melhor técnica ou conteúdo artístico
LEILÃO	• Maior lance
DIÁLOGO COMPETITIVO	• A Lei 14.133/2021 não menciona qual o critério de julgamento adotado por esta modalidade. Sendo assim, em virtude da lacuna legislativa, a doutrina vem se posicionando no sentido de poder ser adotado o critério da melhor técnica ou técnica e preço.

caiu na prova

(SELECON/CONTROLE-MT/2021) *Segundo a nova Lei de Licitações (Lei 14.133/2021), o pregão é obrigatório para a aquisição de bens e serviços comuns, cujo critério de julgamento poderá ser o de menor preço ou o de maior desconto.*

Gabarito: *Certo.*

(QUADRIX/CAU-SC/2022) *O concurso é a modalidade de licitação para alienação de bens imóveis ou de bens móveis inservíveis ou legalmente apreendidos a quem oferecer o maior lance.*

Gabarito: *Errado.*[10]

Após o julgamento será feita a **classificação** dos licitantes, respeitando-se a ordem da proposta mais vantajosa para a menos benéfica. Todavia, nem todos os integrantes do certame passarão às próximas fases, pois, a depender do conteúdo da proposta apresentada, poderão eles ser **desclassificados**. Vejamos:

Art. 59, Lei 14.133/2021. Serão desclassificadas as propostas que:

I – contiverem vícios insanáveis;

---

[10] O maior lance será utilizado como critério de julgamento na modalidade do leilão. O concurso utilizará como a melhor técnica ou conteúdo artístico.

II – não obedecerem às especificações técnicas pormenorizadas no edital;

III – apresentarem preços inexequíveis ou permanecerem acima do orçamento estimado para a contratação;

IV – não tiverem sua exequibilidade demonstrada, quando exigido pela Administração;

V – apresentarem desconformidade com quaisquer outras exigências do edital, desde que insanável.

§ 1.º A verificação da conformidade das propostas poderá ser feita exclusivamente em relação à proposta mais bem classificada. [...]

§ 4.º No caso de obras e serviços de engenharia, serão consideradas inexequíveis as propostas cujos valores forem inferiores a 75% (setenta e cinco por cento) do valor orçado pela Administração.

§ 5.º Nas contratações de obras e serviços de engenharia, será exigida garantia adicional do licitante vencedor cuja proposta for inferior a 85% (oitenta e cinco por cento) do valor orçado pela Administração, equivalente à diferença entre este último e o valor da proposta, sem prejuízo das demais garantias exigíveis de acordo com esta Lei.

Daí surge uma pergunta: e se os licitantes empatarem, como será feita a seleção da proposta mais vantajosa?

A própria Lei 14.133/2021 nos traz a resposta, estabelecendo que, em caso de empate entre duas ou mais propostas, serão utilizados os seguintes critérios de **desempate**, nesta ordem (art. 60, Lei 14.133/2021):

I – disputa final, hipótese em que os licitantes empatados poderão apresentar nova proposta em ato contínuo à classificação;

II – avaliação do desempenho contratual prévio dos licitantes, para a qual deverão preferencialmente ser utilizados registros cadastrais para efeito de atesto de cumprimento de obrigações previstos nesta Lei;

III – desenvolvimento pelo licitante de ações de equidade entre homens e mulheres no ambiente de trabalho, conforme regulamento;[11]

IV – desenvolvimento pelo licitante de programa de integridade, conforme orientações dos órgãos de controle.

Se nenhuma das hipóteses mencionadas acima conseguir desempatar a licitação a fim de solucionar e selecionar a proposta mais vantajosa à futura contratação, deverá, em igualdade de condições, ser assegurada preferência, sucessivamente, aos bens e serviços produzidos ou prestados por:

---

[11] O Decreto 11.430/2023 regulamenta a Lei 14.133, de 1.º de abril de 2021, para dispor sobre a exigência, em contratações públicas, de percentual mínimo de mão de obra constituída por mulheres vítimas de violência doméstica e sobre a utilização do desenvolvimento, pelo licitante, de ações de equidade entre mulheres e homens no ambiente de trabalho como critério de desempate em licitações, no âmbito da administração pública federal direta, autárquica e fundacional.

I – empresas estabelecidas no território do Estado ou do Distrito Federal do órgão ou entidade da Administração Pública estadual ou distrital licitante ou, no caso de licitação realizada por órgão ou entidade de Município, no território do Estado em que este se localize;

II – empresas brasileiras;

III – empresas que invistam em pesquisa e no desenvolvimento de tecnologia no País;

IV – empresas que comprovem a prática de mitigação, nos termos da Lei 12.187, de 29 de dezembro de 2009.

> **cuidado**
>
> *As regras previstas acima não prejudicarão a aplicação do disposto no art. 44 da Lei Complementar n.º 123, de 14 de dezembro de 2006 (Estatuto das Microempresas e das Empresas de Pequeno Porte).*

Para finalizar esta fase do procedimento licitatório, quando a Administração selecionar o licitante mais bem classificado, ainda assim poderá negociar com este em busca de condições mais vantajosas à futura contratação. Mais uma vez, vemos um exemplo de busca pela maior eficiência por parte da Nova Lei de Licitações e Contratos Administrativos (art. 61, Lei 14.133/2021).

10.4.1 Agentes Públicos

Antigamente, na Lei 8.666/1993, a condução da licitação e o seu julgamento ficavam a cargo de uma comissão de licitação, permanente ou especial, designada para este fim. Vejamos:

> Art. 51, Lei 8.666/1993. A habilitação preliminar, a inscrição em registro cadastral, a sua alteração ou cancelamento, e as propostas serão processadas e julgadas por comissão permanente ou especial de, no mínimo, 3 (três) membros, sendo pelo menos 2 (dois) deles servidores qualificados pertencentes aos quadros permanentes dos órgãos da Administração responsáveis pela licitação.

Entretanto, com a chegada da Nova Lei de Licitações e Contratos Administrativos, esta comissão foi substituída pela figura do agente de contratação, sendo este a pessoa designada pela autoridade competente, entre servidores efetivos ou empregados públicos dos quadros permanentes da Administração Pública, para tomar decisões, acompanhar o trâmite da licitação, dar impulso ao procedimento licitatório e executar quaisquer outras atividades necessárias ao bom andamento do certame até a homologação (art. 6.°, LX, Lei 14.133/2021).

Observe que, mais uma vez, existe uma busca pela economia e celeridade do certame. Pois, em vez de termos uma comissão composta, como regra, por no mínimo três membros (como acontecia na Lei 8.666/1993), teremos apenas uma única pessoa tomando decisões, acompanhando o trâmite da licitação, dando impulso ao procedimento licitatório e executando quaisquer outras atividades necessárias ao bom andamento do certame, até o envio à homologação.

DIREITO ADMINISTRATIVO FACILITADO – *Ana Cláudia Campos*

Porém, logicamente, o agente de contratação não irá trabalhar sozinho, ele será auxiliado por uma equipe de apoio e responderá individualmente pelos atos que praticar, salvo quando induzido a erro pela atuação da equipe.

> **cuidado**
>
> Apesar de a regra ser a condução da licitação por intermédio do agente de contratação, poderá, excepcionalmente, existir a formação de uma comissão nas licitações que envolvam a contratação de bens e serviços especiais. Vejamos: Art. 8.º, § 2.º, Lei 14.133/2021. Em licitação que envolva bens ou serviços especiais, desde que observados os requisitos estabelecidos no art. 7.º desta Lei, o agente de contratação poderá ser substituído por comissão de contratação formada por, no mínimo, 3 (três) membros, que responderão solidariamente por todos os atos praticados pela comissão, ressalvado o membro que expressar posição individual divergente fundamentada e registrada em ata lavrada na reunião em que houver sido tomada a decisão.

Por fim, é vedado ao agente público designado para atuar na área de licitações e contratos, ressalvados os casos previstos em lei:

I – Admitir, prever, incluir ou tolerar, nos atos que praticar, situações que:

a) comprometam, restrinjam ou frustrem o caráter competitivo do processo licitatório, inclusive nos casos de participação de sociedades cooperativas;

b) estabeleçam preferências ou distinções em razão da naturalidade, da sede ou do domicílio dos licitantes;

c) sejam impertinentes ou irrelevantes para o objeto específico do contrato;

II – Estabelecer tratamento diferenciado de natureza comercial, legal, trabalhista, previdenciária ou qualquer outra entre empresas brasileiras e estrangeiras, inclusive no que se refere a moeda, modalidade e local de pagamento, mesmo quando envolvido financiamento de agência internacional;

III – Opor resistência injustificada ao andamento dos processos e, indevidamente, retardar ou deixar de praticar ato de ofício, ou praticá-lo contra disposição expressa em lei.

10.5 Fase de habilitação

Na vigência da legislação anterior (Lei 8.666/1993), a fase de habilitação precedia o julgamento, sendo assim, primeiro a Administração analisava os documentos (habilitação) de todos os licitantes, para só depois de separar os habilitados dos inabilitados realizar o julgamento.

Imagine a seguinte situação: o estado de Alagoas, desejando comprar novas cadeiras, abriu um edital de licitação e mil empresas se inscreveram para poder participar do certame e tentar assinar o contrato com o poder público.

Usando a regra da norma anterior, deveria a Administração analisar os documentos de todos os licitantes (mil empresas) para só depois de verificar quais destes estão habilitados proceder ao julgamento das propostas.

Te pergunto, este procedimento está de acordo com o princípio da eficiência?

Claro que não!

Observe, o estado de Alagoas deseja contratar uma única empresa para lhe vender as cadeiras, então qual a necessidade de ser analisada a habilitação dos outros licitantes? Nenhuma.

Com isso, a Nova Lei de Licitação e Contratos (Lei 14.133/2021), buscando garantir uma maior celeridade e economicidade, instituiu como regra que a fase de julgamento deve preceder a da habilitação. Com essa mudança (que parece simples, mas não é), o procedimento licitatório ficou muito mais otimizado e eficiente.

Usando o exemplo mencionado, de acordo com as normas atuais, primeiro a Administração realizará o julgamento das propostas e somente daquele que ficar classificado em primeiro lugar é que será analisada a habilitação.

Perceba, no lugar de analisar a habilitação de mil empresas, de acordo com a Lei 14.133/2021, apenas será preciso analisar a habilitação de uma, a que ficou classificada em primeiro lugar. Logicamente, caso o licitante mais bem classificado não atenda aos requisitos necessários à futura contratação, será chamado o segundo colocado para a análise da habilitação, e assim por diante.

caiu na prova

(CEBRASPE/TELEBRAS/2022) *Ao contrário da Lei 8.666/1993, a nova lei estabelece que, de regra, a fase de habilitação é posterior à fase de julgamento das propostas.*

Gabarito: *Certo.*

cuidado

Entretanto, mediante ato motivado com explicitação dos benefícios decorrentes, poderá vir a anteceder as fases de apresentação e julgamento das propostas, desde que esta possibilidade esteja expressamente prevista no edital de licitação (art. 17, § 1.º, Lei 14.133/2021).

Mas o que seria feito nesta fase da **habilitação**?

Fácil. Esta etapa relaciona-se à análise dos **documentos** do licitante mais bem classificado na fase de julgamentos[12] para saber se este possui ou não a qualificação necessária para que futuramente assinem um contrato administrativo.

Caso o licitante classificado em primeiro lugar não possua a habilitação necessária, será convocado à fase de habilitação o segundo colocado. Se este também não preencher os requisitos necessários, será chamado o licitante classificado em terceiro lugar e assim sucessivamente, até que seja possível encontrar alguém devidamente habilitado.

caiu na prova

(QUADRIX/CRESS-RJ/2022) *A habilitação é o momento do procedimento licitatório em que o órgão licitante buscará identificar a aptidão ou a capacidade do licitante.*

Gabarito: *Certo.*

Mas quais seriam esses documentos?

Segundo o art. 62 da Nova Lei de Licitações e Contratos Administrativos, a habilitação é a fase da licitação em que se verifica o conjunto de informações e documentos necessários e suficientes para demonstrar a capacidade do licitante de realizar o objeto da licitação, dividindo-se em:

* **Habilitação jurídica**

    Art. 66, Lei 14.133/2021. A habilitação jurídica visa a demonstrar a capacidade de o licitante exercer direitos e assumir obrigações, e a documentação a ser apresentada por ele limita-se à comprovação de existência jurídica da pessoa e, quando cabível, de autorização para o exercício da atividade a ser contratada.

* **Habilitação técnica**

    Art. 67, Lei 14.133/2021. A documentação relativa à qualificação técnico-profissional e técnico operacional será restrita a:

    I – apresentação de profissional, devidamente registrado no conselho profissional competente, quando for o caso, detentor de atestado de responsabilidade técnica por execução de obra ou serviço de características semelhantes, para fins de contratação;

    II – certidões ou atestados, regularmente emitidos pelo conselho profissional competente, quando for o caso, que demonstrem capacidade operacional na execução de serviços similares de complexidade tecnológica e operacional equivalente ou superior, bem como documentos comprobatórios emitidos na forma do § 3.º do art. 87 desta Lei;

    III – indicação do pessoal técnico, das instalações e do aparelhamento adequados e disponíveis para a realização do objeto da licitação, bem como da qualificação de cada membro da equipe técnica que se responsabilizará pelos trabalhos;

---

[12] Caso a habilitação venha a preceder as fases de apresentação e julgamento das propostas (conforme permitido pelo art. 17, § 1.º, Lei 14.133/2021), todos os licitantes deverão passar por esta etapa, não apenas aquele mais bem classificado.

IV – prova do atendimento de requisitos previstos em lei especial, quando for o caso;

V – registro ou inscrição na entidade profissional competente, quando for o caso;

VI – declaração de que o licitante tomou conhecimento de todas as informações e das condições locais para o cumprimento das obrigações objeto da licitação.

- **Habilitação fiscal, social e trabalhista**

Art. 68, Lei 14.133/2021. As habilitações fiscal, social e trabalhista serão aferidas mediante a verificação dos seguintes requisitos:

I – a inscrição no Cadastro de Pessoas Físicas (CPF) ou no Cadastro Nacional da Pessoa Jurídica (CNPJ);

II – a inscrição no cadastro de contribuintes estadual e/ou municipal, se houver, relativo ao domicílio ou sede do licitante, pertinente ao seu ramo de atividade e compatível com o objeto contratual;

III – a regularidade perante a Fazenda federal, estadual e/ou municipal do domicílio ou sede do licitante, de acordo com o objeto contratado, ou outra equivalente, na forma da lei;

IV – a regularidade relativa à Seguridade Social e ao FGTS, que demonstre cumprimento dos encargos sociais instituídos por lei;

V – a regularidade perante a Justiça do Trabalho;

VI – o cumprimento do disposto no inciso XXXIII do art. 7.º da Constituição Federal.

- **Habilitação econômico-financeira.**

Art. 69, Lei 14.133/2021. A habilitação econômico-financeira visa a demonstrar a aptidão econômica do licitante para cumprir as obrigações decorrentes do futuro contrato, devendo ser comprovada de forma objetiva, por coeficientes e índices econômicos previstos no edital, devidamente justificados no processo licitatório, e será restrita à apresentação da seguinte documentação:

I – balanço patrimonial, demonstração de resultado de exercício e demais demonstrações contábeis dos 2 (dois) últimos exercícios sociais;

II – certidão negativa de feitos sobre falência expedida pelo distribuidor da sede do licitante.

E como será apresentada esta documentação?

Segundo o art. 70 da Nova Lei de Licitações e Contratos Administrativos, a documentação referida neste Capítulo poderá ser:

- Apresentada em original, por cópia ou por qualquer outro meio expressamente admitido pela Administração;
- Substituída por registro cadastral emitido por órgão ou entidade pública, desde que previsto no edital e que o registro tenha sido feito em obediência ao disposto nesta Lei;
- Dispensada, total ou parcialmente, nas contratações para entrega imediata, nas contratações em valores inferiores a 1/4 (um quarto) do limite para dispensa de licitação para compras em geral e nas contratações de produto para pesquisa e desenvolvimento até o valor de R$ 343.249,96[13] (trezentos e quarenta e três mil duzentos e quarenta e nove reais e noventa e seis centavos).

10.6 Fase recursal

Antes de tudo devemos saber que **qualquer pessoa** poderá vir a impugnar uma licitação, vejamos:

> Art. 164, Lei 14.133/2021. Qualquer pessoa é parte legítima para impugnar edital de licitação por irregularidade na aplicação desta Lei ou para solicitar esclarecimento sobre os seus termos, devendo protocolar o pedido até 3 (três) dias úteis antes da data de abertura do certame. Parágrafo único. A resposta à impugnação ou ao pedido de esclarecimento será divulgada em sítio eletrônico oficial no prazo de até 3 (três) dias úteis, limitado ao último dia útil anterior à data da abertura do certame.

Mas e os licitantes, eles também poderão interpor recursos?

Claro que sim! Segundo a Nova Lei de Licitações e Contratos Administrativos, os recursos poderão ser interpostos pelos **licitantes** nas seguintes situações:

- **Recurso**, no prazo de 3 (três) dias úteis, contado da data de intimação ou de lavratura da ata, em face de:
  a) ato que defira ou indefira pedido de pré-qualificação de interessado ou de inscrição em registro cadastral, sua alteração ou cancelamento;
  b) julgamento das propostas;
  c) ato de habilitação ou inabilitação de licitante;
  d) anulação ou revogação da licitação;
  e) extinção do contrato, quando determinada por ato unilateral e escrito da Administração.

---

[13] Valor atualizado pelo Decreto 11.317, de 2022.

Cap. 13 – LICITAÇÃO (LEI 14.133/2021) **539**

> **caiu na prova**
>
> **(AOCP/SEAD-GO/2022)** *Em determinado procedimento licitatório para a aquisição de equipamentos de informática, encerradas as fases de julgamento e habilitação, a autoridade superior, cumpridas as formalidades legais, revogou a licitação por motivos de conveniência e oportunidade, sendo os interessados devidamente intimados do ato. De acordo com a Nova Lei de Licitações, cabe recurso dessa decisão, a partir da data de intimação, no prazo de três dias úteis.*
>
> **Gabarito:** *Certo.*

> **cuidado**
>
> *O recurso será dirigido à autoridade que tiver editado o ato ou proferido a decisão recorrida, que, se não reconsiderar o ato ou a decisão no prazo de 3 (três) dias úteis, encaminhará o recurso com a sua motivação à autoridade superior, a qual deverá proferir sua decisão no prazo máximo de 10 (dez) dias úteis, contado do recebimento dos autos.*

- **Pedido de reconsideração**, no prazo de 3 (três) dias úteis, contado da data de intimação, relativamente a ato do qual não caiba recurso hierárquico.

> **cuidado**
>
> *O recurso e o pedido de reconsideração terão efeito suspensivo do ato ou da decisão recorrida até que sobrevenha decisão final da autoridade competente (art. 168, Lei 14.133/2021).*

10.7 Encerramento da licitação

Encerradas as fases de julgamento e habilitação, e exauridos os recursos administrativos, o processo licitatório será encaminhado à autoridade superior, que poderá adotar, a depender da situação, as seguintes providencias:

- **Determinar o retorno dos autos para saneamento de irregularidades.**
- **Revogar a licitação por motivo de conveniência e oportunidade.**

Art. 71, § 2.º, Lei 14.133/2021. O motivo determinante para a revogação do processo licitatório deverá ser resultante de fato superveniente devidamente comprovado.

> **caiu na prova**
>
> **(QUADRIX/CRT-03/2022)** *Encerradas as fases de julgamento e habilitação, e exauridos os recursos administrativos, o processo licitatório não poderá ser revogado.*
>
> **Gabarito:** *Errado.*[14]

---

[14] Mesmo após o encerramento das fases de julgamento e habilitação e exauridos os recursos administrativos, o processo licitatório poderá ser revogado por motivo de conveniência e oportunidade.

- **Proceder à anulação da licitação, de ofício ou mediante provocação de terceiros, sempre que presente ilegalidade insanável.**

  Art. 71, § 1.º, Lei 14.133/2021. Ao pronunciar a nulidade, a autoridade indicará expressamente os atos com vícios insanáveis, tornando sem efeito todos os subsequentes que deles dependam, e dará ensejo à apuração de responsabilidade de quem lhes tenha dado causa.

  Art. 71, § 3.º, Lei 14.133/2021. Nos casos de anulação e revogação, deverá ser assegurada a prévia manifestação dos interessados.

> **cuidado**
>
> *Lembre-se de que, de acordo com o princípio da autotutela, a Administração poderá rever tanto a legalidade quanto o mérito de seus próprios atos. Este entendimento encontra-se, inclusive, sumulado pelo próprio Supremo Tribunal Federal, vejamos:*
>
> *Súmula 473 do STF: "A administração pode anular seus próprios atos, quando eivados de vícios que os tornam ilegais, porque deles não se originam direitos; ou revogá-los, por motivo de conveniência ou oportunidade, respeitados os direitos adquiridos, e ressalvada, em todos os casos, a apreciação judicial".*

- **Adjudicar o objeto e homologar a licitação**

Na adjudicação, a Administração declarará o vencedor do certame e irá atribuir a este o direito de preferência em relação a uma futura e eventual contratação. Observe que o licitante que ficar classificado em primeiro lugar não terá direito subjetivo à contratação, mas mera expectativa de direito, ou seja, a celebração do contrato é um ato discricionário do Poder Público, logo, poderá decidir pela celebração do pacto ou não.

Já na homologação, a Administração confirma que não existe nenhum óbice ao certame, logo poderá (ato discricionário) existir a contratação da proposta mais vantajosa.

11. CONTRATAÇÃO DIRETA

A existência de um procedimento licitatório anterior à assinatura do contrato administrativo deve ser a regra no ordenamento jurídico brasileiro. Essa exigência decorre, especialmente, dos princípios constitucionais da impessoalidade e da moralidade.

Todavia, o próprio texto da Carta Maior prevê a possibilidade de contratações diretas nas situações legalmente previstas. Vejamos.

> Art. 37, XXI – **ressalvados os casos especificados na legislação**, as obras, serviços, compras e alienações serão contratados mediante processo de licitação pública que assegure igualdade de condições a todos os concorrentes, com cláusulas que estabeleçam obrigações de pagamento, mantidas as condições efetivas da proposta, nos termos da lei, o qual somente permitirá as exigências de qualificação técnica e econômica indispensáveis à garantia do cumprimento das obrigações. (grifos nossos)

Mas quais situações autorizam a contratação sem a existência de uma prévia licitação?

São duas:

- Inexigibilidade de licitação;
- Dispensa de licitação.

caiu na prova

(CEBRASPE/SEE-PE/2022) *O processo de contratação que abrange os casos de inexigibilidade e de dispensa de licitação é chamado de contratação indireta.*

Gabarito: *Errado.*[15]

---

[15] O processo de contratação que abrange os casos de inexigibilidade e de dispensa de licitação é chamado de contratação direta, não indireta como menciona a questão.

Vale salientar que para existir o respeito às formalidades legais, este processo de contratação direta, que compreende os casos de inexigibilidade e de dispensa de licitação, deverá ser instruído com os seguintes documentos (art. 72, Lei 14.133/2021):

- documento de formalização de demanda e, se for o caso, estudo técnico preliminar, análise de riscos, termo de referência, projeto básico ou projeto executivo;
- estimativa de despesa, que deverá ser calculada na forma estabelecida no art. 23 da Lei 14.133/2021;
- parecer jurídico e pareceres técnicos, se for o caso, que demonstrem o atendimento dos requisitos exigidos;
- demonstração da compatibilidade da previsão de recursos orçamentários com o compromisso a ser assumido;
- comprovação de que o contratado preenche os requisitos de habilitação e qualificação mínima necessária;
- razão da escolha do contratado;
- justificativa de preço;
- autorização da autoridade competente.

> **cuidado**
>
> Na hipótese de contratação direta indevida ocorrida com dolo, fraude ou erro grosseiro, o contratado e o agente público responsável responderão solidariamente pelo dano causado ao erário, sem prejuízo de outras sanções legais cabíveis (art. 73, Lei 14.133/2021).

Para que possamos fazer o aprofundamento necessário, vamos analisar cada uma dessas espécies, inexigibilidade e dispensa, em separado.

11.1 Inexigibilidade de licitação

Existe uma inviabilidade de competição nas situações que geram a inexigibilidade de licitação. Sendo assim, deverá (ato vinculado) o administrador realizar a contratação direta do objeto desejado. Em outros termos, a contratação se impõe, já que a realização da licitação não será possível em virtude da ausência de competição.

> **caiu na prova**
>
> **(UNIFIL/OFICIAL-PR/2022)** A inexigibilidade de licitação se dá pela impossibilidade de competição.
> **Gabarito:** Certo.

Segundo o **art. 74 da Lei 14.133/2021** (rol meramente exemplificativo), é inexigível a licitação para:

> I – aquisição de materiais, de equipamentos ou de gêneros ou contratação de serviços que só possam ser fornecidos por produtor, empresa ou representante comercial **exclusivos**;

Exemplo: o estado do Rio de janeiro está precisando de um medicamento para repor o estoque de seus postos de saúde. Todavia, esse remédio somente é produzido por um único laboratório. Sendo assim, logicamente, não haverá como existir uma licitação em virtude da falta de concorrentes e o Poder Público deverá realizar a contratação direta do objeto.

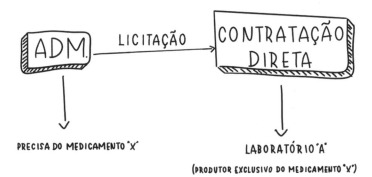

caiu na prova

(FGV/PC-AM/2022) Em fevereiro de 2022, a Polícia Civil do Estado Delta pretende realizar a aquisição de determinados equipamentos que só podem ser fornecidos por representante comercial exclusivo. Tendo em vista que a contratação será regida pela nova Lei de Licitações (Lei 14.133/21), o caso em tela é hipótese de incidência de inexigibilidade de licitação, pois é inviável a competição.
Gabarito: Certo.

cuidado

Art. 74, § 1.º, Lei 14.133/2021. Para fins do disposto no inciso I do caput deste artigo, a Administração deverá demonstrar a inviabilidade de competição mediante atestado de exclusividade, contrato de exclusividade, declaração do fabricante ou outro documento idôneo capaz de comprovar que o objeto é fornecido ou prestado por produtor, empresa ou representante comercial exclusivos, vedada a preferência por marca específica.

II – contratação de profissional do setor **artístico**, diretamente ou por meio de empresário exclusivo, desde que consagrado pela crítica especializada ou pela opinião pública;

Exemplo: Imagine que o município de Recife deseje contratar o cantor Alceu Valença para abrir os festejos carnavalescos. Logicamente, a contratação será feita de forma direta em virtude da pessoalidade da relação.

cuidado

Art. 73, § 2.º, Lei 14.133/2021. Para fins do disposto no inciso II do caput deste artigo, considera-se empresário exclusivo a pessoa física ou jurídica que possua contrato, declaração, carta ou outro documento que ateste a exclusividade permanente e contínua de representação, no País ou em Estado específico, do profissional do setor artístico, afastada a possibilidade de contratação direta por inexigibilidade por meio de empresário com representação restrita a evento ou local específico.

III – contratação dos seguintes **serviços técnicos especializados** de natureza predominantemente **intelectual** com profissionais ou empresas de **notória especialização**, vedada a inexigibilidade para serviços de publicidade e divulgação:

a) estudos técnicos, planejamentos, projetos básicos ou projetos executivos;

b) pareceres, perícias e avaliações em geral;

c) assessorias ou consultorias técnicas e auditorias financeiras ou tributárias;

d) fiscalização, supervisão ou gerenciamento de obras ou serviços;

e) patrocínio ou defesa de causas judiciais ou administrativas;

f) treinamento e aperfeiçoamento de pessoal;

g) restauração de obras de arte e de bens de valor histórico;

h) controles de qualidade e tecnológico, análises, testes e ensaios de campo e laboratoriais, instrumentação e monitoramento de parâmetros específicos de obras e do meio ambiente e demais serviços de engenharia que se enquadrem no disposto neste inciso.

Exemplo: no município de Recife existe um parque, construído à beira-mar da praia de Boa Viagem, que foi projetado (serviço técnico especializado de natureza predominantemente intelectual) por Oscar Niemeyer (profissional de notória especialização). Logicamente, a contratação ocorreu de forma direta, sem o intermédio de prévia licitação, em virtude da característica do serviço ofertado. Foi um projeto específico, feito por um profissional reconhecido nacionalmente, típico caso de inexigibilidade de licitação.

cuidado

Art. 74, § 3.º, Lei 14.133/2021. Para fins do disposto no inciso III do caput deste artigo, considera-se de notória especialização o profissional ou a empresa cujo conceito no campo de sua especialidade, decorrente de desempenho anterior, estudos, experiência, publicações, organização, aparelhamento, equipe técnica ou outros requisitos relacionados com suas atividades, permita inferir que o seu trabalho é essencial e reconhecidamente adequado à plena satisfação do objeto do contrato.

Art. 74, § 4.º, Lei 14.133/2021. Nas contratações com fundamento no inciso III do caput deste artigo, é vedada a subcontratação de empresas ou a atuação de profissionais distintos daqueles que tenham justificado a inexigibilidade.

IV – objetos que devam ou possam ser contratados por meio de **credenciamento**;

O credenciamento, segundo a própria lei de licitação, é processo administrativo de chamamento público em que a Administração Pública convoca interessados em prestar serviços ou fornecer bens para que, preenchidos os requisitos necessários, se credenciem no órgão ou na entidade para executar o objeto quando convocados (art. 6.º, XLIII, Lei 14.133/2021).

Para facilitar o entendimento, imagine a seguinte situação: a Administração deseja credenciar médicos para atuar em um plano de saúde ofertado aos servidores públicos. Observe que nesta situação não existirá competição entre os médicos, pois quanto maior for o número de profissionais credenciados, melhor será para os usuários do referido plano, sendo assim, existirá uma inviabilidade de competição em virtude da ausência de competição, logo, a contratação direta se impõe.

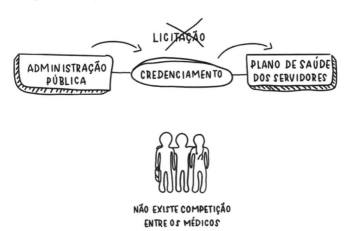

> **caiu na prova**
>
> **(QUADRIX/CRA-PE/2023)** É inexigível a licitação em caso de objetos que devam ou possam ser contratados por meio de credenciamento.
>
> **Gabarito:** Certo.

V – aquisição ou locação de **imóvel** cujas características de instalações e de localização tornem **necessária** sua escolha.

Anteriormente, esta situação, apesar de toda crítica da doutrina especializada, era tida como de dispensa de licitação. Corrigindo o erro da legislação anterior (Lei 8.666/1993), a Lei 14.133/2021 previu esta situação como caso de inexigibilidade de licitação, esta decisão foi acertada em virtude da flagrante inviabilidade de competição existente, pois a contratação direta será imperativa no caso de a Administração precisar de um imóvel específico.

Cuidado com o seguinte fato: caso a Administração deseje locar ou adquirir imóveis, deverá, como regra, licitar! Sim, a licitação é a regra. Apenas poderá existir a contratação direta por meio da inexigibilidade nos casos em que a escolha de um imóvel específico se torne necessária em virtude de suas características de instalação e localização.

Vamos imaginar dois exemplos:

a) o estado de Amazonas necessita alugar um imóvel para instalar a sua secretaria de educação. Todavia, este órgão pode ser instalado em qualquer local da região central de Manaus, onde existem vários imóveis disponíveis para a locação.

Pergunta: neste caso deverá existir uma prévia licitação para a escolha do imóvel a ser locado? Sim! Pois, toda vez que o poder público desejar adquirir ou locar um imóvel, sem que exista a necessidade de escolha de um bem específico, deverá licitar.

b) O estado do Rio de janeiro necessita adquirir um imóvel para que possa instalar a base da Polícia Militar. Após uma prévia análise, verificou-se que a "casa X", a qual fica em um local estratégico, seria o imóvel perfeito para a instalação daquele órgão, visto que as características do bem e sua localização privilegiada irão facilitar o trabalho dos policiais.

Pergunta: neste caso deverá existir uma prévia licitação para a escolha do imóvel a ser adquirido? Não! Pois, neste caso, a escolha da "casa X" se torna imperativa, em virtude das características do imóvel e de sua localização. Observe que não existe competição (a "casa X" não está "competindo" com as outras), logo, a contratação direta se impõe por meio da inexigibilidade de licitação.

caiu na prova

(AOCP/MPE-MS/2022) *É dispensável a licitação nos casos de aquisição ou locação de imóvel cujas características de instalações e de localização tornem necessária sua escolha, desde que restem evidenciadas as justificativas de singularidade do imóvel, bem como a vantagem para a Administração.*

Gabarito: *Errado.*[16]

Por fim, a existência de alguns requisitos devem ser observados para que possa existir a declaração da inexigibilidade de licitação e a consequente contratação direta, vejamos:

---

[16] Nesse caso, existirá uma inexigibilidade de licitação, não uma dispensa.

- Avaliação prévia do bem, do seu estado de conservação, dos custos de adaptações, quando imprescindíveis às necessidades de utilização, e do prazo de amortização dos investimentos.
- Certificação da inexistência de imóveis públicos vagos e disponíveis que atendam ao objeto.
- Justificativas que demonstrem a singularidade do imóvel a ser comprado ou locado pela Administração e que evidenciem vantagem para ela.

11.2 Dispensa de licitação

Diferentemente dos casos de inexigibilidade, a licitação, nos casos de dispensa, será possível, entretanto, a Lei 14.133/2021 autoriza a contratação direta.

Imagine as seguintes situações:

a) a União está precisando adquirir um medicamento para combater determinada enfermidade. Entretanto, este remédio é tão específico que apenas um único laboratório o produz.

Perguntas:
- Existirá uma licitação antes da contratação? Não.
- Por que não existirá uma licitação? Porque é impossível licitar, já que não existe competição. Se apenas um laboratório produz o medicamento desejado, o poder público não tem escolha, terá de adquirir o produto daquele fornecedor, pois, usando um ditado popular, "se só tem tu, vai tu mesmo".

b) o estado do Paraná precisa adquirir vários medicamentos para reabastecer seus hospitais públicos. Pois, em virtude de chuvas fortíssimas, o estoque de remédios foi completamente perdido nas inundações que aconteceram. Vale ressaltar que a compra dos medicamentos é emergencial e pode ser adquirida de diversos fornecedores, ou seja, os remédios podem ser vendidos por diversos laboratórios.

Perguntas:
- Existirá uma licitação antes da contratação? Em virtude da situação emergencial, poderá o poder público licitar ou contratar diretamente por meio da dispensa de licitação.
- A licitação seria possível? Sim, já que existem diversos laboratórios que são capazes de atender à solicitação do estado do Paraná.
- Mesmo a licitação sendo possível, por que poderia existir a contratação direta? Em virtude da situação emergencial, a Lei 14.133/2021 autoriza a contratação sem a existência de um prévio procedimento licitatório. Observe, apesar de a realização da licitação ser possível, entendeu a lei que ela poderia não ser razoável em virtude da situação emergencial, sendo assim, foi autorizada a contratação direta.

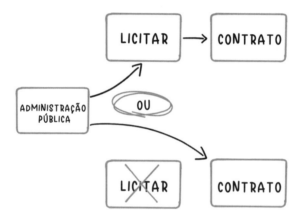

Agora que já entendemos os pontos que diferenciam o raciocínio inicial dos casos de inexigibilidade para os de dispensa, vamos ver em quais situações essa dispensa de licitação poderá ser utilizada.

Segundo a **Lei 14.133/2021**, o poder público poderá (ato discricionário) dispensar a licitação e realizar a contratação direta se for possível enquadrar o caso concreto em alguma das situações previstas no rol taxativo do **art. 75** da Nova Lei de Licitação e Contratos.

São situações que podem ensejar a dispensa de licitação:

I – para contratação que envolva valores inferiores a R$ 114.416,65 (cento e quatorze mil, quatrocentos e dezesseis reais e sessenta e cinco centavos),[17] no

---

[17] Apesar de estar expresso no art. 75, I, da Lei 14.133/2021 que o valor seria R$ 100.000,00 (cem mil reais), devemos nos atentar ao fato de ter existido uma atualização promovida pelo Decreto 11.317/2022. Sendo assim, as contratações no caso de obras e serviços de engenharia ou de serviços de manutenção de veículos automotores podem ser feitas de maneira direta (dispensa de licitação), caso o valor da futura contratação seja inferior a R$ R$ 114.416,65 (cento e quatorze mil, quatrocentos e dezesseis reais e sessenta e cinco centavos).

caso de obras e serviços de engenharia ou de serviços de manutenção de veículos automotores;

– OBRAS E SERVIÇOS DE ENGENHARIA

– MANUTENÇÃO DE VEÍCULO AUTOMOTOR

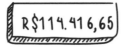

R$114.916,65

| A ADMINISTRAÇÃO PODE LICITAR OU CONTRATAR DIRETAMENTE (DISPENSA DE LICITAÇÃO) | QUANDO O VALOR FOR IGUAL OU SUPERIOR A R$114.916,65 A ADMINISTRAÇÃO DEVE LICITAR! |

II – para contratação que envolva valores inferiores a R$ 57.208,33 (cinquenta e sete mil, duzentos e oito reais e trinta e três centavos),[18] no caso de outros serviços e compras;

– PARA TODAS AS OUTRAS COMPRAS E SERVIÇOS

R$57.208,33

| A ADMINISTRAÇÃO PODE LICITAR OU CONTRATAR DIRETAMENTE (DISPENSA DE LICITAÇÃO) | QUANDO O VALOR FOR IGUAL OU SUPERIOR A R$57.208,33 A ADMINISTRAÇÃO DEVE LICITAR! |

---

[18] Apesar de estar expresso no art. 75, II, da Lei 14.133/2021 que o valor seria R$ 50.000,00 (cinquenta mil reais), devemos nos atentar ao fato de ter existido uma atualização promovida pelo Decreto 11.317/2022. Sendo assim, as contratações no caso de outros serviços e compras (não abrangidos pelo inciso anterior) podem ser feitas de maneira direta (dispensa de licitação), caso o valor da futura contratação seja inferior a R$ 57.208,33 (cinquenta e sete mil, duzentos e oito reais e trinta e três centavos).

caiu na prova

(QUADRIX/CRMV-SP/2022) *No caso de compras de bens e serviços comuns (não relacionados a obras e a serviços de engenharia), é dispensável a licitação para a contratação que envolva valores inferiores a R$ 100.000,00.*

Gabarito: *Errado.[19]*

cuidado

Art. 75, § 1.°, Lei 14.133/2021. Para fins de aferição dos valores que atendam aos limites referidos nos incisos I e II do caput deste artigo, deverão ser observados:

I – o somatório do que for despendido no exercício financeiro pela respectiva unidade gestora;

II – o somatório da despesa realizada com objetos de mesma natureza, entendidos como tais aqueles relativos a contratações no mesmo ramo de atividade.

Art. 75, § 2.°, Lei 14.133/2021. Os valores referidos nos incisos I e II do caput deste artigo serão duplicados para compras, obras e serviços contratados por consórcio público ou por autarquia ou fundação qualificadas como agências executivas na forma da lei.

Art. 75, § 7.°, Lei 14.133/2021. Não se aplica o disposto no § 1.° deste artigo às contratações de até R$ 9.153,34 (nove mil cento e cinquenta e três reais e trinta e quatro centavos) de serviços de manutenção de veículos automotores de propriedade do órgão ou entidade contratante, incluído o fornecimento de peças.

III – para contratação que mantenha todas as condições definidas em edital de licitação realizada há menos de 1 (um) ano, quando se verificar que naquela licitação: a) não surgiram licitantes interessados ou não foram apresentadas propostas válidas; b) as propostas apresentadas consignaram preços manifestamente superiores aos praticados no mercado ou incompatíveis com os fixados pelos órgãos oficiais competentes;

Este inciso refere-se às licitações desertas e fracassadas.

E qual seria a diferença entre elas? Fácil, vejamos:

Licitação deserta – a administração lança o edital de licitação, mas não aparece nenhum interessado para se inscrever no procedimento licitatório. Podemos verificar a licitação deserta no seguinte trecho "art. 75, III, Lei 14.133/2021. [...] quando se verificar que naquela licitação: a) não surgiram licitantes interessados [...]".

Licitação fracassada – A administração lança o edital de licitação, alguns interessados se inscrevem para participar do certame, entretanto, todos os licitantes acabam sendo desclassificados (problemas com a proposta – fase do julgamento) e/ou inabilitados (problemas com os documentos – fase da habilitação). Podemos verificar a licitação fracassada no seguinte trecho "art. 75, III, Lei 14.133/2021. [...] quando se verificar que naquela licitação: a) [...] não foram apresentadas propostas válidas; b) as propostas apresentadas consignaram preços manifestamente superiores aos praticados no mercado ou incompatíveis com os fixados pelos órgãos oficiais competentes".

---

[19] A licitação será dispensável quando o valor for inferior a R$ 57.208,33 (cinquenta e sete mil, duzentos e oito reais e trinta e três centavos).

Então, resumindo, caso o poder público tenha aberto uma licitação, mas esta tenha sido deserta ou fracassada, poderá realizar a contratação direta por meio da dispensa de licitação, desde que o faça dentro do prazo de menos de um ano.

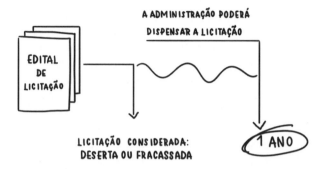

caiu na prova
(QUADRIX/CRT-03/2022) Licitação deserta é caso de inexigibilidade de licitação.
Gabarito: Errado.

IV – para contratação que tenha por objeto:

a) bens, componentes ou peças de origem nacional ou estrangeira necessários à manutenção de equipamentos, a serem adquiridos do fornecedor original desses equipamentos durante o período de garantia técnica, quando essa condição de exclusividade for indispensável para a vigência da garantia;

b) bens, serviços, alienações ou obras, nos termos de acordo internacional específico aprovado pelo Congresso Nacional, quando as condições ofertadas forem manifestamente vantajosas para a Administração;

c) produtos para pesquisa e desenvolvimento, limitada a contratação, no caso de obras e serviços de engenharia, ao valor de R$ 343.249,96 (trezentos e quarenta e três mil, duzentos e quarenta e nove reais e noventa e seis centavos);

d) transferência de tecnologia ou licenciamento de direito de uso ou de exploração de criação protegida, nas contratações realizadas por instituição científica, tecnológica e de inovação (ICT) pública ou por agência de fomento, desde que demonstrada vantagem para a Administração;

e) hortifrutigranjeiros, pães e outros gêneros perecíveis, no período necessário para a realização dos processos licitatórios correspondentes, hipótese em que a contratação será realizada diretamente com base no preço do dia;

f) bens ou serviços produzidos ou prestados no País que envolvam, cumulativamente, alta complexidade tecnológica e defesa nacional;

g) materiais de uso das Forças Armadas, com exceção de materiais de uso pessoal e administrativo, quando houver necessidade de manter a padronização requerida pela estrutura de apoio logístico dos meios navais, aéreos e terrestres, mediante autorização por ato do comandante da força militar;

h) bens e serviços para atendimento dos contingentes militares das forças singulares brasileiras empregadas em operações de paz no exterior, hipótese em que a contratação deverá ser justificada quanto ao preço e à escolha do fornecedor ou executante e ratificada pelo comandante da força militar;

i) abastecimento ou suprimento de efetivos militares em estada eventual de curta duração em portos, aeroportos ou localidades diferentes de suas sedes, por motivo de movimentação operacional ou de adestramento;

j) coleta, processamento e comercialização de resíduos sólidos urbanos recicláveis ou reutilizáveis, em áreas com sistema de coleta seletiva de lixo, realizados por associações ou cooperativas formadas exclusivamente de pessoas físicas de baixa renda reconhecidas pelo Poder Público como catadores de materiais recicláveis, com o uso de equipamentos compatíveis com as normas técnicas, ambientais e de saúde pública;

k) aquisição ou restauração de obras de arte e objetos históricos, de autenticidade certificada, desde que inerente às finalidades do órgão ou com elas compatível;

---

caiu na prova

(FGV/TCE-TO/2022) *O estado Ômega, por meio da Secretaria Estadual de Cultura, pretende realizar a aquisição de determinadas obras de arte, de autenticidade certificada. No caso em tela, consoante dispõe a Lei 14.133/2021, a contratação pode ocorrer mediante dispensa de licitação, desde que a aquisição seja inerente às finalidades do órgão ou com elas compatível.*

Gabarito: *Certo.*

---

l) serviços especializados ou aquisição ou locação de equipamentos destinados ao rastreamento e à obtenção de provas previstas nos incisos II e V do *caput* do art. 3.º da Lei 12.850, de 2 de agosto de 2013, quando houver necessidade justificada de manutenção de sigilo sobre a investigação;

m) aquisição de medicamentos destinados exclusivamente ao tratamento de doenças raras definidas pelo Ministério da Saúde;

V – para contratação com vistas ao cumprimento do disposto nos arts. 3.º, 3.º-A, 4.º, 5.º e 20 da Lei 10.973, de 2 de dezembro de 2004, observados os princípios gerais de contratação constantes da referida Lei;

VI – para contratação que possa acarretar comprometimento da segurança nacional, nos casos estabelecidos pelo Ministro de Estado da Defesa, mediante demanda dos comandos das Forças Armadas ou dos demais ministérios;

VII – nos casos de guerra, estado de defesa, estado de sítio, intervenção federal ou de grave perturbação da ordem;

VIII – nos casos de emergência ou de calamidade pública, quando caracterizada urgência de atendimento de situação que possa ocasionar prejuízo ou comprometer a continuidade dos serviços públicos ou a segurança de pessoas, obras, serviços, equipamentos e outros bens, públicos ou particulares, e somente para aquisição dos bens necessários ao atendimento da situação emergencial ou calamitosa e para as parcelas de obras e serviços que possam ser concluídas no prazo máximo de 1 (um) ano, contado da data de ocorrência da emergência ou da calamidade, vedadas a prorrogação dos respectivos contratos e a recontratação de empresa já contratada com base no disposto neste inciso;

> ### cuidado
>
> *Art. 75, § 6.º, Lei 14.133/2021. Para os fins do inciso VIII do caput deste artigo, considera-se emergencial a contratação por dispensa com objetivo de manter a continuidade do serviço público, e deverão ser observados os valores praticados pelo mercado na forma do art. 23 desta Lei e adotadas as providências necessárias para a conclusão do processo licitatório, sem prejuízo de apuração de responsabilidade dos agentes públicos que deram causa à situação emergencial.*

IX – para a aquisição, por pessoa jurídica de direito público interno, de bens produzidos ou serviços prestados por órgão ou entidade que integrem a Administração Pública e que tenham sido criados para esse fim específico, desde que o preço contratado seja compatível com o praticado no mercado;

X – quando a União tiver que intervir no domínio econômico para regular preços ou normalizar o abastecimento;

XI – para celebração de contrato de programa com ente federativo ou com entidade de sua Administração Pública indireta que envolva prestação de serviços públicos de forma associada nos termos autorizados em contrato de consórcio público ou em convênio de cooperação;

XII – para contratação em que houver transferência de tecnologia de produtos estratégicos para o Sistema Único de Saúde (SUS), conforme elencados em ato da direção nacional do SUS, inclusive por ocasião da aquisição desses produtos durante as etapas de absorção tecnológica, e em valores compatíveis com aqueles definidos no instrumento firmado para a transferência de tecnologia;

XIII – para contratação de profissionais para compor a comissão de avaliação de critérios de técnica, quando se tratar de profissional técnico de notória especialização;

XIV – para contratação de associação de pessoas com deficiência, sem fins lucrativos e de comprovada idoneidade, por órgão ou entidade da Administração Pública, para a prestação de serviços, desde que o preço contratado seja compatível com o praticado no mercado e os serviços contratados sejam prestados exclusivamente por pessoas com deficiência;

XV – para contratação de instituição brasileira que tenha por finalidade estatutária apoiar, captar e executar atividades de ensino, pesquisa, extensão, desenvolvimento institucional, científico e tecnológico e estímulo à inovação, inclusive para gerir administrativa e financeiramente essas atividades, ou para contratação de instituição dedicada à recuperação social da pessoa presa, desde que o contratado tenha inquestionável reputação ética e profissional e não tenha fins lucrativos;

XVI – para aquisição, por pessoa jurídica de direito público interno, de insumos estratégicos para a saúde produzidos por fundação que, regimental ou estatutariamente, tenha por finalidade apoiar órgão da Administração Pública direta, sua autarquia ou fundação em projetos de ensino, pesquisa, extensão, desenvolvimento institucional, científico e tecnológico e de estímulo à inovação, inclusive na gestão administrativa e financeira necessária à execução desses projetos, ou em parcerias que envolvam transferência de tecnologia de produtos estratégicos para o SUS, nos termos do inciso XII deste *caput*, e que tenha sido criada para esse fim específico em data anterior à entrada em vigor desta Lei, desde que o preço contratado seja compatível com o praticado no mercado;

XVII – para contratação de entidades privadas sem fins lucrativos para a implementação de cisternas ou outras tecnologias sociais de acesso à água para consumo humano e produção de alimentos, a fim de beneficiar as famílias rurais de baixa renda atingidas pela seca ou pela falta regular de água; e

XVIII – para contratação de entidades privadas sem fins lucrativos, para a implementação do Programa Cozinha Solidária, que tem como finalidade fornecer alimentação gratuita preferencialmente à população em situação de vulnerabilidade e risco social, incluída a população em situação de rua, com vistas à promoção de políticas de segurança alimentar e nutricional e de assistência social e à efetivação de direitos sociais, dignidade humana, resgate social e melhoria da qualidade de vida.

11.2.1 Licitação dispensável × licitação dispensada

As hipóteses de licitação **dispensável** (dispensa de licitação) estão taxativamente previstas no **art. 75 da Lei 14.133/2021** e ofertam ao administrador a possibilidade de efetivar uma contratação direta. Em outras palavras, poderá o Poder Público licitar ou dispensar o procedimento (ato discricionário).

Já as situações de licitação **dispensada (art. 76, Lei 14.133/2021)** estão relacionadas às alienações de bens públicos móveis e imóveis, não cabendo ao administrador qualquer tipo de juízo de valor, ou seja, nesses casos a lei impõe (ato vinculado) a contratação direta.

A licitação será **dispensada** nas seguintes situações:

- **Alienação de bens imóveis:**

a) dação em pagamento;

b) doação, permitida exclusivamente para outro órgão ou entidade da Administração Pública, de qualquer esfera de governo, ressalvado o disposto nas alíneas *f*, *g* e *h* deste inciso;

c) permuta por outros imóveis que atendam aos requisitos relacionados às finalidades precípuas da Administração, desde que a diferença apurada não ultrapasse a metade do valor do imóvel que será ofertado pela União, segundo avaliação prévia, e ocorra a torna de valores, sempre que for o caso;

d) investidura;

e) venda a outro órgão ou entidade da Administração Pública de qualquer esfera de governo;

f) alienação gratuita ou onerosa, aforamento, concessão de direito real de uso, locação e permissão de uso de bens imóveis residenciais construídos, destinados ou efetivamente usados em programas de habitação ou de regularização fundiária de interesse social desenvolvidos por órgão ou entidade da Administração Pública;

g) alienação gratuita ou onerosa, aforamento, concessão de direito real de uso, locação e permissão de uso de bens imóveis comerciais de âmbito local, com área de até 250 m² (duzentos e cinquenta metros quadrados) e destinados a programas de regularização fundiária de interesse social desenvolvidos por órgão ou entidade da Administração Pública;

h) alienação e concessão de direito real de uso, gratuita ou onerosa, de terras públicas rurais da União e do Instituto Nacional de Colonização e Reforma Agrária (Incra) onde incidam ocupações até o limite de que trata o § 1.º do art. 6.º da Lei

11.952, de 25 de junho de 2009, para fins de regularização fundiária, atendidos os requisitos legais;

i) legitimação de posse de que trata o art. 29 da Lei 6.383, de 7 de dezembro de 1976, mediante iniciativa e deliberação dos órgãos da Administração Pública competentes;

j) legitimação fundiária e legitimação de posse de que trata a Lei 13.465, de 11 de julho de 2017.

- **Alienação de bens móveis**

a) doação, permitida exclusivamente para fins e uso de interesse social, após avaliação de oportunidade e conveniência socioeconômica em relação à escolha de outra forma de alienação;

b) permuta, permitida exclusivamente entre órgãos ou entidades da Administração Pública;

c) venda de ações, que poderão ser negociadas em bolsa, observada a legislação específica;

d) venda de títulos, observada a legislação pertinente;

e) venda de bens produzidos ou comercializados por entidades da Administração Pública, em virtude de suas finalidades;

f) venda de materiais e equipamentos sem utilização previsível por quem deles dispõe para outros órgãos ou entidades da Administração Pública.

11.3 Contratação direta: inexigibilidade × dispensa (dispensável) × licitação dispensada

	LICITAÇÃO INEXIGÍVEL	LICITAÇÃO DISPENSÁVEL	LICITAÇÃO DISPENSADA
Base legal	Art. 74, Lei 14.133/2021	Art. 75, Lei 14.133/2021	Art. 76, Lei 14.133/2021
Rol	Exemplificativo (podem existir outras situações de inexigibilidade que não estejam previstas na lei)	Taxativo (todos os casos que autorizam a dispensa estão previstos de forma expressa na lei)	Taxativo (todos os casos que autorizam a licitação dispensada estão previstos de forma expressa na lei)
Fundamento	Inviabilidade de competição (não existe competição)	Licitação é possível, mas a lei permite a contratação direta	Licitação é possível, mas a lei impõe a contratação direta
Contratação direta	Ato vinculado	Ato discricionário	Ato vinculado
Exemplos	– Contratação de um profissional do setor artístico. – Objetos que devam ou possam ser contratados por meio de credenciamento.	– Aquisição de produtos de baixo valor. – Casos de guerra. – Licitação deserta e fracassada.	– Doação de um imóvel realizada entre entes federativos. – Permuta de bens móveis entre órgãos ou entidades integrantes da Administração Pública.

> **caiu na prova**
>
> **(QUADRIX/CRC-PR/2022)** *O processo de contratação que abrange os casos de inexigibilidade e de dispensa de licitação é chamado de contratação indireta.*
>
> **Gabarito:** *Errado.*[20]

12. INSTRUMENTOS AUXILIARES

Apesar de a Lei 8.666/1993 não ter previsto, em um capítulo específico, os procedimentos auxiliares, estes não são uma novidade no "mundo" das licitações. Pois, a maioria destes instrumentos já se encontravam previstos em dispositivos esparsos da antiga Lei Geral de Licitações e também em diversas normas específicas, tais como a Lei 12.462/2011 (regime diferenciado de contratação); Lei 13.303/2016 (estatuto das estatais) e o Decreto 7.892/2013 (regulamenta o sistema de registro de preços).

Então, com a finalidade de reunir, organizar e facilitar o entendimento deste assunto, a Lei 14.133/2021 inovou e trouxe em um capítulo específico todos os instrumentos que podem vir a auxiliar o certame licitatório e a futura contratação.

Sendo assim, segundo o art. 78 da Nova Lei de Licitações e Contratos Administrativos, são procedimentos auxiliares:

- credenciamento;
- pré-qualificação;
- procedimento de manifestação de interesse;
- sistema de registro de preços;
- registro cadastral.

12.1 Credenciamento

Falamos um pouco deste procedimento auxiliar no tópico relativo à inexigibilidade de licitação, lá mencionamos que no credenciamento não existirá propriamente uma competição o que torna o procedimento licitatório inviável.

Vamos relembrar um exemplo já citado neste capítulo, imagine o caso de a Administração desejar credenciar médicos que estejam interessados em atender no plano de saúde dos servidores públicos. Não existirá competição entre eles, pois, quanto maior for o número de profissionais cadastrados, melhor será para os usuários daquele serviço.

Ademais, a própria Lei 14.133/2021 definiu o conceito deste instrumento auxiliar, vejamos: "art. 6º, XLIII – credenciamento: processo administrativo de chamamento público em que a Administração Pública convoca interessados em prestar serviços

---

[20] O rol previsto no art. 74 da Lei 14.133/2021 (inexigibilidade de licitação) é meramente exemplificativo, ou seja, podem existir situações não previstas na lei que inviabilizem a competição e, por consequência, gerem a contratação direta por inexigibilidade da licitação.

ou fornecer bens para que, preenchidos os requisitos necessários, se credenciem no órgão ou na entidade para executar o objeto quando convocados".

Ainda seguindo os termos da Lei 14.133/2021, em seu artigo 79, a referida norma menciona que o credenciamento poderá ser usado nas seguintes hipóteses de contratação:

- paralela e não excludente: caso em que é viável e vantajosa para a Administração a realização de contratações simultâneas em condições padronizadas;
- com seleção a critério de terceiros: caso em que a seleção do contratado está a cargo do beneficiário direto da prestação;
- em mercados fluidos: caso em que a flutuação constante do valor da prestação e das condições de contratação inviabiliza a seleção de agente por meio de processo de licitação.

> **caiu na prova**
>
> **(FCC/PGE-AM/2022)** *De acordo com a disciplina estabelecida pela Lei 14.133/2021, que rege o procedimento de licitação e contratação da Administração Pública, o credenciamento insere-se entre os procedimentos auxiliares, podendo ser utilizado, entre outras hipóteses, quando se mostre viável e vantajosa para a Administração a realização de contratações simultâneas em condições padronizadas.*
>
> **Gabarito:** *Certo.*

Para finalizar, os procedimentos de credenciamento serão definidos em regulamento, observadas as seguintes regras, vejamos:

- a Administração deverá divulgar e manter à disposição do público, em sítio eletrônico oficial, edital de chamamento de interessados, de modo a permitir o cadastramento permanente de novos interessados;
- na hipótese de contratação paralela e não excludente (art. 79, I, Lei 14.133/2021), quando o objeto não permitir a contratação imediata e simultânea de todos os credenciados, deverão ser adotados critérios objetivos de distribuição da demanda;
- o edital de chamamento de interessados deverá prever as condições padronizadas de contratação e, nas hipóteses de contratação paralela e não excludente (art. 79, I, Lei 14.133/2021) e com seleção a critério de terceiros (art. 79, II, Lei 14.133/2021), deverá definir o valor da contratação;
- na hipótese de contratação em mercados fluidos (art. 79, III, Lei 14.133/2021), a Administração deverá registrar as cotações de mercado vigentes no momento da contratação;
- não será permitido o cometimento a terceiros do objeto contratado sem autorização expressa da Administração;
- será admitida a denúncia por qualquer das partes nos prazos fixados no edital.

12.2 Pré-qualificação

A antiga Lei Geral de Licitações e Contratos – Lei 8.666/1993, já previa o procedimento da pré-qualificação em seu texto, vejamos:

> Art. 114, Lei 8.666/1993. O sistema instituído nesta Lei não impede a pré-qualificação de licitantes nas concorrências, a ser procedida sempre que o objeto da licitação recomende análise mais detida da qualificação técnica dos interessados.
>
> § 1.º A adoção do procedimento de pré-qualificação será feita mediante proposta da autoridade competente, aprovada pela imediatamente superior.
>
> § 2.º Na pré-qualificação serão observadas as exigências desta Lei relativas à concorrência, à convocação dos interessados, ao procedimento e à análise da documentação.

De uma forma mais clara e objetiva, a Lei 12.462/2011 (regime diferenciado de contratação) também especificou o instrumento da pré-qualificação, por esta norma fica visível a intenção de se realizar um procedimento anterior à licitação como forma de facilitar o futuro certame e a eventual contratação.

> Art. 30, Lei 12.462/11. Considera-se pré-qualificação permanente o procedimento anterior à licitação destinado a identificar:
>
> I – fornecedores que reúnam condições de habilitação exigidas para o fornecimento de bem ou a execução de serviço ou obra nos prazos, locais e condições previamente estabelecidos; e
>
> II – bens que atendam às exigências técnicas e de qualidade da administração pública.

Voltando agora a nossa análise à legislação atual, a Lei 14.133/2021 prelecionou que a pré-qualificação é o procedimento seletivo prévio à licitação, convocado por meio de edital, destinado à análise das condições de habilitação, total ou parcial, dos interessados ou do objeto.

Segundo o art. 80 da Nova Lei Geral de Licitação e Contratos, a pré-qualificação é o procedimento técnico-administrativo para selecionar previamente:

- licitantes que reúnam condições de habilitação para participar de futura licitação ou de licitação vinculada a programas de obras ou de serviços objetivamente definidos;
- bens que atendam às exigências técnicas ou de qualidade estabelecidas pela Administração.

Para exemplificar a situação da pré-qualificação, imagine a seguinte situação: a Administração deseja realizar a aquisição de "super" computadores que possam auxiliar servidores da área de informática a solucionar questões referentes à invasão de hackers nos sites governamentais. Observe que o Poder Público deseja realizar a contratação de um bem com características bem específicas, por isso realiza uma pré-qualificação para saber quem poderá oferecer tal produto em um futuro procedimento licitatório.

Ademais, a Nova Lei de Licitações e Contratos Administrativos – Lei 14.133/2021 – trouxe alguns regramentos importantes reativos à pré-qualificação, os principais dispositivos são:

Cap. 13 – LICITAÇÃO (LEI 14.133/2021) **559**

– O procedimento de pré-qualificação ficará permanentemente aberto para a inscrição de interessados.

– A apresentação de documentos far-se-á perante órgão ou comissão indicada pela Administração, que deverá examiná-los no prazo máximo de 10 (dez) dias úteis e determinar correção ou reapresentação de documentos, quando for o caso, com vistas à ampliação da competição.

– Os bens e os serviços pré-qualificados deverão integrar o catálogo de bens e serviços da Administração.

– A pré-qualificação poderá ser realizada em grupos ou segmentos, segundo as especialidades dos fornecedores.

– A pré-qualificação poderá ser parcial ou total, com alguns ou todos os requisitos técnicos ou de habilitação necessários à contratação, assegurada, em qualquer hipótese, a igualdade de condições entre os concorrentes.

– Quanto ao prazo, a pré-qualificação terá validade: de 1 (um) ano, no máximo, e poderá ser atualizada a qualquer tempo; não superior ao prazo de validade dos documentos apresentados pelos interessados.

– Os licitantes e os bens pré-qualificados serão obrigatoriamente divulgados e mantidos à disposição do público.

– A licitação que se seguir ao procedimento da pré-qualificação poderá ser restrita a licitantes ou bens pré-qualificados.

> **caiu na prova**
>
> **(AOCP/SEAD-GO/2022)** *Quanto ao prazo, a pré-qualificação terá validade de um ano, no máximo, e poderá ser atualizada a qualquer tempo.*
>
> **Gabarito:** *Certo.*

12.3 Procedimento de manifestação de interesse

De acordo com este instrumento auxiliar, a Administração poderá solicitar à iniciativa privada, mediante procedimento aberto de manifestação de interesse a ser iniciado com a publicação de edital de chamamento público, a propositura e a realização de estudos, investigações, levantamentos e projetos de soluções inovadoras que contribuam com questões de relevância pública (art. 81, Lei 14.133/2021).

> **cuidado**
>
> *O procedimento de manifestação de interesse poderá ser restrito a startups, assim considerados os microempreendedores individuais, as microempresas e as empresas de pequeno porte, de natureza emergente e com grande potencial, que se dediquem à pesquisa, ao desenvolvimento e à implementação de novos produtos ou serviços baseados em soluções tecnológicas inovadoras que possam causar alto impacto, exigida, na seleção definitiva da inovação, validação prévia fundamentada em métricas objetivas, de modo a demonstrar o atendimento das necessidades da Administração.*

Observe que os estudos, investigações, levantamentos e projetos realizados em decorrência deste procedimento serão feitos pela iniciativa privada e ficarão à disposição dos interessados, devendo o vencedor da licitação ressarcir os dispêndios correspondente.

Vale ressaltar que este procedimento:

- Não atribui ao realizador direito de preferência no processo licitatório.
- Não obriga o Poder Público a realizar licitação.
- Não implica, por si só, direito a ressarcimento de valores envolvidos em sua elaboração.
- Será remunerado somente pelo vencedor da licitação, vedada, em qualquer hipótese, a cobrança de valores do Poder Público.

caiu na prova

(FCC/TRT-PR/2022) *De acordo com a nova Lei de Licitações e Contratos Administrativos (Lei nº 14.133/2021), o Procedimento de Manifestação de Interesse constitui procedimento auxiliar, iniciado com a publicação de edital de chamamento público, voltado à coleta de estudos, investigações, levantamentos e projetos vinculados à contratação e de utilidade para a licitação, cujo ressarcimento caberá ao vencedor do certame.*

Gabarito: *Certo.*

12.4 Sistema de registro de preço

A Lei 8.666/1993 já previa que, sendo possível, as compras deveriam ser processadas através de um sistema de registro de preços, devendo este procedimento ser regulamentado por meio de um decreto, vejamos.

Art. 15. As compras, sempre que possível, deverão: [...]

II – ser processadas através de sistema de registro de preços; [...]

§ 3.º O sistema de registro de preços será regulamentado por decreto [...].

Decreto este que foi publicado em 2013 e passou a regulamentar o sistema de registro de preços, conforme solicitado pelo art. 15 da Lei 8.666/1993.

Art. 1.º, Decreto 7.892/2013. As contratações de serviços e a aquisição de bens, quando efetuadas pelo Sistema de Registro de Preços – SRP, no âmbito da administração pública federal direta, autárquica e fundacional, fundos especiais, empresas públicas, sociedades de economia mista e demais entidades controladas, direta ou indiretamente pela União, obedecerão ao disposto neste Decreto.

Entretanto, com a chegada da Lei 14.133/2021, o regramento geral deste tópico passará a ser disciplinado por esta nova norma, a qual define o sistema de registro de preços como o conjunto de procedimentos para realização, mediante contratação direta ou licitação nas modalidades pregão ou concorrência, de registro formal de preços relativos a prestação de serviços, obras e a aquisição e locação de bens para contratações futuras (art. 6.º, XLV).

Ademais, para fins de regulamentação, o procedimento detalhado do sistema de registro de preços será disciplinado pelo Decreto 11.462/2023, que regulamenta os arts. 82 a 86 da Lei 14.133, de 1.º de abril de 2021, para dispor sobre o sistema de registro de preços para a contratação de bens e serviços, inclusive obras e serviços de engenharia, no âmbito da Administração Pública federal direta, autárquica e fundacional.

> **caiu na prova**
>
> **(CEBRASPE/PROCURADOR-GO/2022)** *Em relação ao sistema de registro de preços (SRP), julgue o item a seguir, de acordo com a Lei 14.133/2021 e a doutrina pertinente. O SRP é uma modalidade de licitação que objetiva registrar os preços de fornecedores para futura contratação pelo poder público.*
>
> **Gabarito:** *Errado.*[21]

Ademais, preleciona a Nova Lei Geral de Licitação e Contratos que o edital de licitação para registro de preços observará as suas regras gerais e deverá dispor sobre:

- As especificidades da licitação e de seu objeto, inclusive a quantidade máxima de cada item que poderá ser adquirida.
- Quantidade mínima a ser cotada de unidades de bens ou, no caso de serviços, de unidades de medida.
- Possibilidade de prever preços diferentes:

  a) quando o objeto for realizado ou entregue em locais diferentes;

  b) em razão da forma e do local de acondicionamento;

  c) quando admitida cotação variável em razão do tamanho do lote;

  d) por outros motivos justificados no processo.

- Possibilidade de o licitante oferecer ou não proposta em quantitativo inferior ao máximo previsto no edital, obrigando-se nos limites dela.
- O critério de julgamento da licitação, que será o de menor preço ou o de maior desconto sobre tabela de preços praticada no mercado.

> **cuidado**
>
> *O critério de julgamento de menor preço por grupo de itens somente poderá ser adotado quando for demonstrada a inviabilidade de se promover a adjudicação por item e for evidenciada a sua vantagem técnica e econômica, e o critério de aceitabilidade de preços unitários máximos deverá ser indicado no edital.*

- As condições para alteração de preços registrados.
- O registro de mais de um fornecedor ou prestador de serviço, desde que aceitem cotar o objeto em preço igual ao do licitante vencedor, assegurada a preferência de contratação de acordo com a ordem de classificação.

---

[21] O sistema de registro de preços não é uma modalidade de licitação. É um procedimento auxiliar para realização, mediante contratação direta ou licitação nas modalidades pregão ou concorrência, de registro formal de preços relativos a prestação de serviços, obras e a aquisição e locação de bens para contratações futuras.

- Vedação à participação do órgão ou entidade em mais de uma ata de registro de preços com o mesmo objeto no prazo de validade daquela de que já tiver participado, salvo na ocorrência de ata que tenha registrado quantitativo inferior ao máximo previsto no edital.
- Hipóteses de cancelamento da ata de registro de preços e suas consequências.

Daí surge uma pergunta: qual é, de fato, o objetivo deste procedimento?

Usando um exemplo bem simples, vamos imaginar a seguinte situação: Maria está desejando comprar um novo computador e inicia uma busca pelo produto desejado em várias lojas. Ao final do dia, Maria, após visitar dez estabelecimentos, encerrou sua pesquisa e registrou todos os valores em seu caderno.

Observe que, usando o caso acima, podemos perceber que Maria, ao pesquisar pelo computador em diversos estabelecimentos, realizou uma espécie de procedimento para "registrar preços" e ao anotar tudo em seu caderno criou um tipo de "ata de registro de preços".

Logicamente o exemplo supramencionado foi utilizado com a finalidade de tentar facilitar a visualização do tema. Agora, após a visão geral, surge outra pergunta: e a Administração, usará o sistema de registro de preços em quais situações?

A resposta é dada pela própria Lei 14.133/2021, vejamos:

> Art. 82, § 5.°. O sistema de registro de preços poderá ser usado para a contratação de bens e serviços, inclusive de obras e serviços de engenharia, observadas as seguintes condições.[22] [...]
>
> Art. 85. A Administração poderá contratar a execução de obras e serviços de engenharia pelo sistema de registro de preços, desde que atendidos os seguintes requisitos: I – existência de projeto padronizado, sem complexidade técnica e operacional; II – necessidade permanente ou frequente de obra ou serviço a ser contratado.

Para que seja possível o aprofundamento deste tópico, o entendimento de algumas nomenclaturas torna-se imprescindível, pois precisamos saber o que se denomina como ata de registro de preços, órgão ou entidade gerenciadora, participante e não participante.

- Ata de registro de preços: documento vinculativo e obrigacional, com característica de compromisso para futura contratação, no qual são registrados o objeto, os preços, os fornecedores, os órgãos participantes e as condições a serem praticadas, conforme as disposições contidas no edital da licitação, no termo de dispensa ou inexigibilidade e nas propostas apresentadas (art. 6.°, XLVI, Lei 14.133/2021).

---

[22] I – realização prévia de ampla pesquisa de mercado; II – seleção de acordo com os procedimentos previstos em regulamento; III – desenvolvimento obrigatório de rotina de controle; IV – atualização periódica dos preços registrados; V – definição do período de validade do registro de preços; VI – inclusão, em ata de registro de preços, do licitante que aceitar cotar os bens ou serviços em preços iguais aos do licitante vencedor na sequência de classificação da licitação e inclusão do licitante que mantiver sua proposta original.

- Órgão ou entidade gerenciadora: órgão ou entidade da Administração Pública responsável pela condução do conjunto de procedimentos para registro de preços e pelo gerenciamento da ata de registro de preços dele decorrente (art. 6.º, XLVII, Lei 14.133/2021).

- Órgão ou entidade participante: órgão ou entidade da Administração Pública que participa dos procedimentos iniciais da contratação para registro de preços e integra a ata de registro de preços (art. 6.º, XLVIII, Lei 14.133/2021).

- Órgão ou entidade não participante: órgão ou entidade da Administração Pública que não participa dos procedimentos iniciais da licitação para registro de preços e não integra a ata de registro de preços (art. 6.º, XLIX, Lei 14.133/2021).

Quanto ao procedimento, o órgão ou entidade gerenciadora deverá, na fase preparatória do processo licitatório, para fins de registro de preços, realizar procedimento público de intenção de registro de preços para possibilitar, pelo prazo mínimo de 8 dias úteis, a participação de outros órgãos ou entidades na respectiva ata e determinar a estimativa total de quantidades da contratação. Entretanto, este procedimento será dispensável quando o órgão ou entidade gerenciadora for o único contratante.

Mas e se os órgãos/entidades não tiverem participado do procedimento visto acima, ainda assim poderão aderir à ata de registro de preços?

Sim, desde que preencham alguns requisitos, são eles: apresentação de justificativa da vantagem da adesão, inclusive em situações de provável desabastecimento ou descontinuidade de serviço público; demonstração de que os valores registrados estão compatíveis com os valores praticados pelo mercado; e prévias consulta e aceitação do órgão ou entidade gerenciadora e do fornecedor.

> **cuidado**
>
> *As aquisições ou as contratações adicionais dos órgãos e entidades não participantes não poderá exceder a 50% dos quantitativos dos itens do instrumento convocatório registrados na ata de registro de preços para o órgão gerenciador e para os órgãos participantes.*

Por fim, algumas perguntas tornam-se necessárias:

1. A Administração, ao finalizar o procedimento para registrar preços, ficará obrigada a contratar?

Não!

A existência de preços registrados implicará, para os licitantes participantes de procedimento, o compromisso de fornecimento nas condições estabelecidas, mas não obrigará a Administração a contratar; sendo assim, será possível a realização de licitação específica para a aquisição pretendida, desde que se faça a devida motivação.

2. Qual é o prazo de validade da ata de registro de preços?

Um ano, podendo ser prorrogado, por igual período, desde que comprovado o preço vantajoso. Já no que se refere ao contrato, a vigência deste dependerá das disposições nele contidas.

caiu na prova

(AOCP/IPE-PREV/2022) *O prazo de vigência da ata de registro de preços será de 1 (um) ano e poderá ser prorrogado, por igual período, desde que comprovado o preço vantajoso.*

Gabarito: *Certo.*

3. A Administração Pública federal poderá aderir à ata de registro de preços gerenciada por órgão ou entidade estadual, distrital e municipal?

Não!

Apesar de os órgãos e entidades estaduais, distritais e municipais poderem aderir à ata de registro de preços federal, a recíproca não é verdadeira. Sendo assim, não poderá existir adesão, da Administração pública federal, às atas estaduais, distritais e municipais.

12.5 Registro cadastral

O registro cadastral é uma espécie de banco de dados dos fornecedores. Instrumento este que não é novidade, pois já se encontrava previsto na legislação anterior – Lei 8.666/1993, vejamos:

> Art. 34. Para os fins desta Lei, os órgãos e entidades da Administração Pública que realizem frequentemente licitações manterão registros cadastrais para efeito de habilitação, na forma regulamentar, válidos por, no máximo, um ano.
>
> § 1.º O registro cadastral deverá ser amplamente divulgado e deverá estar permanentemente aberto aos interessados, obrigando-se a unidade por ele responsável a proceder, no mínimo anualmente, através da imprensa oficial e de jornal diário, a chamamento público para a atualização dos registros existentes e para o ingresso de novos interessados.
>
> § 2.º É facultado às unidades administrativas utilizarem-se de registros cadastrais de outros órgãos ou entidades da Administração Pública.

A Nova Lei de Licitações e Contratos Administrativos – Lei 14.133/2021, também previu este instituto como um procedimento hábil a auxiliar a licitação, vejamos:

> Art. 87. Para os fins desta Lei, os órgãos e entidades da Administração Pública deverão utilizar o sistema de registro cadastral unificado disponível no Portal Nacional de Contratações Públicas (PNCP), para efeito de cadastro unificado de licitantes, na forma disposta em regulamento.
>
> § 1.º O sistema de registro cadastral unificado será público e deverá ser amplamente divulgado e estar permanentemente aberto aos interessados, e será obrigatória a realização de chamamento público pela internet, no mínimo anualmente, para atualização dos registros existentes e para ingresso de novos interessados.

Para facilitar a visualização do tema, imagine a seguinte situação: a empresa "faz tudo Ltda." deseja participar de diversas licitações promovidas pelo Estado. Entretanto,

Cap. 13 – LICITAÇÃO (LEI 14.133/2021) **565**

como sabemos, para contratar com o Poder Público o licitante deve estar devidamente habilitado. Sendo assim, poderá a empresa "Faz tudo Ltda." solicitar a sua inscrição no cadastro público, devendo para tanto fornecer os elementos exigidos para habilitação. Se não houver irregularidades, o solicitante será cadastrado, receberá um certificado (renovável sempre que atualizar o registro) e já se encontrará previamente habilitado a participar das futuras licitações e contratações.

Logicamente, a qualquer tempo poderá o registro do inscrito ser alterado, suspenso ou, até mesmo, cancelado caso este deixe de satisfazer as exigências determinadas pela Lei 14.133/2021 ou por regulamento.

cuidado

A licitação na modalidade do leilão não exigirá registro cadastral prévio, não terá fase de habilitação e deverá ser homologado assim que concluída a fase de lances, superada a fase recursal e efetivado o pagamento pelo licitante vencedor, na forma definida no edital (art. 31, § 4.º, Lei 14.133/2021).

caiu na prova

(AOCP/SEAD-GO/2022) *O leilão exigirá registro cadastral prévio, terá fase de habilitação e deverá ser homologado assim que concluída a fase de lances e efetivado o pagamento pelo licitante vencedor.*

Gabarito: *Errado.*[23]

Por fim, pensando em garantir uma maior celeridade e eficiência, a Lei 14.133/2021 previu a possibilidade de a Administração realizar licitação restrita a fornecedores cadastrados, atendidos os critérios, as condições e os limites estabelecidos em regulamento, bem como a ampla publicidade dos procedimentos para o cadastramento.

13. LEI 8.666/1993 × LEI 14.133/2021

Com a finalidade de facilitar a visualização em relação às inovações e modificações trazidas pela Nova Lei de Licitações e Contratos Administrativos (Lei 14.133/2021), vamos resumir de uma forma prática e visual as diferenciações da antiga norma (Lei 8.666/1993) para a nova.

Pois, apesar de a Lei 8.666/1993 estar com "data marcada para morrer" (será integralmente revogada em 30 de dezembro de 2023), a maioria das provas, pelo menos por enquanto, basearão as suas questões nos pontos que diferenciam a Nova Lei Geral de Licitação e Contratos (Lei 14.133/2021) da legislação anterior.

Sendo assim, pensando em facilitar a sua visualização, memorização e futuro acerto nas questões de prova, este tópico irá reunir e resumir, de forma clara e objetiva, as principais diferenças entre a Lei 8.666/1993 e a Lei 14.133/2021.

---

[23] O leilão não exigirá registro cadastral prévio.

Os pontos merecedores de destaque e que, provavelmente, serão mais solicitados nas provas em geral, são os seguintes: princípios, objetivos (finalidades), critérios de julgamento (tipos de licitação), modalidades, fases (procedimento), critérios de desempate, inexigibilidade e dispensa de licitação.

a) Princípios

Como era:	Como ficou:
LEI 8.666/1993 – Art. 3.º	LEI 14.133/2021 – Art. 5.º
• Legalidade • Impessoalidade • Moralidade • Igualdade • Publicidade • Probidade administrativa • Vinculação ao instrumento convocatório • Julgamento objetivo	• Legalidade • Impessoalidade • Moralidade • Publicidade • Eficiência • Interesse público • Probidade administrativa • Igualdade • Planejamento • Transparência • Eficácia • Segregação de funções • Motivação • Vinculação ao edital • Julgamento objetivo • Segurança jurídica • Razoabilidade • Competitividade • Proporcionalidade • Celeridade • Economicidade • Desenvolvimento nacional sustentável

b) Objetivos (finalidades da licitação)

Como era:	Como ficou:
LEI 8.666/1993 – Art. 3.º	LEI 14.133/2021 – Art. 11
• Isonomia • Seleção da proposta mais vantajosa para a administração. • Promoção do desenvolvimento nacional sustentável.	• Assegurar a seleção da proposta apta a gerar o resultado de contratação mais vantajoso para a Administração Pública, inclusive no que se refere ao ciclo de vida do objeto. • Assegurar tratamento isonômico entre os licitantes, bem como a justa competição. • Evitar contratações com sobrepreço ou com preços manifestamente inexequíveis e superfaturamento na execução dos contratos. • Incentivar a inovação e o desenvolvimento nacional sustentável.

c) Critérios de julgamento (tipos de licitação)

Como era: LEI 8.666/1993 – Art. 45, § 1.º	Como ficou: LEI 14.133/2021 – Art. 33
• Menor preço • Melhor técnica • Técnica e preço • Maior lance ou oferta	• Menor preço • Maior desconto • Melhor técnica ou conteúdo artístico • Técnica e preço • Maior lance, no caso de leilão • Maior retorno econômico

d) Modalidades

Como era: LEI 8.666/1993 – Art. 22 e LEI 10.520/2002 – Art. 1.º	Como era: LEI 14.133/2021 – Art. 28
• Concorrência • Tomada de preços • Convite • Concurso • Leilão • Pregão (Lei 10.520/2002)	• Pregão • Concorrência • Concurso • Leilão • Diálogo competitivo

e) Fases da licitação (procedimento)

Como era: LEI 8.666/1993 – Art. 43	Como ficou: LEI 14.133/2021 – Art. 17
• Preparatória • Edital • Habilitação • Julgamento • Homologação • Adjudicação	• Preparatória • Divulgação do edital de licitação • Apresentação de propostas e lances, quando for o caso • Julgamento • Habilitação • Recursal • Homologação

f) Critérios de desempate

Como era: LEI 8.666/1993 – Arts. 3.º, § 2.º, e 45, § 2.º	Como ficou: LEI 14.133/2021 – Art. 6.º, *caput* e § 1.º
• Produzidos no País;	• Disputa final, hipótese em que os licitantes empatados poderão apresentar nova proposta em ato contínuo à classificação.
• Produzidos ou prestados por empresas brasileiras. • Produzidos ou prestados por empresas que invistam em pesquisa e no desenvolvimento de tecnologia no País.	• Avaliação do desempenho contratual prévio dos licitantes, para a qual deverão preferencialmente ser utilizados registros cadastrais para efeito de atesto de cumprimento de obrigações previstos nesta Lei.

Como era: **LEI 8.666/1993 – Arts. 3.º, § 2.º, e 45, § 2.º**	Como ficou: **LEI 14.133/2021 – Art. 6.º, *caput* e § 1.º**
• Produzidos ou prestados por empresas que comprovem cumprimento de reserva de cargos prevista em lei para pessoa com deficiência ou para reabilitado da Previdência Social e que atendam às regras de acessibilidade previstas na legislação.	• Desenvolvimento pelo licitante de ações de equidade entre homens e mulheres no ambiente de trabalho, conforme regulamento. • Desenvolvimento pelo licitante de programa de integridade, conforme orientações dos órgãos de controle. • Empresas estabelecidas no território do Estado ou do Distrito Federal do órgão ou entidade da Administração Pública estadual ou distrital licitante ou, no caso de licitação realizada por órgão ou entidade de Município, no território do Estado em que este se localize. • Empresas brasileiras. • Empresas que invistam em pesquisa e no desenvolvimento de tecnologia no País. • Empresas que comprovem a prática de mitigação, nos termos da Lei 12.187, de 29 de dezembro de 2009.

g) Inexigibilidade de licitação

Como era: **LEI 8.666/1993 – Art. 25**	Como ficou: **LEI 14.133/2021 – Art. 74**
• Existe uma inviabilidade de competição. • Contratação direta é um ato vinculado (Administração não tem como licitar, a contratação direta se impõe.) • Situações de dispensa estão previstas no art. 25, Lei 8.666/1993 (rol exemplificativo).	• Existe uma inviabilidade de competição. • Contratação direta é um ato vinculado (Administração não tem como licitar, a contratação direta se impõe.) • Situações de dispensa estão previstas no art. 74, Lei 14.133/2021 (rol exemplificativo).

h) Dispensa de licitação

Como era: **LEI 8.666/1993 – Art. 24**	Como ficou: **LEI 14.133/2021 – Art. 75**
• Licitação é possível, mas a lei permite a contratação direta. • Contratação direta é um ato discricionário (Administração pode licitar ou dispensar a licitação) • Situações de dispensa estão previstas no art. 24, Lei 8.666/1993 (rol taxativo).	• Licitação é possível, mas a lei permite a contratação direta. • Contratação direta é um ato discricionário (Administração pode licitar ou dispensar a licitação) • Situações de dispensa estão previstas no art. 75, Lei 14.133/2021 (rol taxativo).

14. SÚMULAS

14.1 Súmulas do STF

✓ **Súmula 346.** A administração pública pode declarar a nulidade dos seus próprios atos.

✓ **Súmula 347.** O Tribunal de Contas, no exercício de suas atribuições, pode apreciar a constitucionalidade das leis e dos atos do poder público.

✓ **Súmula 473.** A administração pode anular seus próprios atos, quando eivados de vícios que os tornam ilegais, porque deles não se originam direitos; ou revogá-los, por motivo de conveniência ou oportunidade, respeitados os direitos adquiridos, e ressalvada, em todos os casos, a apreciação judicial.

14.2 Súmulas do STJ

✓ **Súmula 333.** Cabe mandado de segurança contra ato praticado em licitação promovida por sociedade de economia mista ou empresa pública.

✓ **Súmula 645.** O crime de fraude à licitação é formal, e sua consumação prescinde da comprovação do prejuízo ou da obtenção de vantagem.

RESUMO

CAPÍTULO 13 – LICITAÇÃO

1. **Conceito:** a licitação é um procedimento administrativo e instrumental à futura assinatura de um contrato, devendo este certame ser respeitado e utilizado pelos três Poderes do Estado (Legislativo, Executivo e Judiciário) a fim de que possam respeitar os princípios da impessoalidade e moralidade.

2. **Quem deve licitar:** a licitação deve ser realizada pelos três Poderes do Estado (Legislativo, Executivo e Judiciário) a fim de que possam respeitar os princípios da impessoalidade e moralidade. Obs.: as empresas estatais (empresas públicas e sociedades de economia mista) foram expressamente excluídas da Nova Lei de Licitações e Contratos Administrativos (Lei 14.133/2021), sendo assim, elas devem licitar, mas o farão conforme o regramento específico instituído pela Lei 13.303/2016 (estatuto das estatais).

3. **Princípios (art. 5°, Lei 14.133/2021):** na aplicação desta Lei, serão observados os princípios da legalidade, da impessoalidade, da moralidade, da publicidade, da eficiência, do interesse público, da probidade administrativa, da igualdade, do planejamento, da transparência, da eficácia, da segregação de funções, da motivação, da vinculação ao edital, do julgamento objetivo, da segurança jurídica, da razoabilidade, da competitividade, da proporcionalidade, da celeridade, da economicidade e do desenvolvimento nacional sustentável, assim como as disposições do Decreto-lei 4.657, de 4 de setembro de 1942 (Lei de Introdução às Normas do Direito Brasileiro).

4. **Modalidades:** as modalidades de licitação estão relacionadas ao que a Administração deseja contratar, em outras palavras, o uso de uma modalidade ou outra irá depender da razão de o procedimento licitatório ter sido instaurado. São modalidade de licitação: pregão, concorrência, concurso, leilão, diálogo competitivo.

5. **Pregão:** modalidade de licitação obrigatória para aquisição de bens e serviços comuns, cujo critério de julgamento poderá ser o de menor preço ou o de maior desconto. Obs.: também poderá ser utilizado para a contratação de serviços comuns de engenharia.
6. **Concorrência:** modalidade de licitação para contratação de bens e serviços especiais e de obras e serviços comuns e especiais de engenharia, cujo critério de julgamento poderá ser pelo menor preço; melhor técnica ou conteúdo artístico; técnica e preço; maior retorno econômico; maior desconto.
7. **Leilão:** modalidade de licitação para alienação de bens imóveis ou de bens móveis inservíveis ou legalmente apreendidos a quem oferecer o maior lance. Vale ressaltar que para a alienação dos bens imóveis será necessária uma autorização legislativa, entretanto esta autorização não será necessária caso a alienação seja de bens móveis.
8. **Diálogo competitivo:** modalidade de licitação para contratação de obras, serviços e compras em que a Administração Pública realiza diálogos com licitantes previamente selecionados mediante critérios objetivos, com o intuito de desenvolver uma ou mais alternativas capazes de atender às suas necessidades, devendo os licitantes apresentar proposta final após o encerramento dos diálogos.
9. **Contratação direta – inexigibilidade de licitação:** existe uma inviabilidade de competição nas situações que geram a inexigibilidade de licitação. Sendo assim, deverá (ato vinculado) o administrador realizar a contratação direta do objeto desejado. Em outros termos, a contratação direta se impõe, já que a realização da licitação não será possível em virtude da ausência de competição. As situações de inexigibilidade estão previstas (rol exemplificativo) no art. 74 da Lei 14.133/2021.
10. **Contratação direta – dispensa de licitação:** diferentemente dos casos de inexigibilidade, a licitação, nos casos de dispensa, será possível, entretanto, a Lei 14.133/2021 autoriza a contratação direta. Segundo a Lei 14.133/2021, o poder público poderá (ato discricionário) dispensar a licitação e realizar a contratação direta se for possível enquadrar o caso concreto em alguma das situações previstas no rol taxativo do art. 75 da nova lei de licitação e contratos.

CONTRATOS ADMINISTRATIVOS
(LEI 14.133/2021)

1. CONCEITO

Os contratos administrativos decorrem de um ajuste firmado entre a Administração e um particular, ou apenas entre entes administrativos, e buscam a realização de serviços e atividades de interesse coletivo, logo, devem ser submetidos ao regime jurídico administrativo (direito público), aplicando-se, entretanto, de forma supletiva, os princípios da teoria geral dos contratos e as disposições estabelecidas no direito privado.

> Art. 89, Lei 14.133/2021. Os contratos de que trata esta Lei regular-se-ão pelas suas cláusulas e pelos preceitos de direito público, e a eles serão aplicados, supletivamente, os princípios da teoria geral dos contratos e as disposições de direito privado.

Desse conceito inicial, podemos elencar algumas **características** básicas dos contratos administrativos. Vejamos:

- devem ter a presença da **Administração** (em pelo menos um dos lados da relação contratual);
- são **consensuais**, pois decorrem de um ajuste de vontades;
- buscam a satisfação do **interesse público**;
- seguem o regime de **direito público**, aplicando-se de forma supletiva as regras de direito privado.

caiu na prova

(QUADRIX/CAU-SC/2022) *Os contratos celebrados com a Administração Pública são regidos pelas suas cláusulas e pelos preceitos de direito público, e a eles serão aplicados, supletivamente, os princípios da teoria geral dos contratos e as disposições de direito privado.*

Gabarito: *Certo.*

Mas será que todo contrato firmado pelo Poder Público será considerado um contrato administrativo?

Não, pois existem os contratos da administração (gênero) e os contratos administrativos (espécies). Pela importância do tema, vamos abrir um tópico em separado.

1.1 Contratos da Administração × contratos administrativos

Todos os ajustes bilaterais formalizados pelo Poder Público são considerados **contratos da Administração**, abarcando os acordos firmados sob as regras de direito público e de direito privado.

Por exemplo, tanto um contrato de locação (regime: privado) quanto uma concessão para prestação de serviços públicos (regime: público) serão considerados contratos da Administração, independentemente da diferenciação de regimes.

Já os **contratos administrativos** incluem apenas os pactos firmados sob a égide do princípio da supremacia do interesse público, ou seja, aqueles em que o Estado usa de sua posição de superioridade em busca da satisfação do bem comum. Sendo assim, deverá esse pacto seguir o regime jurídico administrativo, ou seja, usar as regras de direito público, aplicando-lhes o regime privado apenas de forma supletiva.

2. COMPETÊNCIA LEGISLATIVA

A Constituição Federal prelecionou que a competência para a criação de normas gerais referentes tanto às licitações quanto aos contratos caberá à **União**. Vejamos:

> Art. 22. Compete privativamente à União legislar sobre: [...] XXVII – normas gerais de licitação e contratação, em todas as modalidades [...].

Com isso, a fim de pôr em prática o mandamento constitucional, foi editada a Lei 14.133/2021 ("nova" Lei Geral de Licitação e Contratos), a qual institui normas gerais sobre os procedimentos de licitação e contratos administrativo.

Logo, poderão os estados, Distrito Federal, municípios e a própria União estabelecer regras específicas para o seu procedimento licitatório. Entretanto, caso não o façam, deve-se usar de forma plena a legislação federal, Lei 14.133/2021.

3. LEI 14.133/2021 – "NOVA" LEI DE LICITAÇÃO E CONTRATOS

Como já mencionamos no capítulo referente às licitações, depois de quase 30 anos reinando de forma absoluta, a Lei 8.666/1993 "está com data marcada para morrer" (será plenamente revogada no dia 30.12.2023).

Vale relembrar que a antiga Lei Geral de Licitações e Contratos (Lei 8.666) foi publicada no ano de 1993, e nessa época a Administração baseava suas atuações em um modelo burocrático. Com isso, a antiga norma era repleta de formalidades e procedimentos que, muitas vezes, travavam o andamento das contratações públicas.

Entretanto, no ano de 1998, por meio da Emenda Constitucional 19, a Administração passou a adotar o modelo gerencial em seus procedimentos, inovação esta que pode ser exemplificada com a inclusão do princípio da eficiência no texto constitucional, vejamos:

> Art. 37, CF. A administração pública direta e indireta de qualquer dos Poderes da União, dos Estados, do Distrito Federal e dos Municípios obedecerá aos princípios de legalidade, impessoalidade, moralidade, publicidade e eficiência [...] (Redação dada pela Emenda Constitucional 19, de 1998).

Assim, com o passar dos anos, percebeu-se que o modelo adotado para licitações e contratos já não estava mais acompanhando as inovações, anseios sociais e necessidades administrativas, com isso, foram surgindo novas legislações a fim de tentar modernizar e trazer maior celeridade ao certame licitatório e futuras contratações públicas. Como exemplo, podemos citar a Lei 10.520/2002, que criou a modalidade do pregão, e a Lei 12.462/2011, que instituiu o regime diferenciado de contratações públicas – RDC.

Mesmo com a criação dessas normas, o problema ainda persistia, já que a Lei 8.666/1993 era o estatuto geral de licitações e contratos e, por consequência, servia como base para quase todos os procedimentos licitatórios e contratações públicas, o que acabava por gerar uma enorme burocratização nas contratações públicas.

Por essa necessidade, garantir uma maior eficiência e celeridade às licitações e contratações administrativas, foi publicada em 1.º de abril de 2021 a **Nova Lei de Licitações e Contratos Administrativos** – Lei 14.133, a qual marcou uma data para que a vigência das Leis 8.666/1993 (antiga lei geral); 10.520/2002 (pregão); 12.462/2011 (RDC), fosse plenamente finalizada, ou seja, a Lei 14.133/2021 estipulou o dia em que essas normas iriam "morrer", serem revogadas.

Mas quando aconteceria essa revogação plena?

Inicialmente, segundo a Lei 14.133/2021, no início do mês de abril do ano de 2023, ou seja, após decorridos 2 anos da publicação oficial da Lei 14.133.

> Art. 193, Lei 14.133/2021. Revogam-se:
>
> I – os arts. 89 a 108 da Lei 8.666, de 21 de junho de 1993, na data de publicação desta Lei;
>
> II – a Lei 8.666, de 21 de junho de 1993, a Lei 10.520, de 17 de julho de 2002, e os arts. 1.º a 47-A da Lei 12.462, de 4 de agosto de 2011, após decorridos 2 (dois) anos da publicação oficial desta Lei.

Entretanto, quando a Lei 8.666/93 já estava "respirando por aparelhos e quase morrendo", foi editada uma Medida Provisória, a qual prorrogou a vigência das normas anteriores para até 30 de dezembro do ano de 2023. Observe como ficou a redação do art. 193 da Lei 14.133/2021 após a alteração produzida pela Medida provisória 1.167/2023:

> Art. 193, Lei 14.133/2021. Revogam-se:
>
> II – em **30 de dezembro de 2023**: (Redação dada pela Medida Provisória 1.167, de 2023)
>
> a) a Lei 8.666, de 1993; (Incluído pela Medida Provisória 1.167, de 2023)
>
> b) a Lei 10.520, de 2002; e (Incluído pela Medida Provisória 1.167, de 2023)
>
> c) os art. 1.º a art. 47-A da Lei 12.462, de 2011. (Incluído pela Medida Provisória 1.167, de 2023)

Essa dilação do prazo ocorreu com a finalidade de ofertar à Administração um tempo hábil para se organizar e passar a licitar usando como base, apenas, a Nova Lei Geral, qual seja: Lei 14.133/2021. Sendo assim, até o dia 29.12.2023 a Administração poderá escolher se licita e contrata de acordo com os termos das normas antigas ou da nova, todavia, a partir de 30.12.2023, apenas poderá realizar seus procedimentos usando, única e exclusivamente, a Lei 14.133/2021.

> Art. 191, Lei 14.133/2021. Até o decurso do prazo de que trata o inciso II (30.12.2023) do *caput* do art. 193, a Administração poderá **optar por licitar ou contratar diretamente de acordo com esta Lei ou de acordo com as leis citadas no referido inciso**, desde que: (Redação dada pela Medida Provisória 1.167, de 2023)

Agora, talvez você esteja se perguntando: "e na minha prova, qual lei poderá cair?".

No caso das provas em geral (concursos públicos e exame da ordem, por exemplo), até o dia 29.12.2023 poderão cair todas as leis, já que a Lei 8.666/1993, a Lei 10.520/2002 e a Lei 12.462/2011 ainda estão com a sua vigência preservada. Mas, a partir do dia 30.12.2023, apenas poderá ser solicitado o conhecimento relativo à nova Lei Geral de Licitação e Contratos (Lei 14.133/2021).

Ou seja, se você estiver fazendo a leitura deste tópico após a finalização da vigência das normas anteriores (30.12.2023), pode se tranquilizar, já que estas leis não mais poderão ser cobradas nas provas em geral. Sendo assim, nesta edição do livro, focaremos nossa análise e estudo na legislação que brevemente "reinará de forma absoluta", qual seja: Lei 14.133/2021.

cuidado

Na data do fechamento deste livro, a vigência das normas antigas seria plenamente encerrada no dia 30.12.2023. Mas, por cautela, sugiro acompanhar as eventuais alterações que possam vir a ser realizadas no art. 193 da Lei 14.133/2021, pois nada impede que o prazo estipulado seja dilatado mais uma vez.

4. CARACTERÍSTICAS DOS CONTRATOS ADMINISTRATIVOS

Os contratos administrativos decorrem de um ajuste firmado entre a Administração e um particular, ou apenas entre entes administrativos, e buscam a realização de serviços e atividades de interesse coletivo, logo, devem ser submetidos ao regime jurídico administrativo (direito público).

Segundo a Lei 14.133/2021:

> Art. 89. Os contratos de que trata esta Lei regular-se-ão pelas suas cláusulas e pelos preceitos de direito público, e a eles serão aplicados, supletivamente, os princípios da teoria geral dos contratos e as disposições de direito privado.

Mas quais seriam as principais características de um contrato administrativo?

Segundo a doutrina majoritária, existem diversos traços que são comuns a todos os tipos de contratos, como a bilateralidade; entretanto, algumas características são típicas do regime público, por exemplo, a desigualdade entre as partes que decorre da posição de supremacia adotada pela Administração em relação ao contratado.

De forma facilitada, as principais características dos contratos administrativos são:

a) **Bilateralidade:** é uma característica presente em todos os contratos, sejam eles de direito público ou privado, pois, se o Poder Público produzisse o comando de forma unilateral, estaríamos diante de um ato administrativo, e não de um contrato.

b) **Consensualidade:** os contratos decorrem de uma manifestação de vontade. Assim, o particular tem liberdade para formalizar a relação com o Estado ou não.

c) **De adesão:** o contrato administrativo será redigido pelo Poder Público, cabendo ao particular apenas aceitar os termos ou não. Em outras palavras, uma das partes (Administração) faz o contrato e a outra (particular) apenas assina.

d) **Onerosidade:** o contratado deve receber pelo serviço ofertado. Sendo assim, caberá à Administração pagar pela atividade executada.

e) **Presença da Administração:** logicamente, se estamos diante de um contrato administrativo, é imprescindível a participação do Poder Público na relação avençada, pois, caso não exista a presença do Estado em pelo menos um dos polos da relação contratual, estaremos diante de um contrato privado, regido pelo Direito Civil, e não pelo Direito Administrativo.

f) **Regime público:** em virtude de a Administração representar a busca pela satisfação do interesse coletivo, as regras contratuais devem ser pautadas pelo regime publicístico (Direito Administrativo), usando-se apenas de forma supletiva as regras do Direito Civil (regime: privado).

g) **Desigualdade entre as partes:** como decorrência da característica vista anteriormente, as partes que firmam um contrato administrativo se encontram em desigualdade, pois a Administração vai atuar em posição de supremacia em relação ao particular contratado. Logo, enquanto nos contratos privados a relação é estritamente horizontal, nos contratos administrativos o vínculo é vertical, ou seja, a Administração encontra-se em patamar de superioridade em relação ao contratado.

h) **Cláusulas exorbitantes (prerrogativas da Administração):** ainda como decorrência da supremacia, a Administração terá algumas prerrogativas contratuais que lhe ofertarão benefícios não extensíveis ao contratado, tais como a possibilidade de modificar unilateralmente os termos contratuais e de aplicar punições ao contratado. Pela relevância do tema, veremos esse assunto em tópico separado adiante.

> **caiu na prova**
>
> **(UNIOSTE/OFICIAL-PR/2022)** *O contrato administrativo tem como característica a existência de prerrogativas que podem ser exercidas pela administração pública contratante, face do particular contratado, sendo chamadas de cláusulas exorbitantes.*
>
> **Gabarito:** *Certo.*

i) **Comutatividade:** as partes devem possuir o conhecimento prévio das obrigações e direitos decorrentes da relação contratual.

j) **Sinalagmático:** as partes têm obrigações recíprocas. Por exemplo, o contratado realiza uma obra e a Administração paga pelo serviço prestado.

k) **Personalíssimo:** em respeito ao princípio da licitação (art. 37, XXI, CF), a Administração, se de fato for contratar, deverá assinar o contrato com o vencedor do certame ou, no caso de desistência deste, com os licitantes remanescentes, respeitada a ordem de classificação.

Todavia, em algumas situações, admite-se a subcontratação, desde que a Administração autorize e exista previsão da utilização desse instituto no edital de convocação ou no contrato pactuado.

> Art. 122, Lei 14.133/2021. Na execução do contrato e sem prejuízo das responsabilidades contratuais e legais, o contratado poderá subcontratar partes da obra, do serviço ou do fornecimento até o limite autorizado, em cada caso, pela Administração.

l) **Formalidade:** busca garantir a regularidade da contratação e a devida transparência dos contratos. Sendo assim, a Lei 14.133/2021 estabelece vários requisitos necessários à formalização do contrato. Vejamos:

> Art. 92, Lei 14.133/2021. São necessárias em todo contrato cláusulas que estabeleçam:
>
> I – o objeto e seus elementos característicos;
>
> II – a vinculação ao edital de licitação e à proposta do licitante vencedor ou ao ato que tiver autorizado a contratação direta e à respectiva proposta;
>
> III – a legislação aplicável à execução do contrato, inclusive quanto aos casos omissos;
>
> IV – o regime de execução ou a forma de fornecimento;
>
> V – o preço e as condições de pagamento, os critérios, a data-base e a periodicidade do reajustamento de preços e os critérios de atualização monetária entre a data do adimplemento das obrigações e a do efetivo pagamento;
>
> VI – os critérios e a periodicidade da medição, quando for o caso, e o prazo para liquidação e para pagamento;
>
> VII – os prazos de início das etapas de execução, conclusão, entrega, observação e recebimento definitivo, quando for o caso;

VIII – o crédito pelo qual correrá a despesa, com a indicação da classificação funcional programática e da categoria econômica;

IX – a matriz de risco, quando for o caso;

X – o prazo para resposta ao pedido de repactuação de preços, quando for o caso;

XI – o prazo para resposta ao pedido de restabelecimento do equilíbrio econômico financeiro, quando for o caso;

XII – as garantias oferecidas para assegurar sua plena execução, quando exigidas, inclusive as que forem oferecidas pelo contratado no caso de antecipação de valores a título de pagamento;

XIII – o prazo de garantia mínima do objeto, observados os prazos mínimos estabelecidos nesta Lei e nas normas técnicas aplicáveis, e as condições de manutenção e assistência técnica, quando for o caso;

XIV – os direitos e as responsabilidades das partes, as penalidades cabíveis e os valores das multas e suas bases de cálculo;

XV – as condições de importação e a data e a taxa de câmbio para conversão, quando for o caso;

XVI – a obrigação do contratado de manter, durante toda a execução do contrato, em compatibilidade com as obrigações por ele assumidas, todas as condições exigidas para a habilitação na licitação, ou para a qualificação, na contratação direta;

XVII – a obrigação de o contratado cumprir as exigências de reserva de cargos prevista em lei, bem como em outras normas específicas, para pessoa com deficiência, para reabilitado da Previdência Social e para aprendiz;

XVIII – o modelo de gestão do contrato, observados os requisitos definidos em regulamento;

XIX – os casos de extinção.

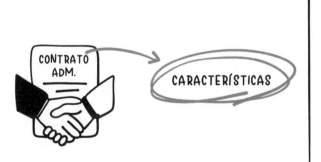

- BILATERAL
- CONSENSUAL
- DE ADESÃO
- ONEROSO
- PRESENÇA DA ADM.
- REGIME PÚBLICO
- DESIGUALDADE (PARTES)
- PRERROGATIVAS (ADM.)
- COMUTATIVO
- SINALAGMÁTICO
- PERSONALÍSSIMO
- FORMAL

4.1 Formalismo

Para que um contrato venha a ser regularmente formalizado, deve-se percorrer um caminho. Em outras palavras, deverá o Poder Público seguir os ditames legais para que o ajuste venha a ser existente, válido e eficaz.

DIREITO ADMINISTRATIVO FACILITADO – *Ana Cláudia Campos*

> **caiu na prova**
>
> **(AMAUC/PREFEITURA-JABORÁ/2022)** *Uma das características do contrato administrativo é o informalismo, porque basta o consenso das partes para celebrar o negócio.*
>
> **Gabarito:** *Errado.*[1]

Mas quais são as formalidades contratuais?

Existem várias! Para facilitar, vamos analisá-las em tópicos.

a) Licitação

Como regra, antes da celebração de um contrato, deve-se realizar um prévio procedimento licitatório, a fim de se respeitarem, por exemplo, os princípios da impessoalidade e moralidade. Todavia, em situações excepcionais, admite-se a contratação direta, nos casos enquadrados como dispensa ou inexigibilidade de licitação (situações estudadas em capítulo próprio).

> Art. 37, XXI, CF – ressalvados os casos especificados na legislação, as obras, serviços, compras e alienações serão contratados mediante processo de licitação pública que assegure igualdade de condições a todos os concorrentes, com cláusulas que estabeleçam obrigações de pagamento, mantidas as condições efetivas da proposta, nos termos da lei, o qual somente permitirá as exigências de qualificação técnica e econômica indispensáveis à garantia do cumprimento das obrigações.

b) Convocação

A Administração convocará regularmente o licitante vencedor para assinar o termo de contrato ou para aceitar ou retirar o instrumento equivalente, dentro do prazo e nas condições estabelecidas no edital de licitação, sob pena de decair o direito à contratação, sem prejuízo das sanções previstas nesta Lei (art. 90, Lei 14.133/2021).

Entretanto, mediante solicitação devidamente justificada da parte e desde que o motivo apresentado seja aceito pela Administração, poderá o prazo de convocação ser prorrogado uma única vez, por igual período.

Daí surge a pergunta: o que acontece se o licitante mais bem classificado não assinar o contrato?

Será facultado à Administração convocar os licitantes remanescentes, na ordem de classificação, para a celebração do contrato nas condições propostas pelo licitante vencedor. Caso nenhum destes aceite, a Administração, observados o valor estimado e sua eventual atualização nos termos do edital, poderá: convocar os licitantes remanescentes para negociação, na ordem de classificação, visando à obtenção de preço melhor, mesmo que acima do preço do adjudicatário; adjudicar e celebrar o

---

[1] O formalismo é uma das características do contrato administrativo, não o informalismo como disse a questão.

Cap. 14 – CONTRATOS ADMINISTRATIVOS (LEI 14.133/2021) **579**

contrato nas condições ofertadas pelos licitantes remanescentes, atendida a ordem classificatória, quando frustrada a negociação de melhor condição.

> **caiu na prova**
>
> **(AOCP/SEAD-GO/2022)** *Será obrigatório à Administração, quando o convocado não assinar o termo de contrato no prazo e nas condições estabelecidas, convocar os licitantes remanescentes, na ordem de classificação, para a celebração do contrato nas condições propostas pelo licitante vencedor.*
>
> **Gabarito:** *Errado.[2]*

Observe que caso o licitante vencedor não assine o contrato, a Administração poderá convocar (ato discricionário) os outros licitantes, respeitada a ordem de classificação, para saber se estes aceitam contratar com o poder público nas condições estipuladas pelo licitante vencedor.

> Art. 90, § 2.º, Lei 14.133/2021. Será facultado à Administração, quando o convocado não assinar o termo de contrato ou não aceitar ou não retirar o instrumento equivalente no prazo e nas condições estabelecidas, convocar os licitantes remanescentes, na ordem de classificação, **para a celebração do contrato nas condições propostas pelo licitante vencedor**. (grifos nossos)

Pode ser que neste momento você esteja se perguntando: "como assim?".

Vamos imaginar a seguinte situação: A União abriu uma licitação e declarou no edital que o critério de julgamento seria pelo menor preço. Achando uma boa oportunidade, quatro empresas se inscreveram para participar deste certame e entregaram as seguintes propostas: a empresa "A" disse que venderia seu produto por R$ 10,00; a empresa "B", por R$ 12,00; a "C", por R$ 15,00; e a "D", por R$ 20,00.

Te pergunto: qual empresa ficou classificada em primeiro lugar?

A empresa "A" ficou classificada em primeiro lugar, já que colocou o menor preço.

Mas se "A" resolver não assinar o contrato com a União, poderão os outros licitantes ser chamados a contratar com o poder público?

Sim, a convocação poderá ser feita, respeitando-se, logicamente, a ordem de classificação. Sendo assim, usando o exemplo dado, a empresa "B" seria chamada, entretanto, se esta desejar assinar o contrato com a União deverá vender seu produto por R$ 10,00 (valor proposto pela empresa "A"), não por R$ 12,00 como tinha sugerido em sua proposta originária. Isso ocorre em virtude de o licitante mais bem classificado "fixar" os termos da futura contratação.

---

[2] Será facultado (ato discricionário) à Administração, quando o convocado não assinar o termo de contrato ou não aceitar ou não retirar o instrumento equivalente no prazo e nas condições estabelecidas, convocar os licitantes remanescentes, na ordem de classificação, para a celebração do contrato nas condições propostas pelo licitante vencedor (art. 90, § 2.º, Lei 14.133/2021).

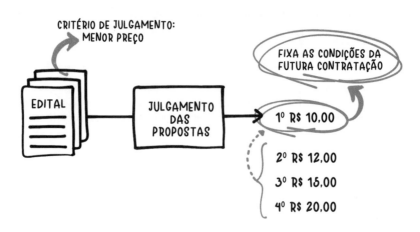

> **cuidado**
>
> A recusa injustificada, durante o prazo de validade da proposta, do licitante mais bem classificado em assinar o contrato ou em aceitar ou retirar o instrumento equivalente no prazo estabelecido pela Administração caracterizará o descumprimento total da obrigação assumida e o sujeitará às penalidades legalmente estabelecidas e à imediata perda da garantia de proposta em favor do órgão ou entidade licitante (art. 90, § 5.º, Lei 14.133/2021).

c) Forma escrita

Os contratos e seus aditamentos terão forma escrita e serão juntados ao processo que tiver dado origem à contratação, divulgados e mantidos à disposição do público em sítio eletrônico oficial. Inclusive, pode ser adotada a forma eletrônica na celebração destes, atendidas as exigências previstas em regulamento.

Observe que a forma escrita é tão regra, que a Lei 14.133/2021 chega a mencionar que os contratos verbais pactuados com o poder público são nulos e de nenhum efeito, salvo se houver o enquadramento daquele contrato em situações bem pontuais e específicas, as quais veremos logo adiante. Por enquanto, apenas observe o início deste dispositivo legal: "art. 95, § 2.º. É nulo e de nenhum efeito o contrato verbal com a Administração, salvo [...]".

Todavia, apesar de a forma escrita ser a regra, excepcionalmente, admite-se o contrato pactuado de maneira verbal para os casos de pequenas compras e prestação de serviços de pronto pagamento, assim entendidos aqueles de valor não superior a R$ 11.441,66 (onze mil, quatrocentos e quarenta e um reais e sessenta e seis centavos)[3].

---

[3] Valor atualizado pelo Decreto 11.317, de 2022.

Cap. 14 – CONTRATOS ADMINISTRATIVOS (LEI 14.133/2021) | 581

> **caiu na prova**
>
> **(AOCP/SEAD-GO/2022)** É nulo e de nenhum efeito o contrato verbal com a Administração, salvo o de pequenas compras ou o de prestação de serviços de pronto pagamento.
> **Gabarito:** Certo.

> **cuidado**
>
> Ponto interessante e inovador trazido pela Lei 14.133/2021 é o fato de ser admitida a manutenção em sigilo de contratos e de termos aditivos quando imprescindível à segurança da sociedade e do Estado, nos termos da legislação que regula o acesso à informação.

d) Meios de formalização

Por via de regra, a fim de garantir o formalismo, o instrumento do contrato será obrigatório.

Todavia, em algumas situações, a Administração poderá substituí-lo por outro instrumento hábil, tais como carta-contrato, nota de empenho de despesa, autorização de compra ou ordem de execução de serviço.

Segundo a Lei 14.133/2021, essa substituição poderá acontecer nos seguintes casos:

– Dispensa de licitação em razão de valor[4].
– Compras com entrega imediata e integral dos bens adquiridos e dos quais não resultem obrigações futuras, inclusive quanto à assistência técnica, independentemente de seu valor.

e) Publicação

Após toda a formalização procedimental, deve-se realizar a publicação do contrato, sendo esta uma condição imprescindível à produção de efeitos (eficácia).

---

[4] Art. 75. É dispensável a licitação: I – para contratação que envolva valores inferiores a R$ 114.416,65 (cento e quatorze mil quatrocentos e dezesseis reais e sessenta e cinco centavos) no caso de obras e serviços de engenharia ou de serviços de manutenção de veículos automotores; II – para contratação que envolva valores inferiores a R$ 57.208,33 (cinquenta e sete mil duzentos e oito reais e trinta e três centavos), no caso de outros serviços e compras.

Vejamos o que diz a Lei 14.133/2021: "Art. 94. A divulgação no Portal Nacional de Contratações Públicas (PNCP) é condição indispensável para a eficácia do contrato [...]".

> **caiu na prova**
>
> **(FGV/SENADO/2022)** A divulgação no Portal Nacional de Contratações Públicas (PNCP) é condição indispensável para a eficácia do contrato e de seus aditamentos e permite a ampliação do controle social sobre as práticas administrativas.
>
> **Gabarito:** Certo.

Qual será o prazo para a efetivação dessa publicidade?

A divulgação do contrato e de seus aditamentos deverá ocorrer nos seguintes prazos, contados da data de sua assinatura:

- vinte dias úteis, no caso de licitação;
- dez dias úteis, no caso de contratação direta.

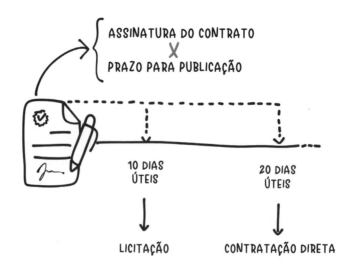

> **cuidado**
>
> Os contratos celebrados em caso de urgência terão eficácia a partir de sua assinatura e deverão ser publicados nos prazos previstos nos incisos I e II do art. 94, sob pena de nulidade.

4.2 Contrato administrativo × contrato privado

Para finalizar o tópico referente às características dos contratos administrativos, vamos fazer uma breve distinção entre eles e os contratos pactuados entre particulares:

	CONTRATO ADMINISTRATIVO	CONTRATO PRIVADO
Matéria	Direito Administrativo	Direito Civil
Regime	Direito público	Direito privado
Posição das partes	Verticalidade Obs.: A Administração encontra-se em posição de supremacia.	Horizontalidade
Cláusulas exorbitantes (prerrogativas para a Adm.)	SIM	NÃO
Busca	Interesses públicos	Interesses privados
Exemplo	Contrato de obra pública	Locação de um imóvel

5. EXECUÇÃO DOS CONTRATOS

Após a celebração do contrato, as partes deverão executar fielmente seus termos, respeitando as cláusulas avençadas e a lei, respondendo cada uma pelas consequências de sua inexecução total ou parcial.

No tocante à **Administração**, uma de suas responsabilidades é **fiscalizar** a execução do contrato a fim de evitar eventuais prejuízos advindos da má execução do pacto.

Tal fiscalização deverá ser feita por, no mínimo, um representante da Administração, sendo permitida a contratação de terceiros para auxiliá-lo. Vejamos o que preleciona a Nova Lei de Licitações e Contratos Administrativos:

> Art. 117, Lei 14.133/2021. A execução do contrato deverá ser acompanhada e fiscalizada por 1 (um) ou mais fiscais do contrato, representantes da Administração especialmente designados conforme requisitos estabelecidos no art. 7.º desta Lei, ou pelos respectivos substitutos, permitida a contratação de terceiros para assisti-los e subsidiá-los com informações pertinentes a essa atribuição.
>
> § 4.º Na hipótese da contratação de terceiros prevista no caput deste artigo, deverão ser observadas as seguintes regras:
>
> I – a empresa ou o profissional contratado assumirá responsabilidade civil objetiva pela veracidade e pela precisão das informações prestadas, firmará termo de compromisso de confidencialidade e não poderá exercer atribuição própria e exclusiva de fiscal de contrato;
>
> II – a contratação de terceiros não eximirá de responsabilidade o fiscal do contrato, nos limites das informações recebidas do terceiro contratado.

Com a intenção de facilitar o entendimento desse tema, vamos dividir o assunto relacionado à execução dos contratos em alguns tópicos.

a) Reserva de cargos

Para que se possa, cada vez mais, garantir a igualdade material, a empresa contratada deverá respeitar, na execução do contrato, a reserva de vagas prevista para pessoas com deficiência, reabilitados da previdência e todas as outras situações que constem em legislação específica.

Vejamos o que preleciona a Lei 14.133/2021 – Nova Lei de Licitações e Contratos Administrativos:

> Art. 116. Ao longo de toda a execução do contrato, o contratado deverá cumprir a reserva de cargos prevista em lei para pessoa com deficiência, para reabilitado da Previdência Social ou para aprendiz, bem como as reservas de cargos previstas em outras normas específicas.
>
> Parágrafo único. Sempre que solicitado pela Administração, o contratado deverá comprovar o cumprimento da reserva de cargos a que se refere o *caput* deste artigo, com a indicação dos empregados que preencherem as referidas vagas.

b) Preposto

Antes de tudo, precisamos saber o que significa preposto!

Em uma linguagem bem simples, preposto é a pessoa que vai representar a empresa, ou seja, é o indivíduo nomeado pelo representante da pessoa jurídica para que possa, por delegação, praticar atos em nome desta.

Segundo a Nova Lei de Licitações e Contratos, o contratado deverá manter um preposto (aceito pela Administração) no local da execução do contrato para que possa representá-lo. Vejamos:

> Art. 118, Lei 14.133/2021. O contratado deverá manter preposto aceito pela Administração no local da obra ou do serviço para representá-lo na execução do contrato.

caiu na prova

(QUADRIX/CRMV-SP/2022) *O contratado deverá manter preposto aceito pela Administração, no local da obra ou do serviço, para representá-lo na execução do contrato.*

Gabarito: *Certo.*

c) Responsabilidades

O contratado será obrigado a reparar, corrigir, remover, reconstruir ou substituir, a suas expensas, no total ou em parte, o objeto do contrato em que se verificarem vícios, defeitos ou incorreções resultantes de sua execução ou de materiais nela empregados (art. 119, Lei 14.133/2021).

Portanto, a responsabilidade por danos causados a particulares ou à Administração será do contratado, ficando este obrigado a reparar os prejuízos resultantes da má execução contratual.

Daí surge uma pergunta: o fato de a Administração fiscalizar a execução do contrato vai diminuir ou, até mesmo, eliminar a responsabilidade do contratado?

Não! Vejamos o que preleciona a Lei 14.133/2021:

> Art. 120. O contratado será responsável pelos danos causados diretamente à Administração ou a terceiros em razão da execução do contrato, e **não excluirá**

nem reduzirá essa responsabilidade a fiscalização ou o acompanhamento pelo contratante.

> **caiu na prova**
>
> **(FUNDATEC/AGERGS/2022)** *O contratado será responsável pelos danos causados diretamente à Administração ou a terceiros em razão da execução do contrato, exceto quando houver fiscal designado, situação em que a responsabilidade recairá sobre o gestor, garantindo o direito à ação de regresso.*
>
> **Gabarito:** *Errado.*[5]

Seguindo a mesma ideia exposta inicialmente, também será do contratado a responsabilidade, resultante da execução do contrato, relativamente aos encargos trabalhistas, fiscais e previdenciários de seus empregados. Logo, a inadimplência daquele em relação a tais obrigações não transfere à Administração a responsabilização pelos pagamentos.

> Art. 121, Lei 14.133/2021. Somente o contratado será responsável pelos encargos trabalhistas, previdenciários, fiscais e comerciais resultantes da execução do contrato.
>
> § 1.º A inadimplência do contratado em relação aos encargos trabalhistas, fiscais e comerciais não transferirá à Administração a responsabilidade pelo seu pagamento e não poderá onerar o objeto do contrato nem restringir a regularização e o uso das obras e das edificações, inclusive perante o registro de imóveis, ressalvada a hipótese prevista no § 2.º deste artigo.

Todavia, exclusivamente nas contratações de serviços contínuos com regime de dedicação exclusiva de mão de obra, a Administração responderá solidariamente pelos encargos previdenciários e subsidiariamente pelos encargos trabalhistas, se comprovada falha na fiscalização do cumprimento das obrigações do contratado (art. 121, § 2.º, Lei 14.133/2021).

Mas qual a diferença entre responsabilidade do tipo solidária e subsidiária?

Fácil, vejamos:

Responsabilidade solidária: os encargos previdenciários são de responsabilidade da contratada + Administração, ou seja, os dois são responsáveis (juntos) por esta obrigação.

Responsabilidade subsidiária: os encargos trabalhistas são de responsabilidade da contratada e, via de regra, apenas esta será responsabilizada. Entretanto, caso a contratada não tenha condições de arcar com estes pagamentos, a Administração poderá ser convocada a responder pelos encargos trabalhistas. Observe que a Administração terá uma responsabilidade "reserva", subsidiária.

---

[5] O contratado será responsável pelos danos causados diretamente à Administração ou a terceiros em razão da execução do contrato, e não excluirá nem reduzirá essa responsabilidade a fiscalização ou o acompanhamento pelo contratante (art. 120, Lei 14.133/2021).

d) Subcontratação

Será permitido ao contratado, dentro dos limites autorizados pela Administração, subcontratar partes da obra, serviço ou fornecimento. Todavia, ainda que exista esse repasse, o contratado continuará sendo o responsável pela execução contratual.

Logicamente, apesar de a regra ser a possibilidade de subcontratação, poderá o regulamento ou edital de licitação vedar, restringir ou estabelecer condições para que esta ocorra.

> **caiu na prova**
>
> **(FUNDEP/PROCURADOR-MG/2023)** *No edital de licitação, a Administração Pública pode inserir cláusulas que vedem, restrinjam ou estabeleçam condições para a subcontratação.*
> **Gabarito:** *Certo.*

> **cuidado**
>
> *Será vedada a subcontratação de pessoa física ou jurídica, se aquela ou os dirigentes desta mantiverem vínculo de natureza técnica, comercial, econômica, financeira, trabalhista ou civil com dirigente do órgão ou entidade contratante ou com agente público que desempenhe função na licitação ou atue na fiscalização ou na gestão do contrato, ou se deles forem cônjuge, companheiro ou parente em linha reta, colateral, ou por afinidade, até o terceiro grau, devendo essa proibição constar expressamente do edital de licitação (art. 122, § 3.º, Lei 14.133/2021).*

e) Decisões

A Administração terá o dever de explicitamente emitir decisão sobre todas as solicitações e reclamações relacionadas à execução dos contratos regidos pela Lei 14.133/2021, ressalvados os requerimentos manifestamente impertinentes, meramente protelatórios ou de nenhum interesse para a boa execução do contrato (art. 123, Lei 14.133/2021).

A Administração terá um prazo para decidir?

Sim! Salvo disposição legal ou cláusula contratual que estabeleça prazo específico, concluída a instrução do requerimento, a Administração terá o prazo de um mês para decidir, admitida a prorrogação motivada por igual período.

6. DURAÇÃO DOS CONTRATOS

Os contratos administrativos, via de regra, não podem ser instituídos por prazo indeterminado. Assim, deverá o edital e o próprio contrato preverem a duração da avença, respeitando-se, logicamente, a disponibilidade orçamentária instituída em lei.

> Art. 105, Lei 14.133/2021. A duração dos contratos regidos por esta Lei será a prevista em edital, e deverão ser observadas, no momento da contratação e a cada exercício financeiro, a disponibilidade de créditos orçamentários, bem como a previsão no plano plurianual, quando ultrapassar 1 (um) exercício financeiro.

Observe que, excepcionalmente, admite-se a contratação por prazo indeterminado na hipótese de a Administração ser usuária de serviço público oferecido em regime de monopólio, desde que comprovada, a cada exercício financeiro, a existência de créditos orçamentários vinculados à contratação (art. 109, Lei 14.133/2021).

Esta foi uma grande inovação trazida pela Lei 14.133/2021, já que anteriormente era completamente vedada a existência de contratos por prazo indeterminado. Todavia, de acordo com a nova Lei de Licitação e Contratos, de maneira excepcional, será admitida a contratação indeterminada nos casos de a Administração ser usuária de um serviço público oferecido em regime de monopólio (sem competição, concorrente).

Imagine o seguinte caso: O serviço público de água e esgoto de determinado estado é ofertado exclusivamente pela concessionária "X", vale ressaltar que não existem concorrentes, ou seja, apenas a referida empresa presta os serviços mencionados. Sendo assim, caso o estado venha a usar deste serviço (que vai usar), poderá assinar com a concessionária "X" um contrato por prazo indeterminado.

caiu na prova

(QUADRIX/CRO-RS/2022) *A Administração pode estabelecer prazo indeterminado nos contratos em que seja usuária de serviço público oferecido em regime de monopólio, desde que comprove, a cada exercício financeiro, a existência de créditos orçamentários vinculados à contratação.*

Gabarito: *Certo.*

Entretanto, como já falamos, a regra generalíssima é que os contratos deverão ser pactuados por um prazo determinado, mas qual é este prazo?

Depende do objeto da contratação, vejamos:

- **Até cinco anos:**
  - Aluguel de equipamentos e à utilização de programas de informática.
  - Contratação de serviços e fornecimentos contínuos.

cuidado

Art. 107. Os contratos de serviços e fornecimentos contínuos poderão ser prorrogados sucessivamente, respeitada a vigência máxima decenal (10 anos), desde que haja previsão em edital e que a autoridade competente ateste que as condições e os preços permanecem vantajosos para a

> *Administração, permitida a negociação com o contratado ou a extinção contratual sem ônus para qualquer das partes.*

- **Até dez anos:**
  - Contratação de bens ou serviços produzidos ou prestados no País que envolvam, cumulativamente, alta complexidade tecnológica e defesa nacional.
  - Contratação de materiais de uso das Forças Armadas, com exceção de materiais de uso pessoal e administrativo, quando houver necessidade de manter a padronização requerida pela estrutura de apoio logístico dos meios navais, aéreos e terrestres, mediante autorização por ato do comandante da força militar.
  - Contratação visando ao cumprimento do disposto nos arts. 3.º, 3.º-A, 4.º, 5.º e 20 da Lei 10.973, de 2 de dezembro de 2004 (Dispõe sobre incentivos à inovação e à pesquisa científica e tecnológica no ambiente produtivo e dá outras providências), observados os princípios gerais de contratação constantes da referida Lei.
  - Contratação que possa acarretar comprometimento da segurança nacional, nos casos estabelecidos pelo Ministro de Estado da Defesa, mediante demanda dos comandos das Forças Armadas ou dos demais ministérios.
  - Contratação em que houver transferência de tecnologia de produtos estratégicos para o Sistema Único de Saúde (SUS), conforme elencados em ato da direção nacional do SUS, inclusive por ocasião da aquisição desses produtos durante as etapas de absorção tecnológica, e em valores compatíveis com aqueles definidos no instrumento firmado para a transferência de tecnologia.
  - Para aquisição, por pessoa jurídica de direito público interno, de insumos estratégicos para a saúde produzidos por fundação que, regimental ou estatutariamente, tenha por finalidade apoiar órgão da Administração Pública direta, sua autarquia ou fundação em projetos de ensino, pesquisa, extensão, desenvolvimento institucional, científico e tecnológico e de estímulo à inovação, inclusive na gestão administrativa e financeira necessária à execução desses projetos, ou em parcerias que envolvam transferência de tecnologia de produtos estratégicos para o SUS, nos termos do inciso XII do *caput* do art. 75 desta lei, e que tenha sido criada para esse fim específico em data anterior à entrada em vigor desta Lei, desde que o preço contratado seja compatível com o praticado no mercado.

- **Até 15 anos:**
  - Contrato que previr a operação continuada de sistemas estruturantes de tecnologia da informação.

- **Na contratação que produza receita e no contrato de eficiência que gere economia para a Administração, os prazos serão de:**
  - **até 10 anos**, nos contratos sem investimento;
  - **até 35 anos**, nos contratos com investimento, assim considerados aqueles que impliquem a elaboração de benfeitorias permanentes, realizadas exclusivamente a expensas do contratado, que serão revertidas ao patrimônio da Administração Pública ao término do contrato.

> **caiu na prova**
>
> **(QUADRIX/CRO-RS/2022)** *Na contratação que gere receita e no contrato de eficiência que gere economia para a Administração, os prazos serão de até quinze anos, quando se tratar de contrato sem investimento.*
>
> **Gabarito:** *Errado.*[6]

7. GARANTIAS

O instituto da garantia não é uma novidade, pois já era previsto na legislação anterior – Lei 8.666/1993. Esta prelecionava que, "a critério da autoridade competente, em cada caso, e desde que prevista no instrumento convocatório, poderá ser exigida prestação de garantia nas contratações de obras, serviços e compras".

Na época, muito se discutia acerca do fato de a Lei 8.666/1993 disciplinar que a garantia poderia vir a ser exigida, dando a entender tratar-se de ato discricionário do Poder Público. Entretanto, segundo a doutrina majoritária, em virtude do princípio da indisponibilidade, o entendimento predominante era o de que a garantia deveria (ato vinculado) ser exigida, sendo este um verdadeiro poder-dever do Estado.

Entretanto, mesmo com toda crítica doutrinária, a Lei 14.133/2021 ("nova" Lei de Licitação e Contratos), confirmou a redação anterior e continuou prelecionando que o instituto da garantia poderá ser exigido pela Administração, reforçando a ideia do caráter discricionário da medida. Vejamos:

> Art. 96, Lei 14.133/2021. A critério da autoridade competente, em cada caso, poderá ser exigida, mediante previsão no edital, prestação de garantia nas contratações de obras, serviços e fornecimentos.

Portanto, para efeito das provas em geral, pelo menos neste primeiro momento, deve-se adotar a literalidade do texto da lei, ou seja, devemos considerar que a exigência da garantia poderá ser feita pela Administração ou não, tratando-se de uma decisão puramente discricionária do Poder Público.

Daí surge uma pergunta: para que serve essa garantia?

Simples, a garantia tem por objetivo assegurar o fiel cumprimento das obrigações assumidas pelo contratado perante a Administração, inclusive as multas, os prejuízos e as indenizações decorrentes de inadimplemento (art. 96, Lei 14.133/2021).

Quanto à forma de prestação dessa garantia, a escolha ficará a cargo do contratado, podendo este optar por um dos seguintes meios:

- Caução em dinheiro ou em títulos da dívida pública emitidos sob a forma escritural, mediante registro em sistema centralizado de liquidação e de custódia

---

[6] Na contratação que gere receita e no contrato de eficiência que gere economia para a Administração, os prazos serão de até 10 anos, nos contratos sem investimento.

autorizado pelo Banco Central do Brasil, e avaliados por seus valores econômicos, conforme definido pelo Ministério da Economia.
- Seguro-garantia.
- Fiança bancária emitida por banco ou instituição financeira devidamente autorizada a operar no País pelo Banco Central do Brasil.

Quanto ao valor da garantia, deverão ser respeitados os seguintes limites:

Nas contratações de obras, serviços e fornecimentos, a garantia poderá ser de até **5%** do valor inicial do contrato, autorizada a majoração desse percentual para até **10%**, desde que justificada mediante análise da complexidade técnica e dos riscos envolvidos.

> **caiu na prova**
>
> **(QUADRIX/SEDF/2022)** *Um contrato de obras no valor de R$ 3.000.000 terá como garantia o valor de até R$ 150.000, podendo ser elevado para até R$ 300.000 em decorrência da complexidade técnica e dos riscos envolvidos.*
>
> **Gabarito:** *Certo.*

Caso a contratação esteja relacionada a obras e serviços de engenharia de **grande vulto**, poderá ser exigida a prestação de garantia, na modalidade seguro-garantia, com cláusula de retomada, em percentual equivalente a até **30%** do valor inicial do contrato.

O que seria considerado "grande vulto"?

A própria Lei 14.133/2021 nos dá a resposta. Vejamos: art. 6º, XXII. Obras, serviços, locações e fornecimentos de grande vulto: aqueles cujo valor estimado supera R$ 228.833.309,04 (duzentos e vinte e oito milhões, oitocentos e trinta e três mil, trezentos e nove reais e quatro centavos).[7]

---

[7] Valor atualizado pelo Decreto 11.317, de 2022.

Por fim, a garantia prestada pelo contratado será liberada ou restituída após a fiel execução do contrato ou após sua extinção por culpa exclusiva da Administração e, quando em dinheiro, atualizada monetariamente (art. 100, Lei 14.133/2021).

8. ALOCAÇÃO DE RISCOS

Apesar de a alocação de riscos não ter sido prevista na antiga Lei Geral de Licitações e Contratos – Lei 8.666/1993, esse instituto, na verdade, não é uma novidade no Direito Administrativo.

A Lei das Parcerias Público-Privadas (Lei 11.079/2004) prevê, desde o ano de 2004, o compartilhamento de riscos entre as partes envolvidas no contrato. Vejamos:

> Art. 4.º Na contratação de parceria público-privada serão observadas as seguintes diretrizes: VI – repartição objetiva de riscos entre as partes.
>
> Art. 5.º As cláusulas dos contratos de parceria público-privada atenderão ao disposto no art. 23 da Lei 8.987, de 13 de fevereiro de 1995, no que couber, devendo também prever: III – a repartição de riscos entre as partes, inclusive os referentes a caso fortuito, força maior, fato do príncipe e álea econômica extraordinária.

Seguindo essa tendência, a Nova Lei de Licitações e Contratos Administrativos previu, de forma expressa, que o contratante (setor público) e o contratado (setor privado) poderão compartilhar os riscos resultantes da execução do contrato.

> Art. 103, Lei 14.133/2021. O contrato poderá identificar os riscos contratuais previstos e presumíveis e prever matriz de alocação de riscos, alocando-os entre contratante e contratado, mediante indicação daqueles a serem assumidos pelo setor público ou pelo setor privado ou daqueles a serem compartilhados.
>
> § 1.º A alocação de riscos de que trata o *caput* deste artigo considerará, em compatibilidade com as obrigações e os encargos atribuídos às partes no contrato, a natureza do risco, o beneficiário das prestações a que se vincula e a capacidade de cada setor para melhor gerenciá-lo.

Observe que o dispositivo normativo mencionado preleciona que "o contrato poderá identificar os riscos contratuais previstos e presumíveis e prever matriz de alocação de riscos", sendo assim, o instrumento da alocação de riscos decorre, via de regra (como já veremos), de uma decisão discricionária da Administração, ou seja, poderá esta prevê-lo ou não.

Entretanto, quando a contratação se referir a obras e serviços de grande vulto ou forem adotados os regimes de contratação integrada e semi-integrada, o edital obrigatoriamente contemplará matriz de alocação de riscos entre o contratante e o contratado.

caiu na prova

(CEBRASPE/TRT-PA-AP/2022) *A respeito da contratação de obras de grande vulto, em conformidade com a Lei 14.133/2021, o edital contemplará, obrigatoriamente, matriz de alocação de riscos entre o contratante e o contratado nesse tipo de contratação.*

Gabarito: *Certo.*

Mas o que seria esse "risco"?

O risco está relacionado a um acontecimento futuro e incerto, não causado por nenhuma das partes, que pode prejudicar o cumprimento do contrato. Assim, buscando evitar futuros conflitos, os contratantes podem definir, desde o início, como será a distribuição de responsabilidades em caso de futuros infortúnios.

Logo, a matriz de alocação de riscos definirá o equilíbrio econômico-financeiro inicial do contrato no tocante a eventos supervenientes, e deverá ser observada na solução de eventuais pleitos das partes.

> **cuidado**
>
> *Como regra, sempre que atendidas as condições do contrato e da matriz de alocação de riscos, será considerado mantido o equilíbrio econômico-financeiro, renunciando as partes aos pedidos de restabelecimento do equilíbrio relacionados aos riscos assumidos, exceto no que se refere: às alterações unilaterais determinadas pela Administração; ao aumento ou à redução, por legislação superveniente, dos tributos diretamente pagos pelo contratado em decorrência do contrato (art. 103, § 5.º, Lei 14.133/2021).*

8.1 Teoria da imprevisão

Todos os contratos administrativos possuem diversas cláusulas necessárias, entre elas encontra-se a necessidade de informar o preço e as condições de pagamento, os critérios, a data-base e a periodicidade do reajustamento de preços e os critérios de atualização monetária entre a data do adimplemento das obrigações e a do efetivo pagamento.

Nesse sentido, no início da relação, já se estabelece o valor-base que servirá de referência para a manutenção da margem de lucro. Logo, existindo alterações nas condições de execução do contrato, deve-se realizar também a revisão desses valores a fim de se reestabelecer o equilíbrio econômico-financeiro.

De forma mais simples, podemos dizer que os valores devem ser revistos pelo fato de o contratado não poder ser prejudicado pelas modificações contratuais, pois, enquanto as cláusulas exorbitantes são prerrogativas ofertadas à Administração, a manutenção da margem de lucro é um direito dado ao contratado.

Tanto é que a própria Lei 14.133/2021 previu que os contratos poderão ser alterados, por acordo entre as partes, para que se possa retornar ao devido equilíbrio financeiro, vejamos:

> Art. 124. Os contratos regidos por esta Lei poderão ser alterados, com as devidas justificativas, nos seguintes casos:
>
> II – por acordo entre as partes: [...]
>
> d) para restabelecer o equilíbrio econômico-financeiro inicial do contrato em caso de força maior, caso fortuito ou fato do príncipe ou em decorrência de fatos imprevisíveis ou previsíveis de consequências incalculáveis, que inviabilizem a execução do contrato tal como pactuado, respeitada, em qualquer caso, a repartição objetiva de risco estabelecida no contrato. [...]
>
> § 2º Será aplicado o disposto na alínea *d* do inciso II do *caput* deste artigo às contratações de obras e serviços de engenharia, quando a execução for obstada pelo

atraso na conclusão de procedimentos de desapropriação, desocupação, servidão administrativa ou licenciamento ambiental, por circunstâncias alheias ao contratado.

Perceba que, em algumas situações, a recomposição dos valores inicialmente estipulados decorre de um fato completamente imprevisível, não imputável às partes e imprevisto no momento da assinatura do contrato. A esse fenômeno dá-se o nome de teoria da imprevisão (cláusula *rebus sic stantibus*), o qual impõe a revisão dos preços avençados para que se possa manter o equilíbrio econômico-financeiro do contrato.

Mas quais seriam as hipóteses ensejadoras da utilização dessa teoria?

Segundo a doutrina majoritária, são quatro situações. Vejamos:

a) **Caso fortuito e força maior:** decorrem de atos humanos, estranhos à vontade das partes, ou de eventos da natureza. Podemos citar o caso de um tremor de terra que destrói parte da obra que vinha sendo executada pela empreiteira contratada.

b) **Interferência imprevista:** também denominada sujeição imprevista, decorre de um fato preexiste à assinatura do contrato que, entretanto, era completamente desconhecido. Podemos citar o caso de um sítio arqueológico que só é descoberto após o início da execução de uma obra.

c) **Fato do príncipe:** nesse caso temos uma ação administrativa geral, abstrata e externa que, entretanto, acaba atingindo o contrato de maneira reflexa. Vamos imaginar o seguinte exemplo: a empresa "A" assina um contrato com o município "X" e após alguns meses é surpreendida com o aumento da alíquota de um imposto federal. Observe que apesar de o contrato ser firmado no âmbito municipal, um tributo instituído pela União acabou gerando um desequilíbrio financeiro, ou seja, foi um fato externo ao contrato, mas que nele refletiu por ricochete.

d) **Fato da Administração:** diferentemente do fato do príncipe, causado por um ato externo, o fato da Administração é proveniente de uma situação específica e diretamente ligada à relação contratual. Imagine, por exemplo, a situação de uma construtora que fica impedida de iniciar a obra de construção de uma nova escola pública em virtude da inércia do Poder Público em realizar as desapropriações necessárias. Perceba que a omissão administrativa possui relação direta com o contrato e gera o desequilíbrio em virtude do atraso indevido no início das obras.

> **caiu na prova**
>
> **(OBJETIVA/PROCURADOR-VARGINHA/2022)** O "fato da Administração" distingue-se do "fato do príncipe", pois, enquanto o primeiro se relaciona diretamente com o contrato, o segundo é praticado pela autoridade, não como "parte" no contrato, mas como autoridade pública que, como tal, acaba por praticar um ato que, reflexamente, repercute sobre o contrato.
>
> **Gabarito:** Certo.

9. PRERROGATIVAS DA ADMINISTRAÇÃO

O princípio da **supremacia** do interesse público faz com que a Administração possa atuar em posição de superioridade em relação ao particular. Portanto, na busca pela satisfação do interesse coletivo, o Estado poderá, em diversas situações, limitar os indivíduos em prol do bem-estar coletivo.

Exatamente dessa máxima surgem as **cláusulas exorbitantes**, as quais são responsáveis por ofertar **prerrogativas** contratuais à Administração a fim de que esta possa agir em busca da satisfação do interesse público.

> **caiu na prova**
>
> **(TRF-4R/JUIZ-TRF4/2022)** Os contratos administrativos são dotados de cláusulas exorbitantes.
>
> **Gabarito:** Certo.

Em outras palavras, diferentemente das relações privadas (pautadas pela horizontalidade) os contratos administrativos estabelecem uma desigualdade entre as partes (**relação vertical**), porquanto o Poder Público tem diversos benefícios (prerrogativas) não extensíveis ao contratado.

E quais seriam essas **cláusulas exorbitantes, prerrogativas**?

Da mesma forma que o estatuto anterior – Lei 8.666/1993 –, a nova Lei 14.133/2021 previu (art. 104) a existência de cinco cláusulas exorbitantes (prerrogativas) nos contratos administrativos, as quais conferem à Administração as prerrogativas de:

- Modificá-los, unilateralmente, para melhor adequação às finalidades de interesse público, respeitados os direitos do contratado.
- Extingui-los, unilateralmente, nos casos especificados nessa Lei.

Cap. 14 – CONTRATOS ADMINISTRATIVOS (LEI 14.133/2021)

- Fiscalizar sua execução.
- Aplicar sanções motivadas pela inexecução total ou parcial do ajuste.
- Ocupar provisoriamente bens móveis e imóveis e utilizar pessoal e serviços vinculados ao objeto do contrato nas hipóteses de: a) risco à prestação de serviços essenciais; b) necessidade de acautelar apuração administrativa de faltas contratuais pelo contratado, inclusive após extinção do contrato.

Logicamente, em respeito aos direitos do contratado, as cláusulas econômico-financeiras e monetárias dos contratos não poderão ser alteradas sem prévia concordância deste. Entretanto, caso exista a modificação unilateral do contrato (art. 104, I, Lei14.133/2021) as cláusulas econômico-financeiras do contrato deverão ser revistas para que se mantenha o equilíbrio contratual.

10. MODIFICAÇÃO UNILATERAL DOS CONTRATOS

A assinatura do contrato administrativo não o torna imutável, visto que será permitida a realização de alterações, qualitativas e quantitativas, a fim de que seja possível adequar aquele pacto às reais necessidades administrativas e ao interesse público.

Tais modificações, em virtude do princípio da supremacia do interesse público, poderão ser feitas de forma **unilateral** pela Administração. Vejamos o que diz a Nova Lei de Licitações e Contratos Administrativos:

> Art. 124, Lei 14.133/2021. Os contratos regidos por esta Lei poderão ser alterados, com as devidas justificativas, nos seguintes casos:
>
> I – unilateralmente pela Administração:
>
> a) quando houver modificação do projeto ou das especificações, para melhor adequação técnica a seus objetivos; (modificação qualitativa)
>
> b) quando for necessária a modificação do valor contratual em decorrência de acréscimo ou diminuição quantitativa de seu objeto, nos limites permitidos por esta Lei; (modificação quantitativa)

Para facilitar a visualização do tema, imagine a seguinte situação: o Estado do Rio de Janeiro, com a finalidade de aumentar a frota de veículos dos órgãos de segurança pública, realizou uma licitação para adquirir 100 novos carros. Todavia, após a declaração do vencedor do certame e a efetiva assinatura do contrato, iniciou-se uma verdadeira guerra entre facções pertencentes ao tráfico de drogas, a qual gerou um aumento significativo da violência naquela localidade. Por conseguinte, para tentar combater esse fato, o Estado solicitou a entrega de mais cinco carros, além dos 100 já solicitados.

Observe que no exemplo citado existiu uma majoração (feita de forma unilateral pela Administração) na quantidade de veículos, ficando o contratado obrigado a acatar o comando administrativo e realizar o acréscimo do pedido inicial.

Daí surge uma pergunta: o valor do contrato permanecerá o mesmo?

Não! Caso haja alteração unilateral do contrato que aumente ou diminua os encargos do contratado, a Administração deverá restabelecer, no mesmo termo aditivo, o equilíbrio econômico-financeiro inicial (art. 130, Lei 14.133/2021).

Ademais, nas alterações contratuais para supressão de obras, bens ou serviços, caso o contratado já tenha adquirido os materiais e os colocado no local dos trabalhos, estes deverão ser pagos pela Administração pelos custos de aquisição regularmente comprovados e monetariamente reajustados, podendo ainda caber indenização por outros danos eventualmente decorrentes da supressão, desde que regularmente comprovados.

> **cuidado**
>
> Apesar de a Administração poder realizar as alterações de forma unilateral, estas modificações não poderão transformar o objeto do contrato. Imagine a seguinte situação: determinado Município realiza uma licitação com a finalidade de adquirir café. Após a assinatura do contrato, a Administração municipal poderá, nos limites da lei, solicitar uma quantidade maior ou menor desse produto, mas não poderá alterá-lo, por exemplo, trocando a aquisição de café por água, pois nesse caso se estaria transfigurando o objeto da contratação.

Por fim, e não menos importante, vale ressaltar o fato de a Administração estar submetida a limitadores no tocante a essa alteração, pois, para que a modificação unilateral possa ser validada, deverá existir o respeito aos limites impostos pela Lei 14.133/2021, a qual estipula que, por via de regra, os acréscimos e supressões só poderão modificar, via de regra, em até **25%** do valor original do contrato.

> Art. 125, Lei 14.133/2021. Nas alterações unilaterais a que se refere o inciso I do *caput* do art. 124 desta Lei, o contratado será obrigado a aceitar, nas mesmas condições contratuais, acréscimos ou supressões de até 25% (vinte e cinco por cento) do valor inicial atualizado do contrato que se fizerem nas obras, nos serviços ou nas compras, e, no caso de reforma de edifício ou de equipamento, o limite para os acréscimos será de 50% (cinquenta por cento).

Então, se, por exemplo, um contrato administrativo tem o valor inicial fixado em R$ 100.000, os acréscimos poderão elevar essa quantia para, no máximo, R$ 125.000, e as supressões farão com que este fique em R$ 75.000.

> **cuidado**
>
> Apesar de a regra estipular que os acréscimos estão submetidos ao limite de 25% do valor inicial do contrato, excepcionalmente nos casos que envolvam reformas de edifício ou equipamento, o limite para os acréscimos será de 50%, uma vez que a redução continua seguindo o limitador de 25% em relação ao pacto inicial.

Resumindo, a Administração poderá realizar modificações unilaterais em seus contratos, desde que, considerado o valor inicial do pacto, respeite em seus acréscimos e supressões os seguintes limitadores.

ALTERAÇÃO UNILATERAL		
REGRA	ACRÉSCIMO	25%
GERAL	SUPRESSÃO	25%
REFORMA:	ACRÉSCIMO	50%
– Edifício **– Equipamento**	SUPRESSÃO	25%

caiu na prova

(AOCP/SEAD-GP/2022) *Foi contratada, por licitação, empresa que ficará responsável pela reforma do edifício sede de determinada repartição pública estadual. No entanto, após iniciada a reforma, por fato superveniente à contratação, restou comprovado que serão necessários acréscimos no projeto, visando à melhor adequação técnica e aos objetivos da reforma. Nesse caso, à luz da Nova Lei de Licitações, a Administração poderá promover a alteração unilateral do contrato, sendo o contratado obrigado a aceitar, nas mesmas condições contratuais, acréscimos de até 25%.*

Gabarito: *Errado.*[8]

10.1 Modificação bilateral dos contratos

Sabemos que a Administração poderá, respeitados os limites legais, alterar unilateralmente os contratos administrativos de forma a majorá-los ou minorá-los em relação ao valor inicialmente pactuado, sendo essa possibilidade uma das prerrogativas decorrentes do princípio da supremacia do interesse público.

Entretanto, nem sempre as alterações contratuais serão realizadas de forma unilateral, pois, assim como ocorre na teoria geral dos contratos, essas modificações podem decorrer de um acordo entre as partes (bilateral).

Segundo o art. 123, II, da Lei 14.133/2021, os contratos administrativos poderão ser alterados, por acordo entre as partes, nos seguintes casos:

- Quando conveniente a substituição da garantia de execução.

- Quando necessária a modificação do regime de execução da obra ou do serviço, bem como do modo de fornecimento, em face de verificação técnica da inaplicabilidade dos termos contratuais originários.

- Quando necessária a modificação da forma de pagamento por imposição de circunstâncias supervenientes, mantido o valor inicial atualizado e vedada a antecipação do pagamento em relação ao cronograma financeiro fixado sem a correspondente contraprestação de fornecimento de bens ou execução de obra ou serviço.

- Para restabelecer o equilíbrio econômico-financeiro inicial do contrato em caso de força maior, caso fortuito ou fato do príncipe ou em decorrência de fatos imprevisíveis ou previsíveis de consequências incalculáveis, que inviabilizem a execução do contrato tal como pactuado, respeitada, em qualquer caso, a repartição objetiva de risco estabelecida no contrato.

---

[8] Como o contrato é referente a uma reforma, o acréscimo poderá ser de até 50%.

> ### cuidado
>
> *A Lei 14.133/2021 não estipula limitadores de valores para as alterações bilaterais, apenas o faz com relação às modificações realizadas de maneira unilateral. Vejamos: "Art. 125. Nas alterações unilaterais a que se refere o inciso I do caput do art. 124 desta Lei, o contratado será obrigado a aceitar, nas mesmas condições contratuais, acréscimos ou supressões de até 25% (vinte e cinco por cento) do valor inicial atualizado do contrato que se fizerem nas obras, nos serviços ou nas compras, e, no caso de reforma de edifício ou de equipamento, o limite para os acréscimos será de 50% (cinquenta por cento)". Observe que a norma apenas fez menção às alterações unilaterais, sendo silente quanto às modificações bilaterais.*

11. EXTINÇÃO DOS CONTRATOS

Os contratos administrativos, via de regra, são extintos em virtude do advento do termo contratual, ou seja, serão encerrados após o decurso do prazo inicialmente estipulado.

Entretanto, algumas situações podem vir a ensejar uma rescisão antecipada. Esse término pode ocorrer de maneira consensual (amigável); decorrer de irregularidades praticadas pelo contratado; ser decretada em virtude de irregularidades praticadas pela própria administração; e, até mesmo, por exemplo, por caso fortuito ou força maior.

Observe que em virtude da posição de supremacia ofertada à Administração, poderá o poder público, de forma unilateral, geral a extinção do contrato. Entretanto, por expressa disposição legal, essa prerrogativa não será ofertada caso a rescisão tenha como causa uma irregularidade praticada pela própria Administração.

Vamos resumir este entendimento em dois pontos:

a)   Poderá a Administração gerar a extinção unilateral dos contratos administrativos? Sim, já que, em virtude da posição de supremacia, a Administração celebra contratos com cláusulas exorbitantes, sendo uma delas, exatamente, a possibilidade de gerar a extinção de seus contratos de forma unilateral.

b)   A Administração sempre poderá gerar a extinção unilateral de seus contratos? Não, pois, apesar de a possibilidade da rescisão unilateral ser a regra, a Lei 14.133/2021, de forma expressa, preleciona que esta prerrogativa não será ofertada quando a causa da extinção do contrato decorrer de uma irregularidade praticada pela própria Administração, Vejamos: "Art. 138, A extinção do contrato poderá ser: I – determinada por ato unilateral e escrito da Administração, exceto no caso de descumprimento decorrente de sua própria conduta".

> ### caiu na prova
>
> **(CEBRASPE/MPE-PA/2023)** *A extinção do contrato administrativo pode ser determinada unilateralmente pela administração pública, ainda que o descumprimento contratual tenha decorrido de conduta da própria administração.*
> **Gabarito:** *Errado.*[9]

---

[9]   A extinção não poderá ser determinada unilateralmente pela Administração pública caso o motivo da rescisão seja o descumprimento contratual praticado pela própria Administração.

Sendo assim, a extinção contratual poderá acontecer por três meios diferentes, quais sejam: unilateralmente pela Administração, consenso entre as partes e por determinação arbitral ou judicial. Vejamos o que diz a Nova Lei de Licitações e Contratos Administrativos:

> Art. 138, Lei 14.133/2021. A extinção do contrato poderá ser:
>
> I – determinada por ato unilateral e escrito da Administração, exceto no caso de descumprimento decorrente de sua própria conduta;
>
> II – consensual, por acordo entre as partes, por conciliação, por mediação ou por comitê de resolução de disputas, desde que haja interesse da Administração;
>
> III – determinada por decisão arbitral, em decorrência de cláusula compromissória ou compromisso arbitral, ou por decisão judicial.
>
> § 1.º A extinção determinada por ato unilateral da Administração e a extinção consensual deverão ser precedidas de autorização escrita e fundamentada da autoridade competente e reduzidas a termo no respectivo processo.

cuidado

A Lei 14.133/2021 – Nova Lei de Licitações e Contratos Administrativos – inovou ao trazer, de forma expressa, a possibilidade de utilização de meios alternativos para a prevenção e resolução de controvérsias, tais como a conciliação, a mediação, o comitê de resolução de disputas e a arbitragem (art. 151, Lei 14.133/2021).

Conforme o art. 137 da Lei 14.133/2021, a **Administração** poderá, de forma **unilateral** e motivada, assegurados os princípios do contraditório e da ampla defesa, gerar a extinção dos contratos administrativos nas seguintes situações:

- Não cumprimento ou cumprimento irregular de normas editalícias ou de cláusulas contratuais, de especificações, de projetos ou de prazos.
- Desatendimento das determinações regulares emitidas pela autoridade designada para acompanhar e fiscalizar sua execução ou por autoridade superior.
- Alteração social ou modificação da finalidade ou da estrutura da empresa que restrinja sua capacidade de concluir o contrato;
- Decretação de falência ou de insolvência civil, dissolução da sociedade ou falecimento do contratado.
- Caso fortuito ou força maior, regularmente comprovados, impeditivos da execução do contrato.
- Atraso na obtenção da licença ambiental, ou impossibilidade de obtê-la, ou alteração substancial do anteprojeto que dela resultar, ainda que obtida no prazo previsto.
- Atraso na liberação das áreas sujeitas à desapropriação, à desocupação ou à servidão administrativa, ou impossibilidade de liberação dessas áreas.
- Razões de interesse público, justificadas pela autoridade máxima do órgão ou da entidade contratante.

DIREITO ADMINISTRATIVO FACILITADO – *Ana Cláudia Campos*

- Não cumprimento das obrigações relativas à reserva de cargos prevista em lei, bem como em outras normas específicas, para pessoa com deficiência, para reabilitado da Previdência Social ou para aprendiz.

Ademais, a extinção contratual determinada por ato unilateral da Administração poderá acarretar, sem prejuízo de outras sanções, as seguintes consequências (art. 139, Lei 14.133/2021):

- Assunção imediata do objeto do contrato, no estado e local em que se encontrar, por ato próprio da Administração.
- Ocupação e utilização do local, das instalações, dos equipamentos, do material e do pessoal empregados na execução do contrato e necessários à sua continuidade.

cuidado

Para a adoção dessa medida, será necessária a prévia e expressa autorização do Ministro de Estado, do secretário estadual ou do secretário municipal competente, conforme o caso.

- Execução da garantia contratual para:
  a) ressarcimento da Administração Pública por prejuízos decorrentes da não execução;
  b) pagamento de verbas trabalhistas, fundiárias e previdenciárias, quando cabível;
  c) pagamento das multas devidas à Administração Pública;
  d) exigência da assunção da execução e da conclusão do objeto do contrato pela seguradora, quando cabível;
- Retenção dos créditos decorrentes do contrato até o limite dos prejuízos causados à Administração Pública e das multas aplicadas.

Agora, após a análise das hipóteses e consequências da rescisão unilateral, promovida pela Administração, surge uma dúvida: poderá o contratado rescindir unilateralmente o contrato?

Jamais!

O contratado não poderá rescindir unilateralmente os contratos. Somente a própria Administração, investida de suas prerrogativas, é que poderá geral tal tipo de extinção. Assim, caso o contratado deseje pôr fim ao pacto, terá de buscar uma decisão arbitral, em decorrência de cláusula compromissória ou compromisso arbitral, ou judicial.

Se efetivada a extinção contratual por culpa exclusiva da Administração, o contratado será ressarcido pelos prejuízos regularmente comprovados que houver sofrido e terá direito a: devolução da garantia; pagamentos devidos pela execução do contrato até a data de extinção; pagamento do custo da desmobilização.

São hipóteses que autorizam o contratado a buscar a extinção (por decisão arbitral ou judicial) do contrato administrativo (art. 137, § 2.º, Lei 14.133/2021):

Cap. 14 – CONTRATOS ADMINISTRATIVOS (LEI 14.133/2021) **601**

- Supressão, por parte da Administração, de obras, serviços ou compras que acarrete modificação do valor inicial do contrato além do limite permitido no art. 125, Lei 14.133/2021, qual seja: "[...] acréscimos ou supressões de até 25% do valor inicial atualizado do contrato que se fizerem nas obras, nos serviços ou nas compras, e, no caso de reforma de edifício ou de equipamento, o limite para os acréscimos será de 50% [...]" (art. 137, § 2.º, I, Lei 14.133/2021).

- Suspensão de execução do contrato, por ordem escrita da Administração, por prazo superior a três meses (art. 137, § 2.º, II, Lei 14.133/2021).

- Repetidas suspensões que totalizem 90 dias úteis, independentemente do pagamento obrigatório de indenização pelas sucessivas e contratualmente imprevistas desmobilizações e mobilizações e outras previstas (art. 137, § 2.º, III, Lei 14.133/2021).

- Atraso superior a dois meses, contado da emissão da nota fiscal, dos pagamentos ou de parcelas de pagamentos devidos pela Administração por despesas de obras, serviços ou fornecimentos (art. 137, § 2.º, IV, Lei 14.133/2021).

- Não liberação, pela Administração, nos prazos contratuais, de área, local ou objeto, para execução de obra, serviço ou fornecimento, e de fontes de materiais naturais especificadas no projeto, inclusive devido a atraso ou descumprimento das obrigações atribuídas pelo contrato à Administração relacionadas à desapropriação, à desocupação de áreas públicas ou a licenciamento ambiental (art. 137, § 2.º, V, Lei 14.133/2021).

CONTRATADO TERÁ DIREITO À EXTINÇÃO DO CONTRATO

1. SUPRESSÃO (ALÉM DO LIMITE), POR PARTE DA ADM. DE: OBRAS, SERVIÇOS OU COMPRAS

2. SUSPENSÃO DE EXECUÇÃO DO CONTRATO (POR ORDEM DA ADM.) POR + DE 3 MESES

3. REPETIDAS SUSPENSÕES QUE TOTALIZEM 90 DIAS ÚTEIS

4. ATRASO NOS PAGAMENTOS POR + DE 2 MESES

5. NÃO LIBERAÇÃO PELA ADM. DE ÁREA, LOCAL OU OBJETO, PARA EXECUÇÃO DO CONTRATO

---

caiu na prova

(CEBRASPE/PGE-PA/2022) *O contratado tem direito à extinção do contrato em caso de suspensão da sua execução, por ordem escrita da administração, por prazo igual ou superior a dois meses.*

Gabarito: *Errado.*[10]

---

[10] O contratado terá direito à extinção do contrato caso exista a suspensão de execução do contrato, por ordem escrita da Administração, por prazo superior a 3 meses.

> **cuidado**
>
> As hipóteses de extinção a que se referem os incisos II, III e IV do § 2.º do art. 137 observarão as seguintes disposições: I – não serão admitidas em caso de calamidade pública, de grave perturbação da ordem interna ou de guerra, bem como quando decorrerem de ato ou fato que o contratado tenha praticado, do qual tenha participado ou para o qual tenha contribuído; II – assegurarão ao contratado o direito de optar pela suspensão do cumprimento das obrigações assumidas até a normalização da situação, admitido o restabelecimento do equilíbrio econômico-financeiro do contrato, na forma da alínea d do inciso II do caput do art. 124 desta Lei.

12. NULIDADES DOS CONTRATOS

Caso venha a ser detectada alguma irregularidade no procedimento licitatório ou na execução do contrato e não seja possível o saneamento (correção), poderá a Administração suspender a execução ou decretar a nulidade do contrato.

> Art. 150, Lei 14.133/2021. Nenhuma contratação será feita sem a caracterização adequada de seu objeto e sem a indicação dos créditos orçamentários para pagamento das parcelas contratuais vincendas no exercício em que for realizada a contratação, sob pena de nulidade do ato e de responsabilização de quem lhe tiver dado causa.

Daí surge uma pergunta: qual o efeito da decretação da nulidade de um contrato?

Ex tunc (retroativo)!

A declaração de nulidade do contrato administrativo operará retroativamente (regra), impedindo os efeitos jurídicos que o contrato deveria produzir ordinariamente e desconstituindo os já produzidos (art. 148, Lei 14.133/2021).

Todavia, apesar de o efeito *ex tunc* (retroativo) ser a regra, poderá a autoridade competente, com intuito de dar continuidade à atividade administrativa, decidir que essa decretação de nulidade só tenha eficácia em momento futuro (efeito *ex nunc*, não retroativo), suficiente para efetuar nova contratação, por prazo de até seis meses, admitindo-se a prorrogação uma única vez.

> **caiu na prova**
>
> Com relação à nulidade dos contratos administrativos e levando em consideração a Nova Lei de Licitações, na hipótese de declaração de nulidade, a autoridade competente sempre deverá declarar sua nulidade com efeito ex tunc.
>
> **Gabarito:** Errado.[11]

---

[11] O efeito da nulidade, excepcionalmente, poderá ser *ex nunc* (efeito *prospective*, não retroativo), isso ocorrerá caso a nulidade possa vir a prejudicar a continuidade da atividade administrativa (art. 148, § 2.º, Lei 14.133/2021).

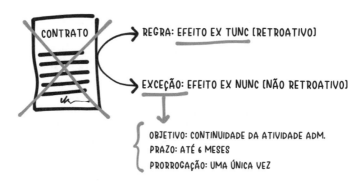

Caso não seja possível o retorno à situação fática anterior, a nulidade será resolvida pela indenização por perdas e danos, sem prejuízo da apuração de responsabilidade e aplicação das penalidades cabíveis (art. 148, § 1.º, Lei 14.133/2021).

Por fim, a nulidade do contrato não livra a Administração do dever de indenizar o contratado pelo que este houver executado até a data em que for declarada ou tornada eficaz, bem como por outros prejuízos regularmente comprovados, desde que não lhe seja imputável, e será promovida a responsabilização de quem lhe tenha dado causa (art. 149, Lei 14.133/2021).

13. RECEBIMENTO DO OBJETO

Ao final da avença, deverá o contratado entregar o objeto estipulado no pacto firmado entre ele e a Administração. Após a análise, poderá o Poder Público receber ou rejeitar, no todo ou em parte, a obra, serviço ou fornecimento executado em desacordo com o contrato.

Como será efetivado esse recebimento?

Depende do tipo de objeto. Vejamos:

- **Obras e serviços:**

a) recebimento provisório: realizado pelo responsável por seu acompanhamento e fiscalização, mediante termo detalhado, quando verificado o cumprimento das exigências de caráter técnico;

b) recebimento definitivo: realizado por servidor ou comissão designada pela autoridade competente, mediante termo detalhado que comprove o atendimento das exigências contratuais.

> **cuidado**
>
> Art. 140, § 5.º, Lei 14.133/2021. Tratando-se de projeto de obra, o recebimento definitivo pela Administração não eximirá o projetista ou o consultor da responsabilidade objetiva por todos os danos causados por falha de projeto.
>
> Art. 140, § 6.º, Lei 14.133/2021. Tratando-se de obra, o recebimento definitivo pela Administração não eximirá o contratado, pelo prazo mínimo de cinco anos, admitida a previsão de prazo de garantia superior no edital e no contrato, da responsabilidade objetiva pela solidez e pela segurança dos

> *materiais e dos serviços executados e pela funcionalidade da construção, da reforma, da recuperação ou da ampliação do bem imóvel, e, em caso de vício, defeito ou incorreção identificados, o contratado ficará responsável pela reparação, pela correção, pela reconstrução ou pela substituição necessárias.*

- **Compras:**
a) recebimento provisório: realizado, de forma sumária, pelo responsável por seu acompanhamento e fiscalização, com verificação posterior da conformidade do material com as exigências contratuais;
b) recebimento definitivo: efetuado por servidor ou comissão designada pela autoridade competente, mediante termo detalhado que comprove o atendimento das exigências contratuais.

14. PAGAMENTO

Como sabemos, os contratos são sinalagmáticos, ou seja, envolvem obrigações recíprocas. Logo, cada uma das partes tem um tipo de responsabilidade a ser cumprida.

Ao contratado cabe entregar o objeto pactuado na forma prevista contratualmente e a Administração deverá realizar o pagamento pela atividade prestada.

Como deverá ser realizado esse pagamento?

O pagamento, por via de regra, será realizado em ordem cronológica para cada fonte diferenciada de recursos, subdividida nas seguintes categorias de contratos, quais sejam: fornecimento de bens; locações; prestação de serviços; realização de obras (art. 141, Lei 14.133/2021).

Entretanto, de maneira excepcional, a ordem cronológica poderá ser alterada, mediante prévia justificativa da autoridade competente e posterior comunicação ao órgão de controle interno da Administração e ao tribunal de contas competente, exclusivamente nas seguintes situações:

- Grave perturbação da ordem, situação de emergência ou calamidade pública.
- Pagamento a microempresa, empresa de pequeno porte, agricultor familiar, produtor rural pessoa física, microempreendedor individual e sociedade cooperativa, desde que demonstrado o risco de descontinuidade do cumprimento do objeto do contrato.
- Pagamento de serviços necessários ao funcionamento dos sistemas estruturantes, desde que demonstrado o risco de descontinuidade do cumprimento do objeto do contrato.
- Pagamento de direitos oriundos de contratos em caso de falência, recuperação judicial ou dissolução da empresa contratada.
- Pagamento de contrato cujo objeto seja imprescindível para assegurar a integridade do patrimônio público ou para manter o funcionamento das atividades finalísticas do órgão ou entidade, quando demonstrado o risco de descontinuidade da prestação de serviço público de relevância ou o cumprimento da missão institucional.

> **cuidado**
>
> O desrespeito à ordem cronológica, sem a devida justificação, enseja a apuração de responsabilidade do agente responsável, cabendo aos órgãos de controle sua fiscalização.

Por fim, a regra é a não admissão do pagamento antecipado. Contudo, excepcionalmente, esse adiantamento será permitido, se propiciar sensível economia de recursos ou se representar condição indispensável para a obtenção do bem ou para a prestação do serviço, hipótese que deverá ser previamente justificada no processo licitatório e expressamente prevista no edital de licitação ou instrumento formal de contratação direta.

> **caiu na prova**
>
> **(CEBRASPE/PGE-PA/2023)** Em nenhuma hipótese será admitido o pagamento antecipado, parcial ou total, relativo a parcelas contratuais vinculadas ao fornecimento de bens, à execução de obras ou à prestação de serviços.
>
> **Gabarito:** Errado.[12]

15. INFRAÇÕES E SANÇÕES ADMINISTRATIVAS

Tanto aquele que participa apenas da licitação (licitante), quanto o que efetivamente celebra o contrato (contratado) poderão vir a ser responsabilizados administrativamente pelas infrações que cometerem. Ficando a imposição das sanções a cargo da Administração, a qual, após o contraditório e a ampla defesa, poderá aplicar as seguintes punições: advertência, multa, impedimento de licitar e contratar, declaração de inidoneidade.

---

[12] A antecipação de pagamento, de forma excepcional, será permitida se propiciar sensível economia de recursos ou se representar condição indispensável para a obtenção do bem ou para a prestação do serviço (art. 145, § 1.º, Lei 14.133/2021).

Vale ressaltar que, quando a Administração pública for aplicar tais sanções, deverá levar em consideração os seguintes fatores: natureza e gravidade da infração cometida; peculiaridades do caso concreto; circunstâncias agravantes ou atenuantes; danos que dela provierem para a Administração Pública; implantação ou o aperfeiçoamento de programa de integridade, conforme normas e orientações dos órgãos de controle.

Quanto às punições, a Nova Lei de Licitações e Contratos Administrativos prelecionou, de forma expressa, qual sanção será aplicada a cada tipo de infração cometida. Com a finalidade de facilitar a visualização do tema, segue uma tabela demonstrando a correlação entre a punição e a irregularidade praticada.

PUNIÇÃO	INFRAÇÃO
ADVERTÊNCIA	• Dar causa à inexecução parcial do contrato, quando não se justificar a imposição de penalidade mais grave.
MULTA	• Poderá ser aplicada em qualquer infração administrativa.
IMPEDIMENTO DE LICITAR E CONTRATAR	• Dar causa à inexecução parcial do contrato que cause grave dano à Administração, ao funcionamento dos serviços públicos ou ao interesse coletivo. • Dar causa à inexecução total do contrato. • Deixar de entregar a documentação exigida para o certame. • Não manter a proposta, salvo em decorrência de fato superveniente devidamente justificado. • Não celebrar o contrato ou não entregar a documentação exigida para a contratação, quando convocado dentro do prazo de validade de sua proposta. • Ensejar o retardamento da execução ou da entrega do objeto da licitação sem motivo justificado. Obs.: o impedimento de licitar e contratar será aplicado quando não se justificar a imposição de penalidade mais grave.
DECLARAÇÃO DE INIDONEIDADE PARA LICITAR E CONTRATAR	• Apresentar declaração ou documentação falsa exigida para o certame ou prestar declaração falsa durante a licitação ou a execução do contrato. • Fraudar a licitação ou praticar ato fraudulento na execução do contrato. • Comportar-se de modo inidôneo ou cometer fraude de qualquer natureza. • Praticar atos ilícitos com intuito de frustrar os objetivos da licitação. • Praticar ato lesivo previsto no art. 5.º da Lei 12.846/2013 (responsabilização de pessoas jurídicas).[13]

Agora que já temos uma visão geral do tema, será necessário realizar o aprofundamento de alguns tópicos.

Precisamos analisar mais detalhadamente o que vem a ser a desconsideração da personalidade jurídica e as características das seguintes punições: multa, impedimento

---

[13] A Lei 12.846/2013 dispõe sobre a responsabilização objetiva administrativa e civil de pessoas jurídicas pela prática de atos contra a administração pública, nacional ou estrangeira.

de licitar e contratar, declaração de inidoneidade e o procedimento para que estas duas últimas sanções possam ser aplicadas.

a) Multa

A multa é a única sanção que pode ser cumulada (somada) com as outras. Assim, a Administração poderá, por exemplo, aplicar a determinado contratado as seguintes punições:

- Apenas a multa.
- Multa + advertência.
- Multa + impedimento de licitar e contratar.
- Multa + declaração de inidoneidade para licitar e contratar.

Qual será o valor da multa?

O valor da multa será calculado na forma do edital ou do contrato, não podendo ser inferior a 0,5% nem superior a 30% do valor do contrato licitado ou celebrado.

> **caiu na prova**
>
> **(AOCP/SEAD-GO/2022)** *A sanção de multa não poderá ser inferior a 0,5% (cinco décimos por cento) nem superior a 15% (quinze por cento) do valor do contrato licitado ou celebrado com contratação direta.*
>
> **Gabarito:** *Errado.*[14]

Caso a multa aplicada e as indenizações cabíveis forem superiores ao valor de pagamento eventualmente devido pela Administração ao contratado, além da perda desse valor, a diferença será descontada da garantia prestada ou será cobrada judicialmente.

Por fim, para que se possa assegurar o respeito aos princípios constitucionais do contraditório e da ampla defesa, na aplicação da multa será facultada a defesa do interessado no prazo de 15 dias úteis, contado da data de sua intimação.

> **cuidado**
>
> *Art. 162, Lei 14.133/2021. O atraso injustificado na execução do contrato sujeitará o contratado a multa de mora, na forma prevista em edital ou em contrato. Parágrafo único. A aplicação de multa de mora não impedirá que a Administração a converta em compensatória e promova a extinção unilateral do contrato com a aplicação cumulada de outras sanções previstas nesta Lei.*

---

[14] A sanção de multa não poderá ser inferior a 0,5% (cinco décimos por cento) nem superior a 30% (trinta por cento) do valor do contrato licitado ou celebrado com contratação direta.

b) Impedimento de licitar e contratar

Essa punição impedirá o responsável (aquele que praticou a irregularidade) de licitar ou contratar no âmbito da Administração Pública direta e indireta do ente federativo que tiver aplicado a sanção, pelo prazo máximo de três anos.

Observe que o impedimento de licitar e contratar será com a Administração direta e indireta do ente que aplicou a sanção. Imagine, por exemplo, a seguinte situação: a empresa "W" recebeu a sanção de impedimento de licitar e contratar em virtude de ter desrespeitado um contrato que havia assinado com o estado de Pernambuco. Logo, a empresa "W" não poderá participar de licitações ou realizar contratações com aquele estado, entretanto poderá realizar essas ações com os outros entes federativos, poderia, por exemplo, participar de licitações no estado de São Paulo e assinar contratos com a União.

Por fim, vale ressaltar que esse impedimento é temporário, pois será admitida a reabilitação do licitante ou contratado perante a própria autoridade que aplicou a penalidade, exigidos, cumulativamente, os seguintes requisitos (art. 163, Lei 14.133/2021):

- Reparação integral do dano causado à Administração Pública.
- Pagamento da multa (se esta punição tiver sido aplicada).
- Transcurso do prazo mínimo de um ano da aplicação da penalidade.
- Cumprimento das condições de reabilitação definidas no ato punitivo.
- Análise jurídica prévia, com posicionamento conclusivo quanto ao cumprimento dos requisitos supramencionado.

c) **Declaração de inidoneidade para licitar ou contratar**

A declaração de inidoneidade é a punição mais grave que poderá ser aplicada, uma vez que impedirá o responsável de licitar ou contratar no âmbito da Administração Pública direta e indireta de todos os entes federativos, pelo prazo mínimo de três anos e máximo de seis anos (art. 156, § 5.º, Lei 14.133/2021).

> **caiu na prova**
>
> **(CEBRASPE/SEFAZ-CE/2021)** A sanção que declara a inidoneidade para licitar ou contratar não se sujeita a limites mínimos de prazo, cabendo à autoridade responsável pela imposição da condenação a fixação dos devidos parâmetros, observado o prazo máximo estabelecido pela norma regente.
>
> **Gabarito:** Errado.[15]

Perceba que, diferentemente da punição de impedimento de licitar e contratar, a qual fica restrita ao ente que aplicou a sanção, a declaração de inidoneidade gera consequências bem mais graves, pois impedirá a participação de licitações e de contratações públicas com qualquer ente da federação.

Usando o exemplo mencionado anteriormente, caso a empresa "W" tenha recebido a sanção de declaração de inidoneidade para licitar e contratar em virtude de ter desrespeitado o contrato que havia assinado com o estado de Pernambuco, ficará impedida de participar de procedimentos licitatórios e também de celebrar contratos com a Administração direta e indireta de todos os entes federativos. Sendo assim, a empresa "W" não poderá, por exemplo, participar de licitações no estado de São Paulo nem assinar contratos com a União.

---

[15] A sanção de declaração de inidoneidade para licitar e contratar será aplicada pelo prazo mínimo de 3 (três) anos e máximo de 6 (seis) anos.

Todavia, exatamente por ser a sanção mais gravosa, para que a declaração de inidoneidade possa ser aplicada, será necessária a existência de uma análise jurídica prévia e o preenchimento das seguintes regras relacionadas à competência para aplicar a punição:

- Quando aplicada por órgão do Poder Executivo, será de competência exclusiva de Ministro de Estado, de secretário estadual ou de secretário municipal e, quando aplicada por autarquia ou fundação, será de competência exclusiva da autoridade máxima da entidade.
- Quando aplicada por órgãos dos Poderes Legislativo e Judiciário, pelo Ministério Público e pela Defensoria Pública no desempenho da função administrativa, será de competência exclusiva de autoridade de nível hierárquico equivalente às autoridades referidas no inciso I desse parágrafo, na forma de regulamento.

Por fim, será admitida a reabilitação do licitante ou contratado perante a própria autoridade que aplicou a penalidade, exigidos, cumulativamente, o preenchimento dos seguintes requisitos (art. 163, Lei 14.133/2021):

- Reparação integral do dano causado à Administração Pública.
- Pagamento da multa (se esta punição tiver sido aplicada).
- Transcurso do prazo mínimo de três anos da aplicação da penalidade.
- Cumprimento das condições de reabilitação definidas no ato punitivo.
- Análise jurídica prévia, com posicionamento conclusivo quanto ao cumprimento dos requisitos supramencionado.

d) Impedimento de licitar e contratar + declaração de inidoneidade – procedimento

A aplicação das punições de declaração de inidoneidade e impedimento de licitar e contratar requer a instauração de processo de responsabilização, a ser conduzido por comissão composta de dois ou mais servidores estáveis, que avaliará fatos e circunstâncias conhecidos e intimará o licitante ou o contratado para, no prazo de 15 dias úteis, contado da data de intimação, apresentar defesa escrita e especificar as provas que pretenda produzir (art. 158, Lei 14.133/2021).

Todavia, em órgão ou entidade da Administração Pública cujo quadro funcional não seja formado de servidores estatutários, a comissão será composta de dois ou mais empregados públicos pertencentes a seus quadros permanentes, preferencialmente com, no mínimo, três anos de tempo de serviço no órgão ou entidade (art. 158, § 1.º, Lei 14.133/2021).

Na hipótese de deferimento de pedido de produção de novas provas ou de juntada de provas julgadas indispensáveis pela comissão, o licitante ou o contratado poderá apresentar alegações finais no prazo de 15 dias úteis, contado da data da intimação (art. 158, § 2.º, Lei 14.133/2021).

Por fim, a prescrição ocorrerá em cinco anos, contados da ciência da infração pela Administração, e será:

- Interrompida pela instauração do processo de responsabilização.
- Suspensa pela celebração de acordo de leniência previsto na Lei 12.846/2013.
- Suspensa por decisão judicial que inviabilize a conclusão da apuração administrativa.

e) Desconsideração da personalidade jurídica

O instituto da desconsideração da personalidade jurídica não é uma novidade em nosso ordenamento jurídico, pois tal possibilidade já se encontrava expressa no Código Civil. Vejamos:

> Art. 50, CC. Em caso de abuso da personalidade jurídica, caracterizado pelo desvio de finalidade ou pela confusão patrimonial, pode o juiz, a requerimento da parte, ou do Ministério Público quando lhe couber intervir no processo, desconsiderá-la para que os efeitos de certas e determinadas relações de obrigações sejam estendidos aos bens particulares de administradores ou de sócios da pessoa jurídica beneficiados direta ou indiretamente pelo abuso.

O que seria essa desconsideração?

A desconsideração da personalidade jurídica traz a possibilidade de extensão das obrigações da pessoa jurídica para os bens particulares de seus sócios e administradores.

Para facilitar o entendimento do tema, imagine a seguinte situação: a empresa "X" possui uma dívida de um milhão de reais. Como regra, os bens particulares dos sócios e administradores não serão utilizados para saldar tal débito. Entretanto, caso se demonstre, por exemplo, a existência de uma confusão patrimonial (não existe separação entre os bens das pessoas físicas e da pessoa jurídica), poderá sim ser realizada a extensão das obrigações da empresa para seus sócios e administradores, os quais passarão a responder com seu próprio patrimônio.

Seguindo essa tendência, a Lei 14.133/2021 – Nova Lei de Licitações e Contratos Administrativos – também previu a possibilidade da desconsideração da personalidade jurídica nos casos em que for detectado um abuso de direito ou uma confusão patrimonial.

> Art. 160, Lei 14.133/2021. A personalidade jurídica poderá ser desconsiderada sempre que utilizada com abuso do direito para facilitar, encobrir ou dissimular a prática dos atos ilícitos previstos nesta Lei ou para provocar confusão patrimonial, e, nesse caso, todos os efeitos das sanções aplicadas à pessoa jurídica serão estendidos aos seus administradores e sócios com poderes de administração, a pessoa jurídica sucessora ou a empresa do mesmo ramo com relação de coligação ou controle, de fato ou de direito, com o sancionado, observados, em todos os casos, o contraditório, a ampla defesa e a obrigatoriedade de análise jurídica prévia.

Sendo assim, a desconsideração da personalidade da pessoa jurídica também poderá vir a ser decretada no âmbito dos contratos administrativos. Ou seja, caso os administradores e sócios (com poderes de decisão) usem da pessoa jurídica para praticar atos ilícitos previstos na Lei 14.133/2021 ou não exista uma separação de fato entre os patrimônios (confusão patrimonial), poderá o efeito das sanções vir a atingir as pessoas físicas (administradores e sócios com poder de decisão).

Imagine, por exemplo, a seguinte situação: A empresa "Faz Tudo Ltda." deu causa à inexecução total do contrato e, após o devido procedimento, recebeu a punição de multa no valor de R$ 150.000,00 (cento e cinquenta mil reais). Todavia, o Poder Público ao tentar executar o débito percebeu que a pessoa jurídica não tinha saúde financeira para arcar com o pagamento da multa, mas, após uma análise mais apurada, descobriu-se que os sócios (com poderes de decisão) não haviam feito a

Cap. 14 – CONTRATOS ADMINISTRATIVOS (LEI 14.133/2021)

separação dos patrimônios, ou seja, existia uma confusão patrimonial entre o capital das pessoas físicas (sócios) e da pessoa jurídica (empresa "Faz Tudo Ltda.").

Pergunta-se: no exemplo mencionado, poderá o poder público desconsiderar a personalidade da pessoa jurídica e fazer com que a multa venha a ser paga com o patrimônio dos sócios?

Sim! Pois estava existindo uma confusão patrimonial, fato este que por expressa disposição legal (art. 160, Lei 14.133/2021) autoriza a desconsideração da personalidade jurídica.

16. PORTAL NACIONAL DE CONTRATAÇÕES PÚBLICAS

O Portal Nacional de Contratações Públicas (PNCP) é uma inovação trazida pela Nova Lei de Licitações e Contratos Administrativos, sendo este categorizado como um sítio eletrônico oficial (*site*) que busca gerar a centralização das informações relativas aos procedimentos licitatórios, promover a integração dos órgãos e entes públicos e facilitar a divulgação e a fiscalização das ações estatais.

> Art. 174, Lei 14.133/2021. É criado o Portal Nacional de Contratações Públicas (PNCP), sítio eletrônico oficial destinado à:
>
> I – divulgação centralizada e obrigatória dos atos exigidos por esta Lei;
>
> II – realização facultativa das contratações pelos órgãos e entidades dos Poderes Executivo, Legislativo e Judiciário de todos os entes federativos.

Essa centralização de informações e integração entre os órgãos e entes públicos pode ser demonstrada pela composição do comitê gestor da rede nacional de contratações públicas, o qual será responsável por gerir o portal nacional.

Tal comitê será presidido pelo Presidente da República e também contará com a participação de representantes de todos os entes federativos, quais sejam: União, Estados, Distrito Federal e Municípios. Vejamos o que preleciona a Lei 14.133/2021:

> Art. 174, § 1.º O PNCP será gerido pelo Comitê Gestor da Rede Nacional de Contratações Públicas, a ser presidido por representante indicado pelo Presidente da República e composto de:
>
> I – 3 (três) representantes da União indicados pelo Presidente da República;
>
> II – 2 (dois) representantes dos Estados e do Distrito Federal indicados pelo Conselho Nacional de Secretários de Estado da Administração;
>
> III – 2 (dois) representantes dos Municípios indicados pela Confederação Nacional de Municípios.

Ademais, observe que um dos mais elementares princípios que norteiam esse portal é o da publicidade, uma vez que a busca por informações relacionadas às licitações e contratações públicas ficará bem mais facilitada em virtude da acessibilidade garantida por esse sítio eletrônico.

Esse portal conterá, entre outras, as seguintes informações: planos de contratação anuais; catálogos eletrônicos de padronização; editais de credenciamento e de pré-qualificação, avisos de contratação direta e editais de licitação e respectivos anexos; atas de registro de preços; contratos e termos aditivos; notas fiscais eletrônicas, quando for o caso (art. 174, § 2.º, Lei 14.133/2021).

Para garantir a maior acessibilidade possível às informações, o PNCP deverá, entre outras funcionalidades, oferecer:

- Sistema de registro cadastral unificado.
- Painel para consulta de preços, banco de preços em saúde e acesso à base nacional de notas fiscais eletrônicas.
- Sistema de planejamento e gerenciamento de contratações, incluído o cadastro de atesto de cumprimento de obrigações previsto no § 4.º do art. 88 dessa Lei.
- Sistema eletrônico para a realização de sessões públicas.
- Acesso ao Cadastro Nacional de Empresas Inidôneas e Suspensas (Ceis) e ao Cadastro Nacional de Empresas Punidas (Cnep).
- Sistema de gestão compartilhada com a sociedade de informações referentes à execução do contrato, que possibilite:

    a) envio, registro, armazenamento e divulgação de mensagens de texto ou imagens pelo interessado previamente identificado;

    b) acesso ao sistema informatizado de acompanhamento de obras a que se refere o inciso III do *caput* do art. 19 desta Lei;

    c) comunicação entre a população e representantes da Administração e do contratado designados para prestar as informações e esclarecimentos pertinentes, na forma de regulamento;

    d) divulgação, na forma de regulamento, de relatório final com informações sobre a consecução dos objetivos que tenham justificado a contratação e eventuais condutas a serem adotadas para o aprimoramento das atividades da Administração.

17. LEI 8.666/1993 × LEI 14.133/2021

Com a finalidade de facilitar a visualização em relação às inovações e modificações trazidas pela Nova Lei de Licitações e Contratos Administrativos (Lei 14.133/2021), vamos resumir de uma forma prática e visual as principais diferenças da antiga norma (Lei 8.666/1993) para a nova.

Pois, apesar de a Lei 8.666/1993 estar com "data marcada para morrer" (será integralmente revogada em 30 de dezembro de 2023), a maioria das provas, pelo menos por enquanto, irão basear as suas questões, principalmente, nos pontos que diferenciam a nova Lei Geral de Licitação e Contratos (Lei 14.133/2021) da legislação anterior.

Vale ressaltar que alguns tópicos continuam seguindo a mesma lógica da norma anterior, por exemplo, questões relacionadas a conceito e características dos contratos administrativos (art. 54, Lei 8.666/1993 × art. 89, Lei 14.133/2021); à possibilidade de a Administração solicitar garantia (art. 56, Lei 8.666/1993 × art. 96, Lei 14.133/2021);

à existência de cláusulas exorbitantes, prerrogativas (art. 58, Lei 8.666/1993 × art. 104, Lei 14.133/2021); aos limites que devem ser respeitados pela alteração unilateral dos contratos (art. 65, § 1.º, Lei 8.666/1993 ×art. 125, Lei 14.133/2021), não foram modificados de forma substancial, apenas foi realizada a atualização do texto.

Todavia, alguns assuntos passaram por atualizações substanciais, tais como: duração dos contratos, situações que geram ao contrato o direito à extinção do contrato e as sanções administrativas. Sendo assim, este tópico irá reunir e resumir, de forma clara e objetiva, as principais diferenças entre a Lei 8.666/1993 e a Lei 14.133/2021. Vejamos:

a) Duração dos contratos

LEI 8.666/1993	LEI 14.133/2021
• **1 ano (regra).**	• **1 ano (regra).**
• **Até 4 anos.** "Art. 57, I – aos projetos cujos produtos estejam contemplados nas metas estabelecidas no Plano Plurianual, os quais poderão ser prorrogados se houver interesse da Administração e desde que isso tenha sido previsto no ato convocatório."	• **Até 5 anos (pode ser prorrogado até o prazo máximo de 10 anos).** Aluguel de equipamentos e à utilização de programas de informática; Contratação de serviços e fornecimentos contínuos.
• **60 meses + 12 meses.** "Art. 57, II – à prestação de serviços a serem executados de forma contínua, que poderão ter a sua duração prorrogada por iguais e sucessivos períodos com vistas à obtenção de preços e condições mais vantajosas para a administração, limitada a sessenta meses"; "Art. 57, § 4.º Em caráter excepcional, devidamente justificado e mediante autorização da autoridade superior, o prazo de que trata o inciso II do *caput* deste artigo poderá ser prorrogado por até doze meses."	• **Até 10 anos.** "Art. 108. A Administração poderá celebrar contratos com prazo de até 10 (dez) anos nas hipóteses previstas nas alíneas 'f' e 'g' do inciso IV e nos incisos V, VI, XII e XVI do *caput* do art. 75 desta Lei".
• **Até 48 meses.** "Art. 57, IV – ao aluguel de equipamentos e à utilização de programas de informática, podendo a duração estender-se pelo prazo de até 48 (quarenta e oito) meses após o início da vigência do contrato."	• **Até 15 anos.** Contrato que prever a operação continuada de sistemas estruturantes de tecnologia da informação.
• **Até 120 meses.** "Art. 57, V. às hipóteses previstas nos incisos IX, XIX, XXVIII e XXXI do art. 24, cujos contratos poderão ter vigência por até 120 (cento e vinte) meses, caso haja interesse da administração."	• Na contratação que produza receita e no contrato de eficiência que gere economia para a Administração, os prazos serão de: **até 10 anos**, nos contratos sem investimento; **até 35 anos,** nos contratos com investimento Interesse público
• **Obs.:** veda a celebração de contratos por prazo indeterminado.	• **Obs.:** permite a celebração de contratos por prazo indeterminado nos contratos em que seja usuária de serviço público oferecido em regime de monopólio.

b) Situações que geram ao contrato o direito à extinção do contrato

LEI 8.666/1993	LEI 14.133/2021
• Supressão, por parte da Administração, de obras, serviços ou compras, acarretando modificação do valor inicial do contrato além do limite permitido no § 1.º do art. 65 desta Lei.	• Supressão, por parte da Administração, de obras, serviços ou compras que acarrete modificação do valor inicial do contrato além do limite permitido no art. 125 desta Lei.
• Suspensão de sua execução, por ordem escrita da Administração, por prazo **superior a 120 dias**, salvo em caso de calamidade pública,	• Suspensão de execução do contrato, por ordem escrita da Administração, por prazo **superior a 3 meses.**

LEI 8.666/1993	LEI 14.133/2021
grave perturbação da ordem interna ou guerra, ou ainda por repetidas suspensões que totalizem o mesmo prazo. • Atraso **superior a 90 dias** dos pagamentos devidos pela Administração. • Não liberação, por parte da Administração, de área, local ou objeto para execução de obra, serviço ou fornecimento, nos prazos contratuais, bem como das fontes de materiais naturais especificadas no projeto.	• Repetidas suspensões que totalizem **90 dias úteis**, independentemente do pagamento obrigatório de indenização pelas sucessivas e contratualmente imprevistas desmobilizações e mobilizações e outras previstas. • Atraso **superior a 2 meses**, contado da emissão da nota fiscal, dos pagamentos ou de parcelas de pagamentos devidos pela Administração. • Não liberação pela Administração, nos prazos contratuais, de área, local ou objeto, para execução de obra, serviço ou fornecimento, e de fontes de materiais naturais especificadas no projeto, inclusive devido a atraso ou descumprimento das obrigações atribuídas pelo contrato à Administração relacionadas a desapropriação, a desocupação de áreas públicas ou a licenciamento ambiental.

c) Sanções administrativas

LEI 8.666/1993	LEI 14.133/2021
• Advertência. • Multa. • Suspensão temporária de participação em licitação e impedimento de contratar com a Administração, por **prazo não superior a 2 anos.** • Declaração de inidoneidade para licitar ou contratar com a Administração Pública enquanto perdurarem os motivos determinantes da punição ou até que seja promovida a reabilitação perante a própria autoridade que aplicou a penalidade, que será concedida sempre que o **contratado ressarcir a Administração pelos prejuízos resultantes e após decorrido o prazo da sanção aplicada com base no inciso anterior (2 anos).**	• Advertência. • Multa. Não poderá ser inferior a 0,5% nem superior a 30% do valor do contrato licitado ou celebrado com contratação direta. • Impedimento de licitar e contratar. Impedirá o responsável de licitar ou contratar no âmbito da Administração Pública direta e indireta **do ente federativo que tiver aplicado a sanção, pelo prazo máximo de 3 anos.** • Declaração de inidoneidade para licitar ou contratar. Impedirá o responsável de licitar ou contratar no âmbito da Administração Pública direta e indireta de **todos os entes federativos, pelo prazo mínimo de 3 anos e máximo de 6 anos.**

18. CONTRATOS EM ESPÉCIE

Após a análise da estruturação, das características e regras aplicáveis aos contratos administrativos, vamos enumerar e conceituar as principais espécies existentes.

18.1 Contrato de concessão (Lei 8.987/1995 + Lei 11.079/2004)

A concessão decorre de uma descentralização por delegação, na qual o Poder Público transfere, após prévio procedimento licitatório, a execução de determinado serviço público a uma pessoa do setor privado sem, entretanto, repassar a titularidade da atividade a ser realizada.

Como esse assunto foi estudado e aprofundado no capítulo referente aos serviços público, vamos apenas citar as espécies de concessão com as suas principais características.

Cap. 14 – CONTRATOS ADMINISTRATIVOS (LEI 14.133/2021) **617**

a) **Concessão de serviço público:** resulta de uma delegação, feita pelo poder concedente, mediante licitação, na modalidade de concorrência ou diálogo competitivo, à pessoa jurídica ou consórcio de empresas que demonstre capacidade para seu desempenho, por sua conta e risco e por prazo determinado (art. 2.º, II, Lei 8.987/1995).

> **caiu na prova**
>
> **(CEBRASPE/INSS/2022)** *A concessão de serviço público consiste na delegação de sua prestação, feita pelo poder concedente, por meio de licitação, na modalidade concorrência ou diálogo competitivo, a pessoa jurídica ou a consórcio de empresas que demonstre capacidade para o seu desempenho, por sua conta e risco e por prazo determinado.*
>
> **Gabarito:** *Certo.*

b) **Concessão de serviço público precedida da execução de obra pública:** refere-se à construção, total ou parcial, conservação, reforma, ampliação ou melhoramento de quaisquer obras de interesse público, delegada pelo poder concedente, mediante licitação, na modalidade de concorrência ou diálogo competitivo, à pessoa jurídica ou consórcio de empresas que demonstre capacidade para a sua realização, por sua conta e risco, de forma que o investimento da concessionária seja remunerado e amortizado mediante a exploração do serviço ou da obra por prazo determinado (art. 2.º, III, Lei 8.987/1995).

c) **Concessão patrocinada:** decorre de uma parceria público-privada, ou seja, é uma concessão especial de serviços públicos ou de obras públicas de que trata a Lei 8.987/1995, que envolve, adicionalmente à tarifa cobrada dos usuários, contraprestação pecuniária do parceiro público ao parceiro privado (art. 2.º, § 1.º, Lei 11.079/2004).

d) **Concessão administrativa:** decorre de uma parceria público-privada, sendo caracterizada quando o contrato de prestação de serviços possuir a Administração Pública como usuária direta ou indireta, ainda que envolva execução de obra ou fornecimento e instalação de bens (art. 2.º, § 2.º, Lei 11.079/2004).

e) **Concessão de uso de bem público:** é um contrato administrativo formalizado após prévio procedimento licitatório com a finalidade de conceder ao particular o uso mais duradouro de determinado espaço público, podendo esta concessão ser remunerada ou gratuita. Podemos citar, como exemplo, a concessão para instalação de um boxe em determinado mercado público. Observe que, diferentemente das espécies analisadas anteriormente, a concessão ora em análise não se refere ao repasse de um serviço público, pois objetiva apenas fazer com que o particular possa utilizar de forma privativa determinado bem público.

18.2 Contrato de permissão (Lei 8.987/1995)

A Constituição Federal previu que os serviços públicos poderiam ser prestados pelo Poder Público diretamente ou mediante concessão ou permissão (art. 175, CF/1988). A fim de pôr em prática esse mandamento constitucional, foi produzida a Lei 8.987 no ano de 1995.

Entretanto, essa norma quase não se dedicou ao estudo das permissões, mencionando esse instituto em apenas duas passagens rápidas de seu texto. Vejamos:

> Art. 2.º Para os fins do disposto nesta Lei, considera-se: [...] IV – permissão de serviço público: a delegação, a título precário, mediante licitação, da prestação de serviços públicos, feita pelo poder concedente à pessoa física ou jurídica que demonstre capacidade para seu desempenho, por sua conta e risco.
>
> Art. 40. A permissão de serviço público será formalizada mediante contrato de adesão, que observará os termos desta Lei, das demais normas pertinentes e do edital de licitação, inclusive quanto à precariedade e à revogabilidade unilateral do contrato pelo poder concedente.

18.3 Contrato de gestão

O instituto do contrato de gestão era inicialmente utilizado apenas para relações entre entes da Administração. Entretanto, com a reforma administrativa, iniciada em 1995 e positivada pela Emenda Constitucional 19, em 1998, esse tipo de contrato passou a ser utilizado em um número maior de situações.

Entretanto, um problema surgiu: não existe uma definição legal do que seja o contrato de gestão e, por consequência, a doutrina também não consegue, de forma precisa, definir quais seriam as características específicas deste tipo de contrato.

Na verdade, as legislações atuais não seguem um padrão lógico, apenas resolvem denominar determinados tipos de contrato como sendo de gestão, sem que exista qualquer tipo de organização e raciocínio uniforme.

Agora, deixando de lado as críticas, vamos analisar quais são os contratos de gestão existentes em nosso ordenamento jurídico, são eles:

a) **Art. 37, § 8.º, CF**

> A autonomia gerencial, orçamentária e financeira dos órgãos e entidades da administração direta e indireta poderá ser ampliada mediante **contrato**, a ser firmado entre seus administradores e o poder público, que tenha por objeto a fixação de metas de desempenho para o órgão ou entidade, cabendo à lei dispor sobre:
>
> I – o prazo de duração do contrato;
>
> II – os controles e critérios de avaliação de desempenho, direitos, obrigações e responsabilidade dos dirigentes;
>
> III – a remuneração do pessoal. (grifos nossos)

Este dispositivo é bastante criticado pela doutrina, principalmente por dois fatores: os órgãos não possuem personalidade; sendo assim, não teriam como celebrar contratos e a relação não poderia ser firmada entre a Administração e seus administradores, pois, pela teoria da imputação, os atos devem ser atribuídos às pessoas jurídicas, e não às físicas.

Apenas a título de aprofundamento, este dispositivo constitucional foi regulamentado pela Lei 13.934/2019, a qual denominou o contrato de gestão como "contrato de desempenho", vejamos:

Art. 1.º Esta Lei regulamenta o contrato referido no § 8.º do art. 37 da Constituição Federal, denominado "contrato de desempenho", no âmbito da administração pública federal direta de qualquer dos Poderes da União e das autarquias e fundações públicas federais.

b) Lei 9.649/1998 (agência executiva)

Conforme estudado no capítulo referente à organização administrativa, poderá o Poder Público celebrar contrato de gestão com as suas autarquias e fundações públicas visando ampliar a autonomia das entidades a fim de que elas cumpram um plano estratégico e se tornem mais eficientes. Vejamos.

Art. 51. O Poder Executivo poderá qualificar como Agência Executiva a autarquia ou fundação que tenha cumprido os seguintes requisitos:

I – ter um plano estratégico de reestruturação e de desenvolvimento institucional em andamento;

II – ter celebrado **Contrato de Gestão** com o respectivo Ministério supervisor.

§ 1.º A qualificação como Agência Executiva será feita em ato do Presidente da República.

§ 2.º O Poder Executivo editará medidas de organização administrativa específicas para as Agências Executivas, visando assegurar a sua autonomia de gestão, bem como a disponibilidade de recursos orçamentários e financeiros para o cumprimento dos objetivos e metas definidos nos Contratos de Gestão.

Art. 52. Os planos estratégicos de reestruturação e de desenvolvimento institucional definirão diretrizes, políticas e medidas voltadas para a racionalização de estruturas e do quadro de servidores, a revisão dos processos de trabalho, o desenvolvimento dos recursos humanos e o fortalecimento da identidade institucional da Agência Executiva. (grifos nossos)

caiu na prova

(CEBRASPE/PGE-PV/2021) *Um dos requisitos para que uma autarquia se qualifique como agência executiva é a celebração de contrato de gestão com o ministério supervisor.*

Gabarito: *Certo.*

c) Lei 9.637/1998 (Organizações Sociais)

As organizações sociais são pessoas jurídicas de direito privado, não integrantes da Administração Pública, que por desempenharem uma atividade de interesse social assinam um contrato de gestão com o Poder Público e com este recebem algumas prerrogativas advindas da qualificação como "OS" (esse tópico foi aprofundado no capítulo referente ao terceiro setor).

Art. 1.º O Poder Executivo poderá qualificar como organizações sociais pessoas jurídicas de direito privado, sem fins lucrativos, cujas atividades sejam dirigidas ao ensino, à pesquisa científica, ao desenvolvimento tecnológico, à proteção e preservação do meio ambiente, à cultura e à saúde, atendidos aos requisitos previstos nesta Lei.

Art. 5.º Para os efeitos desta Lei, entende-se por **contrato de gestão** o instrumento firmado entre o Poder Público e a entidade qualificada como organização social, com vistas à formação de parceria entre as partes para fomento e execução de atividades relativas às áreas relacionadas no art. 1.º.

Art. 6.º O contrato de gestão, elaborado de comum acordo entre o órgão ou entidade supervisora e a organização social, discriminará as atribuições, responsabilidades e obrigações do Poder Público e da organização social.

Parágrafo único. O contrato de gestão deve ser submetido, após aprovação pelo Conselho de Administração da entidade, ao Ministro de Estado ou autoridade supervisora da área correspondente à atividade fomentada. (grifos nossos)

18.4 Contrato das empresas estatais (Lei 13.303/2016)

A Lei 13.303, publicada em 30 de junho de 2016, instituiu o regime aplicável às empresas públicas e sociedades de economia mista e dedicou um capítulo específico (vai do art. 68 até o art. 83) sobre os contratos celebrados pelas estatais, os quais serão regulados pelos dispositivos expressos na norma e pelos preceitos de direito privado.

Vale relembrar que as estatais não licitam nem contratam de acordo com a Lei 14.133/2021, já que, por expressa disposição legal, as empresas públicas e as sociedades de economia mista foram excluídas da Nova Lei de Licitações e Contratos Administrativos, logo, as suas licitações e contratos devem ser feitos de acordo com o regramento específico instituído pela Lei 13.303/2016 (Estatuto das Estatais). Vejamos:

Art. 1.º, Lei 14.133/2021, § 1.º. Não são abrangidas por esta Lei as empresas públicas, as sociedades de economia mista e as suas subsidiárias, regidas pela Lei 13.303, de 30 de junho de 2016, ressalvado o disposto no art. 178 desta Lei.

Art. 68, Lei 13.303/2016. Os contratos de que trata esta Lei regulam-se pelas suas cláusulas, pelo disposto nesta Lei e pelos preceitos de direito privado.

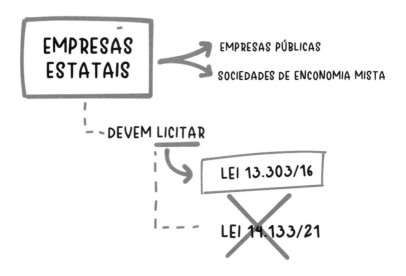

Cap. 14 – CONTRATOS ADMINISTRATIVOS (LEI 14.133/2021) **621**

> **caiu na prova**
>
> **(QUADRIX/CRO-SC/2023)** *Não são abrangidas pela Lei 14.133/2021 as empresas públicas, as sociedades de economia mista e as suas subsidiárias.*
> **Gabarito:** *Certo.*

Agora, de forma facilitada, vamos resumir os principais tópicos referentes aos contratos celebrados pelas estatais, empresas públicas e sociedades de economia mista, vejamos:

a) cláusulas necessárias desses contratos:

- O objeto e seus elementos característicos.
- O regime de execução ou a forma de fornecimento.
- O preço e as condições de pagamento, os critérios, a data-base e a periodicidade do reajustamento de preços e os critérios de atualização monetária entre a data do adimplemento das obrigações e a do efetivo pagamento.
- Os prazos de início de cada etapa de execução, de conclusão, de entrega, de observação, quando for o caso, e de recebimento.
- As garantias oferecidas para assegurar a plena execução do objeto contratual, quando exigidas, observado o disposto no art. 68.
- Os direitos e as responsabilidades das partes, as tipificações das infrações e as respectivas penalidades e valores das multas.
- Os casos de rescisão do contrato e os mecanismos para alteração de seus termos.
- A vinculação ao instrumento convocatório da respectiva licitação ou ao termo que a dispensou ou a inexigiu, bem como ao lance ou proposta do licitante vencedor.
- A obrigação do contratado de manter, durante a execução do contrato, em compatibilidade com as obrigações por ele assumidas, as condições de habilitação e qualificação exigidas no curso do procedimento licitatório.
- Matriz de riscos.

b) garantia:

Assim como na Lei 14.133/2021, os contratos celebrados pelas estatais também poderão prever a exigência de garantia para as contratações de obras, serviços e compras, podendo esta ser prestada (quem escolhe é o contratado) por uma das seguintes modalidades: dinheiro, seguro-garantia ou fiança bancária.

> **caiu na prova**
>
> **(CEBRASPE/CODEVASF/2021)** *João trabalha em uma empresa pública e é responsável pela verificação dos documentos para a assinatura do contrato após a realização do procedimento licitatório. Em uma das verificações por ele realizadas, observou-se que o contratado havia optado por utilizar fiança bancária como prestação de garantia. João, então, recusou a garantia, tendo alegado não ser a fiança uma das opões prevista na Lei 13.303/2016. Nessa situação, João agiu de acordo com a lei.*
> **Gabarito:** *Errado.*[16]

---

[16] O contratado poderá optar por prestar a garantia por meio de uma das seguintes modalidades: dinheiro, seguro-garantia ou fiança bancária.

Mas qual o valor dessa garantia?

Como regra, até 5% do valor do contrato, podendo, entretanto, chegar a 10% nas obras, serviços e fornecimentos de grande vulto que envolvam complexidade técnica e riscos financeiros elevados.

E seguindo a mesma lógica da Lei 14.133/2021, a garantia prestada pelo contratado deverá ser liberada ou restituída após a execução do contrato, e caso tenha sido prestada em dinheiro será atualizada monetariamente.

c) duração:

O prazo máximo do contrato será de cinco anos contados a partir de sua celebração, exceto para projetos contemplados no plano de negócios e investimentos da empresa pública ou da sociedade de economia mista e nos casos em que a pactuação por prazo superior a cinco anos seja prática rotineira de mercado e a imposição desse prazo inviabilize ou onere excessivamente a realização do negócio, sendo, logicamente, vedada a estipulação por prazo indeterminado.

Sendo assim, a regra é que a duração máxima será de 5 anos, mas, como vimos, existem situações que autorizam uma duração maior, desde que feita por prazo determinado, já que, por expressa disposição da Lei 13.303/2016, é vedada a existência de contratos por prazo indeterminado.

d) alteração:

Diferentemente da Lei Geral – Lei 14.133/2021, o contrato das estatais somente poderá ser alterado por acordo das partes, podendo o contratado aceitar, nas mesmas condições contratuais, os acréscimos ou supressões que se fizerem nas obras, serviços ou compras, até 25% do valor inicial atualizado do contrato, e, no caso particular de reforma de edifício ou de equipamento, até o limite de 50% para os seus acréscimos.

Resumindo, não poderá a Administração, de forma unilateral, alterar os contratos celebrados com as estatais, sendo assim, qualquer modificação, seja ela quantitativa ou qualitativa, deverá decorrer de acordo entre as partes.

---

caiu na prova

(CEBRASPE/CGE-CE/2019) *A administração de uma empresa pública, durante a execução de uma obra contratada conforme as disposições da Lei 13.303/2016, verificou a necessidade de acrescentar serviços e, consequentemente, propôs aumentar o valor do contrato em 20% do inicialmente pactuado. A contratada não concordou com o aditivo contratual, alegando que os valores apresentados eram demasiadamente baixos para suportar os acréscimos de serviços necessários. Com relação a essa situação hipotética, é correto afirmar que a contratada tem o direito de recusar o aditivo contratual, porque inexiste obrigação legal para o aceite.*

Gabarito: *Certo.*

---

e) responsabilidade:

O contratado é obrigado a reparar, corrigir, remover, reconstruir ou substituir, às suas expensas, no total ou em parte, o objeto do contrato em que se verificarem vícios, defeitos ou incorreções resultantes da execução ou de materiais empregados, e responderá por danos causados diretamente a terceiros ou à empresa pública ou sociedade de economia mista, independentemente da comprovação de sua culpa ou dolo na execução do contrato.

Ademais, o contratado é responsável pelos encargos trabalhistas, fiscais e comerciais resultantes da execução do contrato e, em caso de inadimplência deste, não existirá a transferência de responsabilidade de pagamento à empresa pública ou à sociedade de economia mista, nem poderá o objeto do contrato ser onerado ou se restringir a regularização e o uso das obras e edificações, inclusive perante o Registro de Imóveis.

f) subcontratação:

Por expressa permissão legal, poderá o contratado subcontratar partes da obra, serviço ou fornecimento, até o limite admitido, em cada caso, pela empresa pública ou pela sociedade de economia mista, conforme previsto no edital do certame.

Todavia, será vedada a subcontratação de empresa ou consórcio que tenham participado: I – do procedimento licitatório do qual se originou a contratação; II – direta ou indiretamente, da elaboração de projeto básico ou executivo (art. 78, § 2.º, Lei 13.303/2016).

g) sanções:

Pela inexecução total ou parcial do contrato, a empresa pública ou a sociedade de economia mista poderá, garantida a prévia defesa, aplicar ao contratado as seguintes sanções: advertência, multa e suspensão temporária de participação em licitação e impedimento de contratar com a entidade sancionadora, por prazo não superior a dois anos.

Vale ressaltar que a punição e a multa poderão ser cumuladas às outras sanções, sendo assim, poderá o contratado, após o devido procedimento, ser punido com uma advertência + multa ou suspensão temporária + multa.

> **caiu na prova**
>
> **(SELECON/EMGEPRON/2021)** *Pela inexecução total ou parcial do contrato, a empresa pública ou a sociedade de economia mista poderá, garantida a prévia defesa, aplicar ao contratado as seguintes sanções: multa e suspensão definitiva de participação em licitação e impedimento de contratar com qualquer órgão da administração direta ou indireta de qualquer ente da federação.*
>
> **Gabarito:** *Errado.*[17]

---

[17] A suspensão da possibilidade de participar de licitações e assinar contratos administrativos será temporária (2 anos), não definitiva.

h) resumo dos principais tópicos:

- LICITAM NOS MOLDES DA LEI 13.303/16 (ESTATUTO DAS ESTATAIS)
- GARANTIA: ATÉ 5% DO VALOR DO CONTRATO (REGRA)
- DURAÇÃO: ATÉ 5 ANOS (REGRA)
- ALTERAÇÃO: SOMENTE POR ACORDO DAS PARTES (UNILATERAL)
- PUNIÇÕES: ADVERTÊNCIA / MULTA / SUSPENSÃO TEMPORÁRIA (2 ANOS)

19. CONVÊNIOS

Um ponto bem característico dos contratos administrativos é o fato de existir vontades divergentes. Por exemplo, o estado deseja uma nova escola pública e o contratado tem como objetivo ser remunerado pela obra executada.

Entretanto, nos **convênios** (assim como também acontece nos consórcios) não existe essa diferenciação de vontades, mas, sim, **convergência**, ou seja, todos os partícipes buscam exatamente o mesmo resultado. Podendo o convênio ser celebrado entre entes políticos ou entre estes e particulares.

> Art. 241 da CF. A União, os Estados, o Distrito Federal e os Municípios disciplinarão por meio de lei os consórcios públicos e os **convênios** de cooperação entre os entes federados, autorizando a gestão associada de serviços públicos, bem como a transferência total ou parcial de encargos, serviços, pessoal e bens essenciais à continuidade dos serviços transferidos. (grifos nossos)

A Lei 14.133/2021 ("nova" Lei de Licitação e Contratos) apesar de não detalhar o tema referente aos convênios, disciplinou que as suas disposições normativas se aplicam a estes, logicamente, no que couber, vejamos:

> Art. 184. Aplicam-se as disposições desta Lei, no que couber e na ausência de norma específica, aos convênios, acordos, ajustes e outros instrumentos congêneres celebrados por órgãos e entidades da Administração Pública, na forma estabelecida em regulamento do Poder Executivo federal.

20. CONSÓRCIOS PÚBLICOS

Como visto no tópico anterior, a Constituição Federal prelecionou que:

> Art. 241. A União, os Estados, o Distrito Federal e os Municípios disciplinarão por meio de lei os **consórcios públicos** e os convênios de cooperação entre os entes federados, autorizando a gestão associada de serviços públicos, bem como a transferência total ou parcial de encargos, serviços, pessoal e bens essenciais à continuidade dos serviços transferidos.

Portanto, com a finalidade de dar aplicabilidade ao mandamento constitucional, foi publicada a Lei 11.107, no ano de 2005, a qual instituiu o regramento sobre os consórcios públicos.

Mas o que seriam esses consórcios?

Simples, tratam-se da reunião de entes federativos (União, estados, Distrito Federal e municípios) em busca da realização de objetivos comuns.

Para facilitar o estudo, vamos analisar em separado os diversos pontos referentes ao tema.

a) Entes consorciados

O consórcio público poderá ser homogêneo ou heterogêneo. Naquele existirão apenas entes federativos da mesma esfera – por exemplo, reunião de vários municípios. Já neste, haverá uma mistura de pessoas políticas – cite-se o caso de um consórcio entre o estado e seus municípios.

Todavia, no que se refere à União, esta somente participará de consórcios públicos de que também façam parte todos os estados em cujos territórios estejam situados os municípios consorciados. Para facilitar a compreensão, vamos imaginar duas situações:

1) Será lícito o consórcio formado por: estado de Pernambuco + Recife e Olinda (municípios pertencentes ao estado de Pernambuco) + União.

2) Não será lícito o consórcio formado por: estado de Pernambuco + Recife e Olinda (municípios pertencentes ao estado de Pernambuco) + João Pessoa (município pertencente ao estado da Paraíba) + União.

Observe que neste último caso a União não poderá participar, em virtude de o município de João Pessoa estar consorciado sem, entretanto, haver a associação do estado em que ele se situa (Paraíba).

Resumindo, a União poderá participar de consórcios junto com municípios, desde que exista também a presença do estado no qual o município consorciado se encontre. Por exemplo, poderá a União participar de um consórcio que tenha o estado de Pernambuco e o município de Recife; entretanto, não poderá se associar diretamente com o município de João Pessoa caso o estado na Paraíba não integra o consórcio.

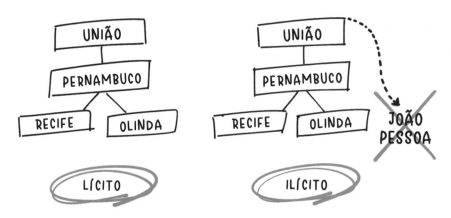

> **caiu na prova**
>
> **(FUNDATEC/PROCURADOR-PORTO.ALEGRE/2022)** A União somente participará de consórcios públicos em que também façam parte todos os Estados em cujos territórios estejam situados os municípios consorciados.
>
> **Gabarito:** Certo.

b) Objetivos do consórcio público

Necessariamente, o consórcio deverá executar serviços públicos que sejam do interesse de todos os entes consorciados. Com isso, para que essas metas possam ser cumpridas, algumas providências poderão ser tomadas, tais como:

- Firmar convênios, contratos, acordos de qualquer natureza, receber auxílios, contribuições e subvenções sociais ou econômicas de outras entidades e órgãos do governo.
- Promover desapropriações e instituir servidões nos termos de declaração de utilidade ou necessidade pública, ou interesse social, realizada pelo Poder Público.
- Ser contratado pela administração direta ou indireta dos entes da federação consorciados, dispensada a licitação.
- Emitir documentos de cobrança e exercer atividades de arrecadação de tarifas e outros preços públicos pela prestação de serviços ou pelo uso ou outorga de uso de bens públicos por eles administrados ou, mediante autorização específica, pelo ente da federação consorciado.

- Outorgar concessão, permissão ou autorização de obras ou serviços públicos mediante autorização prevista no contrato de consórcio público, que deverá indicar de forma específica o objeto da concessão, permissão ou autorização e as condições a que deverá atender, observada a legislação de normas gerais em vigor.

c) Protocolo de intenções

O consórcio público será constituído por contrato cuja celebração dependerá da prévia subscrição de protocolo de intenções, o qual deverá possuir necessariamente as seguintes cláusulas (art. 4.º, Lei 11.107/2005):

- A denominação, a finalidade, o prazo de duração e a sede do consórcio.
- A identificação dos entes da federação consorciados.
- A indicação da área de atuação do consórcio.
- A previsão de que o consórcio público é associação pública ou pessoa jurídica de direito privado sem fins econômicos.
- Os critérios para, em assuntos de interesse comum, autorizar o consórcio público a representar os entes da federação consorciados perante outras esferas de governo.
- As normas de convocação e funcionamento da assembleia geral, inclusive para a elaboração, aprovação e modificação dos estatutos do consórcio público.
- Previsão de que a assembleia geral é a instância máxima do consórcio público e o número de votos para as suas deliberações.
- A forma de eleição e a duração do mandato do representante legal do consórcio público que, obrigatoriamente, deverá ser chefe do poder executivo de ente da federação consorciado.
- O número, as formas de provimento e a remuneração dos empregados públicos, bem como os casos de contratação por tempo determinado para atender a necessidade temporária de excepcional interesse público.
- As condições para que o consórcio público celebre contrato de gestão ou termo de parceria.
- A autorização para a gestão associada de serviços públicos, explicitando: as competências cujo exercício se transferiu ao consórcio público, os serviços públicos objeto da gestão associada e a área em que serão prestados, a autorização para licitar ou outorgar concessão, permissão ou autorização da prestação dos serviços, as condições a que deve obedecer o contrato de programa, no caso de a gestão associada envolver também a prestação de serviços por órgão ou entidade de um dos entes da federação consorciados e os critérios técnicos para cálculo do valor das tarifas e de outros preços públicos, bem como para seu reajuste ou revisão.
- O direito de qualquer dos contratantes, quando adimplente com suas obrigações, de exigir o pleno cumprimento das cláusulas do contrato de consórcio público.

> **caiu na prova**
>
> **(QUADRIX/CRA-PE/2023)** *O consórcio público será constituído por contrato cuja celebração não dependerá da prévia subscrição de protocolo de intenções.*
>
> **Gabarito:** *Errado.*[18]

Por fim, o protocolo de intenções deverá definir o número de votos que cada ente da Federação consorciado possui na assembleia geral, sendo assegurado um voto a cada ente consorciado e, para que possua eficácia, ser publicado na imprensa oficial.

d) Personalidade do consórcio público

O consórcio público será uma pessoa distinta dos entes federativos instituidores, e como toda pessoa, deverá adquirir personalidade jurídica, a qual poderá ser de direito público ou privado, vejamos o que diz a Lei 11.107/2005: "Art. 6.º O consórcio público adquirirá personalidade jurídica: I – de direito público, [...]; II – de direito privado, [...]".

Direito público: nesse caso, o consórcio será instituído sob a forma de associação pública, mediante a vigência das leis de ratificação do protocolo de intenções, passando este a integrar a Administração Indireta de todos os entes da Federação consorciados.

Direito privado: será instituído mediante o atendimento dos requisitos da legislação civil, devendo, entretanto, observar as normas de direito público no que concerne à realização de licitação, celebração de contratos, prestação de contas e admissão de pessoal, que será regido pela Consolidação das Leis do Trabalho (CLT). Assim, o regime será, na verdade, híbrido.

---

[18] Art. 3.º, Lei 11.107/2005: "O consórcio público será constituído por contrato cuja celebração dependerá da prévia subscrição de protocolo de intenções".

> **caiu na prova**
>
> **(CONSULPLAN/PGE-SC/2022)** *O consórcio público pode ser associação pública ou pessoa jurídica de direito privado.*
>
> **Gabarito:** *Certo.*

e) Licitação × consórcio público

De início, devemos mencionar o fato de os consórcios, sejam eles de direito público ou privado, estarem sujeitos ao dever de licitar. Entretanto, a Lei 14.133/2021 institui alguns regramentos específicos para estas entidades, por exemplo, a possibilidade de contratação direta e valores diferentes no caso de dispensa de licitação.

No que se refere à dispensa de licitação, já estudamos em capítulo específico que poderá o poder público realizar a contratação direta nos casos que envolvam baixos valores, vamos relembrar:

> Art. 75, Lei 14.133/2021. É dispensável a licitação:
>
> I – para contratação que envolva valores inferiores a R$ 114.416,65 (cento e quatorze mil quatrocentos e dezesseis reais e sessenta e cinco centavos)[19], no caso de obras e serviços de engenharia ou de serviços de manutenção de veículos automotores;
>
> II – para contratação que envolva valores inferiores a R$ 57.208,33 (cinquenta e sete mil duzentos e oito reais e trinta e três centavos)[20], no caso de outros serviços e compras;

Todavia, no caso dos consórcios (e também das agências executivas) estes valores serão dobrados, ou seja, caso o consórcio venha a, por exemplo, desejar contratar uma obra ou serviço de engenharia poderá dispensar a licitação caso o valor da futura contratação seja inferior a R$ 228.883,30; já se desejar realizar a compra de materiais de limpeza, a licitação será dispensável se o valor do contrato for inferir a R$ 114.416,66.

> Art. 75, Lei 14.133/2021. É dispensável a licitação: § 2.º Os valores referidos nos incisos I e II do *caput* deste artigo serão duplicados para compras, obras e serviços contratados por consórcio público ou por autarquia ou fundação qualificadas como agências executivas na forma da lei.

Por fim, poderá o consórcio público vir a ser contratado de forma direta por meio da dispensa de licitação na seguinte situação: "Art. 75, Lei 14.133/2021. É dispensável a licitação: XI – para celebração de contrato de programa com ente federativo ou com entidade de sua Administração Pública indireta que envolva prestação de serviços públicos de forma associada nos termos autorizados em contrato de consórcio público ou em convênio de cooperação".

---

[19] Valor atualizado pelo Decreto 11.317/2022.

[20] Valor atualizado pelo Decreto 11.317/2022.

630 DIREITO ADMINISTRATIVO FACILITADO – *Ana Cláudia Campos*

Além da Lei 14.133/2021, a norma específica dos consórcios também previu que estes podem ser contratados diretamente pelo poder público, independentemente de uma prévia licitação. "Art. 2.°, § 1.°, Lei 11.107/2005. Para o cumprimento de seus objetivos, o consórcio público poderá: III – ser contratado pela administração direta ou indireta dos entes da Federação consorciados, dispensada a licitação".

> **caiu na prova**
>
> **(FGV/TRT-MA/2022)** *A Lei 11.107/2005 dispõe sobre normas gerais de contratação de consórcios públicos. De acordo com o citado diploma legal, o consórcio público não poderá ser contratado pela administração direta ou indireta dos entes da Federação consorciados, dispensada a licitação.*
>
> **Gabarito:** *Errado.*[21]

f) Alteração e extinção do consórcio público

A alteração ou a extinção de contrato de consórcio público dependerá de instrumento aprovado pela assembleia geral, ratificado mediante lei por todos os entes consorciados. E, até que haja decisão que indique os responsáveis por cada obrigação, os entes consorciados responderão solidariamente pelas obrigações remanescentes, garantindo o direito de regresso em face dos entes beneficiados ou dos que deram causa à obrigação.

21. SÚMULAS

21.1 Súmulas do STF

✓ **Súmula 7.** Sem prejuízo de recurso para o Congresso, não é exequível contrato administrativo a que o Tribunal de Contas houver negado registro.

✓ **Súmula 336.** A imunidade da autarquia financiadora, quanto ao contrato de financiamento, não se estende à compra e venda entre particulares, embora constantes os dois atos de um só instrumento.

✓ **Súmula 346.** A administração pública pode declarar a nulidade dos seus próprios atos.

✓ **Súmula 473.** A administração pode anular seus próprios atos, quando eivados de vícios que os tornam ilegais, porque deles não se originam direitos; ou revogá-los, por motivo de conveniência ou oportunidade, respeitados os direitos adquiridos, e ressalvada, em todos os casos, a apreciação judicial.

21.2 Súmulas do STJ

✓ **Súmula 127.** É ilegal condicionar a renovação da licença de veículo ao pagamento de multa, da qual o infrator não foi notificado.

✓ **Súmula 391.** O ICMS incide sobre o valor da tarifa de energia elétrica correspondente à demanda de potência efetivamente utilizada.

---

[21] O consórcio público poderá ser contratado pela administração direta ou indireta dos entes da Federação consorciados, dispensada a licitação.

top 10

RESUMO
CAPÍTULO 14 – CONTRATOS

1. **Conceito:** os contratos administrativos decorrem de um ajuste firmado entre a Administração e um particular, ou apenas entre entes administrativos, e buscam a realização de serviços e atividades de interesse coletivo, logo, devem ser submetidos ao regime jurídico administrativo (direito público), aplicando-se, entretanto, de forma supletiva, os princípios da teoria geral dos contratos e as disposições estabelecidas no direito privado.

2. **Convocação:** a Administração convocará regularmente o licitante vencedor para assinar o termo de contrato. Entretanto, caso o licitante vencedor não assine o contrato, a Administração poderá convocar (ato discricionário) os outros licitantes, respeitada a ordem de classificação, para saber se estes aceitam contratar com o poder público nas condições estipuladas pelo licitante vencedor, caso nenhum destes aceite, a Administração poderá convocar os licitantes remanescentes para negociação.

3. **Forma escrita:** esta deve ser a regra generalíssima dos contratos, tanto é assim que a Lei 14.133/2021 preleciona que é nulo e de nenhum efeito o contrato verbal com a Administração, salvo o de pequenas compras ou o de prestação de serviços de pronto pagamento, assim entendidos aqueles de valor não superior a R$ 11.441,66 (onze mil quatrocentos e quarenta e um reais e sessenta e seis centavos).

4. **Subcontratação:** será permitido ao contratado, dentro dos limites autorizados pela Administração, subcontratar partes da obra, serviço ou fornecimento. Todavia, ainda que exista esse repasse, o contratado continuará sendo o responsável pela execução contratual. Logicamente, apesar de a regra ser a possibilidade de subcontratação, poderá o regulamento ou edital de licitação vedar, restringir ou estabelecer condições para que esta ocorra.

5. **Prerrogativas da Administração (cláusulas exorbitantes):** a Lei 14.133/2021 confere à Administração, em relação aos contratos administrativos, as prerrogativas de: modificá-los, unilateralmente, para melhor adequação às finalidades de interesse público, respeitados os direitos do contratado; extingui-los, unilateralmente, nos casos especificados nesta Lei; fiscalizar sua execução; aplicar sanções motivadas pela inexecução total ou parcial do ajuste; ocupar provisoriamente bens móveis e imóveis e utilizar pessoal e serviços vinculados ao objeto do contrato nas hipóteses de: a) risco à prestação de serviços essenciais; b) necessidade de acautelar apuração administrativa de faltas contratuais pelo contratado, inclusive após extinção do contrato.

6. **Modificação unilateral dos contratos:** em virtude do princípio da supremacia do interesse público, alterações contratuais poderão ser feitas de forma unilateral pela Administração, desde que, respeitados os seguintes percentuais: a) regra: o contratado será obrigado a aceitar, nas mesmas condições contratuais, acréscimos

ou supressões de até 25% do valor inicial atualizado do contrato; b) exceção: no caso de reforma de edifício ou de equipamento, o limite para os acréscimos será de 50%.

7. **Formas de extinção do contrato:** apesar de, via de regra, os contratos durarem até o advento de seu termo, algumas situações podem ensejar uma rescisão antecipada. Esse término pode ocorrer de maneira consensual (amigável); decorrer de irregularidades praticadas pelo contratado; ser decretada em virtude de irregularidades praticadas pela própria administração; e, até mesmo, por exemplo, por caso fortuito ou força maior.

8. **Punição de multa:** poderá ser aplicada em qualquer infração administrativa, podendo, inclusive, ser cumulada as outras sanções. Quando o valor, a multa não poderá ser inferior a 0,5% nem superior a 30% do valor do contrato.

9. **Punição de impedimento de licitar e contratar:** impedirá o responsável de licitar ou contratar no âmbito da Administração Pública direta e indireta do ente federativo que tiver aplicado a sanção, pelo prazo máximo de 3 anos.

10. **Punição de declaração de inidoneidade:** impedirá o responsável de licitar ou contratar no âmbito da Administração Pública direta e indireta de todos os entes federativos, pelo prazo mínimo de 3 anos e máximo de 6 anos.

Acesse o
MATERIAL SUPLEMENTAR
Resumos esquematizados e questões de prova disponíveis no material suplementar *online*.

IMPROBIDADE ADMINISTRATIVA

1. PROBIDADE X IMPROBIDADE

Antes de ser iniciado, de fato, o estudo da lei de improbidade administrativa, devemos entender o que significa o termo "probidade".

Segundo o dicionário[1], a expressão "probidade" está relacionada à honestidade, honradez, retidão, e no caso da probidade administrativa, relaciona-se à integridade que o agente público deve ter no exercício de suas funções.

Podemos ir além, a probidade é a não corrupção!

Um agente público corrupto é aquele que, em busca de satisfazer interesses pessoais, não atua em prol do interesse público. Por exemplo, as práticas conhecidas como nepotismo, suborno (propina) e desvio de finalidade buscam beneficiar o indivíduo e não o coletivo, logo, ao praticá-las, estará sendo desrespeitada a probidade administrativa.

Agora já podemos fazer o seguinte paralelo:

Se a "probidade" está relacionada à ética, honestidade e não corrupção.

A "improbidade" será exatamente o oposto, é a falta de ética, desonestidade e corrupção.

Segundo a jurisprudência pátria, a improbidade é uma ilegalidade qualificada pela desonestidade, ou seja, nem toda ilegalidade será tipificada como um ato ímprobo, para que isto ocorra, deverá este ato ilegal ser qualificado por uma desonestidade, vejamos:

> **Para que o ato ilegal seja considerado ímprobo, exige-se um plus, que é o intuito de atuar com desonestidade, malícia, dolo** ou culpa grave. [...] Quando não se faz distinção conceitual entre ilegalidade e improbidade, corre-se o risco de adotar-se

---

[1] Disponível em: https://michaelis.uol.com.br/busca?r=0&f=0&t=0&palavra=probidade.

a responsabilidade objetiva. (STJ. 1ª Turma. REsp 1.193.248-MG, Rel. Min. Napoleão Nunes Maia Filho, 24.04.2014).

2. PROBIDADE X MORALIDADE

A Constituição Federal, conforme já estudado em capítulos anteriores, instituiu alguns princípios que devem ser observados tanto pelos integrantes da Administração Direta (União, Estados, Distrito Federal e Municípios) quanto da Indireta (Autarquias, Fundações públicas, Empresas públicas e Sociedades de economia mista). Observe que, entre eles, encontra-se o dever de respeito à moralidade.

> Art. 37, CF/1988. "A administração pública direta e indireta de qualquer dos Poderes da União, dos Estados, do Distrito Federal e dos Municípios obedecerá aos princípios de legalidade, impessoalidade, **moralidade**, publicidade e eficiência [...]." (grifos nossos)

Daí surge uma pergunta: será que os termos "moralidade" e "probidade" equivalem-se?

Existe uma enorme divergência doutrinaria, vejamos os posicionamentos:

a) alguns doutrinadores tratam as expressões como sinônimas, observe este texto de José dos Santos Carvalho Filho "parece-nos **desnecessário buscar diferenças semânticas** em cenário no qual foram elas utilizadas para o mesmo fim – a preservação do princípio da moralidade administrativa. Decorre, pois, que, diante do direito positivo, o agente ímprobo sempre se qualificará como violador do princípio da moralidade".

b) para outros autores, entretanto, como, por exemplo, Alexandre Mazza, a expressão **moralidade seria mais abrangente** que o termo probidade. "Na verdade, o princípio da probidade é um subprincípio dentro da noção mais abrangente de moralidade"[2].

c) por fim, outra parte da doutrina defende que a **expressão improbidade é mais ampla que o termo imoralidade**, tanto é assim que a Lei 8.429/1992 (lei de improbidade administrativa) considera como ímprobo o ato que ofenda os princípios da Administração pública, não apenas o da moralidade, vejamos o que menciona, respectivamente, a legislação e a doutrina de Maria Sylvia Zanella di Pietro:

> Art. 11. Constitui ato de improbidade administrativa que **atenta contra os princípios da administração pública** a ação ou omissão dolosa que viole os deveres de honestidade, de imparcialidade e de legalidade, caracterizada por uma das seguintes condutas [...] (grifos nossos)

> Como princípios, a moralidade e a probidade possuem identidade de conteúdo, no entanto não tutelam o mesmo valor jurídico, pois a **improbidade** (violação ao princípio da moralidade) **é muito mais ampla** e mais precisa do que a imo-

---

[2] MAZZA, Alexandre. *Manual de Direito Administrativo*. 4. ed. São Paulo: Saraiva, 2014, p. 596.

ralidade, pois abrange atos desonestos ou imorais (como a moralidade) e atos ilegais (exclusivo da improbidade).[3]

Agora que já vimos os três posicionamentos, pode ser que você esteja se perguntando: "mas qual deles eu devo adotar nas provas? ".

Em virtude da divergência doutrinária, as provas em geral "evitam" abordar esse tema, já que, a depender da formulação da pergunta, a questão poderia vir a ser anulada. Todavia, algumas provas "mais corajosas" já perguntaram sobre esse tópico e o posicionamento adotado foi: as expressões não são sinônimas, entretanto os elaboradores não chegam a mencionar qual seria a expressão mais abrangente, se moralidade ou probidade.

caiu na prova

(QUADRIX/CRO-GO/2021) *O entendimento doutrinário e jurisprudencial atual considera haver uma identidade entre moralidade e probidade, sendo princípios sobrepostos que tutelam um mesmo valor jurídico.*

Gabarito: *Errado*[4].

Quanto à posição adotada neste livro, a improbidade será caracterizada por uma ilegalidade (ofensa às normas, aos princípios em geral) qualificada por uma desonestidade (ofensa à moralidade). Sendo assim, nos posicionamos com a última corrente analisada, ou seja, a improbidade deve ser entendida de forma mais ampla que a imoralidade, tanto é assim que a Lei 8.429/1992 preleciona que o escopo dela é tutelar a probidade na organização do Estado, não, apenas, a moralidade.

> Art. 1.º, Lei 8.429/1992. O sistema de responsabilização por atos de improbidade administrativa tutelará a **probidade** na organização do Estado e no exercício de suas funções, como forma de assegurar a integridade do patrimônio público e social, nos termos desta Lei. (grifos nossos)

3. FUNDAMENTO CONSTITUCIONAL

A Constituição Federal menciona em alguns de seus dispositivos o instituto da improbidade administrativa, entretanto, não o conceituo, apenas referiu-se às punições que podem vir a ser aplicadas em decorrência da prática do ato ímprobo. Vejamos:

> Art. 15, CF. É vedada a cassação de direitos políticos, cuja perda ou suspensão só se dará nos casos de: V – improbidade administrativa, nos termos do art. 37, § 4.º.
>
> Art. 37, § 4.º, CF. Os atos de improbidade administrativa importarão a suspensão dos direitos políticos, a perda da função pública, a indisponibilidade dos bens e o ressarcimento ao erário, na forma e gradação previstas em lei, sem prejuízo da ação penal cabível.

---

[3] DI PIETRO, Maria Sylvia Zanella, *Direito Administrativo*. 32. ed. São Paulo: Atlas, 2019, p. 896-897.

[4] De acordo com a posição majoritária, as expressões, moralidade e probidade, não são sinônimas.

DIREITO ADMINISTRATIVO FACILITADO – *Ana Cláudia Campos*

Observe que o instituto da improbidade retira a sua força normativa diretamente da Constituição Federal, já que a própria Carta Magna previu a existência de sanções que podem ser aplicadas no caso da prática dos atos ímprobos.

Entretanto, algumas perguntas surgem!

a) Bastaria apenas a existência da Constituição Federal para que uma pessoa pudesse ser condenada por improbidade administrativa?

Não! Perceba que a Constituição não disciplinou o instituto da improbidade, apenas mencionou a existência deste, sem, entretanto, regulamentar o seu procedimento. Em outras palavras, os dispositivos constitucionais que tratam deste tema são normas de eficácia limitada, pois necessitam de uma lei para que as sanções pelo cometimento dos atos ímprobos possam vir a ser aplicadas, sendo tal regulamentação implementada com o surgimento da Lei 8.429 no ano de 1992 (Lei de Improbidade Administrativa), a qual passou recentemente por grandes alterações que foram implementadas pela 14.230/2021.

b) A lei pode ampliar a quantidade de sanções elencadas pela Constituição Federal?

A nossa Carta Magna previu quatro sanções que podem ser aplicadas ao condenado pela prática do ato ímprobo, são elas: "[...]suspensão dos direitos políticos, a perda da função pública, a indisponibilidade dos bens e o ressarcimento ao erário [...]" (art. 37, § 4.º, CF).

Entretanto, a lei de improbidade administrativa, além de prever as sanções expressas no texto constitucional, ampliou este rol e estabeleceu mais duas punições, quais sejam: multa e a proibição de contratar, por determinado prazo, com o poder público ou de receber benefícios ou incentivos fiscais ou creditícios.

E foi em virtude desta ampliação que surgiu uma discussão doutrinária e nos levou a nossa pergunta: poderia a lei de improbidade ampliar as sanções?

Sim! De acordo com o entendimento amplamente dominante, o texto Constitucional não desejou listar de forma taxativa as punições, sendo assim, pode a legislação infraconstitucional, analisando as necessidades da atualidade, ampliar o rol e incluir outras sanções que não estavam previstas originariamente.

---

caiu na prova

(VUNESP/JUIZ-SP/2021) *O artigo 37, § 4.º, da Constituição, previu apenas as sanções de suspensão dos direitos políticos, perda da função pública, indisponibilidade dos bens e ressarcimento ao erário, sendo forçoso concluir que o elenco de outras sanções na Lei 8.429/1992 implica inconstitucionalidade.*

Gabarito: *Errado[5].*

---

[5] Segundo a doutrina amplamente majoritária, não existe inconstitucionalidade no fato de a lei de improbidade ter ampliado as sanções previstas originariamente no texto constitucional.

4. LEI 8.429/92, NOÇÕES INTRODUTÓRIAS

A lei de improbidade administrativa (Lei 8.429) surgiu no ano de 1992 com o objetivo de regulamentar o texto constitucional e, finalmente, pôr em prática a política nacional de combate à corrupção.

Ao longo do tempo algumas alterações pontuais foram sendo realizadas no texto da Lei 8.429/1992, entretanto, nenhuma delas tinha sido tão substancial quanto as modificações que ocorreram no final do ano de 2021, implementada pela Lei 14.230.

Desde já vale mencionar que a legislação referente à improbidade administrativa continua sendo a Lei 8.429/1992, a Lei 14.230/2021 não substituiu aquela norma, apenas fez alterações que foram introduzidas no "corpo" da Lei 8.429/1992.

Para facilitar, vamos fazer a seguinte comparação:

No caso das licitações, conforme estudado em capítulo específico, a Lei 14.133/2021 veio para substituir a legislação anterior, tanto é assim que a Lei 8.666/1993 já está com "data marcada para morrer" (será plenamente revogada em: 30.12.2023, após esse dia, apenas seguirá "viva" (em vigência) a Lei 14.133/2021.

No caso da improbidade é diferente, a Lei 14.230/2021 não "matou" a Lei 8.429/1992, muito pelo contrário, ela incorporou alterações no texto desta com a finalidade de atualizar os dispositivos normativos.

Sendo assim, quando você for realizar seus estudos referentes ao tema da improbidade administrativa, deverá estudar a Lei 8.429/1992, com as devidas alterações que foram incorporadas em seu texto.

Agora, após essa visão inicial, temos que fazer uma pergunta: qual seria o bem jurídico tutelado (protegido) pela lei de improbidade administrativa?

A probidade e a integridade do patrimônio público e social de todos os três Poderes do Estado (Legislativo, Executivo e Judiciário), bem como da Administração direta e indireta, no âmbito da União, Estados, Distrito Federal e Municípios.

> Art. 1.º, Lei 8.429/1992. O sistema de responsabilização por atos de improbidade administrativa tutelará a **probidade** na organização do Estado e no exercício de suas funções, como forma de assegurar a **integridade do patrimônio público e social**, nos termos desta Lei.
>
> § 5.º Os **atos de improbidade violam a probidade** na organização do Estado e no exercício de suas funções **e a integridade do patrimônio público e social** dos Poderes Executivo, Legislativo e Judiciário, bem como da administração direta e indireta, no âmbito da União, dos Estados, dos Municípios e do Distrito Federal. (grifos nossos)

caiu na prova

(QUADRIX/CRECI-RO/2022) *O sistema de responsabilização por atos de improbidade administrativa tutelará a probidade na organização do Estado e no exercício de suas funções, como forma de assegurar a integridade do patrimônio público e social.*

Gabarito: *Certo.*

5. ELEMENTO SUBJETIVO DO ATO ÍMPROBO

Uma das grandes alterações realizadas pela Lei 14.230/2021 foi em relação ao elemento subjetivo da prática do ato ímprobo, mas, antes de falar desta modificação, devemos entender o que é este "elemento subjetivo".

Uma conduta pode ser praticada de maneira dolosa ou culposa.

O dolo acontece quando a ação decorre de uma vontade livre e consciente, ou seja, a pessoa fez porque quis fazer. Exemplo: durante uma briga, Joana teve uma explosão de fúria, jogou o computador de Paula no chão e ficou pisando em cima dele. Observe que Joana agiu com dolo, pois, ainda que estivesse em um momento de extrema raiva, fez o ato com vontade de fazer.

Já uma conduta culposa é prática por negligência (desatenção), imprudência (afobamento) ou imperícia (falta de conhecimento). Exemplo, Lucas estava dirigindo e, ao mesmo tempo, olhando as mensagens no WhatsApp do seu celular, em virtude da falta de atenção (negligência), não percebeu que o semáforo tinha ficado vermelho e com isso avançou e bateu no carro de Isabel. Perceba que ele não bateu porque quis (não teve dolo), mas foi culpado em decorrência de sua falta de atenção, culpa.

Agora que já sabemos diferenciá-los, vem a pergunta!

Para que um ato seja tipificado como ímprobo ele deve ser praticado de modo doloso, culposo ou tanto faz?

Antes da alteração produzida pela Lei 14.230/2021 alguns atos praticados de maneira culposa poderiam se enquadrar como de improbidade administrativa. Entretanto, atualmente, isso não é mais possível.

Em outras palavras, hoje apenas os atos praticados com DOLO podem ser tipificados como ímprobos, ou seja, não existe mais a possibilidade de uma conduta praticada por negligência, impudência ou imperícia (culpa) ser enquadrada na lei de improbidade administrativa.

> Art. 1.º, § 1.º, Lei 8.429/1992. Consideram-se atos de improbidade administrativa as condutas **dolosas** tipificadas nos arts. 9.º, 10 e 11 desta Lei, ressalvados tipos previstos em leis especiais.
>
> Art. 1.º, § 2.º, Lei 8.429/1992. Considera-se **dolo** a **vontade livre e consciente** de alcançar o resultado ilícito tipificado nos arts. 9.º, 10 e 11 desta Lei, não bastando a voluntariedade do agente.
>
> Art. 17-C, § 1.º, Lei 8.429/1992. A ilegalidade sem a presença de **dolo** que a qualifique não configura ato de improbidade. (grifos nossos)

Esta alteração é tão importante que vou repetir e fazer um desenho!

Lembre-se: não existe mais ato de improbidade culposo, apenas será tipificado como tal se a prática se deu de forma dolosa.

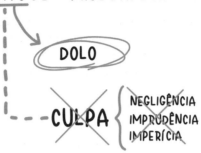

> **caiu na prova**
>
> **(QUADRIX/CRMV-MA/2022)** *O dolo constitui elemento indispensável para a caracterização do ato de improbidade administrativa.*
>
> **Gabarito:** *Certo.*

5.1 Dolo específico

Existem dois tipos de dolo, o genérico e o específico.

No caso do dolo genérico, o agente pratica o ato irregular com vontade, mas sem buscar nenhuma finalidade especial. Já no caso do dolo específico, além de atuar com vontade, o autor do ato irregular o faz para alcançar uma finalidade específica.

E qual dos dois tipos de dolo é adotado na lei de improbidade?

O dolo específico!

Sendo assim, para que uma conduta se enquadre como ímproba terá de existir a combinação de alguns requisitos: consciência + vontade + busca por uma finalidade específica.

> Art. 1.º, Lei 8.429/1992.
>
> § 2.º. Considera-se dolo a vontade livre e consciente de alcançar o resultado ilícito tipificado nos arts. 9.º, 10 e 11 desta Lei, **não bastando a voluntariedade do agente.**
>
> § 3.º. O mero exercício da função ou desempenho de competências públicas, **sem** comprovação de ato **doloso** com fim ilícito, **afasta a responsabilidade** por ato de improbidade administrativa. (grifos nossos)

> **caiu na prova**
>
> **(CEBRASPE/PO-AL/2023)** *Para a Lei de Improbidade Administrativa, a voluntariedade do agente caracteriza o dolo.*
>
> **Gabarito:** *Errado[6].*

---

[6] Para um ato ser tipificado como ímprobo deverá existir a presença do dolo específico, não basta a mera voluntariedade do agente.

Para facilitar um pouco mais a visualização do tema, vamos a um exemplo: a lei de improbidade administrativa preleciona que caso o agente público, que disponha de condições, deixe de prestar contas quando esteja obrigado a fazê-lo com vistas a ocultar irregularidades, estará praticando um ato que atenta contra os princípios da Administração Pública.

Analisando o dispositivo acima, perceba que se um administrador de forma dolosa (vontade) deixa de prestar contas, nem sempre estará praticando um ato de improbidade, já que para que se enquadre como tal, deverá a omissão na prestação de contas ter sido feita com a finalidade específica de ocultar irregularidades. Em outras palavras, não basta o dolo genérico, será necessária a existência de um dolo específico.

5.2 Lei 14.230/2021 no tempo

Em Direito Penal se estuda um tópico chamado: "lei penal no tempo". Este assunto refere-se à análise da norma e a data do cometimento do ilícito criminal, ou seja, o objetivo é verificar se aquela legislação, produzida após o cometimento do delito, vai atingir a infração praticada ou não.

A Constituição, em relação à esfera penal, nos oferece a resposta: "art. 5.º, XL, a lei penal não retroagirá, salvo para beneficiar o réu". Sendo assim, podemos perceber que caso a nova legislação venha a ser benéfica ao autor do delito, a norma retroagirá; entretanto, se ela for prejudicial, o efeito será *ex nunc* (não retroativo).

Imagine dois exemplos:

a) Rodrigo, no ano de 2004, tinha praticado o delito de adultério (sim, nesta época este crime existia em nosso ordenamento jurídico), todavia, no ano de 2005 o artigo que previa este delito foi revogado do nosso Código penal.

Pergunta: esta revogação irá atingir Rodrigo? Sim!! Já que é uma norma benéfica ao autor da infração, logo, deverá retroagir.

b) Juliana, no ano de 2020 praticou uma conduta que não era tipificada como crime, entretanto, menos de dois meses após a sua ação, uma lei foi publicada e tipificou aquele ato como ilícito penal.

Pergunta: a publicação desta nova lei irá atingir Juliana? Não!! Pois neste caso temos uma norma maléfica (prejudicial), sendo assim, o efeito será *ex nunc*, não retroativo.

Agora que já "passeamos" pelo Direito Penal, pode ser que você esteja se perguntando: "Sim, mas esse livro é de Direito Administrativo, porque estamos falando de crimes??".

Este "passeio" foi necessário para que pudéssemos responder uma pergunta essencial:

Antigamente, uma conduta culposa poderia ser tipificada como ímproba, mas, como já sabemos, atualmente, em virtude das alterações produzidas pela Lei 14.230/2021, somente as condutas dolosas podem ser enquadradas como tal.

Então, como ficam os processos, já encerrados e os ainda em andamento, movidos contra pessoas que tenham atuado de maneira culposa, visto que, atualmente, só se admite punições a título de dolo?

Pode ser que você esteja pensando: "bom, a mudança foi benéfica para o autor do ato, logo, ela vai retroagir". Se seu pensamento foi assim, segundo o STF, ele estará correto apenas em parte.

Então, mais uma vez, vamos imaginar duas situações:

a) Daniel, no ano de 2010, praticou um ato de improbidade culposo. Após o devido processo, ele foi condenado e a decisão já transitou em julgado, fazendo coisa julgada.

Pergunta: a alteração promovida pela Lei 14.230/2021 (não mais considerar uma ação culposa como ato ímprobo) atingirá o processo de Daniel?

Não! Pois, segundo o Supremo Tribunal Federal, deve-se respeitar a coisa julgada, logo, a alteração promovida pela Lei 14.133/2021 será irretroativa nesta situação.

> Por força do art. 5.º, XXXVI, da CF/88, a revogação da modalidade culposa do ato de improbidade administrativa, promovida pela Lei 14.230/2021, é irretroativa, de modo que os seus efeitos não têm incidência em relação à eficácia da coisa julgada, nem durante o processo de execução das penas e seus incidentes. (STF. Plenário. ARE 843989/PR, Rel. Min. Alexandre de Moraes, 18.08.2022, Repercussão Geral – Tema 1199)

b) Natália, no ano de 2020, praticou um ato de improbidade culposo e seu processo ainda não transitou em julgado, ou seja, quando a modalidade culposa deixou de ser considerada como apta a ensejar uma ação por improbidade administrativa, Natália ainda estava no meio de seu processo.

Pergunta: a alteração promovida pela Lei 14.230/2021 (não mais considerar uma ação culposa como ato ímprobo) atingirá o processo de Natália?

Sim! Pois, segundo o Supremo Tribunal Federal, no caso de ainda não ter existido uma condenação transitada em julgado, a alteração promovida pela Lei 14.133/2021 será retroativa, devendo o juiz analisar a eventual presença de dolo, ou seja, caso se comprove que Natália tenha agido, além da culpa, com dolo, o processo segue; mas caso ela tenha atuado, única e exclusivamente com culpa, o processo será encerrado.

> Incide a Lei 14.230/2021 em relação aos atos de improbidade administrativa culposos praticados na vigência da Lei 8.429/1992, desde que não exista condenação transitada em julgado, cabendo ao juízo competente o exame da ocorrência de eventual dolo por parte do agente. (STF. Plenário. ARE 843989/PR, Rel. Min. Alexandre de Moraes, 18.08.2022, Repercussão Geral – Tema 1199)

Resumindo, diferente da esfera penal, na qual as alterações benéficas são sempre retroativas, nas ações de improbidade a retroatividade (ou não) da alteração produzida pela Lei 14.230/2021 (não considerar o ato culposo como ímprobo) dependerá da etapa em que se encontra o processo. Caso ele já tenha transitado em julgado, a alteração benéfica será irretroativa em respeito à coisa julgada; entretanto, caso a ação ainda não tenha encerrado, a retroatividade acontecerá.

caiu na prova

(FGV/CGE-SC/2023) Em junho de 2020, João, ex-Secretário Estadual de Fazenda, foi condenado, com trânsito em julgado, pela prática de ato de improbidade administrativa que causou prejuízo ao erário, por ter, culposamente, concedido benefício administrativo ao particular Antônio, sem a observância das formalidades legais e regulamentares aplicáveis à espécie. Em janeiro de 2023, no bojo de processo de cumprimento de sentença, João alegou que as alterações promovidas pela Lei 14.230/21 na Lei de Improbidade Administrativa devem retroagir, pois não existe mais ato de improbidade culposo. No caso em tela, de acordo com a atual jurisprudência do Supremo Tribunal Federal, a tese de João não merece prosperar, pois a norma benéfica que revogou a modalidade culposa do ato de improbidade administrativa é irretroativa para os processos de execução das penas, pela eficácia da coisa julgada.

Gabarito: Certo.

6. SUJEITOS

Os sujeitos do ato de improbidade podem ser classificados em: passivos (vítima) e ativo (autor). Por exemplo, José possui um cargo efetivo no INSS (autarquia

Cap. 15 – IMPROBIDADE ADMINISTRATIVA **643**

federal) e, com dolo de causar prejuízo ao erário, ordenou a realização de despesa não autorizada em lei, conduta esta tipificada como ímproba pela Lei 8.429/1992.

Usando o caso acima, observe que José foi o sujeito ativo do ato ímprobo, autor; Já o INSS (autarquia federal) foi a vítima, ou seja, sujeito passivo.

Logicamente, temos muito a aprofundar, exatamente por isso, vamos analisar as espécies de sujeitos em separado, passivo e ativo, respectivamente.

6.1 Sujeito passivo

O sujeito passivo é a vítima do ato ímprobo, podendo esta ser tanto um dos entes integrantes da Administração Pública quanto, até mesmo, uma pessoa jurídica não estatal, que receba recursos públicos para seu custeio ou, pelo menos, algum tipo de auxílio fiscal ou creditício proveniente de órgão público.

Em outras palavras, o sujeito passivo está relacionado ao ente que sofre, de forma direta ou indireta, com os danos causados pelo ato de improbidade administrativa. Segundo a Lei 8.429/1992, as vítimas do ato ímprobo podem ser:

> Art. 1.º, Lei 8.429/1992:
>
> § 5.º º Os atos de improbidade violam a probidade na organização do Estado e no exercício de suas funções e a integridade do patrimônio público e social dos Poderes Executivo, Legislativo e Judiciário, bem como da **administração direta e indireta**, no âmbito da União, dos Estados, dos Municípios e do Distrito Federal.
>
> § 6.º Estão sujeitos às sanções desta Lei os atos de improbidade praticados contra o patrimônio de entidade privada que receba **subvenção, benefício ou incentivo**, fiscal ou creditício, de entes públicos ou governamentais, previstos no § 5.º deste artigo.
>
> § 7.º Independentemente de integrar a administração indireta, estão sujeitos às sanções desta Lei os atos de improbidade praticados contra o patrimônio de **entidade privada para cuja criação ou custeio o erário haja concorrido ou concorra no seu patrimônio ou receita atual**, limitado o ressarcimento de prejuízos, nesse caso, à repercussão do ilícito sobre a contribuição dos cofres públicos. (grifos nossos)

De forma mais esquematizada e resumida, podemos dizer que são sujeitos passivos do ato de improbidade as seguintes entidades:

a) **Administração Direta:** União, Estados, Distrito Federal e Municípios.

b) **Administração Indireta:** Autarquias, Fundações Públicas, Empresas Públicas e Sociedades de Economia Mista.

c) **Entidades que recebam subvenção, benefício ou incentivo, fiscal ou creditício, proveniente de órgão público:** o Poder Público, em algumas situações, poderá oferecer algumas prerrogativas a pessoas não integrantes da Administração. Citem-se, como exemplo, as entidades integrantes do terceiro setor (serviço social autônomo, entidade de apoio, organização social, organização da sociedade civil de interesse público e organização da sociedade civil), as quais, apesar de não serem entes estatais, desempenham atividades de interesse social e, assim, acabam sendo destinatárias de diversos benefícios, podendo ser consideradas, em virtude disso, sujeitos passivos dos atos ímprobos, limitando-se este à repercussão do ilícito sobre as contribuições dos cofres públicos.

d) **Entidade privada para cuja criação ou custeio o erário haja concorrido ou concorra no seu patrimônio ou receita atual:** também podem vir a ser consideradas "vítimas" de um ato ímprobo as pessoas que, mesmo não integrando a Administração direta ou indireta, tenham recebido (ou recebam) recursos públicos como forma de auxílio a sua criação ou custeio. Entretanto, logicamente, o ato de improbidade será referente à repercussão do ilícito sobre a contribuição dos cofres públicos. Podemos citar como o exemplo o caso das sociedades de propósito específico, as quais são criadas com a finalidade de gerir as parcerias público-privadas (art. 9.º, Lei 11.079/2004).

Como o grande objetivo deste livro é facilitar o seu entendimento, podemos simplificar o conceito visto acima dizendo que "qualquer local que possua dinheiro público ou, ao menos, auxílio público, poderá ser vítima de um ato ímprobo".

Sendo assim, podemos reformular a lista acima da seguinte maneira:

a) **local com dinheiro público:** Administração Direta (União, Estados, Distrito Federal e Municípios); Administração Indireta: (Autarquias, Fundações Públicas, Empresas Públicas e Sociedades de Economia Mista); entidade privada para cuja criação ou custeio o erário haja concorrido ou concorra no seu patrimônio ou receita atual.

b) **local com auxílio público:** entidades que recebam subvenção, benefício ou incentivo, fiscal ou creditício, proveniente de órgão público.

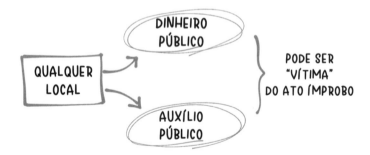

caiu na prova

(FCC/TJ-CE/2022) *São sujeitos passivos de atos de improbidade as pessoas jurídicas integrantes da Administração direta e indireta, não configurando ato de improbidade condutas que causem prejuízo a entidades privadas subvencionadas pelo Poder Público.*

Gabarito: *Errado*[7].

---

[7] Qualquer local que possua dinheiro público ou, até mesmo, auxílio público poderá ser vítima de um ato ímprobo.

cuidado

Segundo o art. 23-C da Lei 8.429/1992: atos que ensejem enriquecimento ilícito, perda patrimonial, desvio, apropriação, malbaratamento ou dilapidação de recursos públicos dos partidos políticos, ou de suas fundações, serão responsabilizados nos termos da Lei 9.096/95 (lei dos partidos políticos). Ou seja, caso o sujeito passivo do ato irregular venha a ser um partido político (ou suas fundações), não se seguirá a lei de improbidade administrativa, já que, para este caso, temos uma lei específica, Lei 9.096/1995.

6.2 Sujeito ativo

O sujeito ativo é a pessoa que executa o ato ímprobo. Segundo a Lei 8.429/1992, os atos de improbidade podem vir a ser praticados por um agente público.

Mas quem seria esse "agente público"?

A Lei 8.429/1992 deu uma interpretação bem ampla para esta expressão, vejamos:

> Art. 2.º Para os efeitos desta Lei, consideram-se **agente público** o agente político, o servidor público e todo aquele que exerce, ainda que transitoriamente ou sem remuneração, por eleição, nomeação, designação, contratação ou qualquer outra forma de investidura ou vínculo, mandato, cargo, emprego ou função nas entidades referidas no art. 1.º desta Lei.

Assim, podemos dizer que o termo **agente público** deve ser entendido em seu **sentido amplo**, abarcando todos aqueles que mantenham alguma espécie de vínculo com o Poder Público, ainda que de maneira transitória e sem remuneração.

Observe que o conceito é tão abrangente que inclui, até mesmo, pessoas que possuam uma relação passageira e não remunerada com a Administração, como, por exemplo, os mesários e os jurados do Tribunal do Júri.

Para facilitar, segue alguns exemplos de pessoas que podem vir a praticar atos ímprobos e, por consequência, ser consideradas como sujeitos ativos do ato de improbidade administrativa.

– Agentes políticos: governador; senador, deputados.

– Servidor público: policial federal (cargo); escriturário do Banco do Brasil (emprego público).

– Particular em colaboração com o poder público: mesário; jurados do tribunal do Júri.

Agora que já sabemos que o conceito de "agente público" é amplo, vamos testar o tamanho dessa amplitude com uma pergunta: um estagiário contratado por prazo determinado para exercer suas funções de forma voluntária na Administração Pública poderá ser enquadrado com sujeito ativo de um ato de improbidade?

Sim! Esse entendimento encontra-se, inclusive, sedimentado na jurisprudência do Superior Tribunal de Justiça.

jurisprudência

[...] "O alcance conferido pelo legislador quanto à expressão 'agente público' possui expressivo elastério, o que faz com que os sujeitos ativos dos atos de improbidade administrativa não sejam apenas os servidores públicos, mas, também, quaisquer outras pessoas que estejam de algum modo vinculadas ao Poder Público" *(REsp 1.081.098/DF, 1.ª Turma, Rel. Min. Luiz Fux, DJe 03.09.2009).*

No caso dos autos, a agravante, estagiária da Caixa Econômica Federal, possuía, sim, vínculo – ainda que transitório e de caráter educativo – com essa empresa pública federal. [...] Portanto, não há como deixar de reconhecer a sua legitimidade para figurar no polo passivo da demanda. (STJ, 1.ª Turma, AgInt no REsp 1149493/BA, 22.11.2016).

A grande questão agora é: o particular, ou seja, aquele sem nenhuma relação com o Poder Público, pode ser enquadrado como autor de um ato ímprobo?

Sim! Este entendimento encontra-se, inclusive, expresso no texto da própria Lei 8.429/1992, vejamos:

Art. 3.º As disposições desta Lei são aplicáveis, no que couber, àquele que, **mesmo não sendo agente público**, induza ou concorra dolosamente para a prática do ato de improbidade. (grifos nossos)

Observe, quando o artigo mencionado acima fala "mesmo não sendo agente público" está se referindo ao **particular**. Sendo assim, a lei de improbidade é aplicável aos agentes públicos e também aos terceiros que concorram ou induzam àqueles a prática do ato ímprobo.

Logicamente, como já visto anteriormente, tanto o agente público quanto o particular apenas poderão ser responsabilizados se agiram de forma dolosa, já que não mais se admite a prática de atos de improbidade de forma culposa (negligência, imprudência e imperícia).

caiu na prova

(FGV/SEFAZ-MG/2023) *As disposições da Lei de Improbidade Administrativa são aplicáveis, no que couber, àquele que, mesmo não sendo agente público, induza ou concorra culposa ou dolosamente para a prática do ato de improbidade.*

Gabarito: *Errado[8].*

---

[8] Os atos de improbidade apenas podem ser praticados de forma dolosa, não culposa como mencionou a questão.

cuidado

Antes das alterações realizadas pela Lei 14.230/2021, o particular que induzisse, concorresse ou se beneficiasse da prática do ato ímprobo, poderia, junto com o agente público, vir a ser processado. Entretanto, na atualidade, a termo "se beneficie" foi retirado do art. 3.º da Lei 8.429/1992, sendo assim, após a reforma legislativa, o particular apenas poderá vir a figurar no polo passivo da ação de improbidade se, dolosamente, induziu ou concorreu com um agente público para prática do ato ímprobo, não basta apenas ter se beneficiado.

Agora, para que possa ser feito um aprofundamento, imagine a seguinte situação: João, servidor público federal, junto com Maria (particular), veio a praticar um ato de improbidade que causou um enorme prejuízo ao erário. Sabemos, por todo o exposto, que os dois poderão ser processados por tal conduta. A questão é, poderá Maria (particular) figurar no polo passivo da ação de improbidade sozinha?

Não! Esse entendimento também já se encontra sedimentado no âmbito do STJ, o qual, diversas vezes, já afirmou que o particular só poderá ser processado por improbidade caso o agente público também o seja, pois, se isso não ocorrer, deverá ser movida uma ação civil comum contra o *extraneus* (particular).

Em outras palavras, segundo a jurisprudência do Superior Tribunal de Justiça, a ação de improbidade administrativa não poderá ser movida, única e exclusivamente, contra o particular. Ou seja, apesar de o terceiro poder figurar em um processo por improbidade, não poderá figurar sozinho no polo passivo da demanda.

jurisprudência

1. Os particulares que induzam, concorram, ou se beneficiem de improbidade administrativa estão sujeitos aos ditames da Lei 8.429/1992, não sendo, portanto, o conceito de sujeito ativo do ato de improbidade restrito aos agentes públicos (inteligência do art. 3.º da LIA). 2. **Inviável, contudo, o manejo da ação civil de improbidade exclusivamente e apenas contra o particular, sem a concomitante presença de agente público no polo passivo da demanda.** *(REsp 1171017/PA, Rel. Ministro Sérgio Kukina, Primeira Turma, 25.02.2014, DJe 06.03.2014)*

Resumindo, poderá uma ação de improbidade administrativa ser movida exclusivamente contra um agente público ou contra um agente público + um particular, caso este tenha induzido aquele a prática do ato ímprobo ou concorrido (atuado junto); entretanto, não será possível existir um processo movido exclusivamente contra o particular.

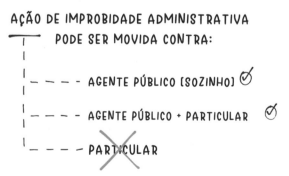

caiu na prova

(AOCP/MP-MS/2022) Nos termos da Lei 8.429/1992, é considerado sujeito ativo da Lei de Improbidade o particular que, em tese, induza ou concorra dolosamente para a prática do ato de improbidade, sendo porém inviável a propositura de ação de improbidade contra o particular, sem a presença de um agente público no polo passivo.

Gabarito: *Certo.*

Depois de todo o exposto, já sabemos que o particular pode sim vir a ser processado pela prática de um ato de improbidade, desde que, junto a ele, exista a presença de um agente público.

Mas, ainda nos resta alguns questionamentos: quem seria esse particular? Seria ele apenas uma pessoa física? Poderia ser uma pessoa jurídica?

Logicamente uma pessoa natural (física) pode vir a ser processada pela prática do ato ímprobo, no entanto, não será apenas esta. Por expressa disposição legal e jurisprudencial, as pessoas jurídicas também podem figurar no polo passivo da ação de improbidade, ou seja, podem ser processadas.

No caso das pessoas jurídicas, uma observação faz-se necessária: as pessoas físicas (sócios, diretores, cotistas, colaboradores) que tenham alguma relação com a "empresa", via de regra, não serão responsabilizadas junto com a pessoa jurídica, salvo se ficar comprovado que elas estavam se beneficiando e maneira direta.

Imagine o seguinte:

a) Joana, pensando em investir para seu futuro, comprou ações da empresa "M", que até então era uma pessoa jurídica em plena ascensão e pagadora de bons dividendos. Todavia, meses depois, um enorme escândalo foi revelado e descobriu-se que a empresa "M" havia praticado diversos atos de improbidade administrativa, os quais causaram um enorme prejuízo ao erário.

Pergunta: Joana poderá ser responsabilizada por improbidade administrativa?

Resposta: Claro que não! Pois, apesar de ser sócia da empresa (possuía ações), ela não teve nenhuma participação nos atos ímprobos e nem se beneficiou de forma direta de tais ações.

b) Usando a mesma lógica do caso acima, Carlos, diretor da empresa "M", junto com alguns agentes públicos, concorreu para a prática dos atos ímprobos e se beneficiou diretamente de tais atos, já que se enriqueceu ilicitamente.

Pergunta: Carlos poderá ser responsabilizada por improbidade administrativa?

Resposta: Claro que sim! Já que participou e se beneficiou diretamente da prática dos atos de improbidade administrativa.

Art. 3.º, § 1.º, Lei 8.429/1992. Os sócios, os cotistas, os diretores e os colaboradores de pessoa jurídica de direito privado não respondem pelo **ato de improbidade que venha a ser imputado à pessoa jurídica**, salvo se, comprovadamente, houver participação e benefícios diretos, caso em que responderão nos limites da sua participação. (grifos nossos).

Cap. 15 – IMPROBIDADE ADMINISTRATIVA **649**

⚖️ jurisprudência

Considerando que as pessoas jurídicas podem ser beneficiadas e condenadas por atos ímprobos, é de se concluir que, de forma correlata, podem figurar no polo passivo de uma demanda de improbidade, ainda que desacompanhada de seus sócios. *(STJ, 1. Turma, REsp 970393/CE, 21.06.2012).*

📝 caiu na prova!

(FGV/TRT-PB/2022) *Os sócios, os cotistas, os diretores e os colaboradores de pessoa jurídica de direito privado respondem necessariamente pelo ato de improbidade que venha a ser imputado à pessoa jurídica a que estão vinculados.*

Gabarito: *Errado[9].*

❗ cuidado

Caso a pessoa jurídica venha a ser processada com base na lei Anticorrupção (Lei 12.846/2013), ela não sofrerá a ação de improbidade. Vejamos: Art. 3.º, § 2.º, Lei 8.429/1992 As sanções desta Lei não se aplicarão à pessoa jurídica, caso o ato de improbidade administrativa seja também sancionado como ato lesivo à administração pública de que trata a Lei 12.846, de 1.º de agosto de 2013.

Para facilitar, vamos resumir os principais tópicos:

– Sujeito ativo é quem pratica o ato ímprobo (autor)

– Podem ser sujeitos ativos: agentes públicos (conceito amplo) e particulares que induzam ou concorram com aqueles para a prática de atos ímprobos.

– A ação de improbidade não poderá ser movida, exclusivamente, contra o articular sem a presença do agente público no polo passivo da demanda.

– O particular poderá ser tanto uma pessoa física quanto jurídica.

6.2.1 Improbidade administrativa × agentes políticos

A Lei 1.079, de 1950, regula a prática dos atos definidos como crimes de responsabilidade elencando quais são os agentes políticos a ela submetidos.

> Art. 2.º Os crimes definidos nesta lei, ainda quando simplesmente tentados, são passíveis da pena de perda do cargo, com inabilitação, até cinco anos, para o exercício de qualquer função pública, imposta pelo Senado Federal nos processos contra o Presidente da República ou Ministros de Estado, contra os Ministros do Supremo Tribunal Federal ou contra o Procurador Geral da República.
>
> Art. 74. Constituem crimes de responsabilidade dos governadores dos Estados ou dos seus Secretários, quando por eles praticados, os atos definidos como crimes nesta lei.

---

[9] Via de regra, os sócios, os cotistas, os diretores e os colaboradores de pessoa jurídica de direito privado não respondem pelo ato de improbidade que venha a ser imputado à pessoa jurídica a que estão vinculados.

Em resumo, para essa lei são considerados agentes políticos:

a) Presidente da República.

b) Ministros de Estado.

c) Procurador-Geral da República.

d) Ministros do STF.

e) Governadores.

f) Secretários de Estado.

Com isso, surgiu um questionamento: os agentes que se encontram submetidos à lei dos crimes de responsabilidade estão sujeitos à lei de improbidade?

Segundo a jurisprudência do STF e STJ: **os agentes políticos, com exceção do Presidente da República, estão sim sujeitos tanto a lei de improbidade administrativa** quanto à Lei 1.079/1950.

Sendo assim, a única pessoa que não pode vir a ser responsabilizada com base na lei de improbidade administrativa é o Presidente da República, todos os outros agentes políticos como, por exemplo, governadores, deputados e senadores, estão sujeitos a um duplo regime sancionatório, qual seja: Lei 8.429/1992 (improbidade) e Lei 1.079/1950 (crimes de responsabilidade).

Mas qual o fundamento da não responsabilização do presidente da república?

A própria Constituição Federal! Pois esta preleciona que quando o presidente da República atenta contra a probidade na administração estará cometendo um crime de responsabilidade, o qual, diga-se de passagem, possui um regramento específico previsto no próprio texto da Carta Maior (art. 86, CF – situação do impeachment), por isso, não será usada a norma geral de improbidade.

> Art. 85, CF. São crimes de responsabilidade os atos do Presidente da República que atentem contra a Constituição Federal e, especialmente, contra: V – a probidade na administração.
>
> Art. 86, CF. Admitida a acusação contra o Presidente da República, por dois terços da Câmara dos Deputados, será ele submetido a julgamento perante o Supremo Tribunal Federal, nas infrações penais comuns, ou perante o Senado Federal, nos crimes de responsabilidade.

Por fim, para confirmar todo o exposto, vejamos os julgados do Supremo Tribunal Federal e do Superior Tribunal de Justiça, respectivamente:

STF:

jurisprudência

Os agentes políticos, com exceção do Presidente da República, encontram-se sujeitos a duplo regime sancionatório, *de modo que se submetem tanto à responsabilização civil pelos atos de improbidade administrativa quanto à responsabilização político-administrativa por crimes de responsabilidade. O foro especial por prerrogativa de função previsto na Constituição Federal em relação às infrações penais comuns não é extensível às ações de improbidade administrativa (STF, Tribunal Pleno, Pet 3240 AgR/DF, 10.05.2018).*

Cap. 15 – IMPROBIDADE ADMINISTRATIVA **651**

STJ:

jurisprudência

> Excetuada a hipótese de atos de improbidade praticados pelo Presidente da República (art. 85, V), cujo julgamento se dá em regime especial pelo Senado Federal (art. 86), não há norma constitucional alguma que imunize os agentes políticos, sujeitos a crime de responsabilidade, de qualquer das sanções por ato de improbidade previstas no art. 37, § 4.º. Seria incompatível com a Constituição eventual preceito normativo infraconstitucional que impusesse imunidade dessa natureza *(STJ, Corte Especial, Rcl 2790/SC, 04.03.2010).*

caiu na prova

(OBJETIVA/ASSESSOR.JUR/2022) *De acordo com as alterações realizadas na Lei 8.429/1992, os agentes políticos, inclusive o Presidente da República, podem responder por improbidade administrativa.*

Gabarito: *Errado[10].*

6.2.2 Sucessor do agente ímprobo

Segundo a Lei de Improbidade Administrativa (Lei 8.429/1992):

> Art. 8.º O sucessor ou o herdeiro daquele que causar dano ao erário ou que se enriquecer ilicitamente estão sujeitos apenas à obrigação de repará-lo até o limite do valor da herança ou do patrimônio transferido.

Assim, o sucessor/herdeiro daquele que praticou o ato ímprobo pode, sim, ser chamado a reparar o dano que foi causado e a perder os bens acrescidos de maneira ilícita, desde que essas punições respeitem o limite do valor da herança.

caiu na prova

(IBEST/CRMV-DF/2022) *O sucessor ou o herdeiro daquele que causar dano ao erário ou que enriquecer ilicitamente estão sujeitos à obrigação de repará-lo até o limite do valor da herança ou do patrimônio transferido.*

Gabarito: *Certo.*

Pergunta-se: se nada foi deixado de herança, o sucessor responderá por algo?

Não, pois como ele não foi o autor do ato irregular, não poderia ser obrigado a usar de seu patrimônio pessoal para reparar o dano causado por outrem.

Inovando o texto anterior, a Lei 14.230/2021, além de prever a responsabilidade sucessória para as pessoas físicas, tratou desta responsabilização no caso das pessoas jurídicas, vejamos como ficou:

---

[10] Os agentes políticos, com exceção do Presidente da República, encontram-se sujeitos a duplo regime sancionatório, de modo que se submetem tanto à responsabilização civil pelos atos de improbidade administrativa quanto à responsabilização político-administrativa por crimes de responsabilidade

Art. 8.º-A, Lei 8.429/1992. A responsabilidade sucessória de que trata o art. 8.º desta Lei aplica-se também na hipótese de alteração contratual, de transformação, de incorporação, de fusão ou de cisão societária.

Parágrafo único. Nas hipóteses de fusão e de incorporação, a responsabilidade da sucessora será restrita à obrigação de reparação integral do dano causado, até o limite do patrimônio transferido, não lhe sendo aplicáveis as demais sanções previstas nesta Lei decorrentes de atos e de fatos ocorridos antes da data da fusão ou da incorporação, exceto no caso de simulação ou de evidente intuito de fraude, devidamente comprovados.

7. ESPÉCIES DE ATOS DE IMPROBIDADE

Agora que já sabemos quem pode praticar (sujeito ativo), quem pode sofrer (sujeito passivo) e que o elemento subjetivo necessário à prática do ato ímprobo é o dolo, devemos enumerar quais são os atos de improbidade previstos na Lei 8.429/1992, são eles:

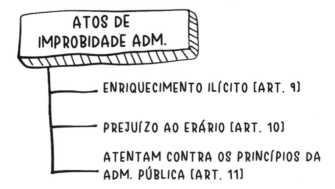

Analisando o desenho, podemos perceber que existem três tipos de atos de improbidade previstos na Lei 8.429/1992: a) atos que geram enriquecimento ilícito; b) atos que causam prejuízo ao erário (cofres públicos); c) atos que atentam contra os princípios da administração pública.

Desse entendimento inicial, algumas perguntas surgem:

a) um ato para ser considerado como ímprobo deve causar prejuízo ao erário?

Resposta: Não necessariamente! Observe que o prejuízo ao erário é apenas umas das formas de se praticar o ato de improbidade administrativa. Poderá o agente público, por exemplo, atentar contra os princípios da administração, sem, entretanto, causar prejuízo ao erário; poderá até mesmo, se enriquecer ilicitamente, mas não gerar danos ao patrimônio público.

Este entendimento encontra-se, inclusive, respaldado pela jurisprudência do Superior Tribunal de Justiça.

Ainda que não haja dano ao erário, é possível a condenação por ato de improbidade administrativa que importe enriquecimento ilícito (art. 9.º da

Lei 8.429/92), excluindo-se, contudo, a possibilidade de aplicação da pena de ressarcimento ao erário. (STJ. 1ª Turma. REsp 1.412.214-PR, Rel. Min. Napoleão Nunes Maia Filho, 08.03.2016)

b) o rol (lista) de atos ímprobos previsto na Lei 8.429/1992 é taxativo ou exemplificativo?

Antes de responder a esse questionamento, devemos fazer a diferença entre os tipos de "lista".

- Rol taxativo: em uma linguagem simples seria "é só aquilo e ponto final". Imagine que Maria, sabendo que você iria no supermercado, fez um pedido e disse: "compra para mim, apenas, feijão e arroz". Maria acabou de fazer um rol (lista) taxativo, já que você comprará apenas o que foi pedido, nada a mais.

- Rol exemplificativo: seria o "é isso e outras coisas". Imagine agora que Paula, sabendo que você iria no supermercado, fez um pedido e disse: "compra para mim: feijão, arroz e as outras que estiverem faltando". Paula acabou de fazer um rol (lista) exemplificativo, já que você irá comprar feijão, arroz e, além destes itens, poderá realizar a aquisição de outros produtos.

Agora, depois dessa explicação inicial, vamos voltar à pergunta: o rol (lista) de atos ímprobos previsto na Lei 8.429/1992 é taxativo ou exemplificativo?

Resposta: depende do tipo de ato ímprobo! Nos casos dos atos que geram enriquecimento ilícito (art. 9.º, Lei 8.429/1992) e causam prejuízo ao erário (art. 10, Lei 8.429/1992) o rol é exemplificativo, ou seja, a lei de improbidade apenas mencionou os respectivos atos, mas admite outros que não tenham sido previstos de maneira expressa; entretanto, em relação aos atos que atentam contra os princípios da administração pública (art. 11, Lei 8.429/1992), o rol é taxativo, sendo assim, apenas poderá se enquadrar como tal se a conduta estiver descrita de forma expressa na lei.

Este entendimento decorre da interpretação dos artigos, vejamos:

> Art. 9.º, Lei 8.429/1992. Constitui ato de improbidade administrativa importando em enriquecimento ilícito [...] **e notadamente:**
>
> Art. 10, Lei 8.429/1992. Constitui ato de improbidade administrativa que causa lesão ao erário [...] **e notadamente:**
>
> Art. 11, Lei 8.429/1992. Constitui ato de improbidade administrativa que atenta contra os princípios da administração pública [...] **caracterizada por uma das seguintes condutas:** (grifos nossos)

Perceba que nos arts. 9.º e 10 a Lei 8.429/1992 fala que são atos que geram, respectivamente, enriquecimento ilícito e prejuízo ao erário "notadamente", o uso desta palavra leva ao entendimento de que a lista que será apresentada é apenas exemplificativa; já no caso do art. 11 é usada a expressão "caracterizada por uma das seguintes condutas", observe, aqui a Lei 8.429/1992 não deixou brechas, ou seja, a lista dos atos que atentam contra os princípios é taxativa, só será enquadrada como tal as condutas previstas em um dos incisos do mencionado artigo.

ENRIQUECIMENTO ILÍCITO (ART. 9)

 PREJUÍZO AO ERÁRIO (ART. 10)

ROL EXEMPLIFICATIVO

 ATENTAM CONTRA OS PRINCÍPIOS DA ADM. PÚBLICA (ART. 11)

ROL TAXATIVO

> **caiu na prova**
>
> **(FGV/TJ-DFT/2022)** Antônia, estudiosa da improbidade administrativa, recebeu a incumbência, em um grupo de estudos, de realizar a análise da estrutura tipológica adotada pela Lei 8.429/1992 e do elemento subjetivo exigido para o enquadramento de uma conduta em seus termos. Ao final, Antônia concluiu, corretamente, que a referida estrutura é aberta, em relação aos atos que gerem enriquecimento ilícito ou prejuízo ao erário, mas taxativa quanto aos atos que atentem contra os princípios administrativos, sendo o elemento subjetivo o dolo, exigindo-se ainda um especial fim de agir.
>
> **Gabarito:** Certo.

7.1 Enriquecimento ilícito

Essa é a forma mais grave de cometimento de atos de improbidade e, por consequência lógica, será a espécie responsável por aplicar as maiores punições aos sujeitos ativos, sejam eles pessoas físicas ou jurídicas.

Vale relembrar que, assim como todos os atos de improbidade, apenas será configurado o enriquecimento ilícito se o agente atuou de forma dolosa, já que, de acordo com as alterações realizadas pela Lei 14.230/2021, não existe mais a possibilidade de um ato ímprobo ser praticado de forma culposa (negligência, imprudência e imperícia).

> **caiu na prova**
>
> **(QUADRIX/CRA-PE2023)** O ato de obter vantagem patrimonial em razão do exercício de cargo, mandato, função ou emprego que importe em enriquecimento ilícito, mediante a prática de ato doloso ou culposo, constitui ato de improbidade administrativa.
>
> **Gabarito:** Errado[11].

---

[11] Os atos de improbidade, todos eles, só podem ser praticados de forma dolosa, não se admite mais a punição a título de culpa.

Ademais, como visto no tópico anterior, o rol do art. 9.º da Lei 8.429/1992 é meramente exemplificativo, ou seja, apesar de a lei de improbidade listar diversas situações que ensejam o enriquecimento ilícito do sujeito ativo, outras situações podem ser enquadradas como tal, ainda que não tenham sido previstas de forma expressa pela norma.

Segundo a Lei 8.429/1992 (com as alterações produzidas pela Lei 14.230/2021), são atos de improbidade que geram enriquecimento ilícito (rol exemplificativo):

> Art. 9.º Constitui ato de improbidade administrativa importando em enriquecimento ilícito auferir, mediante a prática de ato doloso, qualquer tipo de vantagem patrimonial indevida em razão do exercício de cargo, de mandato, de função, de emprego ou de atividade nas entidades referidas no art. 1.º desta Lei, e notadamente: (Redação dada pela Lei 14.230, de 2021)
>
> I – receber, para si ou para outrem, dinheiro, bem móvel ou imóvel, ou qualquer outra vantagem econômica, direta ou indireta, a título de comissão, percentagem, gratificação ou presente de quem tenha interesse, direto ou indireto, que possa ser atingido ou amparado por ação ou omissão decorrente das atribuições do agente público;
>
> II – perceber vantagem econômica, direta ou indireta, para facilitar a aquisição, permuta ou locação de bem móvel ou imóvel, ou a contratação de serviços pelas entidades referidas no art. 1° por preço superior ao valor de mercado;
>
> III – perceber vantagem econômica, direta ou indireta, para facilitar a alienação, permuta ou locação de bem público ou o fornecimento de serviço por ente estatal por preço inferior ao valor de mercado;
>
> IV – utilizar, em obra ou serviço particular, qualquer bem móvel, de propriedade ou à disposição de qualquer das entidades referidas no art. 1.º desta Lei, bem como o trabalho de servidores, de empregados ou de terceiros contratados por essas entidades; (Redação dada pela Lei 14.230, de 2021)
>
> V – receber vantagem econômica de qualquer natureza, direta ou indireta, para tolerar a exploração ou a prática de jogos de azar, de lenocínio, de narcotráfico, de contrabando, de usura ou de qualquer outra atividade ilícita, ou aceitar promessa de tal vantagem;
>
> VI – receber vantagem econômica de qualquer natureza, direta ou indireta, para fazer declaração falsa sobre qualquer dado técnico que envolva obras públicas ou qualquer outro serviço ou sobre quantidade, peso, medida, qualidade ou característica de mercadorias ou bens fornecidos a qualquer das entidades referidas no art. 1.º desta Lei; (Redação dada pela Lei 14.230, de 2021)
>
> VII – adquirir, para si ou para outrem, no exercício de mandato, de cargo, de emprego ou de função pública, e em razão deles, bens de qualquer natureza, decorrentes dos atos descritos no *caput* deste artigo, cujo valor seja desproporcional à evolução do patrimônio ou à renda do agente público, assegurada a demonstração pelo agente da licitude da origem dessa evolução; (Redação dada pela Lei 14.230, de 2021)
>
> VIII – aceitar emprego, comissão ou exercer atividade de consultoria ou assessoramento para pessoa física ou jurídica que tenha interesse suscetível de ser atingido ou amparado por ação ou omissão decorrente das atribuições do agente público, durante a atividade;

IX – perceber vantagem econômica para intermediar a liberação ou aplicação de verba pública de qualquer natureza;

X – receber vantagem econômica de qualquer natureza, direta ou indiretamente, para omitir ato de ofício, providência ou declaração a que esteja obrigado;

XI – incorporar, por qualquer forma, ao seu patrimônio bens, rendas, verbas ou valores integrantes do acervo patrimonial das entidades mencionadas no art. 1° desta lei;

XII – usar, em proveito próprio, bens, rendas, verbas ou valores integrantes do acervo patrimonial das entidades mencionadas no art. 1° desta lei.

I Jornada de Direito Administrativo – Enunciado 7

Configura ato de improbidade administrativa a conduta do agente público que, em atuação legislativa *lato sensu*, recebe vantagem econômica indevida.

Fica muito claro, com a simples leitura do dispositivo acima, o intuito do agente ímprobo, qual seja: receber, de modo irregular, algum tipo de vantagem patrimonial. Conseguimos perceber essa ideia com a análise dos verbos usados: "**receber**", "**incorporar**", "**adquirir**", "**usar em proveito próprio**", "**perceber**". Veja que todos eles exprimem a noção de lucro com o ato praticado.

Cuidado, entretanto, com o seguinte raciocínio: lucrar não é necessariamente receber algo, também podemos enquadrar na lógica do lucro a ideia de "deixar de gastar o meu para gastar o dos outros".

Imagine a seguinte situação: o prefeito do Município "X" usa, todos os finais de semana, o carro da prefeitura para levar sua família a casa de praia. Observe, o prefeito está deixando de "gastar" o carro e a gasolina dele para utilizar bens da prefeitura. Sendo assim, está se enriquecendo de forma ilícita os moldes do seguinte dispositivo "Art. 9.°, Lei 8.429/1992. Constitui ato de improbidade administrativa importando em enriquecimento ilícito [...], IV – utilizar, em obra ou serviço particular, qualquer bem móvel, de propriedade ou à disposição de qualquer das entidades referidas no art. 1.° desta Lei, bem como o trabalho de servidores, de empregados ou de terceiros contratados por essas entidades".

Eu sei, você deve estar pensando: "mas esse ato também gerou gastos para a prefeitura, então, além de enriquecimento ilícito, também seria prejuízo ao erário? "

Resposta: não! Lembra que nós falamos que o enriquecimento ilícito gera as maiores punições? Então, quando um ato se enquadrar no art. 9.° da Lei 8.429/1992 (enriquecimento ilícito) ele já receberá as maiores sanções, sendo assim, não poderá uma conduta ser enquadrada, por exemplo, como enriquecimento ilícito + prejuízo ao erário, será uma ou outra, já que aquela (enriquecimento ilícito) vai englobar as punições desta (prejuízo ao erário). "Art. 17, § 10-D, Lei 8.429/1992. Para cada ato de improbidade administrativa, deverá necessariamente ser indicado apenas um tipo dentre aqueles previstos nos arts. 9.°, 10 e 11 desta Lei".

Cap. 15 – IMPROBIDADE ADMINISTRATIVA

caiu na prova

(IADES/SEAGRI-DF/2023) Suponha que um servidor público lotado em determinada secretaria de Estado tenha, de forma dolosa, utilizado, em obra particular, veículos pertencentes à secretaria, bem como o trabalho de demais servidores na referida obra. om base nas previsões legais contidas na Lei de Improbidade Administrativa (Lei 8.429/1992), o servidor cometeu ato de improbidade administrativa que importa em enriquecimento ilícito.

Gabarito: Certo.

Por fim, pergunta-se: para que um ato seja enquadrado como ímprobo na modalidade de enriquecimento ilícito, deverá existir também o prejuízo ao erário?

Não. Já que é possível um ato gerar o enriquecimento ilícito de seu sujeito ativo sem, entretanto, causar nenhum dano ao erário.

jurisprudência

Ainda que não haja dano ao erário, é possível a condenação por ato de improbidade administrativa que importe enriquecimento ilícito (art. 9.º da Lei n.º 8.429/1992), excluindo-se, contudo, a possibilidade de aplicação da pena de ressarcimento ao erário (STJ, 1.ª Turma, REsp 1.412.214/PR, 08.03.2016).

ENRIQUECIMENTO ILÍCITO
(ART. 9º, LEI 8.429/92)

- CONDUTA DOLOSA (DOLO ESPECÍFICO)
- INFRAÇÕES MAIS GRAVES
- PUNIÇÕES MAIS GRAVES
- ROL EXEMPLIFICATIVO
- O PREJUÍZO AO ERÁRIO NÃO É NECESSÁRIO

7.2 Prejuízo ao erário

Nesse caso, o agente ímprobo causa com sua ação ou omissão danos ao patrimônio público. Possuindo essa modalidade de improbidade gravidade e sanções intermediárias, pois o agente recebe punições menores em comparação aos atos que causam enriquecimento ilícito e maiores em relação àqueles que atentam contra os princípios da Administração Pública.

Vale relembrar que, antes das alterações realizadas pela Lei 14.230/2021 era possível que um ato praticado com negligência, imprudência ou imperícia (culpa) fosse enquadrado como ímprobo na modalidade "prejuízo ao erário". Entretanto, na atualidade, apenas será possível tipificar como ato de improbidade a ação ou omissão realizadas de maneira dolosa!

caiu na prova

(QUADRIX/FISCAL.TRIBUTOS-BA/2022) *Danos causados por imprudência, imperícia ou negligência não podem mais ser configurados como improbidade, por não serem dolosos.*
Gabarito: *Certo.*

Ademais, como visto no tópico anterior, o rol do art. 10 da Lei 8.429/1992 é meramente exemplificativo, ou seja, apesar de a lei de improbidade listar diversas situações que ensejam danos ao erário (cofres públicos), outras situações podem ser enquadradas como tal, ainda que não tenham sido previstas de forma expressa pela norma.

Segundo a Lei 8.429/1992 (com as alterações produzidas pela Lei 14.230/2021), são atos de improbidade que causam prejuízo ao erário (rol exemplificativo):

Art. 10. Constitui ato de improbidade administrativa que causa lesão ao erário qualquer ação ou omissão dolosa, que enseje, efetiva e comprovadamente, perda patrimonial, desvio, apropriação, malbaratamento ou dilapidação dos bens ou haveres das entidades referidas no art. 1.º desta Lei, e notadamente: (Redação dada pela Lei 14.230, de 2021)

I – facilitar ou concorrer, por qualquer forma, para a indevida incorporação ao patrimônio particular, de pessoa física ou jurídica, de bens, de rendas, de verbas ou de valores integrantes do acervo patrimonial das entidades referidas no art. 1.º desta Lei; (Redação dada pela Lei 14.230, de 2021)

II – permitir ou concorrer para que pessoa física ou jurídica privada utilize bens, rendas, verbas ou valores integrantes do acervo patrimonial das entidades mencionadas no art. 1.º desta lei, sem a observância das formalidades legais ou regulamentares aplicáveis à espécie;

III – doar à pessoa física ou jurídica bem como ao ente despersonalizado, ainda que de fins educativos ou assistências, bens, rendas, verbas ou valores do patrimônio de qualquer das entidades mencionadas no art. 1.º desta lei, sem observância das formalidades legais e regulamentares aplicáveis à espécie;

IV – permitir ou facilitar a alienação, permuta ou locação de bem integrante do patrimônio de qualquer das entidades referidas no art. 1.º desta lei, ou ainda a prestação de serviço por parte delas, por preço inferior ao de mercado;

V – permitir ou facilitar a aquisição, permuta ou locação de bem ou serviço por preço superior ao de mercado;

VI – realizar operação financeira sem observância das normas legais e regulamentares ou aceitar garantia insuficiente ou inidônea;

VII – conceder benefício administrativo ou fiscal sem a observância das formalidades legais ou regulamentares aplicáveis à espécie;

VIII – frustrar a licitude de processo licitatório ou de processo seletivo para celebração de parcerias com entidades sem fins lucrativos, ou dispensá-los indevidamente, acarretando perda patrimonial efetiva; (Redação dada pela Lei 14.230, de 2021)

IX – ordenar ou permitir a realização de despesas não autorizadas em lei ou regulamento;

X – agir ilicitamente na arrecadação de tributo ou de renda, bem como no que diz respeito à conservação do patrimônio público; (Redação dada pela Lei 14.230, de 2021)

Cap. 15 – IMPROBIDADE ADMINISTRATIVA | 659

XI – liberar verba pública sem a estrita observância das normas pertinentes ou influir de qualquer forma para a sua aplicação irregular;

XII – permitir, facilitar ou concorrer para que terceiro se enriqueça ilicitamente;

XIII – permitir que se utilize, em obra ou serviço particular, veículos, máquinas, equipamentos ou material de qualquer natureza, de propriedade ou à disposição de qualquer das entidades mencionadas no art. 1.º desta lei, bem como o trabalho de servidor público, empregados ou terceiros contratados por essas entidades.

XIV – celebrar contrato ou outro instrumento que tenha por objeto a prestação de serviços públicos por meio da gestão associada sem observar as formalidades previstas na lei;

XV – celebrar contrato de rateio de consórcio público sem suficiente e prévia dotação orçamentária, ou sem observar as formalidades previstas na lei.

XVI – facilitar ou concorrer, por qualquer forma, para a incorporação, ao patrimônio particular de pessoa física ou jurídica, de bens, rendas, verbas ou valores públicos transferidos pela administração pública a entidades privadas mediante celebração de parcerias, sem a observância das formalidades legais ou regulamentares aplicáveis à espécie;

XVII – permitir ou concorrer para que pessoa física ou jurídica privada utilize bens, rendas, verbas ou valores públicos transferidos pela administração pública a entidade privada mediante celebração de parcerias, sem a observância das formalidades legais ou regulamentares aplicáveis à espécie;

XVIII – celebrar parcerias da administração pública com entidades privadas sem a observância das formalidades legais ou regulamentares aplicáveis à espécie;

XIX – agir para a configuração de ilícito na celebração, na fiscalização e na análise das prestações de contas de parcerias firmadas pela administração pública com entidades privadas; (Redação dada pela Lei 14.230, de 2021)

XX – liberar recursos de parcerias firmadas pela administração pública com entidades privadas sem a estrita observância das normas pertinentes ou influir de qualquer forma para a sua aplicação irregular.

XXI – (revogado) (Redação dada pela Lei 14.230, de 2021)

XXII – conceder, aplicar ou manter benefício financeiro ou tributário contrário ao que dispõem o *caput* e o § 1.º do art. 8.º-A da Lei Complementar 116, de 31 de julho de 2003. (Incluído pela Lei 14.230, de 2021)

§ 1.º Nos casos em que a inobservância de formalidades legais ou regulamentares não implicar perda patrimonial efetiva, não ocorrerá imposição de ressarcimento, vedado o enriquecimento sem causa das entidades referidas no art. 1.º desta Lei. (Incluído pela Lei 14.230, de 2021)

§ 2.º A mera perda patrimonial decorrente da atividade econômica não acarretará improbidade administrativa, salvo se comprovado ato doloso praticado com essa finalidade. (Incluído pela Lei 14.230, de 2021)

Por fim, observe que o texto do artigo 10 da lei de improbidade menciona que será considerado prejuízo ao erário quando "efetiva e comprovadamente" for causado dano ao patrimônio público, ou seja, para que um ato possa se enquadrar nesta modalidade, faz-se imprescindível que exista a efetiva comprovação de algum tipo de prejuízo causado aos cofres públicos (erário). Este entendimento, inclusive, já estava pacificado na jurisprudência do Superior Tribunal de Justiça, vejamos.

> **jurisprudência**
>
> **O ato de improbidade administrativa previsto no art. 10 da Lei 8.429/1992 exige a comprovação do dano ao erário** e a existência de dolo ou culpa do agente. Precedentes. (STJ, 2.ª Turma, REsp 1127143/RS, 22.06.2010).

> **caiu na prova**
>
> **(CEBRASPE/MPCM-PA/2022)** Não configura ato de improbidade a dispensa indevida de licitação que não acarrete perda patrimonial efetiva ao ente público.
> **Gabarito:** Certo.

**PREJUÍZO AO ERÁRIO
(ART. 10, LEI 8.429/92)**

- CONDUTA DOLOSA (DOLO ESPECÍFICO)
- INFRAÇÕES INTERMEDIÁRIAS
- PUNIÇÕES INTERMEDIÁRIAS
- ROL EXEMPLIFICATIVO
- O PREJUÍZO AO ERÁRIO NÃO É NECESSÁRIO

7.3 Atentam contra os princípios da Administração Pública

A Administração Pública deve atuar mantendo o respeito a diversos princípios e, caso o agente público venha a desrespeitar de forma dolosa (não se admite a forma culposa) esses preceitos, seu ato poderá vir a ser enquadrado como ímprobo.

Todavia, diferentemente das espécies vistas anteriormente (enriquecimento ilícito e prejuízo ao erário), o rol previsto no artigo 11 da Lei 8.429/1992 é taxativo, ou seja, apenas será considera como ímprobo, na modalidade atentatória contra os princípios da administração, o ato doloso que se enquadrar perfeitamente em algum dos incisos do mencionado dispositivo legal.

> **caiu na prova**
>
> **(FGV/TJ-TO/2022)** João, servidor público estadual, foi informado de que estava sendo investigado pela possível prática de atos de improbidade administrativa previstos na Lei 8.429/1992. Esses atos estariam enquadrados na tipologia do (1) enriquecimento ilícito; (2) do dano ao patrimônio público; e (3) da violação aos princípios regentes da atividade estatal. À luz da sistemática adotada pelo referido diploma normativo: apenas a tipologia referida em 3 é descrita em rol exemplificativo.
> **Gabarito:** Errado[12].

---

[12] Os atos que atentam contra os princípios da administração pública, previstos no art. 11 da Lei 8.429/1992, formam um rol taxativo; já os casos de enriquecimento ilícito (art. 9.º, Lei

Cap. 15 – IMPROBIDADE ADMINISTRATIVA — 661

> **Dica!!**
>
> *Para efeito de prova em geral, é interessante decorar as oito situações previstas no art. 11 da Lei 8.429/1992, pois, como este dispositivo é taxativo, tudo que "aparecer na sua prova" e não se enquadrar perfeitamente em alguma das situações decoradas, é porque não será ato de improbidade que atenta contra os princípios da administração, logo, a resposta da sua questão será enriquecimento ilícito (caso exista algum tipo de lucro para o agente) ou prejuízo ao erário (caso não exista o lucro do agente, mas ocorra um dano aos cofres públicos).*

Outro ponto importante é o fato de não ser necessário existir o efetivo prejuízo ao erário para que um ato venha a ser tipificado como ímprobo na modalidade atentatória contra os princípios da administração pública, pois o que se protege no art. 11 da Lei 8.429/1992 não é o dinheiro público, mas sim os deveres de honestidade, imparcialidade e legalidade.

Por fim, antes de analisar os atos em si, cabe alertar que, em relação às sanções, os atos que se enquadrem como ímprobos por atentar contra os princípios da administração pública são os que recebem as punições mais leves (este assunto será aprofundado mais a frente).

Segundo a Lei 8.429/1992 (com as alterações produzidas pela Lei 14.230/2021), são atos de improbidade que atentam contra os princípios da administração pública (rol taxativo):

> Art. 11. Constitui ato de improbidade administrativa que atenta contra os princípios da administração pública a ação ou omissão dolosa que viole os deveres de honestidade, de imparcialidade e de legalidade, caracterizada por uma das seguintes condutas: (Redação dada pela Lei 14.230, de 2021)
>
> I – (revogado);
>
> II – (revogado);
>
> III – revelar fato ou circunstância de que tem ciência em razão das atribuições e que deva permanecer em segredo, propiciando beneficiamento por informação privilegiada ou colocando em risco a segurança da sociedade e do Estado; (Redação dada pela Lei 14.230, de 2021)
>
> IV – negar publicidade aos atos oficiais, exceto em razão de sua imprescindibilidade para a segurança da sociedade e do Estado ou de outras hipóteses instituídas em lei; (Redação dada pela Lei 14.230, de 2021)
>
> V – frustrar, em ofensa à imparcialidade, o caráter concorrencial de concurso público, de chamamento ou de procedimento licitatório, com vistas à obtenção de benefício próprio, direto ou indireto, ou de terceiros; (Redação dada pela Lei 14.230, de 2021)
>
> VI – deixar de prestar contas quando esteja obrigado a fazê-lo, desde que disponha das condições para isso, com vistas a ocultar irregularidades; (Redação dada pela Lei 14.230, de 2021)

8.429/1992) e de prejuízo ao erário (art. 10, Lei 8.429/1992) estão previstos em um rol, meramente, exemplificativo.

VII – revelar ou permitir que chegue ao conhecimento de terceiro, antes da respectiva divulgação oficial, teor de medida política ou econômica capaz de afetar o preço de mercadoria, bem ou serviço.

VIII – descumprir as normas relativas à celebração, fiscalização e aprovação de contas de parcerias firmadas pela administração pública com entidades privadas.

IX – (revogado);

X – (revogado);

XI – nomear cônjuge, companheiro ou parente em linha reta, colateral ou por afinidade, até o terceiro grau, inclusive, da autoridade nomeante ou de servidor da mesma pessoa jurídica investido em cargo de direção, chefia ou assessoramento, para o exercício de cargo em comissão ou de confiança ou, ainda, de função gratificada na administração pública direta e indireta em qualquer dos Poderes da União, dos Estados, do Distrito Federal e dos Municípios, compreendido o ajuste mediante designações recíprocas; (Incluído pela Lei 14.230, de 2021)

XII – praticar, no âmbito da administração pública e com recursos do erário, ato de publicidade que contrarie o disposto no § 1.º do art. 37 da Constituição Federal, de forma a promover inequívoco enaltecimento do agente público e personalização de atos, de programas, de obras, de serviços ou de campanhas dos órgãos públicos. (Incluído pela Lei 14.230, de 2021)

ATENTADO CONTRA OS PRINCÍPIOS DA ADMINISTRAÇÃO PÚBLICA (ART. 11, LEI 8.429/92)

- CONDUTA DOLOSA (DOLO ESPECÍFICO)
- INFRAÇÕES MAIS LEVES
- PUNIÇÕES MAIS LEVES
- ROL TAXATIVO
- O PREJUÍZO AO ERÁRIO NÃO É NECESSÁRIO

Como dito anteriormente, é importante que a literalidade do texto do art. 11 da Lei 8.429/1992 venha a ser decorada, até mesmo porque, a maioria esmagadora das provas, apenas solicita a memorização dos dispositivos legais.

Entretanto, alguns aprofundamentos devem ser feitos.

a) ato de improbidade × nepotismo.

No segundo capítulo deste livro realizamos o estudo do tema "princípios" e lá fizemos o aprofundamento do tópico relacionado ao nepotismo, onde analisamos, dentre os pontos, a súmula vinculante de número 13 do Supremo Tribunal Federal, a qual preleciona que é vedada a prática do nepotismo, tanto em sua forma direta quanto de maneira cruzada. Vejamos:

Cap. 15 – IMPROBIDADE ADMINISTRATIVA   663

> A nomeação de cônjuge, companheiro ou parente em linha reta, colateral ou por afinidade, até o terceiro grau, inclusive, da autoridade nomeante ou de servidor da mesma pessoa jurídica investido em cargo de direção, chefia ou assessoramento, para o exercício de cargo em comissão ou de confiança ou, ainda, de função gratificada na administração pública direta e indireta em qualquer dos Poderes da União, dos Estados, do Distrito Federal e dos Municípios, compreendido o ajuste mediante designações recíprocas, viola a Constituição Federal.

Agora, analisando o texto da Lei 8.429/1992, podemos perceber que, além de ferir a impessoalidade, a prática do nepotismo é tipificada como ato ímprobo, pois atenta contra os princípios da administração pública.

> Art. 11. Constitui ato de improbidade administrativa que atenta contra os princípios da administração pública [...], XI – nomear cônjuge, companheiro ou parente em linha reta, colateral ou por afinidade, até o terceiro grau, inclusive, da autoridade nomeante ou de servidor da mesma pessoa jurídica investido em cargo de direção, chefia ou assessoramento, para o exercício de cargo em comissão ou de confiança ou, ainda, de função gratificada na administração pública direta e indireta em qualquer dos Poderes da União, dos Estados, do Distrito Federal e dos Municípios, compreendido o ajuste mediante designações recíprocas.

caiu na prova

(OBJETIVA/ADVOGADO-MG/2022) *O nepotismo passou a constar expressamente entre os atos de improbidade administrativa.*

Gabarito: *Certo.*

Todavia, vale relembrar o fato de o nepotismo se referir às nomeações para cargos em comissão e funções de confiança, os quais servem para as atividades de direção, chefia e assessoramento. Não se aplicando, entretanto, aos cargos políticos como, por exemplo, os de Ministros de Estado e Secretários Estaduais e Municipais.

> A nomeação do cônjuge de prefeito para o cargo de Secretário Municipal, por se tratar de cargo público de natureza política, por si só, não caracteriza ato de improbidade administrativa. (STF. 2ª Turma. Rcl 22.339 AgR/SP, Rel. Min. Edson Fachin, 04.09.2018)

b) ato de improbidade x tortura de preso

A jurisprudência do Superior Tribunal de justiça já tinha sedimentado o entendimento de que a conduta de torturar um preso, sob a custodia do Estado, seria tipificada como ato de improbidade na modalidade "atentado contra os princípios"

> A tortura de preso custodiado em delegacia praticada por policial constitui ato de improbidade administrativa que atenta contra os princípios da administração pública. (STJ. 1ª Seção. Resp 1.177.910-SE, Rel. Min. Herman Benjamin, 26.08.2015)

Mas agora nós temos um problema!

A decisão do STJ é do ano de 2015 e, nesta época, a lei de improbidade ainda não tinha sido alterada pela Lei 14.230/2021. Isso quer dizer que o entendimento dominante naquele ano (2015) era de que o rol dos atos atentatórios contra os princípios da administração pública era meramente exemplificativo. Sendo assim, poderia a jurisprudência incluir novas situações como ímprobas, ainda que não existisse previsão em lei.

Mas agora temos um problema. Como já sabemos, após as recentes alterações, o rol do art. 11 da lei de improbidade é considerado taxativo, dessa forma, não pode a doutrina ou, até mesmo, a jurisprudência incluir novas situações como atentatórias aos princípios da administração pública.

Resumindo, apesar de o STJ já ter se posicionado sobre o tema (como visto na decisão acima), a tortura de presos custodiados pelo Estado não pode mais ser enquadrada como ato de improbidade administrativa, já que esta conduta não se encontra expressa no art. 11 da Lei 8.429/1992.

> **caiu na prova**
>
> **(FGV/TCE-TO/2022)** *O órgão competente do Estado Beta recebeu notícia, embasada em fartos elementos probatórios, indicando que João, servidor público ocupante de cargo de provimento efetivo, praticara atos de tortura, no exercício da função, em detrimento de diversas crianças alcançadas por sua atuação funcional. De acordo com o noticiante, tais condutas configuravam atos de improbidade administrativa tipificados na Lei 8.429/1992, devendo ser adotadas as providências cabíveis nessa seara, sem prejuízo da responsabilização administrativa e criminal de João. Instada a se manifestar, a assessoria jurídica observou, corretamente, que João não pode ser responsabilizado por ato de improbidade administrativa, já que sua conduta não se enquadra na tipologia da Lei 8.429/1992.*
>
> **Gabarito:** *Certo.*

8. DAS SANÇÕES

Antes de iniciarmos o aprofundamento sobre as sanções que podem ser aplicadas aos agentes ímprobos, devemos realizar o estudo em relação à natureza jurídica dos atos de improbidade administrativa.

Mas, o que seria natureza jurídica?

A natureza jurídica busca explicar o que determinado instituto é, ou seja, a sua essência.

Para facilitar, imagine o seguinte: João matou Bruno.

Te pergunto: qual a natureza do ilícito que João cometeu?

Natureza criminal, penal. A conduta praticada por João, homicídio simples, está tipificada de forma expressa no Código Penal, "art. 121. Matar alguém: Pena – reclusão, de seis a vinte anos".

Creio que esse primeiro questionamento foi simples, então agora vamos a outra pergunta: qual a natureza do ilícito de improbidade administrativa, seria ele um ilícito de natureza criminal?

Não! Segundo a doutrina e jurisprudência pátria, os atos de improbidade administrativa são ilícitos de natureza cível, não criminal. Vejamos como já se posicionou o Supremo Tribunal Federal.

O foro especial por prerrogativa de função previsto na Constituição Federal em relação às infrações penais comuns não é extensível às **ações de improbidade administrativa, de natureza civil**. Em primeiro lugar, o foro privilegiado é destinado a abarcar apenas as infrações penais. A suposta gravidade das sanções previstas no art. 37, § 4.º, da Constituição, **não reveste a ação de improbidade administrativa de natureza** penal. (STF. Plenário. Pet 3240 AgR/DF, rel. Min. Teori Zavascki, 10.05.2018)

Vale ressaltar que parte da doutrina defende que os atos de improbidade teriam tanto natureza **cível** quanto **política**, mas todos concordam em um ponto: ela não será criminal. A natureza cível pode ser observada, por exemplo, na obrigação de ser realizado o ressarcimento ao erário, quando o sujeito ativo tenha causado danos ao patrimônio público; já a natureza política surge na aplicação da punição de suspensão dos direitos políticos.

> Art. 37, § 4.º, CF. Os atos de improbidade administrativa importarão a **suspensão dos direitos políticos**, a perda da função pública, a indisponibilidade dos bens e o **ressarcimento ao erário**, na forma e gradação previstas em lei, sem prejuízo da ação penal cabível.

caiu na prova

(CEBRASPE/MPE-TO/2022) *A ação por improbidade administrativa tem natureza criminal.*

Gabarito: *Errado*[13].

8.1 Constituição Federal x lei de improbidade administrativa

A Constituição Federal, buscando assegurar a não corrupção na atuação púbica, previu a existência dos atos de improbidade e elencou sanções que podem vir a ser aplicadas ao autor do ato ímprobo. Vejamos:

> Art. 37, § 4.º Os atos de improbidade administrativa importarão a suspensão dos direitos políticos, a perda da função pública, a indisponibilidade dos bens e o ressarcimento ao erário, na forma e gradação previstas em lei, sem prejuízo da ação penal cabível.

Observe que o texto constitucional previu quatro punições:

a) suspensão dos direitos políticos;
b) perda da função pública;
c) indisponibilidade dos bens;
d) ressarcimento ao erário.

---

[13] A natureza será cível (para alguns doutrinadores será cível-política), mas de forma alguma será criminal.

Entretanto, como analisamos anteriormente, esse dispositivo constitucional é uma norma de eficácia limitada, logo, necessita de regulamentação para que seus termos possam ser postos em prática. E assim foi editada no ano de 1992 a Lei 8.429, com a finalidade de dar aplicabilidade ao mandamento da Carta maior.

Ocorre que, quando a lei de improbidade foi editada, ela ampliou o rol de punições que haviam sido inicialmente previstas no texto constitucional, estabelecendo as seguintes sanções possíveis:

a) suspensão dos direitos políticos;
b) perda da função pública;
c) indisponibilidade dos bens;
d) ressarcimento ao erário.

+

e) multa civil;
f) proibição de contratar com o Poder Público ou receber benefícios ou incentivos fiscais ou creditícios, direta ou indiretamente.

Com isso, surgiu uma dúvida: poderia a lei de improbidade ter ampliado o rol de punições previstas no texto constitucional?

Sim. Esse entendimento inclusive foi adotado pelo Supremo Tribunal Federal, o qual mencionou o fato de a Constituição ter estabelecido um rol mínimo de sanções, podendo, então, a Lei 8.429/1992 ampliar essa lista.

 Jurisprudência

Agravos regimentais no recurso extraordinário. Improbidade administrativa. Multa civil. Artigo 12, III, da Lei 8.429/1992. **As sanções civis impostas pelo artigo 12 da Lei 8.429/1992 aos atos de improbidade administrativa estão em sintonia com os princípios constitucionais que regem a Administração Pública.** *Agravos regimentais a que se nega provimento (STF, 2.ª Turma, RE 598588 AgR/RJ, 15.12.2009).*

8.2 Sanções por improbidade administrativa × outros processos

Segundo a Lei 8.429/1992:

> Art. 12. Independentemente do ressarcimento integral do dano patrimonial, se efetivo, e das sanções penais comuns e de responsabilidade, civis e administrativas previstas na legislação específica, está o responsável pelo ato de improbidade sujeito às seguintes cominações, que podem ser aplicadas isolada ou cumulativamente, de acordo com a gravidade do fato.

Pela leitura do dispositivo acima, podemos perceber que uma pessoa poderá vir a ser processada na esfera criminal + civil + administrativa e ainda ser acionada em uma ação de improbidade administrativa. Este entendimento decorre da análise do seguinte trecho da lei 8.429/92: "Art. 12. Independentemente [...] das sanções penais comuns e de responsabilidade, civis e administrativas previstas na legislação específica, está o responsável pelo ato de improbidade sujeito às seguintes cominações [...]".

Para facilitar a visualização, vamos imaginar a seguinte situação:

Determinada organização criminosa, ligada ao narcotráfico, está pagando mensalmente R$ 100.000,00 (cem mil reais) a Manoel, policial federal, para que este faça "vista grossa" ao desempenho das atividades ilícitas. Sabendo que seria descoberto, Manoel tentou, por meio de provas ilegais, incriminar Carlos, servidor federal que não tinha nenhuma relação com o ilícito.

Pergunta: Após o fato ser descoberto, Manoel poderá ser processado em quais esferas?

Em várias esferas! Ele poderá sofrer um:

- **Processo criminal** pela prática do crime de corrupção passiva. "Art. 317, CP. Solicitar ou receber, para si ou para outrem, direta ou indiretamente, ainda que fora da função ou antes de assumi-la, mas em razão dela, vantagem indevida, ou aceitar promessa de tal vantagem: Pena – reclusão, de 2 (dois) a 12 (doze) anos, e multa".
- **Processo civil** movido por Carlos, já que este, por ter sido acusado de maneira indevida, terá direito a pleitear uma indenização em decorrência do dano sofrido. "Art. 953, CC. A indenização por injúria, difamação ou calúnia consistirá na reparação do dano que delas resulte ao ofendido".
- **Processo administrativo disciplinar** realizado nos moldes do estatuto do servidor federal. "Art. 132, Lei 8.112/1990. A demissão será aplicada nos seguintes casos: XI – corrupção".
- **Processo de improbidade administrativa** em virtude de ter, dolosamente, se enriquecido ilicitamente. Art. 9.º, Lei 8.429/1992. "Constitui ato de improbidade administrativa importando em enriquecimento ilícito [...]. V – receber vantagem econômica de qualquer natureza, direta ou indireta, para tolerar a exploração ou a prática [...] de narcotráfico".

Continuando o aprofundamento e ainda usando o exemplo visto acima, vamos a outra pergunta: caso Manoel, policial federal, venha a ser absolvido na esfera criminal ele também deverá ser absolvido na ação de improbidade administrativa?

A resposta correta é: depende do fundamento da absolvição criminal, pois caso ele tenha sido absolvido por falta de provas, poderá ser condenado por improbidade administrativa; entretanto, caso o fundamento da absolvição criminal venha a ser a negativa do fato ou da autoria, Manoel, deverá ser absolvido em todas as outras áreas.

Este entendimento encontra-se sedimentado na lei de improbidade administrativa (Lei 8.429/1992), no estatuto do servidor federal (Lei 8.112/1990) e na jurisprudência pátria, vejamos:

> Art. 21, § 3.º, Lei 8.429/1992. As sentenças civis e penais produzirão efeitos em relação à ação de improbidade quando concluírem pela inexistência da conduta ou pela negativa da autoria.
>
> Art. 125, Lei 8.112/1990. As sanções civis, penais e administrativas poderão cumular-se, sendo independentes entre si.
>
> Art. 126, Lei 8.112/1990. A responsabilidade administrativa do servidor será afastada no caso de absolvição criminal que negue a existência do fato ou sua autoria.
>
> A sentença proferida no âmbito criminal somente repercute na esfera administrativa quando reconhecida: a) a inexistência material do fato; ou b) a negativa de sua autoria. Assim, se a absolvição ocorreu por ausência de provas, a administração pública não está vinculada à decisão proferida na esfera penal. (STF. 2ª Turma. RMS 32357/DF, Rel. Min. Cármen Lúcia, 17.03.2020).

caiu na prova

(CEBRASPE/PGE-RO/2022) *Absolvição criminal de servidor por falta de provas vincula a análise e decisão nas esferas civil e administrativa.*

Gabarito: *Errado[14].*

cuidado

Como forma de evitar o bis in idem (dupla punição pelo mesmo fato), a Lei 8.429/1992 menciona que deverá existir uma compensação entre as sanções aplicadas em esferas diversas, vejamos: "art. 21, § 5.º. Sanções eventualmente aplicadas em outras esferas deverão ser compensadas com as sanções aplicadas nos termos desta Lei.

8.3 Sanções previstas na lei de improbidade administrativa

A Lei 8.429/1992 previu a existência de seis punições, são elas: ressarcimento integral do dano patrimonial; perda dos bens ou valores acrescidos ilicitamente ao patrimônio; perda da função pública, suspensão dos direitos políticos; pagamento de multa civil; proibição de contratar com o poder público ou de receber benefícios ou incentivos fiscais ou creditícios.

---

[14] A absolvição criminal apenas vincula as outras esferas caso tenha como fundamento a negativa do fato ou a negativa de autoria. A absolvição, nas esfera criminal, por falta de provas não irá vincular os outros processos.

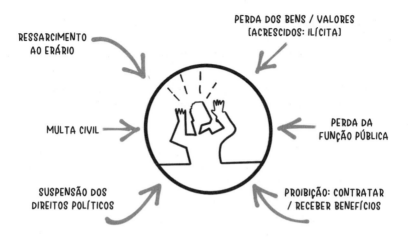

Mas daí surge uma pergunta: quando uma pessoa vem a ser condenada pela prática de um ato ímprobo ela sofrerá todas estas punições?

Não necessariamente!

Segundo a Lei 8.429/1992 as punições serão aplicadas de maneira isolada ou cumulativa, a depender da gravidade do fato. Em outras palavras, pode ser que determinado sujeito ativo receba todas as sanções previstas em lei ou apenas algumas delas.

Ademais, a gradação e a aplicação das punições irá depender do ato praticado, qual seja: enriquecimento ilícito (art. 9.º, Lei 8.429/1992); prejuízo ao erário (art. 10, Lei 8.429/1992) ou atentado contra os princípios da Administração Pública (art. 11, Lei 8.429/1992).

8.3.1 Punições: enriquecimento ilícito

Poderão ser aplicadas, de forma cumulativa ou não, as seguintes punições ao condenado por ato de improbidade administrativa na modalidade de enriquecimento ilícito:

a) ressarcimento integral do dano (se tiver existido algum tipo de prejuízo ao erário).
b) perda dos bens e valores acrescidos de maneira ilícita ao patrimônio.
c) perda da função pública.
d) multa civil equivalente ao valor do acréscimo patrimonial.
e) suspensão dos direitos políticos por até 14 anos.
f) proibição de contratar com o Poder Público ou receber benefícios ou incentivos fiscais ou creditícios, direta ou indiretamente, por até 14 anos.

caiu na prova

(QUADRIX/CRT-03/2022) *Em caso de cometimento de ato de improbidade que importe em enriquecimento ilícito, o ímprobo estará sujeito ao pagamento de multa civil equivalente ao valor do acréscimo patrimonial, sem prejuízo de outras penalidades.*
Gabarito: *Certo.*

8.3.2 Punições: prejuízo ao erário

Poderão ser aplicadas, de forma cumulativa ou não, as seguintes punições ao condenado por ato de improbidade administrativa que causou prejuízo ao erário:

a) ressarcimento integral do dano.

b) perda dos bens e valores (se tiver existido algum acréscimo ilícito ao patrimônio).

c) perda da função pública.

d) multa civil equivalente ao valor do dano causado ao erário.

e) suspensão dos direitos políticos por até 12 anos.

f) proibição de contratar com o Poder Público ou receber benefícios ou incentivos fiscais ou creditícios, direta ou indiretamente, por até 12 anos.

> **caiu na prova**
>
> **(VUNESP/CÂMARA-SP/2022)** *Na hipótese de prática de ato de improbidade administrativa que causa lesão ao erário, o agente público estará sujeito à aplicação de pena de suspensão dos direitos políticos por até 12 (doze) anos.*
>
> **Gabarito:** *Certo.*

8.3.3 Punições: atentado contra os princípios da Administração Pública

Uma das grandes inovações da Lei 14.230/2021 ocorreu em relação às punições que podem ser aplicadas ao condenado por ato ímprobo atentatório aos princípios da Administração Pública.

Antes da reformulação da lei de improbidade, o sujeito ativo de um ato que atentava contra os princípios da Administração poderia, dentre outras sanções, ter seus direitos políticos suspensos e perder a sua função pública. Todavia, atualmente, estas punições não podem ser aplicadas ao condenado com base no art. 11 da Lei 8.429/1992 (atentado contra os princípios).

Sendo assim, desde a publicação da Lei 14.230/2021, as únicas sanções que podem vir a ser aplicadas ao condenado por ato ímprobo atentatório aos princípios da Administração Pública são:

a) ressarcimento integral do dano (se tiver existido algum tipo de prejuízo ao erário).

b) multa civil de até 24 vezes da remuneração recebida pelo agente.

c) proibição de contratar com o Poder Público ou receber benefícios ou incentivos fiscais ou creditícios, direta ou indiretamente, por até 4 anos.

> **caiu na prova**
>
> **(AOCP/IPE-PREV/2022)** *Marinalva, prefeita municipal, foi condenada em ação de improbidade administrativa por ter nomeado seu cônjuge, José, para o exercício de cargo em comissão como Chefe de Gabinete. Nos termos da Lei Federal 8.429/1992, a conduta de Marinalva caracterizou ato de improbidade administrativa, na modalidade violação aos princípios da administração pública, podendo acarretar, dentre outras penas, o pagamento de multa civil de até 24 (vinte e quatro) vezes o valor da remuneração percebida pelo agente.*
>
> **Gabarito:** *Certo.*

8.3.4 Punições: resumo – art. 9.º × art. 10 × art. 11 (Lei 8.429/1992)

	Enriquecimento ilícito	Prejuízo ao erário	Atentado contra os princípios da Adm.
Ressarcimento integral do dano	SIM (se houver dano)	SIM	SIM (se houver dano)
Perda da função pública	SIM	SIM	NÃO
Perda dos bens/valores adquiridos ilicitamente	SIM	SIM (se tiver acréscimo ilícito)	NÃO
Multa	Igual ao valor do acréscimo ilícito	Igual ao valor do prejuízo ao erário	ATÉ 24x (valor da remuneração)
Suspensão dos direitos políticos	Até 14 anos	Até 12 anos	NÃO
Proibição de contratar e receber benefícios do Poder Público	Até 14 anos	Até 12 anos	Até 4 anos

> ### cuidado
>
> *Todas as punições vistas acima apenas poderão vir a ser aplicadas após o trânsito em julgado da ação de improbidade administrativa, sendo assim, não poderá existir a execução provisória de nenhum das sanções ora estudadas. Art. 12, § 9.º, Lei 8.429/1992. "As sanções previstas neste artigo somente poderão ser executadas após o trânsito em julgado da sentença condenatória".*

8.3.5 Unificação das sanções

De forma inovadora, a Lei 14.230/2021 trouxe a possibilidade de, a requerimento do réu, na fase de cumprimento da sentença, o juiz unificar eventuais sanções aplicadas com outras já impostas em outros processos, tendo em vista a eventual continuidade de ilícito ou a prática de diversas ilicitudes.

Para facilitar vamos imaginar duas situações:

a) no caso da continuidade do ilícito, o réu já havia sido condenado em outro processo, mas, posteriormente, acabou praticando novamente o mesmo ato de improbidade administrativa. Sendo assim, o juiz, após o devido processo legal, poderá, a requerimento do sujeito ativo do ato ímprobo, unificar as penas de forma a aplicar a maior sanção, aumentada de 1/3 (um terço), ou a soma das penas, o que for mais benéfico ao réu (art. 18-A, I, Lei 8.429/1992).

b) no caso da prática de novos ilícitos, o réu já havia sido condenado em outro processo, mas, posteriormente, realizou novos atos de improbidade administrativa, tendo essas novas ações uma tipificação diferente da condenação anterior, por exemplo, havia sido condenado por enriquecimento ilícito e agora está sendo processado por ter causado prejuízo ao erário. Neste caso, o juiz somará as sanções. (art. 18-A, II, Lei 8.429/1992).

DIREITO ADMINISTRATIVO FACILITADO – *Ana Cláudia Campos*

> ### cuidado
>
> *As sanções de suspensão de direitos políticos e de proibição de contratar ou de receber incentivos fiscais ou creditícios do poder público observarão o limite máximo de 20 (vinte) anos. (art. 18-A, parágrafo único, Lei 8.429/1992).*

8.3.6 Punições: aprofundamentos

Via de regra, as provas em geral apenas desejam a memorização de quais são os atos ímprobos e suas respectivas sanções. Todavia, alguns aprofundamentos podem vir a ser solicitados, tais como: a perda da função pública poderá atingir o vínculo atual do condenado por improbidade administrativa? Poderá o valor da multa, de maneira excepcional, ser majorado?

Para responder essas e outras questões, vamos analisar os aprofundamentos em partes.

a) sanção de perda da função pública.

Já sabemos que uma das punições que podem vir a ser aplicadas àquele que se enriquece ilicitamente e ao que causa prejuízo ao erário é a perda de sua função pública[15]. Imagine, por exemplo, o caso de um analista do INSS (autarquia federal) que, após o devido procedimento legal, tenha sido condenado pela prática de um ato ímprobo tipificado no art. 9.º da Lei 8.429/1992 (enriquecimento ilícito).

Pergunta: poderá ele vir a perder o seu cargo?

Resposta: Sim, já que o art. 12, I da lei de improbidade administrativa prevê a possibilidade de esta sanção vir a ser aplicada ao agente público que tenha se enriquecido de maneira ilícita.

Creio que esta análise inicial tenha sido tranquila. Então, vamos a outra pergunta!

Agora imagine, por exemplo, que determinado prefeito, durante seu mandato na prefeitura do Município "X", tenha se enriquecido ilicitamente. Todavia, ele não mais exercia o cargo de prefeito quando foi condenado pela prática do ato ímprobo, agora ele é Deputado federal.

Pergunta: poderá o ex-prefeito ter decretada a perda de seu mandato atual? Em outras palavras, a sanção de perda da função pública poderá vir a ser aplicada somente ao cargo que o agente público exercia quando praticou o ato ímprobo ou pode atingir, também, a sua função atual?

Resposta: segundo a nova redação da Lei 8.429/1992, via de regra, a sanção de perda da função pública atinge apenas o cargo da época em que foi cometido o ato ímprobo. Entretanto, caso a condenação tenha sido fundamentada no enriquecimento ilícito (art. 9.º, Lei 8.429/1992), poderá o magistrado, excepcionalmente, estender a punição de perda função pública aos demais vínculos.

---

[15] Lembre-se: a sanção de perda da função pública, de acordo com as regras atuais, não será aplicada ao condenado por atentado contra os princípios da Administração Pública.

Sendo assim, usando o exemplo mencionado acima, o ex-prefeito, condenado por ter se enriquecido ilicitamente, não perderia o seu mandato de Deputado federal, salvo, se o juiz, analisando o caso e a gravidade da infração, decidir por estender a sanção de perda da função pública ao mandato atual.

Vejamos o que diz a lei:

> Art. 12, § 1.º, Lei 8.429/1992. A sanção de perda da função pública, nas hipóteses dos incisos I e II (enriquecimento ilícito e prejuízo ao erário) do *caput* deste artigo, atinge apenas o vínculo de mesma qualidade e natureza que o agente público ou político detinha com o poder público na época do cometimento da infração, podendo o magistrado, na hipótese do inciso I do *caput* deste artigo, e em caráter excepcional, estendê-la aos demais vínculos, consideradas as circunstâncias do caso e a gravidade da infração.

caiu na prova

(VUNESP/PC-SP/2022) *A sanção da perda da função pública em decorrência da prática de ato de improbidade administrativa que cause lesão ao erário somente atinge o vínculo de mesma qualidade e natureza que o agente público detinha com o poder público na época do cometimento da infração.*

Gabarito: *Certo.*

Todavia, apesar de o dispositivo legal transcrito acima estar expresso na lei de improbidade administrativa, a eficácia desse "§ 1.º" foi suspensa por decisão do Supremo Tribunal Federal, vejamos:

> [...] Trata-se, além disso, de **previsão desarrazoada, na medida em que sua incidência concreta pode eximir determinados agentes dos efeitos da sanção constitucionalmente devida simplesmente em razão da troca de função ou da eventual demora no julgamento da causa**, o que pode decorrer, inclusive, do pleno e regular exercício do direito de defesa por parte do acusado. Diante de todo o exposto, presentes os requisitos para concessão de medida, **suspendo a eficácia do artigo 12, § 1.º, da Lei 8.429/1992, incluído pela Lei 14.230/2021.** (STF, ADI 7236 MC, Min. Alexandre de Morais, 27.12.2022)[16]

Resumindo: apesar de a lei de improbidade, após as alterações realizadas pela Lei 14.230/2021, ter previsto que a perda da função pública, regra generalíssima, atingirá apenas o vínculo da época do cometimento do ato ímprobo, na prática, este dispositivo não pode ser aplicado, já que por decisão do STF a eficácia do § 1.º encontra-se suspensa, sendo assim, atualmente a perda da função pública poderá ser

---

[16] Até a data de fechamento dessa edição do livro, está valendo a decisão mencionada, ou seja, o art. 12, § 1°, Lei 8.429/1992 está com a sua eficácia suspensa. Entretanto, como ainda não temos uma decisão definitiva (apenas uma suspensão) aconselho acompanhar o desenvolvimento da ADI 7236 para saber se este posicionamento, na data em que você estiver realizando seus estudos, ainda está sendo adotado ou foi modificado.

aplicada ao cargo/mandato que o agente pública esteja exercendo no momento da condenação, não apenas àquele da época do cometimento do ato ímprobo."

cuidado

No caso das provas em geral, devemos analisar se a questão apenas cobra o "texto da lei" ou o entendimento jurisprudencial. Se a base da questão for apenas a "cópia" da Lei 8.429/1992, deve-se marcar como correta a alternativa que mencionar que a perda da função pública atinge apenas o vínculo da época do ilícito; todavia, caso a questão solicite o entendimento do Supremo Tribunal Federal deve-se adotar a posição de que a perda da função pública poderá atingir o vínculo atual, não apenas aquele da época do cometimento da infração.

b) sanção de multa.

Já sabemos que a sanção de multa civil poderá vir a ser aplicada ao condenado por qualquer ato de improbidade administrativa (enriquecimento ilícito; prejuízo ao erário; atentado contra os princípios), sendo a quantificação desta estipulada por lei de acordo com o tipo ímprobo praticado.

Revisando: caso a condenação tenha ocorrido com base no enriquecimento ilícito do agente público, a multa será equivalente ao valor do acréscimo patrimonial ilícito; se tiver decorrido de algum prejuízo ao erário, será equivalente ao valor do dano causado ao patrimônio público; se o fundamento for o atentado contra os princípios, a multa será de até 24 vezes o valor da remuneração percebida pelo agente.

Todavia, buscando gerar uma maior efetividade às punições, a lei de improbidade previu que o valor da multa poderá vir a ser majorado até o dobro. Essa medida poderá ser adotada no caso de o magistrado, analisando a situação econômica do réu, entender que o valor seria ineficaz para reprimir o ato ímprobo.

> Art. 12, § 2.º, Lei 8.429/1992. A multa pode ser aumentada até o dobro, se o juiz considerar que, em virtude da situação econômica do réu, o valor calculado na forma dos incisos I, II e III do *caput* deste artigo é ineficaz para reprovação e prevenção do ato de improbidade.

Observe que o aumento do valor da multa não está relacionado à gravidade da infração cometida, aqui leva-se em consideração a situação econômica do condenado pela prática do ato ímprobo.

caiu na prova

(IBFC/DETRAN-AM/2022) *A multa pode ser aumentada até o dobro, se o juiz considerar que, em virtude da situação econômica do réu, o valor calculado é ineficaz para reprovação e prevenção do ato de improbidade.*

Gabarito: *Certo.*

Outra inovação interessante trazida pela Lei 14.230/2021 é a possibilidade de nas infrações de menor ofensa aos bens jurídicos a condenação por qualquer ato ímprobo (enriquecimento ilícito, prejuízo ao erário, atentado contra os princípios da

Administração) ficar limitada à sanção de multa, sem prejuízo de eventual ressarcimento ao erário. "Art. 12, § 5.º, Lei 8.429/1992. No caso de atos de menor ofensa aos bens jurídicos tutelados por esta Lei, a sanção limitar-se-á à aplicação de multa, sem prejuízo do ressarcimento do dano e da perda dos valores obtidos, quando for o caso, nos termos do *caput* deste artigo."

caiu na prova

(AOCP/PC-GO/2022) *No caso de atos de menor ofensa aos bens jurídicos tutelados pela referida lei, a sanção limitar-se-á à aplicação de multa, sem prejuízo do ressarcimento do dano e da perda dos valores obtidos, quando for o caso.*

Gabarito: *Certo.*

Vale ressaltar que o Superior Tribunal de Justiça já tinha se posicionado no sentido de não ser possível a aplicação do princípio da insignificância às ações de improbidade administrativa[17], todavia, com a alteração legislativa mencionada acima, deve-se adotar o entendimento de ser possível sim a mitigação das punições, ou seja, no caso de atos de menor ofensa aos bens jurídicos tutelados, a condenação pode se limitar à aplicação da sanção de multa civil.

c) sanção de proibição de contratar com o poder público.

Conforme analisado anteriormente, as pessoas jurídicas podem ser consideradas como sujeito ativo de um ato de improbidade administrativa e, por consequência, também estão submetidas, no que couber, às sanções da Lei 8.429/1992.

Entretanto, para que a punição não venha a gerar graves danos sociais como, por exemplo, demissões em massa e o encerramento da pessoa jurídica, as sanções devem ser aplicadas de forma razoável, evitando-se a finalização das atividades da empresa. "Art. 12, § 3.º, Lei 8.429/1992. Na responsabilização da pessoa jurídica, deverão ser considerados os efeitos econômicos e sociais das sanções, de modo a viabilizar a manutenção de suas atividades".

caiu na prova

(QUADRIX/CRMV-MA/2022) *Na responsabilização da pessoa jurídica, deverão ser considerados os efeitos econômicos e sociais das sanções, de modo a viabilizar a manutenção de suas atividades.*

Gabarito: *Certo.*

Ademais, a sanção de proibição de contratar com o poder público, via de regra, apenas inviabiliza a formalização de contratos com o ente público lesado com o ato

---

[17] "Como o seu próprio *nomen iuris* indica, a Lei 8.429/92 tem na moralidade administrativa o bem jurídico protegido por excelência, valor abstrato e intangível, nem sempre reduzido ou reduzível à moeda corrente. A conduta ímproba não é apenas aquela que causa dano financeiro ao Erário. Se assim fosse, a Lei da Improbidade Administrativa se resumiria ao art. 10, emparedados e esvaziados de sentido, por essa ótica, os arts. 9 e 11" (STJ, REsp 892.818/RS, 11.11.2008).

ímprobo. Imagine, por exemplo, a seguinte situação: a empresa "ABC" assinou um contrato com o estado do Paraná e prometeu desempenhar as suas funções com a maior eficiência possível. Entretanto, na prática não foi isso que ocorreu, já que os gestores da pessoa jurídica (agindo em nome desta), de forma dolosa, causaram um enorme prejuízo ao erário. Após a descoberta do fato, foi instaurada uma ação de improbidade e foi aplicada à empresa "ABC" a proibição de contratar com o poder público pelo prazo de 12 anos.

Pergunta: sabendo que a sanção foi aplicada pelo estado do Paraná, poderá a empresa "ABC" assinar um contrato administrativo com o estado de São Paulo?

Resposta: via de regra, Sim! Já que, segundo a Lei 8.429/1992, a proibição de contratar atinge apenas o ente público que foi lesado, no caso da questão, a proibição será de contratar apenas com o Estado do Paraná. Todavia, a própria lei de improbidade excepciona essa regra ao mencionar que, em caráter excepcional e por motivos relevantes devidamente justificados, poderá o magistrado estender essa punição (proibição de contratar) a outros entes, não apenas a pessoa lesionada.

> Art. 12, § 4.º, Lei 8.429/1992. Em caráter excepcional e por motivos relevantes devidamente justificados, a sanção de proibição de contratação com o poder público pode extrapolar o ente público lesado pelo ato de improbidade, observados os impactos econômicos e sociais das sanções, de forma a preservar a função social da pessoa jurídica, conforme disposto no § 3.º deste artigo.

9. DA DECLARAÇÃO DE BENS

Para que a Administração possa acompanhar a evolução patrimonial de seus agentes públicos, a posse e o exercício destes ficam condicionadas à declaração de seus bens; caso não o façam dentro do prazo estipulado ou, pior ainda, declarem dados falsos, receberão a punição de demissão, sem prejuízo de outras sanções cabíveis.

Mas será que essa declaração deverá ser realizada apenas no momento da investidura (posse)?

Não! Segundo a lei de improbidade administrativa, a declaração de bens, além do momento inicial da posse, deverá ser feita anualmente e na data que o agente público vier a deixar seu mandato, cargo, emprego ou função pública.

> Art. 13, Lei 8.429/1992. A posse e o exercício de agente público ficam condicionados à apresentação de declaração de imposto de renda e proventos de qualquer natureza, que tenha sido apresentada à Secretaria Especial da Receita Federal do Brasil, a fim de ser arquivada no serviço de pessoal competente. [...]
>
> § 2.º A declaração de bens a que se refere o *caput* deste artigo será atualizada anualmente e na data em que o agente público deixar o exercício do mandato, do cargo, do emprego ou da função.
>
> § 3.º Será apenado com a pena de demissão, sem prejuízo de outras sanções cabíveis, o agente público que se recusar a prestar a declaração dos bens a que se refere o *caput* deste artigo dentro do prazo determinado ou que prestar declaração falsa.

> **caiu na prova**
>
> **(CESBRASPE/DEPEN/2021)** *Considere que João, agente público empossado, recuse-se a prestar declaração de bens dentro do prazo estabelecido pela administração. Nessa situação hipotética, João deverá ser punido com a pena de demissão.*
>
> **Gabarito:** *Certo.*

10. DO PROCEDIMENTO ADMINISTRATIVO

Qualquer pessoa poderá pedir à autoridade administrativa competente para que esta inicie uma investigação sobre o suposto cometimento de um ato ímprobo, este pedido será realizado por meio de uma representação, a qual deve conter algumas formalidades, quais sejam: feita por escrito ou reduzida a termo e assinada, conter a qualificação do representante, as informações sobre o fato e sua autoria e a indicação das provas de que tenha conhecimento.

Atendidos os requisitos da representação, a autoridade competente determinará a imediata apuração dos fatos, formará a comissão processante e dará conhecimento ao Ministério Público[18] e ao Tribunal ou Conselho de Contas da existência de procedimento administrativo para apurar a prática de ato de improbidade, os quais poderão, a requerimento, designar representante para acompanhar o procedimento administrativo.

Entretanto, caso as formalidades mencionadas acima não sejam respeitadas, a autoridade administrativa, por meio de um despacho fundamentado (princípio da motivação), rejeitará a representação.

Mas daí surge um questionamento: caso a autoridade administrativa rejeite a representação, poderá esta ser apresentada ao Ministério Público?

Sim, este entendimento encontra-se, inclusive, expresso na lei de improbidade administrativa, vejamos:

> Art. 14, § 2.º, Lei 8.429/1992. A autoridade administrativa rejeitará a representação, em despacho fundamentado, se esta não contiver as formalidades estabelecidas no § 1.º deste artigo. **A rejeição não impede a representação ao Ministério Público, nos termos do art. 22 desta lei.**
>
> Art. 22, Lei 8.429/1992. Para apurar qualquer ilícito previsto nesta Lei, o **Ministério Público, de ofício, a requerimento de autoridade administrativa ou mediante representação** formulada de acordo com o disposto no art. 14 desta Lei, poderá instaurar inquérito civil ou procedimento investigativo assemelhado e requisitar a instauração de inquérito policial.
>
> Parágrafo único. Na apuração dos ilícitos previstos nesta Lei, será garantido ao investigado a oportunidade de manifestação por escrito e de juntada de documentos que comprovem suas alegações e auxiliem na elucidação dos fatos. (grifos nossos)

---

[18] Art. 7.º, Lei 8.429/1992. Se houver indícios de ato de improbidade, a autoridade que conhecer dos fatos representará ao Ministério Público competente, para as providências necessárias.

> **caiu na prova**
>
> **(QUADRIX/CRT-04/2021)** *A rejeição administrativa da representação não inibe o ajuizamento de ação de improbidade pelo Ministério Público.*
>
> **Gabarito:** *Certo.*

11. DA INDISPONIBILIDADE DOS BENS

A indisponibilidade dos bens do acusado pela prática do ato ímprobo não é uma forma de punição, na verdade, é uma medida cautelar que visa assegurar, caso exista uma condenação futura, a reparação do dano causado ao erário e a efetiva perda dos bens e valores que haviam sido acrescidos de forma ilícita ao patrimônio do sujeito ativo do ato de improbidade administrativa.

> Art. 16, Lei 8.429/1992. Na ação por improbidade administrativa poderá ser formulado, em caráter antecedente ou incidente, pedido de indisponibilidade de bens dos réus, a fim de garantir a integral recomposição do erário ou do acréscimo patrimonial resultante de enriquecimento ilícito.

Para facilitar, vamos, mais uma vez, imaginar uma situação: João, deputado federal, praticou durante anos e sem o menor pudor ou arrependimento diversos atos de improbidade administrativa, alguns destes lhe geraram enriquecimento ilícito e outros acabaram causando prejuízo ao erário. Em virtude de sua forte influência, João, acabou descobrindo que seria alvo de uma ação de improbidade administrativa e ficou preocupado, não com suas ações, mas com a possibilidade de vir a ser condenado, pois sabia que, dentre outras punições, poderia vir a receber a sanção de ressarcimento ao erário (em virtude do prejuízo causado) e de perda dos valores acrescido de forma ilícita (por causa do enriquecimento ilícito).

Continuando o exemplo, pense no seguinte: será que João, sabendo que seria processado e possivelmente condenado, poderia vir a tentar esconder seu patrimônio como forma de evitar o efeito das punições, já que sem patrimônio não teria como ressarcir ao erário e nem ter decretada a perda de bens que "não mais existem"?

Bem, analisando o histórico de João, talvez sim!

E é exatamente nesse ponto que entra a indisponibilidade, esta medida cautelar serve como um "bloqueio" de bens, com isso o acusado não terá como esconder seu patrimônio, pois não terá como mexer neste. Sendo assim, existindo uma futura condenação, as sanções de ressarcimento ao erário e de decretação de perda dos bens acrescidos de forma ilícita poderão ter eficácia, ou seja, produzir efeitos.

- **MEDIDA CAUTELAR**
- **VAI BLOQUEAR BENS**
- **FINALIDADE:**
  • GARANTIR O RESSARCIMENTO AO ERÁRIO
  • DECRETAR A PERDA DOS BENS (ACRESCIDOS: ILÍCITA)

O RÉU NÃO PODERÁ MEXER EM SEUS BENS.
É COMO SE ELES ESTIVESSEM EM UM "COFRE"

caiu na prova

(IBADE/SEA-SC/2022) A indisponibilidade de bens é uma medida cautelar que deve ser decretada pelo juiz, visando garantir ao erário público o devido ressarcimento ao erário.
Gabarito: Certo.

Vale ressaltar que da decisão que deferir ou indeferir a medida relativa à indisponibilidade de bens caberá agravo de instrumento, recurso este que será interposto nos termos estipulados pelo Código de Processo Civil.

Agora, após essa visão geral e inicial, vamos dividir esse tema (indisponibilidade dos bens) em tópicos com a finalidade de garantir um entendimento mais organizado e facilitado!

a) Momento da decretação da indisponibilidade

A medida cautelar de indisponibilidade dos bens pode vir a ser decretada antes mesmo de ser instaurada a ação de improbidade ou após o ajuizamento desta, vejamos: "Art. 16, Lei 8.429/1992. Na ação por improbidade administrativa poderá ser formulado, em caráter **antecedente** ou **incidente**, pedido de indisponibilidade de bens dos réus, a fim de garantir a integral recomposição do erário ou do acréscimo patrimonial resultante de enriquecimento ilícito". (grifos nossos)

caiu na prova

(QUADRIX/CREF/2022) Na ação por improbidade administrativa, poderá ser formulado, em caráter antecedente ou incidente, pedido de indisponibilidade de bens dos réus, a fim de garantir a integral recomposição do erário.
Gabarito: Certo.

b) Quem poderá pedir e decretar a indisponibilidade

O Ministério Público, de ofício ou mediante provocação – representação, poderá vir a pedir à autoridade judicial para que esta decrete a indisponibilidade dos bens de determinado acusado pela prática de um ato ímprobo.

Em outras palavras, o Ministério Público solicita a decretação de indisponibilidade dos bens, mas não tem competência para realizar a efetiva decretação, esta somente poderá ser realizada pela autoridade judicial (cláusula de reserva de jurisdição).

---

caiu na prova

(QUADRIX/CORE-TO/2022) *O Ministério Público poderá solicitar ao Judiciário a indisponibilidade de bens do agente público que obteve enriquecimento ilícito, mesmo antes de sua condenação.*
Gabarito: *Certo.*

Ademais, vale lembrar que como o poder judiciário é inerte, não poderá o juiz decretar de ofício (sem ninguém pedir) a indisponibilidade dos bens do acusado, ou seja, a autoridade judicial somente poderá agir mediante a provocação do interessado.

c) Pressupostos necessários à decretação de indisponibilidade

Antes de analisar os pressupostos necessários, devemos entender o significado das seguintes expressões: fumus boni iuris; periculum in mora.

O *fumus boni iuris*, em uma tradução literal, é a "fumaça do bom direito", ou seja, refere-se aos indícios da existência do fato alegado. Quando este requisito está presente podemos afirmar que, de fato, existe a probabilidade de o ato ímprobo ter acontecido.

Já o *periculum in mora* está relacionado à "demora do processo", em outras palavras, este requisito analisa se o tempo até a finalização da ação de improbidade irá causar ou não danos a uma eventual e futura condenação.

Segundo a visão tradicional do Superior tribunal de Justiça, para que ocorresse a decretação da indisponibilidade dos bens do acusado pela prática de um ato de improbidade seria necessária apenas a comprovação do fumus boni iuris, já que o perigo na demora do processo (*periculum in mora*) seria presumido, vejamos:

---

jurisprudência

[...] entendimento do STJ no sentido de que, para a decretação de tal medida, nos termos do art. 7.º da Lei 8.429/92, dispensa-se a demonstração do risco de dano (*periculum in mora*), que é presumido pela norma, bastando ao demandante deixar evidenciada a relevância do direito (*fumus boni iuris*) relativamente à configuração do ato de improbidade e à sua autoria [...] (STJ, 1.ª Turma, REsp 1315092/RJ, 05.06.2012).

Todavia, esse entendimento encontra-se superado, visto que a Lei 14.230/2021, ao realizar alterações na Lei 8.429/1992, passou a exigir de maneira expressa tanto o *fumus boni iuris* quanto o *periculum in mora* para que a indisponibilidade dos bens pudesse vir a ser decretada pela autoridade judicial competente. Vejamos:

Art. 16, § 3.º, Lei 8.429/1992. O pedido de indisponibilidade de bens a que se refere o *caput* deste artigo apenas será deferido mediante a demonstração no caso concreto de **perigo de dano irreparável ou de risco ao resultado útil do processo** (*periculum in mora*), desde que o juiz se convença da **probabilidade**

da ocorrência dos atos descritos (*fumus boni iuris*) na petição inicial com fundamento nos respectivos elementos de instrução [...]. (grifos nossos)

Resumindo, atualmente o juiz apenas poderá decretar a indisponibilidade dos bens do acusado da prática do ato de improbidade administrativa se existir a combinação de dois pressupostos, requisitos: *fumus boni iuris + periculum in mora.*

d) defesa do réu

Via de regra, a decretação da indisponibilidade dos bens do acusado somente poderá vir a ser decretada após a oitiva deste, isso ocorre em respeito aos princípios do contraditório e da ampla defesa. "Art. 16, § 3.º, Lei 8.429/1992. O pedido de indisponibilidade de bens a que se refere o *caput* deste artigo apenas será deferido [...] após a oitiva do réu em 5 (cinco) dias".

Entretanto, em algumas situações o contraditório prévio poderá prejudicar a finalidade da medida cautelar, acabando, por exemplo, com o efeito "surpresa" e possibilitando ao sujeito ativo do ato ímprobo a dilapidação às pressas de seu patrimônio. Sendo assim poderá a indisponibilidade dos bens ser decretada antes mesmo da oitiva do réu da ação de improbidade administrativa.

> Art. 16, § 4.º, Lei 8.429/1992. A indisponibilidade de bens poderá ser decretada sem a oitiva prévia do réu, sempre que o contraditório prévio puder comprovadamente frustrar a efetividade da medida ou houver outras circunstâncias que recomendem a proteção liminar, não podendo a urgência ser presumida.

caiu na prova

(CEBRASPE/PM-SC/2022) *Situação hipotética: Em uma ação de improbidade administrativa, o Ministério Público requereu, na petição inicial, o pedido de indisponibilidade de bens do réu, a fim de garantir a integral recomposição do erário. Assertiva: Nessa situação, para o deferimento do pedido, conforme previsão da Lei de Improbidade Administrativa, além de outros requisitos, é necessário que o juiz do caso determine, obrigatoriamente, a oitiva prévia do réu no prazo de cinco dias.*

Gabarito: *Errado*[19].

e) bens que podem (e que não podem) ficar indisponíveis

A lei de improbidade administrativa se preocupou em listar quais bens podem vir a ter a indisponibilidade decretada, segundo a Lei 8.429/1992, a medida cautelar deverá recair prioritariamente em relação a: veículos de via terrestre, bens imóveis, bens móveis em geral, semoventes, navios e aeronaves, ações e quotas de sociedades simples e empresárias, pedras e metais preciosos e, apenas na inexistência desses, o bloqueio de contas bancárias, de forma a garantir a subsistência do acusado e a manutenção da atividade empresária ao longo do processo (art. 16, § 11).

---

[19] A oitiva prévia do réu poderá ser dispensada em situações excepcionais, logo, o erro da questão está na palavra "obrigatoriamente".

Ademais, a indisponibilidade poderá atingir bens que nem estejam situados em nosso país, vejamos "Art. 16, § 2º, Lei 8.429/1992. Quando for o caso, o pedido de indisponibilidade de bens a que se refere o caput deste artigo incluirá a investigação, o exame e o bloqueio de bens, contas bancárias e aplicações financeiras mantidas pelo indiciado no exterior, nos termos da lei e dos tratados internacionais".

Todavia, além de prever o que pode ser "bloqueados", a Lei 8.429/1992 fez questão de listar os bens que não podem ser submetidos a decretação de indisponibilidade, são eles:

> Art. 16, § 13. É **vedada** a decretação de indisponibilidade da quantia de até 40 (quarenta) salários mínimos depositados em caderneta de poupança, em outras aplicações financeiras ou em conta-corrente.
>
> Art. 16, § 14. É **vedada** a decretação de indisponibilidade do bem de família do réu, salvo se comprovado que o imóvel seja fruto de vantagem patrimonial indevida, conforme descrito no art. 9.º desta Lei. (grifos nossos)

Resumindo, quase todos os bens podem ser submetidos à decretação da medida cautelar ora em análise, entretendo, por expressa disposição legal, não podem ficar indisponíveis os valores de até 40 salários mínimos e o bem de família, salvo se este for fruto do enriquecimento ilícito do agente ímprobo.

Em relação a esta última situação (bem de família), imagine dois exemplos.

1. Maria, analista do INSS, comprou a sua única casa com o dinheiro da sua remuneração, ou seja, o imóvel é fruto direito do trabalho dela. Pergunta: caso Maria venha a ser processada por ter praticado um ato ímprobo causador de prejuízo ao erário, ela poderá sofrer a decretação de indisponibilidade da sua casa? Não, já que o imóvel será considerado bem de família, logo é considerado impenhorável.

2. Jonas, analista de contratos do Estado da Bahia, está sendo processado (junto com o diretor de uma construtora) pela prática de atos ímprobos. Nesse processo ficou comprovado que Jonas recebeu uma belíssima casa de "presente" por ter facilitado a contratação da construtora "Y" para diversas obras do Estado. Pergunta: ainda que este imóvel seja a única casa de Jonas, poderá este bem sofrer a decretação de indisponibilidade? Sim, já que a casa é fruto do enriquecimento ilícito do agente público, logo, não receberá as proteções relacionadas aos bens de família.

caiu na prova

(QUADRIX/CRMV-MS/2022) *A proteção conferida ao bem de família contra a indisponibilidade em sede de improbidade cede quando o imóvel comprovadamente for produto de vantagem patrimonial indevida.*

Gabarito: *Certo.*

f) valor a ser considerado indisponível

O valor da indisponibilidade considerará a estimativa de dano indicada na petição inicial, permitida a sua substituição por caução idônea, por fiança bancária ou por seguro-garantia judicial, a requerimento do réu, bem como a sua readequação durante a instrução do processo. (art. 16, § 6.º, Lei 8.429/1992).

Ademais, a indisponibilidade recairá sobre bens que assegurem exclusivamente o integral ressarcimento do dano ao erário, sem incidir sobre os valores a serem eventualmente aplicados a título de multa civil ou sobre acréscimo patrimonial decorrente de atividade lícita. (art. 16, § 10, Lei 8.429/1992).

Por fim, O juiz, ao apreciar o pedido de indisponibilidade de bens do réu, observará os efeitos práticos da decisão, vedada a adoção de medida capaz de acarretar prejuízo à prestação de serviços públicos. (art. 16, § 12, Lei 8.429/1992).

A lei de improbidade administrativa se preocupou em listar quais bens podem vir a ter a indisponibilidade decretada, segundo a Lei 8.429/1992, a medida cautelar deverá recair prioritariamente

12. AÇÃO JUDICIAL DE IMPROBIDADE

Nas aulas presenciais sempre gosto de iniciar esse tópico fazendo a seguinte pergunta: "o processo por improbidade administrativa é um processo judicial ou administrativo? "

A resposta, quase sempre, vem em "alto e bom som" dizendo: "processo administrativo".

Agora eu te pergunto: a resposta dada acima está correta?

Não! Mil vezes, não. O processo de improbidade administrativa tem **natureza judicial**, não administrativa.

Para comprovar esse fato, vamos realizar o seguinte raciocínio: como visto anteriormente, uma das sanções que podem ser aplicadas em decorrência da prática do ato ímprobo é a "suspensão dos direitos políticos", aí eu te pergunto: essa punição poderia vir a ser aplicada em um processo administrativo?

Não! Pois somente a autoridade judicial possui competência para suspender os direitos políticos de outrem. Não poderia, por exemplo, o "chefe" de Maria, por meio de um processo administrativo, aplicar essa sanção.

Agora que já sabemos que o processo de improbidade administrativa tem natureza judicial, surge outra pergunta: a natureza de ação é cível ou criminal?

Cível, o processo por improbidade administrativa não tem natureza criminal, tanto é assim que as regras relativas ao foro por prerrogativa de função não são aplicadas as ações de improbidade, visto que esse benefício se refere aos processos de natureza criminal, vejamos o posicionamento do STF sobre o tema:

jurisprudência

O foro especial por prerrogativa de função previsto na Constituição Federal em relação às infrações penais comuns não é extensível às ações de improbidade administrativa, de natureza civil. *Em primeiro lugar, o foro privilegiado é destinado a abarcar apenas as infrações penais. [...] Em segundo lugar, o foro privilegiado submete-se a regime de direito estrito, já que representa exceção aos princípios estruturantes da igualdade e da república. Não comporta,*

DIREITO ADMINISTRATIVO FACILITADO – *Ana Cláudia Campos*

> *portanto, ampliação a hipóteses não expressamente previstas no texto constitucional. (STF. Plenário. Pet 3240 AgR/DF, rel. Min. Teori Zavascki, red. p/ o ac. Min. Roberto Barroso, 10.05.2018)*

caiu na prova

(MP-PR/PROMOTOR/2021) *Com espeque na doutrina das competências implícitas complementares, consolidou-se o entendimento acerca da possibilidade de extensão do foro especial por prerrogativa de função previsto na Constituição Federal em relação às infrações penais comuns e de responsabilidade para as ações de improbidade administrativa.*

Gabarito: *Errado[20].*

Após essa análise inicial, já estamos aptos a verificar quais são as características da ação de improbidade administrativa, segundo a Lei 8.429/1992:

> Art. 17-D. A ação por improbidade administrativa é repressiva, de caráter sancionatório, destinada à aplicação de sanções de caráter pessoal previstas nesta Lei, e não constitui ação civil, vedado seu ajuizamento para o controle de legalidade de políticas públicas e para a proteção do patrimônio público e social, do meio ambiente e de outros interesses difusos, coletivos e individuais homogêneos.
>
> Parágrafo único. Ressalvado o disposto nesta Lei, o controle de legalidade de políticas públicas e a responsabilidade de agentes públicos, inclusive políticos, entes públicos e governamentais, por danos ao meio ambiente, ao consumidor, a bens e direitos de valor artístico, estético, histórico, turístico e paisagístico, a qualquer outro interesse difuso ou coletivo, à ordem econômica, à ordem urbanística, à honra e à dignidade de grupos raciais, étnicos ou religiosos e ao patrimônio público e social submetem-se aos termos da Lei 7.347, de 24 de julho de 1985.

- Natureza repressiva – a ação será proposta após a prática do ato ímprobo ou no momento em que este estiver sendo praticado.
- Caráter sancionador – a finalidade da ação de improbidade é, além de interromper a prática dos atos irregulares, punir o sujeito ativo do ato do improbo.
- Aplicar sanções de caráter pessoal – a pena será aplicada ao sujeito ativo do ato ímprobo. Vale ressaltar que sucessor ou o herdeiro daquele que causar dano ao erário ou que se enriquecer ilicitamente estão sujeitos apenas à obrigação de repará-lo até o limite do valor da herança ou do patrimônio transferido.
- Não constitui ação civil – não devemos mais falar em ação "civil pública" por improbidade, devemos nominá-la, apenas, de ação de improbidade administrativa.
- Busca garantir a probidade e proteger o patrimônio público e social.
- É vedado o ajuizamento da ação de improbidade para o controle de legalidade de políticas públicas e para a proteção do patrimônio público e social, do meio ambiente e de outros interesses difusos, coletivos e individuais homogêneos,

---

[20] O foro especial por prerrogativa de função previsto na Constituição Federal em relação às infrações penais comuns não é extensível às ações de improbidade administrativa.

já que para a proteção desses bens possuímos uma legislação específica, Lei 7.347/1985 (ação civil pública).

> **caiu na prova**
>
> **(VUNESP/CÂMARA-SP/2023)** *Nos termos da Lei 8.429/92, a ação por improbidade administrativa é repressiva, de caráter sancionatório, destinada à aplicação de sanções de caráter pessoal.*
>
> **Gabarito:** *Certo.*

AÇÃO DE IMPROBIDADE ADMINISTRATIVA
- PROCESSO JUDICIAL
- NATUREZA CÍVEL (NÃO CRIMINAL)
- NÃO TEM FORO POR PRERROGATIVA DE FUNÇÃO
- CARACTERÍSTICAS DA AÇÃO DE IMPROBIDADE
  • REPRESSIVA
  • CARÁTER SANCIONADO
  • VAI APLICAR SANÇÕES DE CARÁTER PESSOAL
  • NÃO É "AÇÃO CIVIL PÚBLICA", É AÇÃO DE IMPROBIDADE

Conforme analisado no início deste tópico, a ação de improbidade administrativa possui natureza judicial, sendo assim, será necessário seguir todo um rito (caminho a ser percorrido) em relação ao seu procedimento. Para facilitar o entendimento e visualização do tema, vamos separar esse assunto em tópicos.

a) legitimidade para propor a ação de improbidade

Segundo a nova redação ofertada pela Lei 14.230/2021, a ação de improbidade administrativa deverá ser proposta exclusivamente pelo Ministério Público. "Art. 17, Lei 8.429/1992. A ação para a aplicação das sanções de que trata esta Lei será proposta pelo Ministério Público e seguirá o procedimento comum previsto na Lei 13.105, de 16 de março de 2015 (Código de Processo Civil), salvo o disposto nesta Lei".

Todavia, o Supremo Tribunal Federal considerou inconstitucional a parte do dispositivo que alegava a legitimidade exclusiva do Ministério Público para propor a ação de improbidade, sendo assim, além deste (MP) também poderá ingressar com o processo a pessoa jurídica lesada pelo ato ímprobo.

Imagine, por exemplo, a seguinte situação: determinado servidor do INSS (autarquia federal) ordenou, de forma dolosa, a realização de despesas não autorizadas em lei ou regulamento, conduta esta tipificada como ímproba de acordo com o art. 10, IX, da Lei 8.429/1992 (prejuízo ao erário). Pergunta: quem poderá propor a ação de improbidade contra este servidor? O Ministério Público e o próprio INSS (pessoa jurídica lesada).

Quanto ao foro competente, ou seja, ao local em que se deve propor a ação, a lei de improbidade preleciona que: "Art. 17, § 4.º-A, Lei 8.429/1992. A ação a que se refere o *caput* deste artigo deverá ser proposta perante o foro do local onde ocorrer o dano ou da pessoa jurídica prejudicada".

Resumindo, para as provas em geral deve-se adotar o posicionamento do STF, qual seja: a ação de improbidade administrativa poderá ser proposta pelo Ministério Público e também pela pessoa jurídica lesada.

jurisprudência

Os entes públicos que sofreram prejuízos em razão de atos de improbidade também estão autorizados, de forma concorrente com o Ministério Público, a propor ação e a celebrar acordos de não persecução civil em relação a esses atos. (STF. Plenário. ADI 7042/DF e ADI 7043/DF, Rel. Min. Alexandre de Moraes, julgados em 31.08.2022).

caiu na prova

(FGV/TCE-ES/2023) *A Lei 14.230/2021 introduziu importantes alterações na Lei de Improbidade Administrativa, inclusive no que tange à legitimidade para propositura das ações de improbidade, inovação essa que teve sua constitucionalidade analisada pelo Supremo Tribunal Federal (STF). Nesse contexto, a atual redação da Lei 8.429/1992 prevê que pode ajuizar ação de improbidade administrativa o Ministério Público e o STF declarou a inconstitucionalidade parcial, sem redução de texto das normas que suprimiram a legitimidade das pessoas jurídicas interessadas, de modo a restabelecer a existência de legitimidade ativa concorrente e disjuntiva entre o Ministério Público e essas pessoas jurídicas.*

Gabarito: *Certo.*

b) características da petição inicial

O Ministério Público (ou a pessoa jurídica interessada) deverá propor a ação por meio de uma petição inicial, a qual, segundo a Lei 8.429/1992, deverá preencher os seguintes requisitos: individualizar a conduta do réu e apontar os elementos probatórios mínimos que demonstrem a ocorrência das hipóteses dos arts. 9.º, 10 e 11 desta Lei e de sua autoria, salvo impossibilidade devidamente fundamentada; também deverá ser instruída com documentos ou justificação que contenham indícios suficientes da veracidade dos fatos e do dolo imputado ou com razões fundamentadas da impossibilidade de apresentação de qualquer dessas provas.

O Ministério Público ou a pessoa jurídica interessada[21] (a depender de quem esteja propondo a ação) poderão requerer ao juiz, já nesta petição inicial, a adoção de tutelas provisórias[22], a qual seguirá o procedimento estabelecidos no Código de Processo Civil (art. 294 a art. 310, CPC).

---

[21] O STF nas ADIns 7042 e 7042 declarou a inconstitucionalidade parcial, sem redução do texto, do § 6.º-A do art. 17 da Lei 8.429/1992. Ou seja, apesar de o art. 17, § 6.º-A da Lei 8.429/1992 falar apenas em "Ministério Público", devemos seguir o entendimento do STF, o qual preleciona que a ação de improbidade poderá ser proposta tanto pelo MP quanto pela pessoa jurídica lesada, interessada.

[22] Art. 294, CPC. "A tutela provisória pode fundamentar-se em urgência ou evidência. Parágrafo único. A tutela provisória de urgência, cautelar ou antecipada, pode ser concedida em caráter antecedente ou incidental".

Todavia, o juiz rejeitará a petição inicial caso esta se enquadre em alguma das situações do art. 330 do CPC[23]; não preencha os requisitos exigidos pela lei de improbidade administrativa; ou quando o ato de improbidade imputado for manifestamente inexistente, vejamos: "art. 17, § 6.º-B, lei 8.429/92. A petição inicial será rejeitada nos casos do art. 330 da Lei 13.105, de 16 de março de 2015 (Código de Processo Civil), bem como quando não preenchidos os requisitos a que se referem os incisos I e II do § 6.º deste artigo, ou ainda quando manifestamente inexistente o ato de improbidade imputado".

c) "caminhar" da ação de improbidade

Caso a petição inicial esteja em devida forma, o juiz mandará autuá-la e ordenará a citação do acusado (ou dos acusados) de praticar o ato ímprobo para que este conteste, no prazo de 30 dias, as alegações formuladas pelo Ministério Público ou pela pessoa jurídica lesada, a depender de quem tenha proposto a ação.

> **cuidado**
>
> *Caso a ação tenha sido proposta pelo Ministério Público, além dos réus, a pessoa jurídica lesada com a prática do ato ímprobo também deverá ser intimada para que possa, se desejar, intervir no processo. Este é o entendimento dado pelo STF ao art. 17, § 14, da Lei 8.429/1992[24].*

Inovação interessante trazida pela Lei 14.230/2021 é o fato de, havendo a possibilidade de solução consensual, as partes poderem requerer ao juiz a interrupção do prazo para a contestação, por período não superior a 90 dias. Sendo assim, observe que inicialmente o prazo da contestação será de 30 dias, entretanto, poderá este chegar a 90 dias caso exista a chance de se ter uma resolução consensual, de comum acordo.

Oferecida a contestação e, se for o caso, ouvido o autor, o juiz: procederá ao julgamento conforme o estado do processo, observada a eventual inexistência manifesta do ato de improbidade; poderá desmembrar o litisconsórcio, com vistas a otimizar a instrução processual. (art. 17, § 10-B, Lei 8.429/1992)

Após a réplica do Ministério Público ou da pessoa jurídica interessada (a depender de quem tenha proposto a ação de improbidade), o juiz proferirá decisão na qual indicará com precisão a tipificação do ato de improbidade administrativa imputável ao réu (arts. 9.º, 10 ou 11 da Lei 8.429/1992), sendo-lhe vedado modificar o fato principal e a capitulação legal apresentada pelo autor. Todavia, será considerada nula a decisão que condenar o requerido por tipo diverso daquele definido na petição inicial ou condenar o requerido sem a produção das provas por ele tempestivamente especificadas.

---

[23] Art. 330, CPC. A petição inicial será indeferida quando: I – for inepta; II – a parte for manifestamente ilegítima; III – o autor carecer de interesse processual; IV – não atendidas as prescrições dos arts. 106 e 321. § 1.º Considera-se inepta a petição inicial quando: I – lhe faltar pedido ou causa de pedir; II – o pedido for indeterminado, ressalvadas as hipóteses legais em que se permite o pedido genérico; III – da narração dos fatos não decorrer logicamente a conclusão; IV – contiver pedidos incompatíveis entre si.

[24] Art. 17, § 14, da Lei 8.429/1992. Sem prejuízo da citação dos réus, a pessoa jurídica interessada será intimada para, caso queira, intervir no processo.

Vale ressaltar que em qualquer momento do processo, verificada a inexistência do ato de improbidade, o juiz julgará a demanda improcedente; ademais, caso o magistrado identifique a existência de ilegalidades ou de irregularidades administrativas a serem sanadas sem que estejam presentes todos os requisitos para a imposição das sanções aos agentes incluídos no polo passivo da demanda, poderá, em decisão motivada, converter a ação de improbidade administrativa em ação civil pública (Lei 7.347/1985).

Ademais, observe que NÃO se aplicam na ação de improbidade administrativa:

- A presunção de veracidade dos fatos alegados pelo autor em caso de revelia, já que apesar de ser assegurado ao réu o direito de ser interrogado sobre os fatos de que trata a ação, a sua recusa ou o seu silêncio não implicarão confissão.

- A imposição de ônus da prova ao réu, ou seja, a obrigação de provar que o ato ímprobo, de fato existiu, será da acusação (Ministério Público ou pessoa jurídica interessada), não da defesa.

- O ajuizamento de mais de uma ação de improbidade administrativa pelo mesmo fato, competindo ao Conselho Nacional do Ministério Público dirimir conflitos de atribuições entre membros de Ministérios Públicos distintos.

- O reexame obrigatório da sentença de improcedência ou de extinção sem resolução de mérito.

Por fim, o art. 17, § 20, da Lei 8.429/1992 prelecionar que "a assessoria jurídica que emitiu o parecer atestando a legalidade prévia dos atos administrativos praticados pelo administrador público ficará obrigada a defendê-lo judicialmente, caso este venha a responder ação por improbidade administrativa, até que a decisão transite em julgado", Entretanto, o STF declarou a inconstitucionalidade parcial, com redução de texto, do § 20 do art. 17 da Lei 8.429/1992, no sentido de que não existe "obrigatoriedade de defesa judicial", a qual apenas será permitida em caráter excepcional e desde que exista autorização normativa.

jurisprudência

Não deve existir obrigatoriedade de defesa judicial do agente público que cometeu ato de improbidade por parte da Advocacia Pública, pois a sua predestinação constitucional, enquanto função essencial à Justiça, identifica-se com a representação judicial e extrajudicial dos entes públicos. Contudo, permite-se essa atuação em caráter extraordinário e desde que norma local assim disponha. (STF. Plenário. ADI 7042/DF e ADI 7043/DF, Rel. Min. Alexandre de Moraes, 31.08.2022)

caiu na prova

(CEBRASPE/MP-SC/2023) *A assessoria jurídica que tenha emitido o parecer atestando a legalidade prévia dos atos administrativos ficará obrigada a defender judicialmente o administrador caso este venha a responder ação por improbidade administrativa, até que a decisão transite em julgado.*
Gabarito: *Errado[25].*

---

[25] O STF declarou a inconstitucionalidade parcial, com redução de texto, desse dispositivo para dizer que não existe "obrigatoriedade de defesa judicial".

Cap. 15 – IMPROBIDADE ADMINISTRATIVA

d) fase inicial do processo: *in dubio pro societate*

No início do processo de improbidade administrativa, vigora o princípio do *in dubio pro societate*. Ou seja, na fase inicial do procedimento, existindo dúvidas acerca da prática ou não do ato ímprobo, deverá o juiz receber a ação após a defesa preliminar do acusado.

⚖ jurisprudência

Consoante orientação sedimentada nesta Corte, na fase de recebimento da inicial da ação civil pública de improbidade administrativa, basta a demonstração de indícios da prática de ato ímprobo, ou, fundamentadamente, as razões de sua não apresentação, em observância ao princípio do in dubio pro societate. *(STJ. 1ª Turma. AgInt no REsp 1.761.220/PR, Rel. Min. Regina Helena Costa, 11.10.2021).*

Entretanto, não poderá o magistrado simplesmente alegar o *in dubio pro societate* e receber a petição inicial, ou seja, deverá existir nem que seja uma breve motivação (explicação) em relação aos indícios e a causa de pedir do processo de improbidade. Em outras palavras, o juiz não poderá simplesmente escrever: "recebo a petição inicial com base no princípio do *in dubio pro societate*", ele deverá fundamentar o recebimento da inicial com base nos indícios da prática do ato ímprobo.

⚖ jurisprudência

A decisão de recebimento da petição inicial da ação de improbidade não pode limitar-se ao fundamento de in dubio pro societate. *(STJ. 1ª Turma. REsp 1.570.000-RN, Rel. Min. Sérgio Kukina, Rel. Acd. Min. Gurgel de Faria, 28.09.2021)*

e) recursos

A Lei 8.429/1992 menciona algumas decisões que podem vir a ser contestadas por meio da interposição de recursos. Observe, entretanto, que o único recurso previsto na lei de improbidade foi o "agravo de instrumento", sendo assim, qualquer outro "nome" que aparecer na sua prova, torna a questão falsa.

Para facilitar, segue um resumo dos atos contestados e o "nome do recurso" (agravo de instrumento, sempre!) aplicado.

- Da decisão que deferir ou indeferir a medida relativa à indisponibilidade de bens – caberá: agravo de instrumento.
- Da decisão que rejeitar questões preliminares suscitadas pelo réu em sua contestação – caberá: agravo de instrumento.
- Da decisão que converter a ação de improbidade em ação civil pública – caberá: agravo de instrumento.
- Das decisões interlocutórias – caberá: agravo de instrumento.

📝 caiu na prova

(QUADRIX/CRP-GO-TO/2022) *Da decisão que converter a ação de improbidade em ação civil pública caberá agravo de instrumento.*

Gabarito: *Certo.*

f) delação premiada

De acordo com o entendimento mais recente do Supremo Tribunal Federal, é constitucional a utilização do instituto da delação premiada, também denominada de colaboração premiada, pelo Ministério Público nas ações de improbidade administrativa, desde que estejam presentes os seguintes requisitos, vejamos:

> É constitucional a utilização da colaboração premiada no âmbito civil, em ação civil pública, por ato de improbidade administrativa movida pelo Ministério Público, observando-se as seguintes diretrizes:
>
> 1) As declarações do agente colaborador, desacompanhadas de outros elementos de prova, são insuficientes para o início da ação civil por ato de improbidade;
>
> 2) A obrigação de ressarcimento do dano causado ao erário pelo agente colaborador deve ser integral, não podendo ser objeto de transação ou acordo sendo válida a negociação em torno do modo e das condições para a indenização;
>
> 3) O acordo de colaboração deverá ser celebrado pelo MP com a interveniência da pessoa jurídica de Direito Público interessada;
>
> 4) Os acordos já firmados somente pelo Ministério Público ficam preservados até a data deste julgamento desde que haja a previsão de total ressarcimento do dano, tendo sido devidamente homologados em juízo e regularmente cumpridos pelo beneficiado. (STF. ARE 1.175.650. Min. Alexandre de Morais. 27/06/2023)

12.1 Acordo de não persecução civil

Antes das alterações realizadas pela Lei 14.230/2021, o acordo de não persecução civil era permitido (autorização foi dada pela Lei 13.964/2019), mas não existia uma regulamentação sobre o tema, o que acabava, na prática, inviabilizando a sua implementação. Atualmente, a Lei 8.429/1992 permite que este negócio jurídico (acordo de não persecução civil) venha a ser celebrado entre o poder público e o sujeito ativo do ato ímprobo, além de regulamentar a disciplina, ou seja, agora é possível "pôr em prática" o acordo de não persecução civil.

Mas o que seria esse acordo?

O acordo de não persecução civil é um negócio jurídico celebrado entre o sujeito ativo do ato ímprobo e o Ministério Público (ou pessoa jurídica interessada, a depender de quem tenha ingressado com a ação), no qual aquele se compromete a cumprir algumas condições em troca de não ser condenado pela prática do ato de improbidade administrativa.

Da mesma forma que fizemos no tópico anterior, vamos dividir esse tema em partes com a finalidade de facilitar a visualização e entendimento do tema.

a) legitimidade para celebrar o acordo de não persecução civil.

Segundo a nova redação ofertada pela Lei 14.230/2021, o acordo de não persecução civil será celebrado exclusivamente pelo Ministério Público. "Art. 17-B, Lei 8.429/1992. O Ministério Público poderá, conforme as circunstâncias do caso concreto, celebrar acordo de não persecução civil, desde que dele advenham, ao menos, os seguintes resultados".

Todavia, o Supremo Tribunal Federal, da mesma forma que já estudamos em relação à legitimidade para a propositura da ação de improbidade, considerou inconstitucional a parte do dispositivo que alegava a legitimidade exclusiva do Ministério Público para celebrar o acordo de não persecução civil, sendo assim, além deste (MP) também poderá ingressar com o processo a pessoa jurídica lesada pelo ato ímprobo.

Resumindo, para as provas em geral deve-se adotar o posicionamento do STF, qual seja: o acordo de não persecução civil poderá ser celebrado pelo Ministério Público e também pela pessoa jurídica lesada, a depender de quem tenha proposto a ação de improbidade administrativa

jurisprudência

Os entes públicos que sofreram prejuízos em razão de atos de improbidade também estão autorizados, de forma concorrente com o Ministério Público, a propor ação e a celebrar acordos de não persecução civil em relação a esses atos. (STF. Plenário. ADI 7042/DF e ADI 7043/DF, Rel. Min. Alexandre de Moraes, julgados em 31.08.2022)

caiu na prova

(CEBRASPE/MP-SC/2023) *Conforme decisão do STF, os entes públicos que tenham sofrido prejuízos em razão de atos de improbidade estão autorizados a celebrar acordos de não persecução civil em relação a esses atos.*

Gabarito: *Certo.*

b) requisitos para que o acordo possa ser celebrado e seus resultados

Nem sempre o Ministério Público (ou pessoa jurídica lesada) poderá vir a propor a celebração de um acordo de não persecução civil, já que a lei de improbidade administrativa exige, de forma expressa, o preenchimento de alguns requisitos, quais sejam:

- Oitiva do ente federativo lesado, em momento anterior ou posterior à propositura da ação;
- Aprovação, no prazo de até 60 dias, pelo órgão do Ministério Público competente para apreciar as promoções de arquivamento de inquéritos civis, se anterior ao ajuizamento da ação;
- Homologação judicial, independentemente de o acordo ocorrer antes ou depois do ajuizamento da ação de improbidade administrativa.

cuidado

O Ministério Público (ou a pessoa jurídica interessada) irá analisar, antes de propor o acordo, diversos fatores, tais como: a personalidade do agente, a natureza, as circunstâncias, a gravidade e a repercussão social do ato de improbidade, bem como as vantagens, para o interesse público, da rápida solução do caso. Somente após essa análise inicial, o ente competente decidirá se vai propor ou não a celebração do acordo.

Quanto aos resultados, espera-se que o acordo de não persecução civil possa propiciar o integral ressarcimento do dano e a reversão à pessoa jurídica lesada da vantagem indevida obtida, ainda que oriunda de agentes privados.

Como visto acima, o acordo deve propiciar o ressarcimento integral do dano, mas qual seria este valor?

Bem, segundo a Lei 8.429/1992, "para fins de apuração do valor do dano a ser ressarcido, deverá ser realizada a oitiva do Tribunal de Contas competente, que se manifestará, com indicação dos parâmetros utilizados, no prazo de 90 (noventa) dias" (art. 17-B, § 3.º).

Observe que a lei de improbidade exigiu a manifestação do Tribunal de Contas para que se possa chegar ao valor a ser ressarcido. Entretanto, o Supre Tribunal Federal (ADI 7236) suspendeu a eficácia deste dispositivo sob a alegação de que não poderia o Ministério Público ficar condicionado à atuação da Corte de Contas, já que isso seria uma interferência indevida na autonomia funcional do Ministério Público.

jurisprudência

Nada obstante, ao regulamentar esse instrumento de consensualidade administrativa, o dispositivo questionado estabelece a obrigatoriedade da oitiva do Tribunal de Contas competente, que deverá se manifestar, com a indicação dos parâmetros utilizados, no prazo de 90 (noventa) dias. Ao assim dispor, a norma aparenta condicionar o exercício da atividade-fim do Ministério Público à atuação da Corte de Contas, transmudando-a em uma espécie de ato complexo apto a interferir indevidamente na autonomia funcional constitucionalmente assegurada ao órgão ministerial. Eventual desrespeito à plena autonomia do Ministério Público, em análise sumária, consiste em inconstitucionalidade perante a independência funcional consagrada nos artigos 127 e 128 da Constituição Federal. (STF. ADI 7236, Min. Alexandre de Moraes, decisão monocrática, 27.12.2022)

Resumindo, em virtude da decisão mencionada acima, atualmente, o § 3.º do art. 17-B da Lei 8.429/1992 está com a eficácia suspensa. Sendo assim, o Ministério Público não precisará ouvir o Tribunal de Contas para que o valor da indenização possa vir a ser fixado.

c) momentos em que o acordo pode ser celebrado

Existe uma ampla liberdade em relação ao momento em que o acordo pode ser celebrado, permitindo a Lei 8.429/1992 que este ocorra, até mesmo, após a condenação do agente ímprobo. "Art. 17-B, § 4.º. O acordo a que se refere o *caput* deste artigo poderá ser celebrado no curso da investigação de apuração do ilícito, no curso da ação de improbidade ou no momento da execução da sentença condenatória".

Este entendimento encontra-se, inclusive, respaldado pela jurisprudência nacional, vejamos: O acordo de não persecução cível pode ser celebrado mesmo que a ação de improbidade administrativa já esteja em fase de recurso. (STJ. 1ª Seção. EAREsp 102585-RS, Rel. Min. Gurgel de Faria, 09.03.2022)

Vale ressaltar que o juiz não participa das tratativas do acordo, ele apenas o homologará. Ou seja, as negociações ocorrem entre o Ministério Público (ou pessoa jurídica lesada) e o sujeito ativo do ato de improbidade administrativa, não existirá, neste momento, a participação da autoridade judicial.

Cap. 15 – IMPROBIDADE ADMINISTRATIVA

> **caiu na prova**
>
> **(FGV/CGE-SC/2023)** De acordo com a atual redação da Lei de Improbidade Administrativa, em matéria de consensualidade no direito sancionador, o acordo de não persecução civil poderá ser celebrado no curso da investigação de apuração do ilícito, no curso da ação de improbidade ou no momento da execução da sentença condenatória.
>
> **Gabarito:** Certo.

d) descumprimento do acordo

Em caso de descumprimento do acordo, o investigado ou o demandado ficará impedido de celebrar novo acordo pelo prazo de 5 anos, contado do conhecimento pelo Ministério Público (ou pela pessoa jurídica interessada) do efetivo descumprimento.

> **caiu na prova**
>
> **(AOCP/MP/RR/2023)** A Lei 14.230/2021, ao alterar as disposições da Lei 8.429/1992 (Lei de Improbidade Administrativa), regulamentou o Acordo De Não Persecução Cível (ANPC). Em relação ao ANPC, é correto afirmar que em caso de descumprimento do ANPC, o investigado ou demandado ficará impedido de celebrar novo ajuste pelo prazo de 5 (cinco) anos.
>
> **Gabarito:** Certo.

Como a finalidade máxima desta obra é facilitar o entendimento e a memorização dos temas, segue um resumo dos principais pontos relacionados ao tópico: acordo de não persecução civil.

ACORDO DE NÃO PERSECUÇÃO CIVIL

- LEGITIMIDADE: MP/PESSOA JURÍDICA LESADA
- MOMENTO EM QUE PODE SER CELEBRADO:
  • INVESTIGAÇÃO DA APLICAÇÃO DO ILÍCITO
  • CURSO DA AÇÃO DE IMPROBIDADE
  • EXECUÇÃO DA SENTENÇA E FASE RECURSAL

- RESULTADOS ESPERADOS:
  • INTEGRAL RESSARCIMENTO DO DANO
  • REVERSÃO À PESSOA JURÍDICA LESADA DA VANTAGEM INDEVIDA OBTIDA

- DESCUMPRIMENTO: IMPEDIMENTO DE CELEBRAR NOVO ACORDO POR 5 ANOS

12.2 Sentença nas ações de improbidade

O Código de Processo Civil regulamenta, em seu artigo 489, os elementos essenciais das sentenças. No caso das ações de improbidade administrativa, além dos requisitos previstos no CPC, as decisões judiciais deverão:

- Indicar de modo preciso os fundamentos que demonstram os elementos a que se referem os arts. 9.º, 10 e 11 desta Lei (enriquecimento ilícito, prejuízo ao erário, atentado aos princípios), os quais não podem ser presumidos.

- Considerar as consequências práticas da decisão, sempre que decidir com base em valores jurídicos abstratos.

- Considerar os obstáculos e as dificuldades reais do gestor e as exigências das políticas públicas a seu cargo, sem prejuízo dos direitos dos administrados e das circunstâncias práticas que houverem imposto, limitado ou condicionado a ação do agente.

- Considerar, para a aplicação das sanções, de forma isolada ou cumulativa: os princípios da proporcionalidade e da razoabilidade; a natureza, a gravidade e o impacto da infração cometida; a extensão do dano causado; o proveito patrimonial obtido pelo agente; as circunstâncias agravantes ou atenuantes; a atuação do agente em minorar os prejuízos e as consequências advindas de sua conduta omissiva ou comissiva; os antecedentes do agente.

- Considerar na aplicação das sanções a dosimetria das sanções relativas ao mesmo fato já aplicadas ao agente.

- Considerar, na fixação das penas relativamente ao terceiro, quando for o caso, a sua atuação específica, não admitida a sua responsabilização por ações ou omissões para as quais não tiver concorrido ou das quais não tiver obtido vantagens patrimoniais indevidas.

- Indicar, na apuração da ofensa a princípios, critérios objetivos que justifiquem a imposição da sanção.

13. PRESCRIÇÃO

Em garantia ao princípio da segurança jurídica e para evitar a inércia da Administração em apurar os atos irregulares, foi instituído um prazo para que o processo de improbidade possa ser proposto. Após o decurso desse tempo, não poderá mais o sujeito ativo do ato ímprobo ser punido, ocorrendo, dessa forma, a prescrição.

Mas qual seria esse prazo?

Oito anos, contados a partir da ocorrência do fato ou, no caso de infrações permanentes, do dia em que cessou a permanência. "Art. 23, Lei 8.429/1992. A ação para a aplicação das sanções previstas nesta Lei prescreve em 8 anos, contados a partir da ocorrência do fato ou, no caso de infrações permanentes, do dia em que cessou a permanência".

Observe que, diferentemente da previsão anterior à Lei 14.230/2021, esse prazo de oito anos começa a contar da prática do ato ímprobo (salvo, infrações permanentes) e não do fim do mandato, cargo, emprego ou função.

caiu na prova

(AOCP/PP-DF/2022) *A ação para a aplicação das sanções previstas na Lei de Improbidade Administrativa prescreve em oito anos, contados a partir da ocorrência do fato ou, no caso de infrações permanentes, do dia em que cessou a permanência.*

Gabarito: *Certo.*

Vamos imaginar a seguinte situação: José, prefeito do Município "X", no seu primeiro dia de mandato já "chegou chegando" e praticou um ato de improbidade que lhe gerou enriquecimento ilícito. Entretanto, ao voltar para casa, não se sentiu bem com a situação e prometeu: "nunca mais faço nada de irregular", promessa essa que foi cumprida integralmente, pois, depois daquela data, José, foi um prefeito exemplar, tanto que foi reeleito e aclamado pela população local.

Dissecando o exemplo acima, vamos a algumas perguntas:

a) José, prefeito do Município "X", está submetido à lei de improbidade administrativa?

Sim! Conforme analisado em tópico anterior, o único agente público que não se submete à lei de improbidade administrativa é o Presidente da República, todos os outros agentes públicos podem ser processados com base na Lei 8.429/1992.

b) quando começa a correr o prazo de prescrição para que a ação de improbidade possa ser proposta: da prática do ato, reeleição ou fim do mandato?

Da prática do ato! Usando o exemplo acima, José praticou o ato de improbidade no seu primeiro dia de mandato, sendo assim, a partir desse dia será iniciada a contagem do prazo de 8 anos para que a ação de improbidade posse vir a ser proposta.

c) a infração de José foi permanente?

Não, já que ele praticou um único ato irregular e depois desse momento não mais praticou atos irregulares.

d) como seria uma infração permanente?

Para facilitar, imagine um outro exemplo. Maria, servidora do INSS (autarquia federal), participa há anos de um grande esquema de concessão de aposentadorias por incapacidade permanente a pessoas que, na verdade, estão plenamente aptas ao trabalho. O esquema funciona da seguinte maneira: Maria, concede a aposentadoria a pessoas que não teriam direito ao benefício e, em troca do "favor oferecido", os agora aposentados devem repassar mensalmente 15% do valor da aposentadoria para Maria.

Observe que esta é uma infração permanente, já que todo mês diversas pessoas que não teriam direito àquela aposentadoria recebem valores (prejuízo ao erário) e a servidora, Maria, também está lucrando periodicamente com sua conduta irregular (enriquecimento ilícito). Sendo assim, ainda que se passe, por exemplo, 50 anos da primeira conduta irregular, o processo de improbidade ainda poderá ser proposto, pois nesse caso o prazo prescricional de oito anos inicia sua contagem do fim da permanência da irregularidade.

Resumindo os casos mencionados acima, podemos afirmar que no caso de João (exemplo do prefeito) a prescrição começou a correr da data em que ele praticou o ato ímprobo; já na situação de Maria (exemplo da servidora do INSS), por se tratar de infração permanente, o prazo prescricional de oito anos apenas iniciará sua contagem no momento em que cessar a permanência. Para facilitar, segue um desenho!

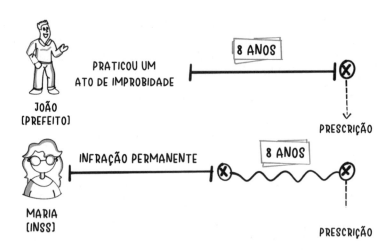

> **cuidado**
>
> De acordo com o Supremo Tribunal federal, as modificações introduzidas pela Lei 14.230/2021 em relação ao prazo prescricional são irretroativas, sendo assim, as novas regras apenas se aplicam aos fatos ocorridos após a publicação da Lei 14.230/2021. "O novo regime prescricional previsto na Lei 14.230/2021 é IRRETROATIVO, aplicando-se os novos marcos temporais a partir da publicação da lei. (STF. Plenário. ARE 843.989/PR, Rel. Min. Alexandre de Moraes, 18.08.2022)".

Agora que já sabemos qual o prazo prescricional da ação de improbidade administrativa, alguns aprofundamentos são necessários, vamos analisá-los em tópicos.

13.1 Inquérito civil / processo administrativo

Já sabemos que a ação de improbidade tem natureza judicial, todavia, antes de existir a propositura do processo perante o magistrado competente, um caminho pode vir a ser percorrido, qual seja: inquérito civil ou processo administrativo.

Pode ser que essa informação tenha "bagunçado um pouco a sua cabeça", talvez você esteja pensando: "se o processo de improbidade administrativa é judicial, o que seria esse inquérito civil? E esse processo administrativo? "

Calma, vamos responder esses questionamentos e tirar todas as dúvidas. Para facilitar, inicialmente, irei dar um exemplo usando o direito processual penal e depois "voltamos" ao tema da improbidade administrativa.

Antes do exemplo, uma ressalva: ainda que o direito processual penal não seja objeto de seu estudo, não tem problema. Apenas farei uma analogia com fatos do cotidiano buscando simplificar o entendimento do assunto. Após essa visão breve e inicial, voltaremos ao "direito administrativo".

Imagine a seguinte situação: um homicídio foi realizado bem no meio da praça central do Município "X", mas, como o crime foi cometido de madrugada e não existem imagens do ocorrido – apenas um corpo estendido no chão, antes da instauração da ação penal será necessária a realização de uma investigação preliminar, inquérito policial, a ser conduzido pelo delegado competente. Após a colheita de provas, o delegado verificou que existem indícios robustos de que foi Paulo, desafeto do rapaz que foi morto, o autor do crime, com isso, encaminhou o inquérito policial ao Ministério Público para que este pudesse propor a ação criminal perante o juízo competente.

Depois do exposto, vamos a algumas perguntas:

a) o crime de homicídio será julgado em um processo administrativo ou judicial? Logicamente, por meio de um processo judicial.

b) o inquérito policial é um procedimento judicial ou administrativo? É um procedimento administrativo, preliminar a ação penal, que tem como finalidade a apuração das infrações penais e da sua autoria.

c) o inquérito policial e a ação penal se confundem? Não, o inquérito é um procedimento administrativo realizado da maneira prévia à propositura da ação penal, já esta é de fato um processo judicial que poderá culminar com a aplicação da sanção criminal.

Creio que agora, após essa explicação inicial, já podemos retornar ao "direito administrativo", pois será fácil perceber a diferença entre a ação de improbidade administrativa e o inquérito civil ou processo administrativo.

O inquérito civil (realizado pelo Ministério Público) e o processo administrativo seguem a mesma lógica do "inquérito policial", ou seja, eles possuem a finalidade de colher provas, para que a ação de improbidade venha a ser proposta. Repetindo: uma coisa será, por exemplo, o inquérito civil (investigação preliminar) e outra coisa será a ação de improbidade administrativa (processo judicial).

Quanto aos prazos, o inquérito civil deverá ser concluído em 365 dias, podendo, entretanto, ser prorrogado por mais 365 dias, encerrado esse período máximo de 730 dias (365 + 365) e não sendo caso de arquivamento, a ação de improbidade deverá ser proposta em 30 dias.

> Art. 23, Lei 8.429/1992.
>
> § 2.º O inquérito civil para apuração do ato de improbidade será concluído no prazo de 365 (trezentos e sessenta e cinco) dias corridos, prorrogável uma única vez por igual período, mediante ato fundamentado submetido à revisão da instância competente do órgão ministerial, conforme dispuser a respectiva lei orgânica.

§ 3.º Encerrado o prazo previsto no § 2.º deste artigo, a ação deverá ser proposta no prazo de 30 (trinta) dias, se não for caso de arquivamento do inquérito civil.

> **caiu na prova**
>
> **(QUADRIX/CRM-SC/2022)** *O inquérito civil para a apuração do ato de improbidade será concluído no prazo improrrogável de 365 dias corridos.*
> **Gabarito:** *Errado*[26].

Antes de seguir adiante, vamos recapitular tudo que já sabemos: a) o prazo de prescrição para propor a ação de improbidade administrativa é de 8 anos a contar da prática do ato, salvo os casos de infrações permanentes; b) antes da propositura da ação de improbidade poderá existir uma investigação preliminar, inquérito civil, o qual deve ser concluído em 365 dias, podendo ser prorrogado por igual período; c) após a conclusão do inquérito civil, a ação de improbidade administrativa, se não for caso de arquivamento, deverá ser proposta no prazo de 30 dias.

Você deve estar se perguntando: "isso é tudo ou ainda tem mais? "

Tem mais! Vamos analisar o seguinte dispositivo da lei de improbidade:

> Art. 23, § 1.º, Lei 8.429/1992. A instauração de inquérito civil ou de processo administrativo para apuração dos ilícitos referidos nesta Lei suspende o curso do prazo prescricional por, no máximo, 180 (cento e oitenta) dias corridos, recomeçando a correr após a sua conclusão ou, caso não concluído o processo, esgotado o prazo de suspensão.

Observe o seguinte trecho: "a instauração de inquérito civil ou de processo administrativo [...] suspende o curso do prazo prescricional por, no máximo, 180 dias corridos". Alguns aprofundamentos devem ser feitos, vamos por partes.

a) suspender um prazo é paralisar exatamente onde ele estava, sendo assim, após o fim da suspensão, o prazo volta a correr de onde tinha parado. Fazendo uma analogia simples, imagine o seguinte: você estava escutando sua música favorita e quando a canção chegou exatamente em 1 minuto apertou o botão do "pause" para poder ir na padaria antes que ela fechasse. Pergunto: quando você retornar a sua casa e

---

[26] O inquérito civil para apuração do ato de improbidade será concluído no prazo de 365 (trezentos e sessenta e cinco) dias corridos, prorrogável uma única vez por igual período.

apertar o botão do "play", a música iniciará do zero ou voltará a correr exatamente de onde tinha parado? Tenho certeza de que você respondeu a segunda opção, ou seja, a canção voltará com 1 minuto, depois 1 minuto e um segundo, dois, três e assim por diante. Esse é o efeito da suspensão, um "pause" no prazo.

b) como já vimos, o inquérito civil poderá durar até 730 dias (365 + 365 dias), todavia, o prazo prescricional da ação de improbidade administrativa apenas ficará suspenso nos primeiros 180 dias, depois ele volta a correr normalmente. Para facilitar, vamos imaginar o seguinte: Roberto, analista judiciário do TRT de Pernambuco, praticou um ato de improbidade que lhe gerou enriquecimento ilícito. Após exatamente um ano da ação irregular, foi instaurado um inquérito civil para apurar o fato.

Perceba que o prazo de prescrição começou a correr no momento em que Roberto praticou o ato ímprobo, entretanto, com a instauração do inquérito civil o prazo prescricional ficará suspenso ("pause") nos primeiros 180 dias e, logo após esse período, voltará a correr normalmente, contando como 1 ano e um dia, dois, três e assim por diante. Para facilitar, segue um desenho!

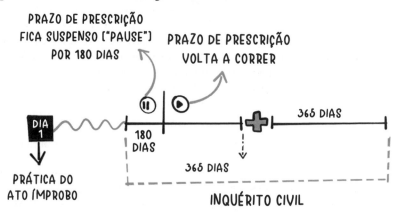

caiu na prova

(IBFC/CÂMARA.FRANCA-SP/2022) *A instauração de inquérito civil ou de processo administrativo para apuração dos ilícitos referidos nesta Lei suspende o curso do prazo prescricional por, no máximo, 180 (cento e oitenta) dias corridos, recomeçando a correr após a sua conclusão ou, caso não concluído o processo, esgotado o prazo de suspensão.*

Gabarito: *Certo.*

13.2 Interrupção do prazo prescricional

Antes de analisar quais situações geram a interrupção do prazo de prescrição, devemos ter em mente que a expressão "interromper" significa zerar, voltar ao início. Sendo assim, diferentemente da suspensão – a qual apenas gera um "efeito pause" no prazo, a interrupção desconsidera todo o caminho que já havia sido percorrido e retorna ao começo, é como se fosse o "stop".

Para facilitar, vamos imaginar duas situações:

a) determinado prazo de prescrição começou a correr logo após a prática de um ato ímprobo praticado por Marcos, Agente da Polícia federal. Passados 100 dias, o prazo foi suspenso em virtude da instauração de um inquérito civil, após a finalização do período da suspensão (180 dias) o prazo voltou a correr.

Pergunta: quando a suspensão terminar o prazo prescricional estará com quantos dias?

Resposta: 100 dias!! Como visto, a suspensão gera apenas um "pause" no prazo, com isso, após o fim do período de suspensão, o prazo volta a correr normalmente de onde tinha parado. A contagem será 100 dias, 101 dias, 102, 103 e assim por diante.

b) determinado prazo de prescrição começou a correr logo após a prática de um ato ímprobo praticado por Laura, Auditora da Receita Federal. Passados 800 dias, o prazo foi interrompido em virtude do ajuizamento da ação de improbidade administrativa, após este fato, o prazo voltou a correr.

Pergunta: após a interrupção, o prazo prescricional estará com quantos dias?

Resposta: 0 dias, isso mesmo, zero dias!! Usando aquela analogia que fizemos anteriormente, caso você estivesse escutando sua música favorita e, quando a canção chegasse exatamente em 1 minuto, apertasse o botão do "stop" para poder ir na padaria antes que ela fechasse. Pergunto: quando você retornasse a sua casa e apertasse o botão do "play", a música iria iniciar do zero ou voltaria a correr exatamente de onde tinha parado? Tenho certeza de que, agora, você respondeu a primeira opção, ou seja, a canção voltaria ao início, esse é exatamente o efeito da interrupção, um "stop" no prazo.

Mas quais são as situações que interrompem o prazo de prescrição das ações de improbidade administrativa, segundo a Lei 8.429/1992, são as seguintes:

- Ajuizamento da ação de improbidade administrativa;
- Publicação da sentença condenatória;
- Publicação de decisão ou acórdão de Tribunal de Justiça ou Tribunal Regional Federal que confirma sentença condenatória ou que reforma sentença de improcedência;
- Publicação de decisão ou acórdão do Superior Tribunal de Justiça que confirma acórdão condenatório ou que reforma acórdão de improcedência;
- Publicação de decisão ou acórdão do Supremo Tribunal Federal que confirma acórdão condenatório ou que reforma acórdão de improcedência.

Para finaliza, segue uma observação muito importante: como visto, a interrupção tem o poder de zerar o prazo, sendo assim, quando, por exemplo, a ação de improbidade é ajuizada o prazo prescricional volta ao início, ou seja, será considerado como "dia 1" para a prescrição. Só que, diferentemente da regra inicial, agora a prescrição não irá ocorrer em 8 anos, mas sim em 4 anos (metade do prazo inicial). Vejamos o que diz a lei de improbidade administrativa:

> Art. 23, Lei 8.429/1992. A ação para a aplicação das sanções previstas nesta Lei **prescreve em 8 anos**, contados a partir da ocorrência do fato ou, no caso de infrações permanentes, do dia em que cessou a permanência.
>
> § 5.º Interrompida a prescrição, o prazo recomeça a correr do dia da **interrupção**, pela **metade do prazo previsto no *caput* deste artigo**. (grifos nossos)

13.3 Particular × prazo prescricional

Muito se discutia acerca do prazo prescricional no caso de o sujeito ativo do ato ímprobo ser um particular. Apesar de existir divergência doutrinária, prevalece o entendimento que estes usarão o mesmo prazo previsto para os agentes públicos que concorreram com o particular para a prática da irregularidade.

jurisprudência

Quando um terceiro, não servidor, pratica ato de improbidade administrativa, se lhe aplicam os prazos prescricionais incidentes aos demais demandados ocupantes de cargos públicos. *(STJ, 1.ª Turma, REsp 1087855/PR, 03.03.2009).*

Súmula 634-STJ: Ao particular aplica-se o mesmo regime prescricional previsto na Lei de Improbidade Administrativa para o agente público.

13.4 Ação de ressarcimento ao erário

No capítulo referente ao assunto da responsabilidade civil do Estado já tivemos a oportunidade de aprofundar sobre a prescritibilidade das ações decorrentes de ilícitos civis. Sendo assim, o dispositivo constitucional que trata da imprescritibilidade das ações de ressarcimento ao erário deve ser aplicado de forma restrita.

Art. 37, § 5.º A lei estabelecerá os prazos de prescrição para ilícitos praticados por qualquer agente, servidor ou não, que causem prejuízos ao erário, ressalvadas as respectivas ações de ressarcimento.

Esse tema, inclusive, já foi analisado pelo próprio Supremo Tribunal Federal:

jurisprudência

De acordo com o sistema constitucional, o qual reconheceria a prescritibilidade como princípio, se deveria atribuir um sentido estrito aos ilícitos previstos no § 5.º do art. 37 da CF. No caso concreto, a pretensão de ressarcimento estaria fundamentada em suposto ilícito civil que, embora tivesse causado prejuízo material ao patrimônio público, não revelaria conduta revestida de grau de reprovabilidade mais pronunciado, nem se mostraria especialmente atentatória aos princípios constitucionais aplicáveis à Administração Pública. Por essa razão, não seria admissível reconhecer a regra excepcional de imprescritibilidade. *(STF, Plenário, RE 669069/MG, 03.06.2016).*

Observe que o STF instituiu a regra da prescrição para as ações decorrentes de ilícitos civis, deixando de fora os atos causadores de prejuízo ao erário decorrentes da prática de improbidade administrativa.

Por fim, em decisão proferida no dia 08.08.2018, o STF julgou o mérito do RE 852475 e decidiu por meio de seu tribunal pleno que as ações de ressarcimento ao erário decorrentes de condutas dolosas causadoras de prejuízo aos cofres públicos são, de fato, imprescritíveis

jurisprudência

Tese: "São imprescritíveis as ações de ressarcimento ao erário fundadas na prática de ato doloso tipificado na Lei de Improbidade Administrativa" *(STF, Tribunal Pleno, RE 852475/SP, 08.08.2018).*

Resumindo, podemos dizer que, apesar de a ação de improbidade possuir um prazo de prescrição (8 anos), a ação de ressarcimento ao erário, no caso de condutas

Cap. 15 – IMPROBIDADE ADMINISTRATIVA 703

dolosas, poderá ser intentada a qualquer tempo, já que esse tipo de ação, em razão do art. 37, § 5.º, da Carta Maior e da decisão do Supremo Tribunal, é considerado imprescritível.

> **caiu na prova**
>
> **(CEBRASPE/PGE-RJ/2022)** *O prazo prescricional para que a fazenda pública proponha ação de ressarcimento ao erário é de três anos, por ser ato de responsabilidade civil.*
>
> **Gabarito:** *Errado*[27].

Por fim, vale ressaltar que caso a ação de improbidade tenha sido proposta, mas tenha sido decretada a prescrição, apesar de não ser possível aplicar as punições previstas na Lei 8.429/1992, será permitido continuar o processo com a finalidade de ser efetivado o ressarcimento ao erário. Ou seja, não será preciso ajuizar uma ação autônoma com a finalidade de reparar o dano aos cofres públicos, a própria ação de improbidade (ainda que tenha sido considerada prescrita) será apta a impor, ao sujeito ativo do ato ímprobo, a sanção de ressarcimento ao erário. Vejamos o posicionamento do STJ em relação ao tema.

> **jurisprudência**
>
> *Na ação civil pública por ato de improbidade administrativa é possível o prosseguimento da demanda para pleitear o ressarcimento do dano ao erário, ainda que sejam declaradas prescritas as demais sanções previstas no art. 12 da Lei 8.429/1992. (STJ. 1ª Seção. REsp 1899455-AC, Rel. Min. Assusete Magalhães, 22.09.2021).*

14. SÚMULAS

14.1 Súmulas Vinculantes – STF

- ✓ **Súmula 13.** A nomeação de cônjuge, companheiro ou parente em linha reta, colateral ou por afinidade, até o terceiro grau, inclusive, da autoridade nomeante ou de servidor da mesma pessoa jurídica investido em cargo de direção, chefia ou assessoramento, para o exercício de cargo em comissão ou de confiança ou, ainda, de função gratificada na administração pública direta e indireta em qualquer dos Poderes da União, dos Estados, do Distrito Federal e dos Municípios, compreendido o ajuste mediante designações recíprocas, viola a Constituição Federal.

- ✓ **Súmula 14.** É direito do defensor, no interesse do representado, ter acesso amplo aos elementos de prova que, já documentados em procedimento investigatório realizado por órgão com competência de polícia judiciária, digam respeito ao exercício do direito de defesa.

- ✓ **Súmula 21.** É inconstitucional a exigência de depósito ou arrolamento prévios de dinheiro ou bens para admissibilidade de recurso administrativo.

---

[27] STF. "São imprescritíveis as ações de ressarcimento ao erário fundadas na prática de ato doloso tipificado na Lei de Improbidade Administrativa."

- ✓ **Súmula 28.** É inconstitucional a exigência de depósito prévio como requisito de admissibilidade de ação judicial na qual se pretenda discutir a exigibilidade de crédito tributário.

14.2 Súmulas do STF

- ✓ **Súmula 20.** É necessário processo administrativo com ampla defesa, para demissão de funcionário admitido por concurso.
- ✓ **Súmula 346.** A administração pública pode declarar a nulidade dos seus próprios atos.
- ✓ **Súmula 473.** A administração pode anular seus próprios atos, quando eivados de vícios que os tornam ilegais, porque deles não se originam direitos; ou revogá-los, por motivo de conveniência ou oportunidade, respeitados os direitos adquiridos, e ressalvada, em todos os casos, a apreciação judicial.
- ✓ **Súmula 704.** Não viola as garantias do juiz natural, da ampla defesa e do devido processo legal a atração por continência ou conexão do processo do co-réu ao foro por prerrogativa de função de um dos denunciados.
- ✓ **Súmula 722.** São da competência legislativa da União a definição dos crimes de responsabilidade e o estabelecimento das respectivas normas de processo e julgamento.

14.3 Súmulas do STJ

- ✓ **Súmula 373.** É ilegítima a exigência de depósito prévio para admissibilidade de recurso administrativo.
- ✓ **Súmula 591.** É permitida a "prova emprestada" no processo administrativo disciplinar, desde que devidamente autorizada pelo juízo competente e respeitados o contraditório e a ampla defesa.
- ✓ **Súmula 599.** O princípio da insignificância é inaplicável aos crimes contra a administração pública.
- ✓ **Súmula 611.** Desde que devidamente motivada e com amparo em investigação ou sindicância, é permitida a instauração de processo administrativo disciplinar com base em denúncia anônima, em face do poder-dever de autotutela imposto à Administração.
- ✓ **Súmula 634.** Ao particular aplica-se o mesmo regime prescricional previsto na Lei de Improbidade Administrativa para o agente público.
- ✓ **Súmula 651.** Compete à autoridade administrativa aplicar a servidor público a pena de demissão em razão da prática de improbidade administrativa, independentemente de prévia condenação, por autoridade judiciária, à perda da função pública.

RESUMO

CAPÍTULO 15 – IMPROBIDADE ADMINISTRATIVA

1. **Elemento subjetivo do ato de improbidade:** atualmente, apenas os atos praticados com DOLO podem ser tipificados como ímprobos, ou seja, não existe

Cap. 15 – IMPROBIDADE ADMINISTRATIVA **705**

mais a possibilidade de uma conduta praticada por negligência, impudência ou imperícia (culpa) ser enquadrada na lei de improbidade administrativa.

2. **Sujeito passivo:** é a vítima do ato ímprobo, podendo esta ser tanto um dos entes integrantes da Administração Pública quanto, até mesmo, uma pessoa jurídica não estatal, que receba recursos públicos para seu custeio ou, pelo menos, algum tipo de auxílio fiscal ou creditício proveniente de órgão público.

3. **Sujeito ativo:** é a pessoa que executa o ato ímprobo. A lei de improbidade é aplicável aos agentes públicos (conceito amplo) e também aos terceiros (particulares) que concorram ou induzam àqueles a prática do ato ímprobo. Todavia, a ação de improbidade administrativa não poderá ser movida, única e exclusivamente, contra o particular. Ou seja, apesar de o terceiro poder figurar em um processo por improbidade, não poderá figurar sozinho no polo passivo da demanda.

4. **Declaração de bens:** a posse e o exercício de agente público ficam condicionados à apresentação de declaração de imposto de renda e proventos de qualquer natureza (a declaração de bens deve ser atualizada anualmente). Obs.: Será apenado com a pena de demissão, sem prejuízo de outras sanções cabíveis, o agente público que se recusar a prestar a declaração dos bens dentro do prazo determinado ou que prestar declaração falsa.

5. **Enriquecimento ilícito:** constitui ato de improbidade administrativa importando em enriquecimento ilícito auferir, mediante a prática de ato doloso, qualquer tipo de vantagem patrimonial indevida. Observe que o intuito do agente ímprobo é receber, de modo irregular, algum tipo de vantagem patrimonial. Conseguimos perceber essa ideia com a análise dos verbos usados no art. 9° da Lei 8.429/1992 (rol exemplificativo), tais como: "receber", "incorporar", "adquirir", "usar em proveito próprio", "perceber".

6. **Prejuízo ao erário:** constitui ato de improbidade administrativa que causa lesão ao erário qualquer ação ou omissão dolosa, que enseje, efetiva e comprovadamente, perda patrimonial, desvio, apropriação, malbaratamento ou dilapidação dos bens ou haveres. Para que um ato possa se enquadrar nesta modalidade, faz-se imprescindível que exista a efetiva comprovação de algum tipo de prejuízo causado aos cofres públicos (erário). Assim como ocorre no enriquecimento ilícito, o rol de condutas previstas no art. 10 da Lei 8.429/1992 é meramente exemplificativo.

7. **Atentado contra os princípios da Administração Pública:** Constitui ato de improbidade administrativa que atenta contra os princípios da administração pública a ação ou omissão dolosa que viole os deveres de honestidade, de imparcialidade e de legalidade. Diferentemente do que ocorre com os artigos 9° (enriquecimento ilícito) e 10 (prejuízo ao erário), o art. 11 (atentado contra os princípios) da Lei 8.429/1992 apresenta um rol taxativo, ou seja, apenas será considerado ímprobo o ato que se enquadrar perfeitamente em algum dos incisos do art. 11.

8. **Sanções (art. 12, Lei 8.429/1992):** independentemente do ressarcimento integral do dano patrimonial, se efetivo, e das sanções penais comuns e de responsabilidade, civis e administrativas previstas na legislação específica, está o responsável pelo ato de improbidade sujeito a punições, que podem ser aplicadas isolada ou

cumulativamente, conforme a gravidade do fato. Obs.: a Lei 8.429/1992 prevê as seguintes punições - perda dos bens ou valores acrescidos ilicitamente ao patrimônio; perda da função pública; suspensão dos direitos políticos; pagamento de multa civil; proibição de contratar com o poder público ou de receber benefícios ou incentivos fiscais ou creditícios.

9. **Acordo de não persecução civil:** é um negócio jurídico celebrado entre o sujeito ativo do ato ímprobo e o Ministério Público (ou pessoa jurídica interessada, a depender de quem tenha ingressado com a ação), no qual aquele se compromete a cumprir algumas condições em troca de não ser condenado pela prática do ato de improbidade administrativa.

10. **Prescrição:** a ação para a aplicação das sanções previstas na lei de improbidade prescreve em 8 anos, contados a partir da ocorrência do fato ou, no caso de infrações permanentes, do dia em que cessou a permanência. Obs.: O inquérito civil para apuração do ato de improbidade será concluído no prazo de 365 dias corridos, prorrogável uma única vez por igual período. Entretanto, o prazo prescricional apenas ficará suspenso nos primeiros 180 dias, depois ele volta a correr normalmente, ainda que o inquérito civil não tenha chegado ao fim.

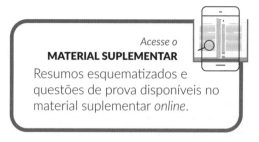

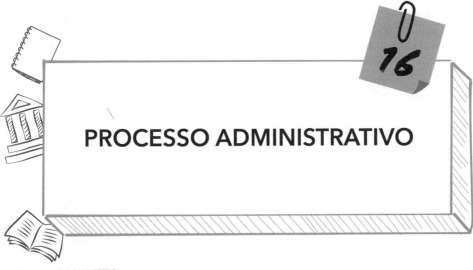

PROCESSO ADMINISTRATIVO

1. CONCEITO

A existência do processo administrativo decorre diretamente do princípio constitucional do devido processo legal:

> Art. 5.º, LIV, CF/1988 – ninguém será privado da liberdade ou de seus bens sem o devido processo legal.

Então, para que se evite a prática de atos arbitrários e tomados por sentimentos pessoais, faz-se necessária a instauração de um procedimento prévio que sirva de base e fundamento para as decisões administrativas. Dessa imposição surge o **processo administrativo**.

Logo, podemos conceituar processo administrativo como uma sucessão de atos administrativos que objetivam determinada finalidade, podendo esta ser, por exemplo, a anulação de um ato administrativo ou até mesmo a demissão de um servidor.

Como forma de revisar, devemos lembrar que o Brasil adotou o sistema de **jurisdição una (sistema inglês)**, o qual prevê que todos os conflitos, sejam eles decorrentes de atos do Poder Público ou não, possam ser julgados pelo Poder Judiciário.

Sendo assim, o julgamento administrativo **não faz coisa julgada material**, ou seja, ainda que se percorram todas as instâncias, a decisão não será definitiva, pois sempre poderá o interessado rediscutir a matéria no âmbito judicial.

> Art. 5.º, XXXV, CF/1988 – a lei não excluirá da apreciação do Poder Judiciário lesão ou ameaça a direito [princípio da inafastabilidade da jurisdição].

Na esfera **federal**, o processo administrativo é disciplinado pela **Lei 9.784/1999**, a qual será aplicada aos três Poderes (Legislativo, Executivo e Judiciário), quando estes estiverem desempenhando a função administrativa. Vejamos:

> Art. 1.º Esta Lei estabelece normas básicas sobre o processo administrativo no âmbito da Administração Federal direta e indireta, visando, em especial, à proteção dos

direitos dos administrados e ao melhor cumprimento dos fins da Administração.
§ 1.º Os preceitos desta Lei também se aplicam aos órgãos dos Poderes Legislativo e Judiciário da União, quando no desempenho de função administrativa.

Observe que, quando, por exemplo, determinado juiz estiver decidindo um conflito de interesses entre particulares, estará no exercício de sua função típica (julgar) e usando as regras do processo judicial. Entretanto, quando este mesmo magistrado estiver analisando um pedido de licença de um subordinado seu estará exercendo a sua função atípica de administrar, logo, usará, neste momento, as regras do processo administrativo.

> **caiu na prova**
>
> **(AOCP/PROCURADOR-RS/2022)** Os preceitos dessa lei (Lei 9.784/1999) também se aplicam aos órgãos dos Poderes Legislativo e Judiciário da União, quando no desempenho de função administrativa.
> **Gabarito:** Certo.

Desde já devemos esclarecer que nesta obra será usada como base a lei do processo administrativo federal (Lei 9.784/1999). Logicamente, poderão os Estados e Municípios da federação instituir seu próprio regramento. Entretanto, como forma de uniformizar o estudo, tomaremos por base a lei federal (caso seu concurso peça, por exemplo, a lei do Estado de Pernambuco aconselho a leitura do texto desta lei fazendo um paralelo com a norma federal).

E se o Estado "X" não possui sua própria lei de processo administrativo?

Fácil, segundo a jurisprudência do próprio STJ, deve-se, nesse caso, fazer o uso, por analogia, da lei federal. Segue o julgado:

> Administrativo. Servidor público. Lei n.º 9.784/1999. Aplicação subsidiária no âmbito estadual. Possibilidade. 1. A jurisprudência pacífica do Superior Tribunal de Justiça orienta-se no sentido de ser **possível a aplicação subsidiária da Lei n.º 9.784/1999 no âmbito estadual** (STJ, 6.ª Turma, AgRg no Ag 935624/RJ, 21.02.2008).

Por fim, a Lei 9.784/1999 trouxe, de forma expressa, os conceitos de entidade, órgão e agente. Vejamos:

a) **Órgão** – a unidade de atuação integrante da estrutura da administração direta e da estrutura da administração indireta.

b) **Entidade** – a unidade de atuação dotada de personalidade jurídica.

c) **Autoridade** – o servidor ou agente público dotado de poder de decisão.

2. FINALIDADES

A grande finalidade da atuação administrativa é alcançar a satisfação do interesse público. Como forma de auxiliar essa busca, surge o processo administrativo, com as seguintes finalidades principais: controle, inibir condutas arbitrárias, reduzir encargos, garantir a segurança jurídica e a documentação dos atos estatais.

Como mencionamos desde o início deste livro, a Administração deve usar o princípio da publicidade como regra, garantindo assim maior transparência de seus atos, o que facilita, por consequência, a fiscalização. E para colocar em prática esse objetivo surge o processo administrativo como forma de garantir o **controle** das ações públicas.

Além disso, com a necessidade de observar um procedimento previamente fixado, **evitam-se atuações estatais arbitrárias**, pois o agente público não poderá atuar de acordo com as suas convicções pessoais, devendo seguir os estritos termos da lei como base de fundamento para suas decisões e atuações, o que garante maior **segurança jurídica** aos particulares.

Outro ponto importante relaciona-se à diminuição do número de processos judiciais, fato esse que **reduz encargos**. Perceba que poderá a Administração, no uso da autotutela, rever seus próprios atos, solucionando internamente diversos conflitos, reduzindo e muito o número de ações judiciais e gera maior economia.

Por fim, o processo administrativo garante a preservação histórica, pois gera a **documentação** dos atos e decisões administrativas.

FINALIDADES DO PROCESSO ADMINISTRATIVO

✓ CONTROLE

✓ EVITAR ABUSOS ESTATAIS

✓ SEGURANÇA JURÍDICA

✓ REDUZIR ENCARGOS

✓ DOCUMENTAR OS ATOS

3. PRINCÍPIOS

O art. 2.º da Lei 9.784/1999 prevê expressamente que a Administração Pública obedecerá, entre outros, aos princípios da legalidade, finalidade, motivação, razoabilidade, proporcionalidade, moralidade, ampla defesa, contraditório, segurança jurídica, interesse público e eficiência.

No segundo capítulo deste livro, aprofundamos o estudo referente aos princípios do Direito Administrativo. Assim, neste momento, a finalidade será fazer uma revisão prática e rápida sobre esse tema.

3.1 Legalidade

A legalidade está relacionada ao dever de submissão estatal à vontade popular, já que as normas são feitas pelos representantes eleitos pelos cidadãos. Com isso, pode-se afirmar que o Poder Público, em virtude principalmente dos princípios da indisponibilidade do interesse público e da legalidade, deverá agir de acordo com a vontade da coletividade, evitando, assim, excessos por parte dos administradores.

Cumpre relembrar que a legalidade terá significados diferentes para o particular e para o administrador, pois, segundo Hely Lopes Meirelles: "Enquanto na administração particular é lícito fazer tudo que a lei não proíbe, na Administração Pública só é permitido fazer o que a lei autoriza".[1] Perceba que, enquanto o particular preserva a autonomia de sua vontade, o administrador encontra-se subordinado aos termos da lei.

Por fim, além da previsão constitucional desse princípio (art. 37, CF), a lei do processo administrativo federal preleciona que:

> Art. 2.º, parágrafo único. Nos processos administrativos serão observados, entre outros, os critérios de: I – atuação conforme a lei e o Direito.

3.2 Finalidade

Na visão dominante, adotada por Hely Lopes Meirelles, o princípio da finalidade seria apenas uma faceta do princípio constitucional da impessoalidade. Isto ocorre em virtude de os dois buscarem o bem-estar coletivo.

> Art. 2.º, parágrafo único, Lei 9.784/1999. Nos processos administrativos serão observados, entre outros, os critérios de: [...] II – atendimento a **fins de interesse geral**, vedada a renúncia total ou parcial de poderes ou competências, salvo autorização em lei.

A impessoalidade veda privilégios e discriminações impondo ao agente público uma atuação objetiva pautada na busca do interesse público e, sendo esse objetivo alcançado, a finalidade estará sendo atingida e respeitada.

Na visão de Celso Antônio Bandeira de Mello, posição minoritária, o princípio da finalidade estaria ligado ao princípio da legalidade, sendo aquele o responsável pela busca da finalidade pública previamente prevista pela lei. Corroborando esse entendimento, preleciona a Lei 9.784/1999 que:

> Art. 2.º, parágrafo único. Nos processos administrativos serão observados, entre outros, os critérios de: [...] XIII – interpretação da norma administrativa da forma que melhor garanta o atendimento do fim público a que se dirige.

---

[1] MEIRELLES, Hely Lopes. *Direito administrativo brasileiro*. 28. ed. São Paulo: Malheiros, 2003.

3.3 Motivação

A motivação é a fundamentação de fato e de direito que explicita as razões que levaram a Administração a tomar as suas decisões. "Lei 9.784/1999, art. 50. Os atos administrativos deverão ser motivados, com indicação dos fatos e dos fundamentos jurídicos [...]."

De forma simples, podemos dizer que a motivação é a explicação ofertada pelo Poder Público justificando as razões que determinaram a prática de seus atos.

> Art. 2.º, parágrafo único, Lei 9.784/1999. Nos processos administrativos serão observados, entre outros, os critérios de: [...] VII – **indicação dos pressupostos de fato e de direito** que determinarem a decisão.

Aprofundaremos esse assunto em um tópico específico ainda neste capítulo.

3.4 Proporcionalidade e razoabilidade

A **razoabilidade** impõe ao agente público uma atuação pautada no equilíbrio e bom senso, pois, caso o administrador atue de forma abusiva, poderão existir a revisão e eventual extinção do ato praticado, tanto por meio do controle exercido pela própria administração quanto por um processo judicial, já que nesse caso se trata de um controle de legalidade.

A **proporcionalidade**, por sua vez, segundo o Supremo Tribunal Federal, deve ser subdividida em três subprincípios. São eles: adequação, necessidade e proporcionalidade em sentido estrito. A **adequação** está relacionada à análise do meio empregado; por meio dela busca-se aferir a efetividade do meio ao cumprimento da finalidade desejada. A **necessidade**, por sua vez, observa se o meio utilizado foi o menos gravoso. Já a **proporcionalidade em sentido estrito** visa ponderar a intensidade da medida adotada pela Administração em comparação ao direito fundamental que lhe serviu de justificativa.

De forma resumida, podemos dizer que esses princípios estão relacionados à necessidade de a conduta administrativa preservar a adequação entre meios e fins, ou seja, não poderá esta extrapolar os limites do necessário e da legalidade.

> Art. 2.º, parágrafo único, Lei 9.784/1999. Nos processos administrativos serão observados, entre outros, os critérios de: [...] VI – adequação entre meios e fins, vedada a imposição de obrigações, restrições e sanções em medida superior àquelas estritamente necessárias ao atendimento do interesse público.

3.5 Eficiência

A eficiência encontra-se expressa no texto constitucional, tendo sido positivada por meio da Emenda Constitucional 19, do ano de 1998, a qual buscou, com esse princípio, gerar um binômio para a atuação pública: economicidade + produtividade.

Os principais escopos desse postulado são: presteza, alto rendimento funcional, qualidade, rapidez e redução de desperdícios, lembrando que esses pontos devem ser analisados tanto de forma interna quanto externa e tanto na visão do administrador quanto da Administração.

3.6 Moralidade

Está relacionada ao dever de honestidade, probidade, ética e boa-fé do administrador. É a não corrupção por parte do agente público.

> Art. 2.º, parágrafo único, Lei 9.784/1999. Nos processos administrativos serão observados, entre outros, os critérios de: [...] IV – atuação segundo padrões éticos de probidade, decoro e boa-fé.

Um dos deveres do Poder Público é fazer uma boa administração e, para que isso ocorra, padrões éticos devem ser observados. É exatamente em decorrência dessa necessidade que surge o princípio da moralidade, que visa a forçar condutas não corruptas por parte dos administradores.

3.7 Contraditório e ampla defesa

Por expressa disposição constitucional, os princípios do contraditório e da ampla defesa também devem ser regra nos processos administrativos, não apenas nos judiciais.

> Art. 5.º, LV, CF/1988 – aos litigantes, em processo judicial ou administrativo, e aos acusados em geral são assegurados o contraditório e ampla defesa, com os meios e recursos a ela inerentes.

Dessa necessidade surge o princípio do **contraditório**, o qual visa dar conhecimento do processo ao interessado e garantir a este a possibilidade de influir no convencimento do julgador.

Já a **ampla defesa** amplia o benefício concedido pelo contraditório, pois visa garantir o direito de provar o que se alega, podendo ser usados, para tanto, todos os meios e recursos admitidos em direito em busca da verdade material.

> Art. 2.º, parágrafo único, Lei 9.784/1999. Nos processos administrativos serão observados, entre outros, os critérios de: [...] VIII – observância das formalidades essenciais à garantia dos direitos dos administrados; [...] X – garantia dos direitos à comunicação, à apresentação de alegações finais, à produção de provas e à interposição de recursos, nos processos de que possam resultar sanções e nas situações de litígio.

cuidado

Caso uma prova tenha sido em um processo judicial, ela poderá ser "emprestada" ao processo administrativo, desde que exista autorização do juiz competente e que seja ofertado ao acusado o direito ao contraditório e a ampla defesa no processo administrativo. Vejamos:

> Súmula 591 do STJ. É permitida a prova emprestada no processo administrativo disciplinar, desde que devidamente autorizada pelo juízo competente e respeitados o contraditório e a ampla defesa.

3.8 Segurança jurídica

O princípio da segurança jurídica visa garantir a estabilidade e a previsibilidade das ações praticadas pelo Poder Público. Portanto, tenta-se evitar que modificações abruptas possam causar prejuízos aos particulares.

A própria lei do processo administrativo federal explicita que novas interpretações não poderão produzir efeitos retroativos, preceito este que visa garantir a ordem e paz social.

> Art. 2.º, parágrafo único, Lei 9.784/1999. Nos processos administrativos serão observados, entre outros, os critérios de: [...] XIII – interpretação da norma administrativa da forma que melhor garanta o atendimento do fim público a que se dirige, **vedada aplicação retroativa de nova interpretação**.

Observe que não existe proibição para que a Administração realize modificações de suas normas e interpretações, o que se veda é a aplicação retroativa dessa alteração. Assim, o novo posicionamento só produzirá efeitos dali para frente (efeito *ex nunc*).

> **caiu na prova**
>
> (QUADRIX/CRMV-RN/2019) O princípio da segurança jurídica não impede que seja dada aplicação retroativa a uma nova interpretação por parte da Administração Pública.
>
> **Gabarito:** *Errada.*[2]

3.9 Publicidade

A publicidade está relacionada ao dever de informar à sociedade sobre a prática dos atos administrativos, garantindo, dessa forma, uma atuação mais transparente por parte do Poder Público.

Entretanto, apesar de o princípio da publicidade ser uma regra, não será um preceito absoluto, já que, em alguns casos, até mesmo por imposição constitucional, alguns atos devem permanecer em sigilo para que se possa preservar a segurança do estado, da sociedade e a intimidade dos envolvidos.

---

[2] O princípio da segurança jurídica impede que seja dada aplicação retroativa a uma nova interpretação por parte da Administração Pública.

> Art. 2.º, parágrafo único, Lei 9.784/1999. Nos processos administrativos serão observados, entre outros, os critérios de: [...] V – divulgação oficial dos atos administrativos, ressalvadas as hipóteses de sigilo previstas na Constituição.

3.10 Gratuidade

Contrariamente à maior parte dos processos judiciais, os processos administrativos são gratuitos, sendo vedada a cobrança de despesas processuais, ressalvadas as previstas em lei.

> Art. 2.º, parágrafo único, Lei 9.784/1999. Nos processos administrativos serão observados, entre outros, os critérios de: [...] XI – proibição de cobrança de despesas processuais, ressalvadas as previstas em lei.

Esse entendimento aplica-se, inclusive, à fase recursal dos processos administrativos. Vejamos o que preleciona a Súmula Vinculante 21 do STF: "É inconstitucional a exigência de depósito ou arrolamento prévios de dinheiro ou bens para admissibilidade de recurso administrativo".

3.11 Informalismo

Para facilitar e trazer maior celeridade aos processos administrativos, a regra é que os atos praticados pelos particulares não dependem de forma preestabelecida.

> Art. 2.º, parágrafo único, Lei 9.784/1999. Nos processos administrativos serão observados, entre outros, os critérios de: [...] IX – adoção de formas simples, suficientes para propiciar adequado grau de certeza, segurança e respeito aos direitos dos administrados.

Entretanto, deverá a Administração seguir as formalidades instituídas pela lei, por exemplo, a adoção da forma procedimental escrita. Isso ocorre para que se traga maior segurança jurídica aos particulares. Em virtude disso, alguns doutrinadores denominam esse princípio de formalismo necessário.

3.12 Oficialidade

Também denominado impulso oficial, esse princípio possibilita que a Administração instaure processos administrativos de ofício, ou seja, independentemente de provocação.

> Art. 2.º, parágrafo único, Lei 9.784/1999. Nos processos administrativos serão observados, entre outros, os critérios de: [...] XII – impulsão, de ofício, do processo administrativo, sem prejuízo da atuação dos interessados.

caiu na prova

(VUNESP/PROCURADOR-VÁRZEA PAULISTA/2021) *O processo administrativo pode iniciar-se de ofício ou a pedido de interessado.*

Gabarito: *Certo.*

Logo, diferentemente da ação judicial, que só pode ser iniciada mediante provocação do interessado, já que o Poder Judiciário é inerte, o processo administrativo poderá ser instaurado tanto de ofício quanto a pedido da parte interessada.

4. DIREITOS E DEVERES DOS ADMINISTRADOS

O art. 3.º da Lei 9.784/1999 traz um rol meramente exemplificativo dos direitos dos administrados perante a Administração, ou seja, embora haja no texto legal uma série de direitos expressos, estes não prejudicam outros que lhes sejam assegurados.

Assim, o administrado possui o direito de ser **tratado com respeito** pelas autoridades e servidores, que deverão facilitar o exercício de seus direitos e o cumprimento de suas obrigações. Nesse sentido, deve a Administração Pública tratar o particular com cortesia, gentileza e urbanidade.

Além disso, é direito do administrado ter **ciência da tramitação dos processos administrativos** nos quais seja interessado, podendo ter vista dos autos, obter cópias de documentos neles contidos e conhecer as decisões proferidas. Tal direito está correlacionado diretamente com o princípio da publicidade, uma vez que, em regra, o processo administrativo não é sigiloso.

Outrossim, também é direito do administrado **formular alegações e apresentar documentos** antes da decisão, os quais serão objeto de consideração pelo órgão competente. O referido direito está atrelado aos princípios do contraditório e da ampla defesa.

Por fim, é também direito do administrado fazer-se **assistir, facultativamente, por advogado**, salvo quando obrigatória a representação, por força de lei. Perceba que a regra é a liberdade em relação à contratação ou não do advogado, entretanto, excepcionalmente, pode ser que a lei exija para alguns atos específicos a presença do defensor.

> **cuidado**
>
> A participação do advogado não é vedada nos processos administrativos, mas, tão somente, facultativa. Logo, a ausência do defensor não enseja nenhuma nulidade processual. Esse entendimento encontra-se, inclusive, pacificado no âmbito da jurisprudência nacional. Súmula Vinculante 5 do STF: "A falta de defesa técnica por advogado no processo administrativo disciplinar não ofende a Constituição".

> **caiu na prova**
>
> **(FUNDEP/CÂMARA-PIRAPORA/2022)** *Conforme entendimento jurisprudencial do Supremo Tribunal Federal, a falta de defesa técnica por advogado no processo administrativo disciplinar não ofende a Constituição, desde que sejam oportunizados à pessoa processada meios de se defender.*
>
> **Gabarito:** *Certo.*

Em resumo, podemos dizer que são **direitos mínimos** do administrado:

a)   Ser tratado com respeito.

b)   Ter ciência da tramitação dos processos administrativos de seu interesse.

c)   Formular alegações e apresentar documentos antes da decisão.

d)   A presença de advogado é facultativa, salvo exigência expressa da lei.

Por outro lado, o art. 4.º da Lei 9.784/1999 traz a relação de **deveres do administrado** perante a Administração, sem prejuízo de outros previstos em ato normativo. Logo, assim como os direitos dos administrados, os deveres também estão disciplinados em um rol meramente exemplificativo.

Entre os deveres dos administrados, estão os de: expor os fatos conforme a **verdade**, isto é, o particular não deve enganar a Administração Pública, aduzindo fatos que contrariem a realidade; proceder com **lealdade**, **urbanidade** e **boa-fé**. Assim como a Administração Pública deve seguir o princípio da moralidade, o administrado também o deve, logo, não poderá agir de **modo temerário**, ou seja, de maneira fraudulenta; **prestar as informações** que lhe forem solicitadas e colaborar para o esclarecimento dos fatos, uma vez que o processo administrativo busca a verdade real.

Em resumo, podemos dizer que são **deveres mínimos** do administrado:

a)   Expor a verdade.

b)   Agir com moralidade.

c)   Não agir de forma temerária.

d)   Prestar as informações que lhe forem solicitadas.

5.   INÍCIO DO PROCESSO ADMINISTRATIVO

O processo administrativo poderá ser iniciado de duas formas: **de ofício** ou **a pedido** do interessado. "Art. 5.º O processo administrativo pode iniciar-se de ofício ou a pedido de interessado". Essa possibilidade decorre dos princípios da oficialidade (impulso oficial) e da autotutela administrativa.

Desde logo, percebe-se que o processo administrativo se difere do judicial, haja vista que este acontece tão somente mediante a provocação do interessado, ante o princípio da inércia processual ou da jurisdição.

Mas como poderá o particular dar início a um processo administrativo?

Como regra, deverá formular um requerimento **escrito** (salvo permissão legal de solicitação oral) contendo os seguintes dados:

a) Órgão ou autoridade administrativa a que se dirige o requerimento.

b) Sua identificação ou a de quem o represente.

c) Seu domicílio ou o do local para recebimento de comunicações.

d) Formulação do pedido, com exposição dos fatos e de seus fundamentos.

e) Data de sua assinatura ou de quem o representante.

Em virtude dos princípios do contraditório e da ampla defesa, não poderá o Poder Público recusar de forma imotivada o recebimento de documentos, sob pena do direito de defesa do interessado ser cerceado.

> Art. 6.º, parágrafo único. É vedada à Administração a recusa imotivada de recebimento de documentos, devendo o servidor orientar o interessado quanto ao suprimento de eventuais falhas.

5.1 Legitimados

O direito de peticionar está ligado à possibilidade de pedir algo. Assim, poderá o particular provocar a Administração Pública para que esta instaure um processo administrativo. Esse entendimento é consagrado pela própria Carta Maior:

> Art. 5.º, XXXIV – são a todos assegurados, independentemente do pagamento de taxas: a) o direito de petição aos Poderes Públicos em defesa de direitos ou contra ilegalidade ou abuso de poder.

Mas quem pode ser legitimado como interessados no processo administrativo?

Qualquer pessoa física ou jurídica que possua interesse direto ou indireto na solução do feito e, até mesmo, entidades representativas de interesses difusos e coletivos. Segundo a Lei 9.784/1999 (art. 9.º), são **legitimados**:

a) Pessoas físicas ou jurídicas que iniciem o processo como titulares de direitos ou interesses individuais ou no exercício do direito de representação.

b) Aqueles que, sem terem iniciado o processo, têm direitos ou interesses que possam ser afetados pela decisão a ser adotada.

c) As organizações e associações representativas, no tocante a direitos e interesses coletivos.

d) As pessoas ou as associações legalmente constituídas quanto a direitos ou interesses difusos.

Como analisamos, legitimado é aquele que possui algum interesse direito ou indireto no processo ou que visa a defesa de direitos difusos e coletivos. Entretanto, nem todo legitimado possuirá capacidade processual, pois esta é exclusiva dos maiores de 18 anos, salvo autorização legal específica.

> Art. 10, Lei 9.784/1999. São capazes, para fins de processo administrativo, os maiores de dezoito anos, ressalvada previsão especial em ato normativo próprio.

Por fim, em busca da igualdade material, a lei do processo administrativo federal instituiu uma **ordem de prioridade aos processos**. Logo, serão julgados de forma mais célere aqueles procedimentos em que figurar como parte ou interessado:

a) Pessoa com idade igual ou superior a 60 anos.

b) Pessoa portadora de deficiência, física ou mental.

c) Pessoa portadora de tuberculose ativa, esclerose múltipla, neoplasia maligna, hanseníase, paralisia irreversível e incapacitante, cardiopatia grave, doença de Parkinson, espondiloartrose anquilosante, nefropatia grave, hepatopatia grave, estados avançados da doença de Paget (osteíte deformante), contaminação por radiação, síndrome de imunodeficiência adquirida ou outra doença grave, com base em conclusão da medicina especializada, mesmo que a doença tenha sido contraída após o início do processo.

> **caiu na prova**
>
> **(CEBRASPE/AL-CE/2021)** *Com referência ao processo administrativo, o requisito mínimo de idade que confere à parte interessada prioridade de tramitação é de 60 anos para os homens e 60 anos para as mulheres.*
>
> **Gabarito:** *Certo.*

6. COMPETÊNCIA

O art. 11 da Lei 9.784/1999 determina que a competência é **irrenunciável** e se exerce pelos órgãos administrativos a que foi atribuída como própria, salvo os casos de delegação e avocação legalmente admitidos.

6.1 Delegação x avocação

Delegar é repassar, de forma temporária, a execução de determinada atividade à outra pessoa. Segundo a Lei 9.784/1999:

> Art. 12. Um órgão administrativo e seu titular poderão, se não houver impedimento legal, **delegar** parte da sua competência a outros órgãos ou titulares, ainda que estes não lhe sejam hierarquicamente subordinados, quando for conveniente, em razão de circunstâncias de índole técnica, social, econômica, jurídica ou territorial.

Observe que em busca do princípio da eficiência poderá a delegação ser feita tanto para um subordinado (relação vertical) quanto para uma pessoa de fora do plano hierárquico da autoridade delegante (relação horizontal). Em resumo, a delegação pode ser feita com ou sem hierarquia.

Logicamente, na delegação se repassa apenas a execução de determinado serviço, preservando a autoridade delegante a competência de tal atividade. Tanto é assim que a qualquer momento poderá existir a revogação da delegação.

> Art. 14, § 2.º, Lei 9.784/1999. O ato de delegação é revogável a qualquer tempo pela autoridade delegante.

> **caiu na prova**
>
> **(QUADRIX/CRT-SP/2021)** *O ato de delegação é irrevogável.*
> **Gabarito:** *Errado.*[3]

---

[3]   O ato de delegação é revogável a qualquer tempo.

Pergunta: quem será o responsável pela má execução do ato, o delegante (quem repassou a atividade) ou o delegado (quem praticou o ato)?

O delegado!

A resposta encontra-se nos termos da Súmula 510 do Supremo Tribunal Federal, a saber: "Praticado o ato por autoridade, no exercício de competência delegada, contra ela cabe o mandado de segurança ou a medida judicial". E na Lei 9.784/1999: "Art. 14, § 3.º As decisões adotadas por delegação devem mencionar explicitamente esta qualidade e considerar-se-ão editadas pelo delegado".

Daí surge outra pergunta:

Todos os atos estatais podem ser delegados?

Não! A lei do processo administrativo federal (art. 13) é expressa no sentido de que não podem ser objeto de delegação:

a) A edição de atos de caráter normativo.
b) A decisão de recursos administrativos.
c) As matérias de competência exclusiva do órgão ou autoridade.

> **caiu na prova**
>
> **(AMEOSC/CONTROLE.INTERNO-SC/2021)** *Não podem ser objeto de delegação a edição de atos normativos, a decisão de recursos administrativos e as matérias de competência exclusiva do órgão ou autoridade.*
>
> **Gabarito:** *Certo.*

Dessa maneira, não é possível a delegação de edição de atos de caráter normativo, haja vista que a competência administrativa para expedição de regimentos, portarias e resoluções no âmbito do Poder Executivo, Legislativo ou Judiciário não pode ser delegada.

Também não há possibilidade de se delegar a decisão de recursos administrativos, uma vez que a delegação de tal tarefa seria uma afronta ao princípio constitucional que garante o duplo grau de jurisdição, o qual possibilita a revisão da decisão por um órgão superior.

DIREITO ADMINISTRATIVO FACILITADO – *Ana Cláudia Campos*

Por fim, não se podem delegar atos de competência exclusiva, uma vez que, por imposição legal, esses atos só podem ser praticados por pessoas selecionadas e predeterminadas.

Já a **avocação** ocorrerá quando o superior hierárquico tomar para si as atribuições de um subordinado. Entretanto, para que isso ocorra, a competência não poderá ser exclusiva do subordinado, devendo existir ainda um motivo relevante e ser sempre excepcional e temporária.

> Lei 9.784/1999, art. 15. Será permitida, em caráter excepcional e por motivos relevantes devidamente justificados, a avocação temporária de competência atribuída a órgão hierarquicamente inferior.

Perceba que, diferentemente da delegação, a avocação só poderá existir se houver uma relação de superioridade e subordinação. Ou seja, enquanto a delegação pode ser vertical ou horizontal, a avocação, necessariamente, terá de ser vertical, já que somente poderá ocorrer quando o superior chamar para si a função de um subordinado.

caiu na prova

(CEBRASPE/CODEVASF/2021) *No processo administrativo, é possível a avocação temporária de competência atribuída a órgão hierarquicamente inferior, desde que de forma excepcional e por motivos relevantes devidamente justificados.*

Gabarito: *Certo.*

6.2 Impedimento *x* suspeição

O Poder Público deve pautar suas condutas com base no princípio da impessoalidade. Assim, algumas pessoas não possuem a neutralidade necessária para julgar determinados processos administrativos. Cite-se, por exemplo, o caso de uma mãe que recebe uma ação relacionada a um pedido do filho.

O **impedimento** surge como uma vedação absoluta à participação de certos servidores na relação processual, devendo estes, caso se enquadrem em algum das situações previstas em lei, comunicar o fato à autoridade competente alegando a impossibilidade de julgar. Caso não o façam, responderão disciplinarmente por falta grave.

Estão impedidos de atuar em processos administrativos aquele que:

a) Tenha interesse direto ou indireto na matéria.

b) Tenha participado ou venha a participar como perito, testemunha ou representante, ou se tais situações ocorrem quanto ao cônjuge, companheiro ou parente e afins até o terceiro grau.

c) Esteja litigando judicial ou administrativamente com o interessado ou respectivo cônjuge ou companheiro.

caiu na prova

(QUADRIX/CRN-PE/2022) *É impedido de atuar em processo administrativo o servidor que tenha interesse direto ou indireto na matéria, configurando falta grave a omissão no dever de comunicar o fato à autoridade competente.*

Gabarito: *Certo.*

Por outro lado, a **suspeição** é um pouco mais branda, pois não gera uma presunção absoluta de imparcialidade, mas sim, meramente uma suspeita em relação à neutralidade da autoridade.

São suspeitos para atuar em processos administrativos aquele que:

a) Tenha amizade íntima ou inimizade notória com algum dos interessados ou com os respectivos cônjuges, companheiros, parentes e afins até o terceiro grau.

Por fim, ressalta-se que o indeferimento de alegação de suspeição poderá ser objeto de recurso, **sem efeito suspensivo**, conforme dispõe o art. 21 da Lei 9.784/1999.

Dessa forma, verifica-se que tais institutos pretendem resguardar a impessoalidade e a isonomia do processo administrativo, impedindo favorecimentos ilegais, afastando privilégios e discriminações que não são compatíveis com busca pelo interesse comum.

Para facilitar, segue uma tabela!

IMPEDIMENTO	SUSPEIÇÃO
Interesse direto ou indireto na matéria	Amizade íntima
Perito, testemunha ou representante - servidor - cônjuge/companheiro - parente até o 3.º grau	e Inimizade notória - interessado no processo - cônjuge/companheiro do interessado
Litigando: - judicial ou administrativamente contra - interessado no processo - cônjuge/companheiro do interessado	- parente até o 3.º grau do interessado

7. ATOS DO PROCESSO

A Lei 9.784/1999 busca garantir o respeito ao interesse público e ao devido processo legal. Entretanto, visando uma maior celeridade, reger-se-á esse procedimento pelo **princípio do informalismo**, tanto é assim que, de regra, a forma dos atos não será previamente determinada pela lei.

Art. 22, Lei 9.784/1999. Os atos do processo administrativo não dependem de forma determinada senão quando a lei expressamente a exigir.

Entretanto, mesmo sendo informal, deverá o processo administrativo garantir alguns **direitos ao particular**, tais como: produção de atos por escrito com data e assinatura da autoridade competente, numeração das páginas processuais e reconhecimento de firma apenas quando houver dúvida acerca da autenticidade.

Art. 22, § 1.º, Lei 9.784/1999. Os atos do processo devem ser produzidos por escrito, em vernáculo, com a data e o local de sua realização e a assinatura da autoridade responsável. § 2.º Salvo imposição legal, o reconhecimento de firma somente será exigido quando houver dúvida de autenticidade. [...] § 4.º O processo deverá ter suas páginas numeradas sequencialmente e rubricadas.

DIREITO ADMINISTRATIVO FACILITADO – *Ana Cláudia Campos*

No que atina ao **tempo e lugar** desses atos processuais, devem eles ser realizados, preferencialmente, na sede do órgão administrativo, em dias úteis e no horário normal de funcionamento, salvo se o adiamento puder causar algum tipo de prejuízo. Vejamos:

> Art. 23, Lei 9.784/1999. Os atos do processo devem realizar-se em dias úteis, no horário normal de funcionamento da repartição na qual tramitar o processo. Parágrafo único. Serão concluídos depois do horário normal os atos já iniciados, cujo adiamento prejudique o curso regular do procedimento ou cause dano ao interessado ou à Administração.

> Art. 25, Lei 9.784/1999. Os atos do processo devem realizar-se preferencialmente na sede do órgão, cientificando-se o interessado se outro for o local de realização.

Por fim, em qual **prazo** esses atos devem ser praticados?

Inexistindo prazo específico, deverá ser usado o prazo geral: **cinco dias**, salvo motivo de força maior. Entretanto, este prazo pode ser dobrado (passa a ser de 10 dias) mediante a devida e comprovada justificação.

> Art. 24, Lei 9.784/1999. Inexistindo disposição específica, os atos do órgão ou autoridade responsável pelo processo e dos administrados que dele participem devem ser praticados no prazo de cinco dias, salvo motivo de força maior. Parágrafo único. O prazo previsto neste artigo pode ser dilatado até o dobro, mediante comprovada justificação.

7.1 Comunicação dos atos

Para que os princípios do contraditório e da ampla defesa venham a ser efetivamente respeitados, deverá a Administração providenciar a cientificação do interessado para que este possa exercer o seu direito à plena defesa.

Assim, para efetivar esse direito, todos os atos que imponham deveres, ônus, sanções ou restrições ao exercício de direitos e atividades deverão ser previamente cientificados ao interessado por meio de uma **intimação**, a qual deverá conter:

a) Identificação do intimado e nome do órgão ou entidade administrativa.

b) Finalidade da intimação.

c) Data, hora e local em que deve comparecer.

d) Se o intimado deve comparecer pessoalmente, ou fazer-se representar.

e) Continuidade do processo independentemente do seu comparecimento.

f) Indicação dos fatos e fundamentos legais pertinentes.

Tal intimação deverá ser realizada com pelo menos **três dias úteis** de antecedência da data marcada para o comparecimento do interessado e poderá ser efetivada por: ciência no processo, via postal com aviso de recebimento, telegrama ou outro meio que assegure a certeza da ciência do interessado. No caso de interessados indeterminados, desconhecidos ou com domicílio indefinido, a intimação deve ser efetuada por meio de publicação oficial (edital).

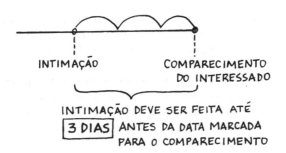

> **caiu na prova**
>
> **(UFPR-UFPR/2022)** A intimação do interessado observará a antecedência mínima de três dias úteis quanto à data de comparecimento.
>
> **Gabarito:** *Certo.*

Por fim, observe que as intimações serão nulas quando feitas sem observância das prescrições legais. Entretanto, o comparecimento do administrado supre sua falta ou irregularidade. Isso ocorre em virtude do **princípio da instrumentalidade das formas**.

Logo, diferentemente do que ocorre no processo judicial, os efeitos da **revelia** (não comparecimento) no processo administrativo não importam o reconhecimento da verdade dos fatos, nem a renúncia a direito pelo administrado.

> Art. 27, Lei 9.784/1999. O desatendimento da intimação **não importa o reconhecimento da verdade dos fatos, nem a renúncia a direito** pelo administrado. Parágrafo único. No prosseguimento do processo, será garantido direito de ampla defesa ao interessado.

8. FASES PROCESSUAIS

A Lei 9.784/1999 refere-se ao regramento dos processos administrativos que ocorrem em âmbito federal. Entretanto, como vimos, poderão os Estados e Municípios que não possuam uma disciplina própria fazer o uso da lei federal para suprir a lacuna legislativa.

Cumpre ainda observar que existem diversos procedimentos com ritos específicos. Por exemplo, no caso de uma licitação, seguem-se as regras instituídas pela Lei 14.133/2021 e não as da Lei 9.784/1999, já que a lei específica terá prioridade em relação à norma geral. Vejamos o que preleciona a lei do processo administrativo federal:

> Art. 69. Os processos administrativos específicos continuarão a reger-se por lei própria, aplicando-se-lhes apenas subsidiariamente os preceitos desta Lei.

Sendo assim, vamos analisar as fases relacionadas à Lei 9.784/1999, a qual será usada sempre que não existir um regramento específico.

8.1 Instauração

O processo administrativo poderá ser iniciado mediante a provocação do interessado ou até mesmo **de ofício**, em virtude dos princípios da autotutela e da oficialidade.

Lembramos que são **legitimados** para a propositura desse procedimento qualquer pessoa física ou jurídica que possua interesse direto ou indireto na matéria ou ainda que defenda direitos difusos e coletivos.

> Art. 9.º, Lei 9.784/1999. São legitimados como interessados no processo administrativo: I – pessoas físicas ou jurídicas que o iniciem como titulares de direitos ou interesses individuais ou no exercício do direito de representação; II – aqueles que, sem terem iniciado o processo, têm direitos ou interesses que possam ser afetados pela decisão a ser adotada; III – as organizações e associações representativas, no tocante a direitos e interesses coletivos; IV – as pessoas ou as associações legalmente constituídas quanto a direitos ou interesses difusos.

Como será feito esse requerimento?

De regra, por **escrito** (salvo permissão legal de solicitação oral) e contendo os seguintes dados: órgão ou autoridade administrativa a que se dirige o requerimento; sua identificação ou de quem o represente; seu domicílio ou o do local para recebimento de comunicações; formulação do pedido, com exposição dos fatos e de seus fundamentos; data e sua assinatura ou de quem o representante.

E se existirem vários interessados com pedidos idênticos?

Pode-se formular um único requerimento!

> Art. 8.º, Lei 9.784/1999. Quando os pedidos de uma pluralidade de interessados tiverem conteúdo e fundamentos idênticos, poderão ser formulados em um único requerimento, salvo preceito legal em contrário.

Após essas etapas, o órgão responsável, mediante portaria, instaura de fato o processo administrativo.

8.2 Instrução

A fase da instrução está relacionada à dilação probatória, ou seja, nessa etapa serão colhidas as provas que servirão de base para a futura decisão. E, como já analisamos no início deste capítulo, sendo os processos administrativos pautados no princípio da oficialidade, os elementos probatórios poderão ser produzidos tanto pelas partes quanto pela própria Administração. A única coisa que não se admite são as provas ilícitas.

> Art. 29, Lei 9.784/1999. As atividades de instrução destinadas a averiguar e comprovar os dados necessários à tomada de decisão realizam-se de ofício ou mediante impulsão do órgão responsável pelo processo, sem prejuízo do direito dos interessados de propor atuações probatórias.
>
> Art. 30, Lei 9.784/1999. São inadmissíveis no processo administrativo as provas obtidas por meios ilícitos.

Cap. 16 – PROCESSO ADMINISTRATIVO **725**

⚖️ **jurisprudência**

> *São inadmissíveis, em processos administrativos de qualquer espécie, provas consideradas ilícitas pelo Poder Judiciário (STF, Plenário, ARE 1.316.369/DF, Rel. Min. Edson Fachin, 09.12.2022).*

Para facilitar o estudo, vamos dividir a análise da fase instrutória em diversos tópicos.

a) Consulta pública

Quando o assunto versado no processo administrativo for de interesse geral, poderá a autoridade competente abrir um período de consulta pública, desde que isso não cause prejuízos à parte interessada.

> Art. 31, Lei 9.784/1999. Quando a matéria do processo envolver assunto de interesse geral, o órgão competente poderá, mediante despacho motivado, abrir período de consulta pública para manifestação de terceiros, antes da decisão do pedido, se não houver prejuízo para a parte interessada. § 1.º A abertura da consulta pública será objeto de divulgação pelos meios oficiais, a fim de que pessoas físicas ou jurídicas possam examinar os autos, fixando-se prazo para oferecimento de alegações escritas.

O fato de uma pessoa, por meio da consulta pública, examinar os autos do processo e fixar alegações escritas já oferta, automaticamente, a condição de interessado no processo?

Não!

> Art. 31, § 2.º, Lei 9.784/1999. O comparecimento à consulta pública **não confere, por si, a condição de interessado do processo**, mas confere o direito de obter da Administração resposta fundamentada, que poderá ser comum a todas as alegações substancialmente iguais.

b) Audiência pública

Além da consulta pública, pode ser feita uma audiência pública para que se debata de forma mais ampla o assunto relacionado ao processo administrativo. Vejamos:

> Art. 32, Lei 9.784/1999. Antes da tomada de decisão, a juízo da autoridade, diante da relevância da questão, poderá ser realizada audiência pública para debates sobre a matéria do processo.

> Art. 33, Lei 9.784/1999. Os órgãos e entidades administrativas, em matéria relevante, poderão estabelecer outros meios de participação de administrados, diretamente ou por meio de organizações e associações legalmente reconhecidas.

> Art. 34, Lei 9.784/1999. Os resultados da consulta e audiência pública e de outros meios de participação de administrados deverão ser apresentados com a indicação do procedimento adotado.

c) Produção das provas

Como mencionado, a produção das provas cabe tanto ao interessado quanto à própria Administração, devendo o particular realizar a comprovação dos fatos que alegar e, caso estes dependam de documentos registrados nos órgãos administrativos, caberá ao Poder Público a obtenção das cópias necessárias.

Essas provas servem para fundamentar e ajudar a motivar a futura decisão. Tanto é assim que a autoridade competente apenas poderá recusar o recebimento de dados quando eles sejam claramente: ilícitos, impertinentes, desnecessários ou protelatórios. Isso decorre da busca pela verdade material.

> Art. 38, Lei 9.784/1999. O interessado poderá, na fase instrutória e antes da tomada da decisão, juntar documentos e pareceres, requerer diligências e perícias, bem como aduzir alegações referentes à matéria objeto do processo. § 1.º Os elementos probatórios deverão ser considerados na motivação do relatório e da decisão. § 2.º Somente poderão ser recusadas, mediante decisão fundamentada, as provas propostas pelos interessados quando sejam ilícitas, impertinentes, desnecessárias ou protelatórias.

caiu na prova

(QUADRIX/CRECI-SC/2022) *É vedada à Administração a recusa imotivada de recebimento de documentos, devendo o servidor orientar o interessado quanto ao suprimento de eventuais falhas.*
Gabarito: *Certo.*

d) Intimação

Para que o interessado apresente os documentos solicitados pela Administração e se defenda dos fatos alegados, deverá ser devidamente cientificado do momento e local em que deve comparecer. Isso decorre do princípio constitucional da publicidade.

E para que esse objetivo se concretize serão expedidas intimações, as quais devem ser realizadas com até três dias úteis de antecedência à data da realização dos atos.

> Art. 41, Lei 9.784/1999. Os interessados serão intimados de prova ou diligência ordenada, com antecedência mínima de **três dias úteis**, mencionando-se data, hora e local de realização.

e) Parecer

Em algumas situações, será exigido parecer de algum órgão consultivo, o qual deverá ser emitido dentro do prazo de **15 dias**, salvo se existir uma norma especial instituindo outro prazo ou necessidade justificada de um período maior.

Se o parecer não for emitido dentro do prazo, o que acontece?

Bom, dependerá se este é vinculante ou não.

- Parecer obrigatório e vinculante: o processo fica paralisado até a feitura deste.
- Parecer obrigatório e não vinculante: o processo segue seu curso normalmente.

> Art. 42, Lei 9.784/1999. Quando deva ser obrigatoriamente ouvido um órgão consultivo, o parecer deverá ser emitido no prazo máximo de quinze dias, salvo norma especial ou comprovada necessidade de maior prazo.
>
> § 1.º Se um parecer obrigatório e vinculante deixar de ser emitido no prazo fixado, o processo não terá seguimento até a respectiva apresentação, responsabilizando-se quem der causa ao atraso.

Cap. 16 – PROCESSO ADMINISTRATIVO **727**

§ 2.º Se um parecer obrigatório e não vinculante deixar de ser emitido no prazo fixado, o processo poderá ter prosseguimento e ser decidido com sua dispensa, sem prejuízo da responsabilidade de quem se omitiu no atendimento.

f) Encerramento da instrução

Após o encerramento da fase de produção de provas, terá o interessado o direito de se manifestar dentro do prazo de **dez dias**, salvo se outro for legalmente fixado.

Observe que, nesse caso, não estará o particular recorrendo, até mesmo porque ainda nem foi proferida a decisão administrativa. A função dessa manifestação é simplesmente ofertar uma visão final do interessado acerca do procedimento.

> Art. 44, Lei 9.784/1999. Encerrada a instrução, o interessado terá o direito de manifestar-se no prazo máximo de dez dias, salvo se outro prazo for legalmente fixado.

g) Contraditório diferido

Como sabemos, os princípios do contraditório e da ampla defesa devem ser obedecidos em todos os processos administrativos e judiciais. Sendo assim, antes de o Poder Público impor restrições e sanções ao particular, deverá dar a este o prévio direito de apresentar a sua defesa.

Entretanto, em situações excepcionais, poderá o Estado primeiro praticar o ato para só depois ofertar o contraditório. Cite-se, por exemplo, o caso de um restaurante que estava prestes a servir diversos alimentos impróprios ao consumo. Pela urgência, poderá o fiscal da vigilância sanitária interditar o estabelecimento para só depois abrir ao proprietário do local o direito de apresentação da defesa.

Nesse caso, estamos diante do denominado: contraditório diferido.

Perceba que sempre será garantido aos indivíduos o direito à apresentação de suas defesas. Todavia, em alguns casos, isso poderá acontecer só após a prática do ato administrativo.

> Art. 45, Lei 9.784/1999. Em caso de risco iminente, a Administração Pública poderá motivadamente adotar providências acauteladoras sem a prévia manifestação do interessado.

8.3 Decisão

Por fim, chega-se ao julgamento.

Após a fase da instrução, deverá a autoridade competente reunir e analisar todas as provas que foram colhidas e, enfim, proferir sua decisão dentro do prazo de 30 dias, o qual, mediante justificação, poderá ser prorrogado por igual período.

Logicamente, em respeito ao princípio da motivação, deverá a decisão ser fundamentada de maneira clara e coerente.

> Art. 49, Lei 9.784/1999. Concluída a instrução de processo administrativo, a Administração tem o prazo de até trinta dias para decidir, salvo prorrogação por igual período expressamente motivada.

8.3.1 Decisão coordenada

O instituto da decisão coordenada foi instituído pela Lei 14.210/2021 e foi incluso na Lei do Processo Administrativo Federal (Lei 9.784/1999) com a finalidade de simplificar o processo administrativo mediante participação concomitante de todas as autoridades e agentes decisórios e dos responsáveis pela instrução técnico-jurídica.

Mas como será realizada essa decisão coordenada?

Segundo o art. 49-A da Lei 9.784/1999, sempre que as decisões administrativas exijam a participação de três ou mais setores, órgãos ou entidades, poderá ser adotada a decisão coordenada. Esta será implementada quando se tratar de uma matéria relevante em que haja discordância que prejudique a celeridade do processo administrativo decisório. Todavia, vale ressaltar que, apesar de a decisão ser tomada de maneira conjunta, isso não excluirá a responsabilidade originária de cada órgão ou autoridade envolvida (art. 49-A, § 4.º, Lei 9.784/1999).

Por fim, apesar de a decisão coordenada ter sido implementada em busca de uma maior eficiência e padronização das decisões administrativas, nem todos os atos poderão ser decididos desta forma, já que, por expressa disposição legal, não poderão usar da decisão coordenada os processos administrativos relativos à licitação; ao poder sancionador; e que estejam envolvidas autoridades de poderes distintos.

> **caiu na prova**
>
> **(CEBRASPE/FUB/2022)** *Não é permitida a aplicação da decisão coordenada no âmbito do processo administrativo quando este tratar de licitações e quando estiverem envolvidas autoridades de poderes distintos.*
>
> **Gabarito:** *Certo.*

9. MOTIVAÇÃO

Motivar é explicar, justificar, realizar uma fundamentação (de fato e de direito) sobre os atos e decisões tomados pelo Poder Público. É um princípio geral que deve reger toda atividade administrativa. Por exemplo, quando uma multa de trânsito é expedida, deverá ela mencionar as razões que levaram à aplicação da punição (fundamentar o fato) e mostrar o embasamento legal de tal medida (fundamentar o direito).

Mas será que todos os atos, sem exceção, devem ser motivados?

Não!

A motivação é uma regra generalíssima, porém, excepcionalmente, admite-se a prática de atos imotivados. Cite-se o exemplo da exoneração de uma pessoa de seu cargo em comissão, caso em que não precisará a autoridade competente explicar as razões que a levaram àquela medida.

Segundo a Lei 9.784/1999 as ações administrativas **deverão ser motivadas** quando:

a) Neguem, limitem ou afetem direitos ou interesses.

b) Imponham ou agravem deveres, encargos ou sanções.

c) Decidam processos administrativos de concurso ou seleção pública.
d) Dispensem ou declarem a inexigibilidade de processo licitatório.
e) Decidam recursos administrativos.
f) Decorram de reexame de ofício.
g) Deixem de aplicar jurisprudência firmada sobre a questão ou discrepem de pareceres, laudos, propostas e relatórios oficiais.
h) Importem anulação, revogação, suspensão ou convalidação de ato administrativo.

Por fim, saliente-se que a motivação das decisões de órgãos colegiados e comissões ou de decisões orais constará da respectiva ata ou de termo escrito. Além disso, quando os atos forem necessários à solução de vários assuntos da mesma natureza, pode ser utilizado meio mecânico que reproduza os fundamentos das decisões, desde que não prejudique direito ou garantia dos interessados, como maneira de garantir a celeridade e a economia processual.

9.1 Motivação aliunde

O art. 50, § 1.º, da Lei 9.784/1999 preleciona que:

> A motivação deve ser explícita, clara e congruente, podendo consistir em declaração de concordância com fundamentos de anteriores pareceres, informações, decisões ou propostas, que, neste caso, serão parte integrante do ato.

Mas o que seria a motivação aliunde?

Simples, é aquela em que o administrador justifica a prática de seu ato com base em motivação anterior. Por exemplo, no processo "X" foi dado um parecer opinando pela interdição de determinado estabelecimento em virtude das péssimas condições em que este se encontrava. Sendo assim, poderá a autoridade competente usar os fundamentos apontados no parecer para embasar a sua decisão. Ou seja, em vez de se fazer uma nova motivação, usam-se os fundamentos de um ato anterior.

A motivação aliunde, também denominada *per relationem*, é aceita de forma pacífica tanto pela doutrina quanto pela jurisprudência nacionais. Vejamos um julgado do STJ relativo ao tema:

730 | DIREITO ADMINISTRATIVO FACILITADO – *Ana Cláudia Campos*

jurisprudência

O tribunal de origem adotou **orientação pacífica no** *âmbito* **do Supremo Tribunal Federal, segundo a qual é possível, para fins de motivação dos atos administrativos, a remissão aos fundamentos de manifestação constante nos autos de processo administrativo.** *(STJ, 1.ª Turma, AgInt nos EDcl no RMS 509264/BA, 21.11.2017).*

caiu na prova

(FGV/TRT-MA/2022) *De acordo com a Lei 9.784/1999, que trata do processo administrativo federal, a motivação deve ser explícita, clara e congruente, podendo consistir em declaração de concordância com fundamentos de anteriores pareceres, informações, decisões ou propostas, que, neste caso, serão parte integrante do ato, configurando o que a doutrina denomina de motivação aliunde.*

Gabarito: *Certo.*

10. FORMAS DE EXTINÇÃO DO PROCESSO

A extinção de um processo administrativo será realizada por ato administrativo devidamente fundamentado nas seguintes situações:

a)   Quando exaurida sua finalidade.

b)   Quando o objeto da decisão se tornar impossível, inútil ou prejudicado por fato superveniente.

Imagine, por exemplo, um processo administrativo que tenha como objetivo aplicar a punição de suspensão a um servidor que tenha cometido uma irregularidade. Entretanto, caso a agente público faleça no curso do processo, será este extinto em virtude da impossibilidade de se aplicar a decisão.

Se o particular desistir do processo, será este extinto?

Não necessariamente!

Pois, em virtude do princípio da oficialidade (impulso oficial), poderá a Administração, em busca da satisfação do interesse público e da verdade material, continuar com o andamento do procedimento, ainda que tenha existido a desistência do interessado. Vejamos:

> Art. 51, Lei 9.784/1999. O interessado poderá, mediante manifestação escrita, desistir total ou parcialmente do pedido formulado ou, ainda, renunciar a direitos disponíveis.
>
> § 1.º Havendo vários interessados, a desistência ou renúncia atinge somente quem a tenha formulado.
>
> § 2.º A desistência ou renúncia do interessado, conforme o caso, não prejudica o prosseguimento do processo, se a Administração considerar que o interesse público assim o exige.

caiu na prova

(QUADRIX/CRF-GO/2022) *Em quaisquer hipóteses, a desistência do interessado no prosseguimento do processo administrativo prejudicará a sua resolução, ainda que haja interesse público envolvendo a questão.*

Gabarito: *Errado.[4]*

---

[4]   Em virtude do princípio da oficialidade, ainda que exista a desistência do interessado, poderá a Administração Pública, em busca da verdade material, continuar a dar andamento ao processo.

Cap. 16 – PROCESSO ADMINISTRATIVO

11. ANULAÇÃO *X* REVOGAÇÃO *X* CONVALIDAÇÃO

Os tópicos referentes à anulação, revogação e convalidação foram devidamente aprofundados neste livro (caso deseje relembrar esses tópicos, sugiro o retorno ao capítulo sobre os atos administrativos).

Assim, neste momento basta uma breve revisão sobre o tema.

A **anulação** é a extinção de um ato administrativo viciado, ou seja, inválido, podendo ser efetivada tanto pela própria Administração, no uso de sua autotutela, quanto pelo Poder Judiciário. Entretanto, caso a Administração não a providencie dentro do prazo de cinco anos, decairá de seu direito de anular, salvo se comprovar a má-fé do destinatário do ato.

cuidado

Apesar de a Lei 9.784/1999 ser relativa ao processo administrativo no âmbito federal, como já sabemos, esta lei também poderá ser utilizada nas outras esferas (estadual, distrital e municipal). Entretanto, não poderá uma lei estadual estipular, sem um motivo razoável, um período maior que 5 anos para a anulação de seus atos, sob pena de existir ofensa à isonomia. Vejamos: "o prazo quinquenal consolidou-se como marco temporal geral nas relações entre o Poder Público e particulares (v., e.g., o art. 1.º do Decreto 20.910/1932 e o art. 173 do Código Tributário Nacional), e esta Corte somente admite exceções ao princípio da isonomia quando houver fundamento razoável baseado na necessidade de remediar um desequilíbrio entre as partes" (STF, Plenário. ADI 6019/SP, Rel. Min. Marco Aurélio, Red. p/ acórdão Min. Roberto Barroso, 12.05.2021).

Já a **revogação** é a extinção de um ato que, apesar de válido, se tornou inconveniente e inoportuno. Cabe lembrar que nesse caso temos um controle de mérito, logo, não será possível ao Poder Judiciário, em seu controle externo, revogar os atos administrativos, sob pena de ofensa à separação dos poderes. Sendo assim, a revogação só poderá ser realizada pela própria Administração que praticou o ato.

> Art. 53, Lei 9.784/1999. A Administração deve anular seus próprios atos, quando eivados de vício de legalidade, e pode revogá-los por motivo de conveniência ou oportunidade, respeitados os direitos adquiridos.
>
> Art. 54, Lei 9.784/1999. O direito da Administração de anular os atos administrativos de que decorram efeitos favoráveis para os destinatários decai em cinco anos, contados da data em que foram praticados, salvo comprovada má-fé.
>
> § 1.º No caso de efeitos patrimoniais contínuos, o prazo de decadência contar-se-á da percepção do primeiro pagamento.
>
> § 2.º Considera-se exercício do direito de anular qualquer medida de autoridade administrativa que importe impugnação à validade do ato.

I Jornada de Direito Administrativo – Enunciado 20

O exercício da autotutela administrativa, para o desfazimento do ato administrativo que produza efeitos concretos favoráveis aos seus destinatários, está condicionado à prévia intimação e oportunidade de contraditório aos beneficiários do ato.

Por fim, a **convalidação** é uma forma de "consertar" um ato administrativo possuidor de um defeito sanável, ou seja, em vez de invalidar a ação administrativa, ela é convalidada, e com isso o ato se torna válido.

> Art. 55, Lei 9.784/99. Em decisão na qual se evidencie não acarretarem lesão ao interesse público nem prejuízo a terceiros, os atos que apresentarem defeitos sanáveis poderão ser convalidados pela própria Administração.

12. RECURSOS

O princípio do duplo grau de jurisdição garante aos interessados a possibilidade de ter o processo revisto. Esse entendimento se encontra, inclusive, sedimentado na doutrina e jurisprudência nacional, tanto é assim que o Supremo Tribunal Federal prelecionou, na Súmula Vinculante 21, que: "É inconstitucional a exigência de depósito ou arrolamento prévios de dinheiro ou bens para admissibilidade de recurso administrativo".

Logo, não se podem instituir limitações indevidas ao direito de recorrer, sob pena de afronta aos princípios do contraditório, ampla defesa, devido processo legal e duplo grau de jurisdição.

> Art. 56, § 2.º, Lei 9.784/1999. Salvo exigência legal, a interposição de recurso administrativo independe de caução.

Recurso este que pode ser interposto tanto em face de alguma ilegalidade praticada pelo poder público quanto em relação de ausência de conveniência e oportunidade na decisão prolatada.

> Art. 56, Lei 9.784/1999. Das decisões administrativas cabe recurso, em face de razões de **legalidade** e de **mérito**.

Fato interessante relaciona-se ao caminho percorrido pelo recurso. Já que este será dirigido à autoridade que proferiu a decisão e, caso esta não se reconsidere em um prazo de **cinco dias**, encaminhará aquela petição à autoridade superior.

> Art. 56, § 1.º, Lei 9.784/1999. O recurso será dirigido à autoridade que proferiu a decisão, a qual, se não a reconsiderar no prazo de cinco dias, o encaminhará à autoridade superior.

Cap. 16 – PROCESSO ADMINISTRATIVO

> **caiu na prova**
>
> **(CEBRASPE/PGE-MS/2021)** *O recurso do particular deverá ser dirigido à autoridade que proferiu a decisão, a qual, se não a reconsiderar no prazo de dez dias, deverá encaminhar a peça recursal à autoridade superior.*
>
> **Gabarito:** *Errado.*[5]

Mas quem são os **legitimados** para interpor um recurso?

Exatamente as mesmas pessoas que possuem legitimidade para provocar o início do processo administrativo. São elas:

a) Titulares de direitos e interesses que forem parte no processo.

b) Aqueles cujos direitos ou interesses forem indiretamente afetados pela decisão recorrida.

c) Organizações e associações representativas, no tocante a direitos e interesses coletivos.

d) Cidadãos ou associações, quanto a direitos ou interesses difusos.

E qual será o prazo para interpor o recurso?

Dez dias! Salvo se existir alguma disposição específica.

Após o recebimento do recurso, a Administração deve intimar os demais interessados para que estes apresentem suas alegações dentro do prazo de **cinco dias úteis**.

E a Administração deverá decidir em quantos dias?

Em 30 dias, podendo esse prazo ser **prorrogado** por **igual período**, mediante justificação expressa. Entretanto, ainda que a autoridade competente para decidir não respeite esse prazo, o processo continuará válido, ou seja, o prazo de julgamento que foi instituído é impróprio, logo, se desrespeitado, não gera nenhuma nulidade procedimental.

Quanto ao efeito gerado pelo recurso, como regra, não possuirá efeito suspensivo. Assim, o processo continua normalmente seguindo o seu curso, salvo disposição legal em contrário ou decisão administrativa.

> Art. 61, Lei 9.784/1999. Salvo disposição legal em contrário, o recurso não tem efeito suspensivo. Parágrafo único. Havendo justo receio de prejuízo de difícil ou incerta reparação decorrente da execução, a autoridade recorrida ou a imediatamente superior poderá, de ofício ou a pedido, dar efeito suspensivo ao recurso.

Daí surge uma questão: poderá existir um número infinito de recursos?

Não! Segundo a Lei 9.784/1999, o pedido recursal tramitará por no máximo **três instâncias**. Ou seja, a contagem segundo a doutrina majoritária leva em consideração a decisão inicial e mais dois recursos interpostos aos superiores. Vejamos:[6]

---

[5] O prazo para a reconsideração é de 5 dias, não 10 como menciona a questão.

[6] O recurso tramita por no máximo três instâncias.

> **caiu na prova**
>
> **(QUADRIX/CFFA/2022)** *O recurso administrativo tramitará, no máximo, por três instâncias administrativas, salvo disposição legal diversa.*
>
> **Gabarito:** *Certo.*

Após esse caminho, a decisão torna-se imutável na esfera administrativa, ocorrendo a denominada: coisa julgada administrativa. Todavia, em virtude do princípio da inafastabilidade da jurisdição, poderá a parte interessada a qualquer momento ingressar com uma ação judicial para tentar reverter a decisão prolatada.

> Art. 5.º, XXXV, CF – a lei não excluirá da apreciação do Poder Judiciário lesão ou ameaça a direito.

12.1 Não recebimento dos recursos

O recurso não será recebido quando for interposto:

a) Fora do prazo.
b) Perante órgão incompetente.
c) Por quem não seja legitimado.
d) Após exaurida a esfera administrativa.

Entretanto, em virtude do princípio da autotutela, poderá a Administração rever o processo de ofício ainda que ela tenha problemas em relação à interposição. Só não poderá agir se já tiver ocorrido a coisa julgada administrativa.

Se o interessado interpuser o recurso perante a autoridade errada, perderá ele o prazo para recorrer?

Não! Ele terá o prazo devolvido para que recorra perante a autoridade competente.

12.2 *Reformatio in pejus*

Em uma linguagem simples, a *reformatio in pejus* é a possibilidade de se piorar a situação do recorrente. Imagine o seguinte exemplo: Maria, servidora pública federal, após um processo administrativo disciplinar, foi suspensa de suas funções pelo prazo de dez dias. Inconformada, recorreu dessa decisão administrativa, entretanto, a autoridade superior, ao julgar o recurso, agravou a situação e aumentou o número de dias da punição. Observe que, nesse caso, houve uma piora da sua situação, ocorrendo, então, a: *reformatio in pejus*.

Mas seria esse instituto admitido nos processos administrativos?

Sim! Vejamos o que expressamente preleciona a Lei 9.784/1999:

> Art. 64. O órgão competente para decidir o recurso poderá confirmar, modificar, anular ou revogar, total ou parcialmente, a decisão recorrida, se a matéria for de sua competência. Parágrafo único. Se da aplicação do disposto neste artigo puder **decorrer gravame à situação do recorrente**, este deverá ser cientificado para que formule suas alegações antes da decisão.

caiu na prova

(VUNESP/OFICIAL LEGISLATIVO-SP/2019) *É admissível, em sede de recursos administrativos, a chamada* reformatio in pejus, *devendo o recorrente ser cientificado para que formule suas alegações antes da decisão.*

Gabarito: *Certo.*

12.3 Revisão

Caso surjam fatos novos, poderá o interessado, a qualquer tempo, ingressar com um pedido de revisão. Observe que não se trata de um recurso, mas sim de um novo processo.

> Art. 65, Lei 9.784/1999. Os processos administrativos de que resultem sanções poderão ser revistos, a qualquer tempo, a pedido ou de ofício, quando surgirem fatos novos ou circunstâncias relevantes suscetíveis de justificar a inadequação da sanção aplicada.

Nesse caso, poderá existir a *reformatio in pejus*?

Não! A *reformatio in pejus* apenas é cabível em relação aos recursos. Vejamos:

> Art. 65, parágrafo único, Lei 9.784/1999. Da revisão do processo não poderá resultar agravamento da sanção.

13. DOS PRAZOS

Da mesma maneira que os prazos no processo civil, os de cunho administrativo iniciam a sua contagem a partir da publicação oficial, havendo a exclusão do dia do começo e incluindo-se o de seu vencimento.

> Art. 66, Lei 9.784/1999. Os prazos começam a correr a partir da data da cientificação oficial, excluindo-se da contagem o dia do começo e incluindo-se o do vencimento.

E se o prazo terminar em um domingo ou feriado?

Fácil, prorroga-se o prazo para o primeiro dia útil subsequente.

> Art. 66, § 1.º, Lei 9.784/1999. Considera-se prorrogado o prazo até o primeiro dia útil seguinte se o vencimento cair em dia em que não houver expediente ou este for encerrado antes da hora normal.

Por fim, como regra, os prazos processuais não se suspendem ou interrompem, salvo se existir algum motivo de força maior.

I Jornada de Direito Administrativo – Enunciado 33

O prazo processual, no âmbito do processo administrativo, deverá ser contado em dias corridos mesmo com a vigência dos arts. 15 e 219 do CPC, salvo se existir norma específica estabelecendo essa forma de contagem.

13.1 Prazos expressos na Lei 9.784/1999

Para facilitar a memorização, pensando principalmente nas provas objetivas, segue uma tabela com o resumo de todos os prazos existentes na lei do processo administrativo federal.

AÇÃO	PRAZO
Prazo geral (art. 24)	5 DIAS (mediante justificação, pode ser dobrado)
Intimações (art. 26, § 2.º)	3 DIAS ÚTEIS (antes do comparecimento)
Parecer (art. 42)	15 DIAS
Manifestação do interessado após o encerramento da instrução (art. 44)	10 DIAS
Decisão da Administração (art. 49)	30 DIAS + 30 DIAS

AÇÃO	PRAZO
Interposição de recurso (art. 59)	10 DIAS
Alegações dos demais interessados após a interposição do recurso (art. 62)	5 DIAS ÚTEIS
Reconsideração (art. 56, § 1.º)	5 DIAS
Decisão da Administração sobre o recurso (arts. 59, §§ 1.º e 2.º)	30 DIAS + 30 DIAS
Revisão (art. 65)	A QUALQUER TEMPO
Anulação (art. 54)	5 ANOS (salvo má-fé)

14. SÚMULAS

14.1 Súmulas vinculantes – STF

✓ **Súmula 3.** Nos processos perante o Tribunal de Contas da União asseguram-se o contraditório e a ampla defesa quando da decisão puder resultar anulação ou revogação de ato administrativo que beneficie o interessado, excetuada a apreciação da legalidade do ato de concessão inicial de aposentadoria, reforma e pensão.

✓ **Súmula 5.** A falta de defesa técnica por advogado no processo administrativo disciplinar não ofende a Constituição.

✓ **Súmula 11.** Só é lícito o uso de algemas em casos de resistência e de fundado receio de fuga ou de perigo à integridade física própria ou alheia, por parte do preso ou de terceiros, justificada a excepcionalidade por escrito, sob pena de responsabilidade disciplinar, civil e penal do agente ou da autoridade e de nulidade da prisão ou do ato processual a que se refere, sem prejuízo da responsabilidade civil do Estado.

✓ **Súmula 21.** É inconstitucional a exigência de depósito ou arrolamento prévios de dinheiro ou bens para admissibilidade de recurso administrativo.

14.2 Súmulas do STF

✓ **Súmula 18.** Pela falta residual, não compreendida na absolvição pelo juízo criminal, é admissível a punição administrativa do servidor público.

✓ **Súmula 19.** É inadmissível segunda punição de servidor público, baseada no mesmo processo em que se fundou a primeira.

✓ **Súmula 20.** É necessário processo administrativo com ampla defesa, para demissão de funcionário admitido por concurso.

✓ **Súmula 21.** Funcionário em estágio probatório não pode ser exonerado nem demitido sem inquérito ou sem as formalidades legais de apuração de sua capacidade.

DIREITO ADMINISTRATIVO FACILITADO – *Ana Cláudia Campos*

✓ **Súmula 429.** A existência de recurso administrativo com efeito suspensivo não impede o uso do mandado de segurança contra omissão da autoridade.

✓ **Súmula 430.** Pedido de reconsideração na via administrativa não interrompe o prazo para o mandado de segurança.

✓ **Súmula 473.** A administração pode anular seus próprios atos, quando eivados de vícios que os tornam ilegais, porque deles não se originam direitos; ou revogá-los, por motivo de conveniência ou oportunidade, respeitados os direitos adquiridos, e ressalvada, em todos os casos, a apreciação judicial.

✓ **Súmula 510.** Praticado o ato por autoridade, no exercício de competência delegada, contra ela cabe o mandado de segurança ou a medida judicial.

✓ **Súmula 644.** Ao titular do cargo de procurador de autarquia não se exige a apresentação de instrumento de mandato para representá-la em juízo.

✓ **Súmula 655.** A exceção prevista no art. 100, *caput*, da Constituição, em favor dos créditos de natureza alimentícia, não dispensa a expedição de precatório, limitando--se a isentá-los da observância da ordem cronológica dos precatórios decorrentes de condenações de outra natureza.

✓ **Súmula 733.** Não cabe recurso extraordinário contra decisão proferida no processamento de precatórios.

14.3 Súmulas do STJ

✓ **Súmula 7.** A pretensão de simples reexame de prova não enseja recurso especial.

✓ **Súmula 232.** A Fazenda Pública, quando parte no processo, fica sujeita à exigência do depósito prévio dos honorários do perito.

✓ **Súmula 311.** Os atos do presidente do tribunal que disponham sobre processamento e pagamento de precatório não têm caráter jurisdicional.

✓ **Súmula 312.** No processo administrativo para imposição de multa de trânsito, são necessárias as notificações da autuação e da aplicação da pena decorrente da infração.

✓ **Súmula 373.** É ilegítima a exigência de depósito prévio para admissibilidade de recurso administrativo.

✓ **Súmula 467.** Prescreve em cinco anos, contados do término do processo administrativo, a pretensão da Administração Pública de promover a execução da multa por infração ambiental.

✓ **Súmula 591.** É permitida a "prova emprestada" no processo administrativo disciplinar, desde que devidamente autorizada pelo juízo competente e respeitados o contraditório e a ampla defesa.

✓ **Súmula 592.** O excesso de prazo para a conclusão do processo administrativo disciplinar só causa nulidade se houver demonstração de prejuízo à defesa.

✓ **Súmula 611.** Desde que devidamente motivada e com amparo em investigação ou sindicância, é permitida a instauração de processo administrativo disciplinar com base em denúncia anônima, em face do poder-dever de autotutela imposto à Administração.

✓ **Súmula 633.** A Lei n.º 9.784/1999, especialmente no que diz respeito ao prazo decadencial para a revisão de atos administrativos no âmbito da Administração

Cap. 16 – PROCESSO ADMINISTRATIVO | 739

Pública federal, pode ser aplicada, de forma subsidiária, aos estados e municípios, se inexistente norma local e específica que regule a matéria.

✓ **Súmula 635.** Os prazos prescricionais previstos no art. 142 da Lei 8.112/1990 iniciam-se na data em que a autoridade competente para a abertura do procedimento administrativo toma conhecimento do fato, interrompem-se com o primeiro ato de instauração válido - sindicância de caráter punitivo ou processo disciplinar - e voltam a fluir por inteiro, após decorridos 140 dias desde a interrupção.

✓ **Súmula 641.** A portaria de instauração do processo administrativo disciplinar prescinde da exposição detalhada dos fatos a serem apurados.

✓ **Súmula 650.** A autoridade administrativa não dispõe de discricionariedade para aplicar ao servidor pena diversa de demissão quando caraterizadas as hipóteses previstas no art. 132 da Lei 8.112/1990.

✓ **Súmula 651.** Compete à autoridade administrativa aplicar a servidor público a pena de demissão em razão da prática de improbidade administrativa, independentemente de prévia condenação, por autoridade judiciária, à perda da função pública.

RESUMO

CAPÍTULO 16 – PROCESSO ADMINISTRATIVO

1. **Conceito:** é uma sucessão de atos administrativos que objetivam determinada finalidade. Vale relembrar que como o Brasil adotou o sistema de jurisdição una (inglês) o julgamento administrativo não faz coisa julgada material, ou seja, ainda que se percorram todas as instâncias, a decisão não será definitiva, pois sempre poderá o interessado rediscutir a matéria no âmbito judicial.

2. **Início:** o processo administrativo poderá ser iniciado de duas formas: de ofício ou a pedido do interessado. "Art. 5.º O processo administrativo pode iniciar-se de ofício ou a pedido de interessado". Essa possibilidade decorre dos princípios da oficialidade (impulso oficial) e da autotutela administrativa.

3. **Lei 9.784/99, a quem se aplica:** os preceitos da lei do processo administrativo também se aplicam aos órgãos dos Poderes Legislativo e Judiciário da União, quando no desempenho de função administrativa.

4. **Princípios:** o art. 2.º da Lei 9.784/1999 prevê expressamente que a Administração Pública obedecerá, entre outros, aos princípios da legalidade, finalidade, motivação, razoabilidade, proporcionalidade, moralidade, ampla defesa, contraditório, segurança jurídica, interesse público e eficiência.

5. **Competência:** é irrenunciável e se exerce pelos órgãos administrativos a que foi atribuída como própria, salvo os casos de delegação e avocação legalmente admitidos. Obs.: não podem ser objeto de delegação - a edição de atos de caráter normativo; a decisão de recursos administrativos; as matérias de competência exclusiva do órgão ou autoridade.

6. **Decisão coordenada:** no âmbito da Administração Pública federal, as decisões administrativas que exijam a participação de 3 ou mais setores, órgãos ou

entidades poderão ser tomadas mediante decisão coordenada, sempre que: for justificável pela relevância da matéria; e houver discordância que prejudique a celeridade do processo administrativo decisório. Todavia, esta não poderá ser adotada nos processos administrativos relativos à licitação; ao poder sancionador; e que estejam envolvidas autoridades de poderes distintos.

7. **Motivação:** motivar é explicar, justificar, realizar uma fundamentação (de fato e de direito) sobre os atos e decisões tomados pelo Poder Público. É um princípio geral que deve reger toda atividade administrativa. Entretanto, apesar de a motivação ser uma regra generalíssima, excepcionalmente, admite-se a prática de atos imotivados. Cite-se o exemplo da exoneração de uma pessoa de seu cargo em comissão. Obs.: a motivação aliunde (concordância com fundamentos de anteriores pareceres, informações, decisões ou propostas) é admitida.

8. **Em situações excepcionais, poderá o Estado primeiro praticar o ato para só depois ofertar o contraditório. Nesses casos, estaremos diante do denominado:** contraditório diferido. Ademais, vale ressaltar que, segundo a súmula 591 do STJ, é permitida a "prova emprestada" no processo administrativo disciplinar, desde que devidamente autorizada pelo juízo competente e respeitados o contraditório e a ampla defesa.

9. *Reformatio in pejus*: é a possibilidade de se piorar a situação do recorrente, sendo este instituto admitido em sede recursal. Vejamos: "Art. 64, Lei .784/99. O órgão competente para decidir o recurso poderá confirmar, modificar, anular ou revogar, total ou parcialmente, a decisão recorrida, se a matéria for de sua competência. Parágrafo único. Se da aplicação do disposto neste artigo puder decorrer gravame à situação do recorrente, este deverá ser cientificado para que formule suas alegações antes da decisão".

10. **Revisão:** os processos administrativos de que resultem sanções poderão ser revistos, a qualquer tempo, a pedido ou de ofício, quando surgirem fatos novos ou circunstâncias relevantes suscetíveis de justificar a inadequação da sanção aplicada. Vale relembrar que a *reformatio in pejus* apenas é cabível em relação aos recursos, não na revisão.

Acesse o
MATERIAL SUPLEMENTAR
Resumos esquematizados e questões de prova disponíveis no material suplementar *online*.

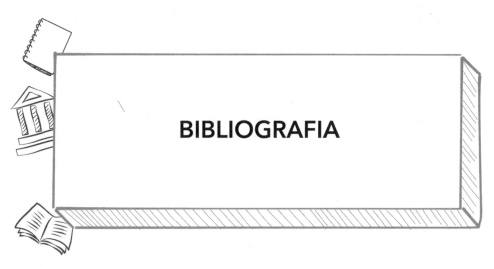

BIBLIOGRAFIA

ALESSI, Renato. *La responsabilità della pubblica amnistrazione*. 3. ed. Milano: Giuffrè, 1955.

ALEXANDRINO, Marcelo; PAULO, Vicente. *Direito administrativo descomplicado*. Rio de Janeiro: Método, 2012.

ALEXY, Robert. *Teoría de los derechos fundamentales*. Tradução de Ernesto Garzón Valdés. Madrid: Centro de Estudios Políticos y Constitucionales, 2002.

AMARAL, Diogo Freitas. *Curso de direito administrativo*. Coimbra: Almedina, 1992. v. 1.

BANDEIRA DE MELLO, Celso Antônio. *Curso de direito administrativo*. São Paulo: Malheiros, 2005.

BANDEIRA DE MELLO, Celso Antônio. *Discricionariedade e controle jurisdicional*. São Paulo: Malheiros, 2007.

BACELLAR FILHO, Romeu Felipe. *Direito administrativo*. 4. ed. São Paulo: Saraiva, 2008.

BARROSO, Luís Roberto. *Interpretação e aplicação da Constituição*. 4. ed. São Paulo: Saraiva, 2000.

BOBBIO, Norberto. *Teoria geral do direito*. 3. ed. São Paulo: Martins Fontes, 2010.

BONAVIDES, Paulo. *Curso de direito constitucional*. 9. ed. São Paulo: Malheiros, 2000.

CAHALI, Yussef Said. *Responsabilidade civil do Estado*. 3. ed. São Paulo: RT, 2007.

CARVALHO FILHO, José dos Santos. *Manual de direito administrativo*. 23. ed. Rio de Janeiro: Lumen Juris, 2010.

CARVALHO FILHO, José dos Santos. *Processo administrativo federal*: comentários à Lei n.º 9.784, de 29.01.1999. 4. ed. Rio de Janeiro: Lumen Juris, 2009.

CARVALHO, Matheus. *Manual de direito administrativo*. 4. ed. Salvador: JusPodivm, 2017.

CRETELLA JUNIOR, José. *Curso de direito administrativo*. 5. ed. Rio de Janeiro: Forense, 1977.

DI PIETRO, Maria Sylvia Zanella. *Direito administrativo*. São Paulo: Atlas, 2010.

DIDIER JÚNIOR, Fredie. *Ações constitucionais*. Salvador: JusPodivm, 2006.

DIDIER JÚNIOR, Fredie. *Curso de direito processual civil*. 11. ed. Salvador: JusPodivm, 2009.

FIGUEIREDO, Lúcia Valle. *Curso de direito administrativo*. 6. ed. São Paulo: Malheiros, 2003.

FORTINI, Cristiana; PEREIRA, Maria Fernanda Pires de Carvalho; CAMARÃO, Tatiana Martins da Costa. *Processo administrativo*: comentários à Lei n.º 9.784/1999. Belo Horizonte: Fórum, 2008.

GASPARINI, Diógenes. *Direito administrativo*. 11. ed. São Paulo: Saraiva, 2006.

JUSTEN FILHO, Marçal. *Comentários à Lei de Licitações e Contratos Administrativos*. 9. ed. São Paulo: Dialética, 2002.

JUSTEN FILHO, Marçal. *Curso de direito administrativo*. 4. ed. rev. e atual. São Paulo: Saraiva, 2009.

JUSTEN FILHO, Marçal. *Pregão*: comentários à legislação do pregão comum e eletrônico. 5. ed. São Paulo: Dialética, 2009.

LENZA, Pedro. *Direito constitucional esquematizado*. 15. ed. São Paulo: Saraiva, 2011.

MARINELA, Fernanda. *Direito administrativo*. 11. ed. São Paulo: Saraiva, 2017.

MARRARA, Thiago. *Processo administrativo*: Lei n.º 9.784/99 comentada. São Paulo: Atlas, 2009.

MAZZA, Alexandre. *Manual de direito administrativo*. 6. ed. São Paulo: Saraiva, 2016.

MEDAUAR, Odete. *Direito administrativo moderno*. 5. ed. São Paulo: RT, 2001.

MEIRELLES, Hely Lopes. *Direito administrativo brasileiro*. São Paulo: Malheiros, 2009.

MELLO, Oswaldo Aranha Bandeira de. *Princípios gerais de direito administrativo*. Rio de Janeiro: Forense, 1979. v. I e II.

MOREIRA NETO, Diogo de Figueiredo. *Curso de direito administrativo*. 12. ed. Rio de Janeiro: Forense, 2001.

MOREIRA NETO, Diogo de Figueiredo. *Legitimidade e discricionariedade*: novas reflexões sobre os limites e controle da discricionariedade. 2. ed. Rio de Janeiro: Forense, 1991.

NOHARA, Irene Patrícia. *Direito administrativo*. 4. ed. São Paulo: Atlas, 2014.

NOHARA, Irene Patrícia. *O motivo no ato administrativo*. São Paulo: Atlas, 2004.

NOHARA, Irene Patrícia. *Reforma administrativa e burocracia*: impacto da eficiência na configuração do direito administrativo brasileiro. São Paulo: Atlas, 2012.

REALE, Miguel. *Revogação e anulamento do ato administrativo*. Rio de Janeiro: Forense, 1980.

TÁCITO, Caio. A administração e o controle de legalidade. *RDA* 37/1.

ZANCANER, Weida. *Da convalidação e da invalidação dos atos administrativos*. 2. ed. São Paulo: Malheiros, 2001.